平远年鉴

PINGYUAN YEARBOOK

2021

（总第30卷）

平远年鉴编纂委员会 编

方志出版社

图书在版编目（CIP）数据

平远年鉴. 2021 / 平远年鉴编纂委员会编. -- 北京：方志出版社，2021.10
ISBN 978-7-5144-4842-9

Ⅰ.①平… Ⅱ. ①平… Ⅲ. ①平远县—2021—年鉴
Ⅳ. ①Z526.54

中国版本图书馆CIP数据核字(2021)第232424号

平远年鉴（2021）

编　　者：平远年鉴编纂委员会
责任编辑：罗 滔

出 版 者：方志出版社
地址 北京市朝阳区潘家园东里 9 号（国家方志馆4层）
邮编 100021
网址 http://www.zgfzcb.cn
发　　行：方志出版社图书经销中心
电话（010）67110500
经　　销：各地新华书店
印　　刷：平远集伟美术印刷有限公司

开　　本：787 × 1092　　1/16
印　　张：30
字　　数：602千字
版　　次：2021年10月第1版 2021年10月第1次印刷
印　　数：0001 ~ 1500册

ISBN 978-7-5144-4842-9　　定价：200.00元

平远县人民政府地方志办公室　广东省地图院　合编

审图号：粤S(2017)08-020号

致读者

《平远年鉴》是综合记载平远县自然、经济、政治、社会各方面资料的年度资料性文献，具有很强的实用性。一方面，它为各方人士了解和研究平远县历史，为平远县招商引资、对外文化交流等提供丰富的信息资料；另一方面，为各级领导进行科学决策、发展经济提供翔实的资料依据。由于年鉴纸质本印数较少，传播渠道相对狭窄，信息利用率偏低，有悖于年鉴编写出版的初衷，故平远县人民政府地方志办公室从2007年起，与清华大学中国学术期刊（光盘版）电子杂志社合作，将《平远年鉴》各年版本均编入电子期刊《中国知识资源总库》的《中国年鉴全文数据库》（China Yearbook FuII-text Database简称CYFD）中，以互联网的形式传播，并与《中国知识资源总库》中其他数据内容关联整合，向公众提供全文搜索、浏览、下载服务。这将为《平远年鉴》信息传播打开广阔的空间，充分发挥其“存史、资治、教化”的功能。

CYFD网站：http://www.cnki.net

编辑说明

一、《平远年鉴(2021)》（以下简称该年鉴）为《平远年鉴》总第30卷。该年鉴以马克思列宁主义、毛泽东思想、邓小平理论、“三个代表”重要思想、科学发展观、习近平新时代中国特色社会主义思想为指导，坚持辩证唯物主义和历史唯物主义的立场、观点和方法，主要记载2020年平远县经济社会发展和精神文明建设等方面的情况，供有关单位和各界人士了解和研究平远时参考使用，既为平远经济建设和社会各项事业发展服务，亦为编修县志积累资料。

二、该年鉴采用述、记、录、图、表等体裁，以文为主，图文结合。该年鉴正文采用分类编辑法，以类目、分目、条目为层级，条目为基本形式，其标题以黑体字加“【 】”表示。不同层次的标题，以不同的字体、字号和版式加以区别。正文设年度关注、大事记、县情概览、中共平远县委员会、平远县人民代表大会、平远县人民政府、政协平远县委员会、平远县纪委监委、群众团体、法治、军事、农业·水利·气象、工业与信息化建设、邮政通信、公路与汽车运输、商业·贸易、旅游开发、财税·金融、城乡建设·环保、综合经济管理、教育·科技、社会科学、文化·传媒、卫生健康·体育、社会民生、各镇概况、光荣榜、附录等类目，全书60余万字，彩页38版。

三、该年鉴资料来自各镇、县直各单位(部门)及省、市属驻平远单位提供的年度工作总结、有关资料及年鉴专稿(凡提供专稿的单位，均在稿末注明撰稿人姓名)。所用统计数据来自平远县统计局和有关单位确定上报的数字。所用照片除署名者外，均为该编辑部或各有关单位提供。

四、该年鉴数字、标点运用等，一律按国家有关规定执行。计量单位除个别表述使用非法定计量单位(如“亩”)外，其余均使用法定计量单位。

五、为促进各部门工作及保存人事资料的需要，该年鉴继续收录局级以上单位正、副职及副局级单位正职负责人名录和各镇党委、人大、政府领导名录。具体名单由县直各单位及各镇上报。

六、该年鉴特设有“抗击新冠肺炎疫情”“‘十三五’成果”等系列彩页。为反映全县重大活动和各行各业新貌，部分彩页照片年限可延至2021年。

平远年鉴编纂委员会

平远年鉴编辑部

数字平远·2020

◆土地面积1381（实际1373.979）平方千米

◆年末常住人口18.98万人

◆年末户籍总人口26.09万人

◆地区生产总值77.88亿元

◆第一产业增加值15.16亿元

◆第二产业增加值21.08亿元

◆第三产业增加值41.63亿元

◆人均地区生产总值4.06万元

◆农业总产值（新口径）22.68亿元

◆工业总产值63.69亿元

◆固定资产投资37.89亿元

◆社会消费品零售总额31.99亿元

◆贸易进出口总额（不含保税区）1.35亿美元

◆实际利用外资122.5万美元

◆地方一般公共预算收入5.18亿元

◆地方一般公共预算支出31.13亿元

◆城乡居民人民币存款余额74.96亿元

◆城镇居民人均可支配收入2.69万元

◆农村居民人均可支配收入1.92万元

◆医疗卫生机构病床位796张

2020年1月10日，平远县“不忘初心、牢记使命”主题教育总结大会在县迎宾馆召开。县委书记宋才华、市委主题教育第四指导组组长刘钧出席会议并讲话，县委副书记曾小喜主持会议（林立康 摄）

2020年1月23日，平远县新冠肺炎疫情防控工作会议在县迎宾馆召开（朱维佳 摄）

2020年1月31日，市委书记陈敏（左五）到平远县检查新型冠状病毒肺炎疫情防控工作情况 （朱维佳 摄）

2020年2月12日，县委书记宋才华（右二）到生态工业园区开展“暖企行动”并指导企业做好复工复产工作 （县工业园区办提供）

2020年3月11日，市政协主席陈建青（前排左三）到平远县调研疫情防控、复工复产、脱贫攻坚、乡村振兴等工作 （朱维佳 摄）

2020年4月8日，平远县人民医院医共体总院及分院、平远县中医医院医共体总院及分院正式挂牌成立，标志着医共体正式进入实质性运作阶段。图为平远县人民医院医共体总院揭幕仪式 （县卫健局提供）

2020年4月16日，市长张爱军（左二）到东台生态园调研考察　（朱维佳提供）

2020年4月24日，省市场监管局一级巡视员翁永卫（左一）一行到平远县河头镇调研乡村振兴情况　（河头镇政府提供）

2020年4月24日，省水利厅厅长王立新（前排右二）一行到河头镇调研万里碧道和中小河流治理工作，县委副书记、县长杨栋（前排右一）等陪同调研（河头镇政府提供）

2020年4月28—29日，市委常委、市纪委书记、市监委主任黄建固（左五）到平远县调研疫情防控和基层党风廉政建设工作（朱维佳 摄）

2020年5月20日，省政协原副主席刘日知（左二）一行到广东华清园生物科技有限公司调研，县委书记宋才华（右一）、县政协主席凌声宏（右二）陪同（县政协提供）

2020年5月27日，全市农村工作暨实施乡村振兴战略和决战决胜脱贫攻坚现场推进会在平远县召开（高讯 摄）

2020年6月12日，县委常委、县纪委书记、县监委主任徐万宝（正面中）到县科工商务局调研“六稳”“六保”工作开展情况（县科工商务局提供）

2020年7月7日，嘉应学院党委书记吴琦（左三）、校长杨洲（右一）一行到平远县河头镇向阳村调研乡村振兴工作（河头镇政府提供）

2020年7月27日，县政协主席凌声宏（中）到上举镇开展“更好发挥人大代表作用”主题活动（上举镇政府提供）

2020年8月4日，梅州军分区司令员杨芝春（右七）到平远县检查指导征兵体检工作（朱维佳 摄）

2020年8月12日，省委统战部副部长、省民族宗教委主任李秀英（右四）到平远县调研民族宗教工作（朱维佳 摄）

2020年8月26日，省老促会会长陈开枝（中）率调研组到平远县调研老区苏区振兴发展情况（八尺镇政府提供）

2020年8月26日，省委编办副主任陈少媚（前排右二）、省林业局副局长廖庆祥（前排右一）一行到河头镇调研林长制、森林防火等工作（河头镇政府提供）

2020年9月27日，县人大常委会主任凌志达（前排右二）到南台森林康养小镇项目建设工地调研（县人大办提供）

2020年10月20日，广东省科技厅副厅长劳帜红（右二）、市科技局局长涂礼俊（左一）一行到平远县华清园参观调研 （县科工商务局提供）

2020年11月18日，广东省民政厅二级巡视员刘平波（左二）到差干镇新岭村慰问困难群众 （差干镇政府提供）

2020年11月22日，省文旅厅党组书记、厅长汪一洋（左二）率调研组到平远开展文旅产业发展情况调研。县领导宋才华（左一）、周小勇（左三）等陪同调研

（袁志鹏 摄）

2020年12月2日，县委副书记、代县长周小勇（右二）率队到工业园区调研

（县工业园区办提供）

2020年12月8日，在梅州的部分全国、省人大代表到平远视察乡村振兴工作

（朱维佳 摄）

2020年12月9日，县委副书记、代县长周小勇（中）调研食品药品安全工作

（县市场监管局提供）

抗击新冠肺炎疫情

文/图：县卫健局

新冠肺炎疫情发生以来，平远县在市、县疫情防控指挥部的指导下，全县上下牢固树立“疫情就是命令、防控就是责任”的意识，以“外防输入、内防扩散”的原则，积极开展疫情处置。全县除发现1例输入性确诊病例外，1月30日至2020年年底无新确诊病例，疫情防控工作取得阶段性成效。省实施疫情常态化防控工作后，平远县围绕“预防为主、健全机制、完善措施、加强保障”策略，周密部署疫情防控措施。针对北京、新疆、大连和香港等地暴发的本地疫情，迅速采取措施，加强中高风险地区到平远人员健康管理，防止疫情反弹，全力保障全县人民生命安全和身体健康。

2020年1月26日至3月2日，专业人员在城区人流密集重点场所（市场）进行防疫消杀

2020年1月29日，八尺镇卫生院对八尺公安检查站全体工作人员进行新型冠状病毒肺炎防控知识及个人防护知识培训

2020年2月2日，县人大常委会副主任、县总工会主席马文生（右二）带队到206国道八尺体温监测点、高速平远县城出口体温监测点慰问战斗在防控疫情一线的工作人员

2020年2月3日，人民医院全院党员干部请战前沿，签下请战书、按下鲜红的手印，让党旗在防控疫情斗争第一线高高飘扬

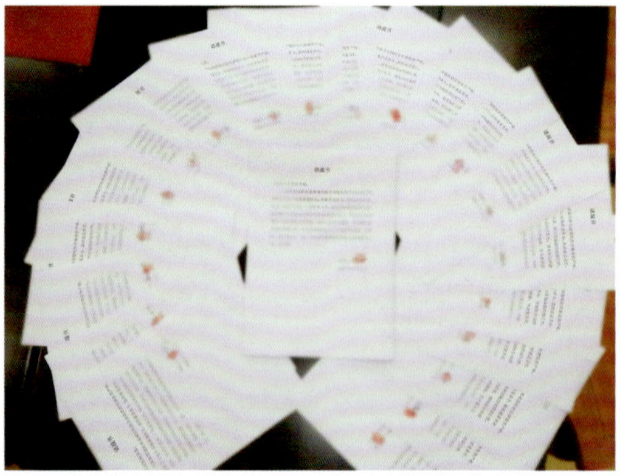

请战书

2020年2月7日，平远县第一例（也是唯一一例）患者治愈出院

2020年2月10日，平远县公益义工协会组织开展“为爱逆行！抗疫情无偿献血行动”

2020年2月12日，县委副书记曾小喜（右二）到华美佳防控点检查

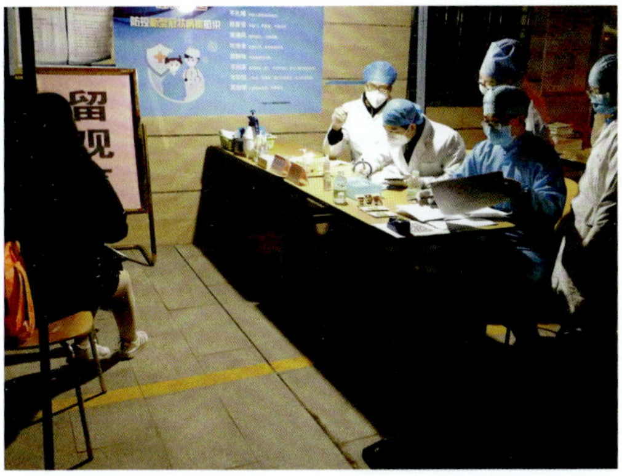

2020年2月17日，防疫工作队员在和园宾馆（集中隔离医学观察场所）值守

2020年3月6日下午，梅州市副市长张晨（左二）督查县人民医院发热门诊规范设置和疫情防控工作情况

2020年3月16日，卓建生态环境集团捐赠救护车支援家乡抗击疫情

2020年4月25日，平远县爱卫会在城区官田广场举办“防疫有我 爱卫同行”为主题的第32个爱国卫生月环境统一行动日活动

2020年6月22日，医务人员进行市场进口冷冻品及海鲜核酸检测

2020年10月13日，县政府副县长刘兰娇（右四）带队督查疫情防控工作

一线医务人员在济广高速平远服务区体温检测点为过往旅客检测体温

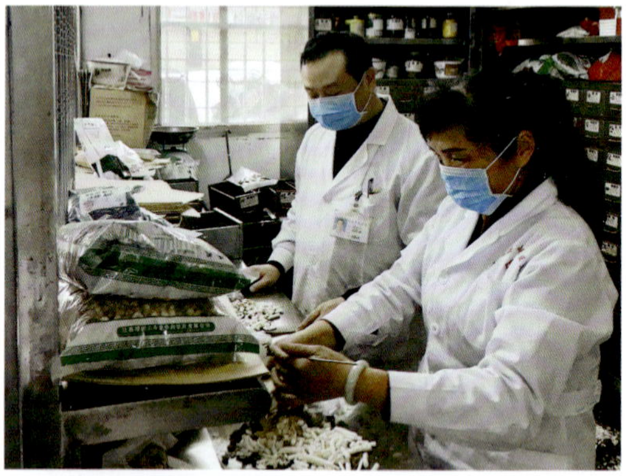

中医药助力抗疫

2020年11月3日，新冠肺炎疫情防控桌面演练场景

“十三五”成果

文：县发改局　图：各单位供

“十三五”时期是全面建成小康社会决胜阶段，平远县主攻“一城一区一带”，建设“精致小城•大美平远”，有力有序有效应对新冠肺炎疫情、中美贸易摩擦、全球经济下行等一系列不利因素，较好完成经济社会发展目标任务，2020年，全面建成小康社会。

党的建设全面加强。新时代党的建设总要求和党的组织路线得到有效落实，党的政治优势、组织优势转化为推动发展的强大动力。全县党员干部的“四个意识”明显增强，“四个自信”更加坚定，“两个维护”更加坚决。完成党的基层组织建设三年行动计划和基层正风反腐三年行动，基层党组织建设全面进步、全面过硬。

2018年10月24日，梅州市中共党史教育基地（东石毓秀书院）揭幕

发展战略宣传标识

平远县红军纪念园新貌　（袁志鹏 摄于2021年7月）

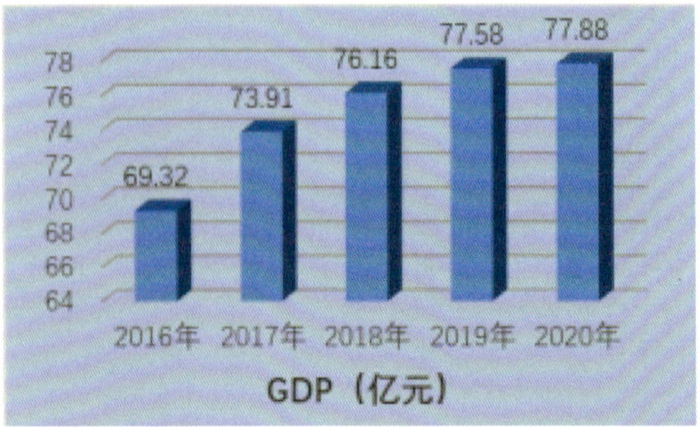

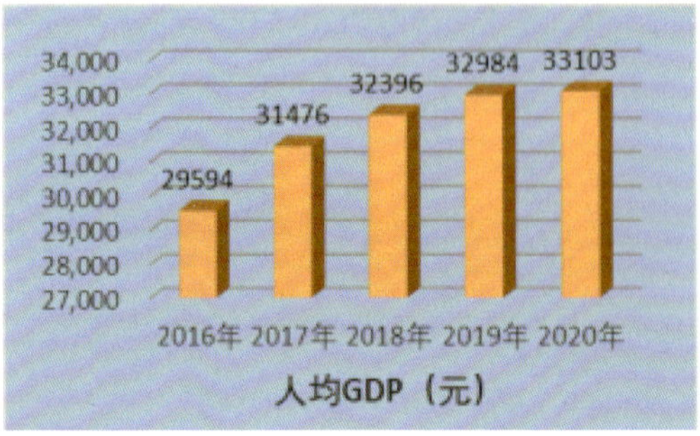

平远县“十三五”时期GDP、人均GDP柱状图

平远县“十三五”规划主要目标完成情况一览表

序号	指标	2015年基期数	“十三五”规划目标		“十三五”完成情况		属性
			规划目标值	年均增长	2020年完成值	年均增长	
一、经济发展							
1	地区生产总值（亿元）	68.6	94	6%左右	77.88	3.6%	预期性
2	人均地区生产总值（元）	29367	39753	5.5%左右	33103	3.4%	预期性
3	居民消费价格指数（%）	101.6	103	—	—	—	预期性
4	社会消费品零售总额（亿元）	22.5	37.9	11%	32	7.3%	预期性
5	全社会固定资产投资（亿元）	40.05	—	10%左右	37.9	1%	预期性
6	进出口总额（亿美元）	2.16	3.45	10%	1.35	-8.9%	预期性
7	县级一般公共预算收入（亿元）	6.56	9	6%左右	5.18	-4.6%	预期性
8	工业增加值比重	37.2	40.8	—	20.6	—	预期性
9	常住人口城镇化率（%）	47.86	49.5	0.68%	51	【3.14】	预期性
10	第三产业比重	45.5	44.7	—	53.5	【8】	预期性
11	研究与发展经费支出占地区生产总值比例（%）	1.08	1.3	4.8%	—	—	预期性
12	高新技术产业增加值占工业增加值比重	14.7	16	0.26	16	—	预期性
13	每万人口发明专利申请量（件）	0.84	1	3.2%	2.1	【1.26】	预期性

续表

序号	指标		2015年基期数	“十三五”规划目标		“十三五”完成情况		属性
				规划目标值	年均增长	2020年完成值	年均增长	
二、社会民生								
14	常住人口（万人）		23.39	23.7	—	23.53	—	预期性
15	常住人口自然增长率（‰）		3.23	4.5	—	-0.19	—	预期性
16	基本公共服务支出占财政一般预算支出比重		43.5	50	—	50.8	—	预期性
17	全体常住人口人均可支配收入	城镇常住居民人均可支配收入	18849	30357	10%	26984	7.4%	预期性
		农村常住居民人均可支配收入	12629	20339	10%	19156	8.7%	预期性
18	城镇登记失业率（%）		2.4以内	3.5	—	2.39	—	预期性
19	城镇新增就业人数（万人）		0.19	0.19	—	0.1405	—	预期性
20	高中阶段教育毛入学率（%）		95.5	96.2	—	96.5	【1】	预期性
21	九年义务教育巩固率（%）		95.71	96.10	—	98.1	【2.39】	约束性
22	基本养老保险覆盖率（%）		90	95	—	95	【5】	约束性
23	城乡基本医疗保险参保率（%）		101	98	—	98.00	—	约束性
24	平均每千人口拥有卫生专业技术人员		3.3	3.5	—	5.72	11.63%	预期性
三、生态文明								
25	单位GDP能耗（%）		0.708	0.584	-3.78%	0.744	0.62	约束性
26	主要污染物排放减少（万吨）	化学需氧量	0.3344	0.2725		0.210	【-0.1244】	约束性
		二氧化硫	0.0392	0.0375		0.018	【-0.0212】	约束性
		氨氮	0.0658	0.0564		0.047	【-0.0188】	约束性
		氮氧化物	0.1442	0.1302		0.130	【-0.0142】	约束性
27	耕地保有量（万公顷）		1.7164	1.34	-4.83%	1.34	-4.83%	约束性
28	单位工业增加值用水量（立方米万元）		230.09	236	0.51%	133.33	-10.34%	约束性
29	城镇生活污水集中处理率（%）		94.3	100	1.18%	98.28	【3.98】	预期性
30	城镇生活垃圾无害化处理率（%）		—	100	—	100	—	预期性
31	森林覆盖率（%）		78.25	79	0.19%	77.46	-0.20%	约束性
32	城市人均公园绿地面积（平方米）		17.12	19.5	2.64%	20.2	【3.08】	预期性

说明：【】为五年累计数

发展质量稳步提升。大力发展绿色工业、生态农业、生态旅游。“十三五”时期，全县生产总值由68.6亿元增至77.88亿元，年均增长3.6%；人均地区生产总值由29367元增至33103元，年均增长3.4%；全社会固定资产投资累计206.12亿元；城乡居民人均可支配收入由15603元增至23120元，年均增长8.1%。园区坚持基础先行、产业集群、项目支撑、配套跟进，累计投入10.4亿元，平整土地106.67公顷，储备土地81.33公顷，引进亿元以上项目37个，新增高新技术企业9家、省级科技型中小企业18家、设立研发机构的规上企业21家，推动特色产业集聚发展，成功创建省级高新区。建成21个连片种植33.33公顷以上产业基地，建成脐橙、南药2个省级现代农业产业园以及白玉蜗牛、岗梅等5个省级农业标准化示范区，获评广东省特色农产品优势区。举办北京国际山地徒步大会4届、南粤古驿道定向大赛2届、脐橙文化旅游节5届，建成全域旅游服务中心，获评全国休闲农业和乡村旅游示范县、广东省县（市）域旅游创新发展“十强”县。

平远县生态工业园区新貌　（林庄 摄于2020年9月）

加丰村塔子里脐橙基地

石正园山湖茶园一角
（林庄 摄于2017年10月）

2019年10月17日，平远县旅游产业发展暨全域旅游工作推进会在县迎宾馆召开

角坑村南粤古驿道梅州岃新貌

2018年10月20日，第9届北京国际山地徒步大会梅州·平远站“开走”

南粤古驿道定向大赛歌舞表演场景

开发中的南台山一角

（林绪远 摄于2021年6月）

南粤古驿道粤赣界碑处，选手们正在进行手机定向比赛

城乡面貌日益改善。县城建成区面积扩容至14.03平方千米，城镇化率提高到51%。平城花园、优山美地、碧桂园、翠拥华庭、鸿禧中心等宜居生活圈日益成型，学校医院、道路管廊、公园场馆、商场市场等跟进配套，市容市貌持续改善，县城形象添彩增靓，成功创建全国百佳深呼吸小城、广东省卫生县城、广东省县级文明城市和国家卫生县城，被推荐为全国县级文明城市提名城市。全域推进农村人居环境整治，打造了一批各美其美、美美与共的美丽乡村，被评为中国最美县域。2019年度省乡村振兴实绩考核获得“优秀”等次。

民生福祉持续增进。集中八成财力用在民生，坚持每年办好十件民生实事，基

精致小城·大美平远　（林庄　摄）

平远一角新貌

长田曼佗山庄俯瞰图

热柘镇下黄地村坎头村民小组民居

（刘强　摄于2017年）

中行镇中行村一河两岸美景

2018年9月29日，泗水梅畲田园综合体开园。图为游客们一起徒步庆丰收场景

本公共服务均等化水平不断提高。脱贫攻坚任务全面完成。梅平高速建成通车。打好污染防治攻坚战，主要河段交接断面水质考核达标，空气质量优良率稳居全市第一。全面完成节能“双控”目标任务。森林覆盖率77.46%，被评为首批国家森林康养基地。教育文化、医疗卫生、社会保障、社会治理水平不断提升，被评为广东省推进教育现代化先进县、全国基层中医药工作先进单位、全国社会治理创新典范县、全国信访工作“三无”县。

改革开放走实走深。完成县党政机构改革，推动群团、乡镇和事业单位改革。深化“放管服”改革，财税体制、商事登记、工程建设项目审批、不动产登记等改革务实有效。教师“县管校聘”全面推开，林长制改革试点有序开展，为全省铺开提供样板经验。持续深化综合医改，国家紧密型县域医共体试点县建设稳步推进。农村土地承包经营权确权登记颁证工作全面完成，积极探索农村土地经营权规范流转，农村综合改革试点工作不断深化。主动融入“双区”“双城”建设，南沙·平远国际经贸合作中心常态化运营。密切与粤闽赣边苏区县交通互联互通、旅游互惠共赢、边界护林联防等，推动区域协同发展。

梅平高速田兴立交互通

（林向东 摄于2019年9月）

路面改造后的国道206线

（刘胜玲 摄）

扫黑除恶专项斗争领导小组会议召开场景

统一清查整治行动 （陈芳 摄）

“2019社会治理创新典范县”牌匾

平远县中医医院新院区全景

2018年7月26日，平远县“围龙讲堂”在大柘镇清河村个臣屋开讲

2019年竣工并投入使用的平远县实验中学新教学大楼 （林绪远 摄于2021年7月）

平远县实验小学 （周汉辉 摄于2016年）

“非遗”民俗歌舞——平远船灯舞

悠闲的市民生活

脱贫攻坚收官

文/图：平远县扶贫工作局

平远县有省定相对贫困村20个，建档立卡贫困户1484户3969人。2016—2020年，平远县狠抓责任落实，强化精准施策，全面推进产业扶贫、就业扶贫、金融扶贫、电商消费、党建扶贫等综合帮扶项目。至2020年年底，累计选派91个驻村（镇）帮扶工作队、227名驻村帮扶干部参与脱贫攻坚，累计筹集精准扶贫资金1.69亿元，投入使用1.65亿元，实施户帮扶项目38524个，个人项目53750个，村帮扶项目486个。至2020年6月底，全县建档立卡相对贫困人口全部脱贫，20个省定相对贫困村全部“摘帽”，20个省定贫困村全部达到生态美丽宜居村标准，村容村貌焕然一新。2016—2020年，在省扶贫开发工作成效年度考核中，均获优秀等次。

一、压实帮扶责任，实行挂牌督战

实行县领导包户挂牌督战，坚持县镇村三级书记抓脱贫攻坚工作，建立县镇村干部分片包户挂钩帮扶机制，形成齐抓共管的“大扶贫”格局，推进产业、就业、消费扶贫，促进贫困户稳定增收，实现有序退出。

二、做实帮扶措施，提升脱贫质量

（一）落实“三保障”政策。全面落实贫困学生教育生活补助政策，发放建档立卡学生生活费补助4920人次，共811万元，减免学杂费1352人次，共172.5 万元。将建档立卡贫困人口中完全或部分丧失劳动能力且无法依靠产业扶持和就业帮扶脱贫的4270人次贫困人口纳入最低生活保障。全面落实基本医疗、大病保险和养老保险政策，为全县建档立卡贫困人口8016人次全部落实基本医疗保险，纳入重特大疾病救助范围。医疗救助1295人次166.29万元。医疗报销1295人次1101.98万元及大病补充险1295人次129.75万元。为16—59周岁贫困人口（不含在校生，外省户籍人员）10883人次缴交各年度养老保险。全县60周岁以上贫困人口6428人次全部落实养老保险政策。实施“医行教”综合保险项目，为全县建档立卡贫困户解决因大病、意外风险、子女教育风险等致贫、返贫保险问题。落实残疾人两项补贴，全县1174人次低保又是残疾的建档立卡贫困人口全部落实残疾人生活津贴；1099人次非五保一、二级重度残疾及精神、智力三、四级残疾的贫困人口全部落实重度护理补贴。全面落实住房、饮水安全保障政策。投入资金2612.85万元为774户贫困户落实住房保障政策。贫困人口饮水安全问题全面解决。

（二）拓宽贫困户增收渠道。实施产业扶贫，建立“龙头企业+合作社+基地+贫困户”的发展模式35个，联结带动有劳动力贫困户524户（次）。实施就业扶贫，开展精准帮扶专场招聘和“百企帮百村”活动，推进贫困劳动力就业1253人。实施消费扶贫，推动扶贫产品进机关、进校园、进社区、进商超、进电商“五进”活动，助力贫困户增产增收。至2020年年底，有22家扶贫龙头企业和101个扶贫产品得到省级认定，通过各种方式，累计实现消费扶贫销售金额2.6亿元。实施金融扶贫，落实扶贫小额贷款风险担保金400万元，发放扶贫小额贷款371户1140.49万元，贴息54.51万元。坚持一手抓疫情防控、一手抓脱贫攻坚，采取有效措施最大限度降低疫情对脱贫攻坚工作的影响。成功就业35个公益性岗位，为201户贫困户落实疫情补助资金37.24万元。

三、广筹帮扶资金，构建大扶贫格局

开展“百企帮百村”帮扶行动,动员组织184家企业与全县136个村进行结对帮扶，实现合作项目154个，吸引企业投资5600万元，捐赠资金3500万元。2016—2020年共接受扶贫济困捐赠资金1285.24万元。5年来，共筹集并投入中央、省、广州市、梅州市、县财政专项扶贫资金6669.1万元。

四、补齐设施短板，创优人居环境

大力推进环境综合整治，突出抓好农村道路、集中供水、生活垃圾、公共厕所等基础设施建设，村庄环境面貌明显改善。省定贫困村自然村庄规划、人居环境综合整治完成率、村庄标准垃圾屋覆盖率、雨污分流、污水处理设施覆盖率均达100 %，基本完成村内道路硬底化，20个省定贫困村全部达到干净整洁村标准，基本建成新农村示范村。实施“头雁”工程，加强贫困村党组织建设，贫困村“后队变前队”目标实现。

五、推进专项治理，助力脱贫攻坚

2017年后，全县共发现扶贫领域违纪违法问题线索110条，立案48宗，结案48宗，其中党纪处分44人、诫勉处理4人，为打赢脱贫攻坚战提供纪律保障。

梅州可其山电子商务有限公司在广州南沙派驻平远工作队帮助下建立的产业扶贫模式，盘活了村内的闲置土地，承包集体流转集约的20公顷土地，带动119户农户发展蔬菜瓜果连片种植和农电商产业

（朱维佳 摄）

八尺镇黄沙村366电商农业产业生态园 （林庄 摄）

平远县庆祝2020年中国农民丰收节活动在泗水镇梅畲村拉开帷幕 （严俊 摄）

平远县参加第十八届广东种业博览会种业小镇会场暨首届广州（南沙）农业嘉年华

（平远县扶贫局提供）

平远县参加全市扶贫济困日启动仪式活动暨消费扶贫+展销现场

（平远县扶贫局提供）

平远县差干镇三达村林下灵芝丰收季，贫困户正在晒灵芝 （杨晴 摄）

平远县差干镇三达村贫困户养鸡项目
（谢梅 摄）

平远县仁居镇畲溪村贫困户住房外立面改造后新貌（何文锋 摄）

平远县仁居镇畲溪村贫困户养黑山羊实现脱贫（何文锋 摄）

平远县仁居镇社南村坪湖示范基地烟叶丰收（平远县扶贫局提供）

上举镇畲脑村新农村建设新村风貌
（林庄 摄）

2020年消费扶贫“平远橙”进湾区发车仪式。该次“平远橙”进湾区活动供应脐橙超过5万千克，总价值约80万元，由广州南沙开发建设集团、南沙区东涌镇政府等多家单位采购

目 录

年度关注

大事记

县情概览

中共平远县委员会

平远县人民代表大会

平远县人民政府

政协平远县委员会

平远县纪委监委

群众团体

法　治

军　事

农业·水利·气象

工业与信息化建设

邮政通信

公路与汽车运输

商业·贸易

旅游开发

财税·金融

城乡建设·环境保护

综合经济管理

教育·科技

社会科学

文化·传媒

卫生健康·体育

社会民生

各镇概况

名　录

光　荣　榜

附　录

年度关注

平远县新的社会阶层人士联合会成立

2020年7月28日下午，平远县新的社会阶层人士联合会（以下简称县新阶联）成立大会在平远县迎宾馆召开。平远县委副书记、县长杨栋，市委统战部副部长、市工商联党组书记罗桂芳，县委常委、统战部部长、县政协党组副书记林忠云、市新阶联会长刘榆厚，以及县委统一战线工作领导小组成员单位主要负责人，县工商联、县文联、县社科联、县残联、县科协等主要负责人和各镇统战委员100多人出席会议。会议还特邀梅州市各县（市、区）统战部分管领导观摩指导。

大会选举平远县鸿宇实业有限公司总经理刘永东为县新阶联会长，梅州富莱利家居制造有限公司总经理卓勋为县新阶联监事长。杨栋、罗桂芳分别为县新阶联名誉会长、会长、监事长和副会长颁发证书。大会还举行揭牌、授旗仪式。

2020年7月28日，平远县新的阶层人士联合会成立大会召开　（朱维佳　摄）

林忠云、刘永东和罗桂芳分别在会员大会上讲话。最后，杨栋就加强新形势下新阶联建设，推动新的社会阶层人士统战工作创新发展方面，要求县新阶联要有画好最大同心圆，树牢正能量的思想，坚持党的领导，坚持信任尊重团结，坚持发展新生力量；要找到最大公约数，大干正能量的事业，主动服务中心大局，争做平远发展的智囊团、创新创业的生力军；要搭建最暖连心桥，建设正能量的团队。坚持“充分尊重、广泛联系、加强团结、热情帮助、积极引导”的工作方针，勠力同心、携手并进。

新的社会阶层人士主要包括民营企业和外商投资企业管理技术人员、中介组织和社会组织从业人员、自由职业人员、新媒体从业人员。据了解，平远县现有新阶层人士2000多人，县新阶联会员有59名（其中，“90后”13人、“80后”25人；民营企业和外商投资企业管理技术人员15人、占25%，中介组织和社会组织从业人员15人、占25%，自由职业人员19人、占33%，新媒体从业人员10人、占17%；本科及以上学历的人数占32%，中共党员16人、占26%）。

县新阶联是由平远县新阶层人士中的代表人士自愿组成的具有地方性、联合性、非营利性的社会团体法人，是党和政府联系新阶层人士的桥梁纽带，是开展新阶层统战工作的重要载体。

（资料选自：掌上梅州　记者：傅思林　特约记者：朱维佳　朱双玲　图片：朱维佳　编辑：丘琼）

2020年7月28日，县长杨栋（右）为新当选的县新阶联会长刘永东（左）颁发当选证书（朱维佳 摄）

清华大学远程教学站落户平远

2020年9月10日上午，清华大学乡村振兴广东梅州平远远程教学站在平远县委党校启动，将依托清大的教育、人才资源优势，为平远县高质量发展乡村振兴提供理论指导、人才支撑。清华大学高等研究院副院长李家强、梅州市委副书记王庆利、清华大学继续教育学院党委副书记张文雪、嘉应学院党委书记吴琦、平远县委书记宋才华出席揭幕仪式。

张文雪介绍，清华大学乡村振兴广东梅州平远远程教学站建成后，将搭建起清华大学与平远开展组织学习的技术和课程平台，构建面授、卫星远程直播和依托学习资源自主组织相结合的培训组织体系。由学校开发、设计学习项目和课程，通过卫星和互联网向平远教学站免费直播，平远可利用课程资源，根据实际需求，面向基层党政干部、农业产业人才以及乡村教师等群体在本地开展培训，通过高校与地方密切合作，帮助他们更好投身乡村建设。

据了解，清华大学乡村振兴远程教学站项目于2019年启动，由清华大学继续教育学院牵头实施，是该校贯彻落实中共十九大精神和习近平新时代中国特色社会主义思想、配合实施乡村振兴战略、助推地方社会经济发展的重要帮扶项目，迄今覆盖全国300多个县区。

宋才华指出：理论武装、宣传发动是平远推进乡村振兴的思想基础和动力源泉。清华大学乡村振兴远程教学站将提供形式多样、层次全面的优质学习资源，必将为平远高质量推进乡村振兴提供理论指导、实践支持、人才支撑等。希望县委党校、县教育局、县农业农村局等部门紧紧抓住这一宝贵契机，与清华大学继续教育学院紧密对接、深度合作，把乡村振兴远程教学站建设好、利用好、发展好，推动平远干部群众开阔视野、提升本领。平远干部群众将持续奋斗，平远乡村振兴力争走在全省前列。

（资料选自：《梅州日报》、掌上梅州 图/文：本报记者 傅思林 特约记者：朱双玲 朱维佳 编辑：李子莹）

2020年9月10日，清华大学乡村振兴广东梅州平远远程教学站在县委党校启动 （朱双玲 摄）

平远县庆祝2020年中国农民丰收节开幕

秋风送爽，喜看梯田千重浪；张灯结彩，农民丰收奔小康。9月22日上午，平远县庆祝2020年中国农民丰收节在泗水镇梅畲村拉开帷幕。该次节庆围绕“庆丰收、迎小康”主题，吸引各地农民朋友与游人齐聚一堂，共同迎接丰收的喜庆，相继开展文艺会演、农产品展销、美丽乡村摄影大赛、评选十佳新型职业农民等丰富多彩的庆祝活动。宋才华、杨栋、曾小喜等县领导参加活动。

开幕式现场，千余名群众欢聚梅畲，欢欣鼓舞，欢唱丰收。上午9点，青山环绕的梅畲古村已然热闹起来，大红灯笼高挂，烟花锣鼓喧天，歌舞欢声荡漾，来自全县12个镇的特色农产品展示区吸引着来自天南地北的熙攘的人群，处处洋溢着丰收的喜悦。9点30分许，伴随着热烈的欢声与掌声，丰收节正式开幕。

县委书记宋才华上台致辞，向农民朋友们致以节日的问候，并汇报平远县富民兴村、脱贫奔康的成绩单。宋才华指出，如今，平远大地处处是丰收景象，农业产业蓬勃发展，建成36个连片种植33.33公顷以上产业基地，成功创建脐橙和南药省级现代农业产业园，梅州梅片、平远脐橙、东石花生获评全省名特优农产品；农村各美其美、美美与共，70%的行政村建成干净整洁村，20个省定贫困村达到美丽宜居村标准，打造梅畲、向阳、畲脑、仁居等一批美丽乡村示范村，承办拆旧复垦、乡村振兴等省市现场会和南粤古驿道定向大赛，乡村振兴实绩考核位居全省前列；农民实现脱贫奔康，全县农村居民人均可支配收入约1.8万元，位居全市前列，高于全国平均水平；1493户3993名贫困人口全部实现稳定脱贫，20个相对贫困村全部出列……

宋才华表示，平远县将以庆祝农民丰收节为契机，把习近平总书记情系“三农”、关爱“三农”的情怀送到千家万户，

2020年9月22日，县委书记宋才华在庆祝大会上致辞　（朱维佳 摄）

营造全县上下庆丰收、迎小康的喜庆氛围，用实际行动践行“两个维护”；全县各级各部门要充分展现农业强、农村美、农民富的丰硕成果，把庆祝活动办好办实、办出特色，集中展示新时代农民新风采、产业发展新成就、乡村振兴新面貌；要汇聚加快乡村振兴的磅礴力量，在决战脱贫攻坚、决胜全面小康的关键阶段，实现全县上下携手共进，接续奋斗，推动乡村振兴走在全省前列，努力实现农业更兴旺、农村更美丽、农民更富有！

随后，歌舞声中，由非物质文化表演平远船灯演绎的送嫁民俗《好日子》、舞蹈《年年穗穗舞丰收》、歌曲《在希望的田野上》等8个节目轮番上演，台下掌声雷动，将节庆氛围掀至高潮。会场两旁，平远“粤菜”工程成果展区、“平远等路”特色小吃展区、农特产品展区持续吸引着人潮，热闹熙攘。开幕式同步举办平远美丽乡村摄影大赛、十佳新型职业农民评选、优秀新型职业农民评选，展现丰收景象，反映小康生活，彰显新时代农民风采。

（资料选自：平远发布　编辑：杨莉琴　责编：谢伟锋）

平远县庆祝2020年中国农民丰收节活动场景　（朱维佳 摄）

平远县委教育工委挂牌成立

2020年10月27日，中共平远县委教育工作委员会在县教育局挂牌成立。梅州市副市长张晨，市教育工委书记、教育局局长彭旭，平远县委副书记王锋，县委常委、组织部部长蔡晓红，副县长刘兰娇等出席挂牌仪式并揭牌。

平远县委教育工委作为县委的派出机构，负责指导县域内各级各类学校党建工作。该机构的成立，是平远县为适应教育发展的形势和任务，进一步加强党对教育工作领导的重要举措，对构建教育党建工作一体化的领导和指导体制，统筹抓好全县教育系统党的建设，推进从严治党向基层延伸具有重要意义，标志着平远县教育党建工作步入一个新的阶段。

王锋在讲话中要求，要坚持党建引领，强化政治担当，着力加强学校领导班子建设、学校基层组织建设，为平远县教育事业改革发展提供坚强的组织保证。要坚守教育初心，勇担育人使命，推动党建工作融入平远县教育改革发展全过程、融入立德树人全过程、融入办好人民满意教育全过程，不断满足人民群众的教育需求，提升平远县教育发展水平。要坚持常抓不懈，推进党风廉政建设，引导广大党员干部和教师队伍打牢廉洁从政的思想基础，筑牢拒腐防变的道德底线，坚决把管党治党政治责任落到实处。

（资料选自：平远发布　实习编辑：刘梦林）

2020年10月27日，中共平远县教育工委成立，图为副市长张晨（右三）参加揭幕仪式

平远县举办第十六届脐橙文化旅游节

青山绿水“脐”相连，五湖四海“橙”相约。2020年11月20日，平远县第十六届脐橙文化旅游节开幕暨“平远橙”开采仪式在长田镇鸿福脐橙基地举行，全县4.25万亩脐橙正式开摘，总产量约5.4万吨、总产值约6亿元。

品相、口感兼优的平远橙

在此之前，平远县进行了“脐橙单株王”评比活动。平远县李氏家庭农场李金平2002年在仁居镇六吉村种植的脐橙，凭借单株挂果863个、挂果重量219公斤的成绩，最终获得“2020年度平远脐橙单株王”称号。

平远县副县长李万年在开幕式上表示，脐橙文化旅游节已成为平远人民与各界朋友加深友谊、共谋发展的桥梁纽带，对推介平远脐橙等特色产业、文化旅游，拓宽涉农产业招商引资渠道，推动经济社会高质量发展起到良好的促进作用。

平远县着力推动平远脐橙产业健康发展，强化与科研院校合作，加强种苗繁育先进技术研发和应用，在脐橙产业园核心区建设3.33公顷脐橙无毒种苗繁育基地，年培育20万株优质种苗，从源头上对黄龙病实施防控。还通过集约流转土地、连片种植奖补、完善基础设施、推广标准化生产等举措，推动脐橙种植规模化发展。同时，加大“三品一标”认定力度，注册“平远脐橙”“平远橙”公共品牌专用标志2个，建立完善“平远脐橙”地标产品二维码溯源系统。近年来，该县新种脐橙面积552公顷，建立标准化种植示范基地10个。

在该届脐橙文化旅游节开幕式上，来自深圳、广州、梅州的13家企业（单位）现场签约，一举签下160万公斤平远脐橙购销合约。为更好地打造“平远橙”区域品牌，推动农旅融合，助力乡村振兴，平远县政府还推介鸿福生态农林有限公司、金香果业专业合作社、石龙寨果业公司等7个平远橙自驾游采摘点，供游客现场体验脐橙采摘乐趣。

12月20日晚，第十六届脐橙文化旅游节暨文化惠民文艺演出在平远县人民广场举办，为远道而来的游客、嘉宾们送上丰富多彩的客家风情节目，分享橙乡果农丰收喜悦，彰显平远乡村振兴成效。

（资料选自：《梅州日报》；撰文：傅思林　朱双玲　朱维佳　袁志鹏　摄影：钟小丰）

2020年11月20日，平远县第十六届脐橙文化旅游节开幕仪式现场

周小勇任梅州市平远县人民政府副县长、代理县长

2020年11月26日，平远县人大召开十五届人大常委会第三十八次会议，平远县人大常委会党组书记、主任凌志达主持会议并讲话。

会议首先进行人事任免：由县政府、县法院、县检察院提请人事任免报告；同时审议杨栋辞去平远县人民政府县长和周铁军辞去平远县人民检察院检察长职务的请求；另外，县人大常委会主任会议提请有关平远县人民政府代理县长的议案和平远县人民检察院代理检察长的议案。决定任命周小勇为平远县人民政府副县长、代理县长，陈映蕾为县人民检察院副检察长、代理检察长，随后凌志达为新任命人员颁发任命书，以及进行宪法宣誓活动。

会议还进行其他议程。

（资料选自：掌上梅州）

2020年11月26日，县人大常委会主任凌志达（右）为新任命的副县长、代理县长周小勇（左）颁发任命书（县人大办提供）

平远县产业转移工业园区被认定为省级高新技术产业开发区

2020年12月25日，广东省人民政府发函批复，同意认定广东平远县产业转移工业园区为省级高新技术产业开发区，定名为梅州平远高新技术产业开发区，实行现行的省级高新区政策。这也是梅州市自2003年梅州高新区获批设立省级高新区后，再次获得省级高新技术产业开发区认定。

梅州平远高新区位于平远县大柘镇与石正镇交界处，由7个区块组成，规划面积为386.51公顷，累计投入17.14亿

元完善基础设施，园区内已基本实现水、电、路、讯、气等全覆盖。至2020年年底，高新区共有各类企业（项目）124家，其中高新技术企业有13家。

平远县高新区以“生态园区、工业新城”为目标定位，以发展高新技术为工作任务，通过引进、孵化、转型等多种途径，不断培育壮大高新技术产业和战略性新兴产业，积极构建现代工业体系，重点打造以稀土为特色的新材料、智能制造、电子信息、生物医药为主导产业的产业集群，对接湾区建设。同时，秉承“产业兴县、项目为王、企业第一”的理念，平远县高新区管委会出台《平远县促进先进制造业招商引资工作实施办法》《平远县推进科技创新实施意见》等政策文件，优化营商环境；设立科技创新奖励资金、产业发展扶持基金、人才发展专项基金等，引资引智引技；并帮助企业精准对接中科院、兰州大学等科研院所的高端资源，加速科技成果落地转化。

（资料选自：平远发布）

2020年6月10日，在省科技厅10楼会议室召开的省级高新区“以申促建”整改情况专家评审会场景（县工业园区提供）

2019年9月17日，在平远召开的考察座谈会场景

平远县中医医院落成启用并举行中医师承拜师仪式

2020年12月6日，总投资3.2亿元、占地面积19607平方米、建筑面积32600平方米的平远县中医医院落成启用并举行中医师承拜师仪式。来自广东省第二中医院副院长刘悦教授，广东省中医院韩云教授、王立新教授接受3名平远弟子，以“师带徒”的中医传统传承方式，助力平远培训中医药人才。

揭幕仪式上，平远县中医医院还分别与广东省中医院、广州市中西医结合医院、嘉应学院医学院、嘉应学院医学院附属医院进行合作签约，加强在专科建设、人才培养、中医适宜技术推广、科研教学等方面的深度合作。随后，由30多名省、市专家组成的义诊团队在县中医医院体检康复中心举办大型义诊活动。

广东省中医药局副局长柯忠，梅州市副市长张晨，梅州市政协副主席马志元，平远县委书记宋才华，平远县委副书记、代县长周小勇等领导出席挂牌揭幕仪式。

该医院于2015年6月开建，建有门诊住院大楼、体检康复中心及中心后勤部各1栋，设置250张床位。目前配备有24排GE螺旋CT、DR、移动式C臂X射线机，数字乳腺X射线摄影系统、双能骨密度仪，血液透析设备，中医四诊仪、中医经络仪等先进医疗设备。院区环境古色古香，门诊大厅宽敞明亮。院内规划设置布局合理、诊疗环境舒适温馨。

（资料选自：客家平远　记者：傅思林　特约记者：朱双玲　通讯员：张芸）

2020年12月6日，平远县中医医院举行新院区落成启用仪式暨大型联合义诊活动现场

2020年12月6日，平远县中医医院中医师承拜师仪式场景

大　事　记

1 月

1 日，省委主题教育第三巡回指导组组长张宇到平远县调研“不忘初心、牢记使命”主题教育开展情况。市委常委、组织部部长杜敏琪陪同调研。

8 日，县人大常委会到县财政局召开 2020 年度财政预算编制工作调研座谈会。县人大常委会主任凌志达，县人大常委会副主任马文生、朱天英、廖文香、陈永和，县人大常委会党组成员李远林，副县长陈远航参加会议。

10 日，平远县“不忘初心、牢记使命”主题教育总结大会在县迎宾馆召开。县委书记宋才华、市委主题教育第四指导组组长刘钧出席会议并讲话，县委副书记曾小喜主持会议。

13 日，中国共产党平远县第十三届委员会第十次全体会议在县城召开。县委书记宋才华代表县委常委会向全会作工作报告，县委常委、县政府副县长、县委办公室主任陈琼宏受县委副书记、县长杨栋委托，就经济工作作专题讲话，县委常委会就党建工作作专题报告。

15 日上午，县委书记宋才华率队深入仁居镇调研乡村振兴工作。县委常委、副县长、县委办公室主任陈琼宏，以及县直有关负责陪同调研。

是日下午，县委书记宋才华率队到县重点行业领域开展春节前安全生产检查工作。县委常委、副县长、县委办主任陈琼宏，副县长陈远航及县直有关单位负责人陪同检查。

16 日，市委常委、组织部部长杜敏琪率市应急管理局、市体育局负责人到平远县督导检查岁末年初安全防范工作及开展慰问活动。县委常委、组织部部长蔡晓红，副县长陈远航参加活动。

是日，平远县国土空间规划编制工作研究部署会在县委五楼会议室召开。

21 日，平远县 2020 年武装工作会议在县人武部会议室召开。县委书记、县人武部党委第一书记宋才华，县委常委、副县长、县委办主任陈琼宏，县委常委、县人武部政委裴中秋，县人武部部长陈定鼎，副县长陈远航出席会议。

22 日，县委副书记、县长杨栋率队检查春节前市场供应、安全生产和维稳工作。

23 日，平远县新型冠状病毒感染肺炎疫情防控工作会议在县迎宾馆召开。县委书记宋才华，县长杨栋等相关县领导及相关部门主要负责人参加。

24 日，平远县召开防控新型冠状病毒感染肺炎疫情工作专班工作会议。县委副书记、县长杨栋，县委常委、副县长、县委办主任陈琼宏，副县长刘兰娇、李万年等参加会议。

25日，县委书记宋才华率队到八尺省际公安检查站，看望慰问坚守岗位的一线工作人员，督导新型冠状病毒感染肺炎疫情防控工作。陈琼宏、张善波、刘兰娇等县领导，及县直相关单位负责人参加调研。

27日，平远县防控新型冠状病毒感染肺炎疫情工作领导小组召开会议。县委书记、县防控工作领导小组组长宋才华，县委副书记、县长、县防控工作领导小组常务副组长杨栋等县领导及县新型冠状病毒感染肺炎疫情防控领导小组成员单位负责人参加。

28日，市委常委、市政府党组副书记黄文沐一行到平远县督查新型冠状病毒感染肺炎疫情防控工作。县委书记宋才华，县委常委、副县长、县委办主任陈琼宏，副县长、县公安局局长张善波，副县长韩旭等陪同或参加有关督查活动。

29日，县委书记宋才华到大柘镇城西城南社区、平远工业园区、济广高速平远服务区省际公安检查站等地调研检查疫情防控工作，并看望慰问一线工作人员。县委副书记曾小喜，县委常委、副县长、县委办公室主任陈琼宏，副县长韩旭及县直相关单位负责人陪同调研。

30日，县委书记、县防控新型冠状病毒感染肺炎疫情工作领导小组组长宋才华带队深入平远碧桂园小区督导防疫工作。县领导陈琼宏、徐万宝、陈远航、刘兰娇参加督导。

31日，市委书记陈敏到平远县检查新型冠状病毒感染肺炎疫情防控工作情况，并看望慰问疫情防控一线党员干部和医务工作者。市委常委、组织部部长杜敏琪陪同检查。

2月

4日上午，县委书记宋才华到平远县各省际疫情防控检查站（点）检查指导防疫工作，看望疫情防控一线工作人员。副县长陈远航，副县长、县公安局局长张善波陪同检查。

5日，平远县工业企业复工复产工作座谈会在工业园管委会召开。县委副书记、县长杨栋，副县长陈远航、韩旭等参加会议。

是日，市委常委、宣传部部长陈晓建到平远县检查新型冠状病毒感染肺炎疫情防控社会宣传工作。县委常委、宣传部部长肖桂华，县委常委、副县长、县委办主任陈琼宏等陪同检查。

9日，市委副书记王庆利到平远县检查新型冠状病毒感染肺炎疫情防控工作。县委书记宋才华，县委副书记曾小喜，县委常委、副县长、县委办主任陈琼宏，副县长张善波陪同检查。

11日，市委常委、政法委书记陈俊钦到平远县检查新冠肺炎疫情防控工作。宋才华、姚永波、林忠云、张善波等县领导陪同检查。

13日，广东省平远商会会长刘忠平率部分商会会员到平远县疫情防控一线慰问公安干警、医务人员以及工作人员。县政协主席凌声宏，县委常委、统战部部长林忠云，副县长、县公安局局长张善波参加活动。

是日，县委书记宋才华到挂点企业长田镇友邦木业调研疫情防控、复工复产工作。县委常委、副县长、县委办主任陈琼宏，副县长陈远航等陪同调研。

17日，县委副书记、县长杨栋率队调研疫情防控和防寒抗冻工作。副县长陈远航、李万年等陪同调研。

20日，县委副书记、县长杨栋到挂点企业调研，向企业赠送防疫物资，深入开展“暖企行动”。副县长陈远航、韩旭陪同调研。

是日，平远县召开企业和重点项目复工复产工作推进会。县领导杨栋、陈琼宏、陈远航、张善波、刘兰娇、韩旭等参加会议。

24日，县委书记宋才华到县农业农村局调研疫情防控、企业复工复产、春耕备耕等工作。县委副书记曾小喜、副县长李万年陪同调研。

25日，市人大常委会副主任曾小华到平远县检查指导疫情防控和企业复工复产工作。县人大常委会主任凌志达、副县长韩旭陪同检查。

是日，市政协副主席韩小林到平远县直接联系服务企业，深入开展企业复产复工督导检查。政协主席凌声宏、副县长李万年，县政协副主席涂其标陪同检查。

26日，县委副书记、县长杨栋率队到广东富远稀土新材料股份有限公司调研复工复产工作。副县长陈远航、韩旭陪同调研。

是日，平远县召开扶贫开发领导小组会议。县委书记宋才华，县委副书记曾小喜，县委常委、副县长、县委办主任陈琼宏，副县长李万年等参加会议。

28日，县委副书记、县长杨栋率队到仁居镇仁居村、井下村，上举镇畲脑村、上举村等地实地调研乡村振兴工作。

3月

3日，县委副书记、县长杨栋率队到石正镇调研复工复产、春耕备种、乡村振兴工作。副县长陈远航、李万年，广东平远龙文—黄田省级自然保护区管理处主任林志鹏等陪同调研。

4日，市委书记陈敏到平远县检查统筹疫情防控和经济社会发展工作。市委常委、市政府党组副书记黄文沐陪同检查。

5日，平远县举行支持新冠肺炎疫情防控工作捐款仪式。宋才华、杨栋、凌志达、凌声宏、曾小喜等在家县领导带头捐款。

6日，2020年政法工作会议暨全县扫黑除恶专项斗争工作会议在县委政法委四楼会议室召开。姚永波、张善波、刘鹏飞、周铁军在主会场参加会议。

10日，市委常委、市纪委书记、市监委主任黄建固到平远县检查统筹疫情防控和经济社会发展工作。

11日，市政协主席陈建青到平远县调研疫情防控、复工复产、脱贫攻坚、乡村振兴等工作。市政协副主席李忠良、李利平陪同调研。

17日，平远县召开国道206线田螺组至超竹段改建工程项目建设推进会。县委书记宋才华，县委副书记、县长杨栋等参加会议，县政协主席、项目指挥部总指挥凌声宏主持会议。

20 日，平远县召开清明节期间疫情防控工作专题会议，研究部署清明节期间疫情防控工作。县委书记宋才华出席会议并提出工作要求，县委副书记、县长杨栋，县委副书记曾小喜等县领导出席会议。

23 日，佛山市平远商会企业向平远县捐赠防疫物资，助力全县复工复产，携手共抗疫情。县委常委、副县长、县委办公室主任陈琼宏，副县长刘兰娇参加捐赠活动。

是日，平远县召开全面推行河长制工作领导小组办公室会议暨2020年水旱灾害情势会商会议，部署2019年河长制考核工作和汛前防汛备汛工作。副县长李万年参加会议。

23—24 日，县委书记宋才华深入大柘、仁居等镇调研基层党建、脱贫攻坚、乡村振兴等工作。县政协主席凌声宏，县委副书记曾小喜，县委常委、副县长、县委办主任陈琼宏等参加调研。

25 日，市委常委、市政府党组副书记、常务副市长吴晓晖到平远县调研基层应急管理建设工作。市政府副秘书长、市信访局局长邓国功，县委书记宋才华，县委副书记、县长杨栋，县委常委、副县长、县委办公室主任陈琼宏，副县长陈远航陪同调研。

是日，平远县决战决胜脱贫攻坚暨乡村振兴推进会在县应急管理局会议室召开，会议以视频会议形式开至各镇。县委书记宋才华出席会议并讲话。县委副书记、县长杨栋主持会议。

27 日，县委全面依法治县委员会第二次会议召开，研究部署2020年全面依法治县工作。县委书记宋才华主持会议并讲话，县委副书记、县长杨栋，县人大常委会主任凌志达，县政协主席凌声宏，县委副书记曾小喜参加会议。

是日，平远县召开省级全域旅游示范区初审反馈会，市初审小组同意推荐平远县省级全域旅游示范区验收。副县长陈远航参加会议。

29 日，在收看收听省、市清明期间疫情防控和安全防护工作视频会议后，平远县紧接着召开会议，县委书记宋才华主持会议并讲话。县领导杨栋、姚永波、肖桂华、陈琼宏、张善波、刘兰娇等参加会议。

30 日，县委书记宋才华到上举、泗水、东石等镇进行调研。县政协主席凌声宏，县委副书记曾小喜，县委常委、副县长、县委办主任陈琼宏陪同调研。

31 日，省交通运输厅二级巡视员杨昌永带队到平远县检查指导清明期间森林防灭火工作。县委常委、副县长、县委办主任陈琼宏，副县长刘兰娇，龙文—黄田省级自然保护区管理处主任、县林业局局长林志鹏等陪同。

是日至 4 月 1 日，市委书记陈敏到平远县调研清明期间疫情防控和安全防护及乡村振兴工作。

4月

1 日，中国共产党平远县第十三届纪律检查委员会第五次全体会议在县城以视频会议形式召开。

2日，县委副书记、县长杨栋，县委常委、副县长、县委办主任陈琼宏，副县长李万年在平远分会场收听收看全国、全省、全市防汛抗旱工作电视电话会后，平远县接着召开会议，对进一步做好“三防”和森林防灭火等工作进行部署安排。

是日，平远县医改工作会暨紧密型县域医共体建设启动会在县城召开，县委书记宋才华出席会议并讲话，县委副书记、县长杨栋主持会议，副县长刘兰娇参加会议。

是日，县委书记宋才华带队调研平远·晨光乳业奶源基地项目建设。县长杨栋，县委副书记曾小喜，县委常委、统战部部长林忠云等参加调研。

3日，县委副书记、县长杨栋到八尺镇调研乡村振兴、脱贫攻坚、清明疫情防控和安全防控等工作。副县长李万年陪同调研。

是日，平远县召开2020年全县保障农民工工资支付工作会议。副县长刘兰娇参加会议并讲话。

14日，市委常委、副市长闫景军到平远县开展农村生活污水治理调研。县委常委、统战部部长林忠云，副县长李万年陪同调研。

是日，平远县召开自然保护地整合优化预案征求意见会暨林长制工作推进会。县委常委、副县长陈琼宏，广东平远龙文—黄田省级自然保护区管理处主任、县林业局局长林志鹏参加会议。

是日，省发改委党组成员、副主任魏以军率队到平远县开展重大项目建设积极做好稳投资工作调研。县委副书记曾小喜、副县长韩旭等相关领导参加调研活动。

15日，县委副书记、县长杨栋调研县城规划建设管理工作。县委常委、副县长陈琼宏陪同调研。

17日，平远县组织召开民兵组织整顿工作现场会。县委常委、常务副县长陈琼宏，县人武部部长陈定鼎出席会议并讲话。

21日，广州市委副书记罗冀京到平远县河头镇向阳村调研检查脱贫攻坚暨乡村振兴工作并慰问贫困户。市委书记陈敏，市委常委、市政府副市长、广州对口帮扶梅州指挥部总指挥霍阳陪同调研。

22日，县委书记宋才华先后到城南中学和平远中学调研检查学校复学准备工作。县领导刘兰娇参加调研。

23—24日，省市场监督管理局一级巡视员翁永卫率队到平远县调研。县长杨栋、副县长李万年等参加调研活动。

24日，省水利厅厅长王立新一行到平远县调研万里碧道和中小河流治理工作。县委书记宋才华，县委副书记、县长杨栋，副县长李万年陪同调研。

是日，市委副书记王庆利到平远县调研乡村振兴工作。县委书记宋才华、县委副书记曾小喜、副县长韩旭等参加调研活动。

25日，市委副书记、市长张爱军到平远县，就深入学习贯彻习近平总书记重要讲话和重要指示批示精神，加快重点项目建设、扎实推进农村人居环境整治工作进行调研检查。市领导黄文沐，县领导宋才华、杨栋、凌声宏、曾小喜参加调研。

27 日上午， 副县长刘兰娇分别在县城、东石镇督导检查学校疫情防控和高三初三级开学工作。

28 日， 县委书记宋才华率队检查“五一”节前疫情防控和安全生产工作。县委常委、常务副县长陈琼宏等参加检查。

28—29 日， 市委常委、市纪委书记、市监委主任黄建固到平远县调研疫情防控和基层党风廉政建设工作。县委书记宋才华，县委副书记、县长杨栋，县委副书记曾小喜，县委常委、县纪委书记、县监委主任徐万宝陪同调研。

29 日， 县委副书记、县长杨栋深入一线调研指导工作，要求紧抓项目建设“主线”，坚守安全生产“红线”，筑牢返校复课“防线”，慎终如始抓实抓紧抓细各项防控措施，全力维护好经济发展和社会稳定大局。县委常委、常务副县长陈琼宏，副县长李万年陪同调研。

是日， 平远县召开扫黑除恶专项斗争领导小组会议。县委常委、政法委书记、县扫黑除恶专项斗争领导小组常务副组长姚永波，副县长、县公安局局长、县扫黑除恶专项斗争领导小组副组长张善波，县纪委副书记、县监委副主任冯浪参加会议。

30 日， 平远县召开国道 358 线平远县湍溪至八尺段改建工程建设工作推进会，县委副书记、县长杨栋参加会议并要求各级各部门要明确目标，统筹协作，确保高质量完成建设任务。副县长韩旭主持会议。

是日， 平远县召开打赢污染防治攻坚战工作推进会。县委常委、常务副县长陈琼宏出席会议并讲话。

5 月

6 日， 县长邀您游平远活动在仁居镇和差干镇举行，县委副书记、县长杨栋向社会各界、八方宾朋发出诚挚邀请：多彩平远，更加郁郁葱葱；我在这里，邀您来！

8 日， 平远县 2020 年“扫黄打非”工作推进会在县迎宾馆召开。县委常委、宣传部部长、县“扫黄打非”工作领导小组组长肖桂华，县委常委、常务副县长陈琼宏，县“扫黄打非” 工作领导小组成员单位相关负责人，各镇党委宣传委员参加会议。

12 日， 市人大常委会副主任、市总工会主席蓝伟东到平远县调研基层工会工作。县委常委、组织部部长蔡晓红，县人大常委会副主任、县总工会主席马文生等陪同调研。

14 日， 平远县创建国家安全发展示范城市工作会议在县迎宾馆召开。县委常委、常务副县长陈琼宏参加会议。

是日， 县委书记宋才华深入一线调研部分重点项目建设和企业生产情况。县领导蔡晓红、韩旭等陪同调研。

18 日， 县十五届人大常委会召开第三十二次会议。县人大常委会党组书记、主任凌志达，县人大常委会常务副主任赖家琳，副主任马文生、朱天英、廖文香、陈永和参加会议，县委常委、常务副县长陈琼宏，副县长李万年，县人民法院院长刘鹏飞，县人民检察院检察长周铁军，县纪委副书记、监委副主任梁裕粦等列席会议。

19 日， 2020 年平远县精神文明建设委员会会议暨创建全国县级文明城市工作推进会在县迎宾馆召开。县委常委、宣传部部长、县文明委常务副主任肖桂华，县委常委、常务副县长陈琼宏等县领导参加会议。

25日，县委书记宋才华率队调研检查2020年全市农村工作暨实施乡村振兴战略和决战决胜脱贫攻坚现场推进会平远考察点筹备工作。县领导杨栋、曾小喜、姚永波、陈琼宏、张善波、李万年等参加调研检查活动。

26日，平远县召开危房改造、扶贫资金使用推进会暨扶贫产业发展交流研讨会。县委常委、副县长王俊辉，副县长李万年参加会议。

27日，2020年全市农村工作暨实施乡村振兴战略和决战决胜脱贫攻坚现场推进会在平远县召开。大会前，市委书记陈敏，市委副书记、市长张爱军，市政协主席陈建青分别率队实地参观考察平远县仁居镇仁居村、上举镇上举村和畲脑村。市领导，市委实施乡村振兴战略领导小组成员单位主要负责人，各县（市、区）党政主要及分管负责人、农业农村局（农办）主要负责人和镇（街道、场）党委主要负责人等参加大会或现场考察。

28日上午，平远县召开政企季度沟通座谈会。县委副书记、县长杨栋出席会议并讲话，副县长韩旭，县工商联主席凌健参加会议。

是日，市人大常委会组织部分市人大常委会组成人员及市人大代表对平远县全域推进农村人居环境整治，建设生态宜居美丽乡村工作进行视察。县委副书记曾小喜、县人大常委会副主任马文生、副县长李万年陪同视察。

31日，宋才华、杨栋、凌声宏、曾小喜等县委、县人大常委会、县政府、县政协、县纪委监委等领导在平远分会场收看收听广东省召开的传达贯彻习近平总书记重要讲话精神暨全国两会精神干部大会。

6月

2日，县委副书记、县长杨栋率队到河头、中行两镇调研。县委副书记曾小喜、副县长李万年陪同调研。

3日，广梅指挥部督查组到平远督查扶贫攻坚和危改工作。县委常委、副县长王俊辉陪同调研督查。

是日，平远县召开全县农村工作暨实施乡村振兴战略和决战决胜脱贫攻坚推进会。县委副书记曾小喜主持会议，县委书记宋才华出席会议并讲话。在县内的县领导，各镇党委书记、镇长，各村（社区）党支部书记，县直和省、市属驻平远有关单位主要负责人参加会议。

4日，县委常委、常务副县长陈琼宏率队深入差干镇督查安全生产和汛期“三防”工作。

8日，县委书记宋才华率领县应急、公安、消防救援等部门主要负责人以及镇村干部，深入一线查看灾情，现场指导防汛救灾工作，凌声宏、陈琼宏、林忠云、张善波、李万年等县领导陪同。

是日，市委书记陈敏赶赴平远县受灾点，看望受灾群众，现场指导救灾复产工作。市委秘书长、办公室主任张运全，县委书记宋才华，县长杨栋，县委副书记曾小喜等领导陪同。

9 日，平远县发展教育基金会成立暨捐赠仪式在富港酒店举行。

9—11 日，中国人民政治协商会议第十届平远县委员会第五次会议和平远县第十五届人民代表大会第五次会议在县迎宾馆开幕。

11 日，平远县救灾复产工作会议在县迎宾馆召开。县委书记宋才华主持会议并讲话。县领导杨栋、凌志达、凌声宏、曾小喜等参加会议。

12 日，市委常委、组织部部长罗盛芬带队到平远县调研基层党建工作。县委书记宋才华，县委常委、组织部部长蔡晓红，县人大常委会副主任、大柘镇党委书记赖光亮陪同调研。

13 日，平远县在县应急管理局分会场收听收看全省全市“三防”工作视频会议。会议结束后，接着召开贯彻落实会议。县委书记宋才华参加会议并讲话，县领导杨栋、曾小喜、陈琼宏等参加会议。

18 日，平远县在实验小学举办主题为“共筑毒品防线，构建平安校园”的禁毒宣传进校园活动。副县长、公安局局长、县禁毒委常务副主任张善波，县关工委主任凌小宏出席活动。

是日，市委副书记、市长张爱军到平远县，就深入学习贯彻习近平总书记关于防灾减灾救灾工作的重要指示精神，扎实做好地质灾害防范治理和“三防”工作进行调研检查。市委常委、常务副市长吴晓晖，县委书记宋才华，县委副书记、县长杨栋等领导参加调研。

19 日上午，县委书记宋才华到县城部分农贸市场、超市检查疫情防控工作。县委副书记曾小喜、副县长刘兰娇及相关部门负责人陪同检查。

22 日，平远县召开县委政协工作会议。县委书记宋才华出席会议并讲话，县长杨栋主持会议，凌志达、凌声宏、林忠云等县领导参加会议。

23 日，县委书记宋才华深入学校，调研检查高考备考和学校疫情防控工作。县领导曾小喜、赖光亮、刘兰娇、刘胜等参加活动。

24 日，平远县召开国有企业退休人员社会化管理工作会议暨培训会议。县委常委、常务副县长陈琼宏，县政协副主席、县财政局局长刘胜参加会议。

30 日，县文学艺术界联合会第四次代表大会召开，选举产生县文学艺术界联合会新一届领导机构。市文联党组书记、主席陈锐锋到会并祝贺。宋才华、肖桂华、廖文香、刘兰娇、涂其标等县领导出席会议。

是日，平远县 2020 年“广东扶贫济困日”活动启动仪式在县委大楼门口举行。宋才华、杨栋、凌声宏、曾小喜等在家县领导带头捐款。

7月

1 日，市委常委、市纪委书记、市监委代主任蒋万军到平远县调研党风廉政建设和反腐败工作情况。

是日，县委副书记、县长杨栋深入八尺镇，看望慰问部分生活困难党员，为他们送去党和政府的温暖，并为该镇角坑村党员干部上专题党课，共同接受党性教育。

2日，县领导宋才华、杨栋、曾小喜等在平远分会场收听收看在广州召开的全省中医药大会。该会对促进全省中医药传承创新发展、加快建设中医药强省进行全面部署、推动落实。

7日，县领导宋才华、徐万宝、廖文香、张善波、刘兰娇、涂其标等到平远中学考场，巡查高考考务工作，并看望慰问服务高考的一线工作人员。

是日，嘉应学院党委书记吴琦、校长杨洲率领的党政考察团到平远县调研乡村振兴工作和产学研合作。县领导宋才华、杨栋、曾小喜、陈琼宏、韩旭等陪同。

8日，平远县推进制造业高质量发展大会暨重点项目工作推进会在县迎宾馆召开。县委书记宋才华主持会议，县委副书记、县长杨栋讲话，县领导陈琼宏、林忠云、王俊辉、赖光亮、韩旭、张锡洪、刘胜等参加会议。

9日，市政协副主席李利平率部分政协委员到平远，围绕市政协专题议政课题“加强基层公共卫生队伍和防控能力建设”开展调研活动，并对平远县贯彻落实市委政协工作会议精神有关情况进行调研。县政协主席凌声宏、副县长刘兰娇、县政协副主席卢斌、秘书长林敦清参加或陪同调研。

是日，县委书记、县人武部党委第一书记宋才华主持召开县委议军会议。县领导曾小喜、姚永波、陈琼宏、徐万宝、林忠云、蔡晓红、裴中秋、王俊辉、陈定鼎、赖光亮、刘胜等参加会议。

10日，平远县召开“精致小城”建设暨“两美”行动工作推进会。县委副书记、县长杨栋参加会议并讲话，县领导肖桂华、陈琼宏、林忠云、赖光亮、张锡洪、刘胜等参加会议。

13日，县委书记宋才华到长田镇调研人居环境整治、房屋外立面工作。县委常委、组织部部长蔡晓红，副县长李万年参加调研。

是日，平远县召开县十五届人大五次会议代表建议和政协十届五次会议委员提案交办会。县委常委、常务副县长陈琼宏，县人大常委会副主任李远林，县政协常务副主席刘志刚等出席会议。

14日，县委书记宋才华、县长杨栋率队调研国道206线平远县田螺纽至超竹段改建项目工作。

22日，平远县召开第七次全国人口普查工作推进会。县委常委、常务副县长、县第七次全国人口普查工作组组长陈琼宏出席会议并讲话。

23日，县委副书记、县长杨栋率队调研工业园区建设工作。副县长韩旭、张锡洪，县政协副主席、县财政局局长刘胜陪同调研。

是日，受市人大常委会委托，县人大常委会组织在平远的省、市人大代表第二小组代表调研平远县旅游产业发展现状，助推乡村旅游振兴发展。县委副书记、县长杨栋，县委常委、常务副县长陈琼宏，县人大常委会副主任李远林参加或陪同调研。

24日，县委书记宋才华以市、县人大代表的身份，围绕脱贫攻坚、人居环境整治、“四好农村路”等内容，深入仁居镇开展“更好发挥人大代表作用”主题活动，听取代表和选民的意见建议，了解百姓民生诉求。县人大常委会副主任李远林、副县长韩旭参加活动。

是日，县政协主席凌声宏带领部分政协委员，对镇级公立幼儿园建设情况开展专题协商活动。县政协常务副主席刘志刚，党组成员、三级调研员涂其标，副主席刘胜，秘书长林敦清参加活动，副县长刘兰娇应邀参加活动。

27日，县委书记宋才华率队到大柘镇、热柘镇走访慰问部分退役军人，为他们送去党和政府的关怀和节日的问候。县人大常委会副主任、大柘镇党委书记赖光亮，副县长李万年陪同走访慰问。

28日，县十五届人大常委会召开第三十四次会议。在家的县人大常委会正、副主任参加会议，陈琼宏、刘兰娇、张锡洪、刘胜、刘鹏飞、周铁军、冯浪等列席会议。

是日，平远县召开足球场建设工作推进会，推动体育事业和乡村振兴战略融合发展。县委常委、常务副县长陈琼宏参加会议。

是日，平远县新的社会阶层人士联合会成立大会在县迎宾馆召开，标志着新的社会阶层人士联合会正式成立。县委副书记、县长杨栋，市委统战部副部长、市工商联党组书记罗桂芳，县委常委、统战部部长、县政协党组副书记林忠云出席会议。

29日，副市长温向芳带队到平远县调研防旱抗旱和现代农业产业园建设工作。县委书记宋才华、县委副书记曾小喜、副县长李万年陪同调研。

是日，县委常委、常务副县长陈琼宏率队到驻平远的部队慰问，看望慰问部队官兵，与部队官兵同叙鱼水情，共话军地发展，县人武部部长陈定鼎参加慰问活动。

31日，县政协组织部分政协委员到县农业农村局开展民主评议活动。县政协主席凌声宏、常务副主席刘志刚、副主席韩垂辉参加活动，副县长李万年应邀参加活动。

8月

3日，县委副书记、县长杨栋以县人大代表的身份，深入八尺镇开展“更好发挥人大代表作用”主题活动，听取代表和选民的意见建议，了解百姓民生诉求。

4日，梅州军分区司令员杨芝春到平远县检查指导征兵体检工作。县委书记宋才华、县人武部部长陈定鼎、副县长刘兰娇等陪同检查指导。

5日，县委副书记、县长杨栋在县政府五楼会议室主持召开平城南路“微改造”工程建设指挥部第一次全体会议。县领导肖桂华、陈琼宏、林忠云、赖光亮、张锡洪、刘志刚、刘胜及指挥部各成员单位主要负责人参加会议。

6日，平远县在官田广场举办以“营造诚信经营环境 同筑食品安全屏障”为主题的2020年食品安全宣传周现场宣传活动。副县长李万年参加活动。

6日，平远县在县应急局召开第三季度安全生产工作会暨县安委会安全生产专项整治三年行动部署会。县委常委、常务副县长陈琼宏出席会议并讲话。

8日，平远县2020“全民健身日”启动仪式在县城官田广场举办。县委常委、常务副县长陈琼宏参加活动。

10日，县委书记宋才华率队到中行、东石、长田等镇检查指导乡村振兴推进工作。县委常委、常务副县长陈琼宏，县委常委、组织部部长蔡晓红，副县长李万年等陪同检查。

11日，市委书记陈敏到平远县中行镇、东石镇调研乡村振兴、中小河流治理、名人故居活化利用等工作。市政府副市长温向芳陪同调研。

12日，平远县深化乡镇体制改革完善基层治理体系动员大会在县迎宾馆召开。县领导曾小喜、蔡晓红、赖光亮、张锡洪等参加会议。

是日，省委统战部副部长、省民族宗教委主任李秀英到平远县调研民族宗教工作。县领导宋才华、杨栋、林忠云等陪同参加活动。

是日，县委副书记、县长杨栋到教育部门调研政府履行教育职责考核工作。副县长刘兰娇，县政协副主席、县财政局局长刘胜以及相关部门负责人陪同调研或参加座谈。

14日，平远县加快推进市域社会治理现代化工作会议在县迎宾馆召开。县委书记宋才华、市委政法委副书记胡文悦出席会议并讲话，县领导凌志达、凌声宏、姚永波、徐万宝、蔡晓红、赖光亮、张善波和法院院长刘鹏飞、检察院检察长周铁军参加会议。

17日，县新冠肺炎防控领导小组（指挥部）召开会议。县委书记、领导小组组长宋才华主持会议并讲话，县领导肖桂华、赖光亮、刘兰娇、韩旭、李万年等参加会议。

18日，梅州瑞冠新材料年产2000吨金属软磁粉项目举行生产启动仪式。县委常委、统战部部长林忠云，副县长韩旭及相关部门负责人参加启动仪式。

19日，平远县举办2020学习论坛，邀请知名心理健康培训专家马绍斌作《领导干部的压力管理与心理调适》专题培训。县委书记宋才华聆听讲座，县委副书记曾小喜主持讲座。林忠云、赖家琳、廖文香、李远林、陈永和等县委、县人大常委会、县政府、县政协、县纪委监委全体领导，县法院、县检察院、龙文—黄田省级自然保护区管理处主要负责人及副县级以上领导等约150人聆听讲座。

22日，广东省客家商会到平远县梅畲村梅畲田园综合体考察。县委副书记曾小喜，副县长李万年参加活动。

25日，平远县召开“十四五”规划课题调研座谈会，邀请省社科院、广东消费经济学会专家一行就平远县规划编制工作进行深入调研和论证，为平远县“十四五”规划编制出谋划策、把脉会诊。县委常委、常务副县长陈琼宏，县人大常委会副主任陈永和参加会议。

是日，县政协组织部分政协委员开展“县城供水扩容提质”专题协商活动，为“县城供水扩容提质”工作“把脉开方”，助推“县城供水扩容提质”项目建设工作，切实让老百姓用上“放心水”。县政协常务副主席刘志刚，副主席姚小玲，秘书长林敦清参加活动。副县长张锡洪应邀参加座谈会。

是日，平远县召开2020年上半年全县金融联席会议。县委常委、常务副县长陈琼宏参加会议。

25—27 日，县人大常委会组织部分县人大代表调研国道 358 线绿道建设工作。县人大常委会主任凌志达、县人大常委会常务副主任赖家琳、县人大常委会副主任李远林、副县长韩旭参加活动。

26 日，省老区建设促进会会长陈开枝到平远县调研老区苏区振兴发展工作。

是日，省林业机构编制工作调研组一行到平远县调研林长制、森林资源管护及林业行政执法等工作。县委副书记、县长杨栋，副县长、县自然资源局局长张锡洪，广东平远龙文—黄田省级自然保护区管理处主任、县林业局局长林志鹏陪同调研。

27 日，平远县召开 2020 年禁毒工作会议。县委副书记、县长、县禁毒委主任杨栋，副县长、县公安局局长、县禁毒委常务副主任张善波参加会议。

是日，县委书记宋才华到大柘镇调研粮食生产储备工作。县领导陈琼宏、赖光亮、刘胜参加调研。

是日，平远县召开县城饮用水源水质变化情况调研座谈会，了解、掌握县城饮用水源污染防治、水源水质变化情况，存在问题及其意见建议和解决办法。县人大常委会党组书记、主任凌志达，县人大常委会副主任陈永和，副县长张锡洪参加会议。

28 日，平远县召开平远县发展村级集体经济工作推进会暨村企共建梅片树种植基地签约仪式。县委副书记、县长杨栋，县委副书记曾小喜，县人大常委会副主任、大柘镇党委书记赖光亮，副县长李万年，县政协副主席、县财政局局长刘胜，龙文—黄田省级自然保护区管理处主任、县林业局局长林志鹏参加活动。

是日，平远县召开县政协十届五次会议县委书记重点提案办理研判会。副县长、县自然资源局局长张锡洪，县政协常务副主席刘志刚参加会议。

9 月

1 日，县委书记宋才华到中行、八尺、仁居、差干等镇调研国道 206 线、358 线“两线八镇”农房管控和乡村风貌提升及重点项目建设工作。县领导曾小喜、陈琼宏、韩旭、李万年、刘胜陪同或参加活动。

2—4 日，县委理论学习中心组集中学习研讨《习近平谈治国理政》。县委、县人大常委会、县政府、县政协、县纪委监委全体领导，县人武部部长，县法院、县检察院、龙文—黄田省级自然保护区管理处主要负责人及副县级以上领导参加开班动员会及集中学习研讨。

3 日，平远县召开 2020 年“阳光征兵”审批定兵现场会。梅州军分区副司令员朱景洲大校，梅州军分区政治工作处主任范东阳上校，县委常委、常务副县长陈琼宏，县委常委、人武部政委裴中秋，县人武部部长陈定鼎参加活动。

6 日，市委副书记、市长张爱军到平远县，就深入学习贯彻习近平总书记重要讲话和重要指示批示精神，全面落实“六保”任务，扎实做好“六稳”工作，进一步推动“千企帮千村”活动深入开展，有力推进中医药产业发展等工作进行调研。市领导吴晓晖、温向芳，县领导宋才华、杨栋参加调研。

9日，平远县在迎宾馆大会堂召开庆祝2020年教师节暨县发展教育基金、刘宪奖教奖学金颁奖大会。县领导宋才华、杨栋参加活动。

10日，清华大学乡村振兴广东梅州平远远程教学站在县委党校启动。清华大学高等研究院副院长李家强，梅州市委副书记王庆利，清华大学继续教育学院党委副书记张文雪，嘉应学院党委书记吴琦，嘉应学院副校长罗嘉文，广东省委办公厅副巡视员曾小仕，县领导宋才华、曾小喜等出席揭幕仪式。

17日，平远县学习《习近平谈治国理政》第三卷宣讲报告会在县迎宾馆举办。

18日，星际文化集团董事长叶静子一行到平远考察电商、文旅项目。县领导宋才华、杨栋、曾小喜陪同考察。

21日，县委书记宋才华率队到泗水镇梅畲村检查庆祝2020年中国农民丰收节活动筹备工作。县领导曾小喜、李万年陪同检查。

22日，平远县庆祝2020年中国农民丰收节活动在泗水镇梅畲村开幕。

23日，平远县举行省道225线平远县大柘至石正段改建工程动工仪式。县领导陈琼宏、韩旭参加活动。

24日，平远县召开2020年政银企沟通对接座谈会。县领导陈琼宏、韩旭、刘胜等出席会议。

25日，平远县“全民志愿行·美丽迎华诞”志愿服务大行动启动仪式在县委大院举行。

27日，平远县开展“两线八镇”农村人居环境整治推进会。县领导曾小喜、赖光亮、李万年参加活动。

是日，县人大常委会主任、南台森林康养小镇项目建设指挥部总指挥凌志达开展南台森林康养小镇项目建设调研工作。县领导陈琼宏、张锡洪，龙文—黄田省级自然保护区主任林志鹏陪同调研。

是日，平远县召开秋冬季和国庆中秋期间新冠肺炎疫情防控工作会议。县领导陈琼宏、刘兰娇参加会议。

28日，平远县领导干部党章党规党纪教育培训班在县迎宾馆举办。县委书记宋才华出席培训班并作专题辅导。

30日，平远县2020年烈士公祭大会在县革命烈士陵园举行。宋才华、杨栋、凌声宏等在家县领导及各界人士代表共500多人参加公祭活动。

10月

13日，县委副书记、县长杨栋率队调研省级现代农业产业园建设情况。县领导王锋，李万年、张锡洪，林志鹏等陪同调研或参加座谈。

13日，中国共产党平远县第十三届委员会第十一次全体会议在县城召开。县委书记宋才华代表县委常委会向全会作工作报告，县委副书记、县长杨栋就经济工作作专题讲话。

15日，市政协主席陈建青到平远县调研交通基础设施建设和实体经济发展情况。

21日，平远县召开脱贫攻坚工作巡察整改推进会，要求要进一步统一思想、提高认识，聚焦重点、攻坚克难，压实责任、精准施策，确保巡察反馈问题整改到位，如期打赢脱贫攻坚战。县领导王俊辉、李万年参加会议。

是日，平远县召开第八届道德模范和第三届平远县文明家庭表彰暨“身边人说身边事”宣讲会。县领导肖桂华、刘兰娇参加活动。

是日，平远县召开第四季度安全生产、森林防灭火暨道路交通安全工作会议。县领导杨栋、陈琼宏、张善波、韩旭参加会议。

27 日，中共平远县委教育工作委员会在县教育局挂牌成立。副市长张晨，市教育工委书记、教育局局长彭旭，县领导王锋、蔡晓红、刘兰娇出席挂牌仪式并揭牌。

是日，平远县传达学习贯彻习近平总书记出席深圳经济特区建立 40 周年庆祝大会和视察广东重要讲话、重要指示精神，全省干部大会精神和省委书记李希到梅州调研讲话精神，及全市干部大会精神干部大会在县迎宾馆大会堂召开。县委书记宋才华出席会议并讲话。

11 月

1 日，第七次全国人口普查工作进入登记阶段，县委常委、常务副县长、平远县第七次全国人口普查领导小组组长陈琼宏开展督导检查。

是日，市委常委、组织部部长罗盛芬到平远县督导挂钩联系的市重点项目建设进展情况。县委书记宋才华、县委副书记王锋、副县长韩旭参加活动。

5 日，市政协文化和文史资料委委员与市社科联调研组到平远县开展“振兴乡村文化，助力苏区发展”调研。县委常委、常务副县长陈琼宏，副县长李万年参加活动。

6 日，县委书记宋才华率领平远县党政考察团到兴宁市、五华县学习考察，学习兴宁市和五华县在乡村振兴发展、工业园区建设、特色小镇建设和产城融合发展等方面的好经验和好做法。

11 日，广州市南沙区委宣传部组织省、市主流媒体到平远县开展精准扶贫采访。县委常委、副县长、南沙驻平远精准扶贫工作组组长王俊辉参加活动。

12 日，平远县 2021 年度重点党报党刊发行工作会议在县迎宾馆召开。县委常委、宣传部部长肖桂华，县委常委、常务副县长陈琼宏参加会议。

13 日，平远县举行南沙·平远合作共建梅片树种植基地签约仪式。县委常委、副县长王俊辉参加签约仪式。

17 日，县委常委会（扩大）会议宣布市委关于平远县人民政府主要领导职务调整的决定。周小勇任中共平远县委委员、常委、副书记，免去杨栋中共平远县委副书记、常委、委员职务。提名周小勇为平远县人民政府县长候选人，杨栋不再担任平远县人民政府县长职务。

是日，市联合检查组到平远县督查地下矿山安全综合整治工作。县委常委、常务副县长陈琼宏陪同督查。

19 日，县委书记宋才华率队到平远县脐橙现代农业产业园调研。县委副书记王锋，副县长李万年陪同调研。

20 日，平远县第十六届脐橙文化旅游节暨“平远橙”开采仪式。县委副书记王锋，副县长李万年参加活动。

22日，省文化和旅游厅党组书记、厅长汪一洋率调研组到平远开展文旅产业发展情况调研。市委常委、副市长孙春明，市文化广电旅游局局长谢钦文，县领导宋才华、周小勇、王锋等陪同调研。

23日，平远县妇女第十三次代表大会在县迎宾馆召开。县委副书记、代县长周小勇，副县长刘兰娇参加会议。

是日，市委常委、副市长、广梅指挥部总指挥长霍阳到平远县调研对口帮扶和脱贫攻坚工作。县委副书记、代县长周小勇，县委常委、副县长王俊辉陪同调研。

23—25日，平远县科级干部学习贯彻习近平总书记出席深圳经济特区建立40周年庆祝大会和视察广东重要讲话重要指示精神、中共十九届五中全会精神、《习近平谈治国理政》第三卷专题研讨班开班。县委书记宋才华出席开班式并作动员讲话，县委副书记、代县长周小勇主持开班式。

26日，县委书记宋才华主持召开扶贫开发领导小组工作会议。县委副书记、代县长周小勇参加会议。

28日，广州市委常委、南沙区委书记卢一先率队到平远县开展推进对口帮扶、精准扶贫工作，并召开广州市南沙区·梅州市平远县、蕉岭县精准扶贫暨对口帮扶党政联席会议。市委常委、市政府副市长、广梅指挥部总指挥长霍阳等陪同调研或参加座谈会。

12月

1日，县委书记宋才华到大柘、八尺、仁居等镇调研农房管控、乡村风貌提升及重点项目建设工作。县委副书记、代县长周小勇参加活动。

2日，县委副书记、代县长周小勇率队调研平远县工业经济运行情况。县委常委、常务副县长陈琼宏，副县长韩旭陪同调研。

是日，市委书记陈敏到平远县调研乡村振兴、现代农业产业园和重点项目建设工作。市政府副市长张晨陪同调研。

3日，县委副书记、代县长周小勇率队调研平远县城乡供水项目工程。副县长、县自然资源局局长张锡洪陪同调研。

6日，平远县中医医院落成启用并举办大型义诊活动。副市长张晨，县领导宋才华、周小勇、凌志达、凌声宏、王锋等领导出席落成启用仪式。

7日，县委副书记、代县长周小勇就财税工作进行专题调研。县委常委、常务副县长陈琼宏参加调研。

是日，县委副书记、代县长周小勇率队调研公安司法工作。副县长张善波陪同调研。

是日，县人民政府与梅州农村商业银行股份有限公司战略合作框架协议签订仪式。县委副书记、代县长周小勇，县委常委、常务副县长陈琼宏，副县长韩旭参加活动。

8日，市全国、省人大代表到平远县视察乡村振兴工作。市人大常委会副主任李远青、蓝伟东、伍德凤等参加视察活动。

9日，县委副书记、代县长周小勇就食品药品安全工作开展专题调研。副县长李万年陪同调研。

14日，平远县安全生产工作专题会议在县委五楼会议室召开，就东石镇“12·13”安全生产事故进行专题研究部署。

14 日，平远县城北片区规划建设指挥部召开全体会议。县委副书记、城北片区规划建设指挥部总指挥王锋主持会议并讲话，副县长李万年、张锡洪参加会议。

15 日，平远县召开今冬明春火灾防控工作推进会暨“三小”场所消防安全专项整治部署会。县委常委、常务副县长陈琼宏参加会议并讲话。

16 日，县委副书记、代县长周小勇率队检查矿山企业安全生产工作。副县长、县自然资源局局长张锡洪陪同检查。

是日，县安全生产委员会召开会议，县委书记、县安委会主任宋才华主持会议。县领导周小勇、凌声宏、王锋参加会议。

22 日，县委书记宋才华到河头镇珠坑村调研村（社区）“两委”换届工作。副县长李万年陪同调研。

23 日，县委副书记、代县长周小勇督导检查 2020 梅州马拉松赛和岁末年初社会面治安管控工作并看望慰问执勤民警。副县长、县公安局局长张善波陪同检查。

29 日，县全面推行河长制工作领导小组召开会议。县委书记、县级总河长宋才华出席会议并讲话，县委副书记、代县长、县级总河长周小勇主持会议。

是日，市委常委、常务副市长吴晓晖到平远县调研稀土、家居制造等主导产业发展情况。县领导宋才华、周小勇、王锋、陈琼宏、余毅宗、韩旭等陪同调研。

31 日，县委副书记、代县长周小勇率队开展节前“严整治、防事故、保安全”安全生产检查工作。县委常委、常务副县长陈琼宏陪同检查。

是日，省督导组到平远县开展防御冰冻灾害专项检查。副县长李万年陪同检查。

是日，县委书记宋才华率队到八尺、仁居和差干等镇调研寒潮防御、重点项目建设、乡村振兴等工作。副县长韩旭陪同调研。

县情概览

基本地情

【地理位置】 平远县地处广东省东北部，梅州市西北部，位于北纬24°23'38"～24°56'01"、东经115°23'41"～116°07'01"之间。东邻蕉岭县，南接梅县、兴宁，西、北分别与江西省、福建省交界。全县总面积1381（实际1373.979）平方千米。

【地形地貌】 平远县属丘陵山区，山地、丘陵占总面积的80.8%，其余为河谷盆地。地形平面呈四指并拢向上的巴掌状。因有闽赣边境的武夷山脉南伸所致，西北部高于东南部，形成北高南低的地势。海拔高度大多为200～800米。县境内海拔1000米以上的山峰有4座；北部与江西省交界的项山甑，海拔1529.8米，为平远县最高峰；西部八尺的角山嶂，海拔1030米；中部东石的尖山，海拔1007米；东部与蕉岭县交界的铁山嶂，海拔1164米。差干的五指石和石正的南台山，属丹霞地貌，形成南北对峙的姐妹山，为古今游人向往的风景山，海拔分别为460米、645米。

平远山脉以北部最高峰的项山甑为主，分为两支，一支从项山向东折南，较高的山峰有鸡笼嶂、五指石、鹅石（又名凤山）、梯云岭、尖笔山、大和峰、尖山；另一支从项山向西南方向延伸，高山有帽子山、珠宝峰、七娘峰、屏风峰、角山嶂、黄坑嶂、河岭峰、石龙寨等。

【建置沿革】 平远县治始设于明嘉靖四十一年（1562）。当时以广东程乡县的豪居（今仁居镇）为中心，并析福建的武平、上杭，江西的安远，广东惠州府的兴宁四县边地，以原设在豪居林子营通判府馆址为基础，扩大筑城，罢馆置县。因其界于福建武平、江西安远之间，故名“平远”。初隶江西赣州府。嘉靖四十三年（1564），调整县域，归还闽赣两省武平、上杭、安远三县原析之地，增析程乡的义化、长田、石窟三都及兴宁原析之大信一里，仍组成平远县，改隶广东潮州府，县治仍设在豪居。崇祯七年（1634），析平远的石窟一图、二图，并析程乡县之龟浆二图、松源二图，增置镇平县（今蕉岭县）。清雍正十一年（1733），程乡县升格为直隶嘉应州，平远改隶嘉应州。嘉应州与平远、兴宁、长乐、镇平4县并称嘉应五属。

中华民国成立后，废除原有建制，省县之间另设道。民国3年（1914），设潮循道，平远为下属之一县。民国9年（1920），裁道，平远直属于省。民国25年（1936）8月，两广还政中央，广东取消绥靖区，改设9个行政督察区，平远属第六区。民国 38 年初（1949 初），调整改属第九行政督察区。

1949 年 5 月 22 日，平远宣告和平解放。是年 10 月，中华人民共和国成立后，省县之间仍沿袭民国时期的专员公署制，作为省派出机构以领导县，平远隶属于兴梅专员公署。1952 年，兴梅专署被撤销，改隶粤东行政公署。1956 年，粤东行政公署被撤销，分设惠阳、汕头两个专区，平远隶属汕头专区。1965 年，兴梅与潮汕分设专区，平远隶属于梅县地区行政专员公署。1988 年，梅县行署改为市一级政权机构，称梅州市，平远隶属于梅州市。

1951 年 5 月，大信乡划归兴宁县辖。1956 年 1 月，梅县石扇乡黄竹坪村划入平远热柘乡。至此，县属地域均为原程乡县地。县治所在地，从 1562 年建县至 1952 年的 390 年，一直在仁居镇（明朝称“豪居”）。1952 年 6 月，平远与蕉岭合署办公，领导土地改革。8 月，广东省人民政府行文：“平远并入蕉岭县”“保留平远县名”。县治设在蕉城镇。1954 年 3 月，平远与蕉岭分县而治，平远县治迁往大柘镇。1958 年 11 月，为适应当时人民公社化运动和“大跃进”的需要，平远并入兴宁县，县治设在兴城镇。1961 年 1 月，兴宁、平远分县。此后，平远县治一直设在大柘镇。

【行政区划】 明朝平远建县后，设 4 都 2 图，即义田都、义化都、长田都、石窟都，石窟一图、二图。明崇祯年间割石窟一图二图与镇平，仍有 4 都，后改划为 15 乡。民国 26 年（1937）调整为 13 乡，全县划为 160 保、1758 甲。民国 30 年（1941），实行新县制，按《县各级组织纲要》规定，全县调整为 142 保、1676 甲。

中华人民共和国成立初期，全县设 7 个区、3 个市、56 个行政村。1950 年调整为 4 个区、2 个镇、13 个乡。1954 年，划为 4 个区、71 个小乡、2 个镇。1956 年撤区并乡，成立 13 个乡、1 个镇、71 个村。1958 年“政社合一”，全县成立 4 个人民公社、1 个镇。1961 年与兴宁分县后，平远县调整为 14 个公社、3 个农场、1 个镇。20 世纪 70 年代中期，划为 16 个公社、1 个镇。1983 年 11 月，恢复区、乡建制，取消政社合一的队制。全县设 14 个区（差干、仁居、黄畲、八尺、中行、河头、上举、泗水、东石、坝头、大柘、石正、长田、热柘）、1 个区级镇（大柘镇）、95 个乡、3 个城镇管理区、4 个县属国营农林场。

1986 年 11 月撤区建乡设镇。全县设立 5 个镇（大柘、仁居、东石、石正、八尺），11 个乡（差干、黄畲、河头、中行、上举、泗水、坝头、茅坪、超竹、长田、热柘），149 个村，7 个城镇居委会。1994 年，11 个乡改镇建制，全县设 16 个镇。2003 年 9 月，撤销超竹镇、黄畲镇和茅坪镇的镇级行政区划建制。原超竹镇并入大柘镇，原黄畲镇并入仁居镇，原茅坪镇并入东石镇。2004 年 11 月，撤销坝头镇的镇级行政区划，将其并入大柘镇行政区划。行政区划调整后，全县设 12 个镇（差干、仁居、八尺、河头、中行、上举、泗水、东石、大柘、石正、长田、热柘）。2014 年始，全县辖 12 个镇、136 个村委会、7 个居委会。县城设在大柘镇。

平远县村（居）委会一览表

表1 单位：个

镇名	村委会数	村委会名称	村民小组数
差干镇	7	新岭村、湖洋村、三达村、差干村、文丰村、加丰村、湍溪村	42
仁居镇	15	仁居村、井下村、五福村、畲溪村、飞龙村、礤头村、六吉村、邹坊村、社南村、木溪村、麻楼村、上远村、黄畲村、凤仪村、古丁村	192
八尺镇	11	八尺村、角坑村、肥田村、排下村、石峰村、凤头村、笙竹村、南塘村、楼前村、黄沙村、樟田村	118
中行镇	6	良畲村、仲石村、儒地村、中行村、官坑村、快湖村	51
河头镇	9	象牙村、樟坑村、黄田村、河头村、珠坑村、田心村、向阳村、双溪村、河清村	81
上举镇	6	畲脑村、上举村、龙文村、符坑村、文裕村、八社村	53
泗水镇	8	泗水村、文贵村、金田村、梅畲村、成文村、大畲村、木联村、大新村	140
东石镇	17	明洋村、大屋村、双石村、东石村、汶水村、凉庭村、东汶村、麻塘村、锡水村、洋背村、灵水村、白岭村、茅坪村、黄地村、太阳村、蕉留村、中村村	223
大柘镇	25	杞园村、梅东村、梅二村、黄沙村、河岭村、墩背村、清河村、岭下村、凤池村、丰光村、乔庄村、老圩村、超竹村、超南村、田兴村、西河村、棉二村、杉坑村、程北村、程西村、坝头村、东兴村、东片村、漳演村、贤关村	243
石正镇	17	东台村、南台村、石正村、西湖村、坪湖村、棉羊村、潭头村、中东村、马山村、下丰村、上丰村、先锋村、正和村、周正村、周畲村、安仁村、安南村	173

续表 1

镇 名	村委会数	村 委 会 名 称	村 民 小组数
长田镇	7	长安村、长江村、官仁村、禾磜村、长田村、长庆村、高南村	59
热柘镇	8	磜上村、热水村、热柘村、升平村、小柘村、上山村、韩坑村、下黄地村	74
合 计	136		1449
居委会	7	仁居、八尺、东石、城东、城北、城西城南、石正	40

【常年气候特点】 平远县地处南亚热带与中亚热带过渡的气候区，气候温和，四季分明，夏冬长，秋春短，雨热同季，热量丰富，雨量充足，风力小，霜期短。年平均气温 20.7℃，历年变化范围在 20.1℃～21.7℃之间，变幅 1.6℃；年平均日照时数 1859.8 小时，日照百分率为 42%；年平均降水量为 1683.6 毫米。

【河流】 平远境内主要河流有 3 条，即北部的差干河、中部的柚树河和南部的石正河，均属韩江水系。全县集雨面积 100 平方千米以上的河流 6 条，10 平方千米的小溪 18 条。这些河流，除差干河自西向东流外，其他河流均由西北流向东南。此外，八尺境的排下溪，向西北经江西省寻乌县到广东省龙川县汇入东江，是县境内唯一不属韩江水系支流。

【土地资源】 平远县土地资源丰富，且土地肥沃。地带性的自然土壤为红壤，有利于发展立体生态农业和多种商品生产基地。全县土地面积 13.81 万公顷。其中，农用地 127247.3 公顷；建设用地 7753.3 公顷；未利用地 3099.4 公顷。人均土地面积 0.57 公顷。

【水力资源】 平远县水力资源丰富，水力资源理论蕴藏量为 5.93 万千瓦，可开发量为 4.26 万千瓦，发电量 1.7 亿千瓦时。平远县是全国首批 100 个电气化县之一。

【矿物资源】 平远县地质构造复杂，矿物资源丰富。现有的资源中，计有矿种 29 个，矿床、矿（化）点 159 个，其中中型规模的矿床 7 个：铁矿、铌钽铷矿、高岭土矿、石灰岩、珍珠岩各 1 个，离子吸附型稀土矿 2 个。按矿种分类，黑色金属矿物有铁矿和锰矿；有色金属和贵金属有钨、钼、钴、铜、锡、铅、锌、铋、金；稀有金属矿有钽、铌、铷、稀土；建筑材料和非金属矿物有石灰岩、高岭土、萤石、脉石英、珍珠岩、沸石、钾长石、建筑石等；燃料矿物有无烟煤；其他矿物有铀矿、矿泉水、温泉等。 铁矿蕴藏量 7800 余万吨，石灰石藏量2亿吨以上，花岗岩100万立方米。经国家地质部门勘查，境内稀土矿属品位较高、开采条件较好的中型矿藏。

【森林资源】 平远县森林资源丰富，是全国造林绿化先进县、中国绿色名县、省林业生态县、省用材林基地县。2020年，全县林业用地面积10.71万公顷，森林覆盖率77.46%，活立木蓄积0.08亿立方米，是粤东动植物资源保护得最好的县之一。县内龙文—黄田自然保护区为省级自然保护区。据调查，全县有野生维管植物188科、642属、1300种，由乔木、灌木、藤木、草本组成种类树种。有珍稀濒危植物25种。其中，属国家一、二级保护植物21种，省级保护植物4种。

【野生动物资源】 平远的野生脊椎动物有78科206属287种。主要分布在山高林密的北部山区，主要有：野猪、黄猄、长尾鹊、猫头鹰、画眉、黑斑蛙、蛇类、松鼠、黄鼠狼、果子狸、刺猬、穿山甲、白头翁、白鹇、鸢、鹧鸪、燕隼、翠鸟、雉鸡等。

【旅游资源】 平远是“中国最佳文化休闲旅游县”“全国森林旅游示范县”。旅游资源按国家旅游分类系统标准，主要有自然旅游资源、人文旅游资源和服务资源3大景系，共有7个景类、37个景型。主要景区有五指石景区、松溪河景区、南台山景区、上举相思谷景区（龙文景区）、大河背景区和仁居古镇等。广东省地质公园、国家AAAA级旅游景区、省级风景名胜区五指石以“中国丹霞地貌盆景”著称，其中有广东第一高空栈道——五指石栈道；松溪河景区是国家AAA级旅游景区，原始生态的迤逦山水风光被大家称为“小桂林”，景区内有清道光年间（1821—1850）建造的保存得特别完好的石拱桥——松溪桥，是通往下坝村的必经之桥，还有革命战争年代红四军走过的红军路；粤东名胜、广东南台山国家森林公园的南台卧佛山号称“世界第一天然大佛”；上举相思谷景区（龙文景区）也是国家AAA级旅游景区；大河背景区内，群峰突兀，岩崖峻峭，呈现独特的“奇峰丛立，沟壑纵横，赤壁悬崖”的丹霞地貌景观，山势雄浑，自然风光秀丽；长田AAA级旅游景区曼佗山庄，一片花海；改造中的仁居古镇，历史底蕴深厚；石正水打坝等网红打卡地，吸引着无数游客。

【民族】 到2020年第七次人口普查，全县除汉族外，少数民族有446人，占全县总人口的2.34‰。少数民族有壮族、苗族、瑶族、满族、黎族、土家族、蒙古族等22个，全县姓氏共有157个。

【人口】 2020年年底，全县户籍人口26.09万人，常住人口18.98万人。

【语言】 语言以本土的客家话为主，随着外来人员的增多，普通话交流亦较为普遍。

【平远精神】 1997年，平远县把“团结、务实、创新、自强”确定为“平远精神”。

【平远县花】 1998年1月，县十届人大常务委员会第三十一次会议确定“宝巾花”（又名为簕杜鹃）为平远县花。

【平远人文】 平远人文资源厚重，客家文化特点鲜明，是粤东客家先民的始兴地、客家先贤程旼的故乡，享有“世界客都文化始祖地”“世界客都第一村”美誉。境内有保存完好的客家围龙建筑，有客家传统民间艺术船灯舞、落地金钱等，是中国民间文化艺术之乡（船灯舞）。曾涌现世界客属名贤首贤程旼，明监察御史韩元勋，辛亥革命时期广东北伐军总司令姚雨平，民国时期的爱国侨领姚德胜、文学博士吴康、交通部部长曾养甫和抗日英烈黄梅兴、姚子青、姚中英等著名人物。还有老红军林钦才、傅才秀，为社会主义建设事业做出贡献的外交大使吕志先（原名姚琬卿），北京航空学院一级教授林士谔，知名教授吴三立，国兰泰斗吴应祥等。

平远是原中央苏区县，历史上，太平军4次进入平远，红四军3次到过平远，抗日战争后期，广东省政府曾播迁到平远办公。

【平远名片】　平远县是原“中央苏区县”“世界客都文化始祖地”“世界客都第一村”“中国最佳文化休闲旅游县”“中国最佳文化生态旅游目的地”“全国十佳生态休闲旅游城市”“全国休闲农业与乡村旅游示范县”“中国仙草之乡”“中国油茶之乡”“中国绿色名县”“全国农产品加工创业基地”“全国绿色食品原材料标准化生产基地”“全国粮食生产先进县”“全国造林绿化先进县”“全国森林旅游示范县”“国家森林康养基地（第一批）”“国家卫生县城”“中国候鸟旅养小城”“中国民间文化艺术之乡（船灯舞）”“广东省中医药文化养生旅游示范基地”“广东橙乡”等 。

【平远土特产】　平远土特产有平远脐橙、金柚、八尺米酒、黄粄、梅菜、锅㞎茶、石正云雾茶、南台茶、东石花生、香菇、木耳、水柿、蒜头、浸姜、蜂蜜、牛肉干、高山茶油等。

2020年经济社会发展概况

【经济社会发展情况】　2020年，平远县生产总值77.88亿元，比上年增长1.9%。其中，第一产业增加值15.16亿元，比上年增长2.9%；第二产业增加值21.08亿元，增长4.9%（工业增加值16.21亿元，增长7.7%）；第三产业增加值41.63亿元，下降0.5%。人均地区生产总值4.06万元，比上年增长4.1%。固定资产投资37.9亿元，比上年增长7.9%。社会消费品零售总额31.99亿元，比上年下降6.8%。外贸出口额1.33亿美元，比上年下降5.1%。实际利用外商直接投资122.5万美元，比上年下降90.5%。地方一般公共预算收入5.18亿元，比上年下降13.7%。全体居民人均可支配收入23120元，比上年增长5.5%。

【农业产业】　2020年，平远县坚决扛起粮食安全政治责任，完成866.67公顷高标准农田建设，全年粮食种植面积13950.53公顷、粮食总产量7.79万吨；新增专业村11个、“一村一品”8个；脐橙、南药省级现代农业产业园建设扎实推进；平远脐橙入选国家名特优新农产品名录，石正镇列入全国农业产业强镇建设名单，官仁村获评全国“一村一品”示范村；全年实现农业增加值15.16亿元，比增2.9%。

【乡村振兴】　2020年，平远县坚持强规划、优环境、兴产业、重治理，全域推进农村人居环境整治，大力进行农房风貌提升，乡村振兴经验做法被省、市推广，全市乡村振兴现场会在平远召开。8月，平远在全省推进乡村振兴战略实绩考核中获得“优秀”等次，在粤北片区10个县（市、区）考核中排名第二。

【生态工业】 2020年，平远县累计投入2.65亿元，完成24.5公顷土地储备，建成5栋标准厂房、创业创新孵化基地商业体并投入使用；东台生态园首期项目4栋标准厂房全部封顶；南平大道西、科创路建设加快推进；供电线路、供水排污管网等配套设施日益完善；成功创建省级高新区，成为全市首个获省级认证的县工业园区。引进金雁磁电、建艺筑工等18个项目，超额完成年度招商任务。全县实现规模以上工业总产值43.01亿元，比增4.4%。

【旅游】 2020年，平远县加快推进南台森林康养旅游度假区、梅畲田园综合体等项目，成功创建省级全域旅游示范区，被评为“中国候鸟旅养小城”，入选2020年度十大“广东摄影基地”，梅畲村入选全国乡村旅游重点村，仁居村获评广东省文化和旅游特色村；全县旅游接待192.82万人次，实现综合收入8.65亿元。

【交通建设】 2020年，平远县全力推进交通基础设施建设，国道206线绕城段超额完成投资任务，国道358线差干圩镇至八尺五指石高速出口段全线通车，国道206线径门口至长田段路面改造工程全面完成。省道225线石正至大柘段改造之中。完成106千米“四好农村路”建设任务。

【疫情防控】 2020年，新冠肺炎疫情发生后，平远县坚决贯彻落实习近平总书记重要讲话和重要指示批示精神，始终把人民群众的生命安全和身体健康放在第一位，全面部署，全县动员，全民参与，迅速打响疫情防控总体战、阻击战。全县除确诊1例输入性病例并治愈出院外，自2020年1月31日后无新增确诊病例，实现无死亡病例、无医院感染、无社区传播“三无”目标。实施疫情常态化防控工作以来，平远县慎终如始筑牢“外防输入、内防反弹”防线，不断完善疫情防控体制机制，落实落细各项常态化防控措施，全县疫情防控形势保持稳定。

【重点项目攻坚】 2020年，平远县全力打好项目攻坚战，固定资产投资、工业投资等主要经济指标逆势上扬、排名靠前。争取抗疫特别国债资金1.29亿元、地方政府专项债券资金4.2亿元；56个重点项目完成投资37.5亿元，其中32个省市重点项目投资完成率居全市第三；全市首个陆地风电项目茅坪风电场建成投产；瑞冠新材料金属软磁粉生产项目3个月实现投产。

【三大攻坚战】 2020年，平远县坚决打好脱贫攻坚战。开展“百日攻坚”和挂牌督战行动，抓实产业、就业、消费扶贫，1484户3969名贫困人口、20个相对贫困村全部脱贫。深入实施“万企帮万村”行动，发展壮大村级集体经济，12个“空壳村”全面消除。坚决打好蓝天碧水净土保卫战。空气环境质量优良率100%，空气质量综合指数稳居全市第一；全面推进河长制工作，柚树河、石正河等省市考断面水质全面达标，县城饮用水源水质持续稳定，完成东石镇白岭村、河头镇向阳村等6个村黑臭水体整治；累计完成户厕无害化改造52944户、建设公厕348座，11座镇级和22座村级污水处理设施投入运营；农村面源污染防治、化肥农药减量化行动、畜禽粪便无害化处理等有序推进，土壤环境质量持续改善。国家重点生态功能区县域生态环境质量年度考核全市第一、全省第四。坚决打好防范化解重大风险攻坚战。成功防御“6·8”洪涝灾害，迅速有效开展生产救灾、卫生防疫和灾后重建；严厉打击电信诈骗、非法集资等行为，不断强化政府性债务管理，重大风险可防可控。

【城乡规划建设】 2020年，平远县有序推进国土空间规划编制，完成北部新城初步规划设计，扎实推进国道206线绕城段、省道225线石正至大柘段改造，积极谋划平武高速径门口枢纽立交项目建设，县城架构进一步拉大。完成实验中学升级改造以及振兴街、平城北路三角地2个口袋公园建设，完成羊子甸街、平城中路远南酒店至水务局段道路提升改造，以及建设路等3个停车场和城西片区等6个老旧小区升级改造，建成启用城北市场，奥园广场进入主体建筑施工阶段，碧桂园二期、优山美地等宜居社区建设加快推进，城市更新改造步伐加快。引进粤海水务合作共建城乡供水工程，困扰多年的饮用水问题解决在望。扎实推进城区生活垃圾分类试点工作，完成城北社区25个生活垃圾示范小区建设，城区公共机构生活垃圾分类实现全覆盖；成功创建国家卫生县城、全国县级文明城市提名城市；城市管理水平不断提高。扎实推进仁居、差干、河头圩镇“微改造”。以国道206线和国道358线沿线8个镇为重点，扎实推进农房管控和乡村风貌提升、农村人居环境整治，累计完成客家民居特色外立面改造14094户，100%行政村建成干净整洁村，60%以上行政村建成美丽宜居村，20个省定贫困村全部建成新农村示范村。畲脑村获“广东农房风貌提升名村”称号，河头镇获“广东省文明村镇”称号。

【民生实事】 2020年，平远县坚持公共财政支出向民生倾斜，投入各类民生资金26.5亿元，占一般公共预算支出的84.19%。完成年度“十件民生实事”。全面落实救助、兜底保障政策，困难群体生活得到有效保障。千方百计保就业，新增城镇就业1405人，城镇失业人员再就业1103人，城镇登记失业率2.39%。

【文化、教育】 2020年，平远县有序推进红军纪念园扩容提质工程，新时代红色文化讲习所启动建设。完成县图书馆、县文化馆主馆提升工程。成立平远发展教育基金并筹集资金1.23亿元；挂牌成立县教师发展中心；城南幼儿园开园招生，城南小学首期、特殊教育学校二期等工程有序推进。

【卫生、体育】 2020年，平远县完成县人民医院综合大楼主体工程建设，加快推进县妇幼保健计划生育服务中心建设，县中医医院建成使用；全面完成镇卫生院和村卫生站标准化、规范化建设；建成核酸检测实验室2间、发热门诊（诊室）16间，完成疫苗冷链配送系统和预防接种单位标准化建设。国家县域医共体试点县建设扎实推进。荣获“2018—2020年全国计划生育优质服务先进单位”荣誉称号。新建足球场12块。

【社会维稳】 2020年，平远县村民理事会“一带一法四参与”（党建带动，活化利用程旼以德化人工作法，广泛发动村民自主参与议事、参与调解、参与建设、参与治理。）“中心4+”（中心+网格化

+信息化+村民议事日+干部直联日）社会治理模式荣膺市“平安之乡”实践创新制度集成型项目，扫黑除恶专项斗争纵深推进，社会治安防控体系建设成效明显。安全生产形势稳定，食品药品安全保障有力，信访态势平稳可控，基层应急管理“四个一”建设全面完成，防灾减灾扎实有效。县镇村退役军人服务机构实现全覆盖。

【“创文创卫”行动】 2020年，平远县深化文明创建、“两美”行动，市容市貌持续改善，在成功创建“广东省卫生县城”“广东省县级文明城市”的基础上，7月，被全国爱卫会命名为“国家卫生县城”称号。2021年1月，被中央文明办确定为2021—2023年创建周期全国县级文明城市提名城市。

【政务建设】 2020年，平远县坚持向县委、县人大及其常委会报告工作，向县政协通报情况，办理县人大代表建议34件、县政协委员提案49件，答复率为100%。扎实推进法治政府建设和模范机关创建，入选全省法治政府建设示范区（综合候选地区），涌现出一批抗疫先进、劳动模范等典型。进一步推进乡镇体制改革，深化“放管服”改革，探索建立“三定一督一通报”（在工作部署时定事定人定时，对工作完成情况进行督促，并及时向各镇各单位通报，定期向县委报告）、分级授权审批、项目审批流程优化等机制，营商环境更加优化，政府效率不断提高。严格落实中央八项规定精神，带头过“紧日子”，驰而不息纠治“四风”，持续加大审计监督和巡察整改力度。

【存在问题】 2020年，平远县存在的主要问题是：受新冠肺炎疫情、宏观经济形势、实体经济效益下滑等因素影响，主要经济指标增速有所放缓，有的甚至出现负增长，实体经济短板突出。产业比例不够协调、层次偏低、质量不高、创新不足，传统产业转型升级步伐还不够快，新兴产业还挑不起大梁。支撑高质量发展的项目特别是科技含量高、质量效益好、发展潜力大的项目不多，一些项目落地进展不快、项目问题久拖不决、项目久建不成的现象依然存在。个别干部不想为、不敢为、不会为，担当负责不够、政策研究不透、执行落实不力等顽疾还没有彻底根除。 （县政府办公室）

精神文明建设

【文明城市创建】 2020年，平远县调整充实文明委领导班子，印发《2020年平远县精神文明建设工作要点》，召开2020年平远县精神文明建设委员会暨创建全国县级文明城市工作推进会，部署工作，培训材料申报与实地测评工作各责任单位人员150人次。印发《平远县创建全国县级文明城市测评体系操作手册》《全国未成年人测评体系操作手册》各500份下发到各镇各单位，印发《平远市民文明手册》2000份，在文明实践中，各单位、学校、社区和企业群众提升思想觉悟、道德水准、文明素养。

【公民思想道德建设】 2020年，平远县精神文明办依托10所爱国主义教育基地和“网上祭英烈”平台等组织纪念活动100余场次。在平远中学启动全县道德模范宣讲巡讲交流，形成学习榜样、尊重模范浓厚氛围。推荐“梅州好人”11人，曹维定、姚仕淼、林桂泉、林丹平等4人分别被市文明办评为“梅州好人”。表彰第八届平远县“五星道德模范”20人，制作17套平远县第八届五星道德模范先进事迹展示牌，在县图书馆、文化馆、博物馆、各中小学校等公共场所进行展示。

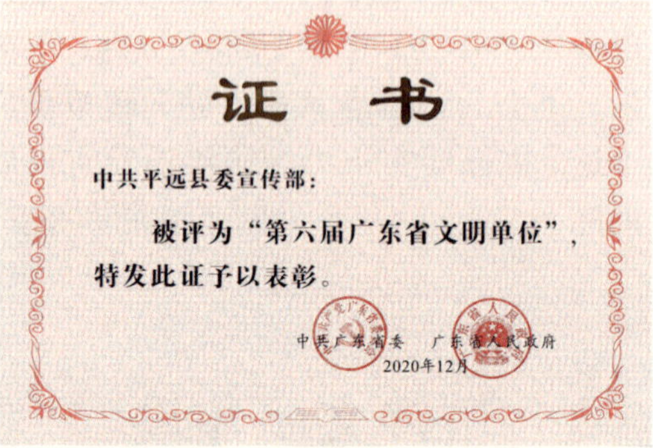
证书

中共平远县委宣传部：

被评为“第六届广东省文明单位”，特发此证予以表彰。

中共广东省委　广东省人民政府

2020年12月

平远县被评为第六届广东省文明单位证书

【群众性精神文明创建】 2020年，平远县精神文明办印发《2020年平远县深化群众性精神文明创建活动工作方案》。以社会主义核心价值观引领乡风文明，移风易俗，创建文明村镇和星级文明户，“补短板、促提升”。2020年，全县评选“五星级文明户”2386户。东石镇茅坪村等6个村被评为梅州市文明村。差干镇差干村等115个文明村、八尺镇等12个文明镇完成文明村镇复查工作。中共平远县纪律检查委员会等9个单位被评为梅州市精神文明建设先进单位，刘文龙等4人被市评为精神文明建设先进个人。组织开展第三届平远县文明家庭评选表彰活动及第四届“梅州市文明家庭”推荐评选活动。授予黄春英家庭等10户家庭“第三届平远县文明家庭”称号、肖美玲家庭等2户家庭“第四届梅州市文明家庭”称号。

【未成年人思想道德建设】 2020年，平远县精神文明办培养和践行社会主义核心价值观，引导青少年“扣好人生第一粒扣子”。联合县教育局、关工委、妇联开展2020年度平远县“新时代好少年”评选活动。授予官佳文等10名同学荣誉称号并予表彰，杜宝岚等4人被评为“梅州市新时代好少年”。平远县仁居中学等6间中小学校被评为梅州市第四届文明校园。组织参与“2020·难忘的记忆”第五届岭南童谣征集传唱暨举办梅州市第四届客家童谣节活动，石正中心小学《做粄粄》、平远县第一小学《中秋灯笼谣》、八尺镇中心小学《我可爱的家乡》分获一、二、三等奖。

【新时代文明实践】 2020年，平远县精神文明办印发《平远县新时代文明实践中心建设工作联席会议制度》文件。在东石镇召开平远县新时代文明实践中心工作联席会暨实践活动推进会。组织开展“翰墨传真情，万福进万家——2020年平远县道德春联进万家”“我们的中国梦——文化进万家”等新时代文明实践活动。全县各级文明实践中心（所、站）开展新时代文明实践活动558场次。在创建全国县级文明城市工作中，全县42个新时代文明实践志愿服务队不定期开展清洁大行动、“文明交通、从我做起”活动。

【学雷锋志愿服务】 2020年，平远县精神文明办投入90多万元打造平远县志愿者服务总站，聘请2名专职驻站人员，统筹做好志愿服务信息系统管理和活动发布。2020年，平远县在“i志愿”系统注册志愿者15062人，发布志愿活动601

个，志愿服务时长480471小时。文明办、共青团和社会各界共同创建新型志愿服务体系。评选出最美志愿者5个，最佳志愿服务组织2个，最佳志愿服务项目2个，最美志愿服务社区2个。林丹平获评梅州市最美志愿者，石正镇青年志愿者服务队获评梅州市最佳志愿服务组织，石正镇石正社区获评梅州市最美志愿服务社区，“216战疫计划”（平远县大柘镇青年战疫志愿突击队）获评梅州“优秀战疫志愿服务项目”。（姚海辉）

2020年平远县国民经济和社会发展统计公报

2020年，面对复杂严峻的国际形势，平远县坚持以习近平新时代中国特色社会主义思想为指导，认真贯彻落实省委“1+1+9”工作部署、市委“六争六补”“123456”思路举措以及县委“11356”部署安排。在新冠肺炎疫情的严重冲击下，科学统筹疫情防控，扎实做好“六稳”工作，全面落实“六保”任务，努力克服经济社会发展中遇到的各种困难和问题，致力发展地方经济，着力抓好民生工程建设，推动经济社会高质量发展取得新成效，为“十四五”开好局、起好步奠定了坚实的基础。

一、综合

经梅州市统计局统一核算，2020年平远县实现地区生产总值（初步核算数）778752万元，比上年增长1.9%。其中，第一产业增加值151641万元，增长2.9%，对地区生产总值增长的贡献率为24.2%；第二产业增加值210774万元，增长4.9%，对地区生产总值增长的贡献率为87.9%；第三产业增加值416337万元，下降0.5%，对地区生产总值增长的贡献率为-12.1%。三次产业结构比重为19.47∶27.07∶53.46，第三产业所占比重比上年降低2.25个百分点。

年末全县户籍人口26.09万人，比上年年末下降1.0%。

全年地方一般公共预算收入51824万元，比上年下降13.7%。全年地方一般公共预算支出311349万元，比上年增长9.0%。

二、农业

全年粮食作物播种面积13950.53公顷（209258亩），比上年增长0.1%；油料种植面积898.2公顷（13473亩），增长0.7%；蔬菜种植面积4010.46公顷（60157亩），增长1.7%。

全年粮食产量77958吨，比上年增长0.3%；油料产量2446吨，增长0.7%；蔬菜产量67625吨，增长3.5%；水果产量90033吨，增长2.9%；茶叶产量943吨，增长4.3%。

全年肉类总产量12858吨，比上年下降4.3%。其中，猪肉产量8069吨，下降5.8%；禽肉产量3430吨，下降1.8%。全年淡水产品产量9255吨，与上年持平。

当年造林面积424公顷，全民义务植树70万株，木材采伐量41883立方米，木材收购量26386立方米。森林资源继续走可持续发展道路，保持年生长量大于年消耗量。

三、工业和建筑业

全年全部工业增加值比上年增长

7.7%，其中规模以上工业增加值增长2.5%。

2020年平远县主要工业产品产量情况表

表2

产品名称	单　位	当年实绩	对比上年增减（%）
铁矿石	万吨	5.26	-23.0
水泥	万吨	144.62	-9.8
发电量	万千瓦时	19095	-38.6
人造板	立方米	39376	-35.4
家具	万件	64.2	-5.3
稀土分离产品	吨	2070.9	-5.6

全年实现建筑业总产值173532万元，比上年下降10.1%；建筑业增加值48700万元，比上年下降10.1%。商品房屋建筑施工面积550055平方米，比上年增长19.4%；商品房屋销售面积72395平方米，比上年下降55.1%。

四、服务业

全年金融业增加值47795万元，比上年增长0.6%；房地产业增加值51054万元，比上年下降9.7%；批发和零售业增加值55043万元，比上年下降9.0%；住宿和餐饮业增加值12728万元，比上年下降15.9%。

全年规模以上服务业企业实现营业收入16915万元，比上年下降26.2%。

全年交通运输、仓储和邮政业增加值14757万元，比上年下降2.9%。公路货物周转量52074万吨千米，比上年下降1.2%；公路旅客周转量10709万人千米，比上年下降70.4%。

年末全县公路通车里程1993.8千米，其中高速公路里程57.11千米。

年末全县民用汽车拥有量2.99万辆，比上年末增长4.1%。其中，民用轿车拥有量2.72万辆，增长3.9%。

年末电话总用户19.9万户，比上年年末增长0.9%。其中，固定电话用户1.96万户，与上年持平；移动电话用户17.9万户，增长1.0%。年末互联网用户6.7万户，增长1.2%。

五、固定资产投资

全年固定资产投资（不含农户）比上年增长7.9%，其中房地产开发投资增长41.7%。

在固定资产投资中，第一产业投资比上年增长47.2%，第二产业投资增长32.1%，第三产业投资增长1.5%。民间投资占固定资产投资的比重为40.9%。基础设施投资增长0.7%，占固定资产投资的比重为55.0%。

六、国内贸易

全年社会消费品零售总额319945.8万元，比上年下降6.8%。按消费形态分，商品零售额284235.8万元，下降6.6%；住宿和餐饮业零售额35709.5万元，下降8.5%。按经营所在地分，城镇消费品零售额242214.9万元，下降6.4%；乡村消费品零售额77730.9万元，下降8.0%。

七、对外经济和招商引资

全年贸易进出口总额（报表口径）13552.3万美元，比上年下降5.2%。其中，进口总额293.3万美元，下降9.1%；出口总额13259万美元，下降5.1%。

全年合同协议投资项目18宗，比上年增长12.5%；合同协议投资金额42.18亿元，比上年下降44.7%。

八、金融和保险业

年末全县金融机构本外币各项存款余额1029687万元，比上年年末增长4.7%，其中住户存款余额749662万元，比上年年末增长8.4%。年末全县金融机构本外币各项贷款余额554586万元，比上年年末增长12.1%。

全年人民、人寿、平安保险业保费收入合计12818万元，比上年增长4.1%。全年人民、人寿、平安保险业赔付支出合计4407万元，比上年下降4.9%。

九、人民生活与社会保障

据定点抽样调查统计，全年全县居民人均可支配收入23120元，比上年增长（名义增长）5.5%。按常住地分，城镇居民人均可支配收入26984元，增长4.2%；农村居民人均可支配收入19156元，增长6.5%。

年末全县参加城镇职工基本养老保险3.15万人，参加城乡居民基本养老保险人数10.04万人。参加职工基本医疗保险2.37万人，参加城乡居民基本医疗保险20.17万人。参加工伤保险1.65万人，参加失业保险1.49万人。全年全县征缴社会保险费（五险）收入51028万元。年末城镇居民低保人数339人，农村居民低保人数5474人。

据就业服务管理部门统计，全年全县新增就业人数1405人。全县城镇登记失业人员实现再就业1103人；年末城镇登记失业人数765人，登记失业率2.39%。

年末全县敬老院12个，床位数445张，入院人数143人、外保人数504人；年末全县各类社会福利单位收养人数672人。全县城乡社会保障网络体系不断完善，各类社会保险覆盖率逐年提高。

十、教育和科学技术

年末全县共有各类学校80所。其中，普通高中3所，招生1247人，在校学生3216人，毕业生948人，参加高考1251人，考入大专及以上1042人，其中考入本科672人、专科370人，高中专本升学率83.3%；中职学校1所，当年未招生，在校学生646人，毕业生165人；普通初中14所，招生2354人，在校学生6764人，毕业生1980人，初中毕业升学率96.3%；普通小学20所，招生2459人，在校学生16191人，毕业生2662人；幼儿园41所，招生2506人，在园幼儿7216人。全县各类学校教职工人数2873人，其中专任教师人数2584人。专任教师人数中，任教高中462人、任教职中32人、任教初中656人、任教小学965人、任教幼儿园443人。

年末全县共有科研机构2个。年末国有企事业单位拥有自然和社会科学专业技术人员8877人。全年全县专利申请量232件（其中，发明11件、实用新型136件、外观设计85件），比上年增长19.0%；专利授权量187件（其中，发明6件、实用新型97件、外观设计84件），比上年增长78.1%。

十一、文化、卫生和体育

年末全县共有文化馆1个、公共图书馆1个、博物馆1个、广播电台1座、电视台1座，公共图书馆藏书15.5万册。

年末全县共有各类卫生机构183个。其中，医院3个、卫生院12个、妇幼保健机构1个、专科疾病防治机构1个、村卫生室135个。医疗卫生机构拥有医疗床位796张，每万人拥有医疗床位31张。卫生从业人员

1542人，其中专业卫生技术人员1408人，每万人拥有卫生专业技术人员54人。

2020年，平远县积极派员参加国内举办的体育赛事，由县业余体校选派的运动员，参加第40届“开拓杯”全国少儿乒乓球比赛，女子少年乙组比赛姚裕玲获得单打第一名、团体第三名，姚裕玲、陈皆潼双打第二名。参加广东省“中国体育彩票”“茂商杯”青少年乒乓球锦标赛，乙组女子比赛林子清获得单打第一名，陈洋、金华、林子清、许诗绮获得团体第二名，金华、林子清获得双打第三名；丙组女子比赛赖纪妃、赖流腾、王梓钰、姚裕玲获得团体第三名，姚裕玲、王梓钰获得双打第八名。参加中国乒协国青、国少集训队“容国团杯”广东省选拔赛，13—14岁组女子单打比赛林子清获得第一名。参加广东省“威健·澳加林杯”青少年羽毛球锦标赛，乙组女子比赛钟润果获得团体第三名。参加梅州市第六届“中国体育彩票杯”跆拳道锦标赛，男子乙组+66公斤级比赛刘翰林获得第一名，女子乙组44公斤级比赛马清娜获得第一名。

十二、能源与环境

全年规模以上工业综合能源消费量15.76万吨标准煤，比上年增长5.77%。单位工业增加值能耗增长3.21%。全年全社会用电量51377万千瓦时，比上年增长6.1%。其中，工业用电量25376万千瓦时，比上年增长1.3%。

年末全县共有环境监测站1个，生活污水处理厂1座，污水处理能力达到2.0万吨/日。当年全县空气质量达到一级标准，全年平均气温为21.1℃，全年灰霾天气日数0天。

说明：

1. 本公报中资料数据均为初步核算数。
2. 全县生产总值、各产业增加值总量按现价计算，增长速度按可比价计算。
3. 部门统计数据来源于县直相关部门。
4. 能源消耗、社会消费品零售总额增速为调整口径。
5. 该公报由平远县统计局于2021年10月提供。

2020年平远县国民经济主要统计指标一览表

表3

序号	指　标	单　位	数值
1	行政区域土地面积	平方千米	1381 （实际1373.979）
2	年末总人口	人	260929
3	乡村人口	人	154353
4	城镇人口	人	106576
5	地区生产总值	万元	778752
6	第一产业（新口径）	万元	151641
7	第二产业（新口径）	万元	210774
8	第三产业（新口径）	万元	416337
9	农林牧渔业增加值	万元	156557
10	全部工业增加值	万元	162261
11	建筑业增加值	万元	48701
12	人均地区生产总值	元	40602
13	地区生产总值指数（上年=100）	%	101.9
14	第一产业（新口径）	%	102.9
15	第二产业（新口径）	%	104.9
16	第三产业（新口径）	%	99.5
17	农林牧渔业增加值	%	103.0
18	全部工业增加值	%	107.7
19	建筑业增加值	%	89.9

续表 3

序号	指　标	单　位	数值
20	人均地区生产总值指数	%	104.1
21	全社会固定资产投资	万元	378985
22	房地产开发投资	万元	105740
23	地方一般公共预算收入	万元	51824
24	地方一般公共预算支出	万元	311349
25	居民人均可支配收入（元）	元	23120
26	城镇居民人均可支配收入	元	26984
27	农村居民人均可支配收入	元	19156
28	乡村就业人员	人	97615
29	农业总产值（新口径）	万元	226790
30	农业总产值指数(上年=100)	%	101.8
31	农作物播种面积	公顷	22431.5
32	粮食作物播种面积	公顷	13950.5
33	粮食产量	吨	77958
34	油料产量	吨	2446
35	肉类总产量	吨	12858
36	猪牛羊肉产量	吨	8671
37	水果产量	吨	90033
38	茶叶产量	吨	943

续表3

序号	指　标	单　位	数值
39	工业总产值（新口径）	万元	628820
40	工业总产值指数(上年=100)	%	107.6
41	公路里程	公里	1993.8
42	民用汽车拥有量	辆	29943
43	邮电业务总量	万元	15044.7
44	本地电话用户	万户	1.96
45	#乡村电话用户	万户	0.91
46	移动电话用户	万户	17.91
47	社会消费品零售总额	万元	319946
48	出口总额（海关口径）	万美元	13259
49	实际利用外资	万美元	122.5
50	住户存款余额（本外币）	万元	749662
51	幼儿园学校数	所	41
52	幼儿园在校学生数	人	7216
53	小学学校数	所	20
54	小学在校学生数	人	16191
55	普通中学学校数	所	17
56	普通中学在校学生数	人	9980
57	中职学校	所	1
58	中职学校在校学生数	人	646
59	卫生技术人员	人	1408

说明：该指标由平远县统计局于2021年10月提供

中共平远县委员会

县委全会及重要活动

【中国共产党平远县第十三届委员会第十次全体会议】 2020年1月13日，中国共产党平远县第十三届委员会第十次全体会议在县迎宾馆召开。县委常委会主持会议，并就党建工作作专题报告。会议传达中央经济工作会议，省委十二届八、九次全会和市委七届八次全会精神。在第一次全体会议上，县委书记宋才华代表县委常委会向全会作工作报告，并就贯彻落实中共中央、省委推进国家治理体系和治理能力现代化实施意见，以及支持深圳建设中国特色社会主义先行示范区行动方案和广州推动“四个出新出彩”的若干措施作说明。县委常委、县政府副县长陈琼宏受县长杨栋委托就经济工作作专题讲话。

【中国共产党平远县第十三届委员会第十一次全体会议】 2020年10月13日上午，中国共产党平远县第十三届委员会第十一次全体会议在县迎宾馆召开。县委常委会主持会议。会议传达省委十二届十次全会和市委七届九次全会精神。在第一次全体会议上，县委书记宋才华代表县委常委会向全会作工作报告，县委副书记、县长杨栋就经济工作作专题讲话。

【全市农村工作暨实施乡村振兴战略和决战决胜脱贫攻坚现场推进会】 2020年5月27日，全市农村工作暨实施乡村振兴战略和决战决胜脱贫攻坚现场推进会在平远县召开。市领导，市委实施乡村振兴战略领导小组成员单位主要负责人，各县（市、区）党政主要及分管负责人、农业农村局（农办）主要负责人和镇（街道、场）党委主要负责人等参加大会并进行现场考察。会前，市委书记陈敏，市委副书记、市长张爱军，市政协主席陈建青分别率队实地参观考察平远县仁居镇仁居村、上举镇上举村和畲脑村，感受平远县农村人居环境整治、红色村建设和圩镇“一河两岸”环境提升等相关情况。会后，2020年8月11日，市委书记陈敏到平远县调研乡村振兴、中小河流治理、名人故居活化利用等工作。陈敏先后到中行镇中行村、味真草庐，东石镇汶水村、灵水村毓秀书院等地，详细了解乡村振兴战略实施、人居环境整治、村容村貌改善等情况。市领导温向芳，县领导宋才华、杨栋、曾小喜等陪同调研。

【农民丰收节在泗水镇梅畲村开幕】 2020年9月22日，平远县庆祝2020年中国农民丰收节活动在泗水镇梅畲村开幕。

县委书记宋才华致辞，向农民朋友们致以节日问候，并汇报平远县富民兴村、脱贫奔康成绩单。开幕式同步举办平远美丽乡村摄影大赛、十佳新型职业农民评选、优秀新型职业农民评选，展现丰收景象，反映小康生活，彰显新时代农民风采。（参见“年度关注”）

【对口帮扶调研活动】 2020年11月28日，广州市委常委、南沙区委书记卢一先率队到平远县开展推进对口帮扶、精准扶贫工作。卢一先走进大柘镇黄沙村，实地察看红色历史讲习馆、红色文化广场等地，认真听取可其山电商蔬菜基地的介绍，详细了解产业扶贫成效，并走访慰问贫困户；随后在富港酒店召开广州市南沙区·梅州市平远县、蕉岭县精准扶贫暨对口帮扶党政联席会议。南沙区委副书记徐永，市委常委、市政府副市长、广梅指挥部总指挥长霍阳，平远县委书记宋才华，县委副书记、代县长周小勇，县委副书记王锋，县委常委、县政府副县长王俊辉，县政府副县长李万年以及蕉岭县委副书记张伟杰等陪同调研或参加座谈会。

【市委书记陈敏到平远调研】 2020年1月31日，市委书记陈敏到平远县检查新型冠状病毒感染的肺炎疫情防控工作。陈敏到平远县城的集中医学观察场所，实地检查人员管控、疫情监测、物资供应等措施落实情况，看望慰问奋战在疫情防控一线的党员干部和医务工作者；到济广高速平远服务区，详细了解卡点运行情况。市领导杜敏琪，县领导宋才华、杨栋、曾小喜、陈琼宏、陈远航、张善波、刘兰娇等参加活动。

2020年3月4日，市委书记陈敏到平远县检查统筹疫情防控和经济社会发展工作。陈敏先后到平远县东台生态工业园、国道206线平远县田螺纽至超竹段改建工程、国道358线平远县湍溪至八尺段改线工程、平远酒香小镇等建设现场，详细了解各重点项目推进情况；深入梅州市瑞冠新材料科技有限公司生产车间和后期厂房建设现场，检查疫情防控、复工复产等情况；到平远县绿叶天然食品有限公司，仔细听取企业生产经营、市场销售等情况介绍。市领导黄文沐，县领导宋才华、杨栋、凌声宏、陈琼宏等参加活动。

2020年3月31日至4月1日，市委书记陈敏到平远县上举镇畲脑村、上举村、八社村，泗水镇客天下平远梅畲田园综合体以及文贵村普滩大桥等地，调研清明期间疫情防控和安全防护及乡村振兴工作。县领导宋才华、杨栋、曾小喜等陪同调研。

2020年6月8日，市委书记陈敏到平远县指导救灾复产工作。陈敏到大柘镇坝头村沿路仔细察看受灾情况；到平远县应急管理局指挥中心，与河头镇、中行镇、石正镇等地视频连线，仔细了解各地汛情灾情和救灾复产情况。县领导宋才华、杨栋、曾小喜、陈琼宏等陪同。

县委办公室日常工作

【概况】 2020年，中共平远县委办公室秉承严谨高效、运转有序、和谐共事工作理念，围绕中心、服务大局，认真做好信息调研、办文办会、督查、后勤接待、机要保密等工作，为县委高效运转和各项决策部署贯彻落实提供有力保障。

【信息调研】　2020年，中共平远县委办公室强化以文辅政，发挥参谋助手作用，推动县委各项决策部署落地见效。

全力以赴做好各类重大会议、重点工作文稿起草工作，确保起草文稿符合上级要求、体现县委意图、紧贴工作实际，圆满完成县委十三届十次、十一次全会报告等起草工作，高质量完成各类省、市领导到平远调研等重要汇报材料以及县委各类文件、县委常委会等各类会议、重要活动的文件起草工作，全年完成各类文字材料400余篇约150多万字，上报《工作通报》25期，其中《梅州市平远县大力推动农村人居环境整治》《平远县推深做实林长制改革优化林业发展环境》等获省委办公厅内部刊物采纳。

围绕县委的工作安排，深入基层、机关等开展专题调研，推动"大学习、深调研、真落实"常态化，制定出台《关于围绕学习贯彻习近平总书记出席深圳经济特区建立40周年庆祝大会和视察广东重要讲话重要指示精神开展"深调研"工作方案》，撰写《平远县省级现代农业产业园建设情况汇报》等调研报告，在《客都论坛》上刊发《一手抓疫情防控 一手抓复工复产 奋力夺取疫情防控和经济社会发展"双胜利"》《紧扣目标任务，汇聚强大合力高质量走好乡村振兴特色发展之路》等文稿。同时，将各类调研成果融入文稿起草当中，以不同形式报县委领导决策参考。

发挥县委改革办职能作用，深入贯彻落实中央和省委、市委全面深化改革决策部署，紧盯改革任务、突出改革重点，组织召开2次县委全面深化改革委员会会议，制定实施《县委全面深化改革委员会2020年改革工作安排》，有序推进10个方面69项重点改革任务，审议通过《平远县关于政法领域全面深化改革的实施意见》《平远县法学会改革方案》等。

广泛宣传疫情防控正面典型，累计在各类媒体发布防疫相关稿件500篇，营造全民齐心抗疫的良好氛围。围绕平远县"主攻'一城一区一带'，创建优山美水生态之星、'精致小城·大美平远'"的中心工作，结合各时期重点，注意选准角度，准确把握尺度，报道乡村振兴、脱贫攻坚、基础设施建设、文明创建、园区建设、招商引资等方面的新举措、新成果、新典型，累计在《南方日报》、南方+、南方网、《梅州日报》、梅州网等发布稿件1200多篇，讲述平远好故事、传播平远好声音、树立平远好形象、传递平远正能量。

【办文办会】　2020年，中共平远县委办公室坚持"精简、规范、优质"标准和"注重实效，提高质量"原则，不断提高办文办会水平。做好县委党内规范性文件的制定和备案审查，到乡镇和县直单位开展公文处理检查，提升全县各类规范性文件质量，维护党内法规制度体系统一性和权威性。从精简文件简报、会议印发材料、改进机关作风入手，高效准确处理上级和各单位来文来电，并做好县委、县委办公室各类文件的制发。全年共办理上级和各单位来文来电1600多件，制发文件361件。其中，包括县委文件26件、县委办文件38件、报告27件、批复18件、便笺通知128件、电文59件、各类会议纪要65件。严格落实疫情防控相关要求，认真执行年度会议计划，不断推动会议高标准、高质量、高效率化，顺利完成中共平远县第十三届委员会第十次、十一次全会，2020年全市农村工作暨实施乡村振兴战略和决战决胜脱贫攻坚现场推进会，平远县庆祝2020年中国农民丰收节活动，清华大学乡村振兴广东梅州平远远程教学站启动仪式，平远县中医医院落成启用暨大型联合义诊活动等会务活动约160场次。

【督查工作】 2020年，中共平远县委办公室围绕县委决策部署、重点工作、重要事项、重大项目及领导关注的热点难点问题，采取书面督查、实地督查、联合督查、电话跟踪等方式开展决策督查和专项督查。建立健全坚决落实“两个维护”制度机制，印发《各镇各部门政治要件工作指引》，跟进督查习近平总书记重要讲话和重要指示批示共145项，推动全县把习近平总书记重要指示批示精神落实到位。制定县级督检考事项工作指引，严格计划管理和审批备案管理，强化对计划事项监督执行，将28项督查检查考核事项列入年度计划。其中，县委、县政府督查6项，县级工作检查7项，县级工作考核15项。对县委十三届十次全会和《中共平远县委常委会2020年工作要点》确定的重点工作进行梳理，分解为71项工作任务，实行重点督查，并做好县委常委会会议决定事项、县委、县政府2020年度重点项目、领导批示件和交办事项的承办工作以及疫情防控、脱贫攻坚、乡村振兴等开展督查，全年开展书面督查约250次，专题实地督查9次，配合省市实地督查3次，电话跟踪200多人次，发出领导批示通知15份，形成督查通报9份，督查报告5份，上报督查材料20多份。同时，制定党群部门的县级机关绩效考核和镇级机关绩效考核第一专项考核办法，牵头组织开展考核，客观公正完成对50个县级机关和12个镇级机关第一专项得分评定。

【后勤接待】 2020年，中共平远县委办公室严格执行中央八项规定及其实施细则精神和省、市相关规定，统筹做好政务接待和后勤保障工作。发挥联系上下、沟通左右、协调各方作用，安排服务好县委领导公务活动、日常事务等，协调县直部门和乡镇做好接待工作，热情接待来人来访，树立县委的良好“窗口”形象。做好干部宿舍楼日常维护和干部职工食宿安排，协调县委、县政府机关食堂正常运转。健全完善《办公室财务管理制度》，严格遵守各项财务制度和财经纪律，科学安排各类经费开支。做好县委大院及办公大楼保洁、保绿、维护、安保等工作，实施县委大院、办公大楼变压器、老旧电线、配电房等用电设施设备整改工程，保障大院内有关单位安全用电需求。

【值班值守】 2020年，中共平远县委办公室不断完善定位清晰、责任明确、运转高效的值班工作体系，保障各项工作正常有序运转、各种突发情况快速稳妥处置。按照“快速反应、及时汇报、迅速落实”的原则，做好与市委值班室、市政府总值班室沟通联系，与县直各单位和各镇党委政府值班衔接，确保信息及时收集，准确上报。在处理各类自然灾害、事故灾难、公共卫生、社会安全等紧急突发事件中，迅速收集情况，认真分析整理，及时处理上报。及时做好省、市领导批示件处理工作，接到批示后立即向相关县领导和职能部门传达，督促相关镇和职能部门抓好贯彻落实，及时跟进了解并做好落实情况上报。全年向市委、市政府报送突发事件信息 25 期，办理领导批示件 14 宗。其中，省领导批示件 10 宗，市领导批示件 4 宗。

【机要工作】　2020 年，中共平远县委机要局围绕省市党政机要工作要点要求，以服务全县工作大局为目的，在确保绝对安全畅通的基础上，推进安全可靠应用全面替代工作。加强队伍自身建设，强化政治理论和业务学习，开展电报排版、收发、错情判别演练，模拟一般通信故障排查，提升保障能力，全年共收发明密电报 1399 份 12084 页。严格执行 24 小时轮值班制度，未发生延、压、误电报现象，确保机要通信安全畅通。

【保密工作】　2020 年，中共平远县委保密委员会办公室（县国家保密局）抓好保密重点任务、保密法制建设、保密科技能力提升、保密管理基础等工作。贯彻落实《党政领导干部保密工作责任制规定》，履行领导决策、协调保障等职责，推进涉密领域国产化替代工程，督促、指导机关单位和“数字政府”建设运营单位落实信息安全保密管理主体责任，确保“数字政府”建设安全。严格执行各项保密管理制度，切实做好机关单位定密指导、规范定密工作，加强保密依法行政和监督检查，做好新冠肺炎疫情防控保密服务保障、离职离岗涉密人员脱密期保密管理情况统计、全县涉密考试保密安全突发事件应急处置预案以及县宣传文化系统、外事系统和自然资源领域保密专项检查，组织开展机关单位保密自查自评和保密风险隐患大排查，对发现问题及时抓好整改落实，消除安全隐患。贯彻落实上级“十三五”时期保密事业发展规划和平远县保密事业发展计划要求，做好保密监管平台建设，抓好保密指导管理和保密宣传教育。做好各类考试试卷安全保密和重要会议会场保密服务保障，指导督促各单位严格按照相关保密规定，将废旧涉密办公自动化设备履行好相关报废手续，统一安全销毁。

【档案工作】　参见“社会科学”类目中的“档案工作”分目。（县委办公室）

组织工作

【概况】　2020 年，平远县组织系统坚持以政治建设为统领，为平远决胜全面小康、建设生态发展区高质量发展示范县提供坚强的组织保证，在基层党建、干部和公务员管理、人才工作、老干部工作等部门工作中有新举措，做出新成效。

【政治建设】　2020 年，平远县组织系统坚决把“两个维护”贯穿组织工作全过程，教育引导广大党员干部提高政治站位，不断增强“四个意识”，坚定“四个自信”，做到“两个维护”，以过硬的政治建设推动良好政治生态形成。严格执行《关于新形势下党内政治生活的若干准则》，建立党的组织生活制度工作清单，全面推行“三会一课”纪实备案检查制度，严格执行组织生活会、民主生活会、民主评议党员、谈心谈话、支部主题党日等制度。严格把好选人用人政治关，把政治标准放在干部选拔任用第一位，贯穿全过程，动议先议政治表现，考察先考政治素质，任职谈话先谈政治纪律政治规矩。

【党建引领】 2020年，平远县组织系统发挥党建引领作用，引导各级党组织和广大党员干部在服务中心大局上攻坚克难，发挥战斗堡垒和先锋模范作用。在抗疫工作中，组建党员志愿服务队25个，成立临时党支部5个，组织动员450多个党组织5000多名党员干部投身疫情防控一线，划拨68万元专项党费，全县党员参与自愿捐款150多万元。在脱贫攻坚工作中，探索巩固拓展脱贫攻坚成果同乡村振兴有效衔接，持续开展“百企帮百村”和党员帮带活动；实施“党员人才回乡计划”，挖掘培养1880名乡土人才，引导57名党员人才回乡创业；推动基层党建、红色资源、新农村建设融合发展，打造出仁居、黄沙、角坑、畲脑、社南等一批示范村，成功举办全市乡村振兴现场会、全市农村人居环境整治现场会等大型会议，乡村振兴实绩考核位居全省前列，获评“优秀”等次。发展壮大村级集体经济试点工作，把支部建在产业链上，统筹整合1850万元，支持37个村与企业合作共建梅片树种植基地，消除“空壳村”12个，带动25个集体经济薄弱村上台阶。在引领基层治理中，推广运用“一带一法四参与”（通过党建带动，活化利用“程旼以德化人工作法”，广泛发动村民自主参与议事、参与调解、参与建设、参与自理）社会治理模式，推动社会治理和服务重心向基层下移，形成民事民办、村务村管的善治格局。依托1111个党群理事会，组织动员干部群众推进“五片示范·百村整治”工程。推行单位党组织和在职党员入社区进网格“双报到”，共有67个县直单位党组织、1870多名在职党员到社区报到并开展服务。

【教育培训】 2020年，平远县组织系统坚持把习近平新时代中国特色社会主义思想作为党员干部教育培训的核心内容、作为县镇党校的主课程，分层分类推进学习培训。全年举办各类培训班24期，培训干部人才4557人次。先后举办优秀年轻干部理想信念宗旨教育、国家治理体系与治理能力现代化、全域旅游、脱贫攻坚等专题培训，开展全县党组织书记、村“两委”干部、“育苗”工程村级后备干部等培训班，利用清华大学远程教学站和利用远程教学平台，组织党员干部收看1400多场次。投入200多万元建设12个镇党校阵地，打造仁居镇仁居村、八尺镇角坑村、大柘镇黄沙村等28个镇党校分教点，仁居、石正镇党校获评首批“市级镇党校示范点”，仁居党员教育基地获评“市级党员教育基地”。

【基层党建】 2020年，平远县组织系统深入贯彻落实新时代党的组织路线，打好基层党建三年行动计划收官战。党建主体责任进一步强化。建立和落实“一月一研判”基层党建工作制度，全年共研判解决28项议题；制定党建主体责任清单，34名县党员领导、320名党委（党组）班子成员建立党支部工作联系点，抓好各级党组织书记抓基层党建工作述职评议考核；贯彻落实党和国家机关基层组织工作条例，建立重点任务清单制度；完善农村党组织“三重一大”工作机制，136个村全部制定党组织工作规程，党建责任落实体系得到加强。组织体系进一步完善。成立县委教育工委，形成县直机关单位党组织优化调整方案。落实镇党委抓党建专职副书记配备，成立镇党建办公室（组织人事办公室）；对符合升格条件的党组织进行优化，共升格村（社区）党委6个、党总支25个，在9个农民合作社、农业社会化服务组织中建立党支部。对条件成熟的“两新”组织进行新建，及时撤并运作不畅的支部，全年新建党支部6个、撤销9个；摸排和组建“双同步”工作，党的组织覆盖和工作覆盖分别达97.8%和100%。持续巩固13个软弱涣散村党组织整顿成果，实现全部“摘帽”。开展模范机关和模范支部“双创建”活动，打造22个机关党建示范点。按照“分片创建、分区设点”模式，打造9个“两新”组织党建示范点，创建3个市级“两新”党建示范点。认真做好国有企业退休党员社会化管理，全面完成17家国有企业251名退休党员的组织关系转接工作。先锋队伍进一步优化。“头雁”工程和“育苗”工程从“选管育换”方面下功夫，及时调整村党组织书记66名，公开选聘123名素质好、年轻化的村级后备干部；实现机关事业单位党支部书记与行政负责人交叉任职，优化“头雁”队伍。村（社区）“两委”换届实现妇女比例、年龄层次、学历结构更加优化。进一步实施党员先锋工程，严格把好入口关，共吸收171名优秀人员加入先锋队伍，持续推广党员设岗定责、分类管理、包片联户、驻点联系、结对帮扶等做法，推动党员定职责、亮身份、当先锋。基础保障进一步提升，全面落实基层党组织经费保障政策，实现每村有办公经费11.2万元，党组织服务群众经费6万元。强化党内关怀，全年发放党员互助金62万元，帮扶党员1100多人次；对128名特困党员按每人每月200元的标准进行帮扶。紧扣“三最”（党旗最红、党味最浓、基础设施最完备）目标、“六有”（有场所、有设施、有主题、有党旗、有书报、有制度）标准，全年投入200万元提档升级11个党群服务中心。

【干部和公务员管理】 2020年，平远县组织系统坚持正确选人用人导向，着力落实好干部标准，突出一线历练，在三大攻坚战、疫情防控等中心工作和基层一线选用干部，科学精准选优配强县直单位和镇级领导班子，提拔重用干部35人，其中提拔重用35周岁以下干部14人；向市委组织部报送在疫情防控中表现突出的处级干部2名、科级干部4名，晋升在疫情防控中表现突出的科级干部职级10人次；强化选调生培养锻炼，加强跟踪管理，先后安排15名选调生（其中2名省选调生）到村挂职锻炼，结合工作实际，抽借调优秀年轻干部到重要部门、重点项目进行历练成长共77人次。着力提升领导班子专业化水平，选拔善于推动产业发展、脱贫攻坚、乡村振兴等工作的优秀干部进入镇级领导班子，提拔重用有乡村振兴、脱贫攻坚工作经验干部12名，占34.29%。开展镇级领导班子建设专题调研15场次。着力加强干部监督，深入开展“一报告两评议”、执行《党委（党组）讨论决定干部任免事项守则》有关问题专项治理，结合县委巡察工作同步推进11个单位选人用人专项检查；健全“12380”举报受理平台建设，受理并办结党员干部群众信访举报6件。开展干部人事档案专项审核“回头看”工作，妥善解决干部档案遗留问题。着力健全激励机制，建立“向组织部长说句心里话”谈心谈话常态机制，开展谈心谈话40多场次。严格做好公务员考录工作，招录57名公务员。制定《平远县公务员职级晋升工作流程（试行）》，稳妥实施公务员职务与职级并行制度；顺利完成涉改参公管理单位重新认定，稳步推进行政执法类公务员职位设置工作。实施机关绩效考核，制定《平远县级机关绩效考核方案（试行）》《平远县机关绩效考核奖金及离退休人员慰问金发放办法（试行）》，按时完成2019年度绩效考核工作，至2020年4月底，在完成绩效考核基本资金发放基础上，各单位自评、主责主业、服务基层、群众满意度、实地核验等工作有序开展，在2020年6月完成平远县62个机关单位的绩效考核工作，9月底完成绩效考核激励奖金核定发放工作。切实发挥好绩效考核指挥棒和风向标的作用。

【人才工作】 2020年，平远县组织系统认真实施省“扬帆计划”，深入实施“平远县创建国家全域旅游示范县人才培育工程”扶持项目，建成6个旅游人才工作室、3个非物质文化遗产传承基地、1个旅游协会平台和1个田园文旅产业创新创业基地。引进7名旅游行业中、高端人才，评选表彰首届“十佳旅游诚信经营单位”和“十佳旅游工作者”。部署急需紧缺人才招录工作，共引进卫生、公路紧缺专业人才3名。选拔产生第十一批县管拔尖人才22人，5月21日组织座谈会，并为拔尖人才颁发证书。选派5名拔尖人才到深圳大学、暨南大学脱产学习，组织外出交流活动。指导卫生职能部门对接省医疗卫生人才“组团式”紧密型帮扶工作，与中山大学孙逸仙纪念医院（中山二院）建立帮扶关系，2020年平远县共接收上级医院帮扶专家团队6批30人，开展适宜技术及解决医疗急需技术10多项，上送进修、轮训20人。

【老干部工作】 2020年，平远县组织系统通过送学上门、线上学习等灵活方式，引导离退休干部在学、思、践、悟习近平新时代中国特色社会主义思想中坚守初心使命。抓好离退休干部党支部书记培训工作，开展离退休干部党支部示范点创建活动。落实好离休干部离休费、医药费保障机制和财政支持机制，建立老干部特殊困难帮扶机制，落实走访慰问制度。健全完善学习活动场所建设，成立平远县老干部大学，修缮升级老干部服务中心、老干部大学硬件设施。推进老干部工作信息化建设，抓好与省离退休干部服务管理系统的对接使用，完善更新离退休干部的信息。 （县委组织部）

宣传思想工作

【概况】 2020年，县委宣传部主要宣传习近平新时代中国特色社会主义思想，特别是对深化“一城一区一带”发展战略、建设“精致小城·大美平远”中心工作的指导作用，把好意识形态关。疫情防控宣传、思想政治建设、政治理论学习研讨、舆情把控和文化文艺等工作有成效。完成《平远县文化发展改革“十四五”规划》纲要。

2020 年县委宣传思想工作会议

【疫情防控宣传工作】 2020 年，县委宣传部第一时间召开平远县疫情防控宣传工作专题会议，成立专门统筹机构和四个镇村一线指导工作小组，部署疫情防控与宣传引导工作。印发《平远县进一步强化村居疫情防控宣传动员工作指引》，从环境宣传、广播宣传等九大方面给各镇各单位提供工作思路和工作方法。拨款 15 万元用于各镇村居防疫宣传动员工作经费，张贴疫情防控宣传画、发放宣传册等，义务宣传队宣传工作落实到户到人。督导五指石电影院严格按上级文件精神把疫情防控工作落实到位。以“一台一网两微”全方位媒体矩阵为抓手，组织文艺工作者用笔墨、歌声为打赢疫情防控阻击战营造良好舆论氛围。上传“学习强国”学习平台涉抗疫稿件 92 个，审核通过 42 个，编播疫情防控相关新闻 750 多条，“平远发布”“平远通”“文明平远”等微信公众号共推送疫情防控相关信息 6500 多条，在南方+、《梅州日报》等推送原创疫情防控相关文章 270 多篇，累计阅读量超 200 万次。录制《与爱同行》等抗疫歌曲 18 首，拍摄《万众一心抗疫情》等 MV 共 3 首。向全县发出《凝聚文明力量携手抗击疫情倡议书》，发挥新时代文明实践中心（所、站）服务功能，39 支抗疫防控志愿队开展各类志愿服务活动 1200 多场次。制订《平远县新冠肺炎疫情防控专项工作舆情监看方案》，建立网络舆情专班，加大对“客家平远”“记录平远”等关注度较高的属地网络平台监管力度，联防联控，及时处置。发现涉平远县新冠肺炎疫情的网络舆情信息共 19 条，发出舆情通报处置表 15 份，联合县公安局网监大队依法打击利用网络制造传播各类有害信息或谣言的违法行为 9 起，教育训诫 8 人，行政处罚 1 人，刑事处罚 1 人。

【思想政治建设】 2020 年，县委宣传部制订《关于落实梅州市第六轮县级交叉巡察平远县委宣传部反馈意见的整改方案》，全面落实整改，全面从严治党。提升宣传思想队伍“四力”（脚力、眼力、脑力、笔力），融入日常、抓在经常。组织各镇宣传委员参加全市《中国共产党宣传工作条例》学习培训班，宣传思想工作者掌握新知识、熟悉新领域、开拓新视野。

【理论武装】 2020 年，县委宣传部印发《2020 年平远县党委（党组）理论学习中心组学习计划暨学习型党组织建设工作计划》，制定《关于做好 2020 年平远县委理论学习中心组集体学习研讨活动安排工作的通知》。县委中心组全年共完成 20 个专题的学习研讨，为基层党委（党组）理论学习起到示范带动作用。强化各党委（党组）理论学习督促指导，将理论学习情况纳入年度意识形态检查考核。组织开展“习近平总书记出席深圳经济特区建立 40 周年庆祝大会和视察广东重要讲话重要指示”“党的十九届五中全会”和《习近平谈治国理政》第三卷等重要专题进基层宣讲活动，全年送课下基层150多场次，直接受众8万多人次。做好“学习强国”学习平台推广注册和供稿工作，全县注册人数1.9万多人，优秀作品登陆广东省平台158篇。

【舆论宣传】 2020年，县委宣传部把县融媒体中心建成现代化指挥调度中心，采购一批采编播专业配套设施设备，完成“南粤全智云”“珠江云”“融梅发布”技术平台对接，顺利通过省级技术验收。稳步推进广电网络改革，完成人员安置、资产评估、基层站历史遗留问题等重点难点工作，即将县省并网。建立以“两微一端一台一报”为核心的全媒体矩阵，做好“政务服务”“民生服务”主流舆论，深入实施“三好一正”工程。严把采编播“三审”关，2020年全年安全播出零事故。创办《梅州日报·品读平远》县域专刊，出版《品读平远》县域专刊16期。2020年，为《梅州日报》《南方日报》和“南方+”“掌上梅州”等省、市平台供稿1000多篇。《平远宣传》发行6期。做好“决胜全面小康，决战脱贫攻坚”“习近平总书记出席深圳经济特区建立40周年庆祝大会和视察广东重要讲话重要指示”“党的十九届五中全会”等重大主题宣传，家喻户晓、入脑入心。统筹做好“扫黑除恶”、禁毒等各类宣传，做好涉政治类户外广告的全方位巡查检查。建立健全户外广告长效管理机制，加强相关公益宣传阵地的常态化监督管理维护，确保涉政治类广告的规范性、严肃性、权威性。

2020年1月23日，中央媒体到平远县开展美丽乡村建设主题采访

【文化文艺工作】 2020年，县委宣传部 完成《平远县文化发展改革“十四五”规划》纲要，为平远未来五年文化发展提供清晰的蓝图。启动第二批12个村综合性文化服务中心项目，推进平远县图书馆、文化馆总分馆建设，2020年共建成5个分馆、15个服务点，开展各类文体活动。2020年共争取到省级红色革命遗址保护利用资金1400万元。抢救保护利用历史文化名人故居（旧居），完成普查及导览图制作，在平远旅游公众号开设名人故居专栏。县第二小学和差干镇建设客家山歌传习所。大柘镇黄沙村梅平武工队旧址、梅州平远红四军三进平远历史文化旅游路径分别被公布为第七批梅州市文物保护单位和广东省第一批历史文化游径。普查围龙屋160座。平远县梅州市瑞祥雕刻工艺有限公司、梅州天堂鸟文化传媒有限公司和广东新大地生物科技股份有限公司3家企业参加线上第十六届（深圳）国际文化产业博览交易会。农村公益电影放映1632场，超额完成省下达工作任务。2020年，平远县选取平远县农村商业银行作为软件正版化进企业工作重点企业，全年共办理出版物经营许可6宗，印刷企业换证5家，出版印刷企业换证29家，审批一次性非宗教类出版物18宗。召开平远县文学艺术界联合会第四次代表大会，

选举产生新一届文联领导班子，抓好文艺人才培育，文艺工作者深入生活、扎根人民，创作精品力作。2020年，组织“中国梅畲·田园之约”等各项文艺活动16场，有7人19项作品荣获梅州市文艺精英人才和精品创作奖励。

【意识形态工作】　2020年，县委宣传部 每季度召开1次意识形态工作联席会议，签订意识形态工作责任制责任书，意识形态工作制度化、规范化。完成12个镇党委、14个县直党委（党组 ）的意识形态专项督查，抓好整改落实。参加平远县9个党委（党组）进行县委意识形态专项巡察，整改落实及时督促跟进，强弱项、补短板。审批7场次报告会和展览会，未出现涉意识形态安全事件。切实规范宗教场所管理，强化媒体报道“三审制度”，认真组织开展“扫黄打非·新风”“扫黄打非·正道”两大集中行动，完成全县12个乡镇、136个行政村、7个居委会“扫黄打非”工作站点建设。围绕疫情防控、全国两会、粤港澳大湾区建设、深圳特区成立40周年等重大主题，组织重点网络平台在首页首屏显著位置开设专题专栏，做好习近平新时代中国特色社会主义思想和习近平总书记重要指示批示精神宣传报道。制订《平远县党委（党组）网络安全工作责任制考核实施方案》，将网络安全工作责任制考核指标进行量化，从严压实意识形态责任制。加强部门联动，开展“网剑”等系列专项行动，2020年，共清理网络有害信息1521条，批评教育6人次，整改网站1家，关闭违法违规网站4家。

【精神文明建设】　参见“精神文明建设”分目。

（县委宣传部）

统战工作

【概况】　2020年，中共平远县委统一战线工作部（以下简称平远县委统战部）认真贯彻《中国共产党统一战线工作条例》，落实全国和全省、全市统战部长会议精神，围绕中心，服务大局，团结和发挥党外人士凝心聚力，为平远苏区振兴发展作出新贡献。

【政治建设】　2020年，平远县委统战部结合疫情防控、脱贫攻坚、乡村振兴、全面建成小康社会等大事要事，利用县委情况通报会、主题宣讲、教育培训、专题党课、辅导讲座、研讨交流、现场教学等方式，推动各级党政干部和广大统一战线成员不断加强理论武装，筑牢共同思想政治基础，进一步增强“四个意识”、坚定“四个自信”、做到“两个维护”。

【非公有制经济】　2020年，平远县委统战部通过合作座谈会、加强法律培训等促进非公有制经济健康发展和非公有制经济人士健康成长。1月，新成立平远县工商联福建商会，筹备成立平远县青年企业家商会。5月，县工商联与平远农商行联合举办银企合作座谈会。与县司法局、县普法办、县工业园管委会等部门联合举办《民法典常用规范专题》等法律专题讲座。成立以县委常委、统战部部长为组长的复工复产指导协调工作小组，多部门联合，走访企业，协助民营企业复工复产。工商联参与“万企帮万村”精准扶贫，结合实际，运用产业扶贫、就业扶贫、智力扶贫等方式，助力脱贫攻坚。共有145家企业参与帮扶工作，对接帮扶120个行政村，帮扶资金1786.6万元，会员企业帮扶资金共1575万元。为平远县发展教育基金捐款近2000万元，开展“摘星计划”等助学活动，全县有90多名学生得到资助，发放助学资金100多万元。

【民族宗教】 2020年，平远县委统一战线工作部加强民族宗教依法管理，切实维护政治安全。促进各民族交往交流交融。以“铸牢中华民族共同体意识”为主题，在县城、乡镇、学校、农村、社区大力推进民族团结进步创建工作，大力营造全社会共同推进民族团结进步的浓厚氛围。深入推进宗教工作。把宗教工作同创平安、构和谐、保稳定等工作有机结合起来，做好中央宗教工作督查“回头看”发现问题整改工作，坚决依法治理宗教商业化，加强对宗教领域复杂敏感问题的研究分析和宗教风险隐患排查，提升宗教治理效能，促进县域社会治理现代化。定期排查和及时化解矛盾纠纷隐患，强化宗教领域安全生产日常巡查监管，确保平远县宗教领域安全有序、和谐稳定的良好局面。推进《广东省宗教事务条例》等法规条例的学习宣传教育，不断提升依法管理宗教事务能力和水平。推进县“扫黄打非”行动。推动建立大佛寺“扫黄打非”基层工作站，明确基层工作站点规范化、标准化建设的相关要求，基本形成有工作机构、有办公条件、有骨干队伍、有管理制度、有工作经费的基层宣传阵地。从严从实做好宗教领域疫情防控。新冠疫情发生以来，成立疫情防控工作领导小组，制订完善工作方案，严格执行宗教场所有关防控措施，守好管好宗教领域疫情防控责任田。

2020年平远县宗教活动场所一览表

表4

序号	场所名称	教 别	负责人	性别	地 址	登记证号	登记时间
1	石正天主堂	天主教	黎超平	男	石正镇先锋村	080040001	1995年12月10日
2	石正基督教教堂	基督教	王水生	男	石正镇石正村	080040002	1995年12月10日
3	东石基督教教堂	基督教	吴运莲	女	东石镇东石村	080040003	1995年12月12日
4	石林寺	佛教	释觉空	男	差干镇五指石	080040004	1995年12月12日
5	洋背天主堂	天主教	林胜荣	男	东石镇洋背村	080040005	1995年12月14日

续表 4

序号	场所名称	教 别	负责人	性别	地 址	登记证号	登记时间
6	双凤庵	佛教	俞万忠	男	仁居镇飞龙村	080040006	1996 年 5 月 18 日
7	普善堂	佛教	陈干瑄	男	大柘镇超竹西河鸡公塘	080040007	1996 年 5 月 19 日
8	慈云庵	佛教	陈金旺	男	大柘镇凤二村狮子岩	080040008	1996 年 6 月 17 日
9	中苧庵	佛教	暂 无		泗水镇泗水村	080040009	1996 年 7 月 3 日
10	紫云庵	佛教	张淑珍	女	仁居镇畲溪村	080040010	1997 年 5 月 4 日
11	正化庵	佛教	张兆吉	男	上举镇文裕村	080040011	1997 年 9 月 18 日
12	聚然堂	佛教	邱仙凤	女	河头镇樟坑村嶂下	080040012	1998 年 5 月 15 日
13	莲花寺	佛教	释传一	男	大柘镇墩背村岗子上	080040013	1998 年 9 月 26 日
14	真武庙	道教	冯博德	男	仁居镇城南店背岗	080040014	1998 年 9 月 27 日
15	天后宫	道教	杨森良	男	仁居镇井下村	080040015	1998 年 9 月 27 日
16	宝珠寨佛庵	佛教	范伟雄	男	仁居镇井下村	080040016	1998 年 9 月 27 日
17	延福寺	佛教	释法寂	男	石正镇安仁村当锋岭	080040017	1998 年 9 月 30 日
18	仙人岩庵	佛教	刘隆标	男	仁居镇木溪村大华山	080040018	1998 年 10 月 11 日
19	慈善堂	佛教	肖明锐	男	八尺镇排下磨石寨	080040019	1998 年 10 月 14 日
20	于阗寺	佛教	张桂凤	女	大柘镇河岭村	080040020	1998 年 10 月 16 日
21	宝光寺	佛教	姚龙尹	男	大柘镇墩背村	080040021	1999 年 3 月 10 日
22	城东基督教聚会点	基督教	韩泗英	女	大柘镇跃进岗	080040022	2002 年 4 月 10 日

续表 4

序号	场所名称	教 别	负责人	性别	地 址	登记证号	登记时间
23	紫金庵	佛教	丘德盛	男	仁居镇井下村尖山	080040023	2003 年 5 月 27 日
24	安素庵	佛教	释量辱	女	仁居镇麻楼村	080040024	2003 年 5 月 28 日
25	上举符坑天主教聚会点	天主教	陈景星	男	上举镇符坑村	080040025	2006 年 6 月 5 日
26	大柘基督教聚会点	基督教	姚兰华	女	大柘镇梅东	080040026	2006 年 6 月 13 日
27	大佛寺	佛教	释弘化	男	大柘镇凤池村君子坳	080040027	2011 年 1 月 28 日
28	平远县城天主教临时活动点	天主教	黄军兴	男	大柘镇河陂水	(平)T201401	2014 年 3 月 4 日

【党外代表人士】 2020 年，平远县委统战部贯彻落实统战条例，有计划、有重点进行党外干部培养和选拔，建好舞台。持续完善由 20 名年龄 45 周岁以下、大专以上学历人员组成的副科级党外后备干部队伍，为党外干部队伍梯次配备打下坚实基础。把好政协委员“入口关”。加强与政协的协调配合，严格按照政协委员产生程序，共增补政协委员 14 名，为政协委员参政议政提供人才保障。利用县委情况通报会、党外干部座谈会、党外干部培训班等方式，加强对党外代表人士的教育培训，巩固共同思想政治基础。10 月，举办为期 4 天的党外干部培训班，60 多名党外干部、统战干部、侨联和新阶联骨干参加培训。为新的社会阶层人士搭建新平台，凝聚新力量，激发新动能，2020 年 7 月成立平远县新的社会阶层人士联合会，并成立党支部。

2020 年 7 月 28 日，新阶联成立大会在迎宾馆召开

【港澳台工作】 2020 年，平远县委统战部主动联系港澳平远籍社团和建制内人士及乡亲，引导他们高举爱国、爱港、爱澳旗帜，全力支持《中华人民共和国香港特别行政区维护国家安全法》落地实施，共同维护香港、澳门长期繁荣稳定。受疫情影响，2020 年港澳台同胞回乡探亲访友、寻根问祖、文化交流明显减少。运用统战优势，进一步加强沟通联络。结合年底人口普查，全面启动港澳台同胞地毯式摸查，完善充实港澳台同胞数据库。

【侨务工作】 2020年，平远县委统战部为归侨侨眷纾困解难，着力营造关心、关注、关爱归侨侨眷的社会氛围。2020年共发放棉衣1000多件，拨放救助补助资金6.85万元。推进镇级侨联“五有”建设，创建“侨胞之家”，进一步促进镇级党建带侨建工作，石正镇、仁居镇“侨胞之家”完成创建工作。新冠肺炎疫情期间，侨界人士积极响应，助力新冠肺炎疫情防控。如老挝中华总商会副会长王斌捐赠4万只口罩，旅美留学生协会副会长、美国加州客属联合会副会长王辉平捐赠现金10万元，等等。据不完全统计，2020年疫情期间，全县统战领域共捐款捐物385.3万元，其中捐款130.3万元，捐赠医用物资等价值255万元。 （刘汉清）

机构编制管理

【概况】 2020年，中共平远县委机构编制委员会办公室（以下简称平远县委编办）坚持以习近平新时代中国特色社会主义思想为指导，围绕县委、县政府工作部署和上级部门的工作要求，持续完善机构设置，不断优化职能配置，科学管理机构编制，为实现平远苏区振兴发展提供坚强的体制机制保障。

【体制机制改革】 2020年，平远县委编办做好党政机构改革工作，制定印发《平远县交通运输局职能配置、内设机构和人员编制规定》和《平远县发展和改革局职能配置、内设机构和人员编制规定》，抓好机构改革后续工作。做好环保所属事业单位改革工作，将原县环境保护局所属县环境保护监测站、县主要污染物总量控制办公室、县固体废物与辐射环境管理中心、县环境信息中心、县环境保护宣传教育中心5个事业单位及29名事业编制整建制划转市生态环境局平远分局。推进乡镇行政管理体制改革，完善基层治理体系。严格按省、市明确的时间节点要求，顺利完成乡镇体制改革各阶段工作任务。及时印发各镇“三定”文件，按照机构限额管理的要求，全县12个镇均设置9个机构，分别是：党政综合办公室、人大办公室、党建工作办公室（组织人事办公室）、纪检监察办公室、公共服务办公室（党群服务中心）、综合治理办公室（应急管理办公室）、综合行政执法办公室（综合行政执法队）、经济发展办公室、农业农村办公室（规划建设办公室）、生态环境保护办公室。其中，综合行政执法办公室（综合行政执法队）定为副科级；纪检监察办公室与县监委派出机构合署，不占限额。制定《平远县推进乡镇派驻机构属地管理工作方案》，不再保留自然资源所、市场监督管理所，原自然资源所、市场监督管理所的69名在编人员按照“属地下沉和全县调配相结合”的原则全部转隶至乡镇，配套新增各镇编制125名，调整后，镇机关的编制总数共559名。印发《平远县深化乡镇体制改革规范事业机构设置工作方案》，及时完成人员转隶、印章使用、机构挂牌和办公用房调配等工作，确保改革任务落实到位。改革后，平远县各镇统一设置6个事业单位，分别是：公用事业社会保障服务中心、农业农村服务中心（加挂农产品质量安全监管服务中心、水务服务所牌子）、经济发展和财政服务中心、文旅教体服务中心、退役军人服务站、卫生院（加挂卫生健康服务中心、疾病预防控制中心牌子）。卫生院按有关规定由县统筹管理，同时接受乡镇的协调安排。规范设置后，12 个镇的事业单位共核定编制 510 名。同时，协调县级行政职权下放事宜，协调县司法局、县政数局及相关业务部门开展制定下放目录工作。

【县直事业单位改革及调整优化】 2020 年，平远县委编办制定县融媒体中心（平远县广播电视台）和县公路事务中心的“三定”规定，印发《深入推进县直事业单位改革工作方案》，对全县相关部门所属的 28 个事业单位以撤销、整合、更名等方式进行调整优化，共收回 93 名事业编制。撤销原承担行政职能的事业单位。撤销县农业农村局所属的县农业综合开发办公室、县农村集体“三资”管理办公室、县革命老区建设工作办公室、县教育局勤工俭学办公室、县政府采购管理办公室等 6 家事业单位建制，收回空余编制 37 名。撤销整合职能弱化的事业单位。撤销县建设工程质量安全监督检测站、县建设工程交易中心 2 家事业单位建制，相关公益职能整合至县建设工程服务中心；整合县林产品开发研究所、县河岭嶂市级自然保护区管理站、县五指石市级自然保护区管理站、县林业公路管养站、县林业产权交易中心等 5 家事业单位，设立平远县林业工作服务中心；整合县水土保持委员会办公室、县水利水电工程质量监督管理站、县水利水电培训中心、县水利水电技术中心（县河湖保护管理中心）4 家单位，设立县水利服务中心，收回编制 35 名。完成生产经营活动类事业单位改革。经报市批准撤销县人民政府招待所事业单位建制，收回编制 21 名。规范事业单位名称。落实中央和省、市的工作要求，改革后保留设置的单位，名称不再称“委、办、局”，将县行政事业单位财务总监办公室更名为县行政事业单位财务服务中心，将县重点项目建设办公室更名为县重点项目服务中心。

【编制管理】 2020 年，平远县委编办严格按照《中国共产党机构编制工作条例》，加强平远县机构编制日常监管。严格规范编制卡管理工作。办理出入编业务的单位必须提供组织、人社部门开具的行政介绍信、退休审批手续等相关材料才能办理。全年共开出编制卡 664 份。加大问题台账整改力度。梳理平远县机关事业单位各类超编问题，完成 20 个行政机关混用事业编制问题，置换机关事业编制 93 名，从根本上解决平远县党政机关混用事业编制的历史遗留问题。加强实名制系统管理力度。严格遵循机构改革方案精神并按照规定，在机构编制实名制系统上完成相关单位的撤销、合并和设立，并根据各单位“三定”方案及事业单位调整方案，完善涉改单位的编制、职数及台账信息；根据任职文件、人员转隶和分流方案，完成人员的职务信息更新、划转和减少，确保实名制数据及时、准确。

【事业单位登记管理】 2020 年，平远县事业单位登记管理局围绕事业单位分类改革和机构编制相关文件做好事业单位登记日常管理工作。全年办理设立登记业务 7 宗，变更登记业务 100 宗，注销登记业务 26 宗。做好机关事业单位中文域名管理工作，及时删除已撤销单位域名，理清注册期满需续费单位名单。2020 年需续费单位域名 282 个，续费域名 282 个，

续费率100%。依规依程序办理好事业单位法人登记和党政群机关统一社会信用代码赋码工作。　（赖杏媚）

党校教育

【概况】　2020年，平远县委党校、平远开放大学贯彻落实《中国共产党党校（行政学院）工作条例》，筹建新校，与高等院校建立远程教学。在干部培训、党建工作和教学科研与调研工作等方面，更好地发挥培训主阵地、党性锤炼“大熔炉”作用，以促进平远社会经济发展。

【培训工作】　2020年，中共平远县委党校以习近平新时代中国特色社会主义思想统领，在培训中贯彻习近平总书记出席深圳经济特区建立40周年庆祝大会和视察广东重要讲话重要指示精神、中共十九大和十九届二中、三中、四中、五中全会精神以及《中国共产党党校（行政学院）工作条例》，做好干部培训主业主责。全年举办各类专题研讨班、学习班12期，其中党校主体班5期，包括1期全县党校系统集中备课暨师资培训班、2期全县村（社区）党组织书记和驻村党建指导员脱贫攻坚培训班、1期年轻干部理想信念宗旨教育培训班暨《习近平谈治国理政》第三卷专题读书班、1期科级干部培训班。校领导带队选派出优秀骨干教师到基层党委和县直单位宣讲41场次。协助县委宣传部做好“平远县2020年宣传思想文化工作会议”，协助教育局做好“平远县校园消防安全工作部署暨学校消防安全培训会”，协助宣教卫系统“七一”党课学习宣讲贯彻《中华人民共和国民法典》，协助组织部做好“平远县公务员管理工作会议”等会务工作，累计10次。

【远程开放教育工作】　2020年，开放大学实行多层次、多形式办学，开设覆盖文法类、财经类、管理类、理工类等几十个本、专科专业。截至12月，远程开放教育稳步发展，全年共招生212人，输送本科、专科毕业生230人。学校以教育转型发展为主线，增强多元办学功能，提升办学层次，融入广东开放大学远程教育、继续教育、终身教育体系。

【党建工作】　2020年，中共平远县委党校、平远开放大学党支部把政治建设放在首位，坚持“党校姓党”最根本政治原则，严格执行党的政治、组织、廉洁、群众、工作、生活纪律。强化岗位风险岗教育和提醒工作，以推荐廉政书目、廉政专栏、集中学习、知识竞赛与参观学习等形式，开展丰富多彩的廉政文化活动，不断提高学校党员干部党风廉政建设和反腐倡廉的自觉性和执行力，推动党风廉政建设和反腐倡廉工作向纵深发展。严格执行“三重一大”集体讨论决定制度，坚持重大问题（事项）集体讨论，集体决策。4月17日，学校党支部进行换届选举。

【教学科研与调研】　2020年，平远县委党校、平远开放大学坚持走教学与科研相结合的路子，鼓励教师教研结合，出版《平远学刊》2期，由校长牵头主持完成省党建研究会课题1个，校领导1篇论文入选广东省庆祝经济特区建立40周年理论研讨会优秀论文，学校教职工在《梅州日报》等党报党刊发表多篇文章。

【行政后勤与管理工作】　2020年，平

远县委党校、平远开放大学重视校园文化建设。全年共投入41.8万元用于校园文化建设及教学楼卫生间改造，重新整理教学楼前门坪。参与创建“全国县级文明城市”宣传和实际行动，开展“双报到”志愿活动2次80人次。全年未出现任何安全事故、违法违纪和群众上访等事件，学校精神文明和法治建设、党报党刊征订、档案管理和保密工作等都取得成绩。

【机构改革】 2020年12月，县机构编制委员会先后下发《关于中共平远县委党校（平远县行政学院）设置的通知》和《关于平远开放大学（平远社区学院）设置的通知》，将中共平远县委党校、平远开放大学分开设置，均为正科级事业单位，其中党校参照公务员法管理。 （余俊创）

县直属机关工委工作

【概况】 2020年，中共平远县直属机关工作委员会有6个系统党委、党总支26个、党支部227个，新发展党员47名，党员总数4403人。2020年，中共平远县直属机关工作委员会及各系统党委在县委的正确领导下，坚持以习近平新时代中国特色社会主义思想为指导，全面实施基层党组织建设三年行动计划，全面提高机关党建工作质量，为主攻“一城一区一带”，创建优山美水生态之星“精致小城·大美平远”提供坚强的组织保证。

【机关党建工作】 2020年，中共平远县直属机关工作委员会党建工作突出讲政治，牢记党的宗旨，树牢“四个意识”，坚定“四个自信”，坚决做到“两个维护”，以知行合一的学习态度，深刻认识总定位总目标蕴含着“新使命、新任务、新担当、新期待”的丰富内涵和“全方位、全过程、高水平、高站位”的实践要求，对标定位。10月14日，组织全体党员干部集中收看深圳特区建立40周年庆祝大会，会后开展专题研讨深入学，各领导班子成员就学习贯彻习近平总书记出席深圳经济特区建立40周年庆祝大会和视察广东重要讲话精神展开一次专题讲话讨论，就如何加强机关党的组织建设、如何更好地发挥党建引领作用、如何增强党建工作的时效性和针对性展开全面学习研讨。县直各系统党委着力培育1～2个精品党建点，推进“头雁”工程。选优配强党组织书记，“三会一课”提质增效，组织生活制度常态化，增强党员意识，发挥主体作用。认真落实贯彻《中共中央关于加强党的政治建设的意见》《关于加强和改进中央和国家机关党的建设的意见》，打造体现部门特色的党内政治文化品牌，涵养风清气正的机关政治生态。共批准预备党员转正44名；吸收预备党员47名；培养入党积极分子67名。督促各系统党委按季度足额上交党费，全年上交党费198.8万元。联合县委组织部对全县180多名党员发展对象进行集中培训。7月24日，组织党务干部、预备党员共70多人到大柘镇黄沙村举行“七一”新党员宣誓暨活动。10月23日，举办一期县直机关党务干部培训班，对全县130名党务干部进行多层次的业务培训。7月至9月，联合共青团县委组织“不忘初心跟党走·振兴平远勇担当”全县性主题演讲比赛，30名青年党员干部登台演讲，畅所欲言，将个人理想融入振兴家乡的实际行动之中，自信、大方、富有激情。2020 年，联合县委组织部，组织并督促各县直机关、国有企业、事业单位党组织和在职党员开展社区“双报到”活动，开展党建指导、政策宣传、社区治理、志愿服务、扶贫济困等重点工作。共有 57 个县直单位、1277 名党员干部参与开展形式多样的社区活动，展示党员形象、密切党群干群关系，打造共建共治共享的基层党建工作新格局。全年组织 60 名政治素质高、大局意识强的年轻党员干部奔赴疫情防控一线，开展乘客体温筛检等工作。

【机关作风建设】　2020 年，中共平远县直属机关工作委员会按照“基层减负年”相关要求，带头开展形式主义问题大排查，深入开展作风建设专项整治，带头弘扬密切联系群众的优良作风。

【机关武装工作】　2020 年，平远县直属机关人民武装部抓好年满 18 周岁的男性青年兵役登记工作，登记率为 100%。在征兵过程中，严格执行规定，把好“体检关、年龄关、学历关、走访关、政审关”，加强对应征青年家长的宣传教育工作以确保廉洁征兵，为部队输送高素质兵员，圆满完成上级赋予的征兵任务。同时做好落选人员的解释安抚工作和入伍新兵跟踪教育工作。（姚 崴）

县直系统党委

【党群系统党委】　2020 年，党群系统委员会共有 2 个党总支、35 个党支部，其中离退休党支部 12 个。2020 年，党群系统党委加强学习，结合疫情防控工作，突出落实党建工作责任制，有效履职、服务基层和服务群众。开展宣讲报告会 2 次，全系统股级以上干部近 400 人次参与宣讲。建立并坚持 “第一议题”学习制度，党员领导干部发挥 “头雁”效应。11 月 30 日，系统 290 名机关党员，“学习强国”学习总分 25000 分以上的有 167 人。利用本县红色资源红四军纪念园、毓秀书院和仁居村、黄沙村、角坑村等开展主题党日活动。推荐县政协机关、县机关事务中心、县委编办为平远县精神文明先进单位。牢固树立政治机关意识，在知行合一中主动担当作为。严守政治纪律政治规矩。系统党组织全部参加《全县党建基础业务线上集中培训班》，严格执行党的组织生活制度。全部开展“一支部一品牌”活动，推动“党建+”工程，推动党建促进业务，业务融入党建工作的开展。实施“头雁”工程，全面推行单位“一把手”兼任党组织书记 ，“一岗双责”。做好发展党员工作，2020 年发展党员 3 名，转正 2 名预备党员，发展积极分子 5 名。进一步规范党费管理工作，全年收到党费 278975.3 元，其中离退休支部共收缴党费 25526 元。派送 20 名疫情防控志愿者参与高速路口防控一线工作。开展 36 次“创文”清洁活动，参与人次 7200 人次。系统在职党员 91%参加到社区报到活动，开展送书到户、政策宣讲、普法宣传，慰问困难党员。继续开展好年度纪律教育学习月活动，使机关廉政文化与党建文化深度融合。

（陈娟华）

【宣教卫系统党委】　2020 年，宣教卫系统党委在宣传文化系统、教育系统、卫健系统、医保局等 34 个单位，设有党委 1

个、基层党委2个及党总支7个、党支部65个。党员1224人。2020年，宣教卫系统党委坚持用党的创新理论武装党员干部头脑，坚持“第一议题”学习制度，发挥“头雁”效应。通过开展集中学习、专题辅导、座谈讨论等活动，增强党员干部学习党章、学习中共十九大精神的主动性。围绕县委、县政府的中心工作，发挥党组织的凝聚力战斗力和党员的先锋模范作用，努力完成各项任务。组织20名入党积极分子参加县委组织部、县直机关和党委举办的党员发展对象培训班。把政治建设放在首位，把“两个维护”作为最根本的政治纪律和政治规矩，开展优良传统作风教育，提高民主生活会、组织生活会质量。坚持党员领导干部讲党课制度，“七一”期间，宣教卫系统各党委、党（总）支部共开展专题党课34场，共1042人次参与。卫生系统全力以赴做好新型冠状病毒肺炎疫情防控和医疗救治工作。在2个集中隔离医学观察点成立2个临时党支部，党员志愿者主动放弃春节假期，佩戴党员徽章亮身份，在一线推进疫情防控工作，在不同的岗位兢兢业业，为保护人民生命健康不顾个人安危，用实际行动诠释共产党员的初心和使命。平远广播电视做好疫情防控宣传报道工作，并组织15位党员奔赴抗疫一线。至12月21日，共采编播疫情防控相关新闻750多条，“平远发布”和“平远通”共推送疫情防控相关信息7000多条。教育质量稳步提升，中、高考再创佳绩。大力推进县级医院基础设施建设，全面完成12个乡镇卫生院标准化、规范化建设，全县129间公建民营村卫生站全面完成规范化升级改造并投入使用。将意识形态工作学习研究纳入党委年度工作要点，县卫健局加强对下属卫生医疗单位意识形态工作督查和对聘请外县专家讲座及下乡义征活动进行审批。党委全年召开8次党委会，解决党建突出问题，党委书记负总责，专职副书记具体抓，加强督查指导，完善党委委员挂钩联系点制度，9位委员共挂钩34个支部，对各支部加强了管理。召开6场党建工作及推进会。着力培育城南中学党总支、县人民医院党总支2个党建示范点。指导督促教师发展中心和城南幼儿园成立教师发展中心党支部和城南幼儿园党支部，选优配强支委班子，同时，加强公立二甲医院党的建设，成立中医医院党委，隶属于宣教卫党委管理。培养入党积极分子16人，确立发展对象18人，吸收预备党员11人，预备党员转正8人。严格按标准核定党费，足额收缴55万多元。组织全体党员干部参与“创国文”工作和各支部参与社区“双报到”志愿活动。选派干部为“第一书记”到挂钩村开展工作，推动扶贫攻坚，全系统为群众办好事实事90多件。党委和各党支部在“七一”、春节前夕慰问困难党员、离退休党员90多人。抓好党风廉政建设责任制的落实，推进党务公开、政务公开和完善各项规章制度，破除形式主义、官僚主义等不良作风。组织全体党员开展纪律教育学习月活动，观看警示教育片，参观反腐倡廉教育基地，以案示警、以案明纪，引导党员干部守底线，永葆忠诚、干净、担当的政治本色。

（宣教卫系统党委办）

【政法系统党委】 2020年，政法系统党委在县委政法委、县公安局、县人民检察院、县人民法院、县司法局分别建立1个党委（县公安局党委）、2个党总支（县法院党总支、县检察院党总支），共19个党支部。2020年，制订下发《2020年县政法系统机关党建工作要点》，政法各单位党组织围绕基层党建三年行动计划，专门举办《中华人民共和国民法典》、《习近平谈治国理政》第三卷等专题宣讲报告会，并举办《习近平谈治国理政》第三卷、中共十九届五中全会等精神专题研讨活动。召开“七一”表彰大会，对6个先进党支部、23名优秀共产党员、29名表扬党员进行表彰奖励。推荐和宣传公安干警黄碧玉（省“三八”红旗手）、张学理（市先进工作者），法官刘苑桂（县“敬业奉献”之星）等先进事迹。“七一”和春节慰问困难党员38人，慰问80周岁以上老党员9人。全年共批准吸收预备党员6名，预备党员转正7名，到12月确定发展对象1名，培养入党积极分子20名。按标准做好党费核定工作，全年累计收取268487元。在防控新冠肺炎疫情中，发挥基层党组织战斗堡垒作用和党员先锋模范作用，抽调年轻党员干部10人到第一线。成立平远县公安局疫情防控济广高速平远出口、八尺检查站疫情防控卡点、国道358线湍溪检查站疫情防控卡点等3个临时党支部，在疫情防控中大批政法优秀年轻干警向党组织递交入党申请书。发动党员同志为新冠疫情防控捐款活动，政法系统400多名党员共捐60130元。继续巩固县司法局机关党支部、县检察院党总支、县公安局机关第二党支部、县法院党总支发挥党建示范点作用。组织政法各单位党组织到社区开展志愿服务活动和开展创文创卫清扫大行动志愿活动、义务植树活动等。组织党员到红色教育基地现场教学和参加演讲比赛和征文活动等党日活动；全年全系统累计组织团队活动11场次。开展“送法进校园、送法进村居、送法进企业、送法进工地”活动，全年共开展志愿服务12场次。做好扶贫“双到”工作帮助挂钩村兴办公益事业、解决实际问题。坚持“三会一课”制度，严格落实《平远县基层正风反腐三年行动方案（2018—2020年）》，加大身边违纪违法案例的警示教育力度，协助县纪委监委做好问题线索查处、处分违纪党员工作。100%完成重点党报党刊征订任务。推进县域社会治理现代化、全面深化政法领域改革，村民理事会“一带一法四参与”“中心4+”社会治理模式荣膺梅州市“平安之乡”实践创新制度集成型项目；全年零刑事警情超过200天，实现省委提出的综治工作目标任务；2020年度省委政法委“一感两度三率”调查结果，平远县扫黑除恶知晓率、带来安全感好转率、满意率三项指标在全省各县（市、区）中排名第一，政法工作满意度全省排名第四，群众安全感、满意度不断提升。（政法系统党委办）

【政府系统党委】 2020年，县政府系统党委有基层党组织62个，其中，二级党委1个，党总支6个，党支部54个。党员1147人，其中，正式党员1132人，预备党员15人；男党员851人，女党员296人；在职党员803人，离退休党员336人。2020年，县政府系统党委组织各单位成立《关于学习贯彻党的十九届五中全会精神》、《习近平谈治国理政》第三卷等专题研讨班，共有300多人次参与讨论发言。组织党委所属单位党员干部分批分期次到县家风家训教育基地参观学习，组织党员干部集中收听收看警示教育片。全年组织4 场专题宣讲活动，培训科级、股级干部560人次。组织各党（总）支部书记和组织委员参加党务干部培训班、“广东党建云”平台试运行培训动员会、全省党建工作线上培训，参加培训135人次。举办县政府系统党委发展对象培训班，提高党员队伍先进性和纯洁性。组织开展入党积极分子与发展对象培训班2次、20人次，组织新党员宣誓8人，与10名发展党员吸收入党前谈话12人次。经严格政治审核，13名预备党员转正，接收10名预备党员，确定发展对象6名、入党积极分子10名，组织党务工作者、业务骨干开展党日活动1次，约70人次。组织各单位集中观看减压录像——《领导干部的压力管理与心理调适》专题讲座。组织体能监测活动。开展478场次主题党日活动，补足精神之钙，挺直精神脊梁。组织观看廉政警示教育片，组织开展专题党课辅导，主动配合县委组织部开展先进推优表彰、看望慰问46名80周岁以上老党员和36名重病困难党员及3名“因公致残/因公牺牲党员家属”。组织党员干部到潮州等地参观学习。提升志愿服务组织功效和志愿者服务能力。以“美丽平远·美好家园”为主题进行征文比赛。各党（总）支部组织党员干部到“红色讲习所——仁居红军纪念园”和八尺角坑村委“红色展馆”普及红色党史知识，寻访红色地标，激发党员干部干事激情。

11月18日撤销“中共平远县粮食收储公司离退休支部委员会”和“中共平远县国有资产运营中心离退休支部委员会”。新成立“县环卫所退休支部”“县统计局退休支部”。组织开展5个专题的党委中心组学习和3次党建工作业务培训会，增强党内政治生活的政治性、时代性、原则性和战斗性。同时，压实党（总）支部党建工作的主体责任。增强党的凝聚力、战斗力，发挥群团组织作用，对任期届满的党（总）支部进行支部换届、改选、补选，党委领导下的政府系统团委书记职务，县政府系统妇委也进行换届选举。全年共收交党费471778元。转出组织关系116人，转入28人，减员140人。培育健康的党内政治文化，打造体现部门特色的党内政治文化品牌，涵养风清气正的机关政治生态。各单位踊跃参加县委、县政府的扶贫济困活动。系统内19个副科级以上单位挂钩联系19个村。制订党委委员挂钩联系工作制度，及时更新挂钩联系人、联系点，要求每位委员定期到所挂钩支部调研指导。推进大学习大培训常态化制度，让党员干部坚定信仰，凝聚团结奋进的力量，为苏区振兴发展和“一城一区一带”的实施作出贡献。（凌佳妮）

【农口系统党委】 2020年，农口系统党委下设有4个党总支、32个党支部。2020年对任期届满的6个基层党组织全部进行换届，选好配强新一届领导班子。全年吸收7 名预备党员、预备党员转正7名，培养入党积极分子1名。党委按季度把各支部缴交的党费及时足额上缴到县直工委。组织农口在职党员到挂钩社区报到，常态化开展社区服务，努力构建共建共治共享的基层党建工作新格局。做好疫情防控工作，农口系统强化党组织和党员的示范引领，组织党员投身疫情防控一线，在投身疫情防控和服务引领中心工作中筑牢理想信念，增强能力本领，把做好疫情防控工作作为党组织生活和党员教育培训的“实践课堂”，以实际行动践行初心使命。组织党员干部学习《中国共产党章程》《中国共产党纪律处分条例》《新形势下党内政治生活的若干准则》等，组织观看《恶伞》《赌掉前程》等警示教育片，通过学习教育和警示教育，使广大党员干部时刻做到警钟长鸣，从思想和行动上做到不敢腐、不能腐、不想腐。针对群众提、上级点等机关党员干部中存在的问题，从坚持和完善机关各项规章制度入手，切实做到用制度管人管事。对县委巡察组巡察中发现有违纪行为的党员作出党内警告处分决定。对有悔改表现的原受留党察看期满4名党员按规定程序恢复党员权利。志愿服务队到大柘福利院开展春节送温暖慰问活动，到热柘镇敬老院开展重阳尊老敬老活动。参加2020年广东省“河小青”护河志愿活动。到龙文—黄田自然保护区开展第二届广东省森林生态教育文化周主题活动。参与“全民志愿行，共创文明城”文明交通劝导志愿活动。为县第十六届脐橙旅游节提供现场各项志愿服务。通过开展志愿活动，增强党员干部服务意识和奉献精神。配合县“双创”活动制作宣传横幅、标语、宣传栏，经常性开展城市清洁卫生大行动，为建设精致小城、大美平远尽一份力。参与县举办“不忘初心跟党走，振兴平远勇担当”主题演讲比赛活动。开展农口系统羽毛球和拔河比赛，丰富机关文体活动，增强凝聚力。组织庆祝中华人民共和国成立七十一周年羽毛球挑战赛，由农口系统党委羽毛球爱好者组队，挑战县羽毛球协会部分选手，增进与外单位党员干部之间的感情。牢牢掌控新媒体意识形态主导权，加强对微信“党员交流群”“单位工作群”的管控，确保新媒体宣传思想文化阵地充满正能量。对重大舆情、倾向性苗头性问题，一切错误思想、观点、言论，立场坚定、态度鲜明地开展斗争，在全系统树立风清气正的政治生态，为平远县苏区振兴发展和“一城一区一带”的实施作出积极的贡献。

（农口系统党委办）

【经贸系统党委】　2020年，经贸系统党委所属副科以上单位8个，下设4个党总支、24个党支部，党员439人。2020年，经贸系统党委坚持党员领导干部讲党课制度，培育健康的党内政治文化，打造体现部门特色的党内政治文化品牌，涵养风清气正的机关政治生态。共召开11次党委会会议，集中学习4次，举办2次专题宣讲报告会，党委班子成员为本单位党员上党课20次，撰写理论调研心得体会文章7篇。党委书记态度明确、旗帜鲜明地站在意识形态工作第一线，党委对8个科级单位落实意识形态工作责任制和领导班子成员落实意识形态工作责任制的情况进行指导和督促。以信息化推动党建工作创新，引导党员在网上学习、过组织生活，增强党支部生活的吸引力，牢牢占领网络意识形态高地。强化党员领导干部带头作用。各单位党支部依托“三会一课”制度，结合线上线下学习，组织开展形式多样的主题党日活动和学习教育活动，10个单位开展革命传统教育“主题党日活动”15次。落实党组织书记年度述职评议工作，各党支部均配备专（兼）职党务干部，负责做好日常工作。全年发展入党积极分子13人，批准党员发展对象6人，吸收预备党员5人，转正党员7人。按时上缴党费174627.71元。党委表彰平远县科工商务局机关第三党支部等8个党(总)支部为先进基层党组织，刘宇等19人为优秀共产党员。对生活困难的党员开展结对帮扶和党内慰问，慰问困难党员老党员91人。开展到社区“双报到”活动，与“双创”工作相结合，各单位共190人次，分批次到7个小区开展志愿活动。科工商务局围绕“服务实体经济，推进一区建设”，结合业务发展情况，通过开展“党建+工业经济、党建+电子商务、党建+招商投资促进、党建+科技与信息化”等活动，构建“一支部一特色，一股室一主题”的党建格局，促进党建与业务深度融合，更好地发挥支部战斗堡垒作用和党员先锋模范带头作用。疫情防控期间，党委组织青年志愿者参加一线工作，并发动335名党员参与捐款。县交通局和县公路事务中心奋战在平远的每个进出要道，严查进出车辆和人员，坚决守住入粤入梅“北大门”。县应急管理局聚焦主责主业，深入到监管的企业，对企业安全生产运行状况和停产停工安全管理工作等进行全面细致检查。县园区管委会抓实企业疫情防控工作，指导帮助企业开展复工复产。平远邮政为梅州市援助湖北医疗队物资实行免费寄递，配合地方政府保障疫情防控物资和百姓生活必需品的寄递畅通。科工商务局还积极与金融行业沟通协调，帮助企业解决融资难、融资贵、融资慢等金融问题。上半年，县科工商务局协助49家企业解决授信贷疫情贷4.43亿元。结合纪律教育学习月活动，领导干部带头上廉政党课，各单位组织党员干部参观家训家风基地，深入学习贯彻《中国共产党章程》《中国共产党党员领导干部廉洁从政若干准则》《中国共产党党员纪律处分条例》等，观看《朽木浮沉》《侥幸之祸》等警示教育片，运用正反典型事例教育党员干部，打造风清气正战斗力强的干部队伍。

（经贸系统党委办）

中共平远县委非公有制经济组织和社会组织工作委员会工作

【概况】 2020年，中共平远县委非公有制经济组织和社会组织工作委员会（以下简称平远县委“两新”工委）下设两个党委（非公系统党委、社会组织系统党委）和18个工委成员单位（县工商联、县民政局、县教育工委、县司法局等），管辖党支部78个，其中非公有制企业党支部58个，社会组织党支部20个，党员555名，党的工作覆盖率100%，党的组织覆盖率97.8%。

【学习教育】 2020年，平远县委“两新”工委坚持抓思想教育，精心组织开展各类教育培训。强化组织部署，组织召开系统党委动员部署会议，传达党中央和省、市、县各类学习精神，明确学习要求。推动多渠道学习，疫情期间采用“线上+线下”相结合的方式，组织“两新”党员利用学习强国、广东党建云、省干部网络学院等平台开展网络学习，做到“停工不停学，复工不掉队”。坚持学用结合，通过“三会一课”、组织生活会等形式开展《习近平谈治国理政》和中共十九届五中全会精神等内容的专题学习，多形式开展党日活动145场次，如“七一”期间组织党务干部和新党员共80人重温入党誓词，组织党员到红色教育基地参观学习400多人次。

【两个覆盖】 2020年，平远县委“两新”工委努力提升“两个覆盖”（党的组织和党的工作覆盖）水平，推动“两新”党建提质增效。形成齐抓共管格局。组织召开全县“两新”组织党建工作会议，结合机构改革后单位分工和工作需要，搭建起由县委“两新”工委牵头、2个系统党委为指导、其他18个“两新”工委成员单位为支撑、覆盖全县128家“两新”组织的领导架构。抓实“双同步”工作。至年底，全县有83家企业建立党支部，其中单独组建党支部的企业有51家，联合组建党支部的企业有32家，单独组建率100%。

【支部建设】 2020年，平远县委“两新”工委根据《中国共产党支部工作条例（试行）》要求，在严抓细管上下功夫，“两新”党组织运转顺利规范。强化支部组建，结合实际动态调整党支部组建数量，对条件成熟的“两新”组织进行新建，及时撤并运作不畅的支部，全年新建党支部6个、撤销9个。加强支部管理，规范基层党组织组织生活制度，并强化督查指

2020年平远县“两新”组织党建工作会议

导，针对企业党组织分布零散的现状，按照南北片区实行分区设点、现场交流，推进党组织互看互比互学。推进示范带动，按照省、市示范点创建要求，打造工业园区党委、保灵医药有限公司党支部、达士通精密工业有限公司党支部3个示范党支部，发挥示范党支部的表率示范作用，通过观摩学习、强化宣传报道，推动形成比学赶超的党建工作氛围。强化使命担当，发挥“两新”党组织的先进性和党员的先锋模范作用，及时制定印发《关于强化党建引领支持非公有制企业复工复产“十项行动”的通知》，发动“两新”工委成员单位和“两新”党支部力量，切实凝聚企业、职工防疫共识，帮助企业科学精准防疫、有序复工复产。落实经费保障。按标准落实“两新”党组织经费，县管党费全额返还“两新”党组织上交党费，全年拨付“两新”党组织各类经费共81.2万元。

【队伍管理】 2020年，平远县委“两新”工委严格按照《中国共产党党员教育管理工作条例》，坚持建强党员队伍，党员先锋作用进一步凸显。建强“头雁”队伍，组织开展全县“两新”党组织书记培训班，通过业务学习、实地观摩、小组讨论，78名“两新”支部书记履职能力进一步提升。结合实际工作需要，对14名党支部书记进行调整，有效强化“头雁”管理。严格按程序做好发展党员工作，加大在生产一线职工、专业技术骨干及经营管理人员中发展党员的工作力度，把优秀人才纳入发展的“前列”，全年发展“两新”组织党员10人，培养入党积极分子27人。发挥党员先锋作用，通过设立党员示范岗、党员责任区、开展党员评先评优等，切实增强党员责任意识，全年评选出优秀党员16人，先进党务工作者4人。把开展学习同强化为民服务结合起来，为群众办实事好事，全年开展党员志愿服务活动64场次。落实党内关怀，修订完善党员互助基金管理办法，进一步扩大互助基金的帮扶慰问范围，推动党的关怀全覆盖。全年慰问生活困难党员49人，发放慰问金和物资2.03万元。 （黄 思）

县非公系统和社会组织系统党委工作

【县非公有制经济组织系统党委工作】 2020年，平远县非公有制经济组织系统党委隶属县委“两新”工委。党委班子成员共9名，设书记1名，专职副书记1名，其他党委委员7名（6名委员由成员单位负责人兼任、1名委员由非公党支部书记兼任），系统党委聘请专职党建指导员2名（新聘1名）。下属县工商联、市场监管局、税务局、人社局、科工商务局、工业园管委会、司法局等7个非公有制经济管理部门党组织。2020年年底，非公党组织共59个，其中二级党委1个、非公有制企业党支部58个。非公党组织覆盖全县各镇、工业园区和181家企业，管理非公有制经济组织的党员414名。2020年，系统党组织共开展专题学习83场，上党课53次，教育党员700多人次。切实做到在疫情防控期间“停工不停学，复工不掉队”。组织13名新党员、200多名老党员进行入党宣誓和重温入党誓词活动，组织近300人次党员到红色教育基地参观学习。培养入党积极分子31名，确定发展对象5名，吸收预备党员 7 名，批准预备党员转正 13 名。终止对3名入党积极分子的培养考察。评选出先进基层党组织5个，优秀党员16人，先进党务工作者4人；走访慰问生活困难党员14人，慰问大病住院党员1人，发放慰问金共7300元。另外，配合县纪委查处违纪党员2名。党员队伍活力和纯洁性进一步提升。建立《非公有制企业基础名册》，全县132家非公有制企业、39家五类企业，有党员的企业85家。建立党组织59个，其中平远县差干镇商会联合党支部、广东宇时代电子有限公司党支部等单独组建党组织的企业有51家，联合组建党组织的企业有34家。均选派党建指导员。撤销荣昌刨花板厂支部、差干非公有制企业联合支部等9个支部。创建县工业园党委和广东保灵医药有限公司党支部、梅州达士通精密工业有限公司党支部3个党建工作示范点。举办全县“两新”党组织书记培训班，分两批派出4人参加暨南大学 “两新”组织党建工作示范培训班。全年收缴党费33913元。疫情突发，不到1个月的时间就有58个党支部的316名党员踊跃参与抗疫捐款，捐款总计41360元。党员带头落实防疫措施、带头返岗上班，确保企业有序复工复产。保灵公司党支部免费发放酒精、口罩等防疫应急药品与物资给当地群众。县工业园党委专门举办1期民法典专题讲座。友邦木业、创丰建设等10多个党支部制作中共十九届五中全会专题宣传栏。南台酒业、保灵医药等党支部编排文艺节目歌颂祖国、颂扬新时代。（谢建生）

【县社会组织系统党委工作】 2020年，平远县社会组织系统党委在县委“两新”工委的领导下，政治学习不放松。结合行业特点，健全完善社会组织党建工作体系，夯实党建工作基础，推进平远县社会组织党组织和党员队伍建设，不断提高党建工作质量和水平。2020年，党委集中培训全体党员1次，请县宣讲团老师专题辅导学习中共十九届五中全会精神。上下半年各一次督查各支部执行“三会一课”制度、开展主题党日活动情况及其他党建工作。以中国共产党成立99周年为契机，开展“缅怀革命先烈，重温入党誓词”活动，组织党员开展过“政治生日”。组织新老党员到仁居镇、大柘黄沙村等党员教育基地缅怀革命先烈，举行新党员入党宣誓和老党员重温入党誓词活动。表彰先进基层党组织2个、优秀党务工作者2人和优秀共产党员7名。组织党委书记专题党课，结合社会组织党员行业的具体岗位，开展“三亮”（亮身份、亮职责、亮承诺）活动，督促党员履行职责。慰问困难党员、老党员19人次，慰问大病党员4人，送上慰问金1.1万元。建立外出党员台账，利用支部微信群、QQ群等加强外出党员沟通联系，及时传达党建工作情况，节假日利用党员返乡之机主动到他们家里开展谈话交心和征求意见建议活动。平远县益民医院组织党员到上举镇、东石镇开展送医送药志愿活动，义工协会组织党员到大柘镇等地开展慰问特殊家庭的爱心志愿活动和协助政府到县城各社区做好疫情排查、防疫等工作。全面摸底调查，剔除拟注销的“僵尸”组织，全县共有社会组织76家，其中有党员的51家，无党员的15家，有3名以上党员的20家，党员共223人，未转入组织关系的80人，从业人员30人以上的社会组织有2家，均单独组建党支部。对有正式党员3名以上、党员人数较为稳定且条件成熟的社会组织，进行单独建立党支部；对党员人数不足3名的社会组织，按照“行业相近、地域相邻、工作方便”的原则，共同联合建立党支部；对暂不具备组建条件的社会组织，则实行党委专人联系制度，联系跟踪社团组建党组织和其他党的建设工作。单独组建14个党组织，联合组建6个党组织，覆盖32家社会组织，党的组织覆盖90%，党的工作覆盖100%。新组建平远县新的社会阶层人士联合会党支部。县民办非企业单位联合党支部、八尺镇特色农业联合党支部、大柘镇个协分会党支部为党建工作示范点。通过纵横互学互比，为社会组织各行业支部规范化建设示范引领。全年共确定发展对象4名，吸收预备党员3名，预备党员转正3名。健全党委委员挂钩联系支部制度，坚持党委每季度至少一次的党建工作专题研判、党委书记每月至少一次的基层党建工作专题调研活动。党委每半年研判一次社会组织意识形态工作，及时排查苗头性问题，把意识形态工作纳入党建工作责任制，纳入支部书记述职报告的重要内容，纳入对支部书记绩效考核的主要内容。 （张永平）

关心下一代工作

【概况】 2020年，平远县关工委按照“急党政所急，想青少年所需，尽关工委所能”的要求，主动作为，扎实推进关心下一代工作。在平远关工委的组织下，有556个“五老”和1335个在职干部参与疫情防控工作；《中国梦·家风美》广东省少年征文活动31场次，有31个“五老”和2.5万名少年儿童参与；开展传承红色基因，争做时代新人活动39场次，受教育人数2.8万人；开展文化育人活动38场次，受教育人数2.5万人；开展家庭教育工作2场次，受教育家长160人次；有校外教育辅导站12个，辅导员96人（其中“五老”85人），辅导学生820人；助学助困发放资金45万元，受助青少年686人；留守儿童关爱保护有“爱心之家”15间，被关爱的留守儿童2703人。10月23日，《梅州日报》第八版以《主动作为 扎实工作》为题，宣传报道平远县关工委关心下一代工作取得的成效。

【班子调整】 2020年4月，中共平远县委根据县关工委班子成员年龄偏高的情况，对班子作出调整，选拔刚退休的县人大常委会原副主任凌小宏等人到县关工委任职，提高班子的实力。县、镇关工委，设立以镇党委副书记兼主任，聘请离退休老同志为常务副主任，各部门负责人为成员的一套班子。

2020年4月22日，县关工委举行新老班子交接会 （朱兴国 摄）

【青少年思想道德建设】　2020年，平远县共有公立中小学校55所，在校学生25328人。平远县关工委采取多措并举、全面推进的措施，开展关心下一代的各项工作，提高学生整体素质。平远县关工委一方面加强与学校的联系，指导学校对青少年学生加强社会主义核心观教育，组织学生参与创建全国文明城市等公益性活动；另一方面组织学生开展“保护儿童安全 携手共同成长”“小小一颗心 浓浓爱国情”等形式多样的主题教育活动，推进青少年学生对社会主义核心价值观的自觉践行。主动配合政法委、司法局、教育局、公安局等单位，加强青少年学生普法宣传教育。在全县中学、中心小学聘请一名法治副校长，每学期最少一次为学生上法治教育课。同时，联合县禁毒办和相关镇政府、派出所，分别在差干学校、县第一小学、县实验小学、泗水学校、东石中心小学开展禁毒宣传活动。加强青少年学生传承红色基因宣传教育，组织全县中小学生参与“传承红色基因，争做时代新人”线上主题教育活动，激发少年学生的爱国情怀，树立好好学习，练好本领，建设祖国、报效祖国的远大理想。

【留守儿童关爱】　2020年，平远县有留守儿童1571人，困境儿童1129人，合计2700人。平远县关工委关爱留守儿童健康成长，结合当地实际，多措并举，不断优化学校教书育人环境，支持学校和教师关心留守儿童、困境儿童，增加感情投入，让他们感受到集体的温暖和归属感。同时开展心理健康教育，聘请专业教师为他们上心理辅导课，使留守儿童、困境儿童身心得到全面健康发展。引导家长切实担负起对子女成长的监护责任和教育责任，妥善处理好外出务工与子女教育的关系，及时了解子女的学习和成长情况，发现苗头性问题及时引导教育，有效预防不良行为的产生。全县建成“爱心之家”15间，开展各项活动30场次，参加人数4000多人次，资助留守儿童、困境儿童1800多人次，筹集资金60多万元，解决留守儿童活动场地，并购置大批图书，安装亲情电话、电脑等，为“留守儿童、困境儿童”健康快乐成长创造良好的学习和生活环境。与此同时，争取梅州市叶剑英基金会4万元助学金，资助特困学生20名。

【“三百活动”】　2020年，平远县关工委扎实开展“三百活动”（百老帮百少、百小尊百老、百业助百校），形成全社会尊老爱幼尊师重教的良好氛围。在“百老帮百少”活动中，重点帮助留守儿童、困境儿童和未成年人的健康成长。在“百小尊百老”活动中，在日常教育教学工作中常态化开展尊敬师长、尊敬长辈、孝敬父母活动，并组织召开班会，谈体会、谈感受，形成尊老、尊师和尊敬父母的良好氛围。在“百业助百校”活动中，联合广东保灵医药有限公司在平远县特殊学校举办“爱心活动”，广东保灵医药有限公司携手广药集团向平远县特殊教育学校捐赠5万多元的生活用品和“防疫”物资。全年全县共开展“三百活动”20场次，参加人数1万多人，收到爱心企业教育基金捐款1.2亿元，活动投入资金10万多元。

【创业培训】　2020年，平远县关工委重点抓好农村创业青年和生态安全农业新科技的培训工作。9月，平远县关工委和平远县春兴白玉蜗牛养殖专业合作社联合在八尺镇举办杂交水稻制种种植及白玉蜗牛养殖技术培训班，来自该镇各村的杂交水稻制种农户及白玉蜗牛养殖户近100人参加培训。10月12日，平远县关工委、金宝树农业公司联合在东石镇茅坪村举办花生优质高产技术培训班，当地的贫困户、花生种植大户、农村青年创业者等近百人参加培训。11月13日，平远县关工委联合梅州可其山电子商务有限公司在平远县跨境电商公共服务中心三楼电教室举办农电商“双创”和优质蔬菜栽培业务培训班，来自全县各镇60多名青年参加培训。另外，还举办本地创业青年经验交流会、优质茶叶种植和加工、脐橙增产提质经验交流等活动。平远县关工委全年先后举办培训班5期，培训学员500多人次，发放资料1500多份，先后培养一批创业先进典型。

【先进表彰】 2020年，平远县在关心下一代和“爱心之家”工作中，涌现一批先进集体和先进个人。8月17日，按照市关工委通知要求，做好由市关工委联合广东省雁洋公益基金会开展的“爱心之家”先进集体、先进个人评选工作，推荐上报优秀“爱心之家”3个、优秀“爱心之家”志愿者21名、优秀“爱心之家”组织奖1名受表彰奖励；9月8日，按照市关工委联合市文明办开展评选一批全市关心下一代工作先进集体和先进个人的通知精神，县关工委经过自下而上筛选和考察，向市关工委和市文明办推荐先进集体3个、先进工作者6个、突出贡献奖1个受表彰奖励。

【媒体宣传】 2020年，平远县关工委加强媒体宣传，促进关工事业向前发展。以《中国火炬》《秋光·关心下一代》杂志和《梅州日报》为依托，积极撰写宣传平远的稿件投稿；以本地融媒体为依托，及时在电视上报道工作动态；以互联网为依托，设置微信“平远县关工委工作群”“平远县爱心之家工作群”和“平远县创业青年工作群”；每季度编发1期《平远县关工委工作通讯》。在平远县电视台报道差干、东石、泗水、县特殊学校、县实验小学等学校法治宣传和开展各项系列活动的情况，以及农村创业青年培训工作的情况。全年各级媒体宣传报道平远县关心下一代工作情况16篇。9月21日，平远县关工委被《中国火炬》杂志社评为宣传工作先进单位。 （李汉生）

平远县人民代表大会

主要会议和活动

【县第十五届人民代表大会第五次会议】 2020年6月9—11日，平远县第十五届人民代表大会第五次会议在平远县迎宾馆举行。大会表决通过关于《平远县人民政府工作报告的决议》《平远县人民代表大会常务委员会工作报告的决议》《平远县人民法院工作报告的决议》《平远县人民检察院工作报告的决议》《平远县2019年国民经济和社会发展计划执行情况与2020年计划草案的决议》《平远县2019年财政预算执行情况和2020年财政预算的决议》。凌志达为新当选的平远县第十五届人大常委会副主任以及平远县第十五届人大常委会委员颁发当选证书。大会还举行宪法宣誓仪式。

2020年6月9—11日，平远县第十五届人民代表大会第五次会议在县迎宾馆大会堂举行

【县十五届人大常委会会议】 2020年，平远县第十五届人大常委会在县人大常委会会议室共召开9次人大常委会会议。

县十五届人大常委会第31次会议于3月11日在县人大常委会会议室举行。会议主要内容：审议人事任免事项；颁发任命书；举行宪法宣誓仪式。

县十五届人大常委会第32次会议于5月18日在县人大常委会会议室举行。会议主要内容：听取和审议县政府《关于提请优化县城自来水制水水源密封管道建设内容议案2019年落实情况的报告》；审议《平远县人大常委会代表资格审查委员会关于补选个别县十五届人大代表的资格审查报告（草案）》；县人大常委会环资工委、社建工委就调整5月监督工作方式作说明，并提出下一步工作计划和方案；人事任免。

县十五届人大常委会第33次会议于5月25日在县人大常委会会议室举行。会议主要内容：审查《关于平远县2019年国民经济和社会发展计划执行情况与2020年计划草案的报告》，审查《关于平远县2019年预算执行情况和2020年预算草案的报告》；讨论决定县十五届人大五次会议有关事项（会议时间和建议议程、会议日程、主席团成员和秘书长名单、议案审查委员会成员名单、列席会议人员名单、选举办法草案）；人事任免。

县十五届人大常委会第34次会议于7月28日在县人大常委会会议室举行。会议主要内容：学习《中华人民共和国民法典》；听取和审议《平远县2020年上半年国民经济和社会发展计划执行情况报告》；听取和审议《关于平远县2020年上半年财政预算执行情况的报告》;听取和审议《平远县2020年上半年水污染防治和实施三年行动计划进展情况报告》；听取和审议《平远县疾病预防控制工作情况报告》；听取和审议《平远县人民检察院关于充分发挥检察职能，切实加强野生动物保护工作的报告》；审议县公安局《关于提请许可对平远县第十五届人民代表大会代表刘斌采取刑事拘留强制措施的报告》；人事任免。

县十五届人大常委会第35次会议于9月8日在县人大常委会会议室举行。会议主要内容：学习《习近平谈治国理政》第三卷；听取和审议县政府《关于提请审议平远县妇幼保健计划生育服务中心增加建设资金的议案》；听取和审议平远县贯彻落实《中华人民共和国未成年人保护法》和《广东省未成年人保护条例》执法检查报告；听取和审议《平远县人大常委会代表资格审查委员会关于县十五届人大个别代表的代表资格审查报告》；人事任免；听取和审议《关于提名平远县第十五届人大常委会代表资格审查委员会部分组成人员人选的议案（草案）》。

县十五届人大常委会第36次会议于9月29日在县人大常委会会议室举行。会议主要内容：听取和审议平远县2019年县级预算执行和其他财政收支审计工作报告；听取和审议平远县2019年财政决算草案报告，审查和批准2019年县级财政决算；听取和审议县政府关于提请审议平远县2020年财政预算调整方案的议案；人事任免；听取和审议平远县人大常委会代表资格审查委员会关于县十五届人大个别代表的代表资格审查报告。

县十五届人大常委会第37次会议于10月15日在县人大常委会会议室举行。会议主要内容：人事任免；听取和审议平远县人大常委会代表资格审查委员会关于县十五届人大个别代表的代表资格审查报告。

县十五届人大常委会第38次会议于11月26日在县人大常委会会议室举行。会议主要内容：人事任免；听取和审议县政府关于提请审议平远县2020年财政预算第二次调整方案的议案；听取和审议县政府2019年度县级预算执行和其他财政收支审计查出突出问题整改情况的报告；听取和审议县政府对《关于2020年上半年水污染防治和实施三年行动计划进展情况报告的审议意见》和《县城饮用水源水质变化情况调研报告》所提意见建议的研究处理情况报告；听取和审议县财政局、林业局、司法局、文广旅体局、城综局、政务数据局、应急管理局局长履职情况报告；听取和审议县人大常委会监司工委2020年规范性文件备案审查工作情况报告。

县十五届人大常委会第39次会议于12月30日在县人大常委会会议室举行。会议主要内容：书面审议县政府2019年度全县国有资产管理情况报告；听取和审议县政府 2019 年度企业国有资产管理情况报告；听取和审议县政府“十四五”规划编制情况报告；听取和审议县十五届人大四次会议议案落实情况报告和县十五届人大五次会议议案建议办理情况报告；听取和审议县政府关于提请审议平远县城乡供水项目建设议案；听取和审议平远县人大常委会代表资格审查委员会关于县十五届人大个别代表的代表资格审查报告；听取和审议县人大常委会主任会议关于提请补选个别县十五届人大代表的议案；人事任免。

监督工作

【经济监督】 2020 年，平远县人大常委会审议国民经济和社会发展计划执行情况、预算执行情况、“十四五”规划编制工作进展情况报告，围绕抓重点、补短板、强弱项深入调研，提出意见建议，助力高质量发展。落实国资监督改革要求，审议县政府 2019 年全县国有资产管理情况报告和企业国有资产管理情况报告，促进国有资产管理的公开透明和国有资产保值增值。

2020 年 9 月 27 日，县人大常委会主任凌志达（中）到南台森林康养小镇调研

【民生工作监督】 2020 年，平远县人大常委会协助县委制订关于全县推行民生实事项目人大代表票决制的实施意见，向代表和群众广泛征集民生实事项目供县政府参考，推动民生实事项目由“为民作主”向“由民作主”转变。审议县政府疾病预防控制情况报告、县人民检察院加强野生动物保护工作的报告，要求时刻紧绷疫情防控这根弦，严厉打击非法捕杀交易和食用野生动物行为，完善疾病预防工作制度机制，确保人民群众生命安全和身体健康。关注群众的出行、教育、权益保障等问题，视察调研平远县交通公路建设、国道 358 线绿道建设、教育重点项目建设、《广东省安全生产条例》贯彻落实和县法院司法救助等工作情况。审议县政府环境状况和环境保护目标完成情况、水污染防治和实施三年行动计划进展情况报告，调研县城饮用水源水质变化情况、2019 年度城乡垃圾收运管理情况，实事求是指出工作中存在的不足和问题，就如何进一步保护生态环境，改善县城饮用水源水质，提高城乡垃圾收运覆盖面和清运率提出意见建议。

【法治工作监督】 2020 年，平远县人大常委会听取和审议县检察院《关于充分发挥检察职能，切实加强野生动物保护工作的报告》专项报告，督促相关职能部门切实履行工作职责，切实保障人民群众生命健康安全。组织开展平远县贯彻落实《中华人民共和国未成年人保护法》和《广东省未成年人保护条例》执法检查，督促相关职能部门健全完善未成年人保护体制机制。坚持依法受理，及时交办、督办和转办信访案件，全年共受理来信来访9件，转办、交办、督办案件9宗，办结率100%，确保群众正当信访权，维护社会稳定。2020年共接收县政府报备的规范性文件4件，主动审查4件。

依法行使重大事项决定权和人事任免

【依法行使重大事项决定权】 2020年，平远县人大常委会围绕科学发展的重大事项、民生社会保障、民主法治建设、群众关注热点难点等，坚持谋大事、议要事、集体决策原则，采取会前调研、征求意见、充分审议等方式，科学议决，对全县政治、经济、社会发展中的重大问题作出19项决议决定。

【人事任免】 2020年，平远县人大常委会始终将人事任免工作纳入重要议事日程，坚持党管干部、依法任免和充分发扬民主相统一的原则。规范程序，确保人事任免工作在规范化、制度化轨道上不断推进。同时通过有组织有计划地开展视察、执法检查、述职评议等工作，了解被任干部的情况，加强他们履职监督，促使其改进工作、转变作风，认真履职，当好人民公仆，努力做好人事任免工作的延伸。2020年，共依法任免国家机关工作人员17人次。强化干部任后监督，听取和审议县财政局、林业局、司法局、文广旅体局、城综局、政务数据局、应急管理局七位县政府组成局局长履职情况报告，并进行工作评议，促进监督对象依法履职、高效行权、勤政为民。

代表工作

【闭会期间的代表活动】 2020年，平远县人大常委会将173名县人大代表分成13个小组，在小组召集人召集下开展小组活动。2020年克服疫情的不利影响，强化统筹协调，完善工作机制，在有代表职务的县领导带动和引领下，全县四级人大代表共458人次参与活动，共开展各类视察、座谈活动73场次，接待选民群众583人次，收集意见建议146条，全部交由“一府两院”和各镇人大办理，工作取得一定成效，被市人大推荐代表全市各县出席省人大“更好发挥人大代表作用”主题活动总结座谈会，并作经验交流。

【代表议案建议办理督办】 2020年，平远县人大常委会把督办代表议案建议作为要事来办，督促承办单位坚持结果与过程并重，建立“点对点”联系、“面对面”沟通机制，及时向代表答复办理情况和结果，推动办理工作由答复满意向结果满意转变。县十五届人大五次会议闭会后，及时组织人员对34件建议进行实地调研，选择12件社会普遍关注的建议作

2020年10月26日，在平远的省、市人大代表集中视察平远县交通公路建设情况

为重点督办建议，由常委会领导牵头督办，领衔代表全程参与，力促建议落实、工作落地。

县十五届人大五次会议期间代表所提34件建议均按期答复和办理，解决实际问题12件，需跨年办理9件，16件办理较好的建议得到资金奖补。

【代表补选】　2020年，平远县人大常委会重视代表的补选工作。因部分代表工作变动、调离本行政区域或辞去县人大代表职务等原因，根据代表法和选举法的有关规定，全年接受4名县十五届人大代表的职务请辞，依法补选6名县十五届人大代表。

【代表学习培训】　2020年，平远县人大常委会认真制订代表年度培训计划，通过“请进来”和“走出去”等方式促进代表履职能力提升，全年共培训代表100多人次。

党的建设

【政治建设】　2020年，平远县人大常委会党组坚持思想引领，通过会议传达、宣讲报告、研讨发言等方式，及时跟进学习习近平总书记系列重要讲话和重要指示批示精神，特别是《习近平谈治国理政》第三卷、出席深圳特区建立40周年庆祝大会和视察广东的重要讲话、重要指示精神以及中共十九届五中全会精神，自觉用党的创新理论武装头脑、指导实践、推动工作，增强“四个意识”，坚定“四个自信”，做到“两个维护”。切实发挥人大常委会党组核心领导作用，严格执行党组议事规则和请示报告制度，加强对机关党组、机关支部党建工作领导和指导；不定期研判意识形态工作，确保人大领域意识形态安全。

2020年“七一”前夕。县人大常委会主任凌志达为人大机关党员干部职工上党课　（县人大办提供）

【党风廉政建设】　2020年，平远县人大常委会落实执纪责任，紧盯重要节点和重点岗位，层层落实责任、层层传导压力，始终保持正风肃纪高压态势。运用执纪监督“四种形态”，开展党内谈话制度，让咬耳扯袖、红脸出汗成为常态。用好“不忘初心、牢记使命”主题教育成果，坚持把党章党规作为学习教育重要内容，参与研讨班学习，通报典型案例，观看廉政警示教育片，以身边事教育身边人，进一步增强法纪意识，切实筑牢拒腐防变的思想道德防线。

参与县委中心工作和指导镇人大工作

【参与县委中心工作】　2020年，平远县人大常委会坚持把党的领导贯穿于人大工作的各方面、全过程。坚持常委会的重要事项、重要工作、重大决定及时向县委请示报告制度。围绕全县经济社会发展中的全局性、根本性、长远性问题，大力实施依法监督、正确监督、有效监督，切实为建设“精致小城·大美平远”聚智助力。按照县委安排部署，做好挂钩联系重点项目、联系服务企业以及挂钩帮扶工作。

【县镇人大工作和建设】 2020年，平远县人大常委会注重上下协调联动，发挥好引领和指导作用，与各镇人大联动开展视察调研、宣传报道、代表进站、建议办理等工作和活动，扩大全县人大“一盘棋”效应，提升全县人大工作整体水平。推进镇村人大代表联络站规范化建设，引导在平远的各级人大代表定时定点接待选民，收集社情民意，宣传法律法规，化解社会矛盾，助力基层治理。连续3年联动四级人大代表与省市同步开展“更好发挥人大代表作用”主题活动。以贯彻落实省委人大工作会议精神“回头看”工作为契机，对各镇人大进行“全身体检”和“开方治病”，进一步改进镇级人大工作。

【指导镇人大工作】 2020年，平远县人大常委会以贯彻落实省委人大工作会议精神“回头看”工作、省级专项转移支付资金使用情况检查、代表联络站建设和运营情况检查为契机，组织专人专班对12个镇人大工作开展全面系统“体检”，了解各镇人大工作实际开展情况，针对发现的问题逐一制定整改意见指导各镇人大改进。并组织各镇人大主席和人大办干部召开“回头看”工作现场推进会，由挂点联系的常委会领导负责督导整改。各镇人大工作逐步走上依法、规范、有序发展轨道。

志书编纂出版和宣传工作

【《平远县人民代表大会志（1986—2019）》编纂出版 】 2020年，平远县人大常委会完成《平远县人民代表大会志（1986—2019）》编纂出版工作。全书约60万字。

【宣传工作】 2020年，平远县人大常委会各室干部积极总结工作经验、宣传人大代表风采、展示人大工作成效。在市、县各类媒体和刊物发表稿件30余篇。

（杨　毅）

平远县人民政府

主要会议和事项

【县政府常务会议】 2020年，平远县共召开17次县政府常务会议。1月9日，召开2020年第1次政府常务会议，传达学习《李希、马兴瑞同志在省全面推行河长制工作领导小组第二次会议上的讲话》精神，研究调整红四军纪念馆改陈布展及红色古镇文化与乡村旅游基础设施建设项目（一期）建设规模等事宜。县领导陈琼宏、陈远航、刘兰娇、韩旭、李万年等参加会议，陈定鼎，各镇镇长和县直相关部门负责人列席会议。1月21日—10月27日，县委副书记、县长杨栋主持召开2次至13次县政府常务会议。11月后，县委副书记、代县长周小勇主持召开14次至17次县政府常务会议。县领导陈琼宏、陈远航、王俊辉、刘兰娇、韩旭、李万年、张锡洪、刘胜以及黄田—龙文自然保护区主任林志鹏等先后参加或列席会议。会议主要内容是传达贯彻上级党政机关及县委指示、决议、决定和有关会议精神，分析形势，总结工作，讨论决定有关事项；研究审议涉及全县经济社会发展的重要文件、重大决策；听取各镇各部门重要工作情况汇报，研究解决存在问题。

【县政府党组会议】 2020年，平远县召开县政府党组会议16次，会议由县政府党组书记或副书记主持，县政府党组成员参加，根据会议需求，不是党组成员的副县长、县政府办公室副主任、各镇镇长及相关部门主要负责人列席。会议内容包括：传达贯彻执行上级政策文件、重要会议、领导重要指示批示精神；研究审议县政府重大工作事项、重要文件、工作制度等；研究讨论人事任命等有关事宜，通报奖惩等相关事宜；组织开展党组理论学习和工作交流等。会议要求领导干部带头把全面从严治党和意识形态工作各项要求内化于心、外化于行，严格执行党内各项法规制度。周小勇强调要在增进民生福祉上交出更优答卷，不断提升人民群众的获得感、幸福感、安全感。强调领导干部要深入践行以人民为中心的发展理念，保障

2020年11月19日，县委副书记、县政府党组书记周小勇（中）主持召开县政府党组会议

全县人民生产生活用水，确保让县城人民用上放心水、舒心水。

【发展教育基金会成立暨捐赠仪式】2020年6月9日，平远县举行发展教育基金会成立暨捐赠仪式。活动现场，梅州市民政局为平远县发展教育基金会授牌。随后举行捐赠仪式，欧派家居集团股份有限公司姚良松、姚良柏捐赠1000万元；广东卓建实业有限公司李军帆捐赠1000万元；闻泰科技股份有限公司张学政捐赠999万元；广东建艺集团刘海云捐赠800万元；广东省平远商会刘忠平捐赠666万元；广东威华集团有限公司李建华捐赠500万元；广东中裕实业投资集团有限公司姚映仿捐赠500万元；平远南台矿业有限公司廖思威捐赠500万元，现场获得超过65个单位和个人捐款1.234亿元。

【东台生态园调研】 2020年10月7日上午，欧派家居集团股份有限公司副董事长姚良柏到东台生态园调研，了解该项目建设推进情况。县领导姚永波、林忠云、韩旭等陪同调研。东台生态园规划用地268公顷，按照打造功用齐全、工业集聚、效益明显、绿色循环的生态园区发展理念，依托现有山形地貌和生态资源，采纳保留山体水体现状，因势使用山坳平地，规划建造生态园区。由欧派集团、远岭公司担任园区规划、宣扬策划及招商推介，并给予资金支撑。

【洪涝灾害预警】 2020年6月8日凌晨开始，平远县遭遇强降水，大柘镇、东石镇、中行镇等多地出现不同程度洪涝灾害，发生较为严重灾情。灾情发生后，平远县及时组织力量，出动消防救援队、公安民警及镇村干部600余人抢险救灾，未出现人员伤亡情况。

【矿山事故善后】 2020年12月13日下午，平远县东石镇白岭村彦建荣矿业有限公司东华岩铁矿发生一起矿山安全事故，造成2人死亡、1人受伤，伤者送医院抢救无效后死亡。事故发生后，平远县第一时间成立“12·13”生产安全事故应急处置领导小组，统筹协调医疗救助、现场维稳、舆情管控、善后处置等事故处置工作。

县人民政府办公室

【概况】 2020年，平远县人民政府办公室围绕全县的中心工作，进一步改进工作作风，担当作为，统筹协调，畅通政策传导，做好服务决策、服务发展、服务落实“三服务”工作和金融、外事、信访等职责，助推全县经济社会健康发展。

【文秘工作】 2020年，平远县人民政府办公室“立足于细、着眼于实、贯穿于精”，严把公文起草、审核、发文、收文四个关口，按照急件急办、特件特办、密件专办的要求，提升公文办理效率和质量。“零失误、零差错、零延误”，全年收到上级OA来文5000余份、密件450份、纸质文件850份，以县政府和县政府办公室名义印发各类文件190多件，印发会议纪要28期（含县政府党组会议纪要17期）。按程序做好文稿拟办、审核、对稿、分发等环节的审核，保证公文质量。落实中央八项规定和新冠肺炎疫情防控措施，控制会议次数和规模，通过政务微信及办公平台加强工作部署。全年共办理上级领导考察调研、各类督查、慰问等县重大活动160多场次；承办县政府常务会议及县政府、县相关部门有关会议、签约250多场次；协调、通知省市会议、县委、县人大、县政协会议260多场次；承办县政府会议室召开的一般工作会议450多场次。文稿都做到研精究微，“参在点子上、谋在关键处”。重要文稿集体研究，反复推敲，力求最优。全年共起草整理《政府工作报告》等综合材料330余篇，《在县委十三届十一次全会上的讲话》等各类活动领导讲话材料、主持词等120多篇，撰写调研报告14篇，县人大专项工作报告10份，整理县政府向市级及以上报告280多篇。

【督办工作】　2020年，平远县人民政府办公室强化督促，健全机制，提高督查工作水平，对县政府年度重点工作100项、17次县政府常务会议共139项决定事项进行跟踪督促落实。全年共督办领导批示件174件，省人大建议1件，市、县人大建议36件，市、县政协提案55件，发出督办通知7次，印发督办通报9期，各项整改任务和政府工作落实落细。

【政务公开】　2020年，平远县人民政府办公室在全省率先完成26个领域基层政务公开事项标准目录的编制工作，为广东贡献“梅州经验”。基层政务公开平台、政府信息公开专栏和政务新媒体不断完善，基层政务公开与政务服务深度融合，方便企业和群众办事，建设法治政府和服务型政府。县政府门户网站全年共发布政府信息各类政府信息1858条。其中，“平远要闻”663条、“平远视频新闻”234条、“公告公示”178条、“政府文件”52条、“招聘信息”14条、“人事任免”3条、“政策解读”11条、“财政信息”42条、“发展规划”3条、“统计数据”19条、“调查征集”3条、“总结报告”1条、其他信息635条。

【金融服务】　2020年，平远县人民政府办公室充分发挥金融协调服务职能，银行信贷等金融业继续保持稳健发展，势头良好。年底，金融机构各项存款余额103.81亿元，比年初增长5.59%，同比增长6.67%；各项贷款余额55.32亿元，比年初增长11.86%，同比增长11.77%。防控金融风险，压降不良贷款。2020年，平远农商行不良贷款余额4559万元，不良率1.65%。加强监管两家小额贷款公司经营情况，制订《平远县小额贷款公司行业治理工作方案》。两家公司全年累计投放贷款117笔4631.87万元，贷款余额9179.45万元，无不良贷款。各金融机构开辟疫情防控金融服务绿色通道。为121户企业、小微企业主、个体工商户等办理延期还本付息业务，共计本金28306.65万元，利息1368.62万元。支持3家疫情防控重点保障企业专项再贷款3980万元。通过“粤信融”平台注册融资16笔，融资金额11026.26万元。举办2场“政银企”融资对接会，帮助6家企业实现融资18210万元。全县12个镇136个行政村（居）全部开通“村居E支付”，提升平远金融服务乡村振兴的效率和水平。

【外事工作】　2020年，平远县人民政府办公室大力开展外事联防联控。加强出境安全宣传和因公出国管理服务工作，走访、提醒涉外单位和有关部门，做好涉外疫情常态化协调管理工作。加强与上级外事部门沟通联系，详细摸排平远籍人员在国外的动态情况，协同县疫情防控指挥部核实排查涉外人员身份信息。

【信访工作】 2020年，平远县人民政府办公室坚持问题导向，突出工作重点，强化责任落实，推动全县信访形势持续好转。2020年，信访总量是278批436人次，同比分别下降23.83%、30.68%。在全国两会和深圳特区建立40周年活动等特别防护期间，全县未发生大规模集体上访，未出现群体性事件和恶性事件，全县社会秩序平安稳定。

【后勤保障】 2020年，平远县人民政府办公室发挥牵头协调作用，切实把后勤保障各项工作做周到、做扎实，真正提供方便快捷的服务。严格按财经制度和财经纪律，做好财务预结算管理，规范公务支出，加强“三公”经费和政府采购管理，以“保证运转、促进工作”为目标，量力而行，尽力而为，安排专人揽总，做好县政府机关区域的楼层管理和维护，做好办公设施维护及办公室物资管理等，保持办公环境美化、净化，工作环境良好。做好公务用车管理，加强对驾驶人员的教育和管理，不断强化安全意识、责任意识和节约意识，确保行车安全，保障公务用车需求。严格落实24小时在岗值班、节假日领导在岗带班、特殊时期“双人”值班等制度，完善安全监控设施，健全保全制度，为有序、高效运转提供有力保障。

（县政府办公室）

政务服务管理与“数字政府”建设

【概况】 2020年，平远县政务服务数据管理局围绕县委、县政府决策部署，坚持以人民为中心，为群众办实事办好事，推进政务服务各项改革，加快数字政府建设，推动平远政府治理体系和治理能力现代化，营造良好营商环境。

【“数字政府”建设】 2020年，平远县政务服务数据管理局秉持创新引领、数据赋能和服务高效的理念，多方面推动数字政府建设，提升政府服务效能，取得明显成效。9月，完成协同办公平台优化升级运行工作，对接梅州市集约化协同办公平台和“粤政易”移动办公平台。县副局以上单位均申请公章电子印章，个别单位申请业务电子用章。注册使用粤省事户籍人口数12万人，“粤政易”移动办公平台注册用户超过5200人，“粤商通”覆盖事项404项。惠民信息平台扩充到14个单位48个事项，涵盖扶贫领域、涉农领域、计生奖励、农机补贴、社保、水库移民扶持资金补贴等惠民政策事项。发布惠民补贴信息20.87万条，监管资金额36.35亿元，受益人群191.35万人次，发送惠民补贴短信46.23万条。咨询量125条、投诉量40条、举报量12条。发布党务公开24221条、村务公开23006条、财务公开5431条、“三资”公开17378条。以“互联网+监管”推进行政监管精准规范化，推进政府治理体系和治理能力现代化，行政监管规范化、精准化、智能化。

平远县实施清单认领率 77%，检查实施清单完成率 99.84%，数据覆盖率 69.12%，在全省各县（市、区）中排名靠前。

【“放管服”改革】　2020 年，平远县政务服务数据管理局简政放权，会同县直 36 个职能部门梳理出 208 个下放事项目录清单（第一批）。其中，全权下放事项 146 项，委托下放事项 68 项。延伸村（居）初审事项 16 项。县级行政许可、公共服务等经济社会管理权限充分下放到乡镇。推动政务服务公共支撑一体化及“放管服”改革。政务外网覆盖县、镇机关单位和 143 个村（居）。各村办事通过申办市平台统一受理。完成 917 项常用证照梳理工作，其中涉及县签发电子证照约 60 项，逐步开展增量和存量电子证照签发。公布首批平远县 91 条免证办清单，解决企业和群众办事提交材料、证明多等问题。12 月 29 日，平远 · 寻乌政务服务“跨城通办”合作签约仪式在平远县政务服务中心举行。第一批通办事项为“个人独资企业设立登记、养老保险关系转移接续、电子社会保障卡申领”等 24 项高频事项。平远县优化行政审批流程与营商环境做出突破性改革。

2020 年平远—寻乌跨省通办合作协议签订

【政务服务事项标准化建设】　2020 年，平远县政务服务数据管理局推进梅州市统一申办受理平台三级网上办事深度事项，精简申办材料，优化办事流程，压缩办事时限。行政审批事项网上全流程办理率 35.5%、网上办理率 51.92%。提升一体化政务服务能力和水平，平远县各项指标均超过省平均水平，即办率 94.4%，平均跑动次数 0.009，办理时限压缩率 93.59%。

【政务服务体系建设】　2020 年，平远县政务服务数据管理局完善进驻单位人员信息管理，规范进驻人员流程手续，修订考勤及绩效考核等管理制度，更新 LED 指示牌及操作指引，各窗口政务服务事项的应进必进，审批实现“受审分离”，提高窗口充分授权率，努力实现企业群众办事“只进一扇门”，持续推动优化提升实体大厅“一站式、一门式、一窗式”功能，方便群众办事。各窗口“好差评”评价结果纳入绩效考核。全县全年办件量 11984 件，收到有效评价数 1880 件，其中，政务服务网评价数 1173 件，实体大厅评价数 620 件，短信评价数 87 件，均未收到差评。受理“12345”政府服务热线投诉 2 件，经及时解释和群众甄别撤销投诉，不存在作风效能问题。未出现“黄、红”牌警告。

【营商环境优化】　2020 年，平远县政务服务数据管理局引导办事群众使用广东政务服务网“企业开办一窗受理”平台。县市场监管等单位窗口部门通过微信群等手段为办事群众提供企业开办一窗受理系统操作课件，耐心解决群众使用和操作问题。全县全年免费 10 多万元为企业开办刻章（首枚）、复印相关材料、开办邮寄相关证照等。

【新冠肺炎疫情防控】 2020年，平远县政务服务数据管理局严格按照省市县对公共场所疫情防控总要求，多措并举筑牢疫情防控第一线。每日对中心进行消毒，保持环境整洁卫生。全局干部职工全部参与值班，确保每个班次都有2名职工值守。在大厅入口处安装红外热像仪，配合测温枪，出入大厅所有人员带好口罩，扫“粤康码”，保持距离，测体温，做登记。

（县政数局）

应急管理

【概况】 2020年，平远县应急管理局整合安全生产综合监管及工矿商贸行业安全生产监督管理，组织协调安全生产和自然灾害类事故等突发事件的综合防灾减灾和救灾救助职责。全县全年安全生产形势平稳，应急管理局以防范化解重大风险为重点，把稳安全生产“基本盘”，耕好应急管理“责任田”，切实保障人民群众生命财产安全。热柘村被评为全国减灾示范社区，河头黄田村正申报验收。

【体制机制完善】 2020年，平远县应急管理局推进各镇功能完善、设施比较齐全的镇级应急避险场所建设，大柘、中行完成建设，石正正在建设。开展安全生产应急专项培训2期6天，全县12个镇安全员、县安委会成员单位分管安全生产领导和应急队员计180人次接受培训。开展企业安全生产业务培训班3期，计342人次参加培训。开展3次全县性企业专项应急演练。开展森林防灭火演练11场、全县“三防”（防火、防盗、防事故）应急预案演练1场。制订应急物资储备计划，购置、储备应急救援物资一批，在2020年应对各类灾害风险中，组织协调重要应急物资储备、调拨和紧急配送，有效提高灾害救助反应速度。严格落实领导带班和24小时值班制度，建立健全气象灾害预警、安全生产预警制度和部门间信息共享、协调联动机制。整合资源，完善应急指挥平台建设，建设平远县应急指挥中心。全部乡镇基本完成应急管理基础建设。

【安全生产监管】 2020年，工矿商贸行业发生生产安全责任事故1起，死亡3人，同比事故起数下降50%，死亡人数上升50%，全县安全生产形势相对平稳。全年共出动430人次检查危化品企业25家、烟花爆竹经营单位100家次，排查安全隐患417项，查封烟花爆竹185件。全年开展非煤矿山日常检查90家次（其中复工复产检查12家次、执法监督检查78家次），排查发现隐患136项，对2家非煤矿山企业进行罚款行政处罚。加大对安全生产非法违法行为的处罚力度。全年出动执法检查561人次，检查企业355家次，排查隐患1024项，查处一般生产安全事故处罚2宗，实施日常监督监察执法行政处罚6宗，共处罚罚款34.15万元（包括2019年“11·21”事故罚款27万元），实施责令暂时停产停业整顿生产经营企业6家（包括查处无证经营烟花爆竹5家）。依法办理安全生产许可证延期、变更、新发行政审批事项41宗（包括烟花爆竹零售许可21宗）。安全生产委员会“双主任”责任制延伸到镇一级，各镇、各部门与县政府签订安全生产和消防责任书52份。部署重点工作，对平远县乡镇和安委会成员单位进行安全生产责任制和消防安全工作考核。

【防灾救灾】　2020年，平远县应急管理局组建专兼职相结合的应急救援队伍并实行规范化管理。其中半专业森林消防队伍50人，专业应急救援队伍40人，24小时值班备勤。做到“全灾种”“大应急”，救早救小。全年开展应急救援队伍水上救援、森林防灭火等实操培训4次，培训80多人次，参加省轻舟机动五大队轻舟分队封闭集训1次，出动开展救援14次。采用定期与不定期、明察与暗访相结合的方式，在重点节假日、全县大型活动和特别防护期间开展森林防灭火督查68次，排查森林火灾隐患点206处，整改野外火源913宗，查处违反禁火令的野外火源案件39起。坚持科学防灭火，全年未发生森林火灾事故。做好汛前汛中汛后安全工作检查、削坡建房隐患防控专项督查。3—7月，持续强降雨，在“6·8”水灾救援中，及早动员中行镇低洼群众转移，成功解救大柘坝头、中行镇、东石镇等被困群众152名，圆满完成救援、安置灾民任务，无人员伤亡。做好受“6·8”洪灾袭击的1户全倒户重建家园工作，按规提高县级配套补助标准，于国庆节前搬进新居。

【疫情防控】　2020年，平远县应急管理局根据平远县疫情防控指挥部的部署，及早谋划平远县黄花陂临时留观点设置和管理工作，共出动236人次，支持乡镇应急物资保障，发放价值约20万元的帐篷、棉大衣等应急物资一批，协同开展联防联控。在黄花陂建设平远县常态化防疫留观点，花费约50万元重新装修改造留观点环境和配套设施设备，安排值班值守人员，为疫情防控做更好的应急准备。

【应急管理宣传】　2020年5月，平远县应急管理局开展主题为“提升基层应急能力，筑牢防灾减灾救灾的人民防线”的防灾减灾宣传活动，悬挂、张贴防灾减灾宣传横幅、标语500条，发放宣传资料5000份，播放宣教片20场；6月安全生产月期间，开展“安全宣传咨询日”活动1场，18个县直单位摆设咨询台，发放各种安全宣传资料约2万份，知识问答约2000人次，器械展示与演练10场次。《平远县人民政府森林防火禁火令》发放到全县每一户人家，平远电视台播放森林防火相关新闻报道25条，滚动播放防火禁火宣传56次，提高全社会安全意识和应急素质。　（何　鹏）

招商引资和企业服务

【概况】　2020年，平远县招商和企业服务中心实施专业招商、精准招商、产业链招商、高质量招商，做好“六稳”工作，落实“六保”任务，推动全县经济社会保持平稳健康发展。

2020年4月29日，县投资项目集中签约仪式

【招商成效】 2020年，平远县招商和企业服务中心签约灿阳电力设备、广焊科技、磁电科技、建艺筑工、松和园、新京盛等18个项目，合同投资总额42.18亿元，实际投资18.94亿元（含续投）。其中亿元以上项目11个，10亿元以上项目1个，动工、在建项目14个，投产项目5个。在谈意向项目12个，项目涵盖工业、农业、新能源、康养等产业。

【招商措施】 2020年3月，平远县招商和企业服务中心组建面向粤港澳大湾区专业招商队伍，全面辐射珠三角地区，让“跑出去”成为常态，重点推进驻点招商、商会招商及以商招商，利用客家侨乡资源，大力实施“乡贤回归投资兴业”工程，引进更多项目落户。全年开展招商活动37批次，其中招商宣传推介专场活动6场；对接企业108批次、商协会10批次，洽谈项目75个，签订正式投资协议14个。2020年制订平远县促进先进制造业招商引资工作实施办法、项目入园评审办法、入园企业（项目）管理办法、标准化厂房管理办法等，政策优惠，机制保障，补齐短板。重点做好投资方在平远企业注册、项目投资备案、入园评审、技术创新、政策落实等服务工作。广东金小猴科技项目实现当年签约、当年动工、当年投产。标准厂房建成使用，能容纳，可孵化，技术创新，有“获得感”。重点围绕稀土新材料、家居建材、机械制造、电子信息、生物医药等产业开展精准化招商，推进广东金雁磁电科技、金小猴科技在稀土新材料应用、电子信息产业配套领域强链、补链，集聚集群形成产业链。 （曾志明）

【企业服务】 2019年，平远县招商和企业服务中心指导、协助企业进行项目申报、技改项目“入项目库，入统计库”双入库工作。全年协助全县20家工业企业完成23个技改备案，指导18个技改项目入库统计，其中8个技改项目获得省级专项技改扶持资金717.1万元。严格按照国家产业结构调整目录、产业负面清单准入等标准，把好平远县项目与企业落户关，确保产业发展安全。开发、推广和应用新产品、新工艺、新技术。结合县山区机械工业企业的实际以及企业服务部的工作职能，组织中心专业技术人员主持或参加全县机械铸造工业企业产品的研究、设计、技术改造和创新等专业技术工作，取得1项发明专利和5项实用新型专利，其中《果岭铺沙滚压机关键制造技术研究与应用》项目于3月获得广东省机械工业科学技术奖二等奖。 （县招商和企服中心）

政协平远县委员会

主要会议

【十届五次会议】　2020 年 6 月 8—10 日，中国人民政治协商会议第十届平远县委员会第五次会议在平远县城召开。该次会议应到会委员 171 人，实到会 147 人，邀请出席人员 5 人，列席人员 51 人。县政协主席凌声宏，县委常委、统战部部长、县政协党组副书记林忠云，常务副主席刘志刚，副主席姚小玲、韩垂辉、罗益新、卢斌，县政协党组成员涂其标、刘胜，县政协委员、县政府副县长张锡洪，县政协秘书长林敦清出席大会并在主席台就座。县委书记宋才华，县委副书记、县长杨栋，县人大常委会主任凌志达，县委副书记曾小喜，县政府副县长李万年等到会祝贺。县委书记宋才华在开幕大会上作讲话。县政协主席凌声宏在闭幕大会上作讲话。会议审议通过凌声宏代表政协第十届平远县委员会常务委员会所作的工作报告、刘志刚代表政协第十届平远县委员会常务委员会所作的关于十届四次会议以来提案工作情况报告。会议表彰 2019 年度 27

2020 年 6 月 8—10 日，中国人民政治协商会议第十届平远县委员会第五次会议在县迎宾馆召开

名优秀政协委员、3 个先进“委员工作室”、9 件优秀提案和 5 个承办提案先进单位。会议选举刘胜为十届县政协副主席，肖维江、韩小荣为十届县政协常务委员。委员们列席县第十五届人民代表大会第五次会议，听取并讨论县政府工作报告及其他报告。

【主席会议】 2020 年，平远县政协共召开 11 次主席（扩大）会议：

1 月 16 日，凌声宏主持召开县政协十届三十五次主席（扩大）会议，传达习近平总书记在“不忘初心、牢记使命”主题教育总结大会上的重要讲话精神及省、市、县有关工作会议精神，研究县政协十届五次会议筹备工作、《县政协十届十七次常委会议方案》以及春节有关安排和注意事项，通报委员履职情况。

3 月 18 日，凌声宏主持召开县政协十届三十六次主席（扩大）会议，传达学习习近平总书记关于疫情防控工作的重要讲话和指示批示精神，学习贯彻《中共广东省委关于新时代加强和改进人民政协工作的实施意见》，审议《拟递增补政协第十届平远县委员会委员名单（草案）》，研究《拟递增补委员（活动）编组方案》。

4 月 27 日，凌声宏主持召开县政协三十七次主席（扩大）会议，传达学习中央和省、市、县统筹推进新冠肺炎疫情防控和经济社会发展工作有关会议精神，审议 2 人辞去县政协常务委员职务相关事宜。

5 月 19 日，凌声宏主持召开县政协三十八次主席（扩大）会议，传达学习习近平总书记在山西考察时的重要讲话精神，审议《拟增补政协第十届平远县委员会委员、常务委员名单》，研究县政协十届五次会议筹备工作。

6 月 18 日，凌声宏主持召开县政协十届三十九次主席（扩大）会议，传达学习习近平总书记在宁夏考察时、在中央政治局第二十次集体学习时、在主持专家学者座谈会上的重要讲话精神以及对海南自由贸易港建设作出的重要指示精神，学习贯彻全国政协十三届三次会议、市委政协工作会议以及县两会精神，传达学习 6 月 17 日省新冠肺炎疫情防控领导小组（指挥部）视频会议精神以及市贯彻会议精神、6 月 17 日下午县委常委会暨县新冠肺炎防控领导小组（指挥部）会议精神，专题学习《党委（党组）讨论决定干部任免事项守则》等选人用人政策法规，研究编辑出版县政协及政协委员抗击新冠肺炎疫情专刊事宜。

7 月 6 日，凌声宏主持召开县政协十届四十次主席（扩大）会议，传达学习习近平总书记在中央政治局第二十一次集体学习时的重要讲话精神、县委政协工作会议精神，研究《2020 年县政协十届五次会议提案立案拟办意见》《增补十届县政协委员编组方案》《开展“镇级公立幼儿园建设情况”专题协商方案》《开展“民主评议县农业农村局工作”活动方案》《政协平远县委员会委员工作室考评办法》等。

8 月 12 日，凌声宏主持召开县政协十届四十一次主席（扩大）会议，传达学习近期习近平总书记重要讲话精神和 7 月 30 日中央政治局会议精神，专题学习《习近平谈治国理政》第三卷，研究《“县城供水扩容提质”专题协商方案》《“两高一铁”规划建设专题调研方案》，通报闽粤赣边三省十县（区）政协第48次联系协作会议情况。

9月7日，凌声宏主持召开县政协十届四十二次主席（扩大）会议，传达学习近期习近平总书记重要讲话精神和习近平总书记对制止餐饮浪费行为作出的重要指示精神，组织学习《习近平谈治国理政》第三卷，传达学习省委十二届十次全会精神，研究《开展“国家森林康养基地建设”专题协商活动方案》《开展“紧密型县域医共体建设”专题协商活动方案》《县政协十届二十一次常委（扩大）会议方案》。

10月28日，凌声宏主持召开县政协十届四十三次主席（扩大）会议，传达学习贯彻习近平总书记出席深圳经济特区建立40周年庆祝大会和视察广东重要讲话、重要指示精神以及全省、全市、全县干部大会精神，省委书记李希到梅州调研讲话精神，专题研究县政协挂钩扶贫工作。

11月26日，凌声宏主持召开县政协十届四十四次主席（扩大）会议，组织学习《习近平谈治国理政》第三卷，传达学习贯彻中共十九届五中全会精神，研究《关于民主评议县科工商务局工作的方案》，听取县政协十届五次会议重点提案督办情况汇报、督查2016年至2019年提案项目办理专项经费落实情况汇报，研究下半年“委员活动日”学习考察安排事宜和县政协党员领导干部党支部工作联系点工作。

12月17日，凌声宏主持召开县政协十届四十五次主席（扩大）会议，传达学习近期习近平总书记重要讲话精神和广东省委十二届十一次全会、十二次全会精神，研究《2020年办理县政协提案项目专项资金补助方案》《2020年度优秀政协委员、先进“委员工作室”和优秀提案及承办提案先进单位名单》《县政协十届二十二次常委会议方案》，研究部署县政协十届六次会议筹备工作。

【常委会议】　2020年，平远县政协共召开6次常委（扩大）会议：

3月26日上午，凌声宏主持召开县政协十届十七次常委（扩大）会议，讨论《政府工作报告》（征求意见稿），传达学习省政协十二届三次会议、市政协七届四次会议精神和县委十三届十次全会精神，审议通过县政协常委会工作报告（草案）和提案工作情况报告（草案），协商决定召开县政协十届五次会议相关事项，审议并表决通过《拟递增补政协第十届平远县委员会委员人选名单》。

5月26日，凌声宏主持召开县政协十届十八次常委（扩大）会议，传达学习习近平总书记在参加内蒙古代表团和湖北代表团审议时的重要讲话精神、看望参加政协会议的经济界委员并参加联组会讨论时的重要讲话精神，审议通过县政协十届五次会议议程、日程安排，会议邀请出席、列席人员名单，原则同意常委会工作报告和提案工作报告，审议通过《县政协部分专委会专职主任副主任任免名单》《拟增补政协第十届平远县委员会委员人选名单》以及部分县政协主席会议组成人员、常务委员会组成人员辞职的请求。

6月8日，凌声宏主持召开县政协十届十九次常委（扩大）会议，听取增补十届县政协副主席、常务委员建议人选说明，审议通过增补十届县政协副主席和常务委员候选人名单（草案）、县政协十届五次会议选举办法（草案）、县政协十届五次会议选举大会监票人、总监票人名单（草案），提交县政协十届五次会议全体委员讨论酝酿。县委常委、组织部部长蔡晓红应邀出席会议。

6月10日，凌声宏主持召开县政协十届二十次常委（扩大）会议，听取各讨论组讨论情况汇报，审议通过县政协十届五次会议决议（草案），审议通过增补十届县政协副主席和常务委员候选人名单（草案）、县政协十届五次会议选举办法（草案）、县政协十届五次会议选举大会监票人、总监票人名单（草案），提交选举大会全体委员表决。

9月29日，凌声宏主持召开县政协十届二十一次常委（扩大）会议，传达学习近期习近平总书记重要讲话精神，组织学习《习近平谈治国理政》第三卷，传达学习省委十二届十次全会精神和市委、县委政协工作会议精神，围绕“两高一铁”规划建设情况开展专题议政。

12月29日，凌声宏主持召开县政协十届二十二次常委（扩大）会议，传达学习习近平总书记在中央经济工作会议上的重要讲话精神，听取县政府《平远县2020年度十件民生实事落实情况通报》《关于县政协十届五次会议以来委员提案办理情况通报》《平远县“十四五”规划编制工作进展情况通报》，聚焦平远县“十四五”规划编制工作开展协商议政。

【平远县委政协工作会议】 2020年6月22日，平远县委政协工作会议在县迎宾馆二楼会议厅召开。会议的主要任务是：深入学习贯彻习近平新时代中国特色社会主义思想，中共十九大，十九届二中、三中、四中全会精神，认真贯彻落实习近平总书记关于加强和改进人民政协工作的重要思想，以及全国政协十三届三次会议和中央、省委、市委政协工作会议精神，总结部署平远县政协工作，进一步加强党对政协工作的领导，为平远苏区振兴发展凝聚智慧和力量。县委书记宋才华出席会议并讲话，县长杨栋主持会议，县人大常委会主任凌志达、县政协主席凌声宏出席会议。

会议议程主要有三项：一是县政协党组书记、主席凌声宏通报近年来全县政协工作情况，部署下一步工作；二是县委统战部、县工商联、热柘镇党委作交流发言；三是县委书记宋才华讲话。

县领导林忠云、赖光亮、李万年、张锡洪、刘志刚、姚小玲、韩垂辉、涂其标、罗益新、卢斌、刘胜，广东平远龙文—黄田自然保护区管理处、县法院、县检察院主要负责人，各镇党委书记、负责统战工作的人，县直和省、市属驻平远有关单位主要负责人，县政协机关副科级以上干部，县纪委监委驻县委办纪检监察组全体成员，县政协委员工作室主任等参加会议。

政协履职及监督

【抗疫工作】 2020年，面对突如其来的新冠肺炎疫情，平远县政协按照县委部署，制定工作方案，压实工作职责，全面落实好各项疫情防控措施。医药卫生战线委员奋战在疫情防控第一线，不畏各种艰难险阻，为人民健康“逆行”坚守，涌现一批先进事迹、先进个人，凌宏斌委员被评为“广东省抗疫先进个人”。文化文艺战线的委员通过创作抗疫画作、编写抗疫歌曲等形式，讴歌抗疫英雄、致敬抗疫勇士。全体委员和机关干部在疫情防控工作中立足岗位职责，做好自己的事、管住身边的人，

2020年3月11日，市政协主席陈建青（左五），副主席李忠良（右四）、李利平（左四）到平远调研疫情防控和复工复产工作，县委书记宋才华（右三）、县政协主席凌声宏（左三）等陪同

真正做到守土有责、守土负责、守土尽责。2月2日，县政协发出《致全体委员的公开信》，号召全体委员为助力打赢疫情防控的人民战争、总体战、阻击战贡献智慧和力量。全体委员迅速响应、踊跃行动，有钱出钱、有力出力，通过各种渠道捐款捐物支持疫情防控工作，用实际行动彰显“党委有号召、政协有行动、委员有作为”的大局意识和使命担当。据统计，委员及委员企业为疫情防控捐资捐物总额650万元，市委、市政协主要领导和县委、县政府主要领导先后出席李军帆、刘忠平、陈伟杰等委员支援家乡抗击疫情捐赠仪式，对委员支持抗疫的担当使命给予肯定和赞誉。

【专题议政和调研】　2020年，平远县政协围绕“两高一铁”（平武高速、平蕉大高速，瑞梅铁路）建设项目推进情况进行专题议政，并就“两高一铁”（平武高速、平蕉大高速，瑞梅铁路）建设项目推进情况开展专题调研活动。

【专题协商和会议协商】　2020年，平远县政协围绕县城供水扩容提质、镇级公立幼儿园建设情况、推进国家森林康养基地建设、紧密型县域医共体建设情况等热点问题，开展4次专题协商。

2020年，政协十届五次大会期间对县政府工作报告等进行协商，围绕重点项目建设、养老事业发展、城市管理、旅游产业发展、退役军人工作、卫生人才队伍建设等建言献策，向县委、县政府报送《县政协十届五次会议委员讨论建言》。

【民主评议】　2020年，平远县政协对县农业农村局、县科工商务局工作开展民主评议活动，促进部门转变作风，推动工作。

【社情民意】　2020年，平远县政协围绕养老、农村黑臭水体治理、农贸市场环境治理等群众关心关注的难事、实事，通过社情民意信息、提案等方式反映民生问题40多个，引起相关领导和部门高度重视，促进反映的问题得到较好解决。

动员委员响应县委号召，支持教育事业，为平远县发展教育基金认捐款达5300万元。

【提案工作】　2020年，县党政主要领导率先垂范亲自领衔督办重点提案，示范带动全县各级各部门办好办实委员提案，推动政协提案工作上新台阶。2020年办理政协提案49件，办复率100%、满意率98%。

【文史宣传】　2020年，平远县政协切

实抓好意识形态工作，正确引导舆论，壮大主流声音，弘扬社会正能量。2020年，各级各类新闻媒体报道政协工作、政协委员70多篇次。文史委广泛征集、整理政协委员疫情防控和经济社会发展“双统筹”过程中的相关图文资料，编辑出版《汇聚力量·同心抗疫（平远文史第21辑）》，留存抗疫史料，弘扬伟大抗疫精神。

【联情联谊】 2020年，平远县政协加强上下联动、横向联合，协助配合省、市政协做好“更好发挥界别作用”“加强基层公共卫生队伍和防控能力建设”等调研视察活动，踊跃参与省政协“发挥人民政协专门协商机构作用”理论研讨征文活动，平远县政协获评优秀奖。政协主要领导带队到大埔县、寻乌县参加闽粤赣边三省十县（区）第48次、49次联系协作会议，交流经验、增进情谊。结合“委员活动日”活动，聚焦乡村振兴、产业发展、城市建设等主题，组织委员赴赣州市、惠州市、韶关市、清远市等地学习考察。河源市政协、南澳县政协等兄弟市、县（区）政协11批次150多人次到平远县学习考察乡村振兴、古民居保护利用等工作，讲好平远故事，扩大平远对外影响力。

党的建设

【政治学习】 2020年，平远县政协完善以政协党组理论中心组学习为引领，主席会议和常委会议专题学习、委员工作室集中学习相配套的学习制度，理论学习实现常态化、制度化。重点围绕深入学习贯彻习近平总书记关于统筹疫情防控和经济社会发展系列重要讲话精神、《习近平谈治国理政》第三卷、习近平总书记出席深圳特区建立40周年庆祝大会和视察广东重要讲话重要指示精神、中共十九届五中全会精神，全年组织开展各类学习教育活动60多场次，参加人数1500多人次，实现理论学习全覆盖，教育引导委员和机关干部增强“四个意识”、坚定“四个自信”、做到“两个维护”。把践行“两个维护”作为政协工作首要任务，认真履行政治领导责任，把好政协工作的政治关。落实到工作中、体现到行动上。

【党组领导作用发挥】 2020年，平远县政协发挥政协党组把方向、管大局、保落实的领导作用，从严执行重大事项请示报告制度，全年向县委专题请示报告工作9次，县党政主要领导专门批示政协工作12次。坚决贯彻市委、县委组织意图，圆满完成政协十届五次会议选举工作。党组会议先后23次研究部署党建党廉工作，4次专题研究意识形态工作，认真落实“三会一课”、民主生活会、党内谈话等制度，推动全面从严治党向纵深发展。

【机关作风建设】 2020年，在疫情大考中，平远县政协机关干部闻令而动，守初心担使命，锤炼忠诚干净担当的政治品格。加强选人用人工作，落实公务员职务职级晋升有关政策。2020年，政协机关提拔任用、晋升职务职级9人次。抓好领导干部这个“关键少数”，坚持以上率下，做到廉洁从政，树立激励干事创业的鲜明导向，涵养风清气正的政治生态。

（县政协办公室）

平远县纪委监委

主要会议

【县纪委十三届五次全会】 2020年4月1日，中国共产党平远县第十三届纪律检查委员会第五次全体会议在平远县城举行。县委书记宋才华出席全会并讲话，县委副书记、县长杨栋传达习近平总书记在十九届中央纪委四次全会上的重要讲话、中央纪委全会精神和省委书记李希在省纪委十二届五次全会上的讲话、省纪委全会精神以及市委书记陈敏在市纪委七届六次全会上的讲话、市纪委全会精神。全会审议通过县委常委、县纪委书记、县监委主任徐万宝代表县纪委常委会所作的《永葆初心本色，践行使命担当，为平远全面建成小康社会提供坚强保障》工作报告，组织10名党委（党组）书记书面述责述廉并进行评议。

2020年4月1日，中国共产党平远县第十三届纪律检查委员会第五次全体会议在平远县迎宾馆举行

【党章党规党纪培训班】 2020年9月28日，平远县举办领导干部党章党规党纪教育培训班。培训班以“严守政治纪律，践行‘两个维护’”为主题，深入学习贯彻习近平新时代中国特色社会主义思想，教育引导党员领导干部严守政治纪律和政治规矩，切实履行全面从严治党政治责任，进一步增强“四个意识”、坚定“四个自信”、做到“两个维护”。县委书记宋才华出席培训班并作专题辅导。会议强调，要加强党的政治建设，增强“两个维护”的坚定性。要筑牢理想信念根基，增强“两个维护”的自觉性。要打造坚强战斗堡垒，增强“两个维护”的组织性。要深化纪律作风建设，增强“两个维护”的纯洁性。观看警示教育片。

【“不忘初心、牢记使命”主题教育总结会议】 2020年1月15日，县纪委监委机关召开“不忘初心、牢记使命”主题教育总结会议，深入学习贯彻习近平总书记在“不忘初心、牢记使命”总结大会上的重要讲话精神。县委常委、县纪委书记、县监委主任徐万宝出席会议并讲话，县委主题教育第五指导组组长钟玉惠到会指导。会议还通报县纪委监委班子专题民主生活会开展情况。

【党风廉政建设工作专题会议】 2020年4月27日下午，平远县召开党风廉政建设工作会议，专题研究党风廉政建设工作。县委书记宋才华主持会议。会议传达学习《中共广东省委办公厅〈关于印发广东省各级党组织一把手开展党内谈话实施办法〉的通知》、市纪委办《关于进一步加强党内问责工作的通知》，对县党廉办《关于进一步做好党内谈话工作的通知》作起草说明，并通报平远县2019年党风廉政建设和反腐败工作情况及2020年工作计划，以及2019年度述责述廉工作开展和评议情况。

【县委反腐败协调小组会议】 2020年12月24日上午，县委反腐败协调小组工作会议召开，县委常委、县纪委书记、县监委主任、县委反腐败协调小组组长徐万宝主持会议并讲话。会议传达学习市委反腐败协调小组第三次会议精神和中央、省、市纪委有关文件精神。县委反腐败协调小组各成员单位介绍反腐败工作开展情况，并就有关问题进行探讨交流。县公安局向县纪委监委移送全年违纪违法线索58条，立案39件39人；县法院受理贪污、受贿、挪用公款等涉腐败一审案件3件4人，审结3件4人；县检察院提前介入监委调查职务犯罪案件1件，发挥诉前主导作用。县纪委监委机关立案104件，涉案科级干部24人，其中一把手13人；移送检察机关审查起诉1人。

纪检监察工作

【“两个责任”落实】 2020年，县纪委监委应对疫情影响，派出督查组深入各镇、县直单位和乡镇卫生院以及村（社区、小区）进行监督检查，发现问题46个，对11名失职失责的镇、村干部和党员进行追责问责；推进违建别墅清查整治工作，责令在整治工作中失责失职的4个党委（党组）向县委作出书面检查，对16名相关责任人进行问责；成立督查协作组，聚焦公务接待、公车管理、发放津补贴等方面进行交叉专项监督检查，发现问题线索10条，提出立行立改建议10条，转立案审查1宗；纪委主要负责人亲自带队，调研督导12个重点职能单位做好“六稳”工作、落实“六保”任务的工作情况，现场协调解决问题和困难。严肃村（社区）“两委”换届纪律，委领导班子成员带队深入到村（社区）进行实地督导，明察暗访、直查督办，对“两委”换届跟进监督、精准监督、全程监督，督促落实换届工作政治责任，核查群众反映问题线索8条，现场督导解决问题6个。认真核查135名科级以上领导干部个人事项报告，退回不规范报告24份；对8个单位因主体责任落实不到位的15名领导干部的进行问责，并及时更新全县各镇、各单位领导班子的廉政建设活页本；全年督导8个党内谈话不严不实的单位党组织进行整改，全县各级党组织开展谈话提醒2285人次，提醒内容5818项。其中，“红脸出汗”71人次，“咬耳扯袖”2214人次。专题召开3次全县党风廉政建设领导小组会议，组织19名党委（党组）书记向县委常委会会议汇报党风廉政建设履职情况；召开县纪委十三届五次全会，组织10名镇级和县直单位党组织负责人在全会上述责述廉；严把党风廉政意见回复关，回复党风廉政意见1300多人次。

【扶贫领域专项治理】 2020年，县纪委监委入户抽查3141户7577人，发现扶贫领域违纪违法问题线索17条，立、结案2宗2人；高质量完成惠民信息平台升级改造规范化建设，全面对接连通市惠民资金补贴“一卡通”监管平台，公开惠民政策62项，发送各类惠民政策及惠民项目信息207.29万条，监管资金额36.7亿元。

【“惩腐打伞”行动推进】 2020年，县纪委监委深入开展扫黑除恶“线索清仓”和“伞网清除”行动，全年召开7次涉黑涉恶腐败和“保护伞”工作研判会、2次扫黑除恶专项斗争协同办案工作研判会，核查问题线索2条；向县公安局发出纪律检查建议书1份，建议将1名因充当“保护伞”受到党纪政务处分的干警调离公安系统，同时强化行业治理。

【生态环保领域突出问题整治】 2020年，县纪委监委聚焦生态环境问题整治，对群众反映养猪污染环境问题线索进行核查，对失责失职的相关责任人进行问责；暗访涉嫌非法挖山土洗砂等问题线索，提出整改意见建议，督促职能部门抓好整治后续工作。

【党风政风】 2020年，县纪委监委组织开展明察暗访23次、会风督查14次、专项检查“舌尖上的浪费”44场次，立案查处违反中央八项规定精神案件17宗17人，给予党纪政务处分14人（含2019年立案4人），诫勉处理3人；公开通报曝光私车公养、违规发放津补贴等2起违反中央八项规定精神典型问题。全年立案查处形式主义、官僚主义、失职失责案件20宗20人，党纪政务处分15人（含2019年立案4人），诫勉处理5人。

【“三不”一体推进】 2020年，县纪委监委有效运用“四种形态”批评教育帮助和处理256人次。其中，运用“第一种形态”（经常开展批评和自我批评、约谈函询，让“红红脸、出出汗”成为常态）

批评教育帮助164人次、占64.1%；运用“第二种形态”（党纪轻处分、组织调整成为违纪处理的大多数）处理79人次、占30.9%；运用“第三种形态”（党纪重处分、重大职务调整的成为少数）处理8人次、占3.1%；运用“第四种形态”（严重违纪涉嫌违法立案审查的成为极少数）处理5人次，占1.9%。一体推进不敢腐、不能腐、不想腐。

【审查调查工作】 2020年，县纪委监委 全年受理信访举报170件，处置问题线索217条，谈话函询6件次，立案104宗104人（科级干部24宗24人），审结案件108宗（含2019年立案10宗，2018年立案2宗），给予党纪处分80人，政务处分17人（双重处分8人），免予党纪处分，给予诫勉处理14人，组织措施处理5人，不作政务处分1人，并有效挽回经济损失564.269万元。严肃查处涉案人员38人的河头镇虚假工程系列案。

【以案促改】 2020年，县纪委监委持续推进以案促改制度化常态化，针对监督检查和审查调查中相关单位部门暴露出制度建设方面存在的问题短板，通过监察建议书、纪律检查建议书等形式督促6个单位及时制订完善5份制度。

【巡察工作】 2020年，县纪委监委稳步推进第6轮县级交叉巡察和第9、第10轮常规巡察工作，常规巡察、对村巡察覆盖率分别92%、100%。对12个县直单位、2个乡镇党委和47个村级党组织开展巡察监督，发现问题322条，形成问题线索10条，立案13宗13人，党纪政务处分13人。坚持县党政领导班子成员带头约谈被巡察单位主要负责人制度，全年约谈17人次，有效推动问题整改落实；成立4个督查组对第六至八轮巡察及交叉巡察的16个单位开展整改督查，督促修改完善制度198项、新建制度76项、废除制度16项，新发现问题线索3条，对1个整改不力的单位相关人员进行处理并通报。

【队伍建设】 2020年，县纪委监委加强党支部建设，通过改选，全面实现由委领导班子成员兼任机关各党支部书记。新成立县廉政教育中心党支部，以党建强化专职工作人员队伍的凝聚力、战斗力；以巩固深化“不忘初心、牢记使命”主题教育成果为重要内容，以党支部为单位，组织26次集中学习交流活动，领导班子成员带头严格遵守组织生活制度，自觉以普通党员身份参加各自所在基层党支部组织生活；坚持党建与文明创建深度融合，通过党建引领，县纪委监委机关获得2019—2020年度市文明单位荣誉称号。持续深化全员培训，落实《平远县纪检监察干部全员培训工作方案》，举办专题培训班11期，组织纪检监察应知应会知识考试9场次；采取集中观看干部培训教材、委领导带头辅导以及网络培训、集中学习、以案代训、跟班学习等形式，组织培训1000多人次。

宣教工作

【信访举报专题宣传活动】 2020年1月17日，县纪委监委联合东石镇共同开展“举报贪腐 共创廉洁”信访举报专题宣传活动。县委常委、县纪委书记、县监委主任徐万宝专门到信访举报专题宣传活动现场接访，带信下访。活动重点围绕纪检监察机关信访举报受理范围、工作程序、职责权限、举报人权利义务和举报方法等内容展开宣传。组织宣传小队深入东石社区、东石村、双石村等地，进村入户向群众普及纪检监察机关信访举报相关知识，调动当地村民参与监督积极性。该次信访举报专题宣传活动接访群众近百人，带信下访1宗，发放宣传折页6500多份。

【“双报到”活动】　2020年9月16日上午，县纪委监委机关党总支和在职党员共8名党员到大柘镇城西城南社区和官田花园开展“双报到”活动，通过政策宣讲、送学上门服务和入户慰问等方式，传达党组织的关心。

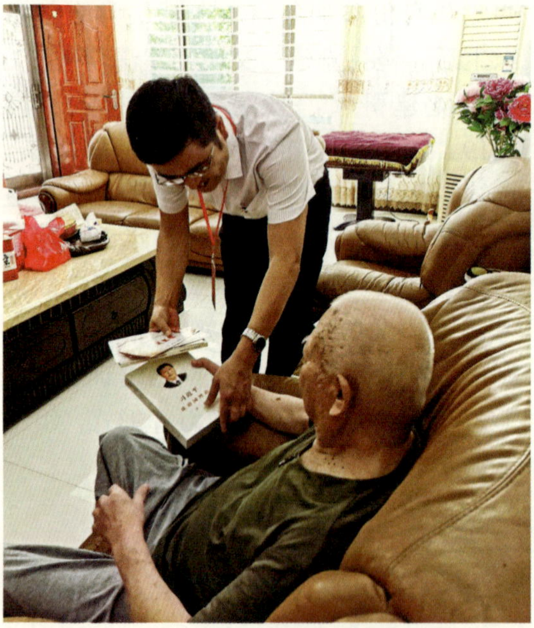

2020年9月16日，县纪委监委机关党总支到社区开展“双报到”活动

【廉政教育】　2020年，县纪委监委突出以案明纪，选取近年来平远县查处的30多宗典型案例，编辑出版《平远县党员干部违纪违法案例警示录》；对全县143个村（社区）支部书记、65名村级党建指导员集中进行党性和廉政警示教育；以《南台清风》微信公众号为主阵地，牢牢把握正确舆论导向；完善廉洁文化公园（南台清风园）和县家风家训教育基地等宣传阵地建设，传播清风正气。

【疫情防控】　2020年，县纪委监委先后成立由主要负责人任组长的县纪委监委新冠肺炎疫情防控工作领导小组，并召开县纪委常委会视频会议，贯彻落实党中央国务院和省市县疫情防控部署要求。县纪委监委主要领导深入到挂钩镇村、疾控中心、卫生医疗部门等地督导疫情防控和宣传工作。同时，抽调纪检监察精干力量参加全县社区排查及疫情防控检查站乘客体温筛查等工作。立足实际制定印发《关于加强对新型冠状病毒感染的肺炎疫情防控工作监督执纪问责的通知》，对全县做好新型冠状病毒感染肺炎疫情的防控监督工作提出工作要求。利用“南台清风”微信公众号、微信工作群等平台及时发布权威信息。坚持“日报告、零报告”制度，持续做好全县纪检监察干部职工及其家属近期身体状况和活动去向的摸底掌握。严格执行请示报告制度，科学细致防控工作。同时，要求全县纪检监察干部切实做到不造谣、不信谣、不传谣，主动配合医疗卫生机构做好预防工作，发挥党员先锋模范带头作用。

县纪委监委办公室、党风政风监督室、纪检监察室等相关部门协助县防控工作督查小组深入各镇、村和县直各部门开展检查督导工作，进一步督促全县各级党组织和党员干部提高政治站位，把疫情防控工作作为当前最重要的工作来抓，层层传导压力，确保县委、县政府疫情防控工作部署要求不折不扣落实到位。以“零容忍”的态度坚决查处各种失责失职和腐败问题，对“疫情信息报送不及时，甚至瞒报、谎报、漏报的单位及主要负责人、直接责任人”等四种情况进行坚决问责。针对疫情期间东石镇茅坪村出现因办理丧事非法聚餐的问题进行核查，对政治站位不高、失职失责的11名镇村干部及党员给予诫勉处理，压实防控责任。

【回访工作】 2020年，县纪委监委坚持“惩前毖后、治病救人”的方针，建立《平远县纪委监委对受党纪政务处分人员回访制度(试行)》，到年底，县纪委监委先后对80多名受处分人员进行回访教育。对受处分人员的基本情况、回访内容、受处分后表现情况、回访的意见建议等逐一登记建立档案，将其作为解除处分、恢复党员权利、民主评议党员的重要依据。在开展回访教育中，全县各级纪检监察组织通过面对面谈心谈话、走访所在单位党组织、听取身边人的看法、查阅有关资料等灵活多样的方式，全面了解受处分人员对自己所犯错误的思想认识和整改情况。

黄建固到平远调研督导

【疫情防控和复工复产检查调研】 2020年3月10日下午，市委常委、市纪委书记、市监委主任黄建固到平远调研检查疫情防控和复工复产工作。黄建固先后到广东宇时代电子有限公司、平远雅玛西新能源科技有限公司、梅州市瑞冠新材料科技有限公司、国道206线平远县田螺纽至超竹段改建工程建设现场、大柘镇黄沙村等地，现场调研检查疫情防控、企业复工复产、重点项目复工建设、脱贫攻坚、纪律监督等情况。

2020年4月28日，市纪委书记、监委主任黄建固（左四）到梅州客天下平远梅畲田园综合体听取规划建设情况

【基层党风廉政建设工作调研】 2020年4月28—29日，市委常委、市纪委书记、市监委主任黄建固到平远县调研疫情防控和基层党风廉政建设，先后到仁居镇、上举镇、泗水镇、东石镇等地，深入到省定贫困村、美丽乡村建设示范点、红色革命旧址、基层纪检监察机构，实地调研脱贫攻坚、实施乡村振兴战略、廉洁文化建设和纪律监督等工作。

（县纪委监委办公室）

群众团体

平远县总工会

【概况】　2020 年，平远县总工会围绕全县工作大局，围绕应对化解影响职工队伍稳定的各种风险挑战，发挥工会组织的独特优势，履行工会职能，关爱困难职工，实现送温暖、阳光就业、职工医疗互助保障等帮扶工作常态化、长效化。以创建和谐劳动关系为主线，以建设维权型、服务型、创新型工会组织为目标，加强理论武装，突出维权服务，夯实基层基础，强化作风建设，凝聚职工思想共识、引领职工创新创业、扎实推进工会各项工作，助推平远振兴发展。

【助力疫情防控】　2020 年，平远县总工会安排 17.5 万元专项资金助力新冠肺炎疫情防控工作。选派工作人员到疫情防控一线，参与疫情防控检查站乘客体温筛查等工作；制定《平远县总工会新型冠状病毒感染肺炎疫情防控工作方案》，发出《致全县各级工会组织、广大工会干部和职工的倡议书》；深入县人民医院、206 国道八尺体温检测站以及高速路平远出口体温检测站等地看望慰问奋战在疫情防控一线的工作人员，并送去一批慰问物资；主动服务企业，及时掌握了解全县企业情况，密切关注返岗复工的职工动态，购买疫情防控物品物资和印制返工防疫要点宣传资料，深入工业园区部分复工企业，助力复工复产企业做好防疫工作。同时发放帮扶资金 34.6 万元，帮助 173 户在档困难职工克服疫情影响，保障基本生产生活。

【劳模宣传和关爱活动】　2020 年，平远县总工会挖掘宣传爱岗敬业、崇尚劳动、创新钻研、成绩突出的先进集体和个人推荐评为各级先模集体和个人，推荐广东华清园生物科技有限公司董事长凌凤清获评“2020 年广东省劳动模范”，广东电网有限责任公司梅州平远供电局和广东宇时代电子有限公司获评“2020 年梅州市先进集体”，梅州可其山电子商务有限公司张子书、广东保灵医药有限公司吴志勇、广东佳之朋科技有限公司贾万均、平远县疾病预防控制中心饶良宏等 4 人获评“2020 年梅州市劳动模范”，平远县公安局上举镇派出所张学理获评“2020 年梅州市先进工作者”。开展慰问劳模、为劳模免费体检等系列活动，对全县 75 周岁以上省（部）级劳模进行走访、慰问，听取劳模、企业对县总工会工作及工会机关工作的意见和建议。组织策划录制“劳动者风采”专题系列宣传片，选取全县2个先进单位和4个先进个人代表的先进事迹，“五一”前后在县广播电视台进行为期1周的展播。12月8日，“曾令平劳模创新工作室”在县实验中学挂牌成立，以工作室为平台，搭建一个展示才能、发挥作用、推进发展的阵地和摇篮，通过“传帮带”放大劳模品牌效应，推动形成尊重劳动、崇尚技能、鼓励创造的社会风尚。

【职工文体活动】 2020年，平远县总工会发挥县总工会职工文化体育活动阵地作用，开展各类活动。4月10日，联合县委组织部、团县委、县妇联、长田镇及县志愿者联合会志愿者代表在长田镇火石寨县级森林公园联合举办“‘美在乡村’——联合志愿植树活动”，动员全社会共同参与平远县创建全国森林城市、全国县级文明城市。11月7日，平远、五华两县总工会、共青团平远县委和平远县妇联以“青春同行·遇见美好”为主题，在曼佗山庄联合举办“2020年平远、五华两地单身青年嘉年华”活动，为两地机关事业单位的100多名单身青年搭建积极健康向上的交流平台。

【职工关爱和帮扶】 2020年，平远县总工会以职工服务中心为平台，以困难企业、困难职工为帮扶对象，实现送温暖、阳光就业、职工医疗互助保障等工作常态化、长效化。把城市困难职工解困脱困工作融入平远县脱贫攻坚大局扎实推进，建立一套比较规范的审批操作程序，每户困难职工均建立台账，做到“一户一档”，对困难职工信息进行严格审核，帮扶资金以转账形式发放给困难职工，做到审批手续齐备、帮扶到位。组织召开城市困难职工解困脱困工作推进会暨业务培训会议和县政府与县总工会工作联席会议，部署全县困难职工解困脱困工作，制定《平远县2020年决战决胜城市困难职工解困脱困工作方案》，制作《困难职工入户调查记录表》，入户调查164户。经调查核实，对因死亡（4户）、解除劳动关系（5户）的困难职工档案作注销处理，对142户符合脱困条件的困难职工作脱困处理，对尚未脱困的实施精准帮扶。同时，密切配合、协助市第三方评估组顺利完成评估任务。至10月底，全县在档的173户全国级困难职工全部实现解困脱困。常态化开展送温暖、医疗救助等帮扶活动，全年帮扶困难企业2家8万元、帮扶困难职工260人次68.9万元。开展“金秋助学”活动，为30名考上大学的困难职工子女发放助学金15万元。开展“送清凉·防疫情·保安康”活动，深入重点工程项目建设现场及高温企业，为奋战在工作一线环卫工人、园林职工和企业员工送上防暑防疫礼包和劳动保护法律书籍。在县交警大队超竹中队设立“户外劳动者爱心驿站”1个，配置完善相关的设施设备。

提升完善职工互助保障会工作机制，全县在职职工8352人次参加在职职工互助保障，共253个保单，理赔276人次共40.3万元。开展消费扶贫行动，为职工办理“消费扶贫爱心卡”，发动基层工会组织采购梅州金柚等农产品。

【职工合法权益维护】 2020年，平远县总工会坚持和完善以职工代表大会为基本形式的企事业单位民主管理制度，巩固和推进厂务公开制度，强化教代会制度建设，推进学校民主管理工作走深走实。开展以“安康杯”竞赛为载体的群众性安全生产和职业健康活动，保障职工群众生命安全和企业安全生产，13 家企业 2523 名职工参赛。开展“奋战一百天全年保平安”安全生产攻坚行动，推进全县企业做好安全生产“一线三排”、保障职工权益、维护职工队伍稳定等工作。开展工资集体协商工作，扩大非公有制企业工资集体协商覆盖面，推动源头治理劳动关系矛盾，新签企业 1 家，到期续签百人以上企业 1 家，职工人数为 202 人，续签 12 份区域性非公有制企业联合工会集体合同，覆盖 5330 名职工，续签 2 份区域行业工资集体协商专项合同覆盖 189 家企业数 996 名职工，向上推荐 1 个行业性企业集体协商典型。聘请 3 名律师与企业工会签订企业法律顾问合同，为企业工会和职工无偿提供法律咨询服务，引导职工依法理性有序表达诉求，依法维护职工合法权益。班子成员率队深入企业调研，全面排查影响各类企业职工队伍稳定的隐患，防止敌对势力煽动渗透破坏，维护职工队伍和工会组织的团结统一。制定《平远县维护工人群体和重点企业等劳动领域政治安全专项行动方案》和《平远县关于加强和改进新时代产业工人队伍思想政治工作的实施方案》，建立风险隐患排查台账，消除影响职工队伍稳定的隐患，维护企业和社会大局和谐稳定。

【工会组织建设】 2020 年，平远县总工会深化工会改革创新，抓好直属事业单位改革工作。加强职工服务中心建设，8 月正式启用县总工会职工服务中心服务平台，坚持服务职工群众的根本宗旨，围绕中心，服务大局，充分发挥中心“为职工提供普惠制、一站式、多方位服务”的作用，推进服务型工会建设，提升服务能力水平，增强工会组织吸引力凝聚力战斗力。做好工会组建和发展会员工作，把非公有制企业工会组建和吸收职工(含农民工)入会作为工作重点。全面加强基层工会规范化建设，拨款 22 万元支持 6 个基层工委建设职工文化体育活动场所，公开招聘镇级社会化工会工作者 5 名；全年新建基层工会组织 15 个，其中非公有制企业工会组织 4 个；民主换届 38 个。利用“粤工惠”APP 宣传平台阵地做好职工政治思想、普法等宣传教育工作，“粤工惠”APP 中工会组织登记 185 个，会员数 10315 人。利用“粤工惠”平台开展节日送福利活动，端午节期间投入 1.8 万元开展“学屈原爱国 · 送粽意情深”活动，中秋、国庆期间投入 1.5 万元开展“庆双节抢门票”活动，两次活动参与活动会员 8604 人次。

【工会经费管理】 2020 年，平远县总工会加强工会财务管理、资产监管，完善经费审查审计制度，开展工会经费收支检查指导和审查工作，全年审计 15 家企业和行政事业单位工会。举办经审干部财务业务培训班，全面提升各基层工会主席和经审干部的思想认识、业务知识和法律法规知识，进一步规范收好、管好、用好工会经费行为。从 8 月开始，采取委托审计部门对单位财务审计时，同步进行工会经费账户审计的办法，以实现每一任期基层工会审计全覆盖，确保工会经费收、管、用依法合规。（平远县总工会）

共青团平远县委员会

【概况】 2020年，共青团平远县委员会围绕县委“11356”思路举措和青年所需所求，聚焦根本任务、政治责任和工作主线，团结带领广大团员青年勇担当、敢作为、重实干，推动各项工作取得新进展，为深化“一城一区一带”发展格局，开创优山美水生态之星“精致小城·大美平远”建设新篇章贡献青春力量。

【青少年思想道德教育】 2020年，共青团平远县委员会聚焦青少年思想政治建设，创新方式加强广大青少年思想引领。紧扣“五四”、“六一”、国庆等时间节点，借助网络直播云平台，创新开展“与生命对话”“我与祖国共奋进——国旗下的演讲”“灯塔工程”等主题云团课、云队课活动；遴选2名党员加入市“党团员灯塔宣讲团”，组织全县1200多名少先队员、团员青年收听收看中国少年先锋队第八次全国代表大会、深圳经济特区建立40周年庆祝大会等直播活动；开展“不忘初心跟党走·振兴平远勇担当”主题演讲比赛活动，多角度诠释青年干部的初心和使命，展现广大干部爱岗敬业、服务群众的使命和担当。注重发挥先进典型引领作用，选树先进典型引领青少年学先进、共奋进。通过制作专题片形式，宣传共青团近两年工作和助力“双创”、向上向善好青年工作，讲好新时代好青年榜样事迹，形成正能量。持续开展“两红两优”“最美南粤少年”“平远县十佳励志少年”和学雷锋志愿服务先进典型等活动，推选参评省、市优秀共青团员、优秀共青团干部、五四红旗团委（团支部）、优秀少先队员等，全年共有36名个人和13个团队分获省、市优秀。结合抗击疫情，向市推选“优秀战疫志愿服务典型”，全县共有2名志愿者、1个志愿服务组织和1个志愿服务项目受市级表彰。推行“青年大学习”，组织近70名团队干部、“两新”组织和志愿者代表等，举办“全团抓思想政治引领”专题培训班，增强团队干部思想政治引领水平，全面筑牢政治思想防线。注重抓好网络宣传阵地建设和青少年意识形态工作，定期对意识形态工作进行研判，利用“平远青年”微信公众号推送正能量文章、视频524篇，全网浏览阅读量7.2万人次。加强规范团旗队旗、团徽队徽和红领巾、团队干部标志的制作和使用，强化青少年的政治和团队意识。

【青年志愿活动】 2020年，共青团平远县委员会动员全县青年主动服务平远振兴发展大局，当好党的助手和后备军。聚焦山区教育，深入实施“希望乡村教师计划”支教志愿者服务项目，新争取22名来自华农、广商、广财经等知名高校的本科生分赴7间乡村学校开展为期1年至2年的支教服务，惠及近1000名山区学子。持续开展扶贫助学活动，争取团市委“薪火公益”资金19.5万元，助力全县35名本科贫困学子圆大学梦。聚焦乡村振兴，招募40名青年志愿者开展专题培训，统筹做好后勤接待、现场会务和沿途讲解等工作，协助县顺利举办全市乡村振兴工作推进会议（平远现场点）。争取全域旅游资金5万元，投入约15万元，在泗水镇梅畲村建设平远县乡村振兴青年创新创业基地，打造全方位创新创业支撑平台，为乡村振兴注入新活力，带动乡村振兴人才培育。持续优化提升平远县志愿者服务总站，多方争取资金 14 万元保障总站运作，委托志愿者联合会聘请 2 名专职人员驻站管理，探索社会化运营管理机制，统筹做好志愿服务信息系统管理、志愿组织和志愿者个人注册登记、活动发布和志愿服务培训等活动，持续推进志愿服务常态化制度化建设。紧扣创文分工任务，创新开展团委特色活动，结合“学雷锋”志愿服务月、“全民志愿行·美丽迎华诞”“全民志愿行·共创文明城”等志愿服务活动开展，发动 76 个志愿服务队 4680 多人次，为创建国家文明城市贡献志愿力量。期间重点推进志愿者注册登记、活动发布和时长录入等，集中在“i 志愿”系统注册志愿者 15062 人，其中有时长志愿者 7112 人，发布志愿活动 603 个，志愿服务时长达 322544.77 小时，各项指标均达创文要求。推进志愿服务队伍和项目化建设，充分整合全县志愿服务力量，设立百姓宣讲、党员志愿等 46 支特色志愿服务队，新增设立 1 个乡村振兴志愿服务驿站，助力仁居镇“红色村”建设。广泛开展禁毒、扫黑除恶、防邪反邪、“七五”普法等宣传活动，系统推进预防青少年违法犯罪工作，发动志愿者 200 人次，集中开展“一感二度三率”（群众安全感，政法队伍建设满意度、公安工作满意度和扫黑除恶专项斗争的好转率、满意率、知晓率）模拟调查、宣传走访等活动，助力平远县创建“平安之乡”。制定“美丽平远·美好家园”行动方案，组织 200 多名志愿者持续开展爱国卫生运动、“美在乡村”联合志愿植树活动、“争当‘河小青’，共建平远美”等活动，并结合垃圾分类和光盘行动，发放垃圾分类和光盘行动宣传册 6000 多份，在“平远青年”发出倡议书和编制网络调查问卷等形式，营造浓厚氛围，全方位助力美丽平远建设。6 月 8 日平远坝头村灾情发生后，落实应急志愿响应机制，依托“i 志愿”和平远县志愿者联合会微信工作群第一时间发布应急救灾志愿活动，有序调度县镇两级青年志愿者服务队、平远县义工协会志愿服务队共 60 多名志愿者，紧密配合县应急救援工作部署，分类开展受灾群众转移、集中安置群众、物资运送和发放等志愿服务活动，统筹各方力量采购和配足应急物资，助力救灾工作有序开展。结合后续救灾复产，开展 6 场次慰问受灾老人儿童、受灾群众房屋卫生清理、救灾物资发放等志愿服务活动，团县委志愿服务队受到县疫情防控指挥部的通报表扬。

【服务青少年工作】　2020 年，共青团平远县委员会聚焦广大青少年群众诉求，统筹做好青少年民生服务，重点关心关注青少年群体。在常态化开展“七彩假期”“南粤会亲”等关心关爱留守儿童公益志愿服务活动的基础上，聚焦当前该县农村留守儿童现状和需求，组织 5 期“情暖童心·相伴成长”关爱农村留守儿童成长营活动，覆盖 5 个乡镇 250 名农村留守儿童，邀请“扣好人生第一粒扣子”主题授课老师，为每期学生讲授思想道德建设及国防安全教育等，组织青少年法治教育实践基地开展法治、禁毒、预防性侵害等专题教育，促进农村留守儿童健康成长、全面发展。聚焦广大青年日益增长的精神文化需要，高规格打造“青年之家”等交流平台，年度发布青年之家活动40个。开展青年文明号创建，在现有6家市级青年文明号的基础上，动员发动先进集体和部门申报青年文明号，引导青年立足本职岗位诚实劳动、文明从业，在全社会展现当代青年的精神风貌，塑造行业和企事业单位的良好形象。持续开展单身青年嘉年华活动，广泛整合社会资源，不断丰富活动形式和活动载体，联合共青团五华县委等开展“青春同行·遇见美好”平远、五华两地单身青年嘉年华活动，为两地100多名青年搭建积极向上的交友交流平台。常态化落实好直接联系服务青年的体制机制，2020年实现对全县基层团委第二轮普遍联系，收集意见建议25条，实现“联系青年向活跃工作转变、从活动交流向有效服务转变、从制度约束向行动自觉转变”的工作局面。联合中公教育举办第三期公务员备考线上公益培训，为全县考生提供助考指导，助力青年解决就业问题。持续优化提升大学生就业创业能力“展翅计划”，加大实习岗位开发和校园推广力度，全年为学生实践提供200个岗位。开展新生代产业工人上大学“圆梦计划”，帮助20多名产业工人申报“千元上大学”政策，提升产业工人创新创业能力水平。推选县优秀农村电商创业青年代表参加市创业创新大赛，为创业青年搭建展现自我、交流合作的平台。

【共青团建设】　2020年，共青团平远县委员会全面深化共青团改革，坚决落实从严治团要求，持续加强共青团队伍建设，打造全面过硬团干部队伍。截至12月22日，平远县在“智慧团建”系统建立团组织460个，其中团支部416个，录入团员数量7177名，团干数量489名。联合县教育局、县少工委制定《关于规范成立学校少先队工作委员会的通知》，系统梳理、规范指导全县各中小学紧紧围绕少先队改革目标任务要求，推进学校少先队改革，加强党团队一体化建设，提高各中小学少先队组织建设科学化水平，截至12月25日，全县28间中小学全面规范成立学校少工委，并推选21名代表参加少先队梅州市第二次代表大会。落实2020年度全县发展团员计划，执行“一人一号”制度，严把团员入口关，严格入团程序，严控团青团学比例，规范团员注册、团费收缴和关系转接等工作；严格执行落实团内重大事项报告制度。直面基层团组织建设“命脉工程”中的弱项、短板，列出问题清单，落实专人实时跟进，明确任务表、时间表、责任表，压茬有序落实推进，各项指标均得到大幅提升。

（共青团平远县委员会）

平远县妇女联合会

【概况】　2020年，平远县妇女联合会（以下简称平远县妇联）贯彻落实县委、县政府和市妇联的工作部署要求，团结带领全县广大妇女坚定不移听党话、跟党走，为助力统筹新冠肺炎疫情防控和经济社会发展工作展现担当作为，推动全县妇女事业高质量发展。

【妇联组织建设】　2020年，平远县妇联改革全面完成，选好配强县、镇妇联组织班子。顺利召开县第十三次妇女代表大会，配备专挂职副主席3名，兼职副主席2名。12个镇级妇联依期完成妇联组织换届，选举产生镇妇联主席12人、专职副主席12人，兼职副主席13人，执委300人。扎实推进第四期省级“妇女之家”示范点建设，争取县财政项目资金6万元，在12个镇建设“妇女儿童之家”示范点，通过示范点打造项目，把“妇女儿童之家”建成引领妇女听党话、跟党走的红色之家、建成服务妇女儿童和家庭的温暖之家，创造积极向上的社会文化环境。

【家庭文明建设】　2020年，平远县妇联抓好家庭文明建设，在全县推动形成爱国爱家、向上向善、共建共治共享的社会主义家庭文明新风尚。围绕家风家教宣传主题，联合县文明办、县新华书店开展“看见幸福，‘阅’出梦想”亲子阅读打卡活动，引导家长和儿童参与活动，发挥读书在家庭教育中的独特作用，帮助孩子扣好人生第一粒扣子。举办家风家教故事分享，通过文明家庭代表、孝老敬亲好媳妇、优秀书香家庭代表分享良好家风家教故事，引领更多的家庭崇德向善、见贤思齐。联合县文联开展“传家训·助创文·树新风”——平远县2020年“小家传大爱 共筑家国梦”征文活动，通过获奖的30多篇征文，展示家庭生活的巨大变化和新时代家庭的良好风貌，激发广大妇女和家庭的家国情怀。在全县范围内开展推荐评选“文明家庭”“优秀书香家庭”和寻找“最美家庭”等活动，16个集体和个人被选为省、市三八红旗手（集体）和巾帼文明岗、最美家庭、优秀书香家庭等；23户家庭和个人获评县级“最美家庭”“最美妇联执委”。联合县文明办开展寻找孝老敬亲好媳妇、新时代好少年等活动，4人获评梅州市第五届“孝老敬亲好媳妇”“自强不息好少年”。

【妇女权益维护】　2020年，平远县妇联做好依法维护妇女权益工作。联合县委政法委、县法院、县检察院、县教育局、县公安局、县民政局、县司法局、县残联8个部门，制定“关爱女童 护苗成长”保护女童人身权益三年行动计划，并建立协调机制；联合县检察院就保护女童权益细化制定《关于共同推动保护妇女儿童权益工作的意见》，确保多部门各司其职，共同依法维护女童人身权益，促进女童安全健康成长。印发《平远县妇联妇女儿童舆情引导处置工作实施方案》，落实意识形态责任制，定期研究妇女儿童舆情，坚持属地管理，加强与相关职能部门沟通，营造全社会关爱未成年人、保护女童的良好氛围。将《中华人民共和国民法典》《中华人民共和国未成年人保护法》《中华人民共和国反家庭暴力法》等法律法规作为重点宣传内容，开展“法制进校园”“普法下乡”等活动，进行防拐卖、防性侵等安全教育。全年成功调解案件、提供法律援助、民事代书、法律咨询服务84宗84人次，实现维权与维稳的有机结合，为“平安之乡”建设发挥重要作用。

【妇女儿童关爱和帮扶】　2020年，平远县妇联围绕关注妇女儿童民生重点，把帮助困境妇女儿童解决实际问题作为妇联承接政府部分社会管理职能来抓。开展关爱贫困妇女儿童系列行动，全年筹资28.81万元为全县369名困境妇女儿童解决实际困难。联合县检察院、团县委、县教育局、县民政局等部门，组织5个工作小组开展“让爱留守，齐心战‘疫’”关爱留守儿童活动，分别到5个镇18名留守儿童家中开展疫情心理调查、家庭教育知识辅导等关爱服务，让留守儿童在疫情期间得到特别的关爱。联合团县委、县民政局、县教育局、关工委等部门，在县青少年综合服务中心开展“情暖童心，幸福相伴成长”——2020年平远县关爱农村留守儿童成长营活动，5个镇250名农村留守儿童参与，进一步增强留守儿童的获得感、幸福感。

【巾帼建功行动】 2020年，平远县妇联深化“巾帼脱贫行动”。实施好农村妇女“两癌”免费检查和救助项目，为全县35—64岁1526名妇女开展“两癌”免费检查，为9名患“两癌”妇女发放救助金3.57万元；4名“两癌”健康保险受助妇女均获得1万元的理赔金。扶持现有“妇”字号企业发展壮大，充分利用上级妇联出台的政策，服务做好飞龙果业、金宝树有限公司、可其山电子商务有限公司等巾帼新型农业经营主体公司发展工作，实现实体经济增收目标。持续开展“百千万妇女培训计划”，联合梅州市非凡家政服务有限公司、梅州市金宝树有限公司等巾帼新型经营主体，推进家政服务、农业种养类等培训，让广大有志从事于家政工作的下岗、无业妇女实现再就业，全年培训妇女500多人，帮助近百名妇女找到工作岗位。

【助力疫情防控】 2020年，平远县妇联印发《平远县妇联致广大妇女和家庭的倡议书》和《平远县妇联致全县各级妇联执委一封公开信》，引导全县广大妇女群众和家庭坚定信心、同舟共济、科学防治，守护小家为大家，筑牢防控防范疫情的家庭防线。组织平远县女企业家协会慰问抗疫一线工作人员，全城亮灯致敬最美逆行者。线上利用各级新媒体平台，以图文、影像、微视频等多种形式密集推送权威信息、相关政策措施和科学防护知识，教育引导广大妇女不信谣不传谣，做好自身和家庭防护；线下组织各级妇联干部特别是基层妇联干部、妇联执委及巾帼志愿者，走村入户联防联控，通过发放防疫资料、悬挂横幅、张贴告示等方式，切实把联防联控措施落细落实。 （徐 琼）

平远县科学技术协会

【概况】 2020年，平远县科学技术协会（以下简称平远县科协）做好校园、农村、社区科普和科技助力疫情防控、乡村振兴工作，着力提高全县人民群众科学素质。

【科普活动】 2020年，平远县科协把科技实践活动作为培养群众科学素养的重要途径和新时代文明实践科普活动的服务项目，以“防灾减灾日”“全国科普日”和“全国科技活动周”“全省科技进步活动月”等科普节日和活动期为抓手，充分利用线上线下资源，突出抓好新冠肺炎的科学防疫、文明健康生活、应急救援等知识的宣传，全力提升应急科普宣传能力，助推平远县新时代文明实践活动深入开展，提高全民科学素质。6月5日，平远县科协在官田广场开展科普展板宣传活动，以“公共预防新冠肺炎”“台风自救”“食物中毒的预防与急救”等内容为主，进一步提升社区居民应对新冠肺炎疫情的防治能力和科学、文明、健康生活的意识，构筑生命安全防线。9月30日，平远县“全国科普日”文明实践志愿服务活动在县第三小学举行，采取发放宣传资料、有奖知识竞答、展板宣传、赠送科普读物、科学体验等多种形式开展活动，该次活动被省科协评为优秀活动。12月29日，第五届校园科技节在县第三小学举行，活动现场的机器人表演、科学实验演示等内容让青少年在轻松的氛围中亲历探究过程，获得科学知识，培养他们热爱科学、求真务实、友爱协作的科学精神，激发他们的创造性思维。在翠拥华庭社区、官田社区、县政府宿舍等社区宣传栏张贴科学防疫、文明生活的科普宣传栏挂图，并发放疫情防控资料、健康生活书籍、急救资料等；发动群众注册“科普中国”APP，加强科普信息员队伍建设，并动员信息员充分利用微信朋友圈、工作群、QQ群等多种渠道转发疫情防控、健康餐饮、文明出行、绿色生活等科普信息，引导公众科学认知、理性防控、健康生活，吸纳更多群众成为新时代文明实践的传播者。至年底，平远县“科普中国”注册量居全市第二。

【镇科协“3+1”助力疫情防控和乡村振兴】
2020年，平远县科协按照中央、省、市科协关于提升基层科协组织力“3+1”工作的要求和部署，结合平远县科协系统深化改革实施方案，吸纳“三长”（基层医院院长、学校校长、农业服务中心主任）进入镇科协领导机构任兼（挂）职，“1”个县科协加强指导。1月，全面完成镇级科协成立工作，全县有兼职科协主席12人、兼职副主席36人。

各镇科协分类引导“三长”发挥各自优势，做好科学防控的宣传工作，助力后期的复工复产复学，为打赢疫情防控阻击战提供科技支撑。组织科技工作者走村入户发放公开信，并通过户外电子显示屏、便携式音响、车载视频等媒介播放科学防控的宣传片、宣传画、宣传标语。利用“科普中国”平台传播防疫相关科普知识、科学方法，引导公众正确理解、积极配合、科学参与疫情防控，不断增强自我保护意识，提高全社会的防疫防控能力。各镇卫生院院长带领医务科技工作者对重点场所、重点区域进行定期消毒并发放防控宣传单；各镇学校校长组织全体教师进行线上教学，做到“停课不停学”，同时对防控工作进行周密部署和演练，有条不紊推进安全复学工作；各镇农业服务中心主任组织农技人员在抓好防控工作的同时，科普如何进行病虫害防治、提高产量等知识，保障农资运输畅通，加强种、养殖生产指导，有序开展备春耕生产。在精准扶贫工作中，农业服务中心主任发挥带头引领作用，整合农业科技资源，组织农技人员围绕实施乡村振兴战略，开展适用技术推广、科技培训，在农产品种植、加工、包装、销售等方面进行专业指导，推动各镇产业发展，为农户增收致富牵线搭桥。

【“全国科技工作者日”走访宣讲活动】
2020年，平远县科协在5月30日“全国科技工作者日”到来之际，发挥联系科技工作者的桥梁纽带作用，开展登门大走访慰问宣讲活动，走访该县部分科技工作者代表，询问和了解其工作和生活情况，感谢他们为平远新冠疫情防控、平远振兴发展付出的努力，并围绕如何实施创新驱动发展战略、乡村振兴战略、科学防疫、科学普及、科技创新、人才服务等进行交流，倾听意见和建议，进一步激发广大科技工作者投身平远县科技事业的热情。

（县科协办公室）

平远县归国华侨联合会

【概况】 2020年，平远县归国华侨联合会（以下简称平远县侨联）紧扣平远县委、县政府的决策部署，克服新冠肺炎疫情影响，充分发挥优势，坚持以人民为中心，为侨服务的理念，在服务经济发展、依法维护侨益、拓展海外联谊、参政议政、弘扬中华文化、参与社会建设等方面有新的突破。

【服务经济发展】 2020年，平远县侨联做好服务经济发展工作。贯彻落实平远县委决策部署，配合相关职能部门和镇村采取的疫情防控措施。发动海外侨胞、侨界人士助力平远县疫情防控工作，据不完全统计，海外侨胞、侨联委员企业家捐款捐物折合人民币50多万元，其中老挝中华总商会副会长王斌捐赠口罩4万只，旅美留学生协会副会长、美国加州客属联合会副会长王辉平捐赠人民币10万元，印尼雅加达PT KURNADl ABADl董事长、香港中国宏兴（集团）有限公司董事长、县侨联九届委员会荣誉主席钟霖昌捐赠人民币10万元。班子成员带队先后深入16家侨资企业和侨联委员企业，了解疫情防控和复工复产情况，并送上一批口罩和消毒液。抓“三好一正”（讲述梅州好故事、传播梅州好声音、树立梅州好形象、传递梅州正能量）工作，向省市归国华侨联合会、“南方+”新闻平台、《梅州日报》等推送华人华侨王斌、王辉平、钟霖昌等人的爱国爱乡事迹，及侨眷姚伟文“画笔写人生·作品助抗疫”、县疾病预防控制中心医务人员叶英红奋斗在抗疫一线的事迹。9月24日，召开平远县归侨侨眷代表座谈会，与会人员积极发言，为平远县侨联服务经济社会发展、服务侨界建言献策。借力上级侨联，邀请梅州籍华侨华人侨领助力民营企业。8月24日，由梅州市归国华侨联合会（以下简称“梅州市侨联”）牵线，中国侨联海外委员、广东省侨联常委、梅州市侨联副主席、加拿大全加客属联谊会主席、广州半岛投资集团执行董事王文康一行到平远县考察交流，与广东南台水业股份有限公司确定投资意向。9月2日，“广州半岛投资集团携手南台水业助推梅州好水起航大湾区”项目的首单100万瓶南台水运往粤港澳大湾区。10月3日，印尼熊氏集团董事长、梅州市侨联荣誉主席熊德龙一行到平远县参观考察，与广东南台酒业股份有限公司确定合作意向，共同打造印尼金水门南台酒厂。向梅州市侨联主办的《梅州侨联通讯》投稿，向海外侨胞宣传平远。

【归侨侨眷帮扶维权】 2020年，平远县侨联做好扶助困难归侨侨眷、依法维护归侨侨眷合法权益的工作。开展侨界助困行动，通过春节慰问、疫情期间慰问、医疗救助、省拨困难归侨救助补助等方式慰问困难归侨侨眷252人次15.31万元。维护归侨侨眷、华侨华人的合法权益。印发《中华人民共和国归侨侨眷权益保护法》《广东省华侨权益保护条例》200本；深入镇、村（居）委、社区、学校、企业分发侨法宣传资料和宣传品2000份；邀请平远县侨联常委谢彤律师在县归侨侨眷代表座谈会上解读《中华人民共和国归侨侨眷权益保护法》和《中华人民共和国民法典》重点内容；12月4日国家宪法日，联合平远县普法办、平远县司法局等单位开展“深入学习宣传习近平法治思想·大力弘扬宪法精神”“《中华人民共和国民法典》与生活同行”主题宣传活动。

【海外联谊拓展】 2020年，平远县侨联坚持国内海外工作并重，老侨新侨工作并重，拓展海外工作和新侨工作。通过电话、微信、邮件等方式与印尼侨贤钟霖昌等加强沟通联络。邀请梅州籍华侨华人侨领到平远参观考察，推介平远，深化交流合作。全年接待回国探亲、参观考察、文化交流的华人华侨共12批97人。10月开始，中共平远县委统战部和平远县侨联联合开展侨情普查，以便全面摸清全县侨情，更好地推动新时期侨联工作。

【侨界参政议政】 2020年，平远县侨联引导侨界党代表、人大代表、政协委员参政议政，向人大、政协提出提（议）案和建议6宗。

【中华文化弘扬】 2020年，平远县侨联开展弘扬中华文化交流工作。举办平远县侨人侨事图片展，展示侨人侨事摄影作品75幅。发动平远中学、梅青中学、实验中学学生参加第二十一届世界华人学生作文大赛，宣传中国抗疫故事、中华优秀传统文化以及中国发展变化等爱国、爱乡精神，共选送参赛作品20篇。

【组织队伍建设】 2020年，平远县侨联抓好组织队伍建设工作。加强理论学习，强化政治引领，不断提高全体干部职工的政治素质和纪律观念，增强“四个意识”、坚定“四个自信”、做到“两个维护”。强化班子建设，4月，配备专职党组书记；5月，召开九届三次全委会议，选举产生新的第九届委员会主席，改选部分委员。组织2020年年度侨联委员活动，通过集中学习、自学与现场学习相结合的模式，让委员接受国内国际形势教育，深刻了解华侨华人爱国、爱乡和爱家人的浓厚感情，提升自身素质和履职能力。抓好“侨胞之家”创建工作。7月，石正镇石正社区“侨胞之家”被梅州市侨联授予梅州市首批“侨胞之家”建设示范点。8月16日，平远县侨联在该“侨胞之家”举行纪念《中华人民共和国归侨侨眷权益保护法》颁布实施30周年暨石正社区“侨胞之家”挂牌揭幕活动，随后举行的中国象棋比赛吸引30多名选手参加，8名优胜者获得荣誉证书和奖金。同年还指导仁居镇创建“侨胞之家”。（吴运兰）

平远县工商联

【概况】 2020年，平远县工商联合会（以下简称平远县工商联）围绕县委、县政府决策部署，弘扬优秀企业家精神，构建亲清新型政商关系，着力推动非公有制经济高质量发展，为平远县全面建成小康社会、决战脱贫攻坚、夺取疫情防控和经济社会发展“双胜利”作出新的贡献。

【政治建设】 2020年，平远县工商联通过开展专题培训、辅导讲座、研讨交流等形式，加强非公有制经济人士政治理论学习，将全县非公有制经济人士的思想和行动统一到中央的决策部署上来，把“不忘初心、牢记使命”主题教育成果转化为推动工商联和商协会发展的强大动力。发挥非公有制经济代表人士参政议政主渠道作用，组织引导工商联界别的人大代表、政协委员加强学习，提高政治站位，推动他们增强参政意识，提高议政能力，关注社会、关心民生、关爱员工，密切联系各行业代表，及时了解掌握社情民意，当好各行各业的“代言人”。全年非公有制经济人士人大代表、政协委员共提出建议、提案15件。

【组织建设】 2020年，平远县工商联抓好组织建设工作。注重质量发展会员，不断壮大会员队伍，考察新增常、执委委员人选20名，并做好综合评价工作。7月29日，平远县工商业联合会(商会)十三届五次执委扩大会议在县迎宾馆召开，增补选副主席2人，常委2人，执委18人。会前举办平远县2020年非公有制经济人士企业经营管理知识专题讲座，组织观看录像片《商业模式创新与控制》。履行工商联对所属商会进行指导、引导和服务的职责，进一步健全完善工商联基层组织建设，指导基层商会协会搞好规范化建设。发挥民间商会协会应有的作用，坚持一手抓巩固一手抓组建，对原有基础较好、条件较成熟的平远差干商会引导其注册登记；同时探索组建各领域各类型的商协会，并成立差干商会、水电行业协会党支部。1月，新成立平远县工商联福建商会，创造条件筹备成立平远县青年企业家商会。

【服务职能强化】 2020年，平远县工商联着力强化自身服务职能。与县司法局、县普法办、县工业园管委会、检察院、税务局等部门联合，举办《民法典常用规范专题讲座》为主题的法律知识专题讲座、《“六稳”“六保”护航民企发展》主题检察开放日等活动，提高非公有制经济人士法律意识，加强民营企业法治保障。坚持把服务会员、服务会员企业摆在日常工作首位，围绕会员和会员企业需求，搭建融资服务平台。5月14日，与平远农商银行联合举办银企合作座谈会，共同签订“商会宝”业务合作协议，平远农商行给予工商联2亿元的意向授信额度，受惠企业100多家，拓宽中小企业融资渠道，有效解决企业融资难融资贵问题，助推企业和平远经济发展。构建“亲”“清”新型政商关系，广泛接触非公有制经济代表人士，走访调研联系企业80多家，与企业家座谈了解新冠肺炎疫情对企业生产经营的影响及其复工复产中面临的困难和问题，完成《新冠肺炎疫情对平远县民营企业影响及对策研究》的调研报告。

【社会责任履行】 2020年，平远县工商联认真履行社会责任。引导会员企业参与“万企帮万村”精准扶贫行动，全县共145家企业参与到全县136个行政村的帮扶工作，对接帮扶120个行政村，帮扶项目15个，帮扶资金1786.6万元，会员企业帮扶资金1575万元，实现帮扶工作全覆盖。广东华清园生物科技有限公司、梅州创丰建设工程有限公司、梅州市长兴盛实业有限公司、广东宇时代电子有限公司、广东保灵医药有限公司5家企业当年被列为梅州市乡村振兴“万企帮万村”示范企业。引导广大非公有制经济人士配合县有关职能部门开展以“质量第一”“履约守信”为主题，深化“诚信经营示范店”“诚信做产品”等活动，非公有制经济人士曹斌被评为第八届平远县道德模范诚实守信模范。继续支持平远县教育事业发展，动员县内民营企业家为平远县发展教育基金捐款近2000万元。发动该县企业家参加扶助金捐款活动，用于社会助学、助困、扶贫活动等。8月28日，县工商联（商会）举行扶助金（大学生助学）发放仪式，选取30名贫困大学学子进行资助，为每位贫困学子发放助学金3000元，共9万元。资助石正贫困家庭2万元。发动县内外非公有制经济人士和县非公系统党委58个支部为抗击新冠肺炎疫情工作捐款捐物。据不完全统计，捐款、捐物356万多元，助力复学捐赠2万个口罩给教育部门，为80个企业送达开工急需的口罩、消毒液等一大批防护物资。号召全县非公有制经济人士参与平远县“双创”工作，大力开展厂区及周边环境卫生整治，制作“双创”宣传栏、电子显示屏、横幅标语等。根据县文明委的要求，对平远县健华实业有限公司等15家往届平远县文明企业进行复查，申报广东宇时代电子有限公司等5家企业参与评选2019—2020年度平远县文明企业。

【非公党建】　2020年，平远县工商联“两个覆盖”工作质量明显提升，85家在册登记有党员的非公有制企业全部建立党组织，59个基层党组织全部选派党建指导员，党组织覆盖率和党的工作覆盖率均为100%。党建工作指导和经费保障力度进一步加强，系统党委当年度新聘请1名专职党建指导员，共聘请2名；党组织书记津贴标准进一步提高，专职党建指导员津补贴得到省管党费支持保障。进一步加强班子建设，全年督促14个支部按期完成班子换届选举工作，根据各党组织实际情况，增选2名县工业园党委委员，届中调整支部书记16名，副书记2名，支部委员8名。结合开展“七一”系列活动，党委和部分党支部组织13名新党员、200多名老党员进行入党宣誓和重温入党誓词活动，组织近300人次党员到红色教育基地参观学习；全系统共评选出先进基层党组织5个，优秀党员16人，优秀党务工作者4人；全年走访慰问生活困难党员14人，慰问大病住院党员1人，发放慰问金共7300元；配合县纪委查处2名违纪党员。发展党员和党费收缴工作不断规范。全年培养入党积极分子31名，确定发展对象5名，吸收预备党员7名，批准预备党员转正13名；按照县委组织部提出的整改意见，县非公有制经济组织系统党委在年初按要求核定非公党组织党员党费缴交数额，设立党费专账，党费收缴和党建工作经费管理工作进一步规范。

（刘梓铗）

平远县文学艺术界联合会

【概况】　2020年，平远县文学艺术界联合会（以下简称平远县文联）开展增强脚力、眼力、脑力、笔力“四力”教育实践，完成“举旗帜、聚民心、育新人、兴文化、展形象”的使命任务，履行“团结引导、联络协调、服务管理、自律维权”的职能，坚持政治引领，围绕县委、县政府中心工作，牢固树立以人民为中心的创作导向，坚持“三贴近”（贴近实际、贴近生活、贴近群众）原则，用作品歌颂新时代，用热情唱响中国梦，用激情讲好平远故事，突出特色品牌活动，抓好文艺创作与展示交流，加强人才培育，助推疫情防控、乡村振兴等工作，推出一大批文艺人才和精品力作。

【文艺助力抗疫】 2020年，平远县文联以文艺创作的形式为抗疫阻击战助力加油。向全县文艺工作者发出“众志成城 抗击疫情”的倡议，开展战“疫”专题文艺创作，包含文学、书法、美术、曲艺、摄影、音乐、舞蹈、戏剧、民间文艺、短视（音）频等各种艺术门类和形式。从2月1日起，广大文艺家连续创作和制作抗疫专题作品932件（篇、幅）。平远县文联微信公众号“平远文艺网”开设“众志成城·抗击疫情”平远文艺界抗击疫情文艺作品专栏，共编发15期推文，推送各类抗疫文艺作品400多件，每期点击率1000以上。上送各级各地媒体转载“平远文艺网”各期讯息114次（期），《梅州日报》和梅州网、手机客户端“学习强国”“南方+”、微信公众号“梅州文艺网”及市、县电视台等平台共选登和播出平远县作品和新闻43篇（条、件），其中音乐MV《爱是桥梁》《与爱同行》及画作《无畏》3件作品登“学习强国”。编辑《战疫我们在一起——2020年平远文艺界抗疫作品集》，在《嘉应文学》2020年增刊号推出，收录精选的平远文艺工作者创作和制作的抗疫专题作品400多件（篇、幅）。

【文艺宣传】 2020年，平远县文联开展一系列文艺宣传活动。1月5日，在平远县泗水镇客天下田园梅畲综合体举办“中国梅畲·田园之约”——梅州市第20次(平远)百人诗会暨庆祝平远县诗联协会成立30周年活动；元旦、春节期间，先后组织开展“我们的中国梦——文化进万家”文艺惠民和挥春送福、“盛世欢歌·百花迎春”——2020年新年舞蹈年会和2020年新年音乐年会、“吉祥和瑞贺新年”平远县2020年春节木雕·奇石展等一系列文艺活动；与梅州市飞龙实业有限公司、平远县摄影家协会联合主办平远县“美丽平远·美好家园”暨第13届“飞龙杯”摄影大赛，征集摄影作品600余幅，评选出获奖作品105幅；7月25日，与市作家协会联合举办平远县新时代文明实践活动项目——“抒情性与现代诗歌的创作”文学公益讲座，由广东嘉应学院新闻与写作教研室主任冉正宝主讲；举办“丹青颂祖国·奋进新时代”——平远县庆祝中华人民共和国成立71周年8人国画作品联展，展出张斌等8位画家近年来创作的国画作品120幅。组织各文艺协会做好《梅州日报·品读平远》副刊稿件的组稿工作，自7月16日创刊至年底，该副刊推出16期，刊发平远县文艺家创作的文学、美术、书法、摄影等各门类作品100多篇（件、首）。10月18日，在由广东省盆景协会主办，梅州市花卉盆景协会、平远县民间文艺家协会协办，听松庐承办的2020年广东省盆景协会（平远）山松盆景创作研讨会在大柘镇东兴村听松庐举行。

【文艺交流】 2020年，平远县文联先后与河源市源城区政协书画院、梅江区文联等兄弟县（区）开展文艺交流。8月30日，省摄影家协会副主席唐卫东一行人到平远县开展“丰年人乐业·陇上踏歌行——广东脱贫攻坚，全面建成小康社会”主题摄影采风活动。

【文艺惠民】 2020年，平远县文联继续开展一系列文艺惠民活动。组织红色文艺轻骑兵深入仁居镇邹坊村开展“乡村振兴奔小康·幸福和谐新邹坊”主题文艺惠民演出；与县书法家协会举办平远县新时代文明实践活动——谢汉仁书法教育公益讲座;组织文艺家于年底到城北社区开展新春文艺惠民送戏进社区活动；12月30日，在平远中学举办新时代文明实践——平远县文艺进校园公益讲座。9月22—24日，平远县新时代文明实践在行动暨广东省文联电视艺术家协会“影视小屋”器材捐赠仪式分别在县第一小学、实验小学、大柘中心小学、八尺中心小学、中行中心小学、冬青实验学校6所学校举行。

【文艺创作】　2020年，平远县文联引导广大文艺家深入生活、扎根人民，创作一大批精品力作。平远县文联和县妇联联合开展“传家训·助创文·树新风”——平远县2020年“小家传大爱 共筑家国梦”征文活动，收到广大党员干部、县内文学爱好者和社会各界人士的投稿50余篇,评选出一等奖1篇、二等奖3篇、三等奖6篇、优秀奖20篇共30篇获奖征文。8月8日，平远县文联与泗水镇党委、政府和广东客天下旅游产业园有限公司在泗水镇客天下田园梅畲服务中心联合举行县书画院、县作协、县美协等7个文艺组织的采风创作基地挂牌暨写生作品创作活动启动仪式，在泗水镇梅畲村设立分会场，由平远县文联、县文广旅体局和梅州市平远梅畲农旅文化发展有限公司负责举办以“庆丰收、迎小康”为主题的摄影大赛并于同年9月22日在梅畲村举办入选作品展。

【文艺人才队伍建设】　2020年，平远县文艺人才队伍不断壮大。至年底，该县有文艺家协会会员611人。其中，国家级协会会员12人，省级协会会员82人，市级协会会员199人。平远县文联组织文艺家做好《平远县文艺人才和文艺作品奖励实施方案（试行）》奖励项目的申报工作，共5人8个项目向县申报相关材料。全县有30多人次入选各类展事、专辑，并获各级各类奖励。陈耀宗、吴伟华、姚伟文、王瑞荣、姚金华、姚猷悦、姚利梅、姚雁、韩建銮等7人共19项作品，分别获梅州市文艺精英人才和精品创作奖励，获奖人数比上年度增加6人，获奖作品增加18项。

【文艺家协会工作情况】　2020年，平远县文联各文艺家协会开展形式多样的创作活动。平远县作家协会：动员广大会员创作一批抗击疫情为题材的诗歌、散文、小说等文学作品，先后发表于《羊城晚报》《梅州日报》等多家报刊；协助做好《梅州日报·品读平远》副刊稿件的组稿和推荐工作，自7月16日创刊以来，《梅州日报·品读平远》副刊刊登县作家协会会员创作的小说、散文、诗歌、杂文90多篇（首）；参与县妇联、县文联举办的“传家训·助创文·树新风”——平远县2020年“小家传大爱 共筑家国梦”征文和江西寻乌县征文等赛事评选活动；在平远中学举办文学进校园公益讲座，由本土诗人吴伟华主讲专题讲座《给梦想一双文学的翅膀》；做好申请加入梅州市作家协会的申报工作，被吸收会员1人。2020年，全县在《诗刊》《羊城晚报》《南方日报》等20多家报刊发表170多篇（首）小说、散文、诗歌等文学作品；10人次入选各类展事、专辑并获奖，陈耀宗、吴伟华2人分别荣获梅州市文艺精英人才和精品创作奖励。

平远县美术家协会：组织发动骨干会员创作抗疫美术作品96幅；承办“丹青颂祖国·奋进新时代”——平远县2020年国庆8人（张斌、张燕、韩建銮、黎锴、王元元、王强、易锦宏、谢宝云）国画作品联展；多幅作品入选、入展省、市展览，其中姚伟文作品《收获》入选“广东省脱贫攻坚、美丽乡村、全面小康主题美术书法摄影展”，韩建銮的《大埔印象》、王强的《情系大埔》、张斌作品《客家乡村》、姚伟文的《寿星图》等作品入展广东省中国画学会、梅州市中国画学会主办的“世界寿乡·美丽大埔”中国画名家作品邀请展，姚伟文作品《窗外百年壮》入展“湾区精品”——广东水彩名家暨粤东水彩作品邀请展。

平远县摄影家协会：组织会员参加广东省“脱贫攻坚看广东”美术书法摄影主题展，4位会员获优秀奖；举办一年一度仓子下“红叶节”摄影活动；举办第十三届“美好生活 美好家园”飞龙杯摄影大赛；协办首届警察节摄影比赛活动。吴远松、李显钦摄友加入中国摄影家协会；县摄影工作者冯锡权作品《“柿”业红火》刊登于11月10日《人民日报》头版。经省摄影家协会专家组评审，平远县成功入选首批广东摄影目的地，并获授优秀广东摄影创作基地荣誉称号。

平远县书法家协会：组织会员为抗击疫情主题创作书法作品100多幅；组织送春联下乡活动6场，为群众义务挥写春联近1000副。张宝寿被省书协授予先进个人称号；王院化、姚晨分获第二届“西湖杯”中国硬笔书法大赛成人组和少儿组银奖；王院化获“英雄杯”第13届中国钢笔书法大赛三等奖。县书法家协会换届，选举产生新一届协会领导机构，张宝寿当选新一届会长。

平远县戏剧家协会：创作抗疫题材的文艺表演作品8件，其中有山歌演唱《打赢防疫阻击战》、京剧新唱《智斗》、快板《戴口罩》、山歌表演唱《盼儿归》、歌曲《送瘟神》、微视频《隔离观察》等；组织会员到热柘镇敬老院开展重阳敬老文艺慰问活动；组织会员进行群文创作20多件，其中获省奖1件、市奖8件。

平远县音乐家协会：鼓励会员参与抗疫题材的创作活动，其中叶远灵作词作曲的歌曲《与爱同行》和部分音协骨干会员演唱的歌曲《爱是桥梁》登上“学习强国”；组织发展新会员30多名。

平远县民间文艺家协会：在大柘镇超南村韩浩文木雕工艺展览馆举办2020年春节“吉祥和瑞贺新年”木雕·奇石展，展品包括木雕、根雕、石雕、观赏石四大类；在大柘镇东兴村听松庐举办2020年广东省盆景协会（平远）山松盆景创作研讨会，同时举行岭南盆景网平远联络站挂牌揭幕仪式。12月1日，第一届梅州市工艺美术大师颁证暨梅州市第二届工业设计大赛颁奖大会在中国客家博物馆举行，韩浩文获第一届梅州市工艺美术大师荣誉称号。

平远县曲艺家协会：创作抗疫作品；发展一批县级新会员；组织文艺进社区惠民演出活动。赖标扬获第三届阳台山全国实景山歌大赛铜奖。

平远县舞蹈家协会：围绕县文联工作

部署开展各项文艺活动，创作一批“抗疫”作品，在市县相关媒体发表；参与各项赛事活动；发展县级协会新会员一批。

平远县诗联协会：在客天下梅畲田园综合体举办梅州市（平远）第20次百人诗会暨平远县诗联协会成立30周年庆祝活动；发动会员创作以“抗疫”为主题的诗词，出版《平远诗歌》“抗疫”主题作品专集；组织会员先后到客天下田园梅畲综合体、寻乌石崆寨、中行镇开展3次采风创作活动；指导县一小、大柘小学、东石小学等学校的诗教工作，开展省级诗教先进单位的创建活动；开设专题讲座，编辑出版2期《平远诗歌》。

平远县公安文联：强化文化阵地，形成“视、网、微、刊”一体化公安宣传平台。全年在《法治日报》、《南方法治报》、《梅州日报》、“南方+”、法制网等媒体刊登各类宣传文章232篇，在“平安平远”微信公众号、新浪微博分别发布文章515篇、290篇。融公安工作于文艺创作中，围绕抗击疫情、扫黑除恶、打击电信诈骗等中心工作，参与各类创作、专题片拍摄、展板宣传等。

中国民俗摄影协会客家人分队：组织会员开展采风创作活动20次；协会换届选举产生新班子；组织发展一批新会员，全年共吸收新会员100多名；组织会员参加国内外比赛10多次，共有100多张（组）图片获各级奖励。

平远县硬笔书法协会：组织会员分别到县二小、县实验小学、大柘中心小学、东石小学、田家炳中学等学校开展书法辅导；组织会员参加“文艺轻骑兵”下乡送福送春联活动等。

平远县民乐协会：组织会员创作《全国同心战凶顽》《白衣战士逆向行》等以抗击疫情为主题的五句板等作品，多形式开展活动，参加公益性基层演出，自编自导创作群众喜闻乐见的文艺作品。

（平远县文联）

平远县残疾人联合会

【概况】　2020年，平远县残疾人联合会（以下简称平远县残联）认真履行“代表、服务、管理”职能，关注民生、解决热点问题，扎实开展康复、就业培训和社会保障等工作，残疾人生产、生活状况和康复设施明显改善，康复业务不断拓展，保障水平和服务能力明显提高，顺利完成各级下达的各项工作任务。

【新冠疫情防控】　2020年，平远县残联突出抓好疫情防控工作。印发《关于做好疫情防控工作的通知》等有关文件，要求广大党员充分发挥好先锋模范作用，把疫情防控工作作为当前最重要的工作，抓紧抓实。做好残联机关、康复中心、就业所等公共场所消毒、测体温、戴口罩等工作，按照县委、县政府、市残联有关统一安排，做好上情下达、情况汇报，按要求执行复工开学、开训、开园，齐抓共管做好残疾人疫情防范工作，共同维护好疫情防控期间的社会秩序。其间，发动机关党员干部自愿捐款2680元助力防控疫情。

【残联改革】　2020年，平远县残联稳步推进残联改革各项工作。增强改革责任感使命感，提高政治站位，充分认识残联改革工作的重要性，把推进残联改革作为一项重大政治任务来抓。统筹协调推进残联改革工作，成立由县政府分管副县长任组长的县残联改革工作领导小组，并召开专题会议，对残联改革事项进行分析研判，有序推进改革进程。根据省、市残联改革相关部署，结合平远实际，在多次组织调研和征求意见建议的基础上，科学谋划编制改革实施方案。2020年12月9日，县政府办公室以密件形式印发《平远县残疾人联合会改革实施方案》。

【康复设施基建】 2020年，平远县残联做好残疾人康复设施基础建设工作。为80户贫困家庭残疾人实施居家无障碍环境改造，改造卫生间、安装坐便器、抓杆和扶手，改造便于轮椅通行的浴室门口等无障碍设施，改善他们的宜居环境，提高残疾人生活质量。切实加强残疾人劳动权益保护。丰富文体生活，将残疾人文化服务纳入城乡公共文化服务体系建设，鼓励残疾人积极参与社区康园文化活动。加大残疾人体育发展步伐，做好明年市残疾人运动会活动预算。支持1万元给县特殊学校到省参加残疾人文艺会演活动。

【残疾人社会保障】 2020年平远县残联将农村贫困残疾人纳入精准扶贫建档立卡对象，不断实施和完善社会保障政策。帮助残疾人康复救助，帮助建档立卡对象700名贫困残疾人实现脱贫。贯彻落实省、市关于困难残疾人生活补贴和重度残疾人护理补贴制度文件，按要求配套足额发放“两项补贴”。全年发放低保户残疾人数2104人，每人每月领取175元，重度残疾人护理补贴人数4162人，每人每月领取235元。为2322名重度残疾人缴交最低养老保险，养老保险覆盖面不断扩大，做到“应保尽保”。将重度残疾人、低保户残疾人及精神、智力残疾人纳入城乡居民医疗保险，为符合条件的4168名残疾人缴交医疗保险，实现医疗保险全覆盖。为符合条件的26名残疾人三轮机动轮椅车主发放燃油补贴6760元，每人每年260元。加大严重精神障碍患者救治救助工作，建立严重精神障碍患者防治管理和康复服务机制。全年发放1415人共156万元。全年救助、慰问各类贫困残疾人600多人次10万元。实施“南粤扶残助学工程”，3名大学生获得助学款，人均1万元。为全县13个康园中心260名残疾人会员提供日间康复训练、娱乐、手工活动。残疾人会员通过手工劳动，创造一些补贴，实现辅助性就业。鼓励残疾人参加自主创业和众创杯活动，发放自主创业奖励资金共12万元，奖励人数48人（次）。创业残疾人林友文的参赛项目在省“众创杯”复赛中，入选省百强项目。宣传残疾人政策，努力提高残疾人办证率，至2020年11月底持证残疾人6431人。对符合办证条件的疑似残疾人尽快办理残疾证，全年新办理残疾人证480人（其中建档立卡21人），提高残疾人享受“两项补贴”覆盖率。

【康复工作】 2020年，平远县残联明确康复工作目标任务、时间安排。夯实残疾人康复服务设施。争取县委、县政府支持，投入600多万元，将原梅东小学改造为占地3603.58平方米、建筑面积220平方米的县残疾人康复中心，并购置一批专用设备和完善系列附属工程等。该中心于9月投入使用，设置“一站二部三中心”（康复站、智障部、脑瘫部培训中心、辅具中心、康园中心）已投入使用，除脑瘫部正在筹建外，其他各部（站）已投入使用。不断优化康复机构及人员配置。将县残疾人康复中心列入公益类事业单位管理，招录 2 名事业编制人员，聘请有专业资格证书的康复老师4名和7名康园中心、辅具中心等管理人员。参加省、市残联举办的各类培训班，不断提高引导式教育和康复训练服务水平。开办智障班为 0—6 岁共 12 名智障残疾儿童实施抢救性康复。实施重点康复项目。为听力残疾人配送助听器 16 部;居家康复训练 26 名。推进精准康复，完成精准康复 165 例。加强辅助器具服务专业人员培训，提高为残疾人辅助器具适配服务水平，共为 140 名残疾人免费配发辅具。

【就业培训和年审工作】　2020 年，平远县残联以就业保障金年审工作为抓手，有序推进残疾人就业培训和保障金的征收。对本县各类用人单位进行严格审核，对达不到安排残疾人就业比例的征收就业保障金，全年征收 365 万多元。通过县电视台和主要街道播放视频等，宣传残疾人就业的相关政策。做好残疾人自主创业就业培训工作。在东石、仁居镇举办残疾人实用技术培训班 2 期，培训人数 60 人。

【社区康园中心建设】　2020 年，平远县残联推进社区康园中心建设运行。2020 年全县有 13 个康园中心基本正常运行，康园中心在册会员 260 人。社区康园中心为会员提供日间看护、生活自理能力训练、社会适应能力辅导等日间照料服务，组织服务对象参加辅助性就业，开展文体娱乐活动等，促进残疾人与社会融合，使广大残疾人及其家庭受惠，为社会和谐稳定发挥作用。

【“两项调查”】　2020 年，平远县残联做好全县残疾人基本服务状况和需求信息数据动态更新工作，入户调查 6431 人，入户调查率 100%，全面掌握残疾人就业、扶贫、入学、社保、住房、康复、文化活动、无障碍改造、日间照料等需求。根据中国残疾人联合会下达的“全国残疾人家庭收入状况调查”任务，对 36 户残疾人家庭收入支出状况和残疾人各项政策落实情况进行详细调查，入户率 100%。

【宣传和信访接访】　2020 年，平远县残联在“爱耳日”“世界自闭症日”“国际残疾人日”“全国残疾预防日”“全国助残日”等重大节日期间，通过张贴标语、悬挂横幅、播放残疾人事业公益性宣传广告等形式，宣传残疾人相关政策法规，让更多的残疾人及用人单位了解政策、运用政策，让各项政策真正落地，惠及残疾人群体。做好信访接访工作，维护残疾人的正当权益。全年未出现重复越级上访等现象。　（卓　强）

平远县红十字会

【概况】　2020 年，平远县红十字会继续秉承人道主义宗旨开展各项工作，配合做好新冠肺炎疫情防控，发挥红十字会作为政府在人道救助领域的助手作用。至年底，全县有红十字会基层组织 45 个，会员 31401 人，其中，红十字团体会员单位 18 间，会员 843 人；中、小学校红十字会青少年组织 27 人，青少年会员 30558 人；红十字志愿工作者 57 人。

【救治救助】 2020年，平远县红十字会扎实开展救治救助工作。对该县辖区贫困家庭先心病儿童、贫困风心病患者进行调查摸底并登记造册，做好辖区内先天性心脏病、风湿性心脏病贫困人员的回访工作。开展疾病困难救助工作，全年发放救助金1万元，帮助困难群众2人次。派员参加梅州市2020年第一期应急救护师资培训班，通过系统培训使工作人员熟练掌握心肺复苏应急救护措施等救护技术。

【公益活动宣传】 2020年，平远县红十字会做好公益活动宣传工作。科普疫情防控知识，振奋抗疫精神，凝聚决胜力量，为坚决打赢疫情防控阻击战提供有力舆论支持；结合疫情防控工作，开展无偿献血知识普及宣传，全年普及1966人次；5月15日，联合县献血办在东石镇开展“助力疫情防控共建博爱家园”宣传和无偿献血活动，为疫情防控贡献积极力量；11月13日，与县卫健局联合开展进社区志愿服务活动，现场通过发放宣传资料、宣传品等方式，进一步扩大红十字会的影响，弘扬“人道、博爱、奉献”的红十字精神，凝聚更多的社会力量参与和支持红十字事业，助力健康扶贫和健康平远建设。

【疫情防控物资捐赠】 2020年，平远县红十字会全力应对新冠肺炎疫情，做好疫情防控物资捐赠工作。1月27日，发出《梅州市平远县红十字会接受爱心捐赠公告》，呼吁社会各界企业及爱心人士爱心捐赠防控款物，接收的所有捐赠物资均由县新型冠状病毒感染肺炎疫情防控工作领导小组办公室物资保障一组统筹协调分配，进一步保障全县人民群众生命安全和身体健康以及全县医护人员的自身

2020年2月6日，县红十字会接受美国加州客家联合会副会长王辉平（中）捐赠10万元人民币支持平远抗疫工作 （县红十字会提供）

安全。共接收捐款12万元，接收物资估值226.35万元。同时，按照省、市、县统一要求，做好捐赠款物接收、分配、统计上报工作。 （钟丽莲）

法　治

政法委及综治

【概况】　2020年，平远县政法系统以建设“平安之乡”、加快推进市域社会治理现代化为抓手，全力推动改革创新，强化统筹谋划，全面提升社会治理能力和服务水平，实现维护社会政治稳定特别是新冠肺炎疫情期间全县大局稳定的预期目标。在上年获得“2019年社会治理创新典范县”称号的基础上，村民理事会“一带一法四参与”“中心4+”社会治模式被确定为梅州市“平安之乡”实践创新制度集成型项目;连续20年实现邪教人员进京滋事、聚众闹事、插播活动为零的“三零”和“三无”工作目标；全县连续200多天无刑事警情，实现省委提出的“五个不发生”工作目标，群众安全感和政法工作群众满意度连续10年位居省、市前列。

【国家政治安全】　2020年，平远县政法系统持续开展维护政治安全八个专项行动，强化政治重点人员管控，全县未发生危害国家安全和社会稳定的重大政治事件，未发生重大群体性事件，未发生进京非正常上访事件；坚持“教育、控制、打击”并举的工作方针，不断建立和完善防邪反邪工作机制，进一步提升防邪反邪工作水平；深入开展严打严防暴恐“深源”专项行动，夯实防范暴恐基础管控工作，全面落实涉恐群体信息采集、研判评估、核查侦控、倒查追责工作机制，严格落实各项防控措施，做到发现率、采集率、核查率均达100%。

【社会稳定维护】　2020年，平远县政法系统深入开展社会矛盾问题8个专项治理，全年县级共组织各类排查20次，排查出各类社会矛盾风险隐患155宗，化解矛盾纠纷140宗，其中重大案件15宗。组织召开县级研判会12场，镇级研判会262场次，圆满完成全国两会、庆祝经济特区建立40周年和中共十九届五中全会等重要节会和重要节点维稳安保任务。

【违法犯罪惩治】　2020年，平远县委政法委加强对打击各类违法犯罪活动的统筹协调、督促落实，强化部门融合联动，形成打击合力。县公安局深入开展“飓风2020”“梅安2020”等专项行动，严厉打击各类违法犯罪行为，侦破“2·22”强奸案、“5·25”故意杀人案、“6·19”故意杀人（中止）案等影响恶劣案件。全年共立刑事案件442宗、同比上升17.9%，破177宗、同比上升12%；刑事拘留132人，提请逮捕103人，移送起诉170人，抓获公安机关在互联网上通缉的在逃人员11人。县审判机关充分发挥审判职能，全年共受理各类案件2022件，审执结1993件，同比分别上升16.47%、12.22%。县检察机关扎实履行批捕起诉职能，全年共批准逮捕各类刑事犯罪案件58件100人，提起公诉105件178人，依法决定不捕28人、不诉18人。县司法行政机关统筹推进司法行政各项工作，构建多元化调处机制，全年共受理各类民间纠纷764件，调解成功758件，调解成功率99.21%，实行“以案定补”案件281宗，共59800元。

【综治基层基础建设】　2020年，平远县政法系统深化“中心+网格化+信息化”建设，扎实履行网格员“三大工作任务”，全县上传网格事件4621宗，全部办结；完善政法主题宣传策划机制，充分利用“平安之乡”五大宣传平台和“平远政法”“平安平远”等微信公众号传递政法好声音，讲好政法好故事，弘扬法治正能量，在《法治日报》刊登稿件5篇，在《南方日报》、《梅州日报》、梅州政法网和梅州“平安之乡”微信公众号等省、市报刊或新媒体刊登稿件78篇，编发“平远政法”微信号稿件78条。对全县视频监控进行加密扩网，对社会治理综合信息系统与“雪亮工程”“综治视联网”进行联网融合，打通信息壁垒，全面优化治安视频、卡口、电围等资源，进一步提升社会治安立体化防控与打击能力。完善涉法涉诉信访案件制度，率先建成梅州首家“12309”检察服务中心，进一步畅通信访渠道，有效回应群众诉求；加强县法治学建设，建立完善工作机制，开展法治实践和法律服务，推进县法学会深化改革，在法治平远建设中发挥积极作用。

【社会治安综合治理】　2020年，平远县政法系统持续抓好重点行业、重点领域和严重精神障碍患者、社区矫正人员、吸毒人员等特殊群体的排查管控工作，创新工作机制，加强排查摸底，落实管控措施，加强命案防范，坚持关口前移、源头防范。深入开展道路交通安全“百日整治”行动、涉校安全隐患排查整治专项行动和“护校安园”行动，严查严处酒驾醉驾毒驾、“三超一疲劳”和维护校园周边和交通安全，确保从源头上预防和减少公共安全领域不稳定因素。充分发挥政法机关和综治组织在疫情防控中的重要作用，坚持依法办理、舆论引导、社会面管控“三同步”，坚决执行落实“四个一”工作方案，积极发挥县、镇“三人小组”“工作专班”和村民理事会“一带一法四参与”“中心4+”治理模式在疫情防控中的重要作用，取得防疫和维稳的双重效果，全县未发生各类影响疫情防控和社会稳定的重大矛盾纠纷和案件。

【扫黑除恶专项斗争】　2020年，平远县政法系统紧紧围绕决胜之年的目标任务，强化工作措施、突出重点攻坚，实行挂图作战，强势推进扫黑除恶专项斗争。至12月底，全县摸排掌握线索436条，受理中央、省、市交办线索96条，破获涉黑恶案件57宗，刑拘192人，行政拘留105人，逮捕 150人，投案自首21人，查封、冻结扣押涉案资产1189.5万元，打掉涉恶团伙数25个，打掉涉恶势力集团3个，依法查处党员干部涉黑涉恶腐败或充当黑恶势力保护伞5人。坚持源头治理，以农村为重点，对村“两委”班子摸底排查，实行“头雁”“育苗”工程，开展党建引领示范工程建设，严把村（社区）“两委”干部换届选举入口关，对1148名村（社区）“两委”干部候选人进行资格审查，防止黑恶势力侵蚀基层组织和基层政权。坚持将十大重点行业领域专项整治作为推动专项斗争取得全胜的关键抓手，将重点整治地区（八尺镇）酿酒企业酒糟废水排放问题，有机融入十大重点行业领域专项整治工作， 县纪检监察机关、公检法部门，协助行业主管部门有针对性开展行业整治，有力推动“以案促治”“以案促建”。全县共有效整治各类行业乱象316宗，其中涉及违法222宗，涉及违法人员129人，解决一批行业突出问题，行业秩序不断得到规范。

2020年4月29日，平远县扫黑除恶专项斗争领导小组会议在县迎宾馆召开 （县委政法委提供）

【社会治理创新】 2020年，平远县政法系统扎实开展市域社会治理现代化工作，召开全县大型会议，分别落实工作方案和各项具体措施，适时召开推进会议，强化工作推动，各镇各成员单位细化子方案24份，上报实践创新项目10个，建立工作运行机制15项。村民理事会“一带一法四参与”治理模式全面推进，全县100个“星级村民理事会”按照规范标准进行创建，并通过检查验收进行授牌。公安局“一中心四网络”创新经验在《法治日报》《南方日报》进行宣传推广。检察院“繁星”团队创新项目亮点纷呈、成效明显，平远中学“青少年法治教育实践基地”被省教育厅、省司法厅、省普法办确定为第二批广东省青少年法治教育实践基地，在此基础上，系统谋划、整合资源，全面推进全县政法系统“五朵金花进校园”组团法治教育模式，县委政法委、县公安局、县检察院、县法院、县司法局在全县中小学中建立5个“青少年法治教育基地”，辐射带动全县中小学生的法治教育，为青少年法治教育常态化、制度化提供新阵地、新载体，全力打造平远县青少年法治教育新品牌。

2020年12月22日，县委政法委书记姚永波（右二）深入石正派出所调研“一中心四网络”建设工作 （县委政法委提供）

【法治平远建设】 2020年，平远县发挥县委全面依法治县委员会办公室统筹协调作用，大力推进公共法律服务建设，充分发挥律师、法援工作人员在法律服务、民事调解、接访活动和法律援助中的作用，指引信访群众通过法律法规规定的方式和途径反映并处理相关诉求，全县公共法律服务队伍全年共为群众提供法律咨询1600多人次，法治宣传600多场次。推进法治建设“四级同创”及“法治文化建设示范企业”“法治文化主题公园”“青少年法治教育实践基地”等活动，及时组织全县国家工作人员民法典专题学考暨2020年度学法考试，全面增强民法典学用能力，在2020年广东省法治政府示范建设活动第一阶段的评审中，平远县顺利入围广东省法治政府建设示范区（综合候选区），全县12个镇143个村（社区）全部获评省级“民主法治村（社区）”，实现全覆盖。

【政法队伍建设】 2020年，平远县政法系统持续抓好《中国共产党政法工作条例》《中国共产党和机关基层组织工作条例》《中国共产党支部工作条例（试行）》等党内法规的贯彻落实，严格落实单位各项规章制度，形成以制度管人管事的氛围；持续开展“不忘初心、牢记使命”主题教育活动，坚持“三会一课”制度，开展主题党日活动，发挥基层党支部战斗堡垒作用；持续推进党风廉政建设，严格落实“一岗双责”、中央八项规定，驰而不息反对“四风”，推动监督执纪问责“四种形态”落到实处，筑牢拒腐防变防线；持续提升政法干部业务综合能力，组织开展全县政法领导干部政治和业务技能等培训学习活动，全面提升全县政法队伍政治素质和业务技能。（谢沐军）

法治政府建设

【概况】 2020年，平远县全面贯彻落实习近平法治思想，深入实施法治政府建设实施纲要，稳步推进法治政府建设工作，推动党政主要负责人履行法治建设第一责任人职责工作落实，各级各部门党政主要负责人和领导班子成员全部纳入“述法”。贯彻落实《法治政府建设与责任落实督察工作规定》，推动法治政府建设年度报告制度落实落地。

【“放管服”改革】 2020年，平远县深化行政审批制度改革，优化审批流程，大力开展“一窗受理”“一网通办”服务，进一步压缩行政许可时限，大幅缩短企业开办、施工许可、不动产登记、水电气报装等办事时限，提高企业群众办事便利度。推进“数字政府”改革，加强政务服务标准化建设，实现第一批56个电子证照全覆盖实施。严格落实公平竞争审查制度，严格审查涉及市场主体经济活动的规范性文件是否履行公平性竞争审查程序，未进行公平性竞争审查的，不予合法性审核。深化乡镇体制改革，及时印发各镇“三定”（定机构、定编制、定职能）规定，新设立综合行政执法办（综合行政执法队）。按照“一统筹四统一”的原则，做好职权下放工作。第一批向各镇下放519项行政执法职权、214项依申请政务服务事项。

【依法行政制度体系】 2020年，平远县不断完善依法行政制度体系，进一步发挥制度引领作用。加强行政规范性文件的合法性审核和报备工作，全年共审查印发各类规范性文件16件，其中以县政府或县政府办公室名义印发8件，并按规定向市政府和县人大常委会报备。健全规范性文件动态清理机制，组织相关单位对涉及民法典、野生动物保护、妨碍统一市场和公平竞争等方面的规范性文件进行清理。经清理，决定保留规范性文件24件，修改10件，废止4件，宣布失效2件。清理结果在县政府网站公开。

【行政决策】　2020年，平远县进一步规范决策程序，推进行政决策科学化、民主化、法治化。进一步优化行政决策，贯彻落实《重大行政决策程序暂行条例》，印发《平远县人民政府2020年度重大行政决策事项目录及听证事项目录》，并在县政府网站公布。扩大公众参与，组织《平远县城区生活垃圾分类试点实施方案》、自然资源局基准地价等多个项目听证会。严把重大决策事项合法性审查，充分发挥合法性审查工作在保障政府依法决策中的重要作用，县政府常务会议审议事项、县政府重大决策事项合法性审查率均达100%。充分发挥政府法律顾问作用，聘请广东广信君达（平远）律师事务所5名律师担任政府法律顾问，参与政府投资合同的审查和代理行政诉讼案件等。

【公正文明执法】　2020年，平远县贯彻落实关于推进法治队伍专业化、职业化的决策部署，加强领导干部法治意识和行政执法人员队伍法律知识培训，建设高素质法治化干部队伍。创新行政执法方式，严格自由裁量权行使，规范行政检查、行政许可、行政处罚等行政执法行为。严格落实行政执法“三项制度”（行政执法公示制度、行政执法全过程记录制度、重大执法决定法制审批制度），采取公示平台督查、实地检查、通报行政执法信息公示平台维护情况和列入绩效考核等措施，强化各镇及县直执法单位落实行政执法“三项制度”。开展案卷评查工作，组织市场监管、自然资源、城市管理和综合执法等部门法制审查负责人，公职律师和通过法律资格考试的司法所业务骨干等人员组成评查组，对全县37个执法部门的案卷进行抽查，并通报抽查情况，各行政执法部门的执法案卷质量比上年有较大提升，执法程序更加规范、执法制度建设更加完善、执法成效进一步提升。组织开展2020年度县、镇行政执法人员综合法律知识网上考试，共有237人参加考试，通过率98.7%。加强行政执法与刑事司法有机衔接，健全联席会议机制，定期召开“两法衔接”工作联席会议，完善信息共享平台建设。

【行政权力监督制约】　2020年，平远县强化对权力的监督制约，县政府主动接受县人大及其常委会的工作监督、法律监督和县政协的民主监督，认真执行向本级人大及其常委会报告工作制度。2020年共办复人大代表建议34件、县政协委员提案49件，答复率为100%。加强审计监督，2020年共组织开展领导干部经济责任审计项目6个，审计经济责任人7名；疫情防控资金使用情况审计、中央资金直达市县基层惠民利民情况专项审计等政策跟踪审计，发现并整改存在问题。贯彻落实《政府信息公开条例》，全面推进基层政务公开标准化规范化。加大政策文件解读监督工作，全年累计解读政策文件11件。答复上级部门转办人民网省长、市长网民留言7件。全年未发生依法申请公开行政复议和行政诉讼案件。率先全面完成基层政务公开事项标准目录编制工作，为全省基层政务公开事项标准目录编制工作贡献“梅州经验”，南方+等多家媒体进行宣传报道。加强政府网站和“平安平远”等政务新媒体管理建设，运行良好。

【社会矛盾化解】　2020年，平远县依法化解社会矛盾，切实维护群众合法权益。做好行政复议应诉工作，将复议受理窗口前移至各镇司法所，打通行政复议服务群众“最后一公里”。全年受理行政复议案件3宗，办理县政府为被告案件2宗。继续推行行政机关主要负责人出庭应诉制度，依法做好出庭应诉工作。完善社会矛盾纠纷多元预防调处化解综合机制，持续加强镇、村专兼职人民调解员队伍建设，在县城城北居委会设立个人调解工作室。加强闽粤赣司法行政大协作，成立八尺镇排下村边际人民调解工作室，打造平安边际走廊，维护边界社会和谐稳定。组织全县180名镇、村（居）人民调解员进行培训学习。2020年全县各级调解组织共受理各类民间纠纷701件，调解成功695件，调解成功率99.14%。开展矛盾纠纷排查836次，排查中发现矛盾纠纷360件，预防纠纷319件。开展“以案定补”工作，实行“以案定补”案件281宗，发放资金59800元。以调解和仲裁处理矛盾纠纷，开展劳动保障监察执法检查，依法处理案外调解和仲裁案件92宗，涉及人数101人，涉案金额209.57万元。推行“阳光信访”解决群众诉求，拓宽信访渠道，成立信访事项人民调解委员会，进一步建立完善联调机制。完善驻村律师参与信访工作机制，充分发挥驻村律师的信访调解作用。

【依法行政能力】　2020年，平远县坚持政府常务会学法制度，制订学法计划，组织集中学法7场。组织开展“谁执法谁普法”履职活动，选取5个单位在“七五”普法领导小组暨2020年国家机关“谁执法谁普法”履职报告评议会议上进行现场述职并评议，全部评为优秀等次。健全工作人员学法用法制度，组织各镇各单位工作人员参与学法考试和民法典专题学考，参考率95%，及格率99%，优秀率96.56%，平均分97.06分，达到学以致用、以考促学目的。抓住“关键少数”，组织各镇和县直有关单位近30名领导干部、县人大代表旁听案件庭审活动，增强领导干部尊法学法守法用法和依法行政的意识。

（马育芳）

公　安

【概况】　2020年，平远县公安机关紧扣全面建成小康社会、脱贫攻坚决战决胜、扫黑除恶专项斗争和“十三五”规划收官之年，全力以赴战疫情、防风险、保安全、护稳定，为疫情防控取得重大战略成果、维护经济发展和社会稳定大局作出公安贡献。全年成功侦破各类刑事案件177宗，查处治安案件91起，推进智慧新警务建设，实现国家安全和社会稳定。

【疫情防控战】　2020年，平远县公安机关坚决按照上级部署要求，将疫情防控作为首要政治任务，迅速集结全局警力，奔赴疫情防控的“战场”，全面抓好防疫、安检、管控等工作措施。充分发挥基层党组织战斗堡垒作用和党员先锋模范作用，在3个检疫检查站分别成立临时党支部，150多名党员先锋队主动亮身份，让鲜红党旗在防疫一线高高飘扬。紧扣“外防输入、内防反弹”要求，8个检疫检查站（点）落实24小时“逢车必检、逢人必测”“六登记”工作措施，全力阻断疫情输入通道。截至撤卡日，共投入警力2100余人次，检查车辆12万余辆，检测司乘人员26万余人。全面落实“三人工作小组”制度，逐门逐户开展摸底排查、登记造册和防范宣传等，实现所有到平远人员信息全部落地。强化内部安全防护，为执勤民辅警提供防护物资保障，监管场所严格执行“三班制”封闭式管理，着力筑牢监所安全防火墙。坚决零容忍打击涉疫违法犯罪，查处涉疫电信诈骗2宗2人，涉野生动物犯罪9宗10人，落地查处造谣传谣人员8起8人，涉疫行政案件11宗10人。充分发挥警校企共建优势，上门服务复工复产企业600余家次，帮扶指导解决问题75个；投入护学岗警力3200人次，全县35间中小学校3万余名学生均平安顺利返校。

疫情期间，公安民警在检查站值守　（县公安局提供）

【维护稳定】　2020年，平远县公安机关坚持把维护国家政治安全摆在首要位置，圆满完成习近平总书记出席深圳经济特区建立40周年庆祝大会、视察广东工作及全市农村工作暨实施乡村振兴战略、决胜脱贫攻坚现场推进会等重要安保任务。

【社会管控】　2020年，平远县公安机关纵深推进扫黑除恶“六清”专项行动，打掉涉恶势力犯罪集团1个，涉恶团伙3个，破涉黑恶案件13宗，查封、冻结、扣押涉案资产105.38万元。深入开展“飓风2020”“梅安2020”等专项行动，成功侦破“2·22”强奸案、“5·25”故意杀人案、“6·19”故意杀人（中止）案等各类刑事案件177宗，破案率同比上升12%，刑拘132人，提请逮捕103人，移送起诉170人；查处治安案件91起，行政拘留140人。开展道路交通安全整治，处理交通事故2221宗，交通事故死亡人数19人，同比下降20.83%。严密治安巡逻防控，强化公共安全监管，检查各类重点单位、部位224家次，排查整改安全隐患15处，社会治安形势稳中向好。

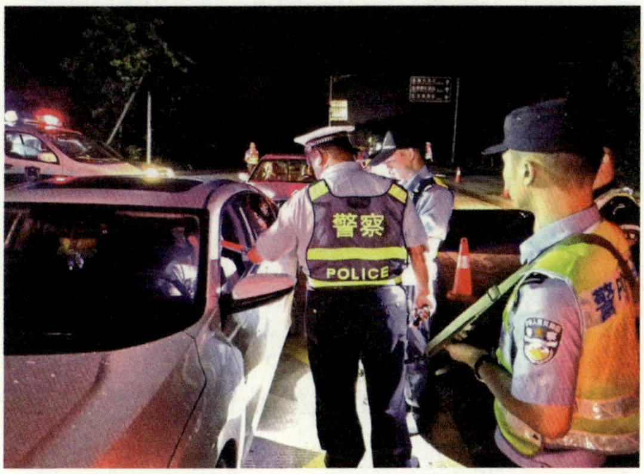

2020年5月，民警在重点路段开展道路交通安全专项清查行动 （县公安局提供）

【智慧新警务】 2020年，平远县公安机关大力推进智慧新警务战略，不断完善全息感知网建设，先后建设完成视频监控一类点任务数50个、治安卡口4个、智能感知安防区1个。以创新亮点建设为抓手，成功构建以派出所为安全防范中心，编织监控、巡查、宣传、情报四张网的“一中心四网络”基层立体安全防范新机制，被评选为梅州公安十大创新亮点项目。坚持大抓基层、大抓基础，新建完成公安司法鉴定中心，有序推进长田、河头、差干派出所进行重建新建，打造仁居“红色党建型派出所”特色品牌，各派出所全面铺开等级评定工作。深入推进智慧新法治建设，成功升级改造集“智能化、标准化”的智能执法办案管理中心。围绕“放管服”改革，建设完成以全自助一站式服务管理为支撑的出入境智慧办证大厅。

【队伍建设】 2020年，平远县公安机关坚持从严治警、素质强警、从优待警，深入学习贯彻习近平总书记在全国公安工作会议上的讲话和在人民警察警旗授旗仪式上的重要训词精神，激发全警奋进动力；推进“坚持政治建警全面从严治警”教育整顿工作，开展正风肃纪活动、全警实战大练兵等，队伍精神面貌和战斗力进一步提升。2020年，平远县公安局被授予全市安保维稳工作先进集体、全市文明单位、全市全民禁毒工程先进集体等荣誉；全年共荣立个人二等功2人，个人三等功10人，个人嘉奖56人；荣立集体三等功1个，集体嘉奖11个。

（平远县公安局）

检 察

【概况】 2020年，平远县人民检察院坚持“讲政治、顾大局、谋发展、重自强”的总要求，深入推进新时代“五好”基层检察院建设，以高度的政治自觉、法治自觉和检察自觉，忠实履行宪法法律赋予的法律监督职责，为平远经济社会高质量发展提供优质的检察产品和法治保障。全年共批准逮捕各类犯罪58件100人，起诉105件178人，提起刑事附带民事公益诉讼2件。

【刑事诉讼】 2020年，平远县人民检察院坚持落实“在监督中办案、在办案中监督”理念，全年提前介入刑事案件15件，开展自行侦查3次，监督撤案1件，追捕漏犯5人，追诉漏犯1人，追诉漏罪1人，书面提出纠正侦查活动违法4件。加强“两法衔接”工作，建议行政机关移送涉嫌犯罪案件3件。加大刑事执行检察监督力度，开展重大案件侦查终结前讯问合法性核查2件，深入开展违规违法减刑、假释、暂予监外执行案件专项排查整治工作，针对监管活动、刑罚执行等环节履行职责不当情形提出书面监督意见43件。

【公益诉讼】 2020年，平远县人民检察院着力打造“护航绿水青山，诠释检察担当”检察业务品牌，与县河长办建立“河长+检察长”工作机制，主办闽粤赣边“三省五县”检察机关生态保护区域协作第二次联席会议，深化公益诉讼观察员制度，进一步构建共建共治共享的生态司法保护立体格局。全年办理公益诉讼诉前程序案件48件，发出检察建议30份，着力解决人民群众的操心事、烦心事、揪心事。从人民群众反映强烈的水资源污染、野生动物保护等问题入手，依法监督相关部门整治医疗污水处置、县内洗车行业乱象、屠宰场排污、非法洗砂等破坏水资源问题。深入开展落实食品药品安全“四个最严”（最严谨的标准、最严格的监管、最严厉的处罚、最严肃的问责）要求专项行动，针对县城部分居民小区存在消防设施老旧、消防通道被占用、县内部分烈士纪念设施疏于管护、杂乱污损以及部分文物保护单位未得到妥善保护等问题，督促相关职能部门及时整改，依法履职尽责。

【未成年人检察】 2020年，平远县人民检察院将未成年人检察工作作为“平安之乡”实践创新项目大力推进，着力构建未成年人权益综合保护和犯罪预防社会化工作体系。持续推动“一号检察建议”落实，与公安、教育等部门建立办理性侵害案件对未成年被害人“一站式”取证机制、侵害未成年人案件强制报告等制度，确保及时有效惩治侵害未成年人的违法犯罪行为，全年批准逮捕侵害未成年人犯罪4人、起诉8人。用好附条件不起诉等制度，对轻微犯罪的未成年人依法从宽处理，同时认真做好帮教挽救工作，引导涉罪未成年人回归正途。紧盯未成年人成长风险，联合相关部门开展校园安全排查，依法整治学校周边无证售卖香烟等问题，保障孩子们健康成长。深化关爱留守儿童工作，联合教育、民政等部门开展留守儿童家访、关爱留守儿童成长等活动。坚持法治教育从娃娃抓起，未检“繁星”团队走进全县各中小学校开展预防性侵害等主题法治宣传46场次，县青少年法治教育实践基地共接待3000人次。结合疫情防控要求，通过网络平台开展防疫法治“云”课堂，让孩子们足不出户也能共享优质法治课。

2020年5月28日，平远县人民检察院举办“同舟共济，检护明天”检察开放日活动，让未成年人接受法治教育　　（县检察院提供）

【扫黑除恶】　2020年，平远县人民检察院以“六清”行动为重要抓手，保持对黑恶势力的严打高压态势，全年起诉涉恶犯罪2件17人，开展涉恶案件财产刑事执行检察监督2次。坚持一手抓办案、一手抓长效常治，针对办理涉恶犯罪案件中发现的问题，向相关部门发出纠正违法通知书1份、检察建议书10份，以案促治、以案促建，巩固拓展扫黑除恶战果。

【社会综合治理】　2020年，平远县人民检察院主动融入共建共治共享的社会治理新格局，深入开展“民有所呼、我有所应——群众信访件件有回复”新时代检察宣传周活动，不断强化“12309”检察服务中心平台应用，全年办理群众来信来访37件，答复率100%。立足司法办案，办理司法救助案件2件，发放司法救助金4万元。做好挂钩帮扶工作，主动倾听认领群众“微心愿”，助力解决群众实际困难。

【检察改革】　2020年，平远县人民检察院以推进新时代基层检察院建设为抓手，在更高起点上深化司法体制综合配套改革，持续推动检察办案模式重塑、内设机构优化重组。抓紧抓实检察官业绩考评工作，不断完善以办案质量、效率和效果为核心的考评管理体系，深化运用“案—件比”质效评价标准，督导检察官努力把工作做到极致，推动司法改革纵深发展。

【检务公开】　2020年，平远县人民检察院深化检务公开，以更加主动、开放的姿态接受人民监督，主动向人大报告工作，认真执行人大及其常委会各项决议，做实做细代表委员联络工作。不断规范检务公开，全年共公开案件程序性信息193件、法律文书88份，发布重要案件信息6条。依法保障律师执业权利，为律师办案提供便利。用心讲好检察故事，加强检察新媒体阵地建设。不断深化案件公开听证、检察开放日、“检察蓝”青年干警宣讲等工作，让人民群众以不同方式深度参与、监督检察工作，切实让公平正义可感可触。

【队伍建设】　2020年，平远县人民检察院深入推进“发挥党员先锋力量，体现检察时代担当”党建工作品牌创建工作，打造高素质过硬检察队伍。不断健全完善党建工作体制机制，巩固深化“不忘初心、牢记使命”主题教育成果，全面落实意识形态工作责任制，充分利用苏区县红色资源，开展党支部每周一学、微党课等学习教育活动。进一步推动领导干部带头办案，3名入额院领导直接办理案件共68件，检察长列席法院审判委员会1次，有效发挥“关键少数”带头履职作用。深入推进党风廉政建设，常态化开展党章党规党纪学习和纪律教育，严格落实中央八项规定及“三个规定”等重大事项请示报告制度，不断完善检察办案廉政风险防控机制，确保检察队伍建设规范有序。（曾　妮）

法　院

【概况】　2020年，平远县人民法院围绕“努力让人民群众在每一个司法案件中感受到公平正义”目标，坚持服务大局、司法为民、公正司法，忠实履行宪法法律赋予的职责，各项工作取得新成效。全年新收各类案件2022件（不含旧存58件），审结1993件，在岗法官人均结案166件，同比分别上升16.47%、12.22%、21.17%。

【刑事审判】 2020年，平远县人民法院受理刑事案件102件，审结102件（含监外执行案件2件），判处罪犯168人。坚持宽严相济刑事政策，确保罚当其罪，对严重刑事罪犯判处五年以上有期徒刑11人，对轻微刑事罪犯宣告非监禁刑或免于刑事处罚49人。决胜扫黑除恶专项斗争，审结李某文非法拘禁及林某胜、林某强等寻衅滋事、聚众斗殴涉恶势力犯罪案件2件17人，判处5年以上有期徒刑9人，重刑率达52.94%。坚决维护国家安全和社会稳定，审结涉枪支弹药、危险驾驶、放火失火等危害公共安全犯罪案件26件29人。保障群众人身生命安全，审结故意杀人、故意伤害、强奸、非法拘禁等犯罪案件16件18人。切实保护公民个人信息，审结侵犯公民个人信息犯罪案件1件6人。依法惩处侵犯群众财产行为，审结盗窃、电信诈骗、敲诈勒索等犯罪案件14件23人。坚定维护社会管理秩序，审结妨害公务、聚众斗殴、涉赌涉黄及妨害司法等犯罪案件27件69人。保持惩治腐败高压态势，审结职务犯罪案件3件4人。深入贯彻“绿水青山就是金山银山”理念，审结破坏生态环境资源犯罪案件12件，判决3名被告赔偿和承担生态环境修复费用3.4万元。加强与法律援助机构衔接，除被告人明确拒绝接受辩护外，刑事案件实现律师辩护全覆盖，为被告人指定辩护和法律帮助67人次。

【民商事审判】 2020年，平远县人民法院受理民商事案件1344件，审结1312件。注重解决事关民生的纠纷案件，切实维护群众合法权益，审结各类合同案件781件，审结权属争议、侵权及其他案件共138件，维护广大人民群众的人身权利和财产权利。维护家庭稳定和谐，审结婚姻家庭、财产继承、赡养抚养等纠纷案件254件。全力营造良好营商环境，开通立审执“绿色通道”，审结买卖、承揽、货物运输、建设工程等合同纠纷案件69件，审结涉民营企业纠纷案件193件，保护市场主体。服务防范化解金融风险，维护金融和民间融资秩序，审结金融借款、保险合同等案件140件；审结民间借贷案件384件，涉案标的额7746.03万元，依法认定平远首个职业放贷人，判决其违法借贷无效。严惩虚假诉讼，对虚假陈述的1家公司法人罚款30万元，有力维护司法权威，构建诚信诉讼。

【执行工作】 2020年，平远县人民法院受理执行案件593件（含旧存23件），执结573件，实际执行到位金额1328.23万元。持续发力破解找人、查物、变现难题，完善执行查控机制，联合多部门查找被执行人，发出征集被执行人财产线索的公告，请求公安机关协助查扣被执行人车辆等财产。克服新冠肺炎疫情影响，在司法拘留受核酸检测、异地关押等因素限制下，采取传唤、拘传等措施，促成一批案件执行完毕或达成和解协议。完善司法网拍机制，提升财产变现效率，成功处置房产、汽车等涉案标的12件，成交金额527.57万元。强化实施信用惩戒措施，将186名自然人及1个法人列入失信被执行人名单，对335人限制高消费，对1人决定限制出境。加大失信被执行人的失信成本，审结1件拒不执行判决、裁定罪案件，1名被执行人被追究刑事责任。积极探索守信激励修复机制，及时将已履行法定义务的15名被执行人移出“失信黑名单”，对28名被执行人撤销限制高消费。严格落实根治欠薪的工作部署，执结拖欠劳动报酬案件7件，为66名工人追回拖欠报酬款60.98万元。聚焦“黑财清底”铲除涉恶势力经济基础，对2018年以来审结的以黄某栋、余某为首的涉恶势力犯罪案件，移送执行21人，涉案标的额43.92万元，执行到位34.71万元，到位率73.23%。坚持大局观念，办理异地法院委托执行事项150件。经过持续不懈的努力，多项执行工作考核指标居全市首位，2020年4月，经上级法院专项考核，平远县人民法院获评全市法院执行工作一类法院。

【司法体制改革】　2020年，平远县人民法院全面落实司法责任制。深化法官员额制改革，严格执行法官员额省级统筹、动态调整和交流退出机制，组织开展1名员额法官退额和2名法官助理参加初任法官遴选工作。落实院庭长办案责任制，其中正副院长办理案件87件。完善审判监督管理机制。坚持党组对审判管理工作的领导核心地位，印发《中共平远县人民法院党组关于加强对审判管理的规定（试行）》。正确处理充分放权与有效监督的关系，压实院庭长审判管理监督职责，建立院庭长审判管理监督权责清单，明确院庭长对“四类案件”行使监督权的23种情形。推动诉讼服务转型升级。借助加快建设两个“一站式”有利契机，全面推动诉讼服务转型升级，建立线上线下相结合的诉讼服务体系，网上立案124件，网上保全3件，跨域立案14件。探索多元化纠纷解决机制，将诉讼服务纳入社会治理体系，稳步推动诉源治理，联合县总工会、公安、司法分别出台方案，实现对劳动争议、交通事故纠纷案件的多元化解。推动司法工作深化改革，组建2个专业诉前调解团队，专门开展诉前调解工作；组建3个速裁团队，实现简案快审、繁案精审，提升司法效率。适用认罪认罚从宽制度审结案件94件153人，完善轻微刑事案件速裁机制。

【司法公开】　2020年，平远县人民法院健全审判流程、裁判文书、执行信息、庭审直播四大公开平台，审判流程信息公开率达100%，生效裁判文书上网678份，直播一审民事、刑事案件326件，案件庭审直播观看量44.3万余人次，生效裁判文书上网率、庭审直播案件数分居梅州法院系统第一、二名。落实普法责任制，组织开展领导干部和公安干警旁听案件庭审51人次，到镇村、社区、学校、企业等开展普法宣传活动10次，发放宣传资料5000余份。强化与新闻媒体合作，在市级以上各类媒体发表法治宣传稿件118篇次，在门户网站、微信公众号等自媒体平台发布各类信息317条。

【社会服务】　2020年，平远县人民法院全力参与社会创新治理，服务社会。新冠疫情发生后，先后派出19名干警参与全县疫情防控工作，并认真研究部署疫情防控期间诉讼服务工作，发出通知、公告指引群众参与诉讼，充分利用信息化，鼓励群众网上办理立案、网上缴费，通过手机微信开展案件调解工作，并利用互联网进行线上开庭审理案件17件。依法从速审结涉疫情物资如口罩买卖合同、要求减免房屋租金等纠纷案件2件。出台《关于应对疫情为企业复工复产提供司法保障的意见》，助力企业复工复产。健全社会稳定风险评估机制，对重大敏感案件、重点群体案件进行预判，切实从源头化解风险，审结涉某房地产公司商品房销售合同等纠纷案件66件，办理涉诉信访案件18件，有效预防、化解群体性诉讼引发的社会不稳定因素。严格按照“三同步”（立案、保全、查控）工作要求，审慎处理当事人林某炎扬言报复社会砍杀幼儿园学生的离婚纠纷，有效避免重大社会舆情的发生。积极延伸审判职能，发出司法建议20份，促进社会治理精准化和公共服务高效化，其中发出涉恶司法建议11份，聚焦行业清源，推动“以案促治”。加大扶贫力度，深入帮扶挂钩村，走访慰问贫困户39人次，投入帮扶资金9.35万元，并发动干警参与抗疫捐款及“广东扶贫济困日”捐款活动。

【接受监督】　2020年，平远县人民法院坚持全面接受监督，努力提升审判质效。自觉接受人大监督和政协民主监督。主动配合人大代表、政协委员开展专题调研，邀请县人大代表、政协委员视察法院、观摩庭审等活动33人次。主动加强与各级人大代表的沟通联络工作，上门走访2名省人大代表，向9名市人大代表、政协委员通报工作情况。认真办理县人大常委会及政协督办或批转的信访案件。依法接受检察机关诉讼监督。支持检察机关依法履行法律监督职责，邀请检察长列席审委会会议，认真办理检察建议。自觉接受社会监督。落实人民陪审员法，44名人民陪审员参审案件386件781人次。依法保障律师执业权利，接受案件代理人、辩护人的监督。加强与新闻媒体的沟通，主动接受舆论监督，拓宽社会各界对法院工作的监督渠道，确保审判权在阳光下运行。自觉接受市委巡察组巡察，积极落实整改措施。根据市委巡察组反馈情况，结合平远县人民法院实际，制订整改方案，认真研究巡察反馈5个方面21个问题，经梳理细化分解为30个具体整改问题，提出119项整改措施，同时对5个边巡边改问题，也有针对性地提出30项整改措施，并明确责任领导、责任庭室、责任人员、整改时限，确保巡察整改保质保量按时完成。在巡察问题整改期中，及时传达市中院召开的中院院长约谈会精神，进一步提高认识并采取每周报送进度，党组会（院务会）听汇报，分管领导约谈相关承办部门等措施促整改工作按时完成。为巩固整改成果，平远县人民法院完善修订或新制定10项规章制度、1项工作计划、2项方案，建立健全长效机制，从源头上遏制问题的发生，切实推动和保证整改工作落实到位，将整改成果转化为推动法院各项工作的动力。

2020年10月27日，平远县人民法院院长刘鹏飞（左一）走访省人大代表刘琼（中）
（孙高辉　摄）

【司法便民举措】　2020年，平远县人民法院践行司法为民宗旨，不断提升司法为民水平。巩固立案登记制改革成果，做到有案必立，有诉必理，保障当事人诉权。发出律师调查令10份，增强当事人的举证能力，拓展当事人维护自身合法权益的途径。常态化开展巡回审判，各法官团队进村入户了解案情、实地勘查，就地开庭和开展各种调解，做实抓细践行"枫桥经验"。维护女童人身权益，联合县妇联、县委政法委、县检察院等8个部门开展为期3年的"护苗行动"。将推动完善司法救助制度作为2020年"平安之乡"实践创新项目并扎实开展，继续与保险公司合作，进一步探索商业投保放大司法救助金的做法，扩大司法救助覆盖面。 （刘翠红）

司法行政

【概况】 2020年，平远县司法行政系统统筹做好疫情防控和司法行政各项工作，在全面依法治县、公共法律服务、维护社会稳定、打造忠诚履职干部队伍上下功夫，扎实推进市域社会治理现代化，助力打赢新冠肺炎疫情防控阻击战，为平远加快"一城一区一带"建设，全力打造优山美水生态之星"精致小城·大美平远"，为确保全面建成小康社会和"十三五"圆满收官提供有力的法律支撑、坚实的法治保障和优质的法律服务。

【依法治县】 2020年，平远县司法局发挥县委全面依法治县办统筹协调作用，提请召开县委全面依法治县委员会第二次和第三次会议，推动习近平法治思想和中央全面依法治国、省委全面依法治省、市委全面依法治市各项决策部署在平远落实落地。推行党政主要负责人履行法治建设第一责任人职责工作的落实，全县各级各部门党政领导班子成员近300人全部纳入"述法"，并对相关部门开展疫情防控专项督察，增强领导干部履行法治建设的职责意识。抓好法治政府建设示范创建活动和法治政府建设年度报告工作督察，全县12个镇及25个政府工作部门均在规定时间内落实好法治政府建设年度报告制度。

【依法行政】 2020年，平远县司法局加大依法行政执行力度。加强规范性文件合法性审查和报备。全年审查规范性文件16件，按规定向市人民政府、县人大报备6件，县司法局备案2件。健全规范性文件动态清理机制，开展对关于民法典、野生动物保护领域、妨碍统一市场和公平竞争等方面的规范性文件进行清理并公布，保留规范性文件24件，修改10件，废止4件，宣布失效2件。进一步优化行政决策。贯彻落实《重大行政决策程序暂行条例》，制定《平远县人民政府2020年度重大行政决策事项目录及听证事项目录的通知》《平远县城区生活垃圾分类试点实施方案》，召开自然资源局基准地价等多个项目听证会，推动县内重大行政决策法治化。严把重大决策事项合法性审查，全年共审查政府常务会议行政决策议题及其他涉法事项166件，办复各级政府法规政策性文件征求意见稿255件。县政府常务会议审议事项、县政府重大决策事项合法性审查率均达100%。发挥政府法律顾问作用，聘请广东广信君达（平远）律师事务所5名律师担任政府法律顾问，参与政府投资合同的审查和代理行政诉讼案件等。全面推行行政执法公示制度、执法全过程记录制度、重大执法决定法制审核制度“三项制度”的落实，全年全县共公示行政检查417宗，行政处罚192宗，行政强制13宗，行政许可434宗，行政征收2宗。组织全县行政执法人员700多人开展综合法律知识网上考试申领行政执法证。组织开展案件评查 5207卷，促进规范执法、文明执法。继续推行行政机关主要负责人出庭应诉制度。上举镇违法搭建木屋一案，上举镇政府、县自然资源局和县城综局主要负责人均到庭应诉，社会反响良好。深化乡镇体制改革。依法梳理包括调整实施自然资源和规划建设、生态保护、市场监管、卫生健康、镇区和乡村治理、农业技术推广使用等方面的519项拟下放乡镇行政执法职权，推进行政执法权限和力量向基层延伸和下沉，对乡镇赋权赋能，完善乡镇治理体系。

【公共法律服务】　2020年，平远县司法局继续推进“一村（社区）一法律顾问”工作，全县143个村（社区）28名律师担任法律顾问，全年为村（社区）群众干部提供法律咨询1600多人次，法治宣传600多场次，出具专业法律意见15份。不断深化公证工作。继续开展公证“便民、利民、惠民、为民”和办理“无犯罪记录”等5项公证，让当事人“最多跑一次”活动，打通公证服务“最后一公里”问题。全年依法办理公证304件，未发现错假证及被投诉的情况。不断加强法律援助工作。开展“法援惠民生、扶贫奔小康”系列活动，继续加强刑事案件律师辩护全覆

2020年12月7日，县委副书记、县政府县长周小勇（中）到平远县司法局公共法律服务中心调研司法行政工作
（县司法局提供）

盖和法律援助值班律师工作，全年为220名刑事案件的犯罪嫌疑人、被告人提供全面的法律援助服务，刑事辩护全覆盖率达100%，认罪认罚值班律师法律帮助覆盖率达100%。接待群众法律咨询702人次，为困难群众代书135份。发挥法律服务在社会治理中的积极作用。不断完善5个示范性公共法律服务工作站和20个示范性公共法律服务工作室建设，为群众提供“一站式”法律服务，助力乡村振兴和脱贫攻坚。派出律师参与每月2次的县领导接访活动，帮助解答信访诉求所涉及法律问题，指引信访群众通过法律法规规定的方式和途径反映并处理相关诉求。

参加拆除违建、南山墓园整改等工作的研判并提出法律意见。成立新冠肺炎疫情防控和企业复工复产律师专项服务团，深入广东保灵医药公司等企业开展法律专项服务活动，为企业疫情防控和企业复工复产提供专项法律服务。不断提升法治宣传成效。持续抓好“七五”普法规划的落实，不断完善国家工作人员学法用法制度，举办领导干部和公务员、中小学教师、企业经营管理人员、村居干部参加的法律素质测试活动，组织领导干部现场旁听庭审活动，不断提升全县各级各部门依法行政、依法执政、依法办事的能力和水平。落实“谁执法谁普法”普法责任制，对县科工商务局等5个单位进行“谁执法谁普法”履职评议，全部被评为优秀等次。扎实推进民主法治村(社区)建设，全县12个镇143个村(社区)全部获评省级“民主法治村（社区）”，实现全覆盖。推进法治文化阵地建设，程旼法治文化主题公园得到完善，平远中学获评“全省青少年法治教育实践基地”。开展群众性法治文化活动，组织开展法律进企业、进社区、进农村等活动，提高全民法治宣传教育普及率。扎实推进“宪法教育大课堂”“卫生法治教育第一课”活动，引导中小学生增强宪法和依法防控意识。大力宣传贯彻《中华人民共和国民法典》，让《中华人民共和国民法典》走到群众身边，走进群众心里。深入学习《中华人民共和国社区矫正法》，提升社区矫正工作知晓度，促进社区矫正工作法治化、规范化。精心组织国家工作人员对《广东省促进革命老区发展条例》的学习和考试，扎实推进平远县革命老区建设和发展。持续开展禁毒宣传主题活动，增强认识毒品、拒绝毒品、防范毒品的能力。开展法律进社区，在县城平城花园、优山美地等7个社区出入口醒目位置，通过宣传栏、横幅、LED屏滚动展放各类法治宣传标语，营造浓厚的法治氛围。开展“12·4”国家宪法日宣传咨询活动，宣传习近平法治思想，弘扬宪法精神，增强广大群众的法治观念，营造全社会学法、知法、懂法、守法、用法的良好氛围。

【社会维稳】　2020年，平远县司法局抓好特殊人群的教育管控。全面落实好社区矫正接收、宣告、请假、学习、远程会见等工作，全年办理解矫手续59人，开展远程会见305单550人次，实现家门口“探监”。全年接收社区矫正对象79名，解除矫正59名，没有发生社区矫正对象脱管、漏管、再犯罪、违规外出、参与赌博、吸毒等违法活动。筑牢维护稳定“第一道防线”，加强行业性专业性调解组织和个人调解工作室建设，成立交通事故调委会等 9 个行业性专业性调解组织，1 个大柘镇林玲个人调解工作室。探索边界纠纷调处新模式，率先在八尺镇排下村成立全市首个边际纠纷调解工作室，“四个一”联防调解机制让“跨省”纠纷化解在村级、消灭在萌芽，维护边界地区和谐稳定，全年全县各类调解组织共受理各类民间纠纷 764 件，调解成功 758 件，调解成功率 99.21%。开展矛盾纠纷排查 891 次，排查中发现矛盾纠纷 388 件，预防纠纷 340 件，实行“以案定补”案件 281 宗，共 5.98 万元。做实安置帮教工作。做好疫情防控期间刑满释放人员基础信息工作，及时核查在监人员信息，提前研判可能发生的疫情风险。做好疫情防控特殊时期刑满释放人员衔接安置工作，严格落实有关接收和居家隔离等工作措施，严防疫情输入。采取落实困难帮扶、就业帮扶等形式，促进刑释人员顺利回归社会，全年接收刑释人员 130 名，年底在册安帮对象 430 人。全力做好扫黑除恶专项斗争各项工作，推进扫黑除恶专项斗争向纵深发展，强化对特殊人群的管控摸排，加强普法宣传，规范律师涉黑涉恶案件辩护和代理，加强矛盾纠纷排查等多种形式。

【队伍建设】　2020 年，平远县司法局抓好党组理论学习中心组学习，落实好党员领导干部双重组织生活制度。巩固和拓展“不忘初心、牢记使命”主题教育成果，把“不忘初心、牢记使命”作为加强党的建设的永恒课题和党员干部的终身课题。利用“学习强国”等网络学习平台强化学习，提高党员干部的综合素质。突出政治功能，全面落实党建责任。抓好《中国共产党和机关基层组织工作条例》《中国共产党支部工作条例（试行）》等的贯彻落实。抓好机关党的建设，开展党组织和在职党员到大柘城北社区落实“双报到”服务活动，构建共建共治共享社会治理格局。开展“七一”系列活动。落实党风廉政建设，促进作风转变，坚持开展抓早抓小谈话提醒。全年，开展抓早抓小谈话提醒 19 人次。持之以恒整治“四风”特别是形式主义和官僚主义问题。执行“三重一大”和个人重大事项报告制度，自觉接受监督。扎实开展纪律教育学习月活动，增强党员干部廉洁自律意识。依法保障工会会员权益，增强干部职工的凝聚力、向心力和战斗力。做好机构改革后权责清单的梳理和完善、基层政务公开标准目录的吸收和完善、行政审批服务便民化、“互联网+监管”、“双随机一公开”、绩效考核等工作。（马育芳）

军 事

平远县人民武装部

【概况】 2020年，平远县人民武装部坚持以习近平新时代中国特色社会主义思想和强军思想为指引，贯彻落实各级决策部署和指示精神，按照“举旗铸魂强根本、聚焦练兵备战强能力、扭住依法抓建强基层、严格制度落实促安全、从严管党治党强组织”的工作思路，以“快准严细实”作风，狠抓工作落实，圆满完成各项工作任务。

【政治思想建设】 2020年，平远县人民武装部强化政治引领，学习贯彻习近平新时代中国特色社会主义思想和强军思想，坚持用党的先进创新理论武装全体干部、文职和职工头脑。巩固深化“不忘初心、牢记使命”主题教育成果，扎实开展聚焦“传承红色基因，担当强军重任”主题教育，抓好党委理论中心组学习和经常性思想政治教育，大力培育当代革命军人核心价值观，增强投身强军事业的责任感、使命感。开展纪念抗美援朝胜利70周年系列活动，学习贯彻中共十九届五中全会精神；注重预定新兵役前教育，多次组织预定新兵谈心活动，鼓励、支持预定新兵参军报国，并做好新兵跟踪教育。开展“国防教育进校园”宣传活动，投入经费约26万元，以灯箱、展板为主要形式陈列展览中国人民解放军“十大英模”，覆盖全县32所中小学校，开展爱国主义国防教育讲座活动，教育引导辖区青少年一代关心热爱国防、关心国防，形成正确的世界观、人生观和价值观。注重新闻宣传工作，积极投稿《中国国防报》《国防时报》《中国民兵》《广东武装》《梅州日报》等新媒体和报纸杂志，全年上稿36篇。

【备战打仗】 2020年，平远县人民武装部聚焦主责主业，备战打仗更加有力。始终把备战打仗作为主责主业，确保全部心思向打仗聚焦。加强战备演训，优化各镇民兵应急力量兵员结构，突出实战实训，严格落实战备拉动、防暴反恐、抢险救灾演练，始终保持正规战备秩序和良好戒备状态。突出能力提升抓演训，全面学习贯彻《新军事训练条例》《新军事训练大纲》，突出基本技能、业务基础、课题研练和国防动员综合演练，提高指挥部队行动能力。

【国防动员】 2020年，平远县人民武装部推进国防动员建设，攻坚克难精神更加提振。始终把深化国防动员准备作为一项重大政治任务来抓。抓实民兵整组，全面推进全县民兵整组工作。科学施训，遂行任务能力不断提升，5月，组织民兵应急连进行集训，训练内容着眼需求、紧贴实战，有效提高民兵应战能力。9月底，在2020年梅州市民兵干部骨干集训上取得实弹射击和体能考核双“第一”的优异成绩。保质保量抓征兵，利用电视台、微信公众平台、宣传车等平台载体，大力开展征兵宣传，圆满完成年度征兵任务，为部队输送优质兵员，“五率”评分98.52分，列全市第一，多年来，实现无责任退兵，近两年来实现零退兵。

2020年5月9日，平远县人武部组织民兵应急连集训

【后勤装备保障】　2020年，平远县人民武装部加快转型重塑，后勤装备保障更加高效。以提升战斗力为标准，以服务官兵为宗旨，积极创新综合保障工作。深刻领会党中央、习近平主席关于疫情防控重大战略决策部署，全力保障疫情防控经费，自疫情始，充分发挥保障人员主观能动性，提高防范意识，在全年经费没有增加的情况下，贮存3个月人份的防疫物资，为防疫工作打下坚实的基础，先后10次召开专题党委会，把疫情防控作为践行初心使命的主战场，严格落实防疫工作“日报告、零报告、周简报”制度，将疫情防控各项工作落实落细，组织自愿捐款支持新冠疫情防控活动，向八尺镇捐赠防疫物资棉大衣129件、棉被20床。注重宣传教育，部主官以“增强政治警觉、抵制信息疫情”为主题作专题辅导报告，驳斥疫情错误言论，帮助全体人员解除思想困惑，正确看待疫情影响。

【基层武装部建设】　2020年，平远县人民武装部坚持始终把基层建设作为基础工程紧抓不放。4月，召开民兵组织整顿现场会，协调地方党委政府齐抓共管，完善基层武装部软硬件设施、建立健全制度规范，促进各镇基层武装部规范化建设，发放森林灭火组合工具12套、救生筏12艘、风力灭火机36台和灭火弹12箱，针对上级领导指出问题及时整改。严格落实制度规定，着力提高人武部科学管理水平，完善基础设施建设，完成作战视频指挥系统建设；将武装工作纳入县级绩效考评，不断激发专武干部内在动力，优先提拔使用专武干部4人。深入学习贯彻中央军委和军委国防动员部、省军区基层建设会议精神，贯彻落实《军队基层建设纲要》要求。

【从严治军】　2020年，平远县人民武装部注重厉行法治。严格贯彻落实习近平主席关于依法从严治军系列指示要求。抓实“加强道德修养、强化法纪意识”专项教育活动，组织所属人员对违纪违法案件进行深入剖析，开展“坚定理想信念、筑牢道德根基”党课教育，不折不扣进行讨论检视，签订个人承诺书，切实筑牢抵御腐败的防火墙。加强营区正规化管理，结合疫情防控需要，通过在办公区域增设指纹锁，规范营区秩序，解决多年来住户在办公区域自由进出的“老大难”问题，进一步加强营区封闭式管理。抓实日常管理，开展“条令条例学习月”活动，持续抓好新条令学习教育，从严格一日生活制度抓起，从规范营区秩序严起，严格执行请销假和车辆派遣制度，主官每月到仓库检查一次，每月召开一次安全形势分析，摸排一次安全隐患，进行一次警示教育，定期从“人车枪弹密网酒”7个方面抓教育管理，促进各项规章制度落实。

【党管武装】　2020年，平远县人民武装部从严管党治党，党委班子团结坚强，在工作中常交心通气，求同存异，不搞个人说了算，部党委定下的事抓好落实，分工不分家。抓实党纪教育，部主官定期组织纪律党课，进一步深入学习《中国共产党章程》《军队行业部门廉政主管责任规定》等党纪法规文件，建立常态学习机制。纪委书记及时组织学习违规违纪违法通报案例，引导全体人员汲取深刻教训，坚决抵制诱惑，自觉防微杜渐。坚持廉洁征兵，设立廉洁征兵监督员，上好纪律教育课，把廉洁征兵贯穿于整个工作始终，真正做到教育从严、监督从严和查处从严，不折不扣地严守征兵纪律。全面彻底肃清不良影响，按方案进行“翻箱倒柜”式清查，做到无死角。深化政治整训，政治生态向上向好。

2020年11月19日，平远县人武部召开党管武装工作推进会

【立功喜报送家门】　2020年4月9日，平远县人武部联合退役军人事务局开展“立功喜报送家门”活动，激发官兵干事创业活力动力，营造“一人立功、全家光荣”的浓厚氛围。

【抗洪抢险】　2020年，平远县人武部积极参与地方抢险救灾。6月8日，平远县突遭强降雨天气遭遇洪涝灾害，平远县

人武部主官带队组织应急力量 20 人进行抢险救灾，第一时间出动，受到县委、县政府通报表彰。（平远县人武部）

人民防空

【概况】 2020 年，平远县人民防空办公室依法依规征收防空地下室易地建设费 274.4 万元，办理人防“结建”工程报建审批 54 宗。建设人防视频会议系统，增加安装固定人防警报器、移动警报器。按人防工作要求，组建人防专业队伍用于防空应急救援并组织相关训练。

【人防宣传教育】 2020 年，平远县人民防空办公室积极推进人防知识进机关、进企（事）业、进学校、进社区、进家庭，全面提高人防知识的普及程度。印制 1500 份人防相关政策法律法规笔记本，在 6 月的安全生产月活动和 12 月的法治宣传月中，在官田广场向广大人民群众发放人防宣传手册、人防相关政策法律法规笔记本 800 余本并讲解人防相关政策法律法规。结合“全民国防教育日”宣传教育活动，组织开展人防知识宣传活动，在全县在建工地发放人防相关政策法律法规笔记本。在县城各中学举办人防知识讲座和参观人防地下室活动，进一步增强师生的国防观念和防空防灾意识。联合平远中学初中部、县城南中学、县田家炳中学举办人防知识讲座和竞赛活动，评出获奖名单并颁发奖品，发放人防知识读本，进一步增强师生防空防灾技能，提高师生的国防安全意识，推进人防宣传教育与基础教育的有机融合。结合防空警报试鸣活动，发放县政府试鸣通告 1800 份，发放手机短信 8 万多条，在公众场所制作宣传栏进行人防知识宣传，同时利用广播电视、政府网站进行人防法律法规宣传。在建成人防场所实施挂牌规范管理，疏散地域制作标识牌、引导牌，完成人防宣传综合管理规范化建设工作。

【防空训练与演练】 2020 年，平远县人民防空办公室结合平远中学高一新生军训，发放人防知识读本，开展防空袭应急疏散演练，使全体新生掌握防空应急疏散的方法，熟悉防空应急疏散的程序和路线，最大限度地确保在紧急情况来临时，师生能够做到“安全、快速、有序”疏散，提高突发事件下的应急反应能力。

（县住建局人防办）

农业·水利·气象

农业农村工作

【概况】 2020年，平远县农业农村局紧扣“一城一区一带”科学发展格局，大力推进乡村振兴发展战略和全面打赢脱贫攻坚战，着力推动农业产业高质量发展，在工作中围绕“六稳”“六保”要求，采取有力措施，增强服务意识，持续抓好农业稳产保供和农民增收，较好地完成年初制定的各项工作任务目标，为全面建成小康社会和脱贫攻坚战圆满收官奠定坚实基础。全年实现农业生产总值22.68亿元，同比增长8.67%；农村居民人均可支配收入19156元，同比增长6.5%。

【特色产业】 2020年，平远县农业农村局支持鼓励扶持新型经营主体大力发展特色高效农业，全年发放各类补助资金1200万元，促进平远县脐橙、油茶、南药、优质稻、优质茶及传统特色农业产业不断壮大发展。全县种植脐橙2833.33公顷（4.25万亩），其中挂果面积2200公顷（3.3万亩），2020年总产5.37万吨，产值5.93亿元。平远是全国绿色食品原料（脐橙）标准化生产基地、全省最大的优质脐橙生产基地、广东橙乡，仁居镇是省级“脐橙种植与加工专业镇”。“平远脐橙”成功注册地理标志证明商标，先后获得国家地理标志保护产品、广东省区域优势农产品“最具发展潜力奖”、广东省优质柑橘金奖、岭南十大佳果“最佳果型大奖”、中国旅游商品“最受网民喜爱奖（食品类）”等荣誉，为“梅州三宝”之一。全县种植油茶8066.67公顷（12.1万亩），年产茶油1250吨，产值2.25亿元。油茶产业已成为平远县的农业支柱产业和产区农民的主要经济来源。全县种植南药5200公顷（7.8万亩），产值6.15亿元。主要有仙人草、梅片树、溪黄草、广金钱草、鸡血藤、岗梅等20多个品种，主要分布在八尺、仁居、差干、上举、泗水、石正等镇，是全省首个“广东凉茶”专用药材生产基地，上举镇是省级“南药种植与加工专业镇”。全县优质稻复种面积9466.67公顷（14.2万亩），产量7.8万吨，产值2.03亿元。主要有黄梨占、玉香油占、天优华占、深优9708、黑香米等品种，主要分布在热柘、中行、大柘、长田等镇。中行镇是市级“优质稻种植与加工专业镇”，“辰曲”牌系列产品已通过“中绿华夏有机食品”“国家无公害农产品”认证，产品获得“广东省名牌产品”“广东省著名商标”“广东省放心粮油”“广东名米”等称号。主要龙头企业为梅州市金穗生态农业发展有限公司。全县茶叶种植面积 1013.33 公顷（1.52 万亩），总产 904 吨，产值 5.4 亿元。主要分布在东石、八尺、石正等镇，主要产品有石正南台茶、东石锅叾茶、石正云雾茶。全县名优茶加工具备较强的优势和实力，“石正云雾”绿茶、“石正金红”红茶、“石正云雾”乌龙茶和“锅叾”水仙绿茶、“石正岩韵”乌龙茶、园山湖绿茶 6 个产品获得广东省名牌农产品称号。在省第十二届茶叶质量竞赛评比中，平远县园山湖农业开发有限公司的“南台一品红”红茶、“南台翠绿”绿茶同时获得金奖。

【农业产业园建设】　2020 年，平远县农业农村局大力推进现代农业产业园建设。脐橙产业园 30 个子项目全部完工，投入建设资金 2.12 亿元，总资金投入占计划数的 105.71%，其中，省级财政资金使用 5000 万元，地方政府配套资金 5115.36 万元，企业自筹资金投入 11036 万元。全县掀起新一轮脐橙种植热潮，带动 9267 户农户参与产业园建设，新建 10 个标准化脐橙种植基地，新种脐橙 546.67 公顷（8200 多亩），新增应用水肥一体化和自动喷药系统 406.67 公顷（6100 多亩），引进 7 套脐橙先进生产加工设备。南药产业园 31 个建设子项目全部开工，完工 11 个，完工率 35.48%；产业园投入建设资金 1.94 亿元，总资金投入进度 90.41%，其中，省级财政资金投入 4347.45 万元，省级财政资金使用进度 86.95%，地方政府和企业自筹资金投入 1.51 亿元。新发展梅片种植面积 93.33 公顷（1400 多亩）。

【新型经营主体培育】　2020 年，平远县农业农村局全力推进新型经营主体的培育力度，不断培育认定各级重点农业龙头企业，农民专业合作社示范社，示范家庭农场等经营主体。新增认定各级经营主体 10 家，其中，新增省级重点农业龙头企业 1 家，市级 1 家，县级 4 家；省级示范社 1 家，市级 1 家；省级示范家庭农场 2 家。全年各类新型经营主体总数 105 家，其中，各级重点农业龙头企业 42 家，各级示范社 58 家，省级示范家庭农场 5 家。各类经营主体综合能力不断提升，示范带动能力不断增强，市场影响力不断扩大，为全县的农业农村经济起到重要的推动作用。

【农产品质量保障】　2020 年，平远县农业农村局加强监管，严格执法，把好农产品质量安全第一道关，不断提高平远县农产品质量。进一步扩大农业执法范围，在做好对生产基地蔬菜、水产品常规抽检检测的基础上，重点加强对城乡接合部、混合农资经营场所和各农业、水产生产基地的检查。种植业产品质量安全监测方面，全年对蔬菜、茶叶、稻谷、特色水果等农产品抽样定量检测 158 批次，合格样品 154 批次，合格率 97.46%；定性速测 2150 批次，合格样品 2149 批次，合格率 99.95%，并及时将检测结果上传省农业农村厅统一上网公布。畜禽产品质量安全监测方面，按照“双随机一公开”制度，制定《2020 年度平远县县级食用农产品质量安全监测方案》，做好畜禽产品的药残抽检，全年抽检 98 批次，合格率 100%，覆盖辖区内规模养殖场、屠宰场和小散养户，重点抽查猪肉、鸡肉、鸡蛋、猪肝、猪尿专项药物残留，确保肉食品安全。水产品质量安全监测方面，全年抽检监测水产品（种苗、水或沉积物）95批次，其中例行检测40个样品（种苗、水或沉积物），监督抽查55个样品，检测结果均为合格，合格率100%。对县城内2家较大型的渔药（兽药）零售商店进行检查，多次对县内5家无公害水产品生产基地进行种苗、药物、产品等检查，均未发现使用违禁药品情况，切实维护平远县农资和农产品质量安全。

【农产品品牌认证】 2020年，平远县农业农村局继续推进农产品品牌认证工作。“平远东石花生”“平远脐橙”入选全国名特优新农产品目录；“平远脐橙”“平远东石花生”“梅州梅片”入选第三批广东省名特优新农产品区域公用品牌名单。全县各类规模以上农产品加工企业30多家，生产加工十大类系列产品有250多个品种；拥有注册商标100多个、“三品认证”48个；获评省农业名牌产品12个；“石正云雾”绿茶、红茶分别获评“广东名茶”。

【农业面源污染治理】 2020年，平远县农业面源污染治理项目区在河头、中行、八尺三镇共20个村实施项目，新增加项目农户53户，总参与项目农户3313户。项目区实施农田面积822.28公顷（12334.26亩），占全县农田面积的7.1%，其中早造实施水稻种植面积737.66公顷（11064.95亩），晚造实施水稻种植面积729.4公顷（10940.98亩），全年实施总面积1441公顷（21614.93亩）。通过对项目区20个村200多户农户开展基线调查，项目区水稻平均每造施用化肥45.27千克/亩，对比项目实施前减少化肥用量66.37千克，减幅59.45%；肥料成本为119.24元/亩，对比项目实施前降低88.37元/亩，降幅42.56%。平均每造施用农药0.72千克/亩，对比项目实施前减少农药用量1.02千克，减幅58.8%；农药成本为70.13元/亩，对比项目实施前降低70.13元/亩，降幅45.8%。

种植业

【概况】 2020年，平远县水稻、甜玉米等主要粮食作物生产稳定发展。粮食种植面积13950.53公顷（20.93万亩），粮食总产7.79万吨，对比上年面积增加7.33公顷（0.01万亩），总产增加0.02万吨。其中水稻面积11367.8公顷（17.05万亩），总产6.53万吨，对比上年面积增加63.27公顷（0.09万亩），总产增加0.05万吨。

【良种良法推广】 2020年，平远县农业农村局综合推广超级稻高产栽培技术、水稻三控技术、水稻抛秧技术、水稻测土配方施肥技术、甜玉米无公害栽培技术、甜玉米育苗移栽培技术和病虫害综防技术等，推广到位率95%以上。大力推广以超级稻为主的高产优质的优良品种，平远县主要粮食作物良种覆盖率95%以上。

【种粮补贴政策落实】 2020年，平远县中央耕地地力保护补贴面积1.07万公顷（16.02万亩），补贴标准为每公顷1219.4元（每亩81.70元），补贴总金额为1308.73万元。从2018年起耕地地力保护补贴面积以确权面积为基础上报。

【高标准基本农田建设】 2020年，平远县全面完成上举镇符坑村、文裕村、八社村，热柘镇磜上村、小柘村、韩坑村、热水村，八尺镇八尺村、笙竹村、角坑村、楼前村、排下村、凤头村，仁居镇凤仪村、古丁村、畲溪村、社南村、五福村，共18个行政村高标农田建设任务，建设规模为1573.33万公顷（2.36万亩），总投资3540万元。

【水果种植】 2020年，平远县果树总面积5404.33公顷(8.11万亩)，总产90033吨，较上年新增果树面积5.2公顷(78亩)，总产新增2556吨。2020年主要果树脐橙和柚类开花期至幼果期气候较为正常，虽然坐果期雨水略为偏多，但光照较好，对产量影响较小，保持稳中有增。

水产养殖

【概况】 2020年，平远县水产放养面积保持895公顷，水产品总量9255吨，产值12823万元，渔业人口人均年收入15380元，劳均年收入50875元。

【安全监督管理】 2020年，平远县农业农村局抓好水产品质量安全专项整治工作。出动执法人员135人次，检查县内水产生产经营企业或养殖场48家（次）。抽检监督水产品（种苗、水或沉积物）6批次共69个样品，其中，例行检测36个样品（种苗、水或沉积物），监督抽查33个样品，检测结果为全部合格，合格率100%。对县城内2家较大型的渔药（兽药）零售商店检查，未发现违禁药物销售情况，也没有无牌、无证销售药品的情况。多次对县内6家无公害水产品生产基地种苗、饲料、药物、产品、塘底沉积物等进行检查，未发现有使用违禁药品情况。

【渔政执法工作】 2020年，平远县农业农村局依法做好渔政执法相关工作。全年发放渔政宣传资料1500多份，下乡渔政执法70多人次。

畜牧兽医

【概况】 2020年，平远县肉类总产量1.28万吨，畜牧业总产值4.39亿元。其中，生猪出栏 13.1万头，家禽出栏143.2万羽，牛出栏0.45万头，羊出栏0.85万只，蜂蜜产量269吨。2020年新建成生猪规模养殖场2个：一个是位于石正镇潭头村的王柏林养殖场，设计存栏0.3万头肉猪；另一个是位于八尺镇的猛虎跳养殖场，设计存栏1.3万头肉猪。

【生态养殖管理】 2020年，平远县农业农村局继续推广生态健康养殖。在稳产保供与生态宜居之间找一个平衡点，鼓励规模化养殖，推广异位发酵床技术，对畜禽粪污进行资源化利用，逐步自然淘汰产能低、效益差、污染大的散养户，从而实现转型升级目标。强化县域畜禽粪污资源化利用工作，大力推广微生物发酵技术，加大规模化畜禽养殖场治污设施配套建设力度，规模养殖场治污设施配套率100%，全面推进畜禽养殖废弃物资源化利用，畜禽粪污资源化利用率82.84%。加快构建种养结合、农牧循环的可持续发展新格局，促进畜牧业生产全过程绿色节能。

【防疫检疫管理】 2020年，平远县以春、秋两大防为主，结合平时的补免，构筑免疫屏障，做好高致病性禽流感等重大动物疫病防控。加强“外省畜禽入粤指定通道检查站”的值班值守，严厉打击违法违规调运生猪行为，全面开展生猪调运、畜禽屠宰、餐厨剩余物3个监管领域的专项整治，开展动物防疫“大清洗、大消毒”行动，坚决打好非洲猪瘟防控歼灭战。做好产地检疫和屠宰检疫工作，严格按照检疫规程的规定，做到有报必检，完善电子出证系统，规范出证。每天派出官方兽医对县屠宰场、石正屠宰场实施屠宰检疫，特别是进行非洲猪瘟检测，共检验检疫屠宰生猪3.7万头，未出现肉食品安全事件。

【屠宰管理】 2020年，平远县农业农村局进一步规范全县生猪定点屠宰管理工作。会同平远县市场监管局开展生猪定点屠宰监管联合巡查执法，严厉打击私屠滥宰违法行为。按时报送畜禽屠宰一日一报、生猪屠宰监管月报、病害猪无害化处理统计月报汇总表、屠宰场生产和管理情况调度表、生猪屠宰配送月报表、生猪定点屠宰企业管理及冻库情况调查表等。督促屠宰企业网上上报周报、月报、年报，非洲猪瘟自检情况周报、广东省生猪周报样本企业周报等。做好开展牛羊禽屠宰行业调研报告和调查表的上报工作。

【肉食品监管】 2020年，平远县农业农村局做好肉及肉制品专项监管，加大对屠宰场（点）、县城农贸市场、畜禽交易市场、超市以及各镇肉类交易市场的突击检查和日常监管；加大动物及动物产品违禁药物抽查，做好日常屠宰环节“瘦肉精”抽检监督；加大动物标识及动物产品可追溯体系建设工作，对动物及动物产品实施全程有效监管和追踪溯源，提升动物卫生监管水平，确保动物及动物产品安全。

【执法监督】 2020年，平远县农业农村局加强动物卫生监督执法，严格按照《平远县动物卫生监督执法巡查制度》，全年出动300人次，对全县100多家中大型畜禽养殖场的防疫、投入品使用、养殖生产档案、消毒制度、“瘦肉精”监测、病死畜（禽）无害化处理等开展监督检查，未发现违规使用兽药以及乱扔病死畜（禽）等违法行为。加强对平远县屠宰场（点）待宰生猪健康状况，动物检疫合格证明，消毒工作落实情况，生猪运输车辆备案、清洗、消毒情况，病害动物和动物产品无害化处理情况进行监督检查，确保病、死猪肉不流入市场，不流向餐桌。同时加强派驻屠宰场官方兽医队伍的培训和管理，做好屠宰场“瘦肉精”抽检工作，督促屠宰场按有关规定严格开展“瘦肉精”自检。加强对畜牧业投入品的监管，开展“农资打假专项治理”行动，对兽药GSP企业是否规范经营进行督查，对平远县兽药GSP经营企业存在的兽药进、销、存项纪录不完整，新增供货单位的资质证明文件不完善，各类记录缺失问题，均给予警告，责令限期整改。

【培训教育】 2020年，平远县农业农村局采取“走出去、请进来”方式加大畜牧业培训教育力度。一方面组织业务骨干及技术人员先后到省、市业务部门进行业务知识培训学习；另一方面聘请畜牧兽医专家教授对全县基层动物防疫人员进行培训，参训人员 200 多人次，提高畜牧业技术服务水平。在 2020 年梅州市动物疫病防治员职业技能竞赛中，平远县获个人和团体二等奖。

农业机械管理

【概况】 2020 年，平远县拥有各种农业机械 24887 台(套)，折合总动力 86558 千瓦。各类拖拉机 1025 台(其中大型拖拉机 3 台)，联合收割机 300 台，拖拉机配套农机具 779 台，微耕机 2803 台，农用排灌机械 4003 台，田园管理机 180 台，机动脱粒机 12005 台，农产品初加工机械 1587 台，畜牧养殖机械 811 台，渔业机械 1394 台。机耕率 89.34%，机收面积 11120 公顷，机收率 50.12%，机插面积 72 公顷，机灌面积 5860 公顷，水稻机械化综合水平 67.33%，农机经营服务总收入 1862.3 万元。

【农机购置补贴】 2020 年，平远县农业农村局落实好农机购置补贴工作。中央财政下达该县农机购置补贴资金 64.42 万元，全县补贴各类农机具 140 台(套)，落实补贴资金 39.42 万元，137 户农民直接受益，带动农民直接增加对农机化的投入 132.23 万元。

【农机安全生产】 2020 年，平远县农业农村局以促进“平安农机”建设，巩固“全国平安农机示范县”成果，预防遏制农机事件为指导思想，紧扣“消除事故隐患，筑牢安全防线”主题，制订平远县 2020 年农机安全管理工作计划。贯彻各级安全生产会议精神，坚持“安全第一、预防为主、综合治理”方针，以宣传贯彻《中华人民共和国农业机械安全监督管理条例》为总抓手，开展拖拉机“不安全、不出门”专项行动，做好农机安全生产、农机购置补贴、农机推广、农机知识培训等各项工作，为加快平远县农业机械化“全程全面发展”进程，促进农业产业兴旺，实施乡村振兴战略提供有力支撑。

林　业

【概况】 2020 年，平远县林业局践行绿水青山就是金山银山理念，围绕上级林业主管部门和县委、县政府工作部署，推动林业高质量发展，各项工作取得明显成效。全县林地面积 10.71 万公顷，森林面积 10.65 万公顷，森林蓄积 798.59 万立方米，森林覆盖率 77.46%。

【造林绿化】 2020 年，平远县林业局持续开展新一轮绿满平远大行动，推进林业重点生态工程建设。完成森林碳汇工程 423.54 公顷（6353 亩），其中先造后补试点种植 107.87 公顷（1618 亩），碳汇造林任务 315.67 公顷（4735 亩）；完成省级碳汇林抚育任务 826.67 公顷（12400 亩）、中央森林抚育 4000 公顷（60000 亩）；完成济广高速平远段生态景观林带 60 千米和梅平高速平远段生态景观林带 16 千米的施肥抚育工作；建成差干镇湖洋村，仁居镇井下村、上远村，八尺镇排下村，上举镇畲脑村、上举村，热柘镇热柘村，长田镇高南村8个乡村绿化美化示范点；在省道225线石正至大柘田兴段两侧建设美丽生态廊道9.2公顷（138亩）。

【森林资源管护】 2020年，平远县林业局坚持节约集约利用森林资源，严格执行林地定额总量控制和林地用途管制制度，优先服务重点工程和民生项目，审批使用林地项目13宗，面积51.23公顷。从严落实林木采伐限额管理，核发林木采伐量29042立方米。贯彻落实新修订《中华人民共和国森林法》，加强对木材经营加工企业原料和产品出入库台账的管理，扎实开展森林督查、森林资源管理“一张图”更新、违建别墅问题清理整治、自然保护地整合优化等工作。加大依法治林力度，组织开展“飓风2020暨打击整治涉野生动物违法犯罪”“2020绿盾”“昆仑2020”等各类专项行动，查处各类林业案件59宗，其中刑事11宗、行政案件48宗，处罚教育63人次。

【野生动物监管】 2020年，平远县林业局积极应对新冠肺炎疫情，全面排查辖区内野生动物人工繁育单位和场所，落实封控隔离措施，封控野生动物人工繁育场23家，其中与20家人工繁育场签订退出补偿协议并完成退出处置，落实退出补偿资金70.805万元，3家养殖场解封后移交县农业农村局管理。坚决贯彻落实《关于全面禁止非法野生动物交易、革除滥食野生动物陋习、切实保障人民群众生命健康安全的决定》和《广东省野生动物保护管理条例》，出台《平远县关于处置禁食陆生野生动物人工繁育场的工作方案》，处置禁食野生动物竹鼠871只、豪猪380条、水律蛇138条、野猪1条、海狸鼠39只、黑豚1016只。

【灾害防控】 2020年，平远县林业局狠抓森林防火和林业有害生物防治。森林特别防护期间，成立4个野外火源巡查组，设立76个临时检查点，加强护林巡逻检查。提请县政府印发《平远县人民政府关于划定森林高险区和规定森林高火险期的通告》《平远县人民政府森林防火禁火令》，加大森林防火宣传力度。会同森林防灭火指挥部、应急管理局共同组成督查组对各镇开展森林防火督查，确保森林防火措施落到实处。大力推进林业有害生物防治，全年实施林业有害生物调查监测18.78万公顷（281.74万亩）次，实施防治作业面积0.66万公顷（9.97万亩）次，监测率100%，无公害防治率100%。

【林长制改革全面推行】 2020年，平远县林业局全面推行林长制试点改革，探索具有平远特色的森林资源管理新机制，构建县级总林长、镇级林长、村级林长、林管员、护林员“三长两员”组织体系，设立各级林长446名、林管员136名、护林员353名。其中县级总林长由县委书记、县长担任，副总林长由县委、县政府相关领导担任；镇级林长由镇党委、政府主要负责同志担任；村级林长由村支部书记和村委会主任担任；林管员由各镇挂村干部担任；护林员由各镇进行聘用。完善林长制制度体系和管理体系，推进护林网格化建设，将全县10.67万公顷（160万亩）山林管护细化分解至每位护林员，实现网格化无缝隙管理。搭建林长制信息管理平台，建立巡护监测管理系统，促进巡护工作规范化、高效化、智能化。

【林业产业发展】　2020 年，平远县林业局大力发展以林下种养、森林景观利用为主的林下经济。贯彻落实《中共平远县委员会平远县人民政府关于加快特色高效现代农业发展扶持政策的意见》，扶持油茶、梅片树等特色产业发展。培育新型林业经营主体，新增 2 家省级林业龙头企业，4 家广东省林业龙头企业通过复核认定，推荐 1 家专业合作社申报认定省级林业专业合作社示范社。鼓励引导发展林菌、林茶、林果、林禽、林蜂等模式的林下经济，重点培育灵芝、石斛、油茶、梅片树“四朵金花”，完成油茶低产林改造 300 公顷（4500 亩）。大力发展森林康养新业态，平远县被国家林业和草原局、民政部、国家卫生健康委员会、国家中医药管理局 4 部门认定为第一批国家森林康养基地。

【生态文明建设】　2020 年，平远县林业局倡导生态文明理念，广泛开展生态文明实践。全县参加义务植树 13.1 万人次，尽责率 93.6%，义务植树 70 万株。全面建成泗水镇大畲村、大新村黄竹塘 2 个绿美古树乡村。广东平远龙文—黄田省级自然保护区被认定为首批广东省自然教育基地，梅州市龙文黄田山水生态旅游线路（龙文景区—上举相思谷景区—黄田景区）被认定为广东省森林旅游特色线路。

【林业局乔迁新址】　2020 年，平远县林业局办公场所由原来租用的平远县电信大楼搬迁至平城中路 125 号。12 月 2 日，局领导和嘉宾率领全体干部职工在新办公楼举行简朴的乔迁庆典仪式。

（邱宏安）

2020 年 12 月 2 日，县林业局乔迁新址，局领导班子成员在新办公楼合影　（县林业局提供）

广东平远龙文—黄田省级自然保护区管理

【概况】　2020年，广东平远龙文—黄田省级自然保护区管理处（以下简称保护区管理处）履行自然保护区生态系统和自然资源的保护管理职能，全面加强自然保护区的基础设施、资源管护、科研宣教等能力建设，各项工作取得新的成效。

【日常管理】　2020年，保护区管理处加强日常管理工作。申报并批准2021年实施的自然保护区建设项目2个，分别为自然保护区资源管护及红外相机监测项目和自然教育基地建设项目；经申报评审，梅州市龙文黄田山水生态旅游线路（龙文景区—上举相思谷景区—黄田景区）认定为广东省森林旅游特色线路；在上两年度落实一、二期生态补偿的基础上，发放第三期生态补偿款，全面完成保护区内人工杉林补偿工作。

【资源管护】　2020年，保护区管理处强化资源管护。开展“绿盾2020”专项行动，做好自然保护区内存在问题的核查整改；开展自然保护地整合优化，整合优化后自然保护区面积为8585.01公顷，比整合优化前（8128公顷）增加457.01公顷；加强专职护林员队伍建设，做好一年一度的护林员管护协议签订；推进网格化巡护管理，严格执行以野外巡护和巡护日志为主要内容的野外巡逻检查制度，及时发现、制止破坏自然保护区基础设施、野生动植物资源和风景资源等行为。全年制止非法进入自然保护区8人次，采挖药材3人次，采挖石头5人次，没收兽夹2个。

【科普宣传与科研监测】　2020年，保护区管理处继续开展科普宣传、科研监测等工作。7月，广东平远龙文—黄田省级自然保护区被认定为广东省首批30家自然教育基地之一，完成自然教育专项规划和自然教育课程设计，培育自然教育导师1名。11月20—28日，自然教育基地举办第二届广东省森林文化周分会场活动。增加红外相机监测点，加强野生动物资源监测和鸟类监测，新增鸟类记录2种（黑尾蜡嘴雀和绿翅金鸠）；组织开展两栖爬行动物调查10次，新增两栖物种记录蛙类1种（粤琴蛙）。加强对外宣传与交流合作，自然保护区加入2020年度自然保护地公众服务平台，面向公众开放网上预约。9月5—6日，嘉应学院生命科学学院生物科学系18级师生102人分两批到保护区进行动物学野外实习交流，开展鸟类及昆虫的调查。10月19日，在梅州电视台民生820栏目宣传报道龙文—黄田省级自然保护区内的物种情况。组织干部职工参加“首届粤港澳自然观察大赛”和“2020穿越北回归线风景带—广东自然保护地摄影大赛摄影比赛”，陈远忠的摄影作品分别获得银奖和优秀奖。

（谢　远）

2020年11月20—28日，第二届广东省森林文化周平远分会场活动现场（保护区管理处提供）

广东南台山国家级森林公园管理

【概况】　广东南台山国家级森林公园由南台山卧佛景区、磐牙石丹霞地貌景区、石龙寨观佛景区、程旼纪念园景区组成，地理坐标为北纬 24°31′30″~24°36′47″、东经 115°49′01″~115°50′49″，规划面积 2073.20 公顷，涉及大柘镇、石正镇和中行镇 3 个镇。2020 年，广东南台山国家级森林公园当选为广东省自然保护地协会的副秘书长单位，广东南台山森林公园管理处主任当选为副秘书长。

【管理管护】　2020 年，广东南台山森林公园管理处着重做好石龙寨观佛景区和程旼纪念园景区的卫生保洁、花木管理、设施维护、秩序维稳常态化管理管护工作。全年组织专业技术人员检查维修路灯、景观灯和供送水管道线路、设施设备 23 次，拆除破旧宣传牌 18 块，清除违法宣传物 180 件（次），更新“党建”“森林防火”“禁止猎杀野生动物”等版面内容的宣传牌 70 多块，清理和排除各种安全隐患滑坡塌方 12 处，面积 56 平方米，砍伐大风吹倒树木 68 棵、病死树 35 棵。对石龙寨和程旼纪念园两个景区花木绿化和病虫害消杀。5 月，平远县召开“全市美丽乡村建设的现场会”，公园投入 10 多万元在石龙寨景区种植茶花、紫牡丹、双色茉莉、红花继木等名贵花木和海棠花等各类时花 2 万多株。依托县森林公安局、执法大队和辖区 3 个镇做好森林防火、病虫害防治。

【项目建设】　2020 年，广东南台山森林公园管理处组织公园花木班组对石龙寨景区和程旼纪念园景区两个市民休闲健身景区逐年进行林分改造和景观林种植。配合广州大学专家教授进行《森林公园总体规划》修编前期准备工作，大力推进县重点项目“南台森林康养旅游度假区”建设相关工作，并不断完善公园内的道路、供水、供电等基础服务设施。

（吴海东）

2020 年 3 月 22 日，梅州市委常委、市政府党组副书记黄文沐（左五）到“南台山森林康养旅游度假区”建设现场指导工作　（吴海东 摄）

水　务

【概况】　2020 年，平远县水务局坚持“节水优先、空间均衡、系统治理、两手发力”的治水思路，全力推进全县重点水利工程建设，全面深化全县水利行业监管，强化统筹协调，扎实推进新时代水生态环境建设，圆满完成各项工作任务。

【水利工程建设】　2020 年，平远县水务局深入落实“节水优先、，空间均衡、系统治理、两手发力”治水思路，推动全县水利工作取得成效。平远县城乡供水提质工程总投资4734.10万元，于3月29日正式开工建设，主要建设项目有拦水陂、排水隧洞、应急引水工程和堤岸防护工程，工程建成后可将中行河水引到高峰滩拦水陂下游，能够有效地提高县城饮用水水质，保障县城饮水安全。大柘河县城段碧道工程总投资6384万元，工程主导类型为城镇型，分为大柘河和岭下河两段，河道两岸碧道建设工作正在开展中。全域自然村集中供水工程投资761万元，实施完成全县51个自然村小型集中式供水工程项目建设项目，受益人口5517人。截至年底，累计完成集中供水全覆盖自然村1308个，占全县1341个自然村的97.5%。

2020年4月24日，省水利厅厅长王立新（前排中）一行到平远县调研万里碧道和中小河流治理工作，市委副书记王庆利，县委书记宋才华，县委副书记、县长杨栋等陪同调研

【河长制工作】　2020年，平远县水务局进一步压紧压实责任，推动全县河长制“有名”“有实”“有能”。印发《平远县全面推行河长制工作领导小组关于建立河长制工作述职机制的通知》，联合县公安局印发《关于建立“河长+警长”工作机制的实施方案》，联合县检察院印发《关于建立“河长+检长”工作机制的实施意见》，形成河湖监管保护合力，共同守护河湖生态安全。推动河湖“清四乱”常态化规范化，加强日常巡查监管和暗访督查。2020年，组织陪同县级河长巡河93次，发现问题8宗，发出整改通知书8份，完成整改8宗。开展清漂专项行动2次，投资107.25万元，清理河流长度182.9千米，水域面积1.35平方千米。

【水行政执法】　2020年，平远县水务局扎实推进水行政执法。出动巡查执法103次共263人次，对全县范围内的水利工程、河道采砂、矿山水洗选矿、涉水在建项目等进行巡查监督，调查处理检察建议书2宗，调查处理案件8宗，发出《责令停止违法行为通知书》8份，充分发挥水行政执法在水利行业强监管中的重要作用，保障全县水法律法规全面有效贯彻实施。

【水生态文明建设】　2020年，平远县取水许可证保有量191套（2020年新核发3套），其中工业取水9套、农业取水27套、小水电站146套、生活取水9套。截至12月，共征收水资源费43.55万元。通过开展取用水管理专项整治行动，完成取水口191家单位的登记工作，完成重点取水户取水统计调查13个，其中大中型灌区2个、重点公共供水户5个、重点自备水源工业企业取水户6个，全年用水统计数据上报完成率100%。截至12月，审批水土保持方案报告17个，水土保持设施专项验收1个，征收水土保持补偿费56458元。（陈　辉）

省属水库移民管理

【概况】　2020年，平远县大中型水库移民后期扶持人口1929人（其中跨省水库移民 143 人），主要分布在泗水、八尺、河头、石正、大柘、仁居、上举、东石等 8 个镇 25 个行政村 41 个移民自然村。平远县小型水库移民后期扶持人口 1243 人，主要分布在八尺、东石、热柘、石正、仁居、中行、上举 7 个镇 14 个行政村 23 个移民自然村。

【扶持政策落实】　2020 年，平远县省属水库移民管理办公室抓好水库移民后期扶持政策落实。制定《平远县大中型水库移民后期扶持项目实施细则》，确保扶持政策的落实。2020 年下达移民后扶资金 569.66 万元。其中，直补资金 115.5 万元，项目扶持资金 296.16 万元，其他资金 158 万元。另外，还积存 2019 年未安排资金 112.76 万元。项目扶持资金主要安排进行美丽乡村建设和交通道路建设，分别在泗水镇、石正镇、八尺镇、河头镇、东石镇实施 23 个项目工程。2020 年小型水库实行生产扶持项目发放到户 74.46 万元，每人每年 600 元，改革为随自然年发放。完成水库移民核减工作，2020 年平远县水库移民核减 29 人，核增 2 人，核定后期扶持人口 3172 人。其中，省属水库移民 531 人，面上大中型水库移民 1260 人，跨省水库移民 138 人，小型水库移民 1243 人。加强工程质量、资金监督管理工作。移民资金项目实施实行专账管理，专账核算，专款专用。直补到移民个人后扶资金（600 元/人）由财政部门委托银行直接打入个人账户。严格按批复的后期扶持项目计划实施项目，项目实施，通过调查论证，获得大多数群众同意后组织实施，验收、审核后报财政拨付。 2019 年项目工程全面完成，资金基本消化完毕；2020 年项目也在年底前全面完工。

【移民维稳】　2020 年，平远县省属水库移民管理办公室做好信访工作，对来了解咨询政策的移民做好解释工作，及时办理移民群众的来信，热情接待来访的移民，逐一登记，能解决的尽快帮助解决。同时，全面排查库区社会矛盾，重点排查后扶资金使用、项目建设等方面的问题。坚持每月一次深入移民安置区，了解民情、民意，开展矛盾纠纷大排查，发现问题及时上报，对排查出的所有问题进行备案登记，做到有分包干部负责、有专人处理、有调处方案、有解决时限。

（县水库移民办）

脱贫攻坚

【概况】　2020 年是全面建成小康社会目标实现之年，是脱贫攻坚收官之年。平远县围绕脱贫攻坚基本目标，全面排查解决存在问题，坚持不懈抓好各项工作落实，实现全县相对贫困人口、相对贫困村全部脱贫出列，夺取脱贫攻坚的全面胜利。

【扶贫成效】　至 2020 年 12 月 31 日，平远县建档立卡贫困户 1484 户 3969 人实现全部脱贫退出，全县 20 个省定贫困村全部退出。贫困村面貌明显改善，20 个省定贫困村全部达到干净整洁村标准，基本建成新农村示范村，贫困村党组建设得到全面加强，贫困村“后队变前队”目标基本实现。全县累计筹集并投入帮扶资金 1.64 亿元（其中累计筹集并投入“631”各级财政帮扶资金 5863.1 万元），实施户帮扶项目38524个，个人项目53750个，村帮扶项目486个。2020年全县建档立卡贫困户年人均可支配收入18966元。

【扶贫措施】 2020年，平远县多措并举，全力抓好脱贫攻坚各项工作。

抓实主体责任，实现齐抓共管。全面落实县脱贫攻坚工作督查、研判、调研和遍访制度。县、镇两级每月至少召开一次脱贫攻坚工作研判会，认真落实县、镇、村三级书记遍访贫困对象工作机制，带动镇、村和相关职能部门以及帮扶单位履行好帮扶主体责任，推动脱贫攻坚工作落实；建立健全点对点沟通联系协调机制，每季度召开“三保障”（饮水有保障、义务教育有保障、基本医疗有保障）行业部门专题协调会，确保政策文件共读、数据信息共比、突出问题共解，形成齐抓共管的“大扶贫”工作格局；加强对未脱贫人口和脱贫不稳定户的监测预警，及时将返贫人口和新发生贫困人口纳入帮扶，指导各镇村排查解决“三保障”中存在的突出问题，确保及时整改到位；针对2019年省跟踪审计和广州市委巡察、南沙区巡察发现的问题，坚持照单全收，建立工作台账，列出责任清单，落实整改措施，严肃进行整改，进一步打牢脱贫攻坚工作基础。2019年、2020年省跟踪审计发现的问题全部整改完毕。

抓实帮扶措施，克服疫情影响。面对突如其来的新冠肺炎疫情，平远县一手抓疫情防控一手抓脱贫攻坚，最大限度降低疫情对脱贫攻坚工作的影响。及时发放价值85万元的种苗和饲料、化肥等生产物资，组织贫困群众不误农时抓好春季田管和春耕备耕，努力克服疫情的影响，保证基本收入稳定；采取靶向帮扶措施，切实解决27名建档立卡初三、高三学子的学习设备，确保疫情期间贫困学子如期进行线上教育，停课不停学；先后出台《关于克服新冠肺炎疫情负面影响做好有劳动能力贫困户稳定增收工作的通知》《关于扶持建档立卡贫困户养殖野生动物扶贫产业转型工作的通知》《关于积极应对疫情影响做好建档立卡贫困户疫情补助政策落实工作的通知》等政策文件，摸清外出务工贫困人口底数，用好人社部门信息平台和市县工业园区载体，盘活镇村就业岗位，发放务工歉收等各项补助，全力做好贫困户复工复产工作。成功就业35个公益性岗位，临时救助24人，转产补贴2.94万元，共为201户贫困户落实疫情补助资金37.24万元。

抓实保障政策，做到应保尽保。贫困学生教育保障方面：2020年春季学期发放建档立卡贫困学生生活费补助565人共100.55万元，发放免收学杂费124人共18.58万元。兜底保障方面：将865名无劳动能力建档立卡贫困人口纳入最低生活保障。基本医疗保障和养老保险落实方面：全县建档立卡贫困人口3969人全部落实2020年度基本医疗保险，纳入重特大疾病救助范围；为贫困人口2073人缴交养老保险，全县60周岁以上贫困人口1250人均享受养老保险政策。残疾人补贴发放方面：全县建档立卡贫困户持残疾证698人，既是低保又是残疾人贫困人口410人，全部落实残疾人生活津贴；421名非五保一、二级重度残疾及精神、智力三、四级残疾的贫困人口全部落实重度护理补贴。住房保障方面：开展贫困户住房

“回头看”，加大危改力度和督查力度，确保贫困户住房安全。饮水安全保障方面：平远县20个贫困村182个20户以上自然村全部建成有集中式供水工程，个别未通过集中供水解决的偏远住户（分散户）通过引取山泉水解决，集中式供水工程、分散户供水水质均经县级水质检测部门检测合格，全面解决全县20个相对贫困村182个20户以上自然村居民饮水安全问题。

抓实精准施策，拓宽增收渠道。按照“一村一策、因户施策、因人施策、一户多法”的原则，做实产业扶贫、就业扶贫、消费扶贫等工作，不断拓宽贫困户增收渠道。落实产业扶贫，打造以脐橙、南药、油茶、灵芝、花生等为代表的特色产业项目，建立“龙头企业+合作社+基地+贫困户”的发展模式35个，联结带动有劳动力贫困户524户（次）。落实就业扶贫，结合“一镇一业”“一村一品”发展和企业用工实际，有针对性开展贫困劳动力技能培训和实用技术培训。开展精准帮扶专场招聘和“百企帮百村”活动，发动乡贤企业、南沙帮扶单位、镇村公益岗位招工，实现就业人数1253人。落实消费扶贫，成立消费扶贫专班，统筹协调消费扶贫工作，抓好扶贫龙头企业和扶贫产品的认定，搭建产销平台，为扶贫优质农产品“直播带货”；发动电商企业按照“互联网+消费扶贫”模式参加扶贫产品销售，并在南沙区设立农产品专柜、扶贫专摊、签订采购协议等，促进贫困村和其他贫困户农产品销售；推动扶贫产品进机关、进校园、进社区、进商超、进电商“五进”活动，把消费扶贫打造成产业扶贫的“升级版”，帮助贫困户增产增收；做好消费扶贫爱心卡开卡和消费工作。通过各级工会消费、企业线上线下结合、展会展销宣传等各种方式，全县累计实现消费扶贫销售金额2.6亿元。

抓实挂牌督战，凝聚攻坚合力。聚焦重点村、重点贫困户、重点脱贫不稳

2020年12月16日，平远县举行消费扶贫“平远橙”进湾区发车仪式。县委常委、副县长、南沙区驻平远县扶贫工作组组长王俊辉（左三），副县长李万年（左四）参加仪式

定户进行挂牌督战，围绕平远县75户267人脱贫不稳定户和未退出的剩余任务，对照“两不愁三保障”基本要求和核心指标，实行“百日攻坚”和县领导包户挂牌督战，深入推进产业、就业、消费扶贫，促进贫困户稳定增收，实现有序退出。逐一摸清已脱贫户稳定脱贫存在的隐患和不足、未脱贫户脱贫存在的短板和差距、边缘户及档外特殊困难群体存在的致贫风险和问题，集中力量，强化保障措施，逐户逐人过关；组织扶贫、教育、民政、人社、住建等部门组成督查组，对各镇各单位“回头看”工作、责任落实工作、政策落实情况、问题整改情况开展督查，确保制约平远县稳定脱贫的突出问题得到解决；组织开展2020年“6·30”广东扶贫济困日活动，发动社会各界积极参与扶贫济困，开展“以购代捐”和募捐活动，助力脱贫攻坚成果巩固提升。

抓实退出机制，确保有序退出。严把退出关，以识别精准、帮扶精准和稳定增收、稳定脱贫为根本标准，坚持逐户逐人逐项标准进行梳理、甄别，重点围绕全县剩余55户177人脱贫人口中真正实现稳定脱贫的贫困户，采取逐级考核逐级公示的办法，确定全县2020年度拟退出户。2020年6月8—11日，经县级抽查审定，全县剩余55户177名贫困人口实现脱贫退出，退出率100%。

抓实扶贫宣传，提振攻坚信心。注重挖掘扶贫工作中的榜样人物、先进事迹和亮点工作，生动讲好“平远扶贫脱贫故事”，为决战决胜脱贫攻坚提供强大精神动力。充分利用《梅州日报》《南方杂志》等党报党刊，采取蹲点采访贫困村、贫困户等形式，大力宣传平远县脱贫攻坚政策举措、经验做法和典型事迹，为打赢脱贫攻坚战凝聚正能量。全年，在《南方日报》《广州日报》《羊城晚报》《梅州日报》以及平远发布等报纸、官方微信公众号刊出报道80余篇，其中10余篇报道被“学习强国”平台选用。（凌平征）

乡村振兴

【概况】 2020年，平远县扎实推进乡村振兴战略实施，全县农业生产总值21.39亿元，比2019年增长2.5%，农村居民年人均可支配收入18904元，比增5.1%。全县“三清三拆三整治”（清理村巷道及生产工具、建筑材料乱堆乱放，清理房前屋后和村巷道杂草杂物、积存垃圾，清理沟渠池塘溪河淤泥、漂浮物和障碍物；拆除农村的危旧废弃房屋、露天厕所，乱搭乱建房屋，违规商业广告、招牌；整治垃圾、污水及水体污染）完成率100%；全县农村生活垃圾有效收集率100%，无害化处理率100%；全县户用无害化卫生厕所普及率99.3%；集中供水到行政村覆盖率100%，到自然村覆盖率100%；全县自然村实现通村委道路硬底化完成率100%，农村人居环境持续推进，农村面貌焕然一新。全县20个相对贫困村实现全部退出，全部建成新农村示范村。在全省2019年度推进乡村振兴战略实绩考核中，平远县代表梅州市接受省考核，获评“优秀”等次，位列粤北片区第二名，全省第10名。

【生态美丽乡村建设】　2020年，平远县把“两线八镇”沿线村作为重点示范区域全面推进农房外立面改造，并结合美丽庭院建设，推进农户房前屋后、村道巷道、村边水边、空地闲地绿化美化，着力把“两线八镇”打造成为省际廊道美丽乡村示范带。选取河头、八尺2个镇探索开展客家特色民居外立面改造贷款贴息试点工作，并充分发动外出乡贤捐资支持和参与家乡农房外立面改造，切实调动农户参与农房外立面改造的积极性。投入800多万元，支持河头镇率先启动圩镇微改造，开展管线、店招、建筑风貌整治，完善圩镇公共服务设施。全县应改造客家民居17401座，完成外立面改造13996户，完成率80.4%。其中，2020年“两线八镇”及圩镇周边行政村共有4702户改造计划，完成改造2650户，验收1346户。

【富民兴村产业发展】　2020年，平远县安排1000万元用于扶持特色高效农业，提升新型农业经营主体的辐射带动能力，做大做强脐橙、油茶、南药、优质稻、茶叶、米酒、矿泉水、水产养殖等特色优势产业，建成36个连片种植33.33公顷（500亩）以上产业基地和脐橙、南药2个省级现代农业产业园，打造面向“双区”的“菜篮子”“果盘子”“米袋子”“茶罐子”“水缸子”。脐橙、南药产业园分别辐射带动9267户、7308户农户参与建设，户均分别增收3000多元、5200多元。

气　象

【气候情况】　2020年，平远县总体气候特征：气温高，高温天气多；降水总体偏少，阶段性明显；开汛正常，“龙舟水”偏多，暴雨极端性强，局部洪涝重；初台早、台风少、总体影响小；气象干旱阶段性严重；年末寒潮致大幅降温。

气温：县城年平均气温为21.1℃，较常年平均偏高0.3℃，年极端最高温度38.6℃，出现在7月14日；年极端最低温度为-0.1℃，有2天，出现在1月30日和12月31日。全年高温日（日最高温度≥35℃）有39天，低温日（日最低温度≤5℃）有12天，有霜冻日6天，结冰日3天，无霜期日数316天。

降水：全县总降雨量偏少，县城年降水量为1463.8毫米，较常年平均偏少12.8%，全年有雨日146天，暴雨日（日降水量≥50毫米）5天，最大日降水出现在5月22日，为97.5毫米。年内降水时空分布不均，主要集中在5—6月，“龙舟水”期间（5月21日—6月20日），县城累积降水量468.3毫米， 6月6日至10日出现2020年最强降水过程，全县平均累积雨量195.1毫米。10月至12月持续干旱少雨，县城雨量仅19.1毫米，较历史同期偏少近8成，出现中等气象干旱。

强对流天气：暴雨、短时强降水、雷雨大风等强天气是2020年影响平远的主要气象灾害。3月22日平远县出现强雷雨天气，中行金穗阵风达23.6米/秒（9级）；6月2日平远县南部出现雷雨大风天气，出现7到9级阵风；6月8日平远县出现暴雨降水，其中中行镇横水水库两小时降雨量达102.4毫米。9月7日出现局地大暴雨降水，其中八尺两小时雨量达127.9毫米。

热带气旋：2020年，西北太平洋和南海海域共有23个热带风暴或台风生成，较常年正常。第1号热带气旋“黄蜂”（强台风）生成于2020年5月12日，最后一个热带气旋“科罗旺”（热带风暴级）生成于2020年12月19日。年内台风对平远县的影响较小。

【气象服务】 2020年，平远县气象局扎实做好气象防灾减灾和重大活动保障。全年做好“龙舟水”、“6·8”大暴雨等4场强降水过程和6次冷空气过程的气象服务，成功保障春运、中高考、2020年丰收节、第十六届脐橙文化旅游节等重大活动。全年发送预警预报服务手机短信服务61万多人次、传真2000多次；发布《重大气象信息快报》40期、《重大气象信息专报》12期；启动气象灾害（内部）应急响应10次；发布各类气象灾害预警信号85次，其中暴雨红色预警4次；全年发布微博720多条，发布微信360多条。

【气象监测能力提升】 2020年，平远县气象局完成国家地面观测场仪器检定撤换，完成智能天气现象观测设备安装并开始试运行，气象观测数据更加充足精准。全年各类观测设备稳定运行，数据可用性和传输及时率均达标。

【气象合作】 2020年，平远县气象局深化部门协同合作，继续加强与应急、教育、林业、自然资源、环保、消防等部门的合作，建立联合会商、信息共享、应急联动机制，构建健全“党委领导、政府主导、部门联动、社会参与”的气象防灾减灾机制。

【气象安全监管】 2020年，平远县气象局抓好气象安全监管，组织专家评审会最终确定平远县实验小学等13家单位列为2020年平远县气象灾害防御重点单位；对易燃易爆等危化品场所、重大建设工程项目、学校、旅游景区等气象灾害防御重点单位开展专项联合检查，切实管控气象安全风险，有效预防和减少因气象因素直接造成或者诱发重特大生产安全事故的发生。

【气象科普宣传】 2020年，平远县气象局抓住“3·23”世界气象日、“5·12”防灾减灾日及安全生产咨询日等契机，通过“平远天气”微信微博、电子显示屏以及现场宣传活动等方式开展线上线下相结合的气象知识宣传。结合重大天气过程服务、本单位先进事迹宣传，在县电视台、政府信息公开网等栏目做好对外宣传工作。（赖师美）

工业与信息化建设

工业综述

【全县工业经济运行情况】　2020年，平远县完成工业总产值63.69亿元，比上年同期下降11.72%。全县规模以上企业有51家（其中实现正增长的企业有23家，负增长的有28家），完成规模以上工业总产值43.01亿元（按现行规模以上企业快报数计算），比上年同期增长4.41%；规模以上企业完成工业增加值10.98亿元，比上年同期增长2.50%（按可比价计算）；规模以上企业实现税费总额1.54亿元，比上年同期下降13.79%；工业投资总额9.19亿元，比上年同期增长32.1%；技改投资总额1.62亿元，比上年同期下降32.0%。

【技改创新】　2020年，平远县科工商务局以供给侧结构性改革为根本，把加大技改投入作为转方式、调结构的重要举措，引导企业增加有效投入，推进对外合作，新上重大项目，优化投资结构。大力推进技改项目建设，推动实施洪裕汽车、筑诚环保等21家企业实施21个技改项目，完成技改投资1.62亿元，金宝树、正远公司等4个项目投产或部分投产。加大技改政策兑现力度，通过财政政策扶持助力企业发展，落实《平远县实体经济扶持奖励实施办法》《平远县中小微企业信贷风险补偿基金管理办法》等政策，帮助企业争取省级、市级扶持奖励资金612.55万元，兑现县级技改奖励资金345.81万元。

【服务实体经济】　2020年，平远县科工商务局在抓好疫情防控的同时，深化“暖企”行动，建立领导挂钩帮扶企业制度，督促企业抓实抓细疫情防控各项措施，召开政企季度沟通座谈会，帮助企业解决口罩、消毒液等一批防疫物资，促进企业及重点项目复工复产达产。充分发挥本级财政扶持资金的撬动作用和中小微企业信贷风险补偿资金等融资平台作用，落实各级扶持奖励资金6000多万元，指导五指石山泉水、新大地、华清园等9家企业入选疫情防控重点物资保障企业名单，享受贷款优惠政策。搭建政银企平台，组织政银企座谈会2场，动员富远、广晟智威、华清园等65家企业对接各金融机构融资6.02亿元。扶持荣星家具、宏泰家居、玖诚新材料、硕联石材等中小微企业增资扩产、上规进阶、技改升级。进一步强化“工业强县”，切实加大重点工业项目建设力度，重点加快东台生态园等“一区多园”建设步伐，推进富远稀土产能置换入园，引导一抹禾香项目开足马力早投产，形成酒业集聚发展，推动洪裕汽车零部件工艺提升、筑诚环保材料、荣星家具自动化生产线等技改项目提质增效，推进茅坪风电场项目实现并网发电，着力促成正远非金属矿精加工、瑞冠新材料二期金属软磁芯生产线、拓创模具制造生产线建设等项目建成投产。

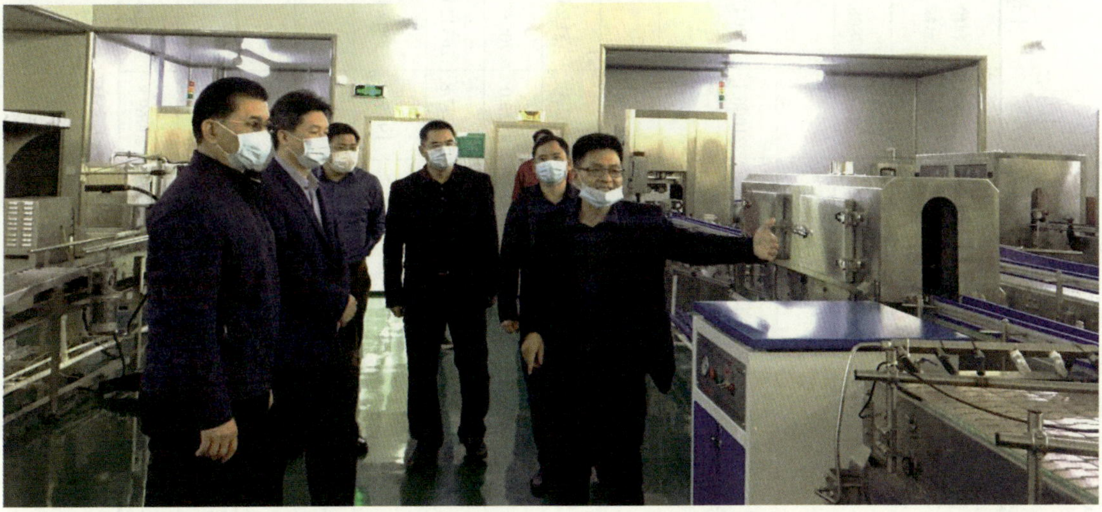

2020年3月10日，市工信局局长钟光灵（左一）带队到平远县南台酒业、南台水业、绿叶食品等企业调研检查企业疫情防控和复工复产情况 （县科工商务局提供）

【县内主要工业发展情况】 2020年，平远县新增1个化学原料及化学制品制造行业，到年底，全县规模以上企业分布于12个产业。12个产业中实现正增长的5个产业，分别是（按产业产值总量由大到小排列）：非金属矿物质制品产业（规模以上企业8家）实现规模以上工业总值10.01亿元，同比增长14.98%；稀土产业（规模以上企业3家）实现规模以上工业总值9.01亿元，同比增长11.69%；电子信息产业（规模以上企业6家）实现规模以上工业总值5.46亿元，同比增长7.57%；生物制药产业（规模以上企业1家）实现规模以上工业总产值1.40亿元，同比增长54.28%；生物质颗粒燃料产业（规模以上企业1家）实现工业总产值0.25亿元，同比增长12.14%。实现负增长的7个产业，分别是（按产业产值总量由大到小排列）：木制品及家具制造产业（规模以上企业18家）实现规模以上工业总值9.58亿元，同比下降3.92%；机械制造产业（规模以上企业6家）实现规模以上工业总值4.75亿元，同比下降14.00%；酒、饮料制造业（规模以上企业3家）实现规模以上工业总值1.05亿元，同比下降3.37%；农副食品深加工产业（规模以上企业2家）实现工业总产值0.53亿元，同比下降1.32%；电力产业（规模以上企业1家），实现工业总产值0.50亿元，同比下降1.49%；采矿选矿产业（规模以上企业1家）实现规模以上工业总值0.34亿元，同比下降5.59%；化学原料及化学制品制造业（规模以上企业1家）实现工业总产值0.15亿元，同比下降39.63%。

2020年平远县规模以上工业企业财务成本主要指标情况表（一）

表5

计量单位：万元、个

分组名称	企业单位个数	工业销售产值（当年价格）	资产合计	负债合计	流动资产合计	固定资产原价	累计折旧	固定资产净值	销售费用	管理费用	财务费用	利润总额	利税总额	应交增值税额	全部从业人员年平均人数（人）
总　计	50	378169.0	451275.9	280404.3	294665.9	163344.1	60998.2	101136.1	9132.0	14799.8	10285.4	22961.5	37808.7	13034.1	5345
一、按登记注册类型分															
1. 内资企业	48	358157.8	400714.9	248469.4	273948.2	126438.8	53651.6	71577.4	8877.4	14455.8	8606.7	21006.1	34904.3	12143.4	5023
国有企业															
集体企业															
有限责任公司	2	19759.0	26753.6	15908.0	13497.8	5682.2	1444.3	4237.8	135.2	898.7	616.8	702.3	1513.4	553.9	61
股份有限公司	2	75389.9	91252.8	49355.5	77583.8	16640.5	9798.0	6782.2	611.8	1001.3	1311.3	4526.0	7058.1	2355.5	380
私营企业	44	263008.9	282708.5	183205.9	182866.6	104116.1	42409.3	60557.4	8130.4	12555.8	6678.6	15777.8	26332.8	9234.0	4582
2. 港、澳、台商投资企业	2	20011.2	50561.0	31934.9	20717.7	36905.3	7346.6	29558.7	254.6	344.0	1678.7	1955.4	2904.4	890.7	322
3. 外商投资企业															
二、按轻重工业分															
1. 轻工业	18	95286.1	89480.9	51675.8	61520.5	28009.2	11129.5	16879.1	2186.9	3813.6	2381.6	1991.7	7278.3	4882.2	2246
2. 重工业	32	282882.9	361795.0	228728.5	233145.4	135334.9	49868.7	84257.0	6945.1	10986.2	7903.8	20969.8	30530.4	8151.9	3099

2020年平远县规模以上工业企业财务成本主要指标情况表（二）

表6

计量单位：万元、个

分组名称	企业单位个数	工业销售产值（当年价格）	资产合计	负债合计	流动资产合计	固定资产原价	累计折旧	固定资产净值	销售费用	管理费用	财务费用	利润总额	利税总额	应交增值税额	全部从业人员年平均人数（人）
总　计	50	378169.0	451275.9	280404.3	294665.9	163344.1	60998.2	101136.1	9132.0	14799.8	10285.4	22961.5	37808.7	13034.1	5345
1. 采选业	2	13692	19811.9	11834.1	12165.7	2359.6	1933.8	425.8	50.1	778.0	455.9	2624.5	3271.7	370.8	68
铁矿采选业	1	2206	2954.3	409.9	2208.6	2090.7	1712.9	377.8		142.1	-1.8	676.4	988.6	254.1	42
其它采选业	1	11486	16857.6	11424.2	9957.1	268.9	220.9	48.0	50.1	635.9	457.7	1948.1	2283.1	116.7	26.0
2. 制造业	46	357707	382251.5	234701.6	266830.3	123391.6	53669.6	68512.2	8989.3	13650.2	8604.0	18392.9	32548.0	12635.7	5236
木材加工制品业	4	10459	5977.2	2200.0	5121.7	1348.0	496.9	824.1	73.6	336.5	58.9	319.6	720.9	339.9	260
家具制造业	11	74203	40549.3	26375.2	33953.8	8931.2	3619.9	5310.9	1039.6	1531.1	1485.7	919.3	5123.5	3923.1	1869
水泥制造业	3	66944	47629.0	32107.0	19103.4	30672.6	15414.9	15257.7	1886.7	3734.1	1875.7	8767.0	10934.6	1754.3	463
有色金属冶炼	3	65911	89709.2	47170.8	76260.5	11341.9	5587.7	5693.8	317.7	790.8	1233.1	1080.0	3706.8	2509.3	250
其它制造业	25	140191	198386.8	126848.6	132390.9	71097.9	28550.2	41425.7	5671.7	7257.7	3950.6	7307.0	12062.2	4109.1	2394
3. 电力、燃气及水的生产和供应业	2	6769	49212.5	33868.6	15669.9	37592.9	5394.8	32198.1	92.6	371.6	1225.5	1944.1	1989.0	27.6	41
电力生产和供应业	1	4469	39636.0	25798.1	12006.0	31985.7	4640.3	27345.4		131.7	1145.2	1549.6	1556.7		8

生态工业园区建设

【概况】　2020年，广州南沙（平远）产业转移工业园管委会（以下简称平远工业园区）全力以赴抓好“筑巢引凤”和扩能提质增效工作，有条不紊地推进万亩生态工业园的建设，努力打造平远工业经济发展主引擎。园区共有企业84家，其中投产61家（规模以上企业24家），在建企业18家，协议企业5家。完成新增固定资产投资8.92亿元，其中工业固定资产投资7.20亿元。实现产值29.27亿元，同比增长4.21%；规模以上产值25.28亿元，同比增长1.8%；规模以上工业增加值6.77亿元，同比增长1.35%；税收1.21亿元，同比增长-14.77%；用工人数4135人。

2020年园区主要规模以上企业经济指标表

表7

产业类型	项目企业名称	落地时间（年月）	投产时间（年月）	所属行业	主要产品	计划投资额（万元）	实际投资额（万元）	2020年产值（万元）	2020年税收（万元）	用工人数（人）
稀土新材料	平远县华企稀土实业有限公司	2018年2月	2018年3月	稀有稀土金属冶炼	稀土氧化物	20000	20000	20754	3289.04	26
	广东广晟智威稀土新材料有限公司	2013年7月	2014年9月	有色金属冶炼和压延加工业	钕铁硼合金片	39000	28565	6658	80.55	36
家居建材	梅州市方鼎环保新材料有限公司	2013年9月	2014年7月	家具制造业	塑木复合材料	21300	19399	10817	420.77	58
	梅州新仕达家居制造有限公司	2018年租用仕达厂房设备进行生产		家具制造业	大型中高档家具	—	—	10387	297.46	120
	平远县兴盛伟业实业有限公司	2016年8月	2016年11月	家具制造业	年产4亿支套各类化妆用具	11000	11100	3618	160.69	69
	梅州市政通家具制造有限公司	2020年租用新光明厂房设备进行生产		家具制造业	大型中高档家具	—	—	3693	201.12	28
	梅州富莱利家居制造有限公司	2015年9月	2016年6月	家具制造业	实木门生产	22000	13025	2657	45.42	50

续表 7

产业类型	项目企业名称	落地时间（年月）	投产时间（年月）	所属行业	主要产品	计划投资额（万元）	实际投资额（万元）	2020年产值（万元）	2020年税收（万元）	用工人数（人）
家居建材	平远县宏泰家居有限公司	2019年租用洪福厂房设备进行生产		家具制造业	餐桌（椅）、沙发、茶几等中高档家具	—	—	5467	0.00	80
	梅州宁江水泥有限公司	2007年11月	2010年7月	非金属矿物制品业	优质建材生产项目	52000	51522	56095	4058.76	298
	广东佳之朋科技有限公司	2015年9月	2017年6月	非金属矿物制品业	石英石板材系列产品	25000	15400	10270	141.34	128
	广东硕联石材有限公司	2017年11月	2018年10月	非金属矿物制品业	砖瓦、石材等建筑材料制造	12000	12800	7900	58.25	50
机械制造	广东荻赛尔机械铸造股份有限公司	2011年8月	2012年8月	黑色金属冶炼和压延加工业	年产2万吨柴油机类、注塑机类	53600	36999	20688	496.93	180
	梅州市洪裕汽车配件制造有限公司	2015年11月	2016年12月	汽车制造业	铁型覆砂	31000	30741	10157	217.52	89
	梅州市鑫荣达挂车制造有限公司	2015年2月	2015年8月	汽车制造业	挂车、挂车大梁、配件等	20000	24301	2928	0.00	25
	梅州五指石科技有限公司	2012年3月	2014年3月	汽车制造业	轮毂、制动鼓等	15200	15548	1971	22.33	81
	平远县恒明汽车底盘制造有限公司	1995年12月	2010年1月	汽车制造业	汽车底盘制造	7000	7000	5113	52.95	145
电子信息	平远雅玛西新能源科技有限公司	2016年9月	2018年12月	电气机械和器材制造业	储能设备	28500	14061	13278	122.31	174
	梅州市恒盛宇科技电子有限公司	2014年10月	2014年10月	计算机、通信和其他电子设备制造业	科技电子项目	9000	14412	6670	119.93	146

续表 7

产业类型	项目企业名称	落地时间（年月）	投产时间（年月）	所属行业	主要产品	计划投资额（万元）	实际投资额（万元）	2020 年产值（万元）	2020 年税收（万元）	用工人数（人）
电子信息	梅州达士通精密工业有限公司	2007 年 12 月	2010 年 1 月	计算机、通信和其他电子设备制造业	电子连接器	15000	7063	8934	372.62	315
	平远雅玛西科技有限公司	2011 年 9 月	2012 年 12 月	电气机械和器材制造业	电子产品	4500	8708	8606	27.10	290
	广东宇时代电子有限公司	2015 年 9 月	2016 年 9 月	计算机、通信和其他电子设备制造业	电子产品	22000	14532	10070	297.90	370
生物医药	广东华清园生物科技有限公司	2014 年 8 月	2015 年 10 月	医药制造业	生物科技研究、开发	40000	31534	13972	27.79	103
其他	梅州市海通静电科技有限公司	2013 年 3 月	2014 年 1 月	橡胶和塑料制品业	防静电产品	8000	10435	7091	140.62	140
	平远利天新能源电力有限公司	2015 年 10 月	2017 年 6 月	电力、热力生产和供应业	光伏发电的开发、投资	45000	42900	4961	327.70	9

【基础设施建设】 2020 年，平远工业园区不断完善基础设施，先后完成南沙路南、科创路、南平大道西等道路建设和 D 地块供电线路迁移铁塔安装工程。加快园区污水管网铺设工程和 2 号泵站建设。配合平盛公司加快推进创业创新孵化基地和标准厂房等工程建设。至年底，园区基础设施累计投入 17.59 亿元（其中当年投入 2.65 亿元），土地储备 66.67 公顷（1000 亩）、道路 22.3 千米、排水管道 29.8 千米、供水管网 32.9 千米（工业用水 14.3 千米、生活用水 18.6 千米）、天然气管网 14.6 千米、供电线路 14.3 千米、日处理能力 5000 立方米的污水处理厂 1 座，绿化、路灯、通信同步配套。

【特色产业发展】 2020 年，平远工业园区以构建市委提出的“5311”绿色产业体系为抓手，立足资源和产业基础，不断壮大以“稀土新材料、装备制造、家居建材、电子信息、生物医药”为主导的五大特色产业总量。重点推进富远稀土入园项目，促成与金雁集团签约，进一步完善稀土产业构架；加快广东药庄、长岃药业、保灵药业等项目落地建设，全力建设中医药产业园；支持获赛尔、洪裕汽配等企业做大做强，促成广焊、欧富来、灿阳等项目入园，提升装备制造产业层次和产业竞争力；推动大良、元宝项目建设，引导家具出口企业开发更多优质产品、做大家具出口量；鼓励雅玛西、宇时代、达士通等企业深化产学研合作，推动电子信息产业发展壮大。

2020 年 11 月 12 日，梅州市副市长曾尚忠（前排中）到工业园区调研　　（县工业园区办提供）

【省级高新区创建】 2020 年 6 月 10 日，平远工业园区参加“以申促建”整改工作专家评审会，汇报得到专家们的一致好评。同年 12 月底，平远县工业园正式被认定为省级高新技术产业开发区。园区不断加大对高新企业的扶持力度，安排专项财政资金支持企业推进科技创新，帮助企业精准对接中科院、兰州大学等高等知名院校、科研院所的高端科技资源，加速科技成果落地转化，引进一批优质科技合作项目，重点培育瑞冠新材料、佳之朋、雅玛西科技等企业认定高新技术企业；大力实施“科技型中小企业培育工程”，指导华清园、越科新材料等企业认定为科技型中小企业；鼓励扶持洪裕汽车配件、玖诚新材料、硕联石材等企业实施技术改造；指导恒盛宇、新大地、佳之朋等企业认定为省“专精特新”企业。到年底，园区有省级博士后工作站 1 家、省级博士工作站 1 家、高新技术企业 12 家、高培企业 2 家、科技型中小企业 17 家、国家级众创空间 1 家、省级众创空间 1 家、省级孵化基地 1 家。

2020 年 7 月 22 日，平远县中银中小“专精特新”企业融资服务专场活动会在县科工商务局七楼会议室召开　（县科工商务局提供）

【服务管理工作】　2020 年，平远工业园区提出并始终秉承“常联系，马上办，主动帮”的服务理念，坚持以构建“清”“亲”政商关系为抓手，进一步提高服务管理能力，优化营商环境。园区协助县人社局开展企业现场招聘活动 2 场，邀请 60 多家企业参加，缓解用工难问题；园区组织召开平远县政企银融资对接会议，为企业搭建点对点金融服务平台，帮助企业解决融资问题，实现银企无缝对接；园区先后举办《中华人民共和国民法典》常用规范专题讲座和安全生产培训会等，有针对性为企业提升维权意识和安全生产意识。

【疫情防控】　2020 年年初，新冠肺炎疫情暴发，平远工业园区按照中央、省、市、县关于疫情防控工作的部署要求，迅速成立领导小组，牵头制订各类防疫工作方案，分派 4 个工作组包干指导企业，细化工作措施，全面督导企业做好疫情防控常态化工作。在防疫物资最紧缺的时候，通过多方渠道为企业筹措 6.8 万只口罩、1000 千克消毒片、2500 千克 84 消毒液原液、1000 多瓶酒精（消毒剂）、54 台额温枪、59 个喷壶等防疫物资并免费分发给企业。同时，帮助企业寻找各类防疫物资的购买渠道，托底防控物资筹措，确保全部企业及时复工复产，使园区经济平稳运行。

中小企业管理

【助企融资】　2020 年，平远县科工商务局通过出台政策、走访调查、银企对接、跟办制度等多种途径，为企业特别是中小微企业解决融资难题。修订出台《平远县中小微企业信贷风险补偿资金管理办法》，发挥财政政策的激励引导作用，与农村商业银行、客家村镇银行、中国银行、工商银行、邮政储蓄银行等合作，6 家企业利用县信贷风险补偿资金担保贷款 4080 万元，3 家企业续期贷款 1555 万元。全面摸排规模以上企业特别是疫情防控重点保障物资生产企业融资需求，建立融资信息清单，搭建政银企平台，做好企业和金融机构之间的媒介工作，先后于 7 月、9 月组织中银中小“专精特新”企业融资服务专场、政银企沟通交流座谈会活动，累计帮助中小微企业解决融资 6.02 亿元。建立一套行之有效的跟办联系制度，即“跟查、跟办、跟馈”制度，多途径为企业解决融资难问题。

【中小微企业扶持服务】　2020 年，平远县科工商务局对中小微企业加强扶持政策宣传贯彻，持续开展惠企政策巡回宣传活动，组织近 100 家企业参加梅州市政府主办的促进中小企业民营经济发展政策巡回宣讲会，并通过政府信息网、微信平台、暖企行动等，对企业进行各类扶持政策宣传引导。借“中小微企业日”之机，开展服务中小微企业活动，组织4家企业参加中小微企业服务券培训活动，指导24家企业成功领取服务券共42.22万元。组织华清园、新大地、佳之朋、宇时代、南台酒业、元宝时代家居6家企业参加第十六届中国国际中小企业网上博览会。

2020年6月19日，副县长韩旭（台上左一）主持并参加在县迎宾馆召开的梅州市促进中小企业民营经济发展惠企政策平远专场宣讲会

（县科工商务局提供）

【示范基地（平台）建设】 2020年，平远县科工商务局按照省、市相关文件精神要求，指导广东华清园生物科技有限公司、梅州恒盛宇电子科技有限公司、广东佳之朋科技有限公司3家企业成功认定广东省“专精特新”企业。同时，梅州市高远科技有限公司获市批准认定为市级专业技术服务平台，全县共11家省市平台基地。

电力工业

【概况】 2020年，平远供电局全面完成上级下达的各项目标任务，实现“十三五”规划圆满收官。全年完成购电量5.14亿千瓦时，同比增长6.06%；售电量4.99亿千瓦时，增长7.11%。实现主营业务收入2.4亿元，增长5.04%。完成固定资产投资4487.31万元。当年电费回收率100%。当年电费回收率100%。线损率2.92%，下降0.95个百分点。客户平均停电时间2.43小时/户，下降39.1%。第三方客户满意度87分。全县最高负荷129兆瓦；城市居民电压合格率100%，农村居民电压电压合格率100%。电网连续安全稳定运行达3288天。未发生责任考核事故。组织绩效连续第五年被梅州供电局评定为A级。

【安全生产】 2020年，平远供电局牢固树立安全发展理念，将安全作为一切工作的基础和前提。持续推进安全管理基础和安风体系实质化应用，修编完善局各级人员安全生产职责及其到位衡量标准，实施安全生产专项整治三年行动计划，全年未发生人为责任事件，未发生涉电公共安全事件。全面防范6类23项主要安全生产风险，落实安全生产风险管控措施86项，及时消除紧急、重大缺陷159项，消除一般安全隐患54项，确保设备安全。完成4项涉电公共安全隐患整改，有效防范社会人员触电风险。对23条重复跳闸线路实施五类反措集中消缺，线路跳闸率明显降低。大力推广智慧安监系统应用，强化作业现场安全管控，开展生产班组“四类问题”自主暴露、作业现场专项围剿和“两票”提升专项行动，提升员工保命意识和保命技能，全年未发生系统内有责任的人身安全事故。成功抵御“6·8”强降雨及雨雪冰冻等自然灾害，圆满完成两会、国庆等保供电任务。实现网络安全攻防演练“三不一零”目标，全年未发生网络安全事件。

【电网建设】 2020年，平远供电局落

实“稳增长”要求，完成基建配网投资4219.74万元。高质量完成“十四五”智能电网规划编制，推动远景电网规划成果纳入国土空间规划，夯实电网发展基石。稳步推进智能电网建设，完善电网网架及自愈保护策略。主动做好县重点项目相关电力建设和用电工作，做好脱贫攻坚与乡村振兴的有效衔接，全面完成供电范围内20个省定相对贫困村的电网改造，台区户均容量2.0以上；顺利完成110千伏茅坪风电场输电线路工程和35千伏上举简易变电站等重点项目征地、青赔工作，无障碍交付施工；巩固提升农村电网改造升级成果，持续加强农网建设，提升农村地区供电能力，全年投资电网建设4219.74万元，新建10千伏线路75.03千米、台区106个低压线路753.18千米，为加快平远振兴发展提供有力的电力支撑。

2020年，平远供电局聚焦“六保”“六稳”，护航企业复工复产，助力打赢疫情防控阻击战
（县供电局提供）

【供电服务】　2020年，平远供电局推进现代供电服务体系建设，“获得电力”服务水平持续提升。主动做好疫情防控期间供电服务保障，助力企业复工复产。坚决执行国家优惠政策，累计降低用户用电成本584.16万元，惠及用户1.1万户。全县3671户五保户100%享受免费电政策。充分依托电网大平台，统筹优化停电窗口，有力保障电力可靠供应。全力优化电力营商环境，打造“多快好省”服务品牌，简化审批流程和缩短审批时限至5个工作日，低压电力外线工程免审批；优化业扩报装全流程，全年中压及低压非居民业扩报装平均用时分别为25.4天、1.57天，同比下降21.12%、12.78%；优化业扩界面延伸，实现100千瓦以下小微企业“零投资”。推行“三免”服务，实行报装资料清单制及“一证受理”。全面提升优质服务水平，强化客户诉求管控，开展客户走访、客户联络信息专项整治工作，全年实现“12398”和“95598”工单“双零”投诉。（谢婉莹）

信息化建设

【信息基础设施】　2020年，平远县科工商务局全面贯彻落实省、市信息基础设施建设三年行动计划，不断推动信息基础设施建设。进一步推进20户以上自然村4G网络覆盖工作，对照省厅下发的20户以上自然村清单，安排专人进行调查核实，全县20户以上自然村1217个，全部实现光纤网络覆盖，其中20户以上自然村有1197个实现4G网络覆盖。同时，指导三大运营商5G基站建设，提高5G网络覆盖率，全年建设5G基站66个。

【工业互联网】　2020年，平远县科工商务局继续鼓励支持企业进行“上云上平台”工业互联网项目建设，指导并督促洪裕汽配、宇时代电子2家企业获得项目资金扶持，为全县互联网企业创新发展提供有力支撑。（县科工商务局）

邮政通信

邮　政

【概况】　2020年，中国邮政集团有限公司广东省平远县分公司（以下简称中国邮政平远分公司）深化改革创新，加快转型升级，抓好邮政业务发展和农村电商发展。在宏观经济下行压力加大的情况下，发展势头持续向好，企业健康稳步发展。

【邮政业务发展】　2020年，中国邮政平远分公司坚持质量第一、效益优先原则，经营发展整体保持良好态势。全县收入完成2828.19万元，同比增长3.71%；实现利润587.18万元。代理金融方面：全县代理金融收入2338万元，同比增长2.3%。全年新增日均储蓄存款9117万元。其中，价值存款6283万元，同比增加1982万元；保险全年收入174万元；基金收入5万元。与邮储银行紧密合作，多业务协同发展，至12月底，全县拓展公司客户5户，存量13户，余额新增日均65万元，公司客户年创收1.05万元；全县邮储花呗新增417户，创收3.33万元。寄递业务方面：进一步调整寄递业务结构，以重点项目、高效业务为抓手，抢占县寄递市场。全年实现收入174.1万元，同比增长37.3%，市占率16.71%。邮政基础性业务方面：全县邮政基础业务收入211.43万元，同比增长9.38%。其中，函件实现收入91万元，集邮实现收入28万元，报刊实现收入92.43万元。

2020年3月15日，平远邮政开展“普及金融知识，守住钱袋子”活动　（许冬红　摄）

【邮政网路运营优化】　2020年，中国邮政平远分公司采取多种方式优化网路运营。优化揽投网，推广实施点阵+网格投递作业模式，以住宅小区、商业写字楼为基本点阵单元，根据揽投业务量实行动态排班、灵活组织揽投作业，提高揽投作业的弹性。在按照“标快+快包+普邮”混网、“标快+快包”与普邮分网、标快与“快包+普邮”分网三种模式进行投递组网的基础上，综合考虑业务结构、投递量、投递时限频次，进一步优化、细化组网模式。在商贸区、工业园区、开发区、高新区、大型社区等经济活动比较集中、人群聚集的区域，以及政府规划开发的重点区域，加快代办点、代投点、自提点、邮政驿站建设，进一步提升自提代投比例。不断整合资源、完善邮路组织建设，在电商节、元旦、春节等重大节日期间，快速作出反应，合理调剂人员进行支撑，解决包裹迅增积压问题，加快邮件流转速度，提高邮件投递质量。按照市公司制定的普遍服务邮件时限标准、质量考核办法和投递外勤监控考核办法，严格管控邮件进、出口时限指标，严格管控投递时限，保证投递质量，为广大市民提供更加便捷高效的投递服务，满足群众用邮需求。

【农村电商】 2020年，中国邮政平远分公司持续推进“农村电商+寄递+金融”协同发展。作为电子商务进农村综合示范项目的实施主体，平远邮政充分利用自身资源，结合本地贫困村实际，以邮乐网、邮乐小店为平台，建立镇级服务中心8个，村级电商驿站90个（覆盖20个省定贫困村），通过电商示范点带动作用，支持和鼓励村民参与电商创业，带动农村青年、返乡大学生、残疾人网络创业就业500多人。以打造贫困村农特产品进城为抓手，依托电子商务平台、邮乐小店、邮政寄递及平远农村的产业特色，发展农创客（年龄45周岁以下、在农业领域创业创新，担任农民专业合作社、农业企业、家庭农场等农业经营主体负责人或拥有股权的高校大专以上毕业生），动员贫困户发展平远花生、蒜头、金柚、茶叶、脐橙、仙人草等一大批扶贫产业，多渠道拓宽贫困地区农产品营销渠道，开创“电商+邮政+农户+基地”的新型精准产业扶贫发展模式，帮助2000多户农户（含236户贫困户）实现户均新增产值9000余元，助力贫困地区脱贫攻坚。不断扩大站点建设规模，推动实现快递下乡，至年底，建成自提点261家，打造“邮乐购”站点100家，其中打造数字站点35个，信息完善80个。做好农产品线上线下销售组织工作，9月，引进平远县消费扶贫农特产品展销中心运营，进驻企业5家，产品数量50余种，实现销售金额1200万元。将东石盐焗花生作为当年度电商扶贫助农站点农品项目之一，通过平远电商大柘镇服务中心在邮乐网开设的店铺进行上架销售，并于7月17日成功推动东石花生上线“学习强国”中国邮政扶贫助农商城，为梅州农品与“学习强国”扶贫助农商城的对接打开新局面，对深挖当地助农产品，带动农民增收致富，助力打赢脱贫攻坚战有着重要意义。 （李 娟）

电 信

【概况】 2020年，中国电信平远分公司以政治建设为统领，统筹疫情防控和经营发展，抓好网络建设、信息化服务等工作，深化经营体制改革，带领全体员工团结一心，锐意进取，公司整体发展呈现快速增长态势。全年向税务部门缴纳税金55.46万元。

【通信网络建设】 2020年，中国电信平远分公司持续打造高质量通信网络，加强网络信息安全管理。持续做好网络提质：在全县开展光衰达标率整治和光分盒及线路整治专项工作，全年完成72个行政村3034个光分纤箱线路整治，光衰整治达标率保持97%以上。持续做好网络建设：2020年光网建设新建开通光分路器30个，端口数372个，自主扩容光分路器151个，端口数1128个；推进5G共建共享，全年完成平远大桥等33个5G站点开通，覆盖城市重点场景；强化4G覆盖，完成泗水石角等11个4G基站和碧桂园室分系统的建设。强化网信安全管理，开展网络安全隐患整治工作，加固安全防护体系。落实信息安全防护责任，加强业务入网源头管控工作，对诈骗和骚扰号码落实“一案双查”制度，从源头上做好业务安全防护工作。

【信息化服务】 2020年，中国电信平远分公司发挥云网融合优势，推进信息化服务。新冠肺炎疫情发生后，快速高效为定点医院、检查站、隔离场所提供疫情防控所需的信息服务，提供通信大数据分析；在疫情防控和复工复产阶段，快速支撑平远县教育局开通搭建在线教育平台，开展“停课不停学”直播，保障教师线上教学；推出天翼云会议、智能呼叫、天翼大喇叭、天翼看家、手机轨迹查询等一系列创新应用服务，为打赢疫情防控阻击战提供坚强信息服务支撑。配合全县各镇各村进行平安乡村项目建设，为中央、省、市、县实施乡村振兴战略提供视频监控信息平台；完成教育局教育云、市场监督管理局“互联网+”明厨亮灶、中共平远县委政法委“综治E通”等项目建设和全县1137户综治平台设备交付；完成两会、远教、高考、“三防”等常规通信应急保障工作。

中国电信科技战“疫”，将天翼大喇叭改造成抗疫宣传员现场施工图 （黎崇万 摄）

【经营体制改革】 2020年，中国电信平远分公司以系统集成思维深化改革，全面推进五级划小、责任到人，充分激发一线人员活力和动力；构建三维联动体系，提升专业化运营赋能和倒三角支撑能力，以数字化赋能客户、赋能企业。

【核心价值观和文化理念践行】 2020年，中国电信平远分公司贯彻落实平远县创建文明城市工作部署，践行以人为本的核心价值观，提升前台服务环境，落实文明窗口服务。完成农村12个营业厅的咨询体验微改造升级，实现全县农村营业厅风格、布置、体验的环境“三统一”。搭建智慧家庭产品体验环境，实现“专区升级、场景展陈、服务专员”三到位。

（卓萍华）

移　动

【概况】　2020年，中国移动平远分公司贯彻落实上级公司工作思路，配合县委、县政府推动县域信息化基础建设工作，立足本职，服务大局，推动创新转型，做好高质量发展。该公司第十六年（2004—2019年）获得“广东省守合同重信用企业”荣誉称号。

【移动业务发展】　2020年，中国移动平远分公司继续落实政府提出的“降费提速”工作要求，开展各档次流量套餐优惠活动，降低资费提升流量，提升广大人民群众通信满意度。至年底，平远移动用户占有率超86%。继续落实“宽带中国”发展战略，推进智慧家庭业务普及，提升宽带带宽，降低宽带资费，宽带市场占有率超65%，并不断提升服务标准，其中100M宽带占比超过68%，4K高清IPTV用户占比超过70%。推进5G商用，逐步完善全县5G网络，5G终端客户量快速提升。

【信息化建设】　2020年，中国移动平远分公司深入推进“互联网+”发展，进一步提升信息化建设。推进“互联网+社会治安”。配合县委、县政府及相关职能部门开展镇区综治视联网、公安交警测速及数据采集、平安乡村等项目，构建网格化、智能化的社会治安防控体系。继续协助政府对公共互联网不良信息、恶意软件和诈骗电话的打击查处，切实保护用户信息安全。推进“互联网+政务信息化”。完成全县新版政务办公OA的升级改造，以及政务OA手机APP应用的培训推广，进一步提升各单位和镇、村通过信息化手段进行政务办公的效率。推进“互联网+民生”。提供行业视频监管系统服务，完成智慧住建、数字城管、县医院和乡镇卫生院数字化接种门诊建设、惠民平台升级等，助力林业林长制和水务河长制建设。

【网络建设】　2020年，中国移动平远分公司全年投入资金1140万元，加快网络建设，逐步开通5G基站，完善区域5G信号覆盖，其中重点推动完善自然村盲点信号覆盖，集中整治群众感知差的网络信号问题，客户满意度得到较大提升。继续响应国家“宽带中国”战略，加快光纤网络的覆盖建设，完成第一批千兆设备开通，为全面实现千兆家宽网络打下坚实基础，让更多群众享受到优质网络服务。推动创新实践，通过技术革新、金点子工程等实现降本增效，推进县域网络基础设施建设。该公司当年度获得7项省公司在岗技术革新奖。

【网络安全保障和社会服务】　2020年，中国移动平远分公司持续抓好基础维护工作，确保网络安全稳定运行，配合县委、县政府保证重大节假日、重大活动（县长直播带货、全市农村工作暨实施乡村振兴战略和决战决胜脱贫攻坚现场推进会、第三届中国农民丰收节平远梅畲分会场、第十六届脐橙文化旅游节等）和重要会议期间网络通信畅通，圆满完成通信保障任务。全力配合县委、县政府做好疫情防控工作。在网络保障方面，1天内完成平远高速服务区防疫站4G扩容，3天内完成全县15个防疫卡口网络信号排查及优化；通过建立每日通报机制，持续监控防疫站、人民医院、高速服务区等重要场所覆盖站点的指标情况。做好疫情期间公安视频监控、综治视联网会议系统业务保障工作，为打赢疫情防控阻击战保驾护航。配合县委、县政府做好新农村建设“三清三拆三整治”、国道206线和国道358线迁改、旅游道路改造、县967线改造、乡村振兴建设、中小河流整治、工业园区建设等工作。 （姚新红）

5G基站设备安装 （廖佐标 摄）

联 通

【概况】 2020年，中国联合网络通信有限公司平远县分公司坚持“党建统领、融入和推动中心工作”的理念，努力落实党建融入中心工作，以基础业务为根本，以聚焦战略为中心，以深耕行业为抓手，应对政策和市场环境变化，努力推进分公司高质量发展。

【主要工作】 2020年，中国联合网络通信有限公司平远县分公司发扬“红旗渠”攻坚精神，有序推进经营节奏，在稳步完成上级公司下达基础业务生产任务的情况下，深耕重点客户，如智慧医疗行业应用项目、工业互联网行业应用项目等，实现以客户自发需求为商机向引导刺激客户需求从而衍生商机的转变，同时通过专业知识和素养引导客户需求转化，进一步加大互联网专线服务项目，实现年收入400多万元。

（林坤云）

公路与汽车运输

公路规划建设

【概况】　2020年，平远县交通运输局和平远县公路事务中心深入学习贯彻《交通强国建设纲要》，统筹推进新冠肺炎疫情防控和国、省道建设项目复工开工，以逢山开路、遇水架桥的勇气，全力打造与市区1小时通达、与海西区和赣南2小时通达、与粤港澳大湾区3小时通达的“123”交通网络，为加快振兴发展、如期全面建成小康社会提供有力的公路交通支撑和保障。

【高速公路规划建设】　2020年，平远县交通运输局精心谋划推进粤闽赣边快速交通体系，加快补齐对外交通“通而不快”短板。平远至武平高速公路平远段起点位于差干镇湍溪村（闽粤界），对接福建省规划建设的浦城至武平高速公路，途经差干镇、上举镇、东石镇，终点位于大柘镇伯公坳，与已建成通车的G35济广高速公路相接。该路段已列入《广东省高速公路网规划（2020—2035年）》近期（2020—2025年）建设计划，广东福建两省（闽粤界）交接点初步确定，全长42.2千米，投资估算约63.3亿元。全线规划设置差干互通、上举互通、东石互通、

2020年5月29日，梅州市交通运输局局长谢文威（左二）在平远县县长杨栋（中）陪同下，到平远调研平武高速公路规划和督查“四好农村路”攻坚任务工作　（县交通运输局提供）

平远北互通、径门口复合式枢纽互通5处互通立交；完成工程可行性研究报告编制，已上报广东省交通运输厅，等待广东省交通运输厅组织专家评审。

福建浦城至武平高速公路完成初步设计，正在开展施工图设计，计划2021年上半年动工建设。同时广东、福建、江西三省共同向交通运输部申请将南昌至潮州高速公路（含平远至武平高速公路）列入国家高速公路网。平（远）蕉（岭）大（埔）高速公路，全长约85千米，其中平远段14千米，投资估算约23.8亿元，列入《广东省高速公路网规划（2020—2035年）》远景规划建设项目，完成线路初步方案，正争取广东省交通运输厅支持早日开展项目前期工作。

【国、省道规划建设】 2020年，平远县交通运输局按照抓资金、抓征地、抓建设、抓管理的思路，建立“一个项目、一名领导、一个班子、一套方案、一抓到底”的工作机制，加快补齐普通干线公路“通而不好”短板。完成全长59.08千米、总投资1.27亿元的省道239线坝头至长田段、省道239线湍溪至畲脑段、省道334线仁居至大畲坳段等3条新升省道路面改造工程，全年完成投资0.55亿元。扎实推进省道334线泗水普滩至上举营场里段公路前期工作，全长约10.92千米，按二级公路技术标准建设，路基宽10米，路面宽8.5米，投资估算约3.59亿元。完成工程可行性研究报告修编。平远县公路事务中心克服新冠肺炎疫情、项目集中开工、专业技术人员少、维护交通压力大等带来的不利影响，在保证工程质量、施工安全和兼顾交通畅通的前提下，想尽千方百计加快工程进度，实现“项目审批快、征地拆迁快、建设进展快”的目标。全年共推进实施国省道建设项目7个。其中续

2020年5月13日，市公路事务中心主任王忠（前排左二）到平远调研国、省道重点项目建设情况（县公路中心提供）

建项目2个、新开工项目5个，项目总长96.81千米、总投资13.17亿元。2个续建省重点项目国道206线田螺纽至超竹段（绕城段）改建、国道358线湍溪至八尺段改线工程快速推进，进入路面施工阶段；5个新开工项目全面落地开工建设，市重点项目省道225线大柘至石正段改建工程于9月动工，全线征地拆和路基施工稳步推进；国道206线径门口至超南段、超南至长田段，省道332线十二排至茅坪段、太阳至河陂水段等4个路面改造工程项目基本完工。全年完成公路建设投资6.5亿元，占年度计划投资任务的103.83%，同比增长62.5%。

科学统筹谋划“十四五”项目建设，争取更多的项目进入国家、省、市“十四五”计划“盘子”，推动公路建设实现可持续发展。谋划“十四五”国省道建设项目6个，其中续建项目3个，新规划项目3个，建设规模85.69千米，总投资28.4亿元，其中“十四五”期间计划完成投资11.44亿元。

【“四好农村路”建设】　2020年，平远县交通运输局贯彻落实省、市决胜攻坚“四好农村路”建设的决策部署，紧扣攻坚任务，成立以局主要领导挂帅的4个挂片小组，每个挂片小组挂点3个镇，配备2名工程技术人员和1名质量监督员，明确时间表、路线图、责任人，加快补齐农村公路“通而不畅”短板。全年完成“四好农村路”建设省部攻坚任务252.72千米，总投资2.89亿元。其中，乡村道路砂土路改造60.37千米；通产业园公路14.32千米；自然村道硬底化90.69千米；危桥改造1座；公路安全生命防护工程88.71千米。扎实推进县道038线东石汶水至泗水普滩公路改建工程前期工作，全长23.92千米，投资估算约1.7亿元，完成工程可行性研究报告编制。

（刘　琳　王足荣）

公路养护管理

【概况】　2020年，平远县交通运输局和平远县公路事务中心全力以赴备战“十三五”全国干线公路养护管理评价，提升养护水平，做好公路养护管理，为加快振兴发展、如期全面建成小康社会提供有力的公路交通支撑和保障。

【国、省道养护管理】　2020年，平远县公路事务中心围绕“十三五”迎国评目标任务，精心组织，多措并举，克服困难，全力以赴推进预防养护、修复养护、专项养护等“迎国评”国、省干线公路路况综合整治工作，路况指标全面提升。至年末，管养国道公路技术状况指数MQI值为92，优良路率为92%，较上年提高1个百分点；管养省道MQI值为91，优良路率为91%，较上年提高1个百分点。

全力提升路况水平。完成“迎国评”路况综合整治专项养护工程和“迎国评”路况综合整治修复养护工程，对各线路局部坏烂路面进行挖补修复和进行全面沥青灌缝，完成投资980万元；完成省道225线县城段3.5千米和国道206线平远县K2187+300—K2190+840长田段3.54千米路面中修工程，铺设混凝土沥青路面，完成投资912万元。随着国、省道路面改造工程逐步完工，公路中心管养路段沥青路面占比不断提升，行车舒适度大幅提升，路容路貌焕然一新。突出抓好日常养护工作。围绕省、市“迎国评”和县委、县政府“双创”工作部署，加强日常路面保洁，及时清理车辆撒漏物，保障公路通行安全。继续加强公路绿化美化工作，全面查缺补漏，增绿添花，继续提升公路绿化水平，打造美丽生态景观廊道。加大对桥梁的管养力度，定期对桥梁进行全面的检查，确保桥梁通行安全。做好水毁抢修复工作，及时排查隐患。全年清理路基塌方14020立方米/33处、修复水毁路面4.5千米、护墙600 立方米/2处、边沟涵9处，投入抢修复资金123万元。

【县、乡道养护管理】 2020年，平远县交通运输局以创建“国家县级文明城市”、省级“四好农村路”示范县为契机，开展“美丽平远·美好家园”行动和推行“路长制”，打造“畅安舒美绿”的美丽公路。做好公路日常养护，全年累计清扫路面35平方千米，清理水沟1050千米，整修边坡6平方千米，清除塌方2000立方米，清理涵洞4200延米/260座，柏油缝灌9千米。深入实施公路安全生命防护工程建设和平安村口建设，全年完成88.71千米的安全生命防护工程建设和35处平安村口建设。全力抢（通）修水毁公路，6月，水灾致使公路损毁路基2800立方米、水毁路面8100平方米、挡墙2350立方米、坍塌方2.7万立方米，中断公路49条，损毁桥涵37座，水毁损失约510万元。至年底，完成水毁公路修复工作。扎实推进公路停车区建设，全年投入资金45万元，完成省道334线仁居镇社南停车区建设，为公众提供停车休息、如厕、信息引导等服务。全力推进危桥改造工作。计划改造省道334线仁居桥、省道239线布心坪桥、省道239线柚树桥、省道239线湍溪大桥等6座危桥，总投资2405.5万元。至年底，完成投资850万元，完成3座危桥改造，其余改造项目有序推进。 （刘 琳 王足荣）

综合执法与行业管理

【概况】 2020年，平远县交通运输局和平远县公路事务中心做好综合执法、运政管理、路政管理、行业安全监管、疫情防控等工作，为主攻“一城一区一带”、打造优山美水生态之星“精致小城·大美平远”提供强有力的交通支撑。

【综合执法】 2020年，平远县交通运输局结合广东省集中开展道路运输安全专项整治暨货运行业乱象整治工作，围绕影响道路运输安全的“人、车、路、企”等各环节开展全方位执法，重点整治“两客一危一货”车辆以及货车非法超限超载、货车非法改装、黑加油点非法贩油等问题，持续深入推进货运行业乱象整治工作，推动平远县道路运输安全持续向好和货运行业健康有序发展。全年出动执法人员3400人次，立案246宗，办结案件246宗。其中，道路运政案件45宗，路政案件2宗，路面联合治超案件162宗，源头治超案件37宗。卸载转运货物6200多吨，查处非法改装车辆18辆次，行政处罚44.16万元。加大对货运源头单位的监管力度，每月组织执法人员对治超源头企业开展执法检查，督促货运源头单位和运输企业落实货车合法配载的安全生产主体责任，规范其合法装载、配载。加大路面执法巡查力度，联合公安交警等部门加强路面治超执法联动，加密联合执法频次，加大对货车非法超限超载、货车非法改装、驾培行业非法经营、异地经营违法违规行为等整治力度，始终保持路面查处高压态势。

【行业安全监管】　2020年，平远县交通运输局严格落实“一岗双责”和管行业必须管安全，管业务必须管安全，管生产经营必须管安全“三个必须”要求，从道路运输企业、车辆、驾驶人等方面入手，抓好安全生产源头防范和风险防控，深入开展安全生产专项整治工作，抓严抓实交通运输行业安全监管工作。全年出动检查人员280人次，检查单位、场所75家次，发现问题（隐患）13个，完成问题（隐患）整改13个，整改率100%。

平远县公路中心以在建工程及事故多发路段为重点，突出抓好重大节假日期间安全生产工作，在春节、“五一”、国庆节前，由领导分组带队开展道路交通安全隐患的自查、督查和工地与工地之间交叉检查，重点排查公路急弯、临水临崖、事故多发路段等，发现问题，限期整改，及时消除安全隐患。全年检查各施工工地及所辖公路120余次，排查、整改各类隐患11个，发出限期整改指令书40份。并开展安全隐患整治，完成省级督办项目国道206线径尾和生石场段、国道206线长田圩镇段及国道332线大柘黄沙村口段等危险路段整治；争取上级支持，投入431万元完成5座国、省道桥梁危桥加固改造。同时，加强应急值守工作，制定汛期及节假日应急值守和保畅方案，落实24小时值班和领导带班制度，修订完善突发事件总体应急预案、安全事故应急预案、自然灾害应急预案、防汛抢险应急预案，成立应急抢险救援工作队及国防动员公路保交护路专业队，组织应急保通培训和实操演练，应急保障能力不断提升。

【新冠疫情防控】　2020年，平远县交通运输局面对突如其来的严重疫情，全面落实上级党委、政府工作部署和防控总要求，组建“党员突击队”，拼搏在各疫情防控点（场），为平远县疫情防控作出交通贡献。12月，平远县交通运输局综合行政执法局被中共梅州市委、梅州市人民政府评为梅州市抗击新冠肺炎疫情先进集体。

做好入省公路通道省际检疫查控工作。根据上级部署要求，立足行业职责，主动协调公安、公路、卫健、平兴高速公司和属地镇，在与江西、福建交界附近共设置19个省际联合检疫检查站（检疫监测点），并组织人员在19个省际联合检疫检查站（检疫监测点）进行24小时全天候轮值上岗、全面摸排监管，“逢车必查、逢人必检”，严防疫情输入和蔓延扩散，坚决守住入粤入梅“北大门”。省际联合检疫检查站（检疫监测点）从1月25日开始设立到2月24日18时全部撤销。累计检查车辆156755辆次，累计检测体温461644人次，累计发现发热等疑似症状人员16人，累计劝返湖北籍车辆64辆139人、劝返载有湖北籍乘客的非湖北籍车辆89辆240人次，未发现有疫情病例。督促客运企业落实疫情防控措施。严格落实“外防输入、内防反弹”工作要求，全力做好客运企业疫情防控工作，督促客运企业严格落实主体责任，严格执行购票实名制，落实好客运站场、车辆等公共场所和交通工具的清洁、消毒、通风等卫生防疫工作，做好司乘人员的疫情监测和乘客进站体温检测工作。至12月31日18时，累计清洁消毒客运站候车室等重要场所687处、车辆31166辆次，测量旅客体温90828人次，发现发热等疑似症状人员5人，未发现有疫情病例。做好粤港跨境货车司机、交通建设工程工地、机关单位内部常态化疫情防控工作，全力织密织牢行业疫情防控网。

【路政管理】 2020年，平远县交通运输局结合“十三五”迎国评路况提升工作，牵头会同县公路事务中心、县城综局等部门和沿线各镇政府的工作人员，到“十三五”迎国评路段逐条开展路域环境集中整治。加强路政管理工作，全年路政人员出动987人次，累计巡查公路里程14636千米，清理路面障碍物700立方米/32处，发出路政违法行为告知书、整改通知书11份，追回损坏公路及附属设施赔偿款9.01万元。印发实施《平远县普通公路“路长制”实施方案》，推行“路长制”工作。成立由县政府主要领导任县级总路长，分管副县长任县级副总路长，县政府正副县长任省道、县道路长，各镇政府主要领导任镇级总路长，分管领导任镇级副总路长，平远县交通运输局出资约60万元制作安装“路长制”公示牌288块。推进公路路域环境综合整治工作，全年拆除建筑控制区范围内违法建筑物、地面构筑物14处/450平方米，整治公路用地范围内违规摆摊设点、占道经营、乱堆乱放问题15宗，拆除非公路标牌、违法广告设施608平方米/170块，清理违法设置平面交叉路口及路口标志标线不完善8处，整治穿城区、过镇村路段“六乱”行为8宗，整改沿线标志标线563平方米/36处，整治公路污染2035平方米/19处。

平远县公路事务中心加强公路法规宣传，围绕“防疫情、守安全、保畅通、优服务”路政宣传月主题，加强公路法规的宣传力度，采取发放传单、悬挂和电子显示屏滚动播放宣传标语等形式加强宣传，有效提高广大群众知法、守法、爱路、护路的自觉性。为做好“迎国评”工作，加强国、省道的日常巡查，做到及时发现，及时处理。对发现路面污染、违章占用、利用公路等现象较多的路段，协调配合交通综合执法、当地镇政府及相关部门及时组织整治。根据市、县“迎国评”路域环境整治的工作部署，成立路域环境整治领导小组，制定路域环境综合整治实施方案，对管养的4条国、省道路域环境问题建立台账，制定整治措施，协调交通主管部门和沿线镇逐一组织进行整治。同时通过进一步落实“路长制”，完善日常巡查监管机制，形成长效机制，推进路域环境整治常态化。全年拆除非公路标牌、违法广告设施172块627.6平方米，清理公路用地范围内摆摊设点、占道经营、乱堆乱放10宗，整治穿城区、过镇村路段“六乱”行为4宗，签订各项协议书11份，发出告知书12份，协助迁移施工地段各类管线2300米，电杆300根，收取修复赔偿费6.69万元。

【运政管理】 2020年，平远县交通运输局扎实推进道路运输行政管理工作，督促道路运输企业落实主体责任。加强客货运输市场管理。派出6人驻平远汽车客运总站，督促客运站场严格执行“三关一监督”“三不进站、六不出站”制度落实，加强“三品”查堵工作，全面做好旅客运输和安检工作。在春节、“五一”、“十一”等重大节假日期间，没有出现旅客滞留客运站场现象。建立健全货运车辆的基础管理台账，组织人员深入到货运企业督促其落实安全生产主体责任和执行“一岗双责”，规范其经营行为。同时，做好出租汽车行业监管工作，切实维护合法经营者的权益和出租汽车市场秩序。加强机动车维修企业管理。组织人员到平远汽车运输有限公司保修厂、东海汽修厂等维修企业进行检查，经检查，企业做到诚信经营、依法经营，未发现非法改装车辆行为。加强驾培行业管理。组织人员不定期深入到志佳、新嘉润等驾校，检查教练员理论和实际操作课的授课情况及车辆性能情况，指导规范培训学员的档案材料，检查收费项目公开情况等。全年培训机动车驾驶员3060人。做好客货运输车辆年审、从业资格证换证工作。全年年审客货运车辆及出租车842辆，新审批普通货运和客运车辆454辆，换发从业资格证56张。

【平安建设】　2020年，平远县交通运输局把平安建设（综治）工作与信访维稳、行业安全监管、扫黑除恶、市域社会治理现代化等工作有机结合。全年出动检查人员330多人次，检查客运企业11家次、货运企业25家次、工程建设企业5家次、汽车维修企业18家次，无涉黑涉恶涉乱问题。立足实际，夯实平安稳定基础，聘请值班人员值班、安装监控摄像头等，切实加强人防、物防和技防相结合的内部安全保卫工作。关口前移，推进矛盾纠纷排查化解工作，突出元旦、春节、“五一”、国庆等重大节假日和重要敏感期的安全工作，集中排查化解影响安全稳定的风险隐患。持续抓好“平安公路”“平安车站”“平安工地”建设，营造和谐平安稳定的交通运输环境。突出重点，扎实推进市域社会治理现代化工作，制定平远县交通运输局推进市域社会治理现代化三年（2020—2022年）行动方案，着力打造工作亮点，推进市域社会治理现代化。开展交通运输扫黑除恶专项斗争“行业清源”行动，重点整治违法超限超载、道路客运、工程建设、非法“保护伞”等交通运输行业领域涉黑涉恶涉乱突出问题。

【存在问题】　2020年，平远县公路交通管理部门在公路建、养、管各项工作还存在不少问题和困难，主要体现在：公路建设项目前期工作烦琐、审批周期长，资金缺口大；公路建设项目征地拆迁和管线迁移难度大；公路养护经费缺口大；队伍人员老龄化现象严重。（刘　琳　王足荣）

汽车运输

【概况】　2020年，平远汽车运输有限公司有在用线路牌84块，建制车辆129台，在岗职工178人，其中驾驶员86人。客运线路覆盖全县各镇及行政村、珠三角、潮汕地区以及毗邻福建省等区域。

【生产指标任务及经营效益】　2020年，平远汽车运输有限公司实现营业总收入1216.60万元，净利润12.6万元。全年发车47837个班次，运送旅客35.34万人次。全年安全行驶里程484.26万千米，安全间隔里程484.26千米。全年未发生较大以上交通安全事故，各项安全考核全部达标，安全生产达到既定目标。

【定制运输】 2020年，平远汽车运输有限公司坚持做好定制及包车业务，梅州城区学生定制59班，发送旅客1612人，营收3.17万元。全年实现包车营收117.49万元。

【城乡公交车】 2020年，平远汽车运输有限公司进一步优化城乡公交线路，合理安排班次，保持与镇通村班车的时间连接，满足人民群众的出行需求。利用公交车早末班开展县城及乡镇学校的学生接送业务。

【镇通村客运】 2020年，平远汽车运输有限公司按照平远县委、县人民政府和梅州市粤运公司的工作部署，镇通村客运得到较大发展，当年新购买35台中小型客车，全公司中小型客车增至49台，扩大农村客运规模，完成全县11个镇（不含县城所在镇）的镇通村客运业务。

【安全管理】 2020年，平远汽车运输有限公司不断强化安全管理工作：按照上级要求认真做好新冠病毒疫情防控工作，对站场和车辆进行全面消毒，全体员工佩戴口罩上班，严格按规定进行旅客体温检测和旅客信息登记，执行途中不上落旅客的规定，做到严防严控、责任落实。扎实抓好春节、清明、“五一”、端午、中秋、“十一”黄金周、元旦等节日运输生产的安全工作，加强节日期间领导带班24小时值班值守，确保节日的运输生产安全。各分队坚持每天驾驶员出车前做好问询告知工作，做到全面了解掌握车辆运行情况、驾驶员身体状况，及时解决和处理当天出现的各类问题，确保公司运输生产工作正常。及时跟踪气象台预警信息，针对在台风、暴雨等重大自然灾害时期，加强对车辆状态和路况的实时监控，在不宜行车的天气状况下果断停运班线并通告旅客相关情况。针对自营车技术参差不齐，实行不定时的车辆排查，重点做好方向、刹车、空调线路及整车性能的综合检查，做到自检和路试相结合。为防止建制车辆发生自燃，严格按上级要求对公司建制车辆的发动机、变速箱进行外部清洁排污，对检查中发现有问题的车辆及时整改。组织年度安全应急预案演练和消防演练，达到预期效果。加强驾驶员安全教育培训工作，组织驾驶员进行定期和不定期的安全业务学习，按时召开安全工作例会。加强安全宣传，发挥横幅标语、安全宣传栏以及电子屏幕的作用，努力提倡企业安全文化建设，宣扬安全发展观念，营造安全生产氛围。

（吴兴华）

商业·贸易

供　销

【概况】　2020年，平远县供销社系统实现销售总额49038.4万元，比增1234.8万元，增幅2.58%。其中，农业生产资料销售12383.7万元，比增589.7万元，增幅5%；农产品销售34418.2万元，比增508.6万元，增幅1.5%；日用消费品销售2236.5万元，比增136.5万元，增幅6.5%。实现利润20.6万元，比减2.8万元，减幅11.97%。

【"六稳""六保"工作】　2020年，平远县供销社扎实做好"六稳""六保"工作。强化思想认识，建立完善应急处置机制，切实落实好人员情况摸查、个人卫生防护、公共场所消毒灭菌等具体措施，建立疫情防控长效工作机制。强化春耕保供，严格落实疫情防控各项要求，引导农资经营网点加大货源组织和采购力度，适时适量增加适销对路品种，确保货源充足，价格稳定，充分保障县内农资供应。加强组织协调，配合县工商质监部门开展农资质量监督检查，严把农资质量关，加强防控措施宣传，做好配送前农资商品的防疫消杀措施，坚决杜绝含新型冠状病毒肺炎病毒以及杜绝假冒伪劣的农资产品进入经营网点，确保广大农民用上"放心农资"，保障县内的农业生产发展。

【助农服务示范体系建设】　2020年，平远县供销社扎实推进全县供销合作社助农服务示范体系建设。压实主体责任，建立社领导挂钩联系工作制度，明确挂钩联系职责，推动工作落实，加快建设进度。7月，石正、差干、上举3个镇村助农服务中心建成运营，全县建成县域助农服务综合平台1个、镇村助农服务中心12个，全面完成建设任务。提升服务功能，以平远特色产业为主导，盘活用好存量资源，吸引社会资本参与，依托海山农资、飞龙果业、华清园科技、可其山等公司及相关的连锁经营网络，促进全县小农户和现代农业有效衔接，助推平远苏区振兴发展。

2020年4月17日，市供销社主任丘孝东（右三）、县长杨栋（右一）到供销社助农服务综合平台农资区域检查指导　　（丘顺安　摄）

争取县政府资金扶持，拨出专项资金220万元用于助农服务示范体系建设。县供销社严格按照项目建设程序，加大对项目建设、资金使用、绩效目标等方面的监督管理力度，充分发挥财政专项资金使用效益，做到专款专用。

【农民专业合作社组建】 2020年，平远县供销社牵头组建农民专业合作社。围绕县内主导产业，发动农业龙头企业、种养大户通过共同出资、共创品牌、共享利益等方式，创办一批管理规范、制度健全、带动能力强的农民专业合作社，并以产品和产业为纽带开展联合与合作，成立专业合作社联合社。加强农民合作社规范化建设，开展示范社创建活动，引导合作社规范运作程序，完善软硬件基础设施，提升产品质量，培育产品品牌，提高合作社辐射带动能力，培育发展国家及省级示范社。促进产业融合发展。通过发挥供销社桥梁和纽带作用，搭建供销社综合服务平台，推进种养业与加工流通业联合合作，鼓励专业合作社与县内外的龙头企业开展生产合作、加工合作、流通合作、供销合作，拓宽行业合作领域，推进产业融合发展，为农业增效、农民增收发挥较重要的作用。全年新组建农民专业合作社5家，全系统累计组建农民专业合作社97家，农民合作社联合社1家，获得省级以上示范社52家，其中国家示范社5家、总社示范社5家、省级示范社16家、省社示范社26家。

【脱贫攻坚】 2020年，平远县供销社结合实际，先后联合县农业农村局、科工商务局、县财政局、扶贫工作局等单位出台《平远县消费扶贫工作实施方案》《关于通过“广东政府采购扶贫馆”支持消费扶贫的通知》，着力拓宽贫困地区农产品销售渠道，提高贫困地区收入，形成可持续增收入长效机制，助力打赢脱贫攻坚战。通过供销社助农服务平台，开展电商扶贫、消费扶贫，推进线上线下融合发展，扩大农产品销售，探索消费扶贫新模式，实现农民增收节支。疫情期间，依靠助农服务平台迅速摸排急需销售的扶贫产品信息，帮助滞销农产品打通销路，共帮助农户2000多户，销售额450多万元。联合当地镇、村开展脱贫攻坚工作，创新帮扶形式，落实帮扶责任制，使挂钩帮扶村通过省考核组的脱贫验收。

【乡村产业振兴】 2020年，平远县供销社参与乡村产业振兴工作，围绕“一县一园”“一镇一业”“一村一品”产业体系，推动供销社助农服务平台的服务功能向当地优势特色农产品生产产业链拓展，建成服务当地特色农产品生产、开展全面产业链农业社会化服务的基地和支点。继续实施好“粤菜（客家菜）师傅”工程，组织合作社人员参加省、市供销社开展的“粤菜（客家菜）师傅”职业技能培训，提高城乡劳动者粤菜（客家菜）技能水平，带动劳动力就业。发展粤菜（客家菜）特色食材产业，形成从特色食材种植养殖生产、加工、销售的产业链，推进农村一、二、三产业融合发展，助力加快乡村振兴发展步伐。推动农产品示范基地建设，围绕乡村振兴战略，发展富民兴村产业，推动产业振兴，指导专业合作社扩大脐橙、南药、油茶、优质稻、有机茶等种植规模，建立标准化种植基地，助推农业产业化发展和特色农产品品质提升，做大做强传统优势产业。在2019年全省供销系统考核中获得“良好”的好成绩。

【资产管理】　2020 年，平远县供销社不断加强资产运营管理，建立健全安全生产管理责任制度，落实安全生产工作，层层签订安全生产和综合治理责任书，狠抓责任落实，紧盯重点场所、关键岗位的消防安全管控，并加强人员的安全生产教育、培训和消防演练；强化老旧资产和租赁企业安全风险排查管控，将安全隐患排查治理作为安全生产日常管理的主要内容，建立日常巡查、定期检查、重点排查制度和隐患排查治理工作台账，落实隐患排查治理工作机制，做到每个隐患有检查记录、有整改复查验收，确保隐患整改到位。加强租赁管理和租金收缴，全面清理租户私自转租行为，规范门店租赁经营管理，完成新一轮门店转租工作；响应疫情防控期间减免租户租金政策，帮扶服务业、小微企业和个体工商户缓解房屋租金压力，减免租金 12 万多元，受惠租户 20 户，降低租户运营成本，支持受疫情影响的租户渡过难关。（张苏妮）

粮食管理

【概况】　2020 年，平远县发展和改革局坚持依法治粮，抓好粮食安全责任制落实，加强储备粮油管理、粮食收购、军粮供应和应急救灾物资储备管理工作，为全县粮食安全打下坚实的物质基础。

【粮食安全责任制落实】　2020 年，平远县发展和改革局贯彻执行国家、省、市、县的各项粮食政策，健全完善粮食安全政府责任制工作机制，落实粮食安全政府责任制各项工作，做好粮食收购资格许可管理工作，执行粮食流通统计制度，按时按质按量完成县储轮换任务，健全粮食安全应急管理体系，在疫情期间粮油市场保供稳价。12 月，梅州市粮食安全责任考核通报中，平远县在 2019 年粮食安全责任考核中被评为优秀，获得全市通报表彰。

【储备粮油管理】　2020 年，平远县发展和改革局坚持“以防为主，综合防治”的保粮工作方针，贯彻落实粮油仓储企业规范化管理制度，适应储粮新常态，做好粮食仓储保管工作，确保储粮安全。树牢“安全第一”思想，适时开展“春、秋”两季粮油储存安全普查工作，抓好仓储规范化管理，推广科学保粮技术，创新储粮技术，抓好仓储安全生产。

【粮食收购】　2020 年，平远县发展和改革局执行国务院《粮食流通管理条例》，贯彻国家粮食收购政策，充分发挥国有粮食部门主渠道作用。夏收时，平远县粮食收储公司根据县储轮换计划提早安排仓容、资金，以每 50 千克 128 元的价格公开挂牌直接收购农户生产的稻谷，按时按质按量完成县储轮换任务。未出现“卖粮难”“打白条”的现象，保证农民种粮积极性，为全县粮食安全打下坚实的物质基础。

县粮食收储公司城镇粮库夏粮收购场景

（蓝林青　摄于 2020 年 7 月）

【依法治粮】　2020 年，平远县发展和改革局贯彻落实国家、省、市粮食流通监督检查会议精神，坚守粮食监管底线，加强执法队伍建设，完善监管制度，强化市场监管，推动依法治粮工作再上新台阶。根据广东省粮食和物资储备局《转发关于开展全国政策性粮食库存数量和质量大清查发现问题整改“回头看”工作的通知》要求，结合实际，对平远县粮食收储公司全国政策性粮食库存数量和质量大清查发现问题整改“回头看”工作进行专项检查。经检查，平远县粮食收储公司能够严格对照2019年大清查存在问题清单进行逐一整改，制订整改时限和责任人，建立整改台账。4月，平远县发展和改革局被广东省政策性粮食库存大清查工作部门间联席会议办公室评为2019年全国政策性粮食数量和质量大清查工作先进单位。开展夏粮收购专项督查检查工作。在夏粮收购期间，开展专项监督检查，杜绝“转圈粮”“以陈顶新”“人情粮”等违规违法行为，维护良好的粮食流通市场秩序。加强粮食质量安全监管工作。平远县发展和改革局进一步提高对粮食质量工作重要性认识，坚持数量质量并重，严把入库质量关，新入库粮食的质量指标检验、储存品质指标检验合格率100%，卫生指标镉含量合格率100%。

【智能化粮库投入使用】 平远县粮食收储公司坝头粮库智能化升级改造项目于2018年10月动工，2020年5月完成验收并投入使用。粮库智能化升级改造是粮食行业信息化建设的重要内容，是落实仓储设施提档升级的重要抓手，对增强粮食安全保障能力具有重要意义。

【军粮供应】 2020年，平远县发展和改革局贯彻执行中央和省军粮供应政策，围绕“保障供给、规范管理、优质服务”的指导思想，抓好制度落实，提升服务水平，保证军粮质量，确保军粮供应工作安全顺畅。执行军粮站粮油质量管理制度，坚持按照“五统一”（统一定点、统一质量、统一包装、统一定价、统一配送）进行规范操作，供应的粮油品种等级的质量标准都达国家标准。坚持“以兵为本”的服务宗旨，定期到部队走访慰问、座谈交流、听取意见，进一步密切军政、军民关系。

【应急救灾物资储备管理】 2020年，平远县发展和改革局按照《广东省救灾物资管理暂行办法》，切实做好救灾物资储备、动用、调拨（根据县人民政府的动用指令按程序组织调出）。按要求做好应急资源管理平台的推广应用和救灾物资储备清查工作。 （蓝林青）

烟草专卖

【概况】 2020年，平远县烟草专卖局（分公司）坚持新发展理念，统筹推进疫情防控和复工复产，全年实现卷烟销量比增0.16%，卷烟销售额比增5.76%。受自然灾害影响，全县实际收购烟叶2.8852万担，完成市局（公司）核减后计划2.89万担的99.83%，圆满完成年度烟叶收购调拨工作。实现税收3043.18万元。

【烟叶生产经营规范】 2020年，平远县烟草专卖局（分公司）加强烟叶生产经营规范，烟叶结构有所提升。收购均价1429.7元/担，同比提高2.9%；上等烟比例 64.65%，同比增长 4.31%；等级合格率 80%以上。同时，因地制宜加大育苗大棚、密集烤房、农机具等设施综合利用，引导合作社和烟农在烟后种植有机稻、水稻制种等，多措并举促进烟农增收，全年实现亩均烟农增收 202.97 元。

2020 年 7 月 8 日，广东省烟草专卖局（公司）党组成员、副总经理周亮（左四）一行到平远调研指导烟叶收购工作　（县烟草局提供）

【网络终端建设】　2020 年，平远县烟草专卖局（分公司）坚持营销工作守正创新，加强推进 20 支网络终端建设。全县有诚信互助小组 48 组计 702 户，占比 86.24%，其中有质量的小组 21 组，示范小组 6 组；拟建设 20 支加盟店 2 家，20 支冠名合作店 3 家，部分客户店铺基础工程在施工中。

【卷烟市场秩序维护】　2020 年，平远县烟草专卖局（分公司）坚持净化卷烟市场环境，加强卷烟市场秩序维护。稳步推进打假打私，全年查获涉烟案件 53 宗，查获涉案卷烟67.45万支，其中假烟0.6万支、走私烟 1.16 万支、非烟 65.69 万支，案值 23.63 万元。做深做实市场监管，联合公安、市场监管局开展卷烟市场联合检查行动 44 天次，样品烟专项市场检查 76 天次，清理检查中小学周边零售户 9 次。坚守依法行政，全县持证户 824 户，办理行政许可事项 891 宗；全面完成零售许可证“大换证”工作。　（县烟草专卖局）

石油经营

【概况】　中石化广东梅州平远分公司是中国石化销售股份有限公司在平远县的销售单位，有 11 座加油站，主营成品油、润滑油的零售和批发，还有部分车上用品、粮油和日用品等非油品的零售业务。2020 年，该公司零售总量实现 36328 吨，其中汽油实现销售 12920 吨，柴油实现销售 23408 吨，同比减少 12%，主要受加油站防渗改造影响，2020 年有 2 座加油站进行防渗改造，油站停业时间较长，油品销售受到一定的限制。非油品营业额实现 6242 万元，同比增长 33%。

【经营方法】　2020 年，中石化广东梅州平远分公司坚持“以市场为导向，以客户为中心，以量为先，平衡量效，突出差别营销和精准营销，精细管理，提升服务”的思想，机出柴油围绕平远高速路服务区一对站+长安站为重点向外拓展要量，内挖潜以县城、乡镇站汽油提量为重点，指导重点油站高峰期加油进行叠班加油、节日期间值班人员到站帮扶，并做好节日时点工的调配工作。落实“快加油”，合理排班，对汽油重点站加强站长在站加油的管理，指导站长编入班组在现场指导做好油场作业，每天高峰期参加加油，满足当地居民出行用油的需求。

【加油站安全】 2020年，中石化广东梅州平远分公司采用“网络+现场”安全巡查方式，有效监管加油站日常安全工作。经营部每月月初制订手机监控计划，主要对重点时段各加油站的油场、财务室、油罐区进行监控，监管员每天定时对各加油站的云平台账表等基础工作进行检查，发现问题立即通知站长整改，提高问题整改时效性。 （县石油公司）

2020年12月15日，县长周小勇（前排右一）到中石化八尺加油站进行春节节前安全大检查
（县石油公司提供）

贸易市场

【重要商品流通体系建设】 2020年，平远县科工商务局大力推进重要产品追溯体系建设，推动飞龙实业、可其山电商、金宝树公司建成肉菜追溯系统，保障市民消费安全；引导飞龙果业“飞龙农商互联加强产后商品化处理设施建设项目”成功申报中央财政2020年服务业发展专项资金推动农商互联完善农产品供应链项目；推荐南台酒业申报广东省“老字号”品牌，重点培育五境山庄成为客家菜特色企业，做优做活做强县内商贸企业。推动社区消费，在新冠肺炎疫情阻击战中，引导可其山公司开通县城配送供应渠道，确保县城居民在疫情期间生活物资供应充足，赢得贴心“菜篮子”的好口碑。培育在线消费新热点，充分利用节会经济，配合开展平远县第十六届脐橙文化旅游节暨“平远橙”开采仪式，组织并推动“2020年度平远脐橙单株王”竞拍活动以19万元的价格成交。宣传家电下乡政策，发动家电零售企业参与，拉动平远促消费活动，统筹推进重要商品流通体系建设。

【电子商务服务体系与平台建设】 2020年，平远县科工商务局抢抓梅州成为全国跨境电商综合试验区机遇，全面整合政府和社会资源，完善县电子商务公共服务中心功能，集平远县电子商务公共服务中心、平远县跨境电商服务中心、平远县消费扶贫农特产品展销中心、平远县供销社助农服务平台于一体，建设1个跨境电商产品展示区、1个农产品展销区、1个农电商联盟交流室、1个社区电商运营室和5个直播间，让中心具有电商展示、农特产品展销、电商孵化、电商直播、跨境电商培训等功能，提升平远电商整体水平，助力本土企业转型升级。依托平远为广东省首个“互联网+消费扶贫”示范县契机，大力发展电子商务销售新模式，培育网络直播人才，充分对接淘宝、拼多多、抖音、快手和一亩田平台开展直播，引导企业借助“媒体+互联网直播+电商”全媒体网络直播力量推介自身特色产品，打造县内千万级粉丝的“网红”，创建直播带货创新创业示范基地和跨境电商实操基地，承办企业可其山公司被广东省工信厅评为“工业和信息化领域电子商务第二批示范企业”。依托县级电商中心，培育电商技能人才，开展4场电商培训覆盖200多名学员，提高学员的电商运营水平。到年底，全县95家电商企业中有37家开展线上直播带货营销模式，直播带货氛围浓厚，成效明显，是推动乡村振兴和脱贫攻坚的一次成功实践。全年全县电子商务交易额22.5亿元，同比增长12.3%。

2020年10月23日，珠海市梅珠经济促进会会长（左一）一行在县科工商务局局长吴远平（右一）陪同下，到县电商中心调研　（县科工商务局提供）

【商贸流通行业监管】　2020年，平远县科工商务局继续加强行业监管，推动商贸流通企业健康发展。抓住重大节假日及重要节点，采用兄弟县交叉检查、股室突击检查等方式，对民爆、商流、典当、大宗商品交易等21家企业开展安全大检查48次，组织民爆企业开展安全生产应急演练，全年未发生重大安全事故。按照省、市金融部门要求，针对广东华泰农产品交易中心股份有限公司制定《梅州市交易场所清理整顿“一所一策”工作方案》，并指导督促企业按照方案要求做好整改工作。加强对内贸企业财务报表、后台交易系统的监管和信息报送，排查经营隐患，规范行业经营，保证内贸行业风险整体可防可控。　（县科工商务局）

涉外经济

【主要经济指标完成】 2020年，平远县贸易进出口总额（不含保税区）13552.3万美元，上年同期14300.9万美元，同比下降5.23%，其中，出口总额13259.0万美元，上年同期13978.3万美元，同比下降5.15%。实际利用外资122.5万美元，上年同期1260万美元，同比下降90.28%。

【外贸经营环境优化】 2020年，平远县科工商务局深入推进简政放权放管结合优化服务改革，进一步优化外商投资环境，提升外商投资平远的便利化程度。加强横向部门联系，开展“暖企”行动，建立重点企业联系制度，创新企业服务方式，帮助家具、电子产品、农产品等企业畅通和扩大进出口业务渠道，协助外贸企业解决生产、经营、进出口等方面存在的困难和问题。

【稳外资、稳外贸政策落实】 2020年，平远县科工商务局积极应对全球新冠肺炎疫情和复杂多变的国际经贸形势，鼓励家具制造等外贸企业抱团发展，共同面对和克服困难，努力维护行业利益。认真向企业宣传贯彻落实各级有关稳外资、稳外贸的政策措施，使企业能及时抓住和利用相关政策加快发展、扩大投资。发挥好县促进外贸发展实施细则，兑现2018年、2019年两年促外贸发展政策奖励和实体经济扶持奖励资金合计387.07万元；制定实施应对新冠肺炎疫情支持企业复工复产20条措施，加大对受疫情影响不能正常经营的进出口企业的专项资金扶持。稳定家具出口量，鼓励企业拓展多元路径，推动家具企业开拓加拿大、东南亚、中东、日本、意大利等国际市场，深化友邦、宏泰家居等企业与广新家具公司、广新跨境新零售公司合作，依托家具企业自动化高效生产线和多样化的优质产品与广新控股集团旗下跨境电商企业合作，找到一条出口新路径。深挖电子信息、建材南药等出口潜力。充分利用完善的跨境电商体系和物流体系，着力扩大雅玛西新能源、达士通、佳之朋等出口增量，帮扶五指石水出口，引导华清园、威大地、客家渊源开办出口实绩业务。

（县科工商务局）

旅游开发

综 述

【概况】 2020 年，平远县建成对外开放景区（景点）11 处，其中国家 AAAA 级旅游景区 1 个、国家 AAA 级旅游景区 4 个；三星级酒店 2 家，按四星级标准建设的酒店 3 家，星级民宿 5 家；旅行社及分支机构 16 家；旅游驿站 11 座。旅游直接从业人员 7800 多人，带动就业 4 万多人。全年接待游客 192.82 万人次，同比减少 75.8%；实现旅游综合收入 8.65 亿元，同比减少 78.8%。10 月 27 日，平远县成功创建广东省全域旅游示范区。

【全域旅游】 2020 年，平远县以创建全域旅游示范区为抓手，把握改革创新根本、把握深度融合趋势、把握提升服务关键，大力推进全域旅游品牌化、旅游产品多元化、旅游服务品质化，持续做好平远全域旅游大文章，不断提升平远旅游知名度。对照全域旅游示范区创建标准，查缺补漏，顺利完成创建工作。做好创建资料收集，按时保质完成创建申报材料上报；进一步完善全域旅游全景标识系统，在全县主要景点、酒店、旅游乡村、休憩场所等节点设置 16 块全域旅游导览图；进一步完善咨询服务体系，投入 300 多万元加快推进平远县全域旅游服务中心工程建设，与梅平高速公路公司合作共建旅游志愿服务点，新增平远汽车站文化旅游驿站、大客丰旅游驿站和差干旅游咨询服务点 3 个旅游驿站、咨询服务点；营造全域旅游创建氛围，在全县主要景点、酒店、旅游乡村、旅游驿站、文娱场所、县城游憩场所等休闲文化旅游节点及国省道、旅游公路沿线设置各类型旅游宣传广告牌、景观小品、宣传海报、横幅等宣传物资。

2020 年平远县国家 A 级旅游景区一览表

表 8

名 称	等 级	地 址
五指石景区	国家 AAAA 级旅游景区	平远县差干镇加丰村
上举相思谷景区	国家 AAA 级旅游景区	平远县上举镇畲脑村

续表8

名　称	等　级	地　址
松溪河景区	国家AAA级旅游景区	平远县差干镇加丰村
金穗休闲旅游区	国家AAA级旅游景区	平远县中行镇快湖村
曼佗山庄	国家AAA级旅游景区	平远县长田镇官仁村

2020年平远县星级酒店一览表

表9

酒店名称	地　　址
远南大酒店（★★★）	大柘镇平城中路49号
和园商务宾馆（★★★）	平远大道北与环北路交叉口

2020年平远县按四星级标准建设酒店一览表

表10

酒店名称	地　　址
富港大酒店	大柘镇平城中路
岭东大酒店	差干镇加丰村
维也纳国际酒店	大柘镇平城南路县汽车站侧

2020年平远县星级民宿一览表

表11

名　　称	联系人	地　　址
世外桃源休闲山庄（市四星级）	赖申桂	平远县泗水镇金田村鹧鸪角
红豆人家（市三星级）	谢立群	平远县差干镇湍溪村
八珍娘民宿（市三星级）	韩垂财	平远县八尺镇肥田村
回又来民宿（市三星级）	谢剑芬	平远县差干镇加丰村
怡情园家庭农场（市三星级）	肖志强	平远县八尺镇肥田村

2020 年平远县旅游驿站一览表

表 12

名　称	地　点	备　注
仁居镇旅游驿站	仁居镇上远村一号生态农庄	位于国道 358 线上远段，服务前往红军纪念园、上举相思谷、松溪河和五指石景区的游客
河头镇旅游驿站	河头镇圩镇口河头电商	位于河头中学，服务到黄田水库的游客
石正镇旅游驿站	浩缘民宿	位于石正圩镇，服务兴宁到平远游客
热柘镇旅游驿站	热柘镇热柘村村委会	位于热柘村委会，服务蕉岭到平远游客
长田镇旅游驿站	长田镇圩镇庄园酒家	位于国道 206 线，是梅县游客和梅平高速长田出口的游客通往平远各旅游景区的必经之地
上举镇旅游驿站	相思谷游客中心	非旅游交通主干线，建议重新选址
八尺镇旅游驿站	八尺镇阿三饭店	位于通往五指石、上举相思谷等景区的国道 206 线旁
差干镇旅游驿站	差干镇嘉盛农家餐馆	位于差干圩镇，门口停车位区域大，并提供餐饮服务。服务前往五指石、松溪河的游客
泗水镇旅游驿站	泗水镇镇新街 30 号	位于泗水圩镇，服务普滩、梅畲田园综合体
东石镇旅游驿站	东石石雕厂	位于省道 332 线，前往圩镇、上举、泗水分叉路口，服务东石丰泰堂、毓秀书院、泗水普滩、梅畲田园综合体。此外，这也是从省道 332 线前往上举、差干的必经之地
中行镇旅游驿站	中行镇盐布潭文平饭店	位于国道 206 线旁，服务前往大河背、金穗休闲旅游区的游客

2020年平远县旅行社及分支机构一览表

表13

旅行社及其分支机构名称	地　址	联系人
平远县五指石旅行社有限公司	羊子甸桥头	谢球凤
平远县中国旅行社	平城南路42号	刘　林
岭东国际旅行社有限公司	优山美地御龙二街2号	舒　剑
梅州市国游旅行社	平城南路	林建云
假日国际旅行社平远分公司	羊子甸桥头沿河路	谢春祥
爱游国际旅行社平远分公司	大柘镇广场路	谢碧芳
梅州市五指石旅游服务有限公司平远分公司	差干镇加丰村	谢汉林
梅县中旅平远营业部	平远大道海春大厦首层	谢荣扬
中国国旅（广东梅州）旅行社有限公司平远营业部	平城花园B区D栋1-4号	谢清霞
中国国旅（广东梅州）旅行社有限公司平远县五指石营业部	差干镇加丰村金星	谢钰锋
梅州市中国旅行社平远营业部	大柘镇河滨路	黄玉兰
梅州客之旅旅行社有限公司平远营业部	大柘镇平城中路官田广场3号	林　庄
梅州市五指石旅游服务有限公司平远营业部	大柘镇沿河路陶然居南区	谢汉林
盈科美辰国际旅行社梅州平远营业部	平远县大柘镇城西开发区十一号地（边贸二横街8号）	姚盛强
嘉能国际旅行社平远营业部	兴柘路羊子甸平远大道中79-1号	何　为
广东客航国际旅行社有限公司平远石正营业部	石正镇先锋村梅石路98号	余文科
深圳圆梦国际旅行社有限公司平远营业部	平远县大柘镇环城路123号	谢长江

平远县文化广电旅游体育局

【概况】　2020年，平远县文化广电旅游体育局（以下简称平远县文广旅体局）切实履行文旅体行业主体责任，统筹做好疫情防控和文化广电旅游发展工作，有序推动行业复工复产，保障文旅体行业经济秩序全面恢复。2020年，该局先后被评为梅州市文明单位、承办提案先进单位；该局丘利华被评为梅州市抗击新冠肺炎疫情先进个人。

【旅游行业疫情防控】　2020年，平远县文广旅体局科学统筹旅游行业疫情防控。先后成立疫情防控工作领导小组、防控工作专班及疫情常态化防控工作和复工复产督查联系工作组，下设综合协调组、资料汇总组、现场督察组、派驻酒店组、公共服务组、舆论宣传组、应急保障组，各司其职做好疫情防控工作。按照省、市、县疫情防控指挥部的部署，由局领导带队，深入行业内督查A级景区、星级酒店、旅行社的疫情防控情况。联合商务、公安、市场监管、卫健等部门组成3个住宿业防控排查指导督查组，先后开展6轮指导督查工作，出动工作人员100多人次，检查住宿业109家，对督查中发现的问题及时通报，限期整改落实。自开展检查督导以来，取缔无证照经营旅馆业住宿设施2家，停业整改1家。为旅游系统事业单位提供口罩、酒精和消毒水等防护物资，解决其燃眉之急。为行业内市重点项目——南台森林康养小镇项目开工解决1000多个口罩和一批消毒物资，推动项目顺利复工。组织符合条件的文旅企业申报广东省重点文旅企业应对疫情专项奖补资金，平远县五指石景区、金穗休闲旅游区、曼佗山庄、世外桃源休闲山庄4家企业共获得专项奖补资金105万元。督促旅游协会免除2020年66家协会成员单位的会费2.15万元。4月，全县星级旅游饭店复工2家，旅行社复工17家，A级景区复工5家，复工率均为100%。

【旅游项目建设】　2020年，平远县文广旅体局推动项目建设工作。南台森林康养旅游度假区项目年内完成投资4200万元，占比105%。基本完成玻璃栈道、玻璃桥、合掌岩顶部广场工程建设；基本完成野猪窝至合掌岩小火车、威亚和卡丁车场所等节点建设；坝口至车行径一千米旅游公路、车行径至嶂肚里路线开通并完成硬底化，水沟护坡完成；正在推进野猪窝栈道、坝口游客服务中心、青山寺道路等基础设施建设。长布半岛休闲度假区项目投入4000万元，完成年度投资计划100%。长布大桥完成主体工程并通车；正在推进风情街、酒店、河堤景观路等项目建设。平远县红四军纪念馆改陈布展工程及新时代红色文化讲习所项目计划总投资2496.95万元，至年底完成项目可行性研究报告编制、立项、招投标等工作。

【旅游行业管理】　2020年，平远县文广旅体局做好安全生产检查工作，在日常安全工作中，对旅游市场的监管和整治保持长期、高压的方式，做到每月不定期抽查。在节假日前、汛期、防火期等易发生突发事件的时间段，联合应急管理局、市场监督局、交通、消防等部门开展检查。

全年出动安全检查22次，出动执法力量204多人次，其中多部门联合检查6次，检查文旅体经营场所125家次。全面落实文旅体企业复产复工工作指南，对7家旅行社、10家宾馆酒店的复工营业进行指导监督。落实帮扶政策，协助提出保证金暂退申请的2家旅行社办理暂退手续，缓解企业资金困难。完成县“旅游协会平台”建设，5月举行挂牌揭幕仪式。以“诚信经营 优质服务”为主题，为66家会员成员单位安装统一标识和“平远县旅游指引”宣传牌。指导五指石旅游产业公司和曼佗山庄旅游文化发展公司引进7名景区运营、营销管理、文化创意和产品设计等类型人才。指导完成4个平远“非遗”传承基地建设，通过培训、研学，开展形式多样的特色文化旅游实践活动，促进该县旅游从业人员自觉践行“平远山歌”“平远船灯”“落地花鼓”“娘酒酿制”等县级“非遗”文化传承。指导建立6个“旅游人才工作室”，以工作室为平台，采取以师带徒的方式，培养旅游人才。举办2场文旅体系统的业务培训班，培训文化旅游行业企业负责人、安全管理人员和图文博单位负责人127人。9月2日，组织文旅体系统50名安全员参加平远县文旅体行业红十字会应急救援培训班，全面普及应急救护知识。11月16日，召开平远县文广旅体局消防安全知识讲座并开展应急演练。开展平远县首届网络评选“十佳旅游诚信经营单位”“十佳旅游工作者”活动，鼓励县优秀旅游经营单位和旅游从业人员。

【民宿、农家乐品牌打造】 2020年，平远县文广旅体局坚持把民宿、农家乐当作一个小微旅游目的地来打造，引导民宿（乡村客栈）、农家乐规范化、特色化、品牌化发展。至年底，该县有持证民宿8家（其中1家为梅州市四星级民宿，4家为梅州市三星级民宿），梅州市三星级农家乐1家；正在建设的精品民宿4家（文春山居、不负时光原味民宿、归园田居别墅、上龙堂民宿）。

【旅游宣传推介】 2020年，平远县文广旅体局做好旅游宣传工作。做好“平远旅游”微信公众号、南方+平台的运营维护，通过微信朋友圈广告、H5页面微传单、微信小游戏等方式开展新媒体宣传，提高自媒体平台活跃度和粉丝黏性。在“平远旅游”微信公众号上线“平远全域旅游”小程序和名人故居线上程序，提供导游、导览和个性化服务功能，利用多种新媒体方式进行创新性品牌营销。完成“一部手机游梅州”梅州旅游微信小程序平远部分的相关内容。与梅州电视台全媒体合作，拍摄《多彩梅州平远，更加郁郁葱葱——平远县长邀您游平远》宣传片，在梅州机场租赁户外广告牌进行宣传。参加市文化旅游局举办的“5·19”中国旅游日——2020智游打卡梅州·文旅复苏有我媒体直播带货活动。申报广东省第二批乡村旅游精品线路——平远品红色文化、游美丽乡村旅游路线。参加2020年广东文化旅游产业博览会、2020年重庆文化旅游博览会等展会；前往泉州、南昌参加宣传推介会；参加博鳌国际康养文旅论坛2020年会暨中国卫生信息与健康医疗大数据学会康养文旅工作委员会成立大会，平远县被评为中国候鸟旅养小城。与上海道善文化发展有限公司合作，编辑出版《锡矿大王姚德胜》一书。印刷《精致小城·大美平远——平远全域旅游自驾指南》，制作平远全域旅游U盘套装小礼品。举办平远县第十六届脐橙文化旅游节暨“平远橙”开采仪式、平远县庆祝2020年中国农民丰收节，通过丰富的节庆活动提高平远县知名度。（县文广旅体局）

2020年11月23日，省文化和旅游厅党组书记、局长汪一洋（中）一行到平远县调研仁居乡村振兴、红色旅游项目规划情况

平远县五指石省级风景名胜区管理处

【概况】　2020年，平远县五指石省级风景名胜区管理处（以下简称五指石管理处）切实履行各项工作职责，以生态优先、绿色发展为导向，做好景区安全生产、资源保护、经营监管、接待服务、公益科普等工作，打造安全、文明、有序的景区，助推平远创建优山美水生态之星“精致小城·大美平远”。

【景区监管】　2020年，五指石管理处从安全生产、落实疫情防控措施、规范经营等方面对景区进行监管。坚持“人民利益至上、生命至上”工作方针，协调各职能部门加强对景区内旅游基础设施、消防设施、特种设备等进行日常安全生产工作巡查，对重点隐患地段进行标记，重点观察标记地段43处。落实安全生产主体责任，对负责日常经营管理的五指石旅游发展股份有限公司发出安全生产整改工作函21份。组织力量以最快速度协调各方落实完成五指石地质灾害治理项目立项、设计、征地、监理等工作，妥善处理历史遗留问题，从严把关工程质量，确保治理工程顺利实施。督促公司抓好景区疫情防控工作，每日做好景区景点清洁、消毒，严格执行入园游客戴口罩、测体温、做信息登记等防控措施制度，严格管控入园游客数量，景区每日接待游客不超过最大承载量30%。督促公司规范经营管理，协调解决受新冠疫情及国道358线升级改造影响导致的公司资金紧张、员工欠薪问题，稳定员工情绪。

【景区资源保护】 2020年，五指石管理处践行“绿水青山就是金山银山”绿色发展理念，通过印制森林防火宣传手册、挂横幅、张贴森林防火禁火令等方式，加大森林防火宣传力度，并协助督促公司做好火源管控，切实保护景区森林资源和生态环境。用麻绳缠绕古藤，加强古藤管护；用红漆对摩崖石刻进行重新描摹，保护景区文化古迹；组织工作人员深入景区未开发区域检查，拆除野生动物捕猎工具。向林业部门争取中央林抚育项目，对内环路沿线森林全面抚育。委托支持石林寺管理重要景观资源梅园。

【景区科普教育】 2020年，五指石管理处充分发挥五指石省级青少年科技教育基地和市级人文社会科学普及基地的作用，结合研学旅行，接待市内各学校学生到景区参观，宣传科学观念，普及科学知识，在科普研学中亲近自然、了解丹霞地貌，拓展视野、丰富知识，全面提升科学文化素质。

【景区创文宣传】 2020年，五指石管理处以创建文明城市为契机，开展文明旅游宣传，印制文明旅游小册子免费向游客发放，在电子显示屏滚动播放文明公约，在观光车上张贴社会主义核心价值观标语，在游客集散地显眼处竖社会主义核心价值观宣传牌、张贴文明旅游标识，提醒游客注意自身言行，不乱扔垃圾、不随地吐痰、不说脏话、不乱刻乱画，保护景区环境，提升旅游文明素质，共创文明旅游良好氛围。 （五指石管理处）

2020年12月26日，平远县第一小学组织小记者到五指石开展科普研学活动 （县五指石管理处提供）

财税 · 金融

财　政

【概况】　2020年，平远县全年县级一般公共预算收入51824万元，完成年度调整预算收入的103.65%；全年县级一般公共预算支出311349万元，增幅9.03%。

【财政收支】　2020年，平远县全年一般公共预算总收入339817万元，对比上年增收33391万元，增幅10.90%。其中，县级一般公共预算收入51824万元，对比上年减收8214万元，减幅13.68%，完成年度调整预算收入的103.65%；上级补助收入241392万元；一般债务转贷收入26076万元；调入资金12656万元（其中政府性基金调入9741万元、国有资本经营预算调入553万元、其他财政存量资金调入2362万元）；动用预算稳定调节基金38万元；上年结余7831万元。全年一般公共预算总支出339817万元，对比上年增支33391万元，增幅10.90%。其中，县级一般公共预算支出311349万元，增幅9.03%；安排预算稳定调节基金1824万元；上解支出6985万元；债券还本支出16078万元。年终一般公共预算结余3581万元。

【财源培植】　2020年，平远县财政局推动深化增值税改革、小微企业普惠性减税、个人所得税减税和降低社保费率等各项减税降费政策落地见效。财政部门与税务等相关执收部门加强配合，挖掘税收增收潜力，加快资源资产盘活，增强财政统筹能力。加强统筹协调，解决征管中存在的突出问题，明确工作目标，落实征管责任；创新征管机制，开展财税部门税收协管工作，加强税收分析预测，扩大联合办税范围，实现涉税信息共享，挖掘增收潜力，做到应收尽收；强化非税收入征管，全面启用互联网综合服务平台，完善非税收入征管电子信息化管理，加大非税收入征缴力度；大力盘活存量资金，严格按照上级要求，清理收回结余结转资金。

【国有资产监督管理】　2020年，平远县财政局（平远县国有资产监督管理局）全力推进国有企业改革，完善国有资本布局，确保国有资产完整安全、保值增值。深化国有企业工资决定机制改革、全民所有制企业公司制改革，做好国有企业退休人员社会化管理工作；加强企业安全生产和资产管理，确保全县国有企业生产安全，防止国有资产流失和被侵占，依规处置国有资产，完善和规范物业租赁管理；做好全县各单位国有资产的处置审批，全年审批国有资产处置申请74宗，其中资产划拨（调拨）29宗，资产原值1213万元，净值724万元；做好行政事业单位资产管理信息系统日常维护和上报；完成企业财务快报（月报）和企业国有资产统计报告（年报）；完成县属国有企业和镇级以上集体企业固定资产核查工作；加强下属国资公司的监督管理；加强党政机关办公用房管理。

【地方经济建设经费保障】 2020年，平远县财政局做好服务地方经济工作。落实“三保”资金，保障财政供养人员工资、公务交通补贴、住房物业补贴、养老保险补缴等资金的足额发放和全县行政事业单位正常有序运作；保障县级重点工程及重点项目建设所需资金，做好扫黑除恶专项斗争、国家级文明城市等重点工作经费保障；大力发展乡村振兴发展战略，多方位多角度筹措资金，落实惠农政策资金2.87亿元，争取省级涉农资金1.58亿元统筹投入到“四好农村路”“乡村振兴”“美丽乡村”等项目建设；及时安排使用扶贫专项资金，建立和完善扶贫动态监控系统，进行实时监控；民生支出完成26.39亿元，占一般公共预算支出的84.79%，支出结构不断优化，保障“三保”支出需要落到实处。与群众息息相关的教育、社保、医保、就业、卫生健康等支出得到有力保障。

【财政改革发展】 2020年，平远县财政局加大改革发展力度。推进预算管理制度改革，出台《平远县关于深化县级预算编制执行监督管理改革的实施意见》，加强财政预算管理；制订严肃财经纪律、规范差旅费管理等制度性文件，开展行政事业单位“三公”经费使用情况专项检查；完善项目库建设，加强绩效管理，从早从严从细编制部门预算；推动涉农资金统筹整合，成立领导机构，制定实施方案和管理办法，初步实现农业发展领域行业内涉农专项转移支付的统筹整合，有效提高涉农资金整合水平；推进新会计制度和国有资产管理改革，组织开展《政府会计准则制度》实务操作培训班和国有资产管理人员业务培训，清理现行限制竞争政策，推进“放管服”改革，启动教育收费类电子票据管理改革，做好机构改革中国有资产移交调拨和改革资产清查交接工作。

（陈炳辉）

税　务

【概况】 2020年，平远县税务系统克难攻坚，务实进取，担当作为，履职尽责，有力有效服务“六稳”“六保”大局，为统筹推进疫情防控和经济社会发展作出贡献。

【组织收入】 2020年，平远县税务系统坚持依法依规组织收入，着力加强税收分析预测、地方税收管理、重点行业管理、重点工程项目跟踪管理、税源建设等各方面工作，科学推进各项税费收入工作，努力克服新冠肺炎疫情影响，全力保障税收收入安全。全年组织税费收入11.77亿元，同比减收2.27亿元，同比下降16.14%。其中，税收收入5.81亿元，同比减收1.58亿元，下降21.42%；费金收入5.96亿元，同比减收0.68亿元，下降10.26%。

【减税降费】 2020年，平远县税务局质效并举落实各项措施，巩固拓展减税降费成效，全县全年累计新增减税降费1.2亿元。上门走访或邀请企业界人大代表、政协委员座谈，在问需问策中有效改进减税降费工作。高效高质完成企业所得税汇算清缴和个人所得税汇算工作，确保企业和自然人“应享尽享”税收优惠。出台行业管理指引，实施精细化管理服务，为稳外贸大局提供有力的税务支持。无纸化办理出口退（免）税平均办结时限压缩至5天，全年办理退（免）税1.08亿元。落实阶段性减免企业社会保险费政策，为复工复产企业减轻用工负担，惠及用人单位800多户。开展形式多样的宣传辅导，确保纳税人“应知尽知”。全年印制发放减税降费宣传手册万余份，创作政策解读和宣传海报类新媒体稿件近30组，召开税企座谈会8次，组织减税降费相关培训6场次。

【法治税务】　2020年，平远县税务局持续深化法治税务建设，以公平公正、规范高效的税收执法和服务为基层群众解决涉税费问题。组织学习《中华人民共和国公职人员政务处分法》等法律法规，促进县局班子和广大干部职工依法履职、秉公用权。学习宣传习近平法治思想，向税务干部和社会群众普及宪法、民法典和税法知识，提高遵法、学法、守法、用法意识。进一步落实税收法定原则，《中华人民共和国车辆购置税法》《资源税法》等新税法顺利实施。开展权责清单编制和修改完善工作，制定并发布权力事项单990份、流程图116张。深化巩固行政执法“三项制度”成果，一线检查人员全面配备执法记录仪。加强税收风险管理，在维护企业正常经营秩序前提下，依法依规做好纳税评估和调查取件工作。依法推进政务公开，在全市率先制定并发布税收管理领域基层政务公开标准目录，涉及5大类23项公开事项。保障群众合理合法诉求，及时妥善处理各类信访事件。严格执行年度中央财政拨款预算，依规完成固定资产处置和网上采购工作。

【纳税服务】　2020年，平远县税务局着力在纳税服务提质增效上下功夫，持续优化税收营商环境。开展“便民办税春风行动”，积极应对疫情防控，大力推广“非接触式”办税，提升优化各类办税缴费服务。不动产登记窗口实现信息集成和流程集成式“一窗受理”，新办纳税人“套餐式”服务压缩至1小时内办结，纳税人报送涉税资料压减25%以上。全县办税服务厅全年平均等候时间1.9分钟，平均办理时长1.5分钟，在全市居于前列。着力打造特色税宣活动，精心组织第29个全国税宣月活动，开展“减税费优服务 助复产促发展”媒体走基层活动和“税务送惠策 妇幼赠健康”母亲节知识互助活动，提高社会各界对税务工作的了解和认同。全年被各类媒体采用新闻稿件111篇，其中“学习强国”平台等中央级媒体采用25篇。构建更加和谐的征纳体系，班子成员带队走访辖区内企业，收集纳税人、缴费人反映集中的痛点、堵点、焦点和关切点，查缺补漏，改进各方面管理服务工作，持续提升纳税人满意度。加大“银税互动”力度，疫情期间助力全县数十家企业取得信用贷款。通过信用信息全流程痕迹化管理和奖惩并重推进分类管理，抓实纳税信用建设。2019年纳税信用评价结果显示，平远县A级纳税人户数同比增73.91%，D级纳税人户数同比减少18.18%，纳税人诚信纳税意识进一步增强。

2020 年 4 月 17 日，平远县税务局开展“减税费优服务 助复产促发展”媒体走基层活动 （陈祺 摄）

2020 年 11 月 20 日，平远县税务局和广东平远农村商业银行股份有限公司举行银税互联自助办税合作共建签约仪式，正式上线“银税互联自助办税”服务 （陈祺 摄）

【服务大局】 2020 年，平远县税务局着力发挥税务职能，服务地方经济社会发展大局。开展暖企助企行动，落实落细各项政策措施，全力支持企业渡过疫情难关；组织全体干部职工签订《禁赌承诺书》，举办扫黑除恶诗歌朗诵会，创作扫黑除恶专题歌曲《客乡的虹》，助力扫黑除恶工作顺利推进；助力脱贫攻坚，累计向两个帮扶村投入资金 66.7 万元，顺利实现“两个 100%”脱贫退出和摘帽；助力社会保障体系建设，在全县 136 个行政村金融服务站配置移动缴费终端，方便村民缴交城乡居民基本医疗保险费；及时办理退役军人社保费补缴和残疾人就业保障金申报等工作，保障各类群体合法权益；以“税务速度”助力“梅州速度”，为疫情防控重点保障物资生产企业量身定制政策套餐，“一企一策”支持企业加快扩大防疫物资产能；通过“i 惠退”平台及时跟进辅导企业申报退税，2 个工作日完成 101 万元增值税期末留抵税额退税审批流程。

（李昌生 陈祺）

中国人民银行平远县支行

【金融服务】 2020 年，中国人民银行平远县支行做好金融服务。先后组织各金融机构开展金融知识进社区、学校、农村等宣传活动，全年组织开展各类大型宣传活动 25 次，悬挂各类宣传横幅 48 条，参加活动人数 5200 人次，发放宣传资料 1.52 万份。为个人和企业信用报告查询提供服务，全年办理个人信用报告柜台查询 64 笔，办理企业信用报告柜台查询 158 笔，在自助设备查询个人信用报告 5706 笔，协助公安机关、法院和纪委监委进行司法查询 4 笔。落实对各商业银行“放、管、服”有关要求，加强和督促各商业银行及时做好账户开立、变更、撤销等工作，全年指导各商业银行为全县各机关事业单位、团体办理开户、销户、变更 1529 笔。

【金融管理】 2020 年，中国人民银行平远县支行抓好金融管理工作。为平远疫情防控、支持企业复工复产提供金融支持。指导商业银行发放专用额度再贷款支持企业复工复产，截至 12 月 31 日，该行向平远农商行发放 4 笔支农再贷款，金额

9240万元；中国银行平远县支行、邮储银行平远县支行支持梅州市飞龙果业有限公司、梅州市金谷农业开发有限公司、广东保灵医药有限公司等企业获得“疫情防控专项再贷款”3笔，金额合计3980万元，满足疫情防控重点企业的资金需求。落实延期还本付息措施，支持企业保就业。对2020年1月25日以来到期的困难中小企业、个体户贷款本金利息，各银行机构根据企业、个体户延期付息申请，给予还本付息日期最长至2021年3月31日、免收罚息、失信行为不纳入个人的信用记录等优惠政策。至12月31日，向各银行机构提出申请，且符合贷款适用延期还本付息政策的企业、小微企业主、个体工商户共111户，本金32566万元，利息22户、1375万元。加强对平远辖区小额贷款公司、民间借贷、区域重点行业授信风险监测指标的监测分析，密切关注可能引发的不稳定因素，及时上报辖区银行金融机构监测、分析、经营管理、内部控制等情况和金融稳定评估报告。贯彻落实省、市、县扫黑除恶专项斗争工作部署，督促辖区金融机构落实扫黑除恶有关职责和线索摸排等工作，加强扫黑除恶专项斗争宣传，按时向县扫黑除恶办报送日常报表及报告。做好各级次的税款入库工作和拨付财政库款工作。截至12月31日，国库部门办理各级次的税款入库65320笔，金额99598万元；拨付财政库款9167笔，金额合计405155万元。平远支库国库业务连续多年实现“零差错”，保证国库的资金安全。做好个人所得税汇算清缴、退库相关管理工作。截至12月31日，平远支库完成电子退库无纸化3180笔，金额12988万元，实现平远辖内电子退库无纸化全覆盖。做好金融消费者权益保护工作。对群众反映的中石化平远岭南加油站拒收现金情况，及时派员调查了解，做好调查情况反馈；对金融消费者投诉的关于对县农业银行客户要求社保卡信访求决的事项，按规定处理完毕，得到当事人满意回复。

【金融发展】　2020年，中国人民银行平远县支行存贷款稳步增长。至12月末，全县金融机构各项存款余额102.9亿元，比上年年末增长4.7%，其中住户存款余额74.9亿元，比上年年末增长8.4%。全县金融机构各项贷款余额55.5亿元，比上年年末增长12.1%。推进国库集中支付电子化工作，促进电子商业汇票业务，扩大金融IC卡小额快捷支付应用，推广非现金支付工具。配合开展商事登记制度改革相关工作，优化企业开户服务。完善小面额人民币供应和硬币自循环长效机制，完善人民币冠字号码存储和查询体系。与县金融局、农商行协调沟通，推进“村居E支付”工程建设，把《平远县‘村居E支付’工程实施方案》及协调工作小组名单发文到各相关单位，在平远辖内136个行政村铺设智能移动终端（POS机），布放机具361台，实现“村居E支付”全覆盖，顺利完成机具测试、培训、运行工作。根据货币政策变化和辖区经济金融运行情况，关注国际国内经济金融状况和国家货币政策导向，围绕当地经济金融运行中的热点、难点，强化金融政策措施在当地得到贯彻落实。引导金融机构优化信贷结构，支持符合国家产业政策和市场准入条件的产业、中小微企业发展，确保信贷资金进入实体经济。推广应用梅州市信用信息和融资对接平台，推动供应链核心企业、商业银行与应收账款融资服务平台进行系统对接。引导金融机构根据当地产业特点开展金融产品创新，为特色产业发展注入强大动力。 （林晨晖）

中国工商银行股份有限公司平远支行

【概况】 2020年，中国工商银行股份有限公司平远支行（以下简称工行平远支行）以问题为导向，强化过程管理，加强创新驱动和转型发展，统筹做好疫情防控和经营管理工作，推动全行高质量发展。

【业务数据】 2020年，工行平远支行全部存款余额89692万元，比年初增加10828万元。其中，个人存款余额43473万元，比年初增加2040万元；对公存款余额46112万元，比年初增加8748万元；同业存款余额107万元，比年初增加40万元。全部贷款余额59390万元，比年初增加4462万元。其中，公司贷款余额28250万元，比年初增加6858元；个人贷款余额31140万元，比年初减少2396万元。中间业务收入893万元，比年初减少7万元。实现经营利润3142万元，比年初增加207万元。

【工作措施】 2020年，工行平远支行突出以市场为导向，以客户为中心，以创新为驱动，不断提升竞争力，牢固树立全量客户的经营理念，强化“抓日常、抓基础、抓日均、抓履职”，各项业务保持平稳发展态势。做好疫情防控和金融服务工作，细化防控措施，健全工作机制，明确工作职责，坚持把员工、客户的生命安全和身体健康放在第一位，实现全辖员工“零病例”；开辟绿色通道满足疫情期间客户特殊金融需求，开展“春润行动”“春融行动”，助推企业复工复产，落实延期还本付息、展期、续贷等政策帮助企业和个人渡过难关，开展消费扶贫、助力脱贫攻坚。推进“第一个人金融银行”战略实施，抓好存款营销工作，实现各项存款稳中有增，不断提高存款市场份额，提升核心竞争力。抓好全量客户拓户工作：抓源头营销拓展对公账户；以“税易通”“经营快贷”“E抵快贷”等产品为牵手抓好公司拓户工作；以代发工资、二维码商户、个人住房按揭、三方存管、互联网金融、云平台、医保电子凭证、信用卡分期等业务为抓手拓展个人客户。进一步夯实信贷业务基础，强化“不唯所有制、不唯期限、不唯大小、只唯优劣”的信贷思想，传导好货币政策，不断提升服务实体经济质效。推动个人住房按揭业务，抓好信贷业务转型发展；按照“真做小微，做真小微”的部署要求，做好普惠金融转型升级，提升服务实体经济质效。贯彻新发展理念，加快创新发展，围绕利润持续增长核心工作，在减费让利的基础上增收节支，多渠道打造新的利润增长点，最大限度克服疫情带来的影响。加强资产质量管控，加强不良贷款、逾期贷款的清收处置力度，确保信贷资产质量优良。

【内控案防】 2020年，工行平远支行坚持底线思维，加强风险防控，实现安全运营和零案件目标，资产质量持续向好。坚持从严治行，突出过程管理，开展内控合规“制度治理年”和案件警示教育活动，强化重点风险领域管控和员工异常行为排查管理，抓好账户风险管理及安全生产、反欺诈、反洗钱、信访维稳、声誉风险、平安金融、扫黑除恶等各项工作，不断夯实内控案防基础。　（曹广先）

中国建设银行股份有限公司梅州平远支行

【概况】　2020年，中国建设银行股份有限公司梅州平远支行（以下简称建行平远支行）围绕市分行业务发展思路和考核导向，认真落实重点工作部署和KPI考核办法，拓展市场，稳健经营、合规发展，各项业务实现稳步增长。

【业务数据】　2020年，建行平远支行一般性存款时点余额12.73亿元，比年初新增2.08亿元。一般性存款日均余额12.10亿元，比年初新增0.99亿元。各项贷款余额2.95亿元，比年初新增0.15亿元。实现拨备前考核利润2087万元。公司业务：企业存款时点余额5.1亿元，比年初新增1.12亿元；企业存款日均余额4.74亿元，比年初新增0.72亿元。个人业务：个人存款时点余额7.63亿元，比年初新增0.89亿元；个人存款日均余额7.35亿元，比年初新增0.97亿元。中间业务收入：实现中间业务净收入940万元，新增157万元。

【工作措施】　2020年，建行平远支行牢固树立稳健经营思想，以存款、贷款、中收为主线，把握市场导向，大力抓业务发展。制定方案，深耕统代发、理财、私银、CTS客户等业务领域，稳住客户，拓展行外客户资金；强化产品学习，要求全员熟知各项产品以及营销话术，提高员工产品知识和营销技能；以营业大厅和柜面为营销主阵地，落实好吸存“要、留、少、回”四字营销法则；加强考核，减少营销成本，把各项工作贯穿到常态化营销工作中；扎实开展“春晖行动”，全力满足疫情防控重要企业信贷需求，对与疫情防控相关的企业，快速执行信贷流程绿色通道、优惠贷款利率等，疫情期间发放疫情贷675万元，其中发放医疗定点机构贷款300万元，发放农业种植业贷款20万元，发放制造业贷款300万元，发放环保贷款46万元等；开展“访企十万家、普惠十分情”主题活动，主动联系对接小微企业，掌握企业原材料供应、用工复工、资金周转、产品进出口等实际困难；疫情期间，暂缓疫区受困企业和个人不良催收。开设“云工作室”，为客户提供“随时、随地、随心”的线上金融服务；以党员为核心组建营销团队，走进企业单位，走进社区、走访客户，密切银企、政企关系。

【合规平安年】　2020年，建行平远支行按照市分行合规工作要点，开展合规各项工作。层层签订《2020年“两防”与合规风险管理责任书》；推进“线上+线下”学习教育模式，开展员工合规文化教育：开展“以案为鉴”主题教育活动，组织观看案件警示教育片等；组织员工开展合规案防知识考试，全体员工参考率、及格率均为100%；开展“合规之星”评选活动，营造互相学习、互相监督、互相促进良好的合规氛围；做细员工网格化管理，强化员工行为管理，提升行为管控能力，及时消除风险隐患。全年未发生员工重大违规事件，实现合规平安年。（县建行）

中国农业银行股份有限公司平远县支行

【业务数据】 2020年，中国农业银行股份有限公司平远县支行（以下简称农行平远县支行）本外币各项贷款余额13.27亿元，比年初增加1.59亿元。各项存款余额16.57亿元，其中对公存款5.55亿元，个人存款11.02亿元，比年初增加5689万元。全年实现中间业务收入1764万元，完成分行全年计划的115.37%，位于全市前列。实现营业收入7152万元，实现拨备前利润5487万元，拨备后利润4996万元。全年新发放建档立卡户小额扶贫贷款30户，金额135.6万元。全年实现安全运营无事故、无案件，内控综合评价继续保持一类行。

【工作措施】 2020年，农行平远县支行抓好扩户提质，促进稳存增存。主动对接财政，掌握财政性资金条线来源、分配和债券资金安排情况，紧密联系各机关单位负责人和财务人员，确保资金尽早、尽多流存农行；跟进重点项目推进情况，强化项目承接主体营销；抓“两户双高”建设，出台《对公重点项目/客户营销奖励方案》，上下联动、合力营销，实施“一户一策”推进落地。支持企业复工复产，主动上门了解各类防疫企业经营状况和资金需求情况，对有融资需求企业，开通绿色审批通道，提高审批用信效率；加强与政府职能部门、进园企业的沟通合作，支持县重点项目、重点工程和招商引资项目，支持进园企业复工复产，做强做大园区企业贷款；按照“六稳”“六保”工作要求，结合平远地方经济特色，向县委、县政府领导，工业园管委会，农业农村局和各镇村宣传推广简单便捷的抵押e贷、纳税e贷和“乡村好时贷”“一村一品e贷”、房抵e贷等线上产品，加大普惠金融支持力度。推进数字化转型，狠抓掌银营销拓展，组织网点一线营销人员，以掌银为卖点宣传营销，引入更多场景应用上掌银，带动掌银活跃客户增长；多维度构建消费场景，提高掌银使用率和覆盖率，主要以缴费中心为拳头产品，通过丰富生活服务场景，提升批量获客能力；围绕专业市场客户，做强“e贷”业务，利用梅片e贷、教育e贷、烟商e贷、专业市场e贷等线上场景，加快业务向线上迁移。压实金融扶贫主体责任和监督责任，明确“一把手”负责制，全面推动支行脱贫攻坚金融服务工作。全年新发放建档立卡户小额扶贫贷款30户，金额135.6万元，超额完成县委、县政府和梅州分行下达的户数和金额任务。深化网点转型与提升效能相结合，推进“三转合一”赋能，开展有针对性的营销培训，激发客户经理、大堂经理、柜面经理的营销兴趣和热情，壮大网点营销队伍，提高网点营销成效；坚持条线突破与联动营销相结合。强化公私双向联动，依托产业链、资金链、交易链实现客户联动挖潜，通过法人贷款带动托管、年金、代发工资、银行卡等业务；通过私人银行等高端个人客户带动对公账户的开立以及对公结算等业务发展；通过场内逐个营销和场外批量营销做好医保电子凭证激活工作。

【风险防控】　2020年，农行平远县支行严抓案件风险防控。抓好信贷风险管控，加强贷后管理，对经营出现波动的客户强实时监测，及时采取防范措施，对出现不良贷款、信用卡不良逾期的客户，加大催收力度，严防劣变风险。落实“三线一网格”各项工作要求，组织学习省、市分行网格案防实务工作规范，抓好员工征信和经商办企业排查，异常行为重点人员筛查等风险防控工作，夯实基层基础管理，遏制违规违纪行为发生。定期召开员工行为风险分析例会、分析业务经营、内控合规、员工行为管理等工作中存在的问题，落实风险防控措施。加强合规文化建设，结合分行到支行开展清廉文化暨合规文化巡回宣讲活动，召开反腐倡廉形势报告会，抓好案例学习宣讲和教育培训，组织员工到县家训家风教育基地参观学习，提高员工合规意识和合规能力。（朱　晖）

中国邮政储蓄银行平远县支行

【概况】　2020年，中国邮政储蓄银行平远县支行以建设一流大型零售商业银行为统领，持续深化改革、加快转型发展，坚持“稳健经营，科学发展”的经营理念，打好“扶贫贷款”“两增两控”“化解金融风险”三大攻坚战，抓好经营发展与风险合规管理、案件防控等各方面工作，重点推进普惠小微企业贷款，服务实体经济，落实各项惠农惠民政策，深化普惠金融服务。2020年平远县邮政金融各类存款余额20.75亿元，各类贷款结余额17.92亿元。

【普惠金融】　2020年，中国邮政储蓄银行平远县支行加强偏远农村地区金融基础服务，推进农村金融机构改革、促进农村金融产品创新、完善农村金融基础设施、加强金融支农。该行“三农”金融事业部发挥职能优势，全面负责小额贷款（含个人商务贷款）经营管理，涉农公司金融业务、农业农村项目贷款及涉农非贷类金融业务的营销组织工作。

全面落实党中央、国务院关于支持抗疫、复工复产、小微企业发展的工作部署，坚持“服务社区、服务中小企业、服务‘三农’”的战略定位，发挥网络、资金和专业优势，践行服务实体经济，解决中小微企业融资难、融资贵的难题。落实梅州银行业公会和银保监局“百行进万企”工作要求，走访客户270家，为企业提供融资产品和融资渠道；与县人社局、农业农村局等机构合作，开展创业担保贷款、农业贴息贷款、省农担贷款等，为再就业人员提供创业资金支持，为农业企业办理贴息贷款和省农业担保公司担保贷款，减轻企业融资负担，解决企业无抵押物难题；降低经营性贷款利率，解决企业融资贵的问题。全年发放小微企业新客户贷款18户8113.8万元；支持普惠小微企业441户，贷款金额23.92亿元；发放抗疫贷款980

万元，为企业复工复产提供支持。

不断完善小微企业融资产品体系，加大金融产品创新力度。疫情期间，推出“防疫专项再贷款”“抗疫贷”信用贷款，为抗疫相关企业发放信用贷款980万元，金融助力企业复工复产。倾斜信贷资源，降低小微企业综合成本。疫情发生以来，为归还本息困难的小微企业办理延期还本付息、展期、停息和还款方式变更等，对受疫情影响企业提供减免银行相关服务收费等综合金融服务。

线上产品不断丰富，小额“极速贷”“小微易贷”等线上产品，为小微企业、经营商户等提供方便、快捷的融资服务。10月开始，3个月发放极速贷931笔4690万元，发放小微易贷8户1310.8万元。推出“公积金信用贷款”“优享贷”等为客户提供消费需求支持，促进消费，全年发放763笔5370.5万元。

在农村地区推广银行卡助农取款项目，有银行卡助农取款受理终端58台，2020年度累计交易2459笔，账务类交易金额455.78万元，其中助农取款金额152.92万元，转账金额295.14万元。配合县人民银行，以助农取款点为抓手，共同推动移动支付便民工程项目发展，选取56个助农取款点和10个特定商户作为移动支付示范点，做好移动支付宣传工作，促进移动支付便民工程的实施。

开展消费者权益保护工作，加强消费者权益保护工作组织体系建设，不断完善投诉处理流程，加强投诉跟踪管理，强化责任落实，确保各类投诉得到有效处置，化解投诉升级风险。做好消费者权益保护金融知识宣传工作。辖内各网点均设置消保知识宣传专区，常年摆放金融知识宣传资料，利用网点LED屏和多媒体播放器播放电子宣传资料；开展“3·15”消费者权益保护教育宣传周活动、普及金融知识万里行系列活动、金融标准专项宣传活动、梅州银行业打击恶意投诉举报违法违规行为专项普法宣传活动等，强化银行业金融机构的服务意识，提升金融消费安全意识，引导金融消费者依法理性维权，优化金融生态环境，降低金融风险。（张思红）

2020年9月14日，中国邮政储蓄银行平远县支行到平远县梅青中学开展“送金融知识进校园”活动（张思红 摄）

广东平远农村商业银行股份有限公司

【概况】 2020年，广东平远农村商业银行股份有限公司（以下简称平远农商行）以“巩固改革成果、转换经营机制”为主题，坚持“稳中求进”总基调、“防范化解风险”工作底线，以“切实转换机制”为中心工作，推动平远农商行做优做强，更好地服务“三农”、支持小微企业，实现平远农商行健康可持续发展。

【业务数据】 2020年年底，平远农商行资产总额46.55亿元，比年初增加2.61

亿元。其中，各项存款余额 40.01 亿元，比年初增 2.46 亿元，增幅 6.55%，市场占有率 38.89%，较年初增长 0.07%；各项贷款余额 27.21 亿元，比年初增加 2.21 亿元，增幅为 8.82%，市场占有率 49.07%，较年初下降 1.49%；存贷款总量和市场份额均居全县金融机构首位。全年实现财务收入 24797 万元，同比增加 470 万元，增幅 1.93%；实现经营利润 10335 万元，比年初减少 122 万元，减幅 1.17%；净利润 6012 万元，同比减少 1888 万元，同比减幅 23.09%。至年底，不良贷款余额 3856 万元，比年初增加 258 万元，不良率 1.42%，比年初下降 0.02%，不良贷款比例实现下降。

【普惠金融】　2020 年，平远农商行辖属 17 个网点遍布县域全部乡镇，是平远县域内服务面最广、网点最多的金融机构；辖属网点布放 19 台 BST 终端、18 台超级柜台、24 台存取款一体机，并成功对接政务服务平台及税务平台，将政务服务延伸到辖内网点，以科技赋能加快推进网点转型，进一步深化“政务+金融”的服务新模式；协助政府和人行等部门完成 25 个信用村、39 个金融服务站的建设，在农村地区设有“悦农 e 站”站点 11 个、“村居 E 支付”机具 153 台、POS 机 242 台，在 55 个助农取款服务点布放助农取款机，满足城乡居民对金融服务的需求，为广大群众提供更便捷优质的服务。

【支农支小工作】　2020 年，平远农商行抓好支农支小工作，实现小微企业贷款“两增两控”目标。至 12 月底，单户授信总额 1000 万（含）元以下的小微企业贷款 65199 万元，比年初增加 6227 万元，增速 10.56%，高于各项贷款增速 1.74 个百分点；户数 893 户，比年初增加 69 户，利率保持合理水平。涉农贷款余额 260218 万元，比年初增加 22527 万元，增幅 9.48%。平远农商行国标+省标扶贫贷款余额 4840 万元，比年初增加 771 万元，对符合条件的贫困户有效贷款需求“应贷尽贷”。

【“六稳”“六保”任务落实】　2020 年，平远农商行强化金融服务支持力度，推动落实“六稳”“六保”任务。疫情期间，畅通线上线下渠道，保障金融服务；对有防疫应急资金汇划需求的，开通绿色通道，确保防疫资金到位“零延误”；推出“助企复工复产十二条”服务措施；创新推出“抗疫精英 e 贷”和“抗疫贴心贷”等信贷产品，助推企业应对难关复工复产。至年底，支持企业复工复产发放贷款 54 笔 35 户，贷款金额 33950 万元。针对平远县辖内中小微企业复工复产面临的资金问题，充分利用央行支农再贷款专用额度等方式，迅速落实对辖内涉农及其相关企业提供资金支持，为符合条件的企业提供 9240 万元低成本、普惠性的支农再贷款。同时下调利率、利息减免，费用减免累计减少约 159 万元；对 104 户受疫情影响的小微企业采取延期还款的方式，贷款金额 38495 万元；对 17 户受疫情影响的小微企业采取延期付息的方式，贷款金额 25477 万元，用实际行动践行“六稳”“六保”政策落地。

【经营管理】　2020 年，平远农商行坚持存款贷款立行，加快业务转型。实施分层次、差异化营销，通过“四个抓手”（抓政府行政事业单位、抓核心客户、抓重大项目、抓重点行业），将各类资金归集，实现存款稳步增长。优化信贷资源配置，引导信贷资金服务“三农”和当地实体经济发展。通过创新信贷产品和抵质押担保方式，深挖本地特色产业及新能源战略新兴行业及其上下游企业资源，大力支持实体经济和企业转型发展。

持续推进转换经营机制。加快业务转型，上线投产应用“平远县财政一体化系统（原国库集中支付系统）”、超级柜台、移动营销、新柜面和集中作业平台4个项目，实现“加强风险防控、提升客户体验、提高运营效率”的运营转型目标。

防范化解信贷风险。推进贷款“匿名审批”，打造“排除干预、独立审贷”的阳光信贷决策体系；全面落实省联社信贷纪律要求，搭建从严治贷、从严管贷的长效机制，实现贷款“三性”“三铁”“三查”“三分离”的全面回归。加强财务管理，防范流动性风险。大力拓展中间业务，优化资产配置，改善收入结构。做实经营利润，提足拨备，增强财务和整体经营的抗风险能力。健全流动性风险监测体系，做好日常流动性监测，定期开展压力测试和评估工作，及时了解流动性风险水平、管理状况及其重大变化。

巩固提升合规年建设，保持案防高压态势。启动“全面合规——我们共同的追求”主题建设活动，举办条线部门合规培训、业务合规性检查、合规演讲比赛、合规教育宣讲、评选合规之星等活动，增强全员合规意识。大力整治违法违规金融活动，防范和化解金融风险，开展11项专项治理检查，做实案件风险防范工作。全年未发生重大案件。抓好安全生产管理工作。推进安防设施“135”达标建设，加大安防达标升级建设力度，提升安全保卫防御能力；定期组织开展安全生产检查，重点关注枪弹、消防、押钞、职工食堂、监控中心值守人员履职及应急管理等重要环节；联合平远县消防大队开展“消除事故隐患，筑牢安全防线”为主题的培训和消防器械实操，提升员工消防安全意识和自防自救能力。 （平远农商行）

中国银行股份有限公司梅州平远支行

【概况】 2020年，中国银行股份有限公司梅州平远支行（以下简称中国银行平远支行）有正式员工6人，其中行长1人、副行长（派驻业务经理兼纪检监察员）1人、大堂经理1人、综服经理3人。支行营业厅各类功能分区齐全，包括预处理服务区、客户体验和产品展示区、开放式柜台服务区、封闭式柜台服务区、中高端客户服务区、营销服务区、自助服务区及辅助功能区等多个功能分区，配备有智能柜台、移动柜台，能满足客户各种业务需求，做好客户服务。

【业务范围】 2020年，中国银行平远支行依法办理业务范围有：吸收公众存款，发放贷款，办理国内外结算，办理票据承兑与贴现，代理发行金融债券，代理发行、代理兑付、承销政府债券，代理买卖外汇，从事银行卡业务，提供信用证服务及担保，代理收付款项及代理保险业务，提供保管箱服务，中国银行总行在中国银行业监督管理委员会批准的业务，经银行业监督管理机构批准的其他业务，经人民银行批准的结汇、售汇业务。

【业务开展】　2020年，中国银行平远支行坚持“以客户为中心”的服务理念，立足县域经济发展，为社会公众提供专业、优质金融服务，落实稳就业、稳企业促发展政策。服务实体经济，支持对民营企业普惠贷款；加大“专精特新”项目融资，更好地服务高新技术企业中小企业；提升服务水平，发展消费金融。2020年疫情期间，该行叙做梅州中行首笔“抗疫贷”贷款业务3000万元；至年底，新增个人客户、借记卡发卡、网上银行、手机银行、本外币存取款等业务正常开展。各项存款折合人民币3500万元，较上年年末增长1900万元。贷款全年累计发放10248万元，其中，对公贷款9300万元（含民营企业贷款6300万元、抗疫贷款3000万元），贷存比266%，不良率0%；个人消费贷款350万元（含：住房按揭贷款60万元、分期付业务280万元）。新增企业客户70户，各项经营指标稳步增长。该行连续2年被梅州分行评为风险内控先进单位。

财　险

【概况】　2020年，中国人民财产保险股份有限公司平远县支公司（以下简称人保财险平远支公司）实现年保费收入4090万元，同比增长10.3%。赔款总支出2002.2万元，综合赔付率48.9%，全年实现利润666万元，连续2年被梅州市分公司评为“B”类支公司。

【工作措施】　2020年，人保财险平远支公司深耕车险市场，配套人员“三定”和车险改革。抓车险销售队伍建设，进一步整合支公司现有直销人员，试点搞配套激励政策；加强与各修理厂的合作沟通，提升合作网点覆盖面，实行车商团队人员管理考核办法，提升车商人员现有待遇；加大车险业务结构调整力度，大力开发有效益的险种，加强优质业务的拓展力度，特别是家庭自用车占车险业务比例60%以上，年度车险保费与上年持平。拓展非车险保险市场，夯实支公司发展基础。商非政府大项目成功续保率100%，非车险总保费同比增长29.7%，其中商非同比增长19%，市场份额44.9%；落实农险“扩面提标增品”要求，提高农险承保理赔效率，农险业务保费同比增长34.7%，其中政策性农险由支公司负责省级、县级财政，保费100%收回，应收未收率控制在2.5%，市场份额100%。

着力保障经济运行畅通，全年为5万户农户提供40.2亿元风险保障，全县承保早、晚造4993.33公顷（7.49万亩），保费500多万元，为全县水稻种植26315农户提供保险保障。做好农险大单理赔工作。2020年6月8日，平远县遭受暴雨袭击，平远县10个镇4200户290公顷（4350亩）水稻受损，赔付约125万元；农村房屋受灾61户64间，赔付约20万元；车辆被水浸泡15部，赔付约30万元。8月全部赔付完毕，为恢复人民群众生产、生活秩序提供保险保障。做好“保尚保”

推广活动。11 月 23 日，梅州“保尚保”正式上线。支公司全体员工通过线上、线下推广“保尚保”活动，多方面、多层次开拓推广渠道，提升支公司保尚保项目份额。（张新城）

寿 险

【概况】 2020 年，中国人寿保险股份有限公司平远县支公司（以下简称中国人寿平远支公司）实现总保费 7777 万元，全年处理死亡给付、医疗给付赔款支出、伤残支出、满期给付、退保金、年金等支出 1961 万元，为平远县的经济发展和人民群众的生活安定起到风险保障作用。

【工作措施】 2020 年，中国人寿平远支公司配合县卫健局，组织推进“银龄安康”工作，指导各镇制订方案，到各村派发保险凭证，收集理赔资料，为全县 4.5 万名 60 岁以上的老年人提供保险保障；与县妇联沟通，对投保的全县 20 个省定贫困村 35 至 65 周岁的 6370 名妇女进行后续服务，对其中 4 位被保险人进行给付。围绕做大做强队伍，强化人员管理培训，实现队伍经营自主化，加强风险防范，提升服务质量。持续开展核保、理赔、保全等职场活动，强化临柜业务受理转化率，提升 e 化服务渠道替代率，为人民群众提供便利的保险保障业务服务。落实风险管控工作。加强常态化宣导教育，通过员工会议、渠道晨会、到保险站宣导等形式，开展“反洗钱”、处置和防范非法集资、“扫黑除恶”专项斗争、“廉政教育月月学”等；对销售人员开展诚信文化建设宣导教育，促进诚信文化与风险管控、业务发展的有机统一，防范、化解销售风险。依托防范和处置“非法集资”宣传活动月、“反洗钱”专项治理工作板块，加强风控知识宣传；开展各渠道“诚信墙”的布置建设，使诚信教育宣传在各职场落地生根。加强风控工作自查，完善信息登记与报送，确保风控工作落实到位。（姚文芳）

城乡建设·环境保护

城乡建设

【概况】　2020年，平远县住房和城乡建设局（以下简称平远县住建局）坚持以人为本，高效推进城市民生重点项目建设，如推进停车场建设、污水处理设施建设、老旧小区改造和城乡供水扩容提质工程，提升城市品位。同时抓好美丽乡村建设，着重抓好农村生活污水处理设施建设、农村危房改造以及农房管控和风貌提升工程，提升农民生活质量。

【城市民生工程建设】　2020年，平远县住建局坚持以人为本，高效推进民生重点项目建设。停车场建设。利用未建设的城市绿地、闲置用地和城市微空间打造规模不大、却贴近百姓生活的口袋公园，增设停车位，完成建设路停车场建设、税务宿舍、邮政宿舍停车场升级改造及三角地口袋公园建设和振兴街口袋公园建设。实施城南新区雨污首期排水工程、平远县平城中路辅道提升改造项目、平远县环北路西南端入口辅路改造项目、平远大道跨路管道改造工程、平远县污水处理厂配套管网续建工程，铺设雨水管道2300多米，铺设污水管道6300多米。推进老旧小区改造。投资307.6万元实施2020年平远县城镇老旧小区改造项目，对合计建筑面积2.4万平方米的县政府机关宿舍、公安局宿舍、法院宿舍、检察院宿舍、审计局宿舍、地产公司宿舍等，实施环境绿化，补充更新花木品种，同时见缝插针开辟休息空间，适量增加景观小品（如座椅等），补建机动车泊位，增设交通标志，设置固定垃圾收集点，完善排水系统并按防火规范要求增补小区室外消火栓及疏通消防通道，修缮楼道，以保障公用设施安全整洁为主要建设内容的城镇老旧小区改造，全面完成审计局宿舍、地产公司宿舍。推进城乡供水扩容提质工程。“平远县城乡供水工程”项目于3月批准立项，工程总投资9668.97万元，主要建设内容是在县高峰清流制水厂侧新建1座日产2万立方米的水厂，敷设DN400—600毫米配套主管网7.69千米，对现有制水厂升级改造。

【农村生活污水处理设施建设】　2020年，平远县住建局围绕乡村振兴，抓好农村生活污水处理设施建设。镇级方面：11座镇级污水设施于4月7日通过环保验收并投入使用。启动并完成3756米管沟（渠）改造，其中仁居镇中山南街、仁八街900米；八尺镇供电局后、塘心村路口和镇政府段665米；热柘镇政府至柚树街与兴柘街交叉路口297米；河头镇河头村河唇、坎下、草塘等村组950米；东石镇平东一街、平东二街和东泗街944米。村级方面：增铺社南、飞龙、文丰、差干、珠坑等村处理站点收集配套管网2.562千米，提高污水收集率。

【农村危房改造】 2020年，平远县住建局完成农村危房改造36户，并经验收合格，直接拨付至农户个人账户农村危房补助资金87.4万元。

【传统村落保护】 平远县共有6个村列入中国传统村落名录。2020年，平远县住建局加大传统村落保护力度。到年底，上举镇畲脑村、东石镇凉庭村、泗水镇梅畲村、石正镇南台村均完成保护与发展规划的编制，正按项目需求表完成乡村道路硬化、古树保护、村庄卫生整治、河道治理、污水处理等项目。2019年被列为第五批中国传统村落的泗水镇文贵村和成文村的规划编制工作正在开展。

【农房管控和风貌提升】 2020年，平远县住建局加强农房管控和风貌提升。为加强农村宅基地管理，规范农村村民个人建房行为，加强农房管控和风貌提升。平远县住建局与县自然资源局、县农业农村局联合印发《平远县农村宅基地和村民住房建设管理暂行办法》，明确要求“各镇在农村建房审批时，对其户型、立面、层高、色彩等实行带方案审批，农户须按图纸进行施工”。为规范农村村民建房行为，方便农户，平远县住建局还组织编制《平远县农村客家风格建筑指引》，并印发各镇、村及相关单位。 （县住建局）

2020年，平远县“两美”工作会在县住建局召开 （县住建局提供）

建筑行业监管

【房屋市政工程监督管理】 2020年，平远县住建局严把施工许可和竣工验收备案关，全年新开工工程28项、总建筑面积43.84万平方米，完成工程备案21项、总建筑面积41.75万平方米。着力抓好安全生产，落实企业主体责任，组织全县安全生产大检查。全年组织开展 11 次全县建筑工程质量、安全生产检查及专项检查，检查在建工程项目 80 多项次，并对相关责任人实施动态扣分。2020 年度安全管理效果明显，未发生较大伤亡事故，建设行业死亡人数为零。着力打击违法违规建设行为，对于无规划许可、无施工图审查、应招标而未招标、未依法委托监理、未办理质量监督手续的工程坚决不予办理施工许可证手续，不批准开工建设，发出 4 份责令停止违法行为通知书。开展建设工程创优活动加强工程监管力度，再创安全生产、文明施工水平新优势。县人民医院综合大楼工程通过省、市“双优”样板工地复评审。

【房地产市场监督管理】　2020 年，平远县住建局加强政府管理和引导，完善物业管理法规建设。明确政府部门、开发企业、物业公司和业主各方的责任、权利和义务；深入宣传相关法律法规，让广大业主了解物业管理的重要性，履行相关义务，配合物业企业做好管理工作。为充分发挥政府主导、部门协调职能作用，探索联席会议制度。大柘镇人民政府建议县政府建立由大柘镇、公安局、民政局、住建局、城综局、司法局、卫健局、市场监管局、人社局等部门组成的联席会议制度，定期（每月或每季度）会商解决社区存在问题，以更好地做好物业管理工作。

【燃气企业安全生产管理】　2020 年，平远县住建局加强燃气企业安全生产管理。年初与燃气企业签订安全生产管理责任书，明确各级、各部门的责任；组织燃气安全生产大检查，组织开展全县燃气安全生产检查 8 次，出动人数 94 人次；对燃气企业、配送中心使用燃气进行检查，确保燃气安全。

【供水规范化管理】　2020 年，平远县住建局与高峰清流制水公司、县自来水公司签订《平远县供水规范化管理目标责任协议书》，明确城区制、供水管理目标责任，抓好制、供水水质管理。按照日检出厂水常规指标 9 项，月检出厂水 42 项，年检出厂水 106 项的检测要求，高峰清流制水有限公司每半年委托汕头市为民水质检测有限公司检测 106 项。自来水公司每天从城区随机抽取 1 个以上取水点取管网末梢水化验，每月对 3 个固定采样点取水提交县疾病预防控制中心进行 36 项检测。不断提升服务水平，坚持以用户为中心，以用户满意为宗旨，设置 24 小时供水服务热线电话，开通“平远供水”微信公众号，用户可通过该平台自助缴交水费和及时了解供用水信息。同时，完善市民报漏和举报违章用水有效渠道。

（县住建局）

城市管理和综合执法

【概况】　2020 年，平远县城市管理和综合执法局（以下简称平远县城综局）以“精致小城·大美平远”为总体目标，以创建全国县级文明城市、“两美”为工作契机，不断提升城市管理精细化水平，城市管理各项工作取得明显成效，市容市貌明显改善，为县内经济社会发展创造良好的城市环境。

【疫情防控】　2020 年新冠肺炎疫情暴发以来，平远县城综局迅速成立疫情防控工作领导小组，分设5个专责小组有序开展工作。开展疫情防控指引宣传、爱国卫生运动、城市公共场所巡查防控、农贸市场清洁消毒、下水道消杀、加强环卫行业管理等工作。73名党员干部主动报名到联合防疫检查站、到入户排查工作组、到隔离对象看护组工作，城监大队新老队员无一例外，主动投身到疫情防控第一线，做到“我是党员我先行，我是党员我贡献”。全年组织爱国卫生运动64次4820人次，卫生整治48次3200人次，市场、餐馆、小区、城中村等重点场所整治出动执法人员1650人次，发放宣传资料5800多份，喷洒消毒液1.8吨。

【市政建设】 2020年，平远县城综局夯实基础，市政管养成效明显。完成城市桥梁安全检测工作，通过采购方式聘用有检测资质公司对县内13座城市桥梁进行桥梁的外观、静载、动载等安全检测，切实保障人民群众出行安全。完成县城主干道下水道排污清淤工作，有效缓解城市内涝和下水道堵塞现象。为保护大柘河、岭下河县城段的环境，组织专业队伍对县城8.7千米集污管网、沿河排污口进行清淤。3月，启动山布惊垃圾填埋场沼气治理和发电利用项目，完成厂房、控制室、配供电室等基础施工，主要设备已安装。9月底，提前完成新建城北市场公厕1座，完成改造老平远中学体育场公厕等民生实事项目。

2020年，平远县城综局组织专业技术人员对县城桥梁进行检测

【综合治理】 2020年，平远县城综局抓好综合整治，“三宜”环境不断改善。开展铁皮瓦专项整治工作，牵头拟定《平远县城区临时建筑（铁皮瓦）2020年专项整治计划》，对县城区范围内铁皮瓦进行摸查拆除，城区各学校率先完成铁皮瓦整治，有75家党政机关、企事业单位完成铁皮瓦整治。城区拆除铁皮瓦7620平方米，其中党政机关、企事业单位约7400平方米。常态化实施道路环境整治，集中

力量对城区繁华路段进行重点整治，拆除道路两边违规设置的路障、水泥石墩136个，雪糕筒9个；清理流动摊点1100余次，下达责令整改通知书1600余份，发放市容市貌宣传单（册）9000余份；纠正流动水果摊贩沿街叫卖4600余起，清理违章占道960起；规范1500余家临街门店出店经营行为，整改乱堆放797宗；开展校园周边环境专项整治，在专项行动中整治城区内中小学校周边从事非法经营活动的游商、无证照摊点31家，占道经营的门店42家；整改临街洗车场所48户；处理“扬撒漏”14宗，出动人员428人次，车辆109辆次。同时，将未经审批、破旧、残缺、污损以及其他影响市容市貌、存在安全隐患的广告店招、门头条幅列为整治重点，多频次派出整治工作组，加强巡查摸底。清理各类广告条幅、拱门、气球等223条，灯箱、移动招牌等198块。平远大道、建设路开展并完成广告店招统一。推进城区“四网”整治，完成县城主干道周边的挂空线路的摸底调查规整，规整架空线缆10800米。持续保持打击“两违”（违法用地、违章建筑）高压态势，坚决“控增量、减存量”。将违法建设列为重点治理对象。全年立案查处行政处罚案件10宗。创新城区网格化精细管理机制，通过建立“条块联动、重心下移、网格管理、实时监督”的城市管理机制，将县城区范围划分为5个大网格区域，对管理领域内可以通过巡查发现的部件、事件问题，纳入城市网格化管理内容，创建和谐、有序、干净、靓丽的城市环境。

【环境卫生】　2020年，平远县城综局以零垃圾为目标，切实做好市容环境卫生工作。要求环卫服务公司向创文标准靠拢，以增加临聘人员、错班延时、机械化辅助人力等多种措施提高环卫保洁的质量。针对道路撒漏现象，及时增加洒水班次及保洁班次。夜间安排车辆和人员对城区主要街道、休闲场地实施冲洗；对城区公厕、中转站等环卫设施进行清理、清洗。清扫率100%，无害化卫生厕所普及率100%。抓好县生活垃圾填埋场整治整改。2019年8月，山布惊生活垃圾卫生填埋场通过省住建厅“填埋Ⅱ级”无害化等级评价验收。2020年收运处理生活垃圾3.6万吨，日均处理132吨，基本做到日产日清，其中县城区日均处理72吨，12个乡镇日均处理60吨。扎实推进垃圾分类处理。牵头拟定《平远县城区生活垃圾分类试点实施方案》。确定平远县垃圾分类工作的目标和试点范围，明确各部门的职责分工，建立起“领导挂点、部门协同、责任落实、全民参与”的网格化管理模式。通过制作分类指导手册、展板，利用广播、网络等媒体和平台，组织志愿者和党员干部到公共广场、金色华府等社区开展以“垃圾分类你我他，市容环境靠大家”为主题的宣传活动。同时，结合在职党员进社区“双报到”志愿服务活动的开展，在小区开展垃圾分类工作宣传，提高群众知晓率和参与率，营造人人参与和支持垃圾分类收运处置工作的良好氛围。全年累计印发宣传手册5000份，开展垃圾分类工作宣传50余场次。到年底，城区有公共机构108家，放置生活垃圾分类桶280个，实现城区公共机构生活垃圾分类全覆盖。

和顺小区、金色华府和金盛小区完成生活垃圾分类工作。全县168个餐饮单位开展垃圾分类，收运率81.16%。

2020年9月7日，平远县城综局在官田广场进行垃圾分类宣传 （县城综局提供）

【路灯亮化】 2020年，平远县城综局做好城市亮化建设工作，确保道路照明运行正常。全年完成城区内路灯杆编号及控制线路电路图编制，维护更换线路4627米，各类灯具843盏，完成国道206线、城南商业城段灯杆景观提升，安装383杆中国结，完成南台清风园及城南商业城路灯灯杆翻新改造工作，对背街小巷进行亮化提升，完成羊子甸街、新田街、华庭居的亮化提升，安装灯具52盏。

【园林绿化】 2020年，平远县城综局在园林管护经费严重不足，大部分未列入财政预算的情况下，谋划资金，坚持“建管并重”，为县城环境增花添绿。全年对南台清风公园进行绿化改造，平远大道、柘东路种植时花4000多平方米，兔子岗二路摆放花箱98个，鸭麻桥至百川大厦路段、环东路乔木整形、修剪898株，以及防治病虫8次，持续加强安全隐患排查工作，清理枯枝、倾斜枝20余次，砍伐枯死树15株，进行高空修剪900余株。

【市场管理】 2020年，平远县城综局加强市场规范化管理，营造良好市场环境。全面完成城北市场建设项目，8月28日，城北市场正式营业。市场设置水果、肉菜、副食品等销售区。市场物业管理部门按照指引做好疫情防控工作，防止疫情通过农贸市场、活禽（畜）交易市场传播，保障广大人民群众身体健康和生命安全，落实“1110”制度和“零存栏”制度，做好清洗消杀，特别是活禽场所进行消毒杀菌处理，切实减少交叉感染风险。

（县城综局）

生态环境保护

【概况】 2020年，梅州市生态环境局平远分局坚持“绿水青山就是金山银山”发展理念，加强生态环境保护工作，打好打赢污染防治攻坚战，推动全县生态文明建设走在全市前列。2020年，全县环境质量状况持续改善，水环境质量综合指数排名全市第二，省考柚树河热柘断面、市考柚树河犁壁滩和石正羊耳陂断面监测指标均达Ⅱ类，县城饮用水源黄田水库水质监测指标均达Ⅱ类，优良率100%。空气环境质量优良率100%，PM2.5平均浓度16μg/m³，空气质量综合指数2.07，在全市8个县（市、区）中排名第一。2020年，平远县在国家重点生态功能区县域生态环境质量考核中获全省第四、全市第一，获得国家生态补偿转移支付资金1.84亿元。

【环境保护】 2020年，梅州市生态环境局平远分局切实做好生态环境保护工作。开展碧水保卫战，抓好水污染防治工作。开展柚树河、石正河交接断面水质提升工程，落实好河湖长制，常态化推进巡河和“五清”工作；加强农业面源和养殖业污染治理，印发《平远县畜禽养殖禁养区和限养区划分修订方案》，规范禁、限养区划定和管理。推进入河排污口（排水口）规范整治，印发《平远县入河排污口（排水口）排查整治专项行动实施方案》，启动专项排查整治。2020 年排查出的 20 处入河排污口，全面完成整治。加快农村生活污水摸查工作和治理方案编制工作，完成 1344 个自然村污水摸查，编制《梅州市平远县农村生活污水摸排治理实施方案》，并通过市专家评审。持续做好饮用水水源地保护工作，编制《平远县集中式乡镇饮用水源保护区划定方案》，涵盖全县 9 个镇 17 个乡镇饮用水源（千吨万人）保护地。

推进蓝天保卫战，抓好大气污染防治工作。推进非道路机动车道移动机械大气污染防治工作。制订《平远县非道路移动机械大气污染防治工作实施方案》，划定禁止使用高排放非道路移动机械范围，开展非道路移动机械调查摸底工作和信息备案登记工作。推进重点行业 VOCs 深化治理。完成21间涉 VOCs 企业销号整治任务。同时，启动第二批共 4 间涉 VOCs 企业销号整治工作，完成销号整治企业 3 间；组织 VOCs 排放重点企业治理技术培训，参训企业 60 多家；会同省专家深入 20 多家 VOCs 重点排放企业进行现场指导帮扶。推进全县秸秆禁烧、城区烟花爆竹禁燃、露天禁烧和餐饮业油烟污染治理等工作。加强部门联合执法，签订承诺书，联合开展重点时段巡查监控，全年发送短信 6000 多条，发放倡议书 1 万多份，作出行政处罚 3 宗，没收烟花爆竹 1500 多件。

推进净土保卫战，抓好土壤污染防治工作。重宣传，努力提升企业自主意识。全面深入企业一线，宣传固体废物相关环保法律法规，让企业提高环保法律意识，对现场发现的问题及时记录并提出整改意见。严排查，依法查处环境违法犯罪行为。全年出动执法人员 300 多人次，检查涉危险废物单位 118 家，发现问题 43 个，完成问题治理 43 个，推动 118 家涉危险废物单位实施上平台注册申报，严格执行电子联单转移制度，确保县域环境安全。

2020 年 6 月 24 日，梅州市生态环境局平远分局在县迎宾馆举行《平远县集中式乡镇饮用水源保护区划定方案》听证会，广泛听取社会各界的意见和建议　（县环保局提供）

【环境执法】　2020 年，梅州市生态环境局平远分局持续保持执法高压态势，严厉打击生态环境违法犯罪行为。参与全市执法大练兵，实施环境执法专项行动，结合“双随机”执法，不断加大环境执法力度，强化多部门联动，倒逼企业落实环保主体责任。全年出动执法人员1000人次，检查企业400家次，下发环境监察意见3份、环境违法行为改正决定书1份，立案1件，作出处罚决定1件，处罚款10485元，查封企业1家。强化应急预案管理工作，修订完善《平远县突发环境事件应急预案》，继续推进企业事业单位突发环境事件应急预案备案，推进环境安全隐患排查治理，完成应急预案备案企业数6家。

【环境项目管理】 2020年，梅州市生态环境局平远分局按照“环节最简、流程最优、材料最少、时限最短、服务最佳”的原则，进一步精简优化流程、事项，推进建设项目环评审批规范、高效，全面提升服务效率。全面完成排污许可全覆盖工作任务，核发排污许可证54家、完成登记管理类455家。全年通过环评许可审批项目27个。

【环境信访】 2020年，梅州市生态环境局平远分局坚持做好环境信访工作，及时、妥善处理广东省政府网站投诉举报平台、“12369”环保举报平台等各类环境信访件62宗（其中来访11宗，接待来访人数13人次，来信来件49宗，来电2宗），反映水污染问题2件，大气污染问题8件，噪声污染问题1宗，有效办结62件，调处率100%。

【环保宣传】 2020年，梅州市生态环境局平远分局以宣传生态文明理念、倡导绿色生活方式为目的，开展各类宣教活动。围绕环保主题“美丽中国，我是行动者”，开展宣传和志愿者服务活动。同时，扩展环保宣传渠道，建成“不留白色污染示范村”4个（石正镇中东村、中行镇官坑村、中行村、河头镇珠坑村），“不留白色污染宣传示范点”1个（八尺角坑村南粤古驿道）。 （林美婷）

2020年11月14日，梅州市生态环境局平远分局组织干部职工到中行镇开展“不留白色污染”的古驿道志愿服务活动 （县环保局提供）

综合经济管理

市场监督管理

【概况】　2020年，平远县市场监督管理局立足市场监管现代化工作要求，适应疫情防控新常态，力抓食品、药品、特种设备和产品质量安全，全力推进打击侵权假冒、打传、打私、扫黑除恶和扫黄打非等工作，谋划质量强县、知识产权强县、标准化等专项工程，全面履行市场监管职能职责，在服务地区经济发展，保障人民群众生命财产安全方面取得良好成效。在2020年度市对县“双打”考核、药品安全考核、质量工作考核中，均取得A级的成绩。

【疫情防控】　2020年，平远县市场监督管理局按照职责分工，全力做好新冠肺炎疫情防控工作。牵头落实农贸市场疫情防控专班工作，针对市场冷冻食品“防疫高风险点”，加强源头检测，全面清查全县10个农贸市场和21家冷库主体情况，全面加强冷链食品全链条全流程监管。全县21家冷库应用“冷库通”上线率100%，核酸检测从业人员1743人，产品样品481份，环境样品505份，结果均显示阴性。针对群众关心关切的热点问题，加强防疫用品产品质量监管、防疫用品和生活必需品的价格监管，开展打击非法销售野生动物专项行动，督促零售药店落实实名登记制度，督促商场超市、农贸市场落实“戴口罩”“测体温”“扫粤康码”等防疫措施，全面排查冷冻食品疫情防控风险，累计出动执法人员13197人次，检查农贸市场776个次，检查各类市场主体2.17万家次，播放防疫宣传标语、视频26.9万条次，发现、整改问题58个，查处涉疫情案件4宗，移交其他部门涉疫情案件线索1条。

【市场监管所转隶】　2020年12月，平远县市场监督管理局稳步推进乡镇综合执法改革。通过加强与上级主管部门和县委、县政府及相关部门的沟通协调，理清平远县市场监督管理局与镇政府之间的市场监管职责关系，有序推进市场监管所全面下放乡镇实行属地管理工作。乡镇体制改革中，平远县市场监管局6个市场监管所，43名干部职工全面下放乡镇实行属地管理，原由县市场监管局行使的155项行政处罚事项、6项行政检查事项、10项行政强制事项调整由各镇人民政府以自身名义行使，实行镇街综合行政执法。同时，委托全权下放行政许可、公共服务等依申请政务服务事项60项。

【商事制度改革】　2020年，平远县市

场监督管理局持续深化商事制度改革各项政策措施。通过进一步精简提交材料，推行一门式办理，主题证照联办，容缺受理等创新便民利企审批服务方式，进一步提高企业便利度，实现企业开办“照、章、银、税”全流程1个工作日内办结。通过多部门协同，将企业设立登记、公章刻制、办税服务等服务事项，统一至广东政务服务网，实现“一网通办”；将企业注销、清税证明、印章缴回等企业退出市场办事窗口集中，方便办事群众；开展清理长期停业未经营企业工作，加快建立“僵尸企业”强制退出机制，优化营商环境，全年清理长期停业未经营企业48家；承接原市局特种设备使用登记证和食品生产许可证的办理工作，提升群众办事便利度，共办理291台（套）特种设备使用登记证业务。全县全年新办各类市场主体 2066 户。其中，企业458户，农民专业合作社19户，个体工商户1589户。注销各类市场主体992 户。

【食品药品监管】 2020年，平远县市场监督管理局全面排查食品药品安全风险，严防食品药品安全事故发生。通过开展“食品安全在行动 疫情防控不放松”食品安全现场直播活动，制作药品安全公益短视频等创新方式，向市民展示平远县食品药品监管工作。

在食品安全监管中，发挥食安办综合协调作用，健全全县食品安全责任体系，创新责任机制，在全市率先建立县级党委、政府考核镇级党委、政府食品安全工作责任机制，在全市率先建立由县委书记、县长担任食安委主任的“双主任”制度；建立党政领导干部食品安全责任清单、监管部门责任清单，形成党政“一把手”负总责、全面抓，分管副县长调度指挥，各镇党委、政府属地负责的工作机制。针对食品安全隐患突出的高风险点，开展校园食品安全守护、农村假冒伪劣食品治理、餐饮质量安全提升等行动，切实加强对校园食堂、集体食堂、农村宴席、餐馆饭店、旅游景点等重点场所以及大米、湿米粉、食用农产品等重点食品的隐患排查和整治力度。2020年，完成每千人5批次民生实事食品抽检1076批次，任务完成率116.9%，发现不合格食品35批次均核查处置；完成11家食用农产品集中交易市场蔬菜、水产品及肉禽蛋类快检10919 批次，合格率98.71 %；全县70家学校食堂“互联网+明厨亮灶”建设实现全覆盖，实现校园食品安全智慧监管；推进餐饮服务单位量化等级分级管理，实行量化评级1263家，全县量化率100%；推进食品销售风险分级管理，完成辖区80%以上食品销售者的动态风险分级评定和管理工作；推进八尺镇建成全县酒类小作坊集中加工区建设工作，着力打造平远酒类生产作坊样本。

在药品安全监管中，加强对药品生产、药品批发、特殊药品和兴奋剂等重点企业、重点品种和重点环节的监管力度，并通过落实不良反应监测工作及加大监督抽检力度，加强药品安全监管。2020年，检查医疗机构77家次、零售药店722家次、化妆品经营企业130家次，覆盖重点企业89.5%；完成药品不良反应报告152例，医疗器械不良事件监测84例，化妆品不良事件监测20例；抽检药品50批次，医疗器械6批次，化妆品5

批次，完成率 100%，合格率 100%。在市对县 2020 年度药品安全考核中，平远县被评为 A 级。

【特种设备安全监察】 2020 年，平远县市场监督管理局全面落实市场领域特种设备安全监察责任。加强重大节日节前检查，抓好旅游场所、超市、酒楼宾馆等重点场所特种设备安全监管，突出加强压力容器、高空滑索等重点领域的安全隐患排查力度，督促企业落实安全主体责任；扎实开展气瓶安全监管改革，全县在用液化石油气瓶数量 5.8 万只，信息化系统适用率 66.7%，使用登记率 74%，涂敷率 88%，气瓶安全监管改革稳步推进。全年开展市场领域安全生产监察工作共出动 580 多人次，组织联合执法检查 8 次，检查特种设备使用单位 280 多家次，检查特种设备 600 多台件，排查整改存在安全隐患 33 宗。

【标准化工作】 2020 年，平远县市场监督管理局督促项目承担单位做好广东省白玉蜗牛标准化示范区终期考核验收工作，指导制定《白玉蜗牛养殖操作规程》技术标准和较为完善的管理运行规范，于 9 月 8 日通过终期验收；督促指导 2020 年新创建的广东省皇子鸡养殖标准化示范区于 12 月通过中期评估；按时保质完成梅州市地方标准“地理标志产品　平远脐橙”的标准制修订工作，于 10 月 23 日经国家市场监督管理总局备案，10 月 25 日实施。

【知识产权保护】 2020 年，平远县市场监督管理局开展知识产权保护与促进各项工作。为构建纠纷排查化解工作平台，与县司法局成立平远县涉知识产权纠纷人民调解委员会。9 月，成立首个商标品牌培育指导站，为全县企业提供商标注册咨询、商标规范使用、商标侵权维权、商标运用指导、自主品牌培育、商标交易搭台等个性化服务，提高各行业的商标注册、运用、保护和管理能力，引导企业走品牌经营之路。推进“平远绿茶”“平远岗梅”“东石花生”地理标志保护产品的申报工作。全县全年申请商标注册 624 件，注册 272 件，同比增长 18.3%。全县各企事业单位申请专利 232 件，同比增长 18.97%。其中，发明专利 11 件，实用新型专利 136 件，外观设计专利 85 件。专利授权量 187 件。其中，发明专利 6 件，实用新型专利 87 件，外观设计专利 94 件，同比增长 78.1%。

【消费维权工作】 2020 年，平远县市场监督管理局围绕 2020 年消费维权年主题“凝聚你我力量”，开展“3・15”消费者权益保护日系列活动，同时结合公益活动，开展经营者“放心消费承诺”和“线下无理由退货承诺”等放心消费创建活动。平远县打造消费示范街 1 条、放心消费单位 60 余家、线下无理由退货承诺店 7 家、“放心肉菜示范超市”1 家。全面推行商品溯源，严格落实经营者首问、问题商品退换货制度，提高与消费者的自行和解率。深入推进“12315”“五进”（进商场、进超市、进市场、进企业、进景区），将“12315”消费维权触角延伸到城乡基层，并巩固“一会两站”（消费者协会分会、消费者投诉站和“12315”联络站）规范化建设，完善维权网络体系。全县以 7 个“一会两站”和 20 个“五进”站点为支点，构建起县级、基层维权工作站消费维权网络，就地就近化解消费纠纷，为消费者提供高效率、低成本的维权服务。

全年受理投诉举报 193 件，咨询 42 件，解决率 100%，为消费者挽回经济损失 23.09 万元，诉转案以及根据举报线索立案调查 9 宗，罚没入库 3.29 万元。

2020 年 12 月 22 日，平远县市场监管局举行“诚信承诺 放心消费”示范街暨首批放心消费承诺单位揭牌仪式（县市场监管局提供）

【企业监督管理】 2020 年，平远县市场监督管理局进一步加强企业事中事后监管，全面推行部门联合“双随机、一公开”监管实施方案，完成 2020 年度双随机一公开事项覆盖率 100%，公示率 100%，执法人员覆盖率 100%。完善与改革相适应的信用监管机制，严格落实企业信息公示、经营异常名录和严重违法企业“黑名单”管理制度，健全失信惩戒机制，推进实施智慧监管。结合“创文”“巩卫”等工作，在全县范围内开展全面、深入的查处取缔无证无照经营专项整治工作，严厉打击无照经营行为。2020 年，平远县企业主体年报率 97.3%，农民合作社年报率 86%，个体户年报率 96.33%。

【质量工作】 2020 年，平远县市场监督管理局充分发挥统筹协调作用，以“产品、工程、服务”三大质量为重点，开展资质认定检验检测机构、流通领域热销的 3C 认证产品获得 3C 认证及标志的监督检查。抓好质量强县工作，较好地完成各项质量目标，工业产品质量抽检合格率 100%、制造业产品质量合格率 100%、工程质量合格率 100%；全面完成产品摸排建库，应建 8544 户，实建 8122 户，产品摸排建库率 95%。平远县在 2019 年度、

2020年度梅州市质量工作考核中，连续两年获得A级的成绩。

【执法办案工作】　2020年，平远县市场监督管理局持续加大对市场监管领域违法违规行为的打击整治力度，扎实推进打击侵权假冒、打私、打传、扫黄打非等工作，开展整治虚假宣传和违法广告、无照经营、霸王条款、哄抬物价、计量“短斤缺两”等专项行动，持续推进扫黑除恶专项斗争，全面摸排涉黑涉恶涉乱线索，切实保障公平公正、和谐有序的市场环境。全年办结案件96宗，总罚没24.35万元，其中食品案件55宗、“两品一械”案件16宗、知识产权案件4宗、其他案件21宗。

【便民服务】　2020年，平远县市场监督管理局以人民群众切身利益为导向，切实做到为民解难题、为民办实事。通过商事登记“网上办”“预约办”、个体户豁免登记、联合推出“复工贷”产品、降费稳价等系列举措，全力保障全县市场主体平稳度过疫情。全县有市场主体15862户，较上年增长9.55%；为455户企业办理免费刻章申请及其他免费服务，为企业节省10多万元；帮助200家个体工商户、私营企业成功办理“复工贷”，金额2000万元；计量惠民行动服务复工复产单位52家次，免费校验计量器具1744台次，减免收费3.8万元；对1间大中型超市、1家农贸市场、1间大型连锁药店开展价格监测，监测市场主体993家次，监测时长345天，维护市场价格稳定；评选公示2019年度“守合同重信用”企业111户，比上年新增企业28户。（吴　帆）

发展和改革工作

【概况】　2020年，平远县发展和改革局（以下简称平远县发改局）发挥发改部门职能作用，确保平远经济社会发展稳中有进，保障平远“一城一区一带”发展战略顺利实施。

【机构改革】　2020年，根据《中共平远县委办公室　平远县人民政府办公室关于印发〈平远县发展和改革局职能配置、内设机构和人员编制规定〉的通知》，平远县发改局进行机构改革。该通知核定：平远县发改局行政编制11名，设局长1名、副局长3名，下设7个股室，正股级领导职数7名；后勤服务人员数1名；事业编制11名。2020年实有在职人员43人（其中公务员19人、事业人员10人、职工13人、县临聘1人），退休人员52人。

【经济和社会发展计划】　2020年，平远县发改局统筹推进疫情防控和经济社会发展，起草平远县国民经济和社会发展计划，拟写《平远县2019年国民经济和社会发展计划执行情况与2020年计划草案》，总结分析2019年国民经济和社会发展计划执行情况，下达2020年度全县经济社会发展计划的目标任务。同时，加强经济运行监测，年度中期拟写《平远县2020年上半年国民经济和社会发展计划执行情况》，为县委、县政府下半年经济社会发展工作提供参谋。开展平远县“十四五”规划编制工作，完成前期研究课题《平远县经济社会发展环境、发展目标及发展思路的前期研究》，编制25个专项规划，形成《平远县“十四五”规划纲要》

（征求意见稿）。谋划梳理平远县“十四五”重大项目196个，总投资817.25亿元。

【项目审批和营商环境优化】 2020年，平远县发改局聚焦放管服改革，通过“精简审批事项、缩小实施范围、减少审批前置、实行并联办理”，优化审批流程，打造项目审批“高速公路”，全面提升企业投资管理效率，优化营商环境。围绕企业建设周期，着力解决开办、运营、退出全流程各环节的“痛点”“堵点”“难点”问题，制定《平远县深化营商环境综合改革行动方案》。严格执行《广东省发展改革委关于企业投资项目核准和备案管理的实施细则（试行）》，依法依时对项目进行核准或备案，贯彻落实《梅州市优化社会投资项目审批流程实施方案》，承接好固定资产投资项目各项业务，协助项目单位做好项目立项工作，推动项目顺利实施。做好立项审批、监管工作，全年政府投资审批项目立项215个，立项金额17.3亿元；企业投资项目备案28个，备案金额31亿元。

【重点项目管理和服务】 2020年，平远县发改局继续做好重点项目管理和服务工作。成立包括交通运输、铁路、水利、能源、制造业及园区、生态环境、民生、农业等领域的8大指挥部。对32个省、市重点项目建立“一个领导挂点，一个工作专班、一个工作方案”的“三个一”工作机制。宣传贯彻落实上级疫情防控相关文件精神，发出《平远县重点项目复工和疫情防控的工作指引》等通知。实行重点项目目标责任制和月报制度，形成《重点项目建设快报》进行通报。成立平远县重点项目专项督查组，每季度召开分析会，每月进行实地督导，对存在问题进行“地毯式”梳理，建立“问题”台账，编写《重点项目专项督查通报》《重点项目建设专报》，促使项目加快建设。疫情期间，严格落实支持企业复工复产相关措施，用好用足用活各项惠企政策，协助调购6批次3.41万个口罩；对省、市重点项目建筑用原材料需求情况进行摸底并协助解决。平远县32项年度投资32.3亿元的省、市重点（正式）项目，3项年度投资5亿元的省重点项目进度均排在全市前列。56项年度投资43.4亿元的县重点（正式）项目均取得新的突破。年初和年中分别对重点项目进行梳理形成《2020年重点项目责任制实施计划表》《2020年重点项目责任制实施计划表（中期调整）》。协调抓好项目工可编制、项目报批等前期工作。梳理汇总申报平远县2021年省、市重点项目38项，总投资135.42亿元，年度投资30.35亿元，其中省重点项目4项，总投资22.26亿元。省、市预备项目13项，估算总投资73.73亿元，其中省预备项目2项，估算总投资45.2亿元。梳理申报“十四五”省、市重大项目82项，总投资514.6亿元。

【瑞梅铁路建设项目推进】 2020年，平远县发改局以“争取瑞梅铁路早日开工建设”为目标，主动服务，积极协调，顺利推进瑞梅铁路项目前期工作。成立铁路重大项目建设总指挥部，构建跨部门、跨区域、全局性的协调指挥机制，扎实推进项目前期工作；主动与国铁集团和中铁四院对接汇报，就稳定站场选址、增加站场面积、优化线路走向等方面得到支持；配合做好各项专题报批，协助设计单位做好大柘贤关至长田高南10.5千米路段的初步设计和施工图设计工作。组织开展征拆核查，加强与设计单位沟通协调，就征拆补偿标准、“三电”迁改、林下旱地补偿和增加其他费用等事项与项目建设单位和设计单位达成基本共识；提早谋划，依托火车站场的核心带动作用，组织县相关部门对站前广场及站场周边地区的道路交通、物流园区、商业开发等进行初步规划。2020 年，该项目社稳评估报告、压覆矿产评估报告、地灾评估报告专题已完成；沿线土地综合开发、征拆及“三电”迁改框架协议已签订；用地预审与选址意见书已批复；火石寨县级森林公园调整和河岭嶂市级自然保护区范围和功能区调整已批复，项目可研前置专题均完成，可研报告完成审查和鉴修评审。

【价格管理】　2020 年，平远县发改局按国家、省、市要求全面完成年度工作计划。疫情期间，及时对供水、供电、管道天然气价格出台相关调价文件，印发《平远县发展和改革局关于贯彻落实阶段性降低用水价格有关问题的通知》《平远县发展和改革局转发关于阶段性降低企业用电成本支持企业复工复产的通知》《平远县发展和改革局关于阶段性降低平远县天然气非居民用气价格的通知》等一系列文件，保障平远企业平稳健康发展；及时调整商品价格监测品种，对重要商品、食品、药品进行价格监测并及时上报；做好对困难群体的社会救助与物价上涨挂钩联动工作，对困难群体按月及时足额发放价格临时补贴。按《梅州市推进价格机制改革实施方案》，进一步完善价格机制和科学、规范、透明的价格监管制度。对关系民生的重要商品和服务价格依照上级有关要求及时调整、规范，严抓严管，确保价格水平基本稳定，减少群众负担。落实开征生活垃圾处理收费工作，组织召开《平远县县城区生活垃圾处理收费听证会》，制定《平远县人民政府办公室关于印发平远县城区生活垃圾处理收费改革实施方案的通知》；完善国有景区门票价格，组织开展行业协会商会经营服务性收费清理规范工作等。同时，做好涉案物的价格鉴定工作。严把委托受理、现场勘验、市场调查、集体审议、认定结论、案卷归档六大关口，实事求是、依法依规开展价格认定工作，为司法行政部门提供公正、公平、客观的办案依据。做好价格认定综合平台推广应用工作。除涉密案件外，将近五年来的存量案卷录入平台，实现资源共享；规范流程，按照省中心“业务上网，数据入库”要求，除涉密案件外，所有案件逐步实现线上受理、线上办结，提高工作效率。全年办理各类涉案涉刑财物价格认定案件 79 件，标的总金额 38.18 万元。

【节能“双控”工作】　2020 年，平远县节能工作领导小组办公室完成 2019 年度节能目标责任评价考核工作，考核结果为全市各县（市、区）排名第二。主要从以下几方面做好节能工作：不断完善公共机构能源资源消耗系统平台建设，组织全县 200 多家公共机构进行能源资源消耗情况网上申报工作，申报率 100%，为全县开展公共机构节能工作打下坚实基础；强化节能监察手段，提高能源利用效率，及时制订并下发《关于印发平远县 2020 年节能监察工作计划的通知》，明确全年监察工作任务，按照程序完成 3 家水泥企业阶梯电价执行情况专项监察和 6 家公共机构以及1家矿产加工企业的日常监察；加强节能宣传，充分利用全国节能宣传周和低碳日活动，利用网络、横幅标语等方式开展节能宣传；加大督促节能技改项目建设，引导重点用能企业进行技术创新，改进生产设备和工艺水平。2020年，平远县能耗大户梅州宁江水泥有限公司熟料工段降耗技术改造项目建设基本完成，进入调试阶段，项目投产后预计全年可节约4700吨标准煤；组织公共机构节约型示范单位创建工作，2018—2019年度，平远县田家炳中学和梅青中学成功列入国家级节约型示范单位创建，分别获得省级补助资金60万元和80万元，于2020年8月下旬通过市级预验收。

【能源管理】 2020年，平远县发改局配合县环保部门对全县25间加油站进行双层罐防渗改造工作，上半年全面完成。主动谋划加油站布点，确保全县“十四五”加油站布点规划更科学。按照《成品油零售企业管理技术规范》要求，在最大限度降低征地成本的基础上，充分利用国道206线绕城段改建工程的取、弃土场用地规划3个加油站布点用地，并结合市“十四五”规划工作要求，建议市将平远县范围内拟新增加3个油站布点纳入“十四五”规划。完成25间加油站日常年审、换证等业务，按照《关于印发2020年能源安全生产工作计划的通知》《平远县落实能源企业安全生产主体责任整治工作实施方案》要求，每季度开展一次加油站日常安全生产检查，发现安全隐患要求企业立即整改，确保全年无事故发生。大力打击非法经营成品油行为，维护加油站合法经营。全年牵头组织联合专项行动6次，立案查处非法经营行为3宗，查扣柴油10.9吨，处罚金额约5万元，有效整治成品油市场经营秩序。大力发展绿色低碳新能源项目，优化能源产业结构。建成并网发电项目542个，装机容量80.5兆瓦，投资规模5.03亿元，全年发电量6212.3万千瓦时；适度开发陆上风电项目，已并网的风电项目装机容量48兆瓦，年发电量约1亿千瓦时，总投资4.9亿元。

【社会信用】 2020年，平远发改局扎实推进行政许可和行政处罚“双公示”工作，累计录入数据7595条。其中，行政许可6454条，行政处罚1141条，做到信用信息共享。做好信用文化和制度建设，结合日常工作开展常态化宣传活动和“6·14”信用关爱日节点专题宣传，悬挂宣传横幅、电子显示屏60余条，参与活动的金融机构网点数量42个，参与活动的政府部门5个，举办现场专题宣传活动3次，参加活动人数2800余人次，同时利用电视台、政府网、微信平台等新媒体进行宣传。

【国防动员协调】 2020年，平远县发改局做好国民经济潜力调查，定期进行数据采集，力求数据真实、可用；做好省市县国动委布置的专项工作，建立平远县区域综合保障中心和卫勤保障中心，组建6支国民经济动员专业队伍215人，并组织队伍根据各自任务展开集训工作。

（平远县发改局）

审 计

【概况】 2020年，平远县审计局认真

履行审计监督职能，大力推进审计全覆盖，发挥审计“治已病”“防未病”积极作用，为平远县经济平稳健康发展服务。至12月底，审计查出问题金额33083万元，其中违规金额139万元，管理不规范金额32944万元，移送问题线索1宗。

【重大政策跟踪审计】　2020年，平远县审计局做好重大政策跟踪审计工作。按照上级审计机关的统一部署，组织开展疫情防控资金和捐赠款物专项审计，对全县财政资金0.19亿元、捐赠资金0.03亿元、专项再贷款资金0.14亿元等疫情防控资金进行逐笔核查，延伸审计县红十字会、县慈善会等18家单位、2家企业，揭示在采购防疫物资等专项支出中存在的问题，督促有关单位及时进行整改，保障疫情防控工作顺利进行；加大对国家和省重大政策措施落实情况跟踪检查力度，组织开展专项审计，新增财政资金直达市、县基层直接惠企利民情况专项审计，确保国家和省重大政策措施在基层的贯彻落实。

【预算执行审计】　2020年，平远县审计局围绕中央关于各级政府必须勤俭节约、精打细算过“紧日子”的政治任务，抓好财政相关审计，促进财政资金提质增效。在开展县一级预算单位全覆盖审计的同时，组织开展义务教育发展专项资金、促进民营经济及中小微企业发展专项资金、地方政府债券转贷资金、财政存量资金统筹盘活等5大专题审计。通过审计，揭示县级财政预算代编支出数额大、一般预算支出未严格按照批准明细执行、违规办理无预算暂付款、教育发展专项资金未及时配套到位和及时拨付，影响资金使用绩效等问题23个，涉及资金39908.04万元，促进各级各部门严格执行预算管理规定，提高财政资金使用效益。

【经济责任审计】　2020年，平远县审计局组织全体审计干部学习领会新修订的《党政主要领导干部和国有企业事业单位主要领导人员经济责任审计规定》精神，提高对经济责任审计工作重要意义的认识和开展经济责任审计工作水平。按照干部任用实际，精心挑选经济责任审计项目，报县委审计委员会议审议批准，全年组织实施领导干部经济责任项目8个，审计查出违规金额157万元，管理规范金额5301万元。

【民生项目审计】　2020年，平远县审计局围绕民生大事、难事、急事和群众最关心最直接的现实问题加强审计监督。组织实施2019年人居环境整治示范村打造省级专项资金审计、平远县城乡供水提质工程审计项目，重点关注民生政策落实情况，揭示侵害群众利益问题，促进各项惠民政策落实到位；开展新增财政资金直达市、县基层直接惠企利民情况专项跟踪审计，摸清情况，及时向上级审计机关提交审计情况报告。

【审计问题整改】　2020年，平远县审计局通过不断健全整改工作机制、健全整改监督机构、落实整改责任、建立考核机制和加强部门协作等措施，形成整改强大合力，扎实做好审计“后半篇”文章。截至12月底，累计上缴财政、划入国库3587.11万元，归还原渠道资金945.27万元，固定资产补记入账58.69万元，采纳审计提出的审计建议60条，完善内部管理制度3项。应整改问题129个，已整改

92个，整改中37个，整改到位率71.32%。

（余 伟）

自然资源管理

【概况】 2020年，平远县自然资源部门围绕县委、县政府中心工作，主动作为，积极服务，为平远经济社会发展提供自然资源服务保障。

【国土空间规划】 2020年，平远县自然资源局稳步推进国土空间总体规划编制工作。全县国土空间总体规划编制于2019年11月启动，通过多方收集资料、多次访谈调研及镇、村和设计单位召开座谈会等方式广泛征集社会各界的意见建议，至2020年年底完成空间规划底图底数摸查、建库和生态保护红线、永久基本农田、城镇开发边界“三线”的划定专题研究。

【建设用地规划管理】 2020年，平远县自然资源局为加快县城扩容提质提供规划和用地保障。编制城北片区、火车站片区城市设计初步方案和生态工业园区等项目规划建筑设计方案，拓展县域高质量发展新空间。用地审查把控严格，全面落实《平远县控制性详细规划》及《广东省平远县县城城市总体设计》规划控制要求，做好全县用地规划设计方案审批及工程报建工作，办理建设工程规划许可证22宗、建设工程规划条件核实确认书24宗，出具用地规划设计条件16宗。土地征储稳步推进，全年完成土地收储33.87公顷（508亩）。用地报批力度加大，新增城乡建设用地报批71.47公顷（1072亩）。土地效益进一步增强，全年拍卖土地11宗31.45公顷，土地出让金2.6亿元；划拨土地8宗86.14公顷。“三旧”改造顺利推进，完成上级下达的年度新增实施改造8公顷（120亩）任务。

【耕地资源保护】 2020年，平远县自然资源局综合施策，做好耕地资源保护。县与镇、镇与村层层签订《基本农田保护责任书》；全县耕地保有量13429.27公顷（20.14万亩），划定永久基本农田11024.6公顷（16.54万亩），实现耕地面总量动态平衡。市考核组对各县（市、区）政府2019年耕地保护责任目标考核中，平远县获全市二等奖。

【土地整理复垦】 2020年，平远县自然资源局持续做好土地整理复垦工作。兑现承诺垦造任务65.47公顷（982亩），完成15个垦造水田项目新增耕地核定省级复核的信息补录，全面推进补充耕地项目整改落实工作。拆旧复垦助推乡村振兴，近年来累计完成竣工验收项目114.2公顷（1713亩），成功交易79.13公顷（1187亩），经济收入近7亿元。

【矿产资源监管】 2020年，平远县自然资源局严格矿山开发监管。加强矿山生态环境治理和矿山复绿，强化持证矿山日常监管，及时消除矿山安全隐患，全县37个持证矿山实现应检必检和信息公示。

【自然资源确权登记】 2020年，平远县自然资源局全面提升产权管理能力。对全县1373.98平方千米土地进行实地调查，相关成果经国家审核通过；对实地已发生地类变化的图斑进行时点更新，顺利完成全县的“三调”更新工作。以“总登记”方式对符合登记发证条件的宅基地使用权及其地上房屋所有权和集体建设用地使用权及其地上建筑物、构筑物所有权进行统一确权登记并颁发不动产权证书，力争完成全县6.1万宗农村不动产调查及登记发证。全年颁布不动产权证书6000本，证明4500份。

【自然资源执法监管】　2020年，平远县自然资源局加强自然资源动态巡查监管。核查疑似违建BS图斑700多个，处理违建BS项目4宗；全年制止违法用地行为83宗，立案查处土地违法图斑16宗、矿产图斑5宗；打击自然资源领域乱挖乱采案件6宗，查处非法开采矿产资源案件5宗。对2013年以来全县农村乱占耕地建房问题摸排调查，认定问题图斑2165个并部署整改。

【地质灾害防治】　2020年，平远县自然资源局强化地质灾害防治，编制实施《平远县2020年度汛期地质灾害防治方案》，全力做好4处列入十件民生实事地质灾害综合治理项目，完成32处中小型地质灾害治理和196处削坡建房综合整治验收工作，搬迁6户共发放奖补资金24万元。

【古驿道活化利用】　2020年，平远县自然资源局通过古驿道扎实发掘革命史实史迹和民风民俗文化传统，打造独具特色又丰富多样的南粤古驿道，完成本体修复0.3千米、人文历史和自然科教信息牌建设30个、文化旅游运动设施15处。

统　计

【概况】　2020年，平远县统计局认真履行统计调查职责，以提高统计数据质量，提升政府科学决策和宏观调控能力为目标，不断深化统计改革，扎实开展各项常规统计调查、重点调查和第七次全国人口普查，防范和惩治统计造假弄虚作假，提高统计工作效能，提升统计数据真实性、可靠性和实用性，发挥统计服务社会经济发展职能。

【统计基层基础建设】　2020年，平远县统计局以“双基”（统计调查基层基础建设）示范点为标杆，继续全面推广“双基”示范点建设经验。以“七人普”工作为主线，充实各镇统计站的办公经费，配齐办公设备，改善基层统计工作条件，不断强化基层统计机构建设，规范企业统计行为。实行县局专业人员和乡镇、企业统计从业人员全员培训，组织专业人员参加国家、省、市统计局组织的统计培训班，提高统计法律素养和专业水平，2人通过国家统计执法考试。开展统计分析活动，打造质高、实用的统计月报和统计分析精品，为该县经济发展提出科学可行的意见建议。全年撰写统计分析10篇，其中由张宝慧执笔的《2019年前三季度平远经济运行情况分析》获得2019年度梅州市优秀统计分析报告评审三等奖；发布统计信息15期。开展职业素质培训，普及家风家训，法律专题宣讲等形式多样的职业素质提升活动；加强统计核心价值观教育，让真实可信、科学严谨、创新进取、服务人民成为全县统计系统共同的行为规范。推进统计信息化建设，利用统计OA系统、微信、粤政易等平台，建立有效的统计信息连接和共享平台，加强对各镇、企业统计工作的沟通、协调和指导；逐步推进统计数据电子化、信息化工作，确保统计资料完整和数出有据，巩固提升镇级和网报企业统计基础建设。

【统计法治建设】 2020年，平远县统计局贯彻实施《中华人民共和国统计法》《中华人民共和国统计法实施条例》和中办、国办《统计违纪违法责任人处分处理建议办法》，着力提高基础数据质量，遏制“数字上的腐败”，开展专项整治清理清查，对镇、网报单位开展统计执法检查，严守统计法律底线和网报“红线”，依法调查、依法统计、依法上报。做好统计相关法律法规的普及工作，组织专业人员到各镇、各企事业单位开展法律服务活动，为各单位、法人、企事业单位释义解答，建立合法合规的统计数据采集、上报制度，提高依法开展统计工作能力。开展不同层面的统计法律法规培训，深入学习《中华人民共和国统计法》及其实施条例、《关于深化统计管理体制改革提高统计数据真实性的意见》《统计违纪违法责任人处分处理建议办法》，实现各镇领导班子、企事业单位负责人、统计从业人员培训全覆盖。加强统计执法，2020年，随机抽取13家企业开展执法检查，其中，工业4家，贸易业、建筑业、房地产业、固定资产投资企业各2家，服务业1家。检查结果均第一时间在广东省行政执法信息采集公示平台和梅州市商事主体综合信息管理平台公开，“不能假不敢假不想假”的统计氛围初步形成。

【统计业务调查】 2020年，平远县统计局做好统计业务调查工作。按“先有库后有数”的统计原则，完善基本单位名录库。执行新修订的《广东省基本单位名录库更新制度》，加强与县市场监管、编办、民政、税务等部门沟通和信息共享，做好基本单位调查，定期对名录库中的基本信息进行完善更新，真实准确反映各类法人、产业活动单位的数量及基本情况。2020年，全县有基本单位3504个，减少216个。其中，法人单位2888个，产业活动单位616个。做好新培育上规模企业统计跟踪调研和新上“四上”企业标准单位摸底调查，做好达“四上”规模企业申报审批入库工作。2020年新入库规模上企业8家，年底全县“四上”企业124家。其中，规模上工业50家，限上批零住餐业9家，资质等级以上建筑8家，房地产业10家，重点服务业3家，投资业44家。通过挂钩联系服务重点企业，坚持工作重心下移、质量控制关口前移，坚持事前提醒、事中督导、事后检查，不碰“红线”的基础上，指导“四上”企业做好企业“一套表”的月报、季报、年报联网直报工作，及时答复国家、省、市统计局的查询。做好“城乡一体化”住户调查工作，2020年全县城乡居民人均可支配收入为23120元，其中，城镇居民收入为26984元，农村居民收入为19156元。做好固定资产投资统计工作，投资规模达到500万元以上实行联网直报，申报67家工业、公路、旅游企业和7家房地产项目投资数据入库，全年完成固定资产投资37.9亿元，其中工业投资9.19亿元。做好农村、农业、社会科技、劳动工资、交通运输、综合、能源监测调查、妇女儿童发展规划监测等专业统计工作。围绕高质量发展综合绩效考核、促进粤东西北振兴发展考核、广州南沙（平远）产业转移工业园建设考核，做好部门项目有关指标的综合研判、预测、调查核实上报工作。配合做好平远县人口卫生目标综合管理、粮食产量安全考核、节能减排考核等工作。

【统计数据质量管理】 2020年，平远县统计局完善数据质量控制办法，规范上报数据审核流程，增强数据匹配性，提高统计数据质量。落实《国家统计质量保证框架》和统计业务流程管理规范，准确领会和掌握上级统计部门对GDP、农业、工业、固定资产投资、社会消费零售总额、城镇化率、单位GDP能耗等重要指标数据审核评估及核算办法，科学全面统准统实基础性指标数据。理顺统计数据报送、审核和反馈流程，加大数据审核力度，按照专业人员提出初步数据的评审意见——分管领导评估审核初步数据——局主要负责人认定的三级流程做好评估审核工作，对敏感性、综合性、大局性的和涉及考核的重要数据由局主要负责人会同分管领导和专业人员最终评估确定。在数据评估中，做好数据与企业利润、工资、用电、应交增值税等指标的协调性、匹配性审查，确保数据的科学性、准确性。加强与县经信、财政、发改、交通、税务、卫生、教育、农林水、园区等部门的联系与沟通，做好对部门统计工作的指导，加强与部门统计数据信息的互通与共享，提高部门统计数据与县综合统计数据的匹配性。

【国家重点调查普查】 2020年，平远县第七次全国人口普查工作高质量圆满完成。平远县于3月3日印发《平远县人民政府办公室关于成立平远县第七次全国人口普查领导小组的通知》，成立以县分管领导为组长的县第七次全国人口普查领导小组，全县12个乡镇143个村（居）委均在规定的时间内成立人口普查领导小组、领导小组办公室，为全县人口普查工作的顺利开展提供组织保障；按工作责任心强、熟悉PAD操作和地方情况的标准，全县选聘309名普查指导员和1057名普查员，“两员”平均年龄约36岁，大部分文化程度为本科，保障“两员”素质，为普查工作的顺利开展奠定基础；11月1日启动第七次全国人口普查短表登记工作，全县1008个普查小区按照“讲规范、有秩序、点全人、查准项、保进度”的要求，至11月15日，完成短表登记工作，11月16日至30日，完成该县第七次全国人口普查长表登记工作。

【统计服务】 2020年，平远县统计局深入开展“统计优质服务年”活动，提供统计信息、咨询、监督优质服务。潜心研究各专业数据，发挥统计专业智慧，提出科学合理的统计指标和数据分析预测，打造统计月报和统计分析精品。2020年，针对平远县经济社会出现的新情况、新形势，撰写统计分析10篇，发布统计信息15期。为来人来电来函提供统计信息咨询服务78人次。

（林　宏）

教育·科技

教　育

【概况】 2020年，平远县有中小学校33所。其中，高中3所（含国家级示范性普通高中1所），职业学校1所，特殊教育学校1所，初中8所，小学14所，九年一贯制学校6所。公办幼儿园8所。在校生33509人。其中，高中3209人，初中6768人，小学16190人，特殊教育学校126人，在园幼儿7216人。在职教职工2296人。其中，高中（含职校）504人，中小学（含特殊教育学校）1623人，幼儿园169人。8月，县教师发展中心在大柘镇关柘路48号挂牌；10月，中共平远县教育工作委员会揭牌，肖洪海任首任教育工作委员会书记。

【教育系统疫情防控】 2020年，平远县成立全县教育系统新冠肺炎疫情防控工作领导小组，制订并印发《平远县教育系统防控新型冠状病毒感染的肺炎疫情应急预案》等文件，组织82名教师志愿者参与疫情防控工作。筹集50多万元集中采购52台热成像智能测温仪，为840间教室配备雾化消毒设备和消毒剂。加强人员摸排，对重点人员摸排做到全面、彻底、准确。成立学生返校工作专班，分4组对全县中小学、幼儿园、校外培训机构进行学生返校工作专项督导。

【教育教学】 2020年疫情期间，平远县按照省级托底、区域统筹、学校实施的模式组织线上教育，全县33所中小学校25327名学生全部参加网课学习。秋季开学以来，通过开展“视导式”和“订单式”相结合的方式开展区域教研活动25场次，开展“送教下乡”活动6场次。2020年该县有普通高考考生1251人，高分考生有较大突破，600分以上考生人数7人，其中，梅青中学实现600分“零的突破”，最高分616分，居全县第三。全县优先投档线（文科536分、理科524分）上线人数102人，上线率8.15%；本科（文科430分、理科410分）上线672人，上线率53.7%，比上年增长1.1%。全县参加中考的初三考生1990人，其中700分以上高分考生191人，全县排名前200名中被平远中学录取的139人，普通高中录取率65.32%。

【教师队伍建设】 2020年，平远县教育局投入63万元，组织校长培训73人次，强师工程培训129人次，组织全县2323名教师参加全员培训、公需科培训、校本培训、干部网络培训、县级“三区”集中轮训等各类学习培训，组织新教师培训68人次。开展清华大学信息化建设校长网络培训14人，参加省、市组织的“三区”(革命老区、原中央苏区、民族地区)轮训教师35人，校长11人。成立市名师、名校（园）长工作室3个，成立平远县首届名校（园）长工作室5个、名教师工作室29个。调整和提拔中小学正股级干部6人，副股级干部17人，补充调整19所中小学股级以下中层管理干部40人。新招聘教师68人。其中，高中教师1人，小学教师42人，幼儿园教师23人，特殊教育学校2人。评选出市叶剑英基金会优秀校长1人、市优秀教师10人、市优秀教育工作者14人、市优秀班主任4人、市教学工作先进教师6人。评选表彰县优秀教师、优秀教育工作者107人。

【学生德育工作】 2020年，平远县把“创文”与德育有机结合，全面提升未成年人思想道德建设工作，高质量完成教育系统“创文”任务。成立中小学心理健康危机干预志愿服务队，制定《平远县中小学校学生复学心理危机排查及干预工作指导意见》。在全县学校开展“护苗2020·绿书签”征文比赛活动、“情暖童心·相伴成长”关爱农村留守儿童成长营活动和“网上祭英烈”活动。组织平远县第二届“自强不息好少年”评选和表彰。2020年受各类县级表彰230人，市级表彰103人次，省优秀学生1人，获广东省宋庆龄奖学金1人，叶剑英基金品学兼优奖6人。

【助学政策落实】 2020年，平远县教育局落实各项助学政策，资助非建档立卡贫困学生4266人次222.09万元；资助家庭经济困难寄宿中学学生282人次17.63万元；资助非寄宿家庭经济困难中学学生523人次19.61万元。发放普通高中国家助学金893人次89.3万元，发放中级职业技术学校国家助学金107人次10.7万元，资助平远户籍外省就读大学新生1人0.58万元。发放建档立卡生活费补助1112人次196.2万元，减免学杂费258人次34.05万元。全年329人申请大学生生源地信用助学贷款，获国家开发银行批准并发放贷款263.2万元。

【教育项目建设】 2020年，平远县教育项目建设持续有序推进。平远县城南小学（首期）建设项目完成主体建筑，项目累计完成投资1亿多元。县城南幼儿园建设项目总投资4500万元，编制15个班，可供优质学位450个，当年度秋季交付使用。总投资930万元的特殊教育学校二期项目完成建设任务。对新建石正公立幼儿园进行调研，并做好立项前期工作。完成11所学校厕所改造，投入资金275.49万元，新增厕所面积305.9平方米，新增坑位165个。

【平安校园建设】 2020年，平远县教育局抓好校园安全工作。结合新颁布实施的《中小学幼儿园安全管理办法》，开展“珍爱生命，安全第一”系列活动。组织中小学校长、幼儿园园长（含民办园）85人参加由省、市教育部门举办的学校安全管理工作培训，召开安全动员会76场，悬挂横幅、标语500多条，制作以“安全”为主题的手抄报2500多份，发送安全短信100多万条。62间学校开展应急疏散演练，参与师生2.5万人次。全县80间中小学、幼儿园均聘请法制副校长。对外落实联防联治，联合县市场监督管理局和卫监所开展为期5天的食堂食品卫生工作检查，出动执法人数48人次，检查学校食堂69户次，学校周边食品销售单位26户次，学校周边餐饮单位22户次。对内加强校园安全管理，对保安员及其防暴防护安全装备配置、一键式紧急报警装置、视频监控储存时间等进行检查。5个单位被评为县“安全文明校园”，31个单位被评为县“平安校园”。

【平远县发展教育基金会成立】 2020年6月9日，平远县举行发展教育基金会成立暨捐赠仪式，现场接收超过65个单位和个人捐款1.23亿元，累计发放各类奖教奖学金550万元。 （县教育局）

教师发展中心工作

【概况】 2020年8月，平远县教师发展中心成立，围绕县委、县政府和上级教育主管部门的工作部署，结合新冠肺炎疫情防控，以“服务教育科研，促进教师发展”为核心任务，立足本职，明确定位，主动作为，创新实施全员教研员岗位责任制，不断强化主业意识，完成“教科研训”各项工作任务。

【教学教研】 2020年，平远县教师发展中心以教学教研为中心，提高教育教学质量。传承创新教研方式，注重教研针对性。从8月开始不定期对高三级进行教学督查和备考指导。通过座谈、交流，检查备课、上课、作业批改、辅导、检测等教学常规工作。9—12月，开展区域教研活动25场次。其中，高中阶段开展6场次，初中阶段开展9场次，小学阶段开展6场次，学前教育阶段开展4场次。小学数学、英语科和学前教育分别开展“送教下乡”活动6场次。10月22—23日，与市卓盛老师名师工作室开展市、县级之间初、高中英语同课异构研讨活动；12月18日，市、县中学语文学科教研员到该县开展推进课外阅读指导工作现场研讨会，为教师们创设更高层次的教研互动平台，有力促进教师教学素养提升。上半年受疫情影响，教研工作及时转变方式，大多数活动由线下转为线上，做到教研不停步，活动不停止。制订《推送优秀教学资源上线的方案》，评选出2020年平远县中小学线上教学资源推送积极分子9名，优秀课例一等奖80节、二等奖120节。下半年教研部尝试开展“视导式”和“订单式”相结合的教研活动，丰富教研机制，提高教研工作的实效性。收到的“订单”共60多个项目，涉及教学管理、课程改革与实施、学科教学、校本教研、教师专业发展、优秀个性教学法的学习与应用、本校特色教学成果的提炼与推介等方面。指导各级各科教师参加省、市级教学比赛活动并取得优秀成绩，有力促进教师专业发展。李翠红、黎永平分获市初中、高中语文教学展示评比活动一等奖；黄宏山、许莲燕等4人获市级数学青年教师教学能力大赛一等奖；刘颖获市道德与法治学科青年教师课堂教学竞赛一等奖；肖桂红获市小数技能赛一等奖、省说课比赛二等奖；曹仪获市第四届小学英语教师技能大赛二等奖。在教学论文、教学设计评比中，小学语文论文获省一、二、三等奖各1篇；教学设计获省一等奖2篇、二等奖5篇；一大批论文获市一等奖。克服疫情影响，组织各项有益活动，提升学生综合素质。举行第四届“博风雅颂”杯中小学生真作文大赛决赛和第二届“中华经典诗文诵读”决赛；组织“和教育—口语易”杯小学生英语单词比赛及小学生英语听说能力测评活动，分别有2人和4人获市一等奖。

加强课题指导力度，提升科研实效性。高度重视教育科研工作，以科研引领教学，不断提升教研高度。9月，在实验中学、县一小、城南幼儿园分别举行省、市相关课题的开题工作；10月，对第十届市级课题进行中期督查指导，掌握课题的研究进度；11月，在梅青中学举行3个省“十三五”教育科研课题的结题验收工作。不断强化教科研成果的运用，其中，1个项目获省成果奖二等奖，5个项目获市第九届教育教学成果一等奖。

【教师发展】　2020年，平远县教师发展中心以强师工程为抓手，促进教师专业发展。面向全体，突出重点，抓住骨干，倾斜农村，着力抓好省、市、县三级骨干教师培训，全面提升全县师资培训工作水平。

针对资金使用率低和校本培训观念意识淡薄、普通教师受训不够，以及“三区”教师专业能力发展受限等问题，切实增强责任感和紧迫感，优化顶层设计，按照省、市文件关于分层分类、整县规划、“一县一案”的要求，制订轮训方案，以“五个结合”（即请进来与走出去相结合，线上线下相结合，理论与实践相结合，个人成长与学校提升相结合，团队培育与整校推进相结合）做好“三区”教师轮训工作，扎实推进师训工作开展，进一步提高培训效益，扩大受训面，提高培训质量和效益。同时严格落实省规定的比例要求投足用足教师培训经费，着力解决教师培训的工学矛盾，全面提升县级教师培训和校本研修质量；县级全员轮训与省级中小学教师发展中心结对实施，把优质的教师培训资源引入基层；充分利用“珠三角地区与粤东西北地区全面对口帮扶工作”良好契机，共同做好“三区”教师轮训工作。开展县级“三区”集中轮训2场次，参训校长和教师1088人次。

着力推进全县教师培训供给侧改革，把做实校本研修作为师资培训的重点工作之一。开展“五个一”活动，主要包括：写一篇论文或课题；命一份有30%原创的毕业班试题；使用现代化教学手段上一节公开课；解题能力竞赛（毕业班试题）做一个微课课件；学校教师间开展“一对一”师徒结对活动。校本活动的主要研究形式是统筹规定全县中小学教研活动时间，结合在线网络研修，以名教师名校（园）长、骨干教师为引领，开展“三位一体”校本研修新模式；组织县内外教师集中交流学习等。全县教师2323人每人上一节公开课，并且进行自下而上的评比。（参见“教育”分目之“教师队伍建设”条目）。

【教学保障】　2020年，平远县教师发展中心以信息装备为支撑，提升教学保障水平。围绕省、市工作要求，加强对信息装备管理指导，以装备技术和保障服务为支撑，推进教育信息化工程，着力提高装备均衡化发展水平。疫情期间，采取上下联动、条块责任制的模式，加强中小学校实验场室的消杀工作，确保该县各学校实验场室的安全。落实危化品管理的“无双”工作机制，强化对易制爆和易制毒化学药品的严格管理，对各校危险化学品进行全面的摸底清理、汇总和定期上报等各环节的监管工作，确保校园的安全稳定。推进学校图书馆的应用建设，全面开展中小学校“书香校园”线上读书系列“优秀读后感”活动，拓展学校阅读空间。提升教师实验操作能力，组织全县物理实验管理员参加省中学物理和小学科学实验教师（实验管理员）实验操作与创新技能竞赛活动，平远中学陈萍老师获省中小学实验教学说课活动《性状分离比的模拟》说课市级比赛二等奖，陈小青老师获省中小学实验教学说课活动小学科学《磁铁的磁力》说课市级比赛二等奖。组织做好全县教师自制教具的制作，并将优秀作品上送参评参展，其中城南中学李寿香老师的初中生物《DNA 双螺旋结构模型》教具荣获省级评比三等奖。疫情期间，做好停学不停课的保障工作，组织人员到各学校督查和指导线上教育实施情况。2 月中旬开始，利用“教育+互联网”形式，通过在线教育平台提前开展网络教学；通过班级微信群或填写线上问卷调查，及时统计汇总线上学习有困难的学生人数，提出应对措施和解决办法。至 3 月初，全县 32 所中小学 2.5 万多名学生准时网络开学，接受线上教育。

2020 年 8 月 2 日，平远县教师发展中心挂牌仪式，参加人员合影　（县教师发展中心提供）

科学技术

【概况】 2020 年，平远县科工商务局以科技引领、创新驱动，着力构建高新技术现代产业发展体系。深入实施创新驱动发展战略，不断加大引进建立科技创新服务平台的力度，引导各类有条件的企业建设省级及以上企业技术中心、工程技术中心、重点实验室、新型研发机构、众创空间等创新平台。

【科技创新】 2020 年，平远县科工商务局大力支持科技创新。引导支持科技型企业建设省级工程技术研究中心支撑疫情防控，华清园生物科技有限公司的广东省天然冰片提取与药物工程技术研究中心被认定为2020年度第一批省工程技术研究中心。绿盛林业科技有限公司的梅州市铁皮石斛高值转化技术研究中心、保灵医药的梅州市保灵医药工程技术研究中心被认定为2020年度市工程技术研究中心。至年底，平远县有博士后科研工作站1家、省级工程研发中心9家、市级工程研发中心23家。做大高新技术企业存增量，重点培育多家企业发展为高新技术企业，全年认定高新技术企业6家，其中富远、达士通、获赛尔、华清园4家为重新认定企业，佳之朋、雅玛西新能源科技2家为首次认定企业。至年底，平远县有高新技术企业13家。继续实施“科技型中小企业培育工程”，发动并指导企业开展科技型中小企业认定，组织广东华清园生物科技有限公司、平远源丰农业发展有限公司等18家企业通过2020年科技型中小企业认定。不断完善省级众创空间试点单位建设，指导梅州市众创电商网络科技有限公司通过国家众创空间备案。

【科技项目申报】　2020年，平远县科工商务局指导企业申报科技项目，全年有6个科技项目获得省级项目立项，获项目资金210万元。做好在研项目的监督管理及到期项目的结题验收工作。

【平远县产业转移工业园区被认定为省级高新区】　2020年，平远县科工商务局围绕省级高新区的创建标准和要求，坚持“以申促建”，发挥科技主管部门职能作用，加强与省、市科技部门的沟通联系，会同园区管委会抓好整改落实，及时补齐短板。12月25日，广东省人民政府发文同意认定广东平远县产业转移工业园区为省级高新技术产业开发区，定名为梅州平远高新技术产业开发区。（参见“工业”类目“平远县工业园区”分目）

【防震办职能转移】　按照市级科技主管部门“三定”方案，平远县科工商务局于2020年9月30日将防震办日常管理职能移交至平远县应急管理局。

（县科工商务局）

社 会 科 学

平远县社会科学界联合会

【概况】 2020年，平远县社会科学界联合会（以下简称平远县社科联）有第二届委员会委员39人、县社科联主席1人、兼职副主席2人。平远县社科联开展形势政策宣传宣讲，做好社科调研、社科规划和社科普及工作，提升群众文明素质和人文社科素养，为该县创建优山美水生态之星“精致小城·大美平远”提供有力思想保证和智力支持。

【社科理论研究与宣传教育】 2020年，平远县社科联做好社科理论研究与宣传教育，加强思想引领工作。组织召开学习宣传贯彻《习近平谈治国理政》第三卷，中共十九届四中、五中全会精神，习近平总书记出席深圳经济特区建立40周年庆

2020年12月16日，县社科联组织社科单位到河头镇河清村开展社科普及进农村活动

祝大会和视察广东重要讲话、重要指示精神等为主题的学习会、研讨会，全面解读和准确把握习近平新时代中国特色社会主义思想的丰富内涵和精神实质。组织开展广东省庆祝经济特区建立40周年理论研讨会论文征集活动、“全面奔小康·奋进新征程”征文研讨系列活动、平远县“美丽平远·美好家园”主题征文活动和百姓小康故事等多场征文活动，收到各类优秀文章80余篇，其中在广东省庆祝经济特区建立40周年理论研讨会论文征集活动中，平远县选送的论文获优秀论文，在“全面奔小康·奋进新征程”征文活动中向市上报的4篇优秀文章，分获一、二、三等奖。出台《平远县委宣讲团宣讲工作管理制度》，进一步推动县委宣讲工作规范化制度化建设，持续办好平远学习论坛和“六进”（进机关、校园、单位、社区、企业、农村）宣传宣讲活动，组织社科界理论专家参加县委宣讲团，开展《习近平谈治国理政》第三卷、《中华人民共和国民法典》、中共十九届五中全会精神等主题的宣讲教育活动，全年送课下基层120多场次，直接受众5万多人次。推动全县上下深入学习贯彻习近平新时代中国特色社会主义思想，推动全县党员干部树牢“四个意识”，坚定“四个自信”，践行“两个维护”。

【社科规划课题申报与研究】 2020年，平远县社科联做好社科规划、课题申报和研究工作。收集并上报2020年梅州市哲学社会科学2020年规划课题《“党建+”平台型治理视域下的基层社会治理能力现代化实现路径探析——基于对深圳党建引领基层社会治理平台建设的调查研究》《非遗“落地花鼓”在校园传承与发展的实践研究》2篇。组织开展平远妇女史研究，印发《平远妇女咏》4000册。持续做好“程旼文化”研究和红色文化资源挖掘保护工作，归集相关资料，做好下一阶段结集出版社科读物的准备工作。

【社科宣传和普及】 2020年，平远县社科联拓宽社科宣传媒介，发挥科普基地阵地作用，做好社科宣传和普及。联合相关单位组织干部职工和社科工作者深入镇村、社区、学校，采取送政策、送科技、送书籍、送服务“四送”活动形式，开展反邪教警示教育、禁毒宣传教育、普及金融知识、抵制非法集资宣传教育活动。全年开展社科普及活动26场次，发放政治理论书籍和各类社科普及资料5万多份，吸引8000多名群众参与活动。发挥“学习强国”学习平台的宣传阵地作用，持续做好“学习强国”学习平台推广使用和供稿工作，选送优秀社科文章作品登陆平台。不断强化刊物宣传功能和研究功能，《平远宣传》社科专栏全年刊出6期，加强新思想新理论、社会主义核心价值观、中心工作及科普知识的学习宣传，及时发布平远县社科工作最新动态。扶持、指导基层抓好人文社科基地建设。全年市、县两级人文社科普及基地在县内开展科普宣传、文娱活动、惠民服务等社科活动约40场次，发放各类科普宣传资料3万多份。

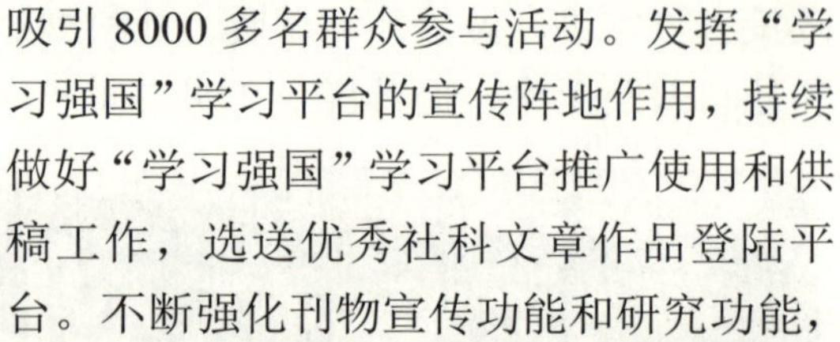

2020年1月9日，平远县社科普及活动在平远官田广场举办

新培育市人文社科普及基地1个（平远县泗水镇梅畲村），县人文社科普及基地2个（平远县仁居镇综合文化站、平远县泗水镇木联村农家小博馆）。至年底，平远县有全国科普基地1个、市级科普基地10个、县级科普基地5个。

【社科行业服务与管理】 2020年，平远县社科联不断加强社科行业服务与管理。加强县社科联政治思想和作风建设，坚持和加强党的全面领导，强化理论武装，巩固“不忘初心、牢记使命”主题教育成果，提升社科界人士思想政治觉悟，确保在开展社科普及活动中把握正确导向。安排社科骨干参加省、市、县各类专题培训班，加强政治理论和业务知识的学习，不断提升干部队伍素质。强化廉洁自律，持之以恒贯彻中央八项规定及实施细则精神，深入开展整治“四风”特别是形式主义、官僚主义问题，推动社科战线转作风、改文风、促政风。落实意识形态工作责任制，抓好各学（协）会政治理论学习教育和阵地管理工作。加强对各类报告会、研讨会、讲座论坛、学术交流活动和社会文艺演出的管理，把好政治关、导向关。指导社科类学（协）会完善组织建设，促进社团健康有序发展。支持社团开展各种学术研究和科普宣传，资助社科类社团、科普基地开展社科普及活动和出版社科读物。 （黄小芬）

党史研究

【概况】 2020年，中共平远县委党史研究室（以下简称平远县党史室）牢牢把握“党史姓党”的政治要求，做好党史征集、编写、宣传和研究工作，充分发挥党史资政、育人、存史作用，服务平远县经济社会发展。

【党史编写和研讨】 2020年，平远县党史室组织编写《广东中央苏区平远革命简史》，含“大革命运动及平远党组织的建立”“平远苏区的创建和发展”“中央苏区所辖蕉平寻苏区的形成和发展”“深入开展抗日救亡运动”“平远迎来解放曙光”5个章节总计7万多字，并报省、市党史专家审核。编辑出版《中国共产党平远历史大事记（1927—2019）》。根据省委党史研究室审核意见进一步修改完善《广东中央苏区历史》（平远卷）。继续做好《中国共产党平远县地方历史（第二卷）》审稿和修改工作。履行党史题材史实审核职责，对老促会、关心下一代工作委员会及相关镇、村的出版物、陈展、碑刻内容进行审核。

【党史宣传教育】 2020年，平远县党史室撰写党史专稿，在梅州党史网上登载平远党史工作动态和研究性文章4篇。开展党史宣讲“六进”（进农村、进社区、进机关、进学校、进军营、进企业）活动，先后给武警中队成员、武装部预定新兵、统战干部、侨联委员和新的社会阶层人士联谊会骨干学习班及相关镇、村作党史宣讲，全年开展党史宣讲活动9场，授课对象400余人。向各镇各单位及个体党史爱好者赠阅党史刊物和书籍。

【革命旧址遗址大普查】 2020年，平远县党史室继续做好革命旧址遗址大普查工作。以镇为基本单元，坚持属地原则，党史研究部门负责统筹，县镇上下联动和整体推进，历时近一年。深入各遗址进行核查，了解遗址地理位置、保存状况、损毁原因等，进行实地勘测、拍照。对每处遗址的信息进行考证、核实，确保普查资料、信息有根有据。同时按照普查规范和要求，对普查材料进行审核和整理，填写普查登记表和统计表、编制目录，按遗址性质、保护级别、时期、保存状况、利用级别进行分类上报，并撰写普查报告。平远县上报革命遗址101处，重要历史事件和重要机构旧址39处，重要历史事件发生地和人物活动纪念地34处，革命领导人故居、旧居10处，纪念设施7处，烈士墓1处，其他遗址10处。经省党史部门审核认定，有7处列入全国红色革命遗址通览（全市25处），57处被确认为全省红色革命遗址，12处列入全省革命遗址重要线索名录，22处列为一般线索名录。基本完成《平远革命遗址通览（初稿）》。平远革命旧址遗址大普查工作获市委党史研究室通报表扬。

【红四军纪念馆陈展大纲审核】　2020年，平远县党史室配合做好红四军纪念馆改造升级工作。主动提前介入，帮助中标单位的大纲主创团队进行纪念馆布展大纲的编写，提供各类红四军书籍史料，通过各种形式讨论交流10多次，提出修改意见建议60多条，同时加强与市委党史部门和兄弟县（市区）党史部门的沟通协调，不断完善大纲，做好大纲论证会、评审会相关准备工作，前往福建古田、龙岩，江西赣州、瑞金、井冈山等地党史部门和纪念馆收集相关史料，为纪念馆的陈展工作做好准备。

【红色资源活化利用】　2020年，平远县党史室配合做好红色资源活化利用工作，助推平远县乡村振兴发展。提供革命史料支撑，配合做好革命遗址的修缮、开发保护利用项目申报。为相关镇活化利用红色资源工作提供规划、意见和建议。下拨八尺镇红色遗址保护、大柘中央红色交通线遗址修缮、东石镇苏维埃政府旧址群修缮及布展、平远县河头镇陈学生故居展阵等多项修缮保护利用资金共计1400万元。　（王建华）

地方志工作

【概况】　2020年，平远县人民政府地方志办公室（以下简称平远县地方志办）全面贯彻落实《广东省地方志工作条例》和《关于进一步加强新时代地方志工作的通知》，围绕地方志服务党委政府、服务经济社会发展、服务人民群众的“三服务”要求，完成各类志书、年鉴和地情书编纂，扎实推进地方志数字化建设和理论研究，推动地方志事业转型升级。

【地方志意识形态领域安全维护】　2020年，平远县地方志办坚决维护意识形态领域安全。立足方志职能，守好意识形态“最前沿”，严格把控志、鉴、史及地情书籍编纂的意识形态问题，牢固树立“四个意识”，始终坚定“四个自信”，坚决做到“两个维护”，始终与中央大政方针保持一致，确保编纂作品和宣传内容政治方向、舆论导向、价值取向正确。

【《平远年鉴》编纂出版】　2020年，平远县地方志办科学分解年鉴编纂任务，明确责任分工；严格执行“三审”制度，把好质量关，确保年鉴编纂体例规范，框架结构安排合理，条目编写和文字表述规范，计量单位、标点符号使用规范和意识形态安全；加强编辑队伍业务培训，派员参加省、市组织的培训学习，借鉴各地先进经验，提高业务骨干的年鉴编纂水平。10月，《平远年鉴（2019）》获省级年鉴质量评比二等奖。年底，《平远年鉴（2020）》如期规范出版。

【地方志资料年报】 2020年，平远县地方志办在正常收集2019年度地方志年报资料的同时，催收2001年以来的地方志年报资料，为第三轮修志做好准备工作。全年收到各单位交来2019年度年报资料75份，验收合格75份，敦促各单位补交2001年至2012年的年报资料51份。

【志书编修指导】 2020年，平远县地方志办鼓励和发动各单位编修镇村、部门、行业志书，并主动提供业务指导和服务。先后指导县人大、县民政局编修《平远县人大志（1986—2019）》《平远县民政志（1985—2019）》等部门志，并完成《平远县人大志（1986—2019）》的审稿。

【《全粤村情·梅州市平远县卷（一）》出版】 2020年，平远县地方志办根据出版社和省方志办审核反馈的修改意见，做好自然村落历史人文普查成果《全粤村情·平远卷》的修改、补充。2020年2月《全粤村情·梅州市平远县卷（一）》正式印刷出版。该书卷二文稿完成第三次校对。

【《平远古道风情》编写】 2020年，为做好古驿道活化利用工作，平远县地方志办对全县现存古驿道（含水路）进行全面调研，充分挖掘古驿道遗存的历史文化资源以及古驿道沿线村落的风情风物，组织编写《平远古道风情》一书，全书约20万字，图片300多幅。到年底，《平远古道风情》已交付印刷厂排版。

2020年7月7日，县志办全体人员到泗水梅畲考察古驿道 （吴嘉业 摄）

【《平远妇女俗咏》重编发行】 2020年，平远县地方志办为弘扬优秀传统文化，充分开发利用珍贵文献，对平远先贤姚菊隐所著诗歌长篇《平远妇女俗咏》进行重新编印，发行1000册。

【地情资源开发利用助推乡村振兴】 2020年，平远县地方志办协助和指导基层开发利用地情资源，助推乡村振兴发展。协助中行等镇做好“味真草芦”等名人故居和村史馆的布展工作，进一步活化利用历史人文资源。全县建成村史馆5个。发动各镇、各单位以视频、图片、推文等人们喜闻乐见的形式，大力宣传和展示平远特色文化、特色物产、乡村风貌等，增加平远文化知名度。全年择优上报各类作品7份，微信公众号“方志广东”“方志梅州”发布平远相关推文12篇，其中推送“学习强国”平台3篇。

【地方志数字化建设】 2020年，平远县地方志办扎实推进县志、年鉴、地情书籍的数字化工作。在完成清嘉庆二十五年版、1993年版、2011年版《平远县志》和1992至2019年卷《平远年鉴》及部分地情书籍数字化的基础上，再完成对清康熙二十二年版、清雍正九年版《平远县志》

和《嘉应州志·平远卷》的扫描、排版，年底进入文字校对阶段。

【地方志理论研究】　2020年，平远县地方志办注重加强理论和业务知识的积累和提升，有针对性地开展地情调研活动，组织人力撰写地情研究论文及资政报告，不断提升地方志理论水平。全年全办干部职工在《梅州日报》《广东史志》等报纸杂志发表文章11篇，在各级网站发表文章9篇；上报省方志办资政报告1篇，论文2篇，其中1篇论文获评全省地方志理论研讨论文二等奖。

【志鉴书籍协编】　2020年，平远县地方志办按时保质完成上级交办的各项志、鉴、地情书编纂任务。为省地方志办编纂《广东省抗击新冠肺炎疫情录》《广东省全面建设小康社会图志》《广东省对口支援志》《广东乡村集萃系列丛书》收集、整理和提供相关图文资料。为2020年卷《广东年鉴》和《梅州年鉴》提供平远县情。　（易碧兰）

档案工作

【概况】　2020年，平远县档案局(馆)聚焦聚力“为党管档、为国守史、为民服务”初心使命和主责主业，着力推动档案工作法治化、规范化、信息化、大众化，开展档案行政管理、规章制度废改立释、档案馆业务建设评价自评、新档案法学习贯彻、档案业务基础建设、存量档案全面清点调查、扶贫抗疫档案工作指导、档案信息化建设、档案馆库建设、档案利用服务、档案安全和档案宣传等工作，为全县经济社会发展提供档案工作支持。

【档案管理】　2020年，平远县档案局（县委办档案发展和管理室）贯彻执行《中华人民共和国档案法》及实施办法、《广东省档案条例》等档案法律法规，履行主管全县档案事业职责，开展档案工作监督检查。督促各单位档案室做好文件资料收集整理归档和档案保管利用工作，管理、监督社会专业机构参与档案事务。开展档案馆业务建设评价自评工作，对照《梅州市县级综合档案馆业务建设评价办法》，建立问题清单和整改台账，自纠整改存在问题20多个，完善制度措施10多项。

【档案资源建设】　2020年，平远县档案馆贯彻执行国家档案局相关要求，开展档案资源建设。指导协助各镇各单位档案室按照“文件资料收集范围和保管期限规定”开展文件资料收集归档工作；指导各镇各单位开展抗击新冠肺炎疫情档案收集、精准扶贫和脱贫攻坚档案整理工作；指导社会组织开展建档归档工作，为40多个单位整理文件资料3.2万余件。开展档案移交接收工作，克服库容饱和困难，接收进馆档案221卷又4235件、图书资料146册。截至年底，馆藏纸质档案总量57977卷又46647件、资料8123册，其中，各门类专业档案21种22820卷3856件，占馆藏档案总量的36.7%；民生档案37877卷31125件，占馆藏档案总量的63.3%。开展馆藏档案全面清点和馆外室藏档案情况调查，摸清全县存量档案的数量、种类、年度等情况。开展馆藏文件清理工作，清理1983年至2015年广东省人民政府发出现决定废止和决定修改的规范性文件52件，1990年至2018年梅州市委发出现决定废止、决定修改、宣布失效的党内法规和规范性文件83件。

【档案利用服务】 2020年，平远县档案馆开展馆藏档案日常利用服务工作，创新利用方式，优先扫描民生档案转成数字化成果以供使用，推行来电、来函、预约、节假日查档和跨馆查档出证等便民服务，接待2843人次，提供查阅档案3986卷又797件、图书资料249册，受理来电、来函查档服务204人次，查档群众满意率100%。开展爱国主义教育，充实完善基本陈列，爱国主义教育基地全年接待参观419人次。

【平远县国家综合档案馆建设】 2020年，为完成省、市明确的县级国家综合档案馆建设任务，平远县委、县政府将新空置的县卫生健康局原办公楼划转平远县档案馆改造为馆库和业务办公用房。平远县档案馆迅速作出设计方案送省档案局审批，同时推动召开平远县档案馆改造项目协调会，在相关单位的配合支持下，快速有序开展划转、图审、报建、办证等各项前期工作。12月29日，平远县国家综合档案馆改造工程项目正式开工建设。

【档案信息化】 2020年，平远县档案馆以“档案工作要走向现代化”为指引、以档案法为根据开展档案信息化建设工作，以数字档案馆建设的核心任务（信息资源建设）为导向，开展馆藏档案全文扫描数字化加工，全年完成照片档案数字化2382张、纸质档案数字化100万页（1.11万卷）。截至年底，馆藏照片档案数字化2382张，纸质档案数字化258.7万页（2.85万卷），占当年度年馆藏档案总量6.26万卷的45.5%。

【档案安全】 2020年，平远县档案馆落实档案安全工作责任，未发生档案灭失、损毁、失泄密等安全事故。开展档案安全保密教育，坚持“预防为主”原则。开展档案安全工作巡查检查，排查档案安全隐患。开展档案利用安全工作，防范利用环节发生档案损毁丢失和失泄密。开展档案信息安全工作，异质备份数据，严格信息发布保密审查。加强网络安全措施，防范网络安全风险。健全包括保障档案实体和档案信息安全的各项档案安全管理制度。开展保密隐患整改，配置内部工作电脑，实行“三网分离”。

【档案宣传】 2020年，平远县档案馆以新修订的档案法和全面建成小康社会为宣传重点，采取多种形式宣传档案法律、知识和当地档案工作动态。开展“国际档案日”系列宣传活动，以“档案见证小康路，聚焦扶贫决胜期”为主题制作宣传栏2个、发放宣传资料250多份。学习宣传贯彻新修订的《中华人民共和国档案法》，多层次召开专题会议对新档案法进行研读，并对标新档案法规定，及时开展规章制度废改立工作。制作学习宣传专栏2个，向各镇各单位发放学习宣传资料，促进全县档案工作开展。（杨菊良）

文化·传媒

文　化

【概况】　2020年，平远县现有图书馆1个、文化馆1个、博物馆1个、纪念馆2个，乡镇综合文化站12个，农村文化俱乐部29个，基层综合性文化服务中心136个。其中，国家三级图书馆1个、三级文化馆1个，乡镇文化站特级站2个、一级站4个、二级站6个。有文化类企业57家。其中，文艺演出类企业5家，网吧2家，书店35家，歌舞娱乐场所6家，印刷企业6家，音像店2家，电影院1家。非物质文化遗产保护项目25个（省级1个、市级13个、县级11个），其中新增热柘豆干制作技艺县级项目1个。全县不可移动文物名录169处（古建筑88处、古墓葬5处、古遗址16处、近现代重要史迹及代表性建筑49处、石窟寺及石刻11处），其中已公布为文物保护单位48处（省级12处、市级14处、县级22处）。全县馆藏文物数据库系统总登录报送1414件（套）。其中，平远县博物馆登录报送1375件（套），平远县程旼纪念馆登录报送数量为18件（套），平远县红四军纪念馆登录数量为21件（套）。

【公共文化服务】　2020年，平远县文化广电旅游体育局深入推进公共文化服务体系建设。全面开展图书馆文化馆总分馆制建设。2020年建成7个分馆、21个服务点，完成图书、书架、阅览桌椅、文体活动设备、借阅辅助设备等设施设备采购和配送安装，对各分馆的氛围构建和环境进行改造提升。结合各镇分馆实际，新建或完善少儿活动室、老年活动室、体育健身室等多个功能场室，制订一批统一的标识标牌和制度管理牌，为“统一服务标准、统一人员下派、统一职能制度、统一绩效考核”标准化建设打下良好基础。推进图书馆文化馆主馆提升工程。投入约50万元在县文体中心二楼建设文化馆和图书馆分馆，打造集文化、阅读于一体的多功能场所，解决“两馆”面积不足的问题，同时满足县城城南新区群众的精神文化需求。年底建成少儿活动区、休闲阅读区、“非遗”展区，新购置书籍3.75万册。文化馆新建成器乐室和多功能培训室等功能场室，对原排练厅进行改造提升，增设舞台大屏幕、隔音墙等，建成多功能小剧场。图书馆新建亲子阅读室、展览厅、个性化阅读室等。推进公共文化服务数字化建设。文化馆、图书馆及5个分馆文化一体机，其中主馆搭建数据分析平台、文化资源数据库、电子书库等，馆内数字资源进一步丰富，实现总分馆数字资源共享，线上活动互联互动。提升镇、村公共文化设施达标建设。投入近600万元完成12个乡镇文化站和大柘老圩村、漳演村、加丰村等综合性文化服务中心的达标建设，完成12个乡镇文化站评估定级工作，实现全部文化站达二级站以上标准，其中仁居、差干镇文化站被评为特级站，实现特级站“零的突破”。完成八尺镇角坑村基层综合性文化服务中心和旅游服务中心“两中心”融合建设。

【群众文化活动开展】 2020年，平远县文化广电旅游体育局指导组织开展形式多样的群众文化活动、鼓励文艺创作者积极创作艺术精品。依托微信公众号，图书馆开展线上阅读分享活动和知识问答等活动，文化馆公众号上线文化慕课资源，让群众在疫情期间能够享受便利的线上文化资源。平远县文化馆姚利梅个人获评梅州市文学艺术界联合会颁发的文艺“双精”奖，创作的小品《唱首歌有多难》分别获评广东省群众文艺作品小品类三等奖、梅州市群众文艺作品小品类二等奖；肖文宇创作的快板《女友的秘诀》获评梅州市群众文艺作品曲艺类一等奖；凌铭创作的小戏《张三良的小心思》获评梅州市群众艺术作品戏剧类二等奖、小品《大娘的茶摊》获评梅州市群众文艺作品戏剧类二等奖。疫情期间，文化馆组织抗疫文艺创作，收到抗疫作品稿件215件，推选抗疫原创歌曲并精心制作MV《与爱同行》《这时候》参加省抗疫原创歌曲展播评选。召开群众文艺创作研讨会5次，群文作者及业余文艺爱好者参与人数150人次。

【文化惠民政策落实】 2020年，平远县文化广电旅游体育局深入实施文化惠民工程。举办“我们的中国梦”文化进万家2020年梅州市平远县元旦春节文明实践活动文艺展演、“美丽乡村行”乡风民俗表演、2020年“戏曲进乡村——建设平安平远、助力文明创建”文艺晚会、“舞动健康，文明平远”2020年平远县“中国体育彩票杯”第三届全民广场舞大赛、第十六届脐橙节文化旅游节文艺演出、中国农民丰收节文艺演出等线下群众文化活动。组织送戏下乡演出12场，把艺术和欢乐送到群众家门口、送到学校、走进农村，用生动、接地气的节目内容，用老百姓的语言，传播党的政策，宣传县委、县政府的中心工作，满足群众最基本的文化生活需求，让群众真正成为文化的受益者。

2020年9月22日，2020年中国农民丰收节文艺演出在泗水梅畲举行

2020年11月20日，第十六届脐橙文化旅游节文艺演出在平远县人民广场举行

【文化遗产保护】　2020年，平远县文化广电旅游体育局加强文化遗产保护工作。做好文物安全日常管理，严格落实文物安全主体责任，与局属文博单位和各镇文体中心签订《2020年平远县文物安全目标责任书》，组织开展文物安全状况大排查行动，及时解决发现的问题，强化各项安全管理制度。做好文物类申报工作，3月13日，大柘镇黄沙村梅平武工队旧址被梅州市人民政府公布为第七批梅州市文物保护单位；4月29日，梅州平远红四军三进平远历史文化游径被省文旅厅公布为广东省第一批历史文化游径。委托仁居镇完成实施的省级文物保护单位架虹桥维护保养工程，对省级文物保护单位广东四大银行金库旧址进行维护保养，下拨部分文物保护资金对县级文物保护单位味真草庐进行活化利用，申请省级资金30万元完成省级文物保护单位姚子青故居勘察设计方案的编制，方案得到广东省文物局的批复。完成全县160座围龙屋普查工作，普查成果通过梅州市文化广电旅游局验收，完成全县69位历史文化名人和48座名人故居（旧居）的普查及导览图的制作。指导推选“平远客家娘酒鸡制作技艺”“平远上屶山歌”申报第九批市级非物质文化遗产代表性项目，通过评审；指导推选平远客家娘酒鸡制作技艺传承人黄琼峰、红焖红菌豆腐头传承人罗志杰、扛仙师传承人谢铭扬3人申报第五批县级非物质文化遗产代表性项目代表性传承人，并通过评审；“热柘豆干制作技艺”申报县级代表性“非遗”项目，并获县政府审批通过。以“文化和自然遗产日”为契机，“非遗”日前后举办“非遗”展示宣传活动：6月13—18日在县第三小学开展“非遗”展板进校园宣传活动，6月16日，在东石镇大屋村委开展黄氏头部拳培训活动。完成平远县客家山歌传习所（县第二小学）、差干镇客家山歌传习所及平远“非遗”展示馆（文化馆二楼）建设任务。组织平远船灯传承人对平远船灯的保护、传承工作和取得的成就进行一次系统整理，从项目的渊源、表演剧本、乐谱、道具制作、表演舞步及成就等方面进行系统搜集，整理出版《平远船灯》一书。

【文化市场监管】　2020年，平远县文化广电旅游体育局履行好文化市场监管职能，抓好安全责任落实，明确安全生产主体责任，与全县106家文化广电旅游体育市场业主签订《2020年平远县文化广电旅游体育市场安全责任书》，指导企业完善调整安全生产工作领导小组，确保安全生产工作有人抓有人管。抓好行业安全生产检查，在岁末年初、春运交通、防灭火期、防风防汛期等期间，结合安全生产三年专项整治行动，组织开展行业安全专项检查工作。全年出动安全检查22次，累计出动执法力量204人次，其中多部门联合检查6次，检查文旅体经营场所125家次。抓好行业执法检查，结合“扫黑除恶”“扫黄打非”、网络生态治理等专项工作，加强全县歌舞娱乐场所、网吧、旅游景区、星级饭店、旅行社等的检查工作。疫情前期重点做好歌舞娱乐场所、网吧等密闭场所的关停工作，疫情防控进入常态化后，不定期组织人员检查监督这些场所的安全防控措施落实情况；指导五指石旅游景点建设“扫黄打非”工作站点；牵头开展校园周边环境文化市场专项整治，制定《平远县校园周边环境文化市场专项整治工作方案》，联合市场监管等相关单位对城区网吧、KTV进行检查，联合县“扫黄打非”办对校园周边出版物市场、玩具店进行检查。全年出动检查60多次，出动执法检查人员235人次，其中多部门联合检查10多次，检查互联网上网服务营业场所40家次、歌舞娱乐场所120家次、旅行社30家次、景区及酒店56家次、游泳池26家次、书店40家次、其他场所51家次，约谈业主10多家，发出责令整改通知书7份，行政处罚案件2宗，没收非法出版物7本。抓好广播电视安全播出，加大公益广告播出力度，特别是县创文创卫的公益宣传、新冠肺炎防治宣传等，开展严防转播节目插播广告以及医药养生保健品类广告整治；开展非法卫星电视广播地面接收设施的整治，成立以局长为组长，分管执法及广播电视工作的两位副局长为副组长，市场监管股、执法股、广电股等为成员的专项整治工作领导小组，制定专项整治方案，按照属地管理原则开展整治工作，进一步规范全县卫星电视广播传播秩序；加强监管工作，实行不定时检查和重点时段、节点检查相结合和重要保障期领导带班及零报告制度；加大广播电视设施保护工作，监督播出单位落实设施保护巡查工作，维护广播电视设施设备安全。推动文化广电旅游体育市场“放管服”改革，严格落实审批有关规定要求，进一步简化审批流程，实现门户网站和网上申报系统无缝对接。完善国家“互联网+监管”系统，做好“互联网+监管”数据汇聚有关工作。系统梳理并认领监管事项目录清单129项，其中行政检查62项、行政处罚64项、行政强制1项、其他行为信息1项。依法依规做好行政审批服务工作，严把入口审批关，完善“准入机制”，做好行政许可审批工作。全年审批文艺表演团体设立2宗，注销营业性演出许可证1宗，高危性体育项目（游泳）新设立2宗，高危性体育项目（游泳）经营许可证延续1宗，娱乐经营许可证注销6宗。做好投诉答复工作，全年接到投诉10起、信访件3宗，投诉件和信访件全部按期办结并答复投诉人10宗，答复满意率100%。

【存在问题】 2020年，平远县文化事业发展存在以下问题：公共服务基础设施建设还存在短板，与群众日益增长的美好生活需要不相适应；基层文化站、文化服务中心利用不够；产业规模不大，结构单一，市场主体规模较小、实力不强；文化产品商业化程度不足；文化人才紧缺，文化队伍面临青黄不接问题。

（县文广旅体局）

融媒体

【概况】 2020年，平远县融媒体中心担负起举旗帜、聚民心、育新人、兴文化、展形象的使命任务，坚守意识形态阵地，牢牢把握正确的政治方向和舆论导向，坚持移动优先，积极实施“三好一正”工程，扎实推进县级融媒体中心建设和广电网络改革重组工作，完成年度各项工作目标任务。

【宣传报道】 2020年，平远县融媒体中心坚持移动优先，在传统媒体的基础上着力打造平远融媒体矩阵，并与“掌上梅州”“南方+”“学习强国”等平台交汇共融，以“一城一区一带”“精致小城·大美平远”“乡村振兴”“决战决胜脱贫攻坚”“党建引领促发展”“走向我们的小康生活”“防控新冠肺炎，推进复工复产”等为主题，做好正面舆论宣传报道，为实施一城一区一带发展战略，创建优山美水生态之星“精致小城·大美平远”营造良好的社会舆论氛围。特别是在疫情防控期间，冲锋一线、及时发声、有力引导，为暖人心、稳民心、聚人心营造众志成城、共克时艰的良好舆论氛围。县融媒体中心全年通过平远广播电视采编播《平远新闻》1200多条、《橙乡纪事》53期、专题片65部，上送梅州市广播电视台新闻191条，被“学习强国”平台采用新闻、专题130条，通过“平远发布”微信公众号和“平远通”APP等新媒体平台推送信息、资讯1.1万多条。采编播疫情防控相关新闻748条，“平远发布”和“平远通”推送疫情防控相关信息7200多条，累计阅读量超220万次。

【县级融媒体中心建设】 2020年，根据《关于设立平远县融媒体中心的批复》和《关于印发平远县融媒体中心（平远县广播电视台）机构编制方案的通知》，整合设立平远县融媒体中心，该中心为县委宣传部管理的公益一类正科级事业单位，加挂平远县广播电视台的牌子（平远县广播电视台不存在有机构职能）。2020年，平远县县级融媒体中心建设取得阶段性重大成效，顺利通过省级验收并实现正常运转，为平远经济社会发展提供强有力的舆论支持。硬件方面，建成占地近250平

2020年7月14日，县委书记宋才华（前排右二）到县融媒体中心调研县级融媒体中心建设

方米的现代化指挥调度中心，采购一大批摄、采、编设备，完成播出机房的升级改造，平远电视节目实现全高清采、编、播。软件方面，借助“珠江云”和“南粤云”等技术平台和融媒内容管理系统，打造集“宣传+政务+服务”等于一体的一端多能的综合类移动客户端“平远通”APP，在全市各县（区）率先开通“平远融媒”抖音号和微信视频号，搭建由平远广播电视和“平远发布”微信公众号、“平远通”APP、“平远融媒”抖音号、“平远融媒”微信视频号等平台组成的平远融媒体矩阵，实现“一台一微一端二号”和“统一指挥、一次采集、多次生成、多媒传播”的融媒工作模式。12 个镇融媒号进驻平远融媒。

【县广电网络改革重组】 2020 年，平远县融媒体中心为贯彻落实国家、省关于推进“全国一张网”“全省一张网”的决策部署，巩固和壮大党的宣传舆论主阵地，充分整合县城和镇级广电网络资产，实施县广电网络改革重组。顺利完成广电网络改革重组相关人员安置、历史遗留问题等重点工作。

【有线电视服务】 2020 年，平远县融媒体中心配合乡村振兴和红色旅游示范镇的建设，城乡共架设光缆 1 万米、网络线路 6.5 万米，新增光点 30 个；全面完成国道 358 线八尺至差干段迁徙杆线和广电网络整改工作、省道 225 线部分公路改造迁徙杆线工程、国道 206 线绕城段杆线迁移工程；完成八尺镇黄沙村、八尺镇排下村、大柘镇黄沙村、石正镇坪湖村、仁居镇仁居村、差干镇加丰村、泗水镇梅畲村共 7 个村“四网整治，多杆合一”综合整治任务。

【存在问题】 2020 年，平远县融媒体中心主要存在以下几方面问题：县融媒体中心建成并投入使用，但各项管理机制还不完善，激励机制还不够健全，单位的活力没有最大程度激发，融媒产品的生产、创新能力有待提高；存在人员流动大、年龄断层、年纪偏大现象，专业对口人才匮乏，不能满足融媒日常宣传工作的开展及日益增长的融媒业务发展的需求；平远融媒矩阵初步搭建和应用，但矩阵功能仍需再完善，“统一策划、一次采集、多种生成、多元传播”的工作模式还有待完善，平远融媒矩阵各类平台还有待进一步融合，融合效应有待进一步发挥。（刘广锋）

新闻报道

【概况】 2020 年，中共平远县委办新闻室围绕县委的中心工作和决策部署，不断加大宣传报道力度，讲好平远好故事，传播平远好声音，树立平远好形象，传递平远正能量，为建设优山美水生态之星“精致小城·大美平远”营造浓厚氛围。2019 年度“梅州市新闻奖”评选中，新闻室作品《85 岁老兵将国家纪念章带回平远大山》获通讯与深度报道三等奖，《副县长“变身”主播卖山货》获文字消息三等奖。朱双玲获梅州日报社 2019 年度“优秀特约记者”称号。

【平远故事讲述】 2020 年，新冠肺炎疫情暴发，为打赢疫情防控阻击战凝心聚力，中共平远县委办新闻室广泛宣传疫情防控正面典型，累计在各类媒体发布防疫相关稿件500篇。围绕平远“主攻‘一城一区一带’，创建优山美水生态之星、‘精致小城·大美平远’”的中心工作，结合各时期重点，注意选准角度，准确把握尺度，组织协调中央、省、市媒体及时报道全县大事、要事、新鲜事。全方位、宽角度、多形式地宣传报道平远在乡村振兴、脱贫攻坚、交通水利基础设施建设、文明创建、园区建设、招商引资等方面的新举措、新成果、新典型。全年累计在《南方日报》、南方+、南方网、《梅州日报》、梅州网等发布稿件1200多篇。

【融媒策划】 2020年，中共平远县委与《南方日报》《梅州日报》等主流媒体签订年度合作协议，其中《南方日报》主报刊登专版2个版，《南方日报·梅州观察》16个版，《梅州日报·平远新闻》专版24个版。协助《梅州日报》做好《品读平远》创刊工作，7月16日正式开刊，进一步宣传记录平远发展故事。结合南方+平远频道、掌上梅州平远频道、《品读平远》等媒介资源，在报道中，新闻室加强新闻报道策划，对报道选题、报道范围与重心、报道规模、发稿计划、报道方式、报道的表现形式等进行提前规划和设计，尤其在报道形式中，让报道做到既有传统版面刊登，又有网络图文报道、活动直播等多种形式。如：为宣传平远乡村振兴成效，在《梅州日报》刊登《平远铆足干劲稳步实施乡村振兴战略——大地律动是春声乡村振兴正当时》《高质量打造乡村振兴“平远经验”》，在《南方日报》刊登《平远村庄“美容”记：该县鼓励客家民居实施外立面改造，扮靓村庄激活发展新动能》《村美民富乡风好小康生活入画来——平远县大力实施乡村振兴战略，不断提升农民幸福感》等多个专版；为展现平远县脱贫攻坚成果，在《梅州日报》刊登《脱贫路上的铿锵足音——平远县强基础补短板聚力决战决胜脱贫攻坚纪实》，在《南方日报》刊登《平远县用心谋福祉 脱贫有路子——抓实“一户一策”，依托产业基地，带动全县贫困户致富奔康》等专版，同时在《品读平远》推出“走向我们的小康生活”专栏，记录平远脱贫攻坚大小故事。

【对接服务】 2020年，中共平远县委办新闻室依托县委与《南方日报》《梅州日报》等主流媒体签订的年度协议，利用好传统版面和南方+平远频道、掌上梅州平远频道、南方网、梅州网等资源，加强与各级媒体记者的沟通联系，主动向上级媒体投稿和邀请记者到平远采访，做好记者到平远的接待、引导等服务工作，全年接待各级媒体采访100多人次，外引内联、借梯上楼，不仅拓宽平远工作宣传面，加大新闻宣传力度，还通过互相学习交流，为平远新闻工作注入新的活力。

【存在问题】 2020年，中共平远县委办新闻室新闻报道工作还存在以下问题：新闻选题策划不够出新出彩，“喉舌”作用有待更好发挥；新闻工作者接受培训不够，新闻工作队伍建设有待加强；业务所需设备有待更新。（朱双玲　朱维佳）

卫生健康·体育

卫生健康

【概况】 2020年，平远县有各类医疗卫生机构183间（含村卫生站）。实有床位数796张，每千常住人口占有床位3.38张。在职卫生专业技术人员1346人。其中，正高级职称7人，副高级职称106人，中级职称203人。每千人执业（助理）医师2.22人、注册护士2.41人。全县固定资产20262.52万元，业务用房面积50046.16平方米。

2020年，卫生财政补助54945.48万元。全县医疗机构总诊疗人次数78.92万人次、出院1.4万人次；病床使用率37.06%；平均住院日6.9天。

2020年，平远县常住人口212899人。年内户籍人口出生1220人，政策生育率89.81%，人口出生率8.56‰，人口自然增长率2.34‰，出生人口性别比120.15∶100。免费孕前优生健康检查1238人，项目目标人群覆盖率61.9%。

【新冠疫情防控】 2020年，新冠肺炎疫情发生后，平远县卫生健康局（以下简称平远县卫健局）在县委、县政府的领导和市、县疫情防控指挥部的指导下，严守“外防输入、内防扩散”原则，开展疫情处置。全县除发现1例输入性确诊病例外，1月30日至年底无新确诊病例，疫情防控工作取得阶段性成效。围绕“预防为主、健全机制、完善措施、加强保障”策略，周密部署疫情常态化防控措施。针对其他地区暴发的本地疫情，迅速采取措施，加强中高风险地区到平远人员健康管理，防止疫情反弹，全力保障全县人民生命安全和身体健康。

【医药卫生体制改革】 2020年，平远县卫健局持续推进医药卫生体制改革工作。上年8月该县被确定为国家紧密型县域医疗卫生共同体建设试点县，2020年初步组建以平远县人民医院为牵头医院、石正等7个镇卫生院为成员单位的平远县人民医院医共体，以平远县中医医院为牵头医院、东石等5个镇卫生院为成员单位的平远县中医医院医共体。成立医共体管理委员会，制定权责清单，实施医共体内唯一法定代表人的治理结构，统一实行“一个机构、两块牌子”，党建引领医共体发展方向，医共体总院设立党委，成立医共体理事会，印发理事会章程，做到有职、有权、有责。加强学科建设，推广新技术，着力提升服务能力，减少县域病人外转。开展医疗质量专题培训，加强督导，推进医疗质量精细化管理。建立专家下沉制度，使普通病、常见病留在基层卫生院就医。4 月医共体挂牌运作后，通过总院开展医师下沉，基层分院诊疗水平得到一定提升，医疗质量和医疗安全得到保障。持续开展国家基本公共卫生服务项目。及时调整县级专家组，定期开展线上工作督导并通报工作进度、督促整改。医共体石正、东石、仁居分院试点开展“互联网+智慧公卫”，通过应用便捷式的智慧公卫体检管理系统，实现老年人健康体检、慢病患者体检和随访、居民健康档案管理等项目数据实时上传到省基卫系统，大大减轻基层公卫人员工作量，同时使基层群众在家门口享受到优质的体检服务和健康指导。试点开展后，体检人数较上年同期增长 49%，日体检效率增长 230%。推进家庭医生签约服务，以基本医疗为导向，融合公共卫生和健康管理，由专科医生、全科医生和乡村医生共同参与家庭医生签约服务。全县组建家庭医生团队 52 个，全年常住人口家庭医生签约服务覆盖率 45.3%，重点人群签约服务覆盖率 70.5%。

2020 年 4 月，平远县人民医院医共体总院及分院、平远县中医医院医共体总院及分院正式挂牌成立，标志着医共体正式进入实质性运作阶段

【医政管理】　2020 年，平远县卫健局继续加强医政管理，推动平远医疗卫生事业持续发展。不断完善远程医疗、临床路径管理等制度建设，优化就医布局流程，注重人文关怀服务，加强急诊急救能力建设。4 月 1 日，县中医医院正式开通“120”院前急救业务。做好“优质服务基层行”活动工作。按照国家、省、市要求，对照乡镇卫生院服务能力标准和评价指南，进一步优化就医流程，改进质量，不断增强群众获得感。为县人民医院、县中医医院配置 76 种基本设备，县人民医院利用帮扶机制，重点加强建设重症医学科（ICU）、放射科、骨科等专科建设；探索建立胸痛中心；投入 600 多万元，升级建设血液透析中心。上年 12 月中山二院组团式紧密型帮扶团队正式进驻县人民医院后，为该院带来新技术和新管理方式，进一步提升当地医疗服务水平，为实现该县患者大病不出县打下坚实的基础。其中普外科率先开展低位直肠癌的微创化手术治疗，填补该县近三年来腹腔镜微创肠癌手术的空白。在条件有限、人员紧张的情况下，承担重要会议、平远各景区节日活动、梅州马拉松赛等各项活动的医疗保障任务。全年承担医疗保障 42 次，出动救护车 26 次，派出医务人员 214 人次。落实质量安全核心制度，加强患者安全管理。落实临床路径管理指导原则，推动单病种付费改革，单病种付费病种数达 100 种以上。加强护理人才队伍建设，推进优质护理服务，探索发展老年护理服务事业，助力医养结合发展。强化医院感染管理工作，提高感控管理人员业务水平。加强医疗机构药事管理和药学服务，做好“毒麻精放”药品安全管理。依法加强医疗机构监管，探索医疗机构和医师征信体系建设。加强各类医疗废物和医疗污水管理，各医疗机构均严

格按照要求统一移交处置公司（金川医疗废物集中处置有限公司）进行集中处置。开展“患有大病”贫困人口医疗救治工作，贫困人口住院费用政策内报付比例85%以上，因病致贫返贫增量得到遏制；推进农村贫困患者县域内就诊绿色通道、“先诊疗、后付费”及“一站式结算”等政策；推动医疗机构基本医疗保险、大病保险、医疗救助、疾病应急救助、慈善救助和扶贫资金协调保障制度的有效衔接，切实降低贫困大病患者就医负担；加大健康扶贫医疗保障扶持力度，加强对患病贫困人口健康管理和定期随访，贫困人口家庭医生签约服务率100%，为打赢脱贫攻坚战提供重要保障。按照城乡医院对口支援工作安排，各受援医院制定切实可行的年度援助计划，主动争取支援医院的支持，以人才、技术、重点专科为核心，强化医院对口帮扶管理，督促对口帮扶双方紧密衔接，确保帮扶任务、协议、人员、措施“四个到位”，助力健康扶贫。

【卫生基础设施建设】 2020年，平远县卫健局大力推进县级医院基础设施建设。投入7亿多元整体搬迁县中医医院、县妇幼保健计划生育服务中心、县慢病站、县“120”急救指挥中心和建设县人民医院综合大楼。县慢病站于6月12日正式投入使用，继教中心、120急救指挥中心于9月19日挂牌揭幕；县中医医院于11月5日搬迁试运行，12月6日落成启用。县妇幼保健计划生育服务中心、县人民医院综合大楼建设稳步推进。全面完成镇卫生院和村卫生站建设。全面完成12个乡镇卫生院标准化、规范化建设，全县129间公建民营村卫生站全面完成规范化升级改造并投入使用。

【健康宣教】 2020年，平远县卫健局主要从四个方面做好健康教育宣传工作。疫情发生后，充分利用平远大厦LED大屏幕、全县各住宅小区共8个点位的LED户外电子显示屏、12个乡镇卫生院，及各村站宣传栏等载体和方式，在街道、社区、农村等重要场所广泛持续宣传。累计印发各类宣传资料1.7万份，使用宣传栏209块、LED滚动屏45块，营造齐心协力、群防群控抗击疫情的浓厚氛围。同时用好各住宅小区滚动屏幕和LED电子显示屏宣传卫生健康方针政策、无偿献血、疾病预防、基本公共卫生健康教育等知识。结合“我们的节日”“健康素养进镇村”等健康教育促进活动，以各类卫生健康重要纪念日为节点，开展“‘爱心献血，情暖平远’无偿献血活动”和“防疫有我，爱卫同行”爱国卫生月等一系列活动。结合创文工作开展“文明健康、有你有我”主题宣传，倡导健康生活方式。强化社会宣传，充分运用梅州市政府信息公开业务管理平台、县政府网站重点领域窗口发布政务动态、活动消息等内容，宣传平远卫生健康工作，全年发布、转载卫生健康动态、新闻99条。印发《2020年平远县卫生健康系统创建全国县级文明城市测评体系任务分解表》《2020年平远县卫生健康系统未成年人思想道德建设工作测评体系分解表》，将标准融入年度重点工作内容，保持创建常态化，巩固拓展精神文明建设。组织开展“文明家庭”“五星道德模范”“梅州好人”等活动评选，选树宣传疫情防控一线的先进典型和感人事迹，用先进典型激发热情、提振信心、汇聚力量。

常态化开展文明志愿服务活动，先后开展下基层健康教育讲座、职业健康宣传、健康体检、送医送药义诊等活动14次。推进教育培训，着力提升医疗队伍服务水平。全年报送全科医生（含中、西医）规范化培训2名，助理全科医生培训3名，全科医生转岗培训16名，全科医生岗位培训1名，助理全科医生带教师资培训3名。做好2020年省、市下达该县8名订单定向培养医学生的招录工作。

【中医药事业发展】　2020年，平远县卫健局持续推进中医药工作。县中医医院搬迁后，聘请省级医院的专家到院讲学、会诊、手术示教，并在县中医医院成立名医工作室，收徒带教。充分发挥中医药特色和优势，参与新冠病毒的预防工作。成立中医药专家组、制定中医药救治工作方案，制定传染病防治预案。在疫情防控中，遵循中医药发展规律，结合当地气候水土、居民饮食、生活习惯等特点，调制出方便服用的预防“新冠”中药饮片包、预防“新冠”中药汤液包、居家泡服的茶调扶正驱毒饮和空气消毒用的家庭燃熏合剂饮片包系列特色中药制剂。县中医医院与广州市中西医结合医院建立对口支援中医药业务协作机制。设置基层指导科，安排专人负责，与基层医疗卫生机构建立对口支援关系。全年全县通过梅州市传统医学确有专长人员医师资格考试2人。不断加强中医药人才培养力度，当年度中医全科医生规范化培训1人，助理全科医生培训1人，转岗培训5人，助理全科医生带教医资培训1人。截至年底，取得中医全科医生证书的20人。继续做好基本公共卫生服务中医药管理部分，2020年该县老年人中医药健康管理服务率60.7%，0—36个月儿童中医药健康管理服务率71.04%。建设名中医传承工作室2间。整理名中医药专家的典型医案、处方等原始资料，并建立资料档案。开展有关名老中医药专家学术观点和临床经验相关课题的研究。

【卫生计生监督执法】　2020年，平远县卫健局做好卫生计生监督执法工作。加强公共卫生安全监管，全年出动监督力量5151人次，检查监督单位1761家次，下发监督意见书911份。做好医疗机构监管，规范医疗行为工作，与全县村卫生站签订《医疗安全质量承诺书》，全年查处案件3宗，罚款2.8万元，结案3宗。创新开展职业健康知识宣传活动，通过建立职业卫生工作微信群，向全县相关从业人员定期进行知识宣传；6月23日，联合多部门在县官田广场举行职业健康知识宣传活动，发放宣传资料1000多份；12月18日，举办平远县职业健康培训班，培训全县职业卫生监管单位150人。在深入开展重点行业领域尘毒危害专项治理工作的同时，对全县职业卫生相关企业进行摸底检查，检查企业86家，其中尘毒危害重点行业20家。查处职业卫生案件2宗，罚款金额4000元。加强公共场所与餐饮具集中消毒服务单位监督检查，办理核发公共场所卫生许可168家，其中新办许可35家，延续与变更106家，注销27家；督促办理健康体检350余人。全年监督公共场所1338家次，下发监督意见书795份。

【妇幼保健】　2020年，平远县卫健局实施母婴安全和健康儿童行动计划，全力保障母婴安全。以实施县级公立医院升级改造建设为契机，稳步推进县级危重孕产妇和新生儿救治中心、出生缺陷综合干预中心等县级妇幼保健重点项目工程建设，提高孕产妇和新生儿医疗保健救治能力。加强服务队伍建设，提升妇幼健康服务水平。加强孕产妇、0—6岁儿童健康服务项目管理。全县全年活产数2079人，住院分娩2078人，住院分娩率99.95%；产后访视2051人，产后访视率98.65%；全年无孕产妇死亡。全县0—6岁儿童总数13648人，健康管理12978人，健康管理率95.09%；5岁以下儿童死亡7人，死亡率3.37‰，婴幼儿死亡3人，死亡率1.44‰，无新生儿死亡。把预防艾滋病、梅毒和乙肝母婴传播项目内容与日常妇幼保健工作紧密结合，实行首诊负责制。完成2020年城乡妇女“两癌”检查项目任务，提高妇女常见病筛查和早诊早治率。

【慢性病防治】 2020年，平远县卫健局推进慢性病防治和国家基本公共卫生服务项目管理工作。6月，县慢病站迁至县城医疗保健服务中心，慢性病防治办公条件和服务能力得到进一步提高。截至12月31日，全县管理高血压患者10507人，任务完成率104.03%，超额完成目标任务数；规范管理人数7540人，规范管理率71.77%；血压达标人数9442人，血压控制率89.87%。全县管理糖尿病患者3794人，任务完成率88.24%；规范管理人数2769人，规范管理率72.99%，血糖达标人数3119人，血糖控制率82.21%，规范管理率和控制率均高于广东省实施国家基本公共卫生服务项目绩效目标。

【疾病预防】 2020年，平远县卫健局做好疾控预防工作。平远县报告乙丙类传染病872例，死亡病例1例，发病数同比下降39.43%，全年未发生重大传染病暴发疫情。开展艾滋病筛查检测工作。加强预防接种基础设施建设，投入近700万元推进疫苗流通和管理信息系统、疫苗冷链配送、预防接种单位标准化项目建设。年底实现疫苗流通和预防接种信息全程数字化管理，每支疫苗的出厂、配送、储存、接种、销毁等全程追溯，全面提升全县疫苗使用管理和预防接种安全水平。开展学生常见病和健康影响因素监测与干预工作，落实全国监测点县任务，合计监测7所学校2533人次。地方性碘缺乏病监测年度任务和“十三五”规划任务圆满完成，8个饮水型地方性氟中毒病区村达到控制水平。全县严重精神障碍患者在册人数1416人，报告患病率6.02‰，面访率88.98%，规范管理率92.73%，服药率86.16%，规律服药率68.86%，精神分裂症规律服药率68.29%，全年未发生严重精神障碍患者肇事肇祸事件。全县管治肺结核患者94人，总体追踪到位率95.2%，比上年同期提高5.4%。

【老龄健康与家庭发展】 2020年，平远县卫健局贯彻落实全县老龄健康与家庭发展工作。为辖区60周岁以上户籍老人统一购买意外伤害综合保险，全县参保人数4.79万人，覆盖率100%，保费59.12万元，为该县老年人筑起一道抵御意外风险的“防护墙”。“5·29”计生协会会员活动日通过宣讲知识和开展“一元爱心捐助”活动，收到捐款2842元。5月27日，入户走访慰问5户计生特殊家庭、计生困难家庭，并召开平远县计生协庆祝中国计生协成立四十周年暨“5·29会员活动日”宣传活动座谈会。10月15日开展敬老月活动，发放《老年失能预防核心信息》《中华人民共和国老年人权益保障法》200多份。重阳节期间全县各镇慰问百岁老人20名。与光同尘教育发展有限公司托育机构成功备案。各镇卫生院与福利院签订医疗服务协议，每周指派医务人员到福利院为老年人巡诊一次，每半年为老年人体检一次。各医疗机构开通老年人就医绿色通道，让老人享受无缝隙衔接的医疗服务。依托县慢病站、镇卫生院与村卫生站家庭医生团队，为辖区内65岁及以上常住老年人22717人建立健康档案，建档率87.8%；接受老年人健康管理人数15174人，健康管理率58.65%；家庭医生签约18736人，签约率72.42%。发挥中医药特色养老服务优势，开展中医治疗高血压、糖尿病，中医预防保健特色项目。

【职业卫生体检】　2020年，平远县卫健局开展尘肺病患者随访与回顾性调查49名。其中，一期尘肺患者35名，二期尘肺患者10名，三期尘肺患者4名。49名患者中失访16名，死亡20人，存活13人。

【爱国卫生运动】　2020年，平远县持续开展爱国卫生运动，创新爱国卫生方式方法，持续深入组织开展以防控新冠肺炎疫情为主的环境卫生综合整治、重点场所区域清洁消毒、清除蚊媒滋生地和疫情防控知识宣传，落实“三个一”（每年4月根据省爱卫会的统一部署开展“爱国卫生月”活动，每月根据县部署开展1次以清除卫生死角和“四害”滋生地为主的统一行动，每周开展1次环境卫生大扫除活动）环境卫生整治制度，推进省卫生镇创建、病媒生物防制、控烟等爱国卫生工作。2020年，平远县被全国爱卫会命名为“国家卫生县城（2020—2022）”，八尺镇、泗水镇成功创建2020年度“广东省卫生镇”，截至年底，平远县成功创建7个省卫生镇、136个省卫生村，省卫生镇村创建覆盖率分别为58.3%、100%，完成市政府下达的“到2020年，省卫生镇、村覆盖率分别达到50%、70%”目标任务。

【无偿献血】　2020年，新冠肺炎疫情防控期间，平远县献血办及时制订采供血管理规定、指南及应急预案。加强临床用血管理，制订临床应急用血方案，推广合理用血新理念，规范用血标准，严格用血指征。全县有1996人次成功献血，与上年同期相比增加556人次，超额完成市下达1529人次目标任务；献血总量39.32万毫升，人均献血量227.68毫升，比上年人均提高13.41毫升。

【平远县中医医院迁址】　平远县中医医院原位于该县大柘镇平城中路43号，系1986年3月由大柘镇卫生院改建而成。新院区位于大柘镇柘东路213号，于2015年6月开建，总投资3.2亿元，占地面积19607平方米，建筑面积32600平方米，建有门诊住院大楼、体检康复中心及中心后勤部各1栋，设置床位250张，配备新型检查、检验及康复设备一批。2020年12月，平远县中医医院在新院区举行落成启用暨大型联合义诊活动。　（温圆圆）

体　育

【概况】　2020年，平远县文化广电旅游体育局（以下简称平远县文广旅体局）围绕县委、县政府的各项中心工作，全面贯彻实施《中华人民共和国体育法》和《全民健身计划（2016—2020年）》，以优化体育发展环境为重点，全力抓好群众体育、竞技体育、体育产业和足球各项工作，推动全县文化广电旅游体育事业融合发展。

【基础设施建设】 2020年，平远县文广旅体局不断拓展和完善体育基础设施建设。建成仁居镇圩镇群众文化体育中心、热柘镇热柘村七里滩文体广场、水电山庄文体公园等3个社区体育公园。投入46.51万元，为50个行政村（社区）配套健身路径30套、乒乓球台21张、篮球架13副。

【群众体育】 2020年，平远县文广旅体局持续推进群众体育工作，全年开展全民健身赛事活动150场次，总计参加人数近2万人次。加速推进体育基础工程建设，让全民体育、全民健身体现在时时处处。举办平远县直机关2020年元旦篮球赛、平远县2020年元旦“红岩寨酒业杯”象棋比赛、平远县老体协2020年春节系列活动展演、平远县庆“五一”网络象棋比赛、全民健身日展演、国庆“体彩杯”象棋比赛、平远县篮球协会2020年中青杯篮球赛、平远县2020年旗袍展演等群众体育赛事活动。举办第十二个“全国全民健身日”活动，有广场舞、健身操、太极拳、柔力球等传统健身项目，还有拉丁舞、秧歌、街舞等融合运动健身、现代舞美的表演。

【竞技体育】 2020年，平远县文广旅体局指导和协助业余体校做好各参赛项目的组队、日常培训和运动员注册工作，开展暑期培训，抓特色、抓重点，在做好疫情防控工作的基础上，开展乒乓球、羽毛球、足球、田径、跆拳道、篮球的暑期公益培训班，培训260余人。平远县业余体校派出的运动员在2020年梅州市第六届“中国体育彩票杯”跆拳道锦标赛中获得2块金牌；输送的乒乓球运动员林子清获得2020年广东省青少年锦标赛女子乙组单打第一名、团体第二名、双打第三名，获得中国乒协国青、国少集训队“容国团杯”广东省选拔赛13—14岁组女子单打第一名；姚裕玲获得2020年广东省青少年锦标赛女子丙组团体第三名，双打第八名；输送的羽毛球运动员钟润果在广东省“威健·澳加林杯”青少年羽毛球锦标赛获得乙组女子团体第三名。

【国民体质监测】 2020年，平远县文广旅体局继续做好国民体质监测、社会体育指导员培训等工作，指导群众科学健身。全年为750名群众开展体质测定。做好2020年度平远县国民体质运动健身指导站建设工作，培训三级社会体育指导员15名，同时选派13人参加省、市社会体育指导员培训班。至年底，全县有社会体育指导员1096人。其中，国家级1人，一级17人，二级96人，三级983人。

【足球特区创建】 2020年，平远县全力助推梅州市创建足球特区。为推动该县足球场地建设，完成2020年建设23块足球场地的任务，专门印发通知，明确各单位的建设任务和工作职责；召开平远县足球场建设工作推进会；由县府办牵头，组织县文广旅体局、县发改局、县教育局、县财政局等单位组成督导检查组，对全县足球场地建设情况开展督查检查；成立足球场地验收小组，对已竣工的足球场进行现场验收；落实相关奖补政策，组织符合要求的单位或个人按要求提交足球场地奖补项目申报材料。参加市足球联赛，做好市足球联赛平远主场比赛工作。召开2020年“客家村镇银行”梅州市足球联赛平远主场比赛协调会，抓实抓细疫情防控、志愿者服务、比赛场地、安保服务等联赛各项工作。平远县足协队获得体育道德风尚奖，平远足协队员刘国柱被评为最佳射手。平远青少年足球代表队与北京门头沟区青少年足球队开展交流活动；平远足协队与梅州客家足球俱乐部青训教练团队、兴宁育新足球俱乐部教练团队、梅县石坑镇、梅县梅西镇等足球队进行交流热身赛。

2020年7月28日，平远县召开足球场建设工作推进会　（林祎慧　摄）

【体育产业】　2020年，平远县新建体育彩票实体店1个，退站1个，维持现有体彩销售网点33个，体彩总销量1916万元，受疫情影响销量同比下降22.72%，其中乐透型销售764万元，竞猜型销售984万元，即开票销售168万元。

（县文广旅体局）

平远足协队参加2020年梅州市足球联赛

社会民生

人口与计划生育

【概况】 2020年，平远县卫生健康局继续实施优生保健措施，推进计生信息化建设，落实计划生育奖励、扶助政策，加强流动人口管理等，扎实推进人口和计划生育工作。2020年，平远县常住人口212899人，年内户籍人口出生1220人，政策生育率89.81%，人口出生率8.56‰，人口自然增长率2.34‰。出生人口性别比120.15∶100。免费孕前优生健康检查1238人，项目目标人群覆盖率61.9%。

【计划生育奖励扶助】 2020年，平远县卫生健康局继续实行政策调整前的城镇独生子女家庭奖励、农村部分计划生育奖励、农村计划生育节育奖励、计划生育家庭特别扶助等政策。2019年10月至2020年9月发放城镇独生子女父母奖励15807人次，奖励金194.6万元；发放农村部分计划生育奖励20435人次，奖励金245.22万元；发放农村计划生育节育奖励38495人次，奖励金192.48万元。发放计划生育家庭特别扶助425人次，发放特别扶助金47.55万元。持续加强对计划生育特殊家庭的经济扶助和精神关怀。计生特扶家庭全部建立联系人制度和签约家庭医生。按《平远县计划生育特殊困难家庭重特大疾病医疗救助实施细则》规定，对计划生育特殊困难家庭发生重特大疾病一次性救助3000元至5000元。抓好计划生育家庭意外伤害保险投保工作。为农村独生子女家庭、农村纯二女户家庭及计生困难家庭购买意外伤害保险，2020年，投保计划生育家庭5993户18446人，保费17.08万元。配合医保局做好农村享受免费农村合作医疗参保的核实上报工作，经审核，2020年符合条件4952人，参保金额138.66万元。

【计划生育服务管理】 2020年，平远县卫生健康局全面提升基层服务管理能力，加强计划生育业务培训，提升基层计生干部的素质。全力做好生育服务登记，进一步规范和简化办证程序。抓好人口动态监测，加强镇、村（居）卫生健康专（兼）职人员对辖区全员人口基础信息的采集、录入、更新的工作力度，依托广东省全员人口信息系统和人口自然变动信息互联互通平台，按月与公安、民政、医院等部门的出生入户、人口迁移变动、婚姻登记、死亡、出生医学证明办理、出生实名登记等数据进行分析比对，完善全员人口信息，提高覆盖率和准确率，从数据层面掌握整体工作态势，及时有效提升人口动态监测工作质量。

【优生保健】　2020年，平远县卫生健康局按国家和省、市要求，完善出生缺陷三级预防措施。实施免费婚前、孕前优生健康检查项目，为待孕夫妇提供优生健康教育、病史询问、体格检查、实验室检查、妇科超声常规检查、风险评估、咨询指导及早孕和妊娠结局追踪随访等优生优育服务。同时，持续开展增补叶酸预防神经管缺陷项目。全年登记结婚人数702人，接受免费婚前检查613人，检查率87.32％。全年免费孕前优生健康检查目标人数2000人，完成目标人群检查1238人，占年度目标任务61.9％。免费孕前优生健康检查省级临床实验室室间质评各项指标均达优秀等次。扎实推进地贫防控工作。双途径补助措施落实地贫防控项目，把地贫筛查工作纳入婚检、孕前及产前检查的常规检查内容，对筛查阳性孕产妇夫妻实行县、镇、村三级追踪干预。全年实现重度地贫儿零出生，地贫防控效果明显，有效提高平远县出生人口质量。落实广东省出生缺陷综合防控项目工作和需方补助政策，县出生缺陷干预中心高效运作，全面开展孕产妇产前筛查和新生儿疾病、听力筛查服务。

【流动人口管理】　2020年，平远县卫生健康局着力推进流动人口和管理水平进一步提升。坚持定期信息采集、上报和平台接收、反馈、提交等有关制度。流动人口协查信息反馈率、协查信息反馈及时率、通报信息接收率、通报信息接收及时率均100％。推进流动人口基本公共卫生计生服务均等化服务，培育流动人口健康促进场所，提高平远县流动人口健康素养水平。

【计生信息化建设】　2020年，平远县卫生健康局为推动人口与计划生育系统信息化建设的进程，实现计划生育管理规范化、现代化，进一步提高人口与计划生育的整体服务水平。年底，平远县卫生健康局与广州中智软件开发有限公司签订合同，继续依托广东省全员人口信息系统、核查软件加强与公安、民政等部门合作，建立数据共享机制。每月与医疗机构、公安、民政等部门的住院分娩、计划免疫、户籍迁出迁入小孩入户、暂住人口、结婚、离婚、死亡登记等有关信息进行核对，做到“户不漏人、人不漏项、项目变动及时”，及时补充和更正广东省全员人口信息系统信息，确保人口信息上报的及时、完整、准确。充分利用卫生健康系统内数据互联共享，对人口出生信息及时比对修改，确保系统数据的准确性，避免漏报、错报等现象的发生。

（县卫健局）

人力资源和劳动管理

【概况】　2020年，平远县人力资源和社会保障局把握“稳就业、促改革、兜底线、防风险”工作主基调，紧扣就业创业、社会保险、人事人才、劳动关系等重点工作，聚焦点、抓重点、破难点，统筹推进疫情防控和人社事业高质量发展，各项工作取得新成效。全年，城镇登记失业率控制在2.39％以内，就业创业质量日益提高，就业形势保持持续稳定。事业单位人事、工资、绩效管理不断规范，人才培养环境日益优化，人才队伍质量不断提升。社会保障卡累计持卡人数22.24万人，社保改革持续深化，社保待遇稳步提高，社保覆盖面不断扩大，多层次社会保障体系基本建成。企业劳动合同签订率98.4%，劳动人事争议仲裁结案率100%，部门联动日渐增强，劳动关系总体保持和谐稳定。

【公共人事管理】 2020年，平远县人力资源和社会保障局持续优化人才培养环境，激活人才创新活力，着力引进和培养一批适应平远县绿色现代产业需要的人才队伍。逐步健全事业单位人事管理制度，修订完善《平远县事业单位绩效考核方案（试行）》。完成2019年度全县事业单位绩效考核。做好平远县事业单位集中公开招聘工作，全县招考218个岗位，共招聘159名人员。做好机构改革人员转隶相关工作，年内完成事业单位机构改革人事转隶167人。大力引进急需紧缺人才，全年引进医疗急需紧缺专业人才2名，招录高校毕业生志愿者8名到基层开展“三支一扶”工作。加强人力资源和社会保障能力建设，全县人力资源服务机构共3家，社会保障卡累计持卡人数22.24万人，企业退休人员社区管理服务率87.0%，民生服务水平不断提升。规范现有16903份流动人员档案管理，全年办理转出流动人员档案348份。强化高校毕业生就业创业指导，全面落实“三年百万青年见习计划”，提供见习岗位11个。全年高校毕业生就业率97%。

【专业技术人员管理】 2020年，平远县人力资源和社会保障局规范开展职称申报评审工作，强化专业技术人员管理。全年全县有职称评审委员会5个，专业技术人员3358人。其中，正高级职称8人，副高级职称794人，中级职称1477人，初级职称1079人。完成新聘和续聘专业技术人员448人（正高级6人、副高级175人、中级134人、初级133人），审核上送399人（正高级5人、副高级144人、中级113人、初级137人）。做好博士工作站政策指导和服务管理工作，实现博士和博士后“引得进、用得好、留得住、流得动、服务好”，吸纳集聚优秀拔尖青年人才。全县有博士后科研工作站1家：广东五指石科技有限公司；博士工作站2家：广东华清园生物有限公司、梅州绿盛林业科技有限公司。

【工资福利】 2020年，平远县人力资源和社会保障局严格执行工资政策，切实提高工资管理服务水平。重点做好2019年度事业单位绩效考核工作。提请印发《关于印发〈平远县事业单位绩效考核方案（试行）〉的通知》，于6月底全面完成各事业单位的绩效考核工作。根据《关于印发〈平远县事业单位绩效考核方案（试行）〉的通知》文件精神，离退休人员慰问金及绩效考核奖金全部发放到位。做好工资福利调整和发放工作。完成205名事业单位及机关工勤人员调动工资手续办理，核定发放151名新招聘事业单位工作人员工资，计发70名机关事业单位人员一次性抚恤金，办理39名遗属供养对象生活困难补助审批，发放483名事业单位及机关工勤人员优秀奖金。

【劳动就业服务】 2020年，平远县人力资源和社会保障局落实就业创业政策，鼓励劳动者自主创业、自谋职业，帮扶贫困人员就业，推动“稳就业”“保民生就业”和各项援企稳岗政策落地见效。全年新增就业人数1405人，城镇登记失业率2.39%，控制在市下达任务3.50%以内的目标范围，全县就业局势保持基本稳定。建立健全完善就业创业政策，提请县府办印发《平远县进一步稳定和促进就业若干政策措施》。深入园区、企业宣传援企稳岗政策，做好劳动关系风险监测、预警、处置工作。深入推动创新创业，全年发放创业担保贷款36笔，贷款金额911万元，贴息58.25万元。全县扶持创业325人，带动就业890人。全方位促进劳动力供需对接。全年举办各类招聘活动33场，服务企业465家，提供就业岗位13875个，成功帮助实现就业810人，全县企业劳动合同签订率98.4%。针对性促进重点群体就业。统筹做好高校毕业生、异地务工人员、退役军人、残疾人等重点群体就业帮扶工作。建档立卡贫困毕业生实现100%就业，离校未就业高校毕业生得到暖心跟踪帮扶，实名制帮扶就业589人，就业率97.0%，整体就业好于预期。零就业家庭保持动态归零。

2020年8月28日，平远县人力资源和社会保障局在官田广场举办“保居民就业、促苏区发展”南沙—平远劳务对接招聘会暨人社政策宣传活动

【职业技能培训】 2020年，平远县人力资源和社会保障局贯彻落实上级决策部署，围绕“稳就业、促发展”目标，开展大规模、高质量的职业技能提升三年行动，不断提升平远县劳动者的技能素质。全县全年完成各类培训6801人次，其中各类补贴性职业技能培训3419人次。职业技能提升培训资金支出303.408万元，支出率99.4%。全面完成“粤菜师傅”“广东技工”“南粤家政”三项工程技能培训任务，工程实施与产业结合更加紧密，保就业、促增收效果更加明显。有效助力产业发展、乡村振兴、精准扶贫等重要战略部署任务。

“粤菜师傅”工程亮点纷呈。推进“粤菜师傅”工程与乡村振兴、精准扶贫、文化旅游产业发展相结合，通过推进“五大行动”，即“品牌打造行动、人才培养行动、就业创业行动、产业培育行动、融合菜品行动”，做优做强平远粤菜师傅品牌。2020年成功申报省、市“粤菜师傅”大师工作室1个，建成“粤菜师傅”综合展厅1个，打造粤菜食材供应基地2家（梅州市可其山电子商务有限公司和平远县威大地有限公司），推荐入选梅州市第九批市级非物质文化遗产代表性项目1个（平远客家娘酒鸡制作技艺），推荐入选第九批县级非物质文化遗产保护项目1个（热柘豆干制作技艺），培训“粤菜师傅”60人次。

“广东技工”工程进展良好。推动职业教育高质量发展，大规模开展职业技能培训，为促进平远社会经济发展筑牢基础、贡献力量。发放113家企业1721人以工代训补贴142.9万元，发放12家企业788人线上企业适岗培训补贴74.628万元，完成企业新型学徒制培训备案54人。

“南粤家政”工程扎实推进。稳步推进南粤家政综合服务平台建设，成功筹建平远县家政服务行业协会，新培养发展家政服务培训机构1家，建成“南粤家政”综合服务平台1个，开展南粤家政服务培训430人次，完成市下达任务的153%。

【职业技能鉴定】 2020年，县人力资源和社会保障局全面做好职业技能鉴定工作，职业技能鉴定数量和质量得到双提升。成立平远县职业技能培训课程标准技术委员会，制订印发《平远县职业技能培训课程标准技术委员会管理办法（试行）》，规范职业技能培训课程标准，提升劳动者就业创业能力。2020年度组织开展12期初/中级职业技能鉴定考试，共360人次申报。参加职业技能鉴定考核358人次，合格353人次，其中，207人获得初级职业资格证书，146人获得中级职业资格证书。推荐县内符合条件的高级以上职业技能人才参加考评员培训，1人获得育婴员考评员资格证书。

【劳动维权】 2020年，平远县人力资源和社会保障局对标“根治欠薪”要求严厉整治欠薪，多措并举构建和谐劳动关系。规范健全制度体系。全面落实用工实名制管理、工资专用账户管理、工资保证金、维权信息告示牌、黑名单、局领导定点接访等制度，畅通互联网等举报投诉渠道，有序开展信访投诉处理工作，采取有效办法化解积案沉案，妥善做好重点信访对象的疏导。全年受理来信来访34件，办结34件，办结率100%。强化执法检查。深入推进根治欠薪专项行动，开展部门联合执法检查，建立劳动关系矛盾预警机制，加强多部门间的沟通联系和协同联动，进一步增强劳资纠纷处置能力。全年落实20个工程项目缴交建筑工程工人工资支付保证金1012万元，检查用人单位317户次，涉及职工0.9万人次，受理投诉举报22件，办结22件，办结率100%，追发劳动者工资及经济补偿金151人111.5万元，责令补签劳动合同200份，企业劳动合同签订率98.4%。落实失信联合惩戒。建立企业劳动保障守法诚信等级评价、实行重大劳动保障违法行为社会公布、恶意欠薪“黑名单”等制度，使失信企业在全县范围内“一处违法、处处受限”。依法开展劳动人事争议仲裁。坚持“先行调解、调裁结合”的工作原则，将调解工作贯穿案前、立案、审理等仲裁环节，妥善处置各类劳动人事争议纠纷。受理劳动争议案件88宗，调解处理率95.35%。其中，成功调解46宗，促成46宗劳动争议诉讼案件达成调解协议；依法仲裁42宗，为101个劳动者追回拖欠的劳动报酬55.26万元，解除劳动关系的经济补偿金145.3万元。全县劳动人事争议仲裁结案率100%。

【人社领域精准扶贫】 2020年，平远县人力资源和社会保障局坚持精准识别精准施策，全面完成收官之年扶贫任务。多渠道帮扶就业。通过深化区域劳务协作、定期组织农村劳动力资源摸查、全方位开展就业宣传、规范就业困难人员认定、健全“务工台账”、落实“一对一”帮扶机制等措施，多渠道帮扶贫困人员就业。全县有建档立卡贫困户1547人，帮扶1369名有意愿务工的贫困劳动力实现就业，就业率88.5%。建立扶贫工作坊3

个，开发公益性岗位39个。认定就业困难人员12人，发放就业困难人员灵活就业社保补贴52人5.43万元。主动对接服务粤港澳大湾区用工企业，分别与珠三角、广州市南沙区签订推进农村劳动力劳务协作框架协议，全年提供就业岗位2480个，促进156人就业。大力开展技能扶贫。全年举办就业精准帮扶活动3场，提供就业岗位2119个，促进就业523人；举办4期培训班，培训人数240人；对1534名有意愿的贫困劳动力开展技能培训，培训率99.16%。构建产业扶贫贫困户与新型农业经营主体建立紧密的利益联结机制，联结贫困户83户，为贫困户提供家庭服务、农村电商、转移就业等技能提升培训，巩固就业扶贫成果。发放建档立卡贫困家庭学生就读技工院校享受生活补助和技工院校免除学杂费33人次4.95万元。强化社保兜底帮扶。全年为建档立卡未标注脱贫的贫困人口、低保对象、特困人员等困难群体6454人代缴城乡居民基本养老保险保费77.45万元。实现应保对象应保尽保，符合条件的建档立卡贫困人员社保待遇100%发放。

【新冠肺炎疫情防控】　2020年，平远县人力资源和社会保障局全力抗击新冠肺炎疫情，助力企业全面复工复产。成立新冠肺炎疫情防控工作领导小组，压紧压实专班责任，打出减负、稳岗、扩就业、保民生政策组合拳，全力应对疫情冲击。做好复工复产用工保障。建立24小时重点企业用工保障机制，动态掌握重点企业用工情况，提供“一对一”用工保障服务。开展“送政策、送资金、送技工”惠企稳岗。为800余家企业减免延缴社保费4752万元，向30家企业发放失业保险稳岗返还补贴73.85万元，向3家重点物资保障企业发放援企稳岗补贴10人次12427元，向4家重点物资保障企业发放一次性吸纳就业补贴8.3万元，向113家企业发放以工代训补贴142.9万元。实施关爱抗疫“一线”行动。

及时出台《平远县贯彻落实〈关于激励医务防疫人员在打赢疫情防控阻击战中担当作为的若干措施〉实施方案》，落实激励医务防疫人员工作措施，审批720名传染病疫情防治人员临时性工作补助150.46万元。推荐评选广东省抗击新冠肺炎疫情先进个人1人，梅州市抗击新冠肺炎疫情先进个人19人、先进集体7个，县人力资源社会保障局1人被评为梅州市抗击新冠肺炎疫情先进个人。　（林　苑）

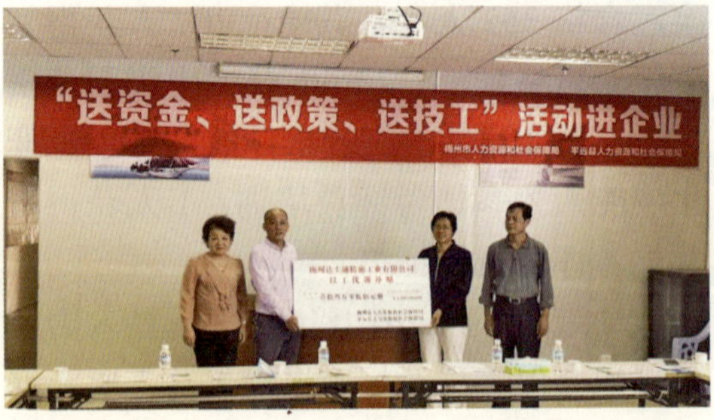

2020年11月4日，市人力资源社会保障局副局长胡丽玲(左一)、副县长刘兰娇（右二）在县人力资源社会保障局局长黄庆明陪同下深入企业开展送政策、送资金、送技工“三送”活动

社会保险

【概况】　2020年，平远县人力资源和社会保障局继续实施全民参保计划，抓好社会保险扩面征缴工作，累计征缴社会保险费（五险）总额28597万元，同比增加

958万元，增幅3.50%，全面完成2020年度市局下达的社会保险扩面征缴计划，进一步扩大巩固社会保险覆盖面。做好各险种经办服务工作，有范围有秩序地推进各项社保政策落实落地，保证按时足额发放各项社会保险待遇。严厉打击多领、冒领养老金、骗取死亡待遇和违规补缴养老保险等行为，及时追回各险种违规领取待遇96人共26.93万元，其中，追回服刑人员多领取养老金14人共14.24万元，进一步强化风险防控能力，维护社保基金运行安全。

【企业职工养老保险】 2020年，平远县人力资源和社会保障局累计征收养老保险保费16830万元，同比减少1592万元，减幅8.64%。企业职工养老保险参保人数2.81万人，完成市级任务数的117.03%，完成率在全市排名第二。1月1日起，按省、市文件要求提高约1.9万名企业退休人员的基本养老金，人均月调增约120元，并于7月底全面足额发放到账。

【工伤保险】 2020年，平远县人力资源和社会保障局累计征收工伤保险保费124万元，同比减少101万元，减幅44.89%。工伤保险参保人数2.25万人，完成市级任务数的110.96%，完成率在全市排名第二。工伤伤残津贴月人均标准提高至3775.46元，进一步发挥社会保障功能。

【失业保险】 2020年，平远县人力资源和社会保障局累计征收失业保险保费321万元，同比增加31万元，增幅10.69%。参保人数1.88万人，完成市级任务数的100.15%，完成率在全市排名第七。按省、市文件要求加强失业保险扩围政策宣传，积极释放政策红利，截至12月底，发放失业补助金318人，累计发放金额23.51万元。

2020年10月14日，平远县人力资源和社会保障局到县工业园区开展扩大失业保险保障范围惠民政策宣讲活动

【城乡居民养老保险】 2020年，平远县人力资源和社会保障局累计征收城乡居民养老保险费3466万元，同比增加2859万元。保险缴费人数2.36万人，完成市级任务数的109.93%，完成率在全市排名第二。按省、市文件要求提高基础养老金标准，由原来的170元/月提高至180元/月，涉调人数共31491人，合计金额187.284万元，全部足额发放到位，切实保障城乡居民养老保险参保人权益。

【机关事业单位养老保险改革】 2020年，平远县人力资源和社会保障局基本完成改革前个人缴费本息清退和企业职工养老保险重复缴费清退工作。截至12月底，完成4352名原机关事业单位养老保险个人缴费本息退费工作，合计9222.46万元；完成视同缴费对应时段个人缴费本息退费695人，合计583.88万元；完成企业养老保险重复缴费退费工作1435人，合计1683.72万元。全面启动机关事业单位养老保险新办法待遇计发各项工作，按照省“算准一人、发准一人、逐步扩大范围”的方法，将逐步增加发放人员，确保所有退休“中人”享受新办法计发待遇带来的改革福利。（林　苑）

医疗保障

【概况】　2020年，平远县医疗保障局坚持以保障参保人员的根本利益、打赢疫情防控阻击战以及决战决胜脱贫攻坚为目标，突出重点，攻克难点，深入推进医疗保障体制机制改革各项工作，为经济社会平稳健康发展提供有力保障。全县全年职工医保、生育保险参保人数2.2万人、城乡居民医保参保人数20.17万人。

【疫情防控】　2020年，平远县医疗保障局全面落实疫情防控医疗保障政策措施，及时跟进、上报该县医院药品、医用耗材库存情况，向各医保定点机构推送相关信息；落实定点零售药店购买感冒发烧、喉咙肿痛药品实行实名登记管理专卖工作；协调解决县人民医院发热门诊专项医保资金和县内定点医疗机构2020年度医保预付金；实施医保减半征收政策和缓缴政策，对符合政策条件的企业实施阶段性减半征收职工基本医疗保险费政策，并对因受疫情影响无法按时缴纳基本医疗保险（含生育保险）费用的企业实行延缴政策。

【医疗保险】　2020年，平远县医疗保障局从抓基本医疗保险全覆盖入手，将城乡居民基本医疗保险参保缴费工作纳入县政府年度督查考核工作计划，制订年度征缴工作计划，将任务分解到镇、到村，强化组织领导和督促检查工作力度，开展多形式、多渠道的政策宣传活动，通过增加微信缴费、自助缴费等缴费方式，增设缴费银行及缴费网点，落实困难群体资助参保政策等，调动群众参保积极性，提高全民参保意识，2021年度全县城乡居民基本医疗保险参保缴费20万人。2020年，全县职工医保、生育保险参保人数2.2万人，待遇支出10539.07万元；城乡居民基本医疗保险参保人数20.17万人，待遇支出13722万元。

【医疗保险基金管理】　2020年，平远县医疗保障局多形式、多渠道开展政策法规宣传，通过悬挂横幅、印制医保政策宣传资料、办事指南和制作PPT政策宣传视频播放等方式，加大对医保政策法规的宣传，引导公众正确认识和主动参与基金监管，促进打击欺诈骗保，维护基金安全的社会氛围逐步形成。同时，加大对“两定”机构监管工作力度，采取日常监管和专项治理相结合的方式，不定期深入各定点医保单位进行监督检查，做到日常检查和重点督查相结合，进一步规范医保经办和医疗服务行为。开展定点医疗机构执行医疗服务协议情况考核评价工作，成立考核评价工作领导小组，对全县17个定点医疗机构执行医疗服务协议情况进行全覆盖考核评价，客观公平地指出考核评价中发现的问题，并要求落实整改。开展第三方监督管理，坚持监督检查全覆盖与抓重点补短板相结合、自查自纠与抽查复查相结合、强化外部监督与加强内控管理相结合，依托第三方机构大数据筛查比对出2019年以来的医疗费用疑点数据，组织卫健、社保部门成立工作专班，对全县17所定点医疗机构数据进行核查，对17所医疗机构作出扣分7725.77分，退款913974.92元，并对违规的17所医疗机构分别作出约谈及责令其限期整改的决定。

【医疗救助】　2020年，平远县医疗保障局通过全面落实特殊困难群体参保政府代缴费政策，严格执行医保待遇倾斜政策，实现困难群众参保“一个不少”、政府资助“一分不少”、保障内容“一项不少”。全面落实市、县十件民生实事，抓好2020年度市、县十件民生实事是将建档立卡贫困人员等救助对象的住院费用一次救助的救助比例从80%提高至85%；将建档立卡贫困人员、最低生活保障家庭成员的特定病种门诊一次救助的救助比例从80%提高至85%。落实特殊困难群体参保政府代缴费政策，全年落实特殊困难群体参加城乡居民基本医疗保险政府代缴费政策14584人，其中建档立卡贫困人员4025人（其中中途参保缴费9人）全部实现应保尽保。落实特殊困难群体医保报销和医疗救助政策，全年建档立卡贫困户参加城乡居民医疗保险人数4025人，基本医疗保险支出514.48万元，大病保险支出63万元，共有693人享受相关医保待遇报销政策；开展医疗救助10869人次，医疗救助支出661万元，其中一站式结算支出9932人次292万元，二次救助419人次219万元，重性精神障碍患者益民医院住院医疗救助186人次57万元。

【医保一体化改革】 2020年，平远县医疗保障局深入推进医疗保障改革工作。深入推进跨区域联合集团采购改革，按照有关文件和工作部署，配合市局做好第一、二、三批国家组织药品集中采购相关药品医疗机构预采购量的相关工作，加强与市医保部门的沟通联系，收集和反馈医疗机构在采购过程中遇到的问题，组织做好未上线品种的备案上报审批工作。同时，配合省、市医保局做好跨区域联合集团采购培训和管理工作，规范医疗机构采购行为，确保公立医疗机构药品按规定全部上线采购。全年全县公立医疗机构开展线上药品集中采购5240.64万元，耗材采购974.59万元。推进医保经办管理服务体系建设，争取县委、县政府的重视和支持，制定《关于理顺医疗保障经办机制体制工作方案》，推进医保中心经办机构设置、经办工作人员、办公场所安排、经费保障、业务移交、信息系统建设等工作，确保顺利完成医疗保障事业管理中心组建工作，理顺医疗保障经办机制体制，提升经办管理和公共服务水平，为群众提供便捷高效的医疗保障服务。参与县域医共体医保支付方式综合改革试点工作，按照《中共平远县委办公室 平远县人民政府办公室关于印发平远县紧密型县域医疗卫生共同体建设实施方案的通知》文件职责分工，参与县域医共体建设工作，拟定《平远县紧密型县域医共体医保支付方式综合改革试点工作方案》，并报梅州市医疗保障局审定，尚未批复实施。

2020年10月22日，平远县县域医共体医保支付方式综合改革试点工作座谈会在县医保局会议室召开
（县医保局提供）

【存在问题】 2020年，平远县医疗保障工作存在如下问题：参保群众看病就医“堵点”依然存在，按照国家和省、市、

县相关政策要求，在简化工作流程，优化服务水平，提供高效优质医疗保障服务方面还需再下功夫。工作缺乏抓手，医疗保障工作三分靠政策、七分靠管理，在未组建自身经办机构、无专门信息系统和无专门执法队伍的情况下，医疗保障各项工作难以实现精细化的监督管理，打击违规违纪违法欺诈骗保工作任重道远。县医疗保障部门没有制订政策的权限，随着医疗卫生事业的快速发展、医改工作的不断深入和群众对医疗保障的期盼，县医疗保障部门势必成为深化医疗保障改革矛盾的焦点，将面临较大的任务压力、社会压力和舆论压力。（彭志强）

民政工作

【概况】　2020年，平远县民政局践行“民政为民、民政爱民”工作宗旨，抢抓机遇，乘势而为，做好疫情防控及其带来的不利影响，稳步推进民生服务和保障水平。全年投入低保、特困、困境儿童保障、残疾人两项补贴、价格临时补贴、临时救助、失能半失能护理补贴等惠民实事资金5365.8万元，民生保障水平不断提高。村规民约修订、区划地名管理、社会工作规范推进，养老服务体系建设得到加强。生活无着流浪乞讨人员救助、殡葬管理、儿童福利、收养管理、困境儿童保障、福彩发行、社团登记、婚姻登记服务等社会事务规范有序，稳步发展。

【社会救助】　2020年，平远县民政局做好社会救助工作。逐年提高城乡低保、特困保障水平。2020年城镇低保标准提高到每人每月772元，月补差水平提高到609元，农村低保标准提高到每人每月532元，月补差水平提高到276元；城镇特困人员供养标准提高到每人每月1236元，农村特困人员救助供养标准提高到每人每月887元。2020年全县共有低保户3028户5813人，全年共发放低保资金2143.6万元；特困人员643户647人，全年共发放特困人员供养资金739.9万元；率先实行失能半失能特困供养人员照料护理补贴制度，全年为特困人员647人发放护理补贴130.54万元；至年底，全县生活不能自理的特困人员集中供养率达54.1%。同时，农村低保专项治理工作有序开展，低保动态管理稳步推进。应急临时救助及时有效。2020年全县累计应急难临时救助289人次，发放临时救助资金72.6万元；为低保对象发放临时价格补贴462.48万元，为特困人员发放临时价格补贴47.58万元。做好流浪乞讨人员救助管理工作。全年共救助符合条件的流浪人员91人，救助车票款4125元，共发放救助物资6000元；医院救治流浪乞讨精神障碍患者14人次，治疗费用50万元。农村低保制度与扶贫开发政策的有效衔接。2020底，全县建档立卡贫困户无劳力户有619户865人，全部纳入政策性兜底保障，纳保率100%。同时，完成现行标准下该局挂钩帮扶的上举镇畲脑村、热柘镇升平村2个贫困村共19户贫困户实现稳定脱贫全部退出。

【基层政治和社区建设】　2020年，平远县民政局做好基层政权和社区建设工作。开展村民小组“五有”规范化建设。按照规划安排，围绕实现村民小组“五有”（有健全的班子、有可行的发展规划、有民主的决策程序、有规范的理财制度、有科学的管理机制）目标，全县村民小组“五有”规范化建设达到全覆盖要求。村规民约修订工作全面完成。加强对乡村振兴连片示范村、省定贫困村、省定“红色村”的村规民约和居民公约修订工作的指导，全面完成全县143个村（社区）村规民约和居民公约修订工作。抓好区划地名管理工作。依法办理平远奥园广场命名，顺利完成平远县与兴宁市第四轮行政区域界线界桩联合检查工作，加强界桩界碑日常管理，投入专项资金10万元开展界桩界碑净化美化行动；继续完善地名数据库信息，全年补充完善地名信息60条；加快推进第二次全国地名普查成果转化，尽快出版普查成果内容。做好社会工作服务站建设运营工作。年底，全县有13名社工专职人员分布在4个社工站开展社会工作，各社工站分片对全县12个乡镇敬老院和县托老中心开展关爱慰藉活动，对在院老人进行心理疏导，有效缓解老人们因疫情防控实施封闭式管理造成的不安情绪。同时，大柘镇社工站的《“家园事、共商议、共决策”社工介入廉租房公共车位》案例列入2020年度广东省社会工作优秀案例监测名单。做好村（社区）“两委”换届选举的前期准备工作。采集2910名正常离任村干部信息，并录入完善正常离任村干部资料的信息库，为省级出台新的政策提供较好的数据支撑；配合县委组织部完成全县43个村主任的补选工作，排查出16个问题村难点村进行整治，配合财政、农业农村、审计等部门指导开展村（社区）委员会离任审计、民主评议等换届前期准备工作。

【社会事务和社会福利】 2020年，平远县民政局多措并举，做好社会事务和社会福利工作。加快形成“大养老”体系。年底，全县养老床位1618张，每千名老人拥有养老床位数35张，超额完成省、市下达的任务；全县有各类养老服务设施166个，城乡社区养老服务设施151个，其中城市3个、乡镇12个，农村136个，覆盖率100%。加大养老机构建设力度。立项建设平远县社会福利中心，项目总投资1.26亿元，总占地面积4.33万平方米，建成后将新增养老床位862张；热柘镇区域性敬老院全面竣工验收，设床位150张，争取尽快投入运营使用；首家民办养老机构平远养心居托老中心投入运营，新增床位60张，实现县内民办养老机构“零的突破”。进一步提升养老服务水平。开展乡镇敬老院“三提升”行动，全年投入140多万元用于完善各镇敬老院消防设施设备，并购置养老护理床位141张；实施“南粤家政”养老服务培训项目，完成养老护理员培训48人。同时，平远县托老中心被省民政厅评为“四星级”养老机构，该中心员工胡春扬获得2020年全国“敬老爱老助老模范人物”称号。推广城乡社区居家养老服务。建立县、镇、村三级居家养老服务网络体系，带动和提升全县居家养老服务水平。至年底，全县建成居家养老服务站24家、县级居家养老服务指导中心1家。全面落实老年人优待政策。年底，全县80周岁以上老人共有8087人，全年发放高龄津贴289.65万元；全县百岁老人共有20人，全年发放“长寿保健金”8.16万元。儿童福利有序落实。全县孤儿共有19人，其中社会散居17人、集中供养2人，全年发放孤儿基本生活保障金28.72万元；全县上级民政部门审批在册的事实无人抚养儿童共106人，全年发放事实无人抚养儿童补助122.26万元。残疾人“两项补贴”规范发放。全县领取残疾人“两项补贴”6370人，全年发放残疾人“两项补贴”1617.97万元。完成福利彩票发行任务，全年全县有26间福利彩票投注站，其中县城14间、乡镇12间，全县福彩销售额1366万元。

2020年11月5日，梅州市民政局局长王健（正面一）率队到平远县长田镇敬老院调研养老服务体系建设　（县民政局提供）

【社团及民办非企业单位登记管理】 2020年，平远县民政局培育发展社会组织，对行业类、公益类、社会服务类以及群众生活类的社会组织放宽条件、降低门槛、简化程序，做到既坚持原则性，又把握灵活性。全年新登记成立社团7个。同时，开展社会组织年检工作，严格审查到位。落实双重管理体制，完善业务主管单位前置审查，对未按时参加年检的社会组织函告主管单位督查办理。强化年检效果，将社会组织内部建设、党建、财务、业务活动等作为检查重点，结合社会组织日常工作，客观、公正地作出年检结论。对存在问题不主动整改的社会组织，依法给予相应行政处罚并将其列入活动异常名录或违法失信名单。

【婚姻收养登记】 2020年，平远县民政局规范办理婚姻登记和收养登记。全年办理结婚登记1436对（含补办及涉外婚姻），办理协议离婚466对，补领结婚证267对，补领离婚证36宗，依法查阅婚姻档案210宗。全年办理收养登记0宗，出具不符合收养登记意见19宗，协助解决无户口群众入户难题。

【殡葬管理】 2020年，平远县民政局加大殡葬设施建设力度，向县政府申请批准建设大柘镇县级公墓并获得批复同意，全力配合做好林地调规和用地报批等工作。到年底，全县有公益性公墓园2座，骨灰存放楼7座。推进殡葬基本公共服务均等化，按要求免除全县户籍人口七项殡葬基本公共服务费，执行标准为1480元/具，全年免收殡葬基本服务费262.11万元。扎实推进安葬（放）设施违规建设经营专项摸排，完成全县公墓、骨灰楼等各类安葬（放）设施和违建墓地的全面整改工作。全面完成县殡仪馆复评工作。3月，平远县殡仪馆被广东省民政厅评为“广东省二级殡仪馆”。

【慈善捐助】 2020年，平远县民政局加强县慈善会资金监管，规范慈善资金使用，做到专款专用。全年累计收到抗击新冠肺炎疫情慈善捐款240多万元，由县疫情防控指挥部统一调配使用；累计接收“6·30”扶贫济困日捐款资金171.08万元。（谢岳超）

退役军人事务管理

【概况】 2020年，平远县退役军人事

务局牢固树立“以退役军人为中心”的工作理念，自觉担负起新职责、新任务，持续创新方式方法，强化工作措施，加快构建全县退役军人服务保障体系，全面夯实基层工作基础，着力补齐工作中的短板和弱项，不断提高服务保障能力，全县退役军人工作整体水平持续提升。

【双拥工作】 2020年，平远县退役军人事务局以争创“省双拥模范县城”为目标，扎实开展常态化联系退役军人工作，加大走访慰问力度，“八一”、春节期间，组织走访慰问梅州军分区、96715部队及驻平远部队活动，重点走访重点优抚对象56人次、抗战老兵17人，为6名抗美援朝志愿军老战士颁发纪念章和慰问金5000元。各镇以村（居）为单位召开退役军人座谈会，共叙鱼水情。举行欢送新兵入伍和退役士兵返乡仪式，增强军人的仪式感、光荣感、归属感。投入150万元对县革命烈士陵园进行提质改造，着力打造爱国主义教育和休闲一体化工程，进一步加强革命传统和红色基因教育。坚持思想政治引领，开展“思想政治工作年”活动，坚持正面引导，树培典型，讲好退役军人故事，上送典型报道12篇，其中省级采用3篇、市级采用3篇、县级采用3篇。在疫情防控期间，发挥退役军人“军”的特色，展现退役军人责任担当，着力营造军人受尊崇，退役受尊重的浓厚氛围，让军人成为全社会最尊崇的职业。

【优抚安置】 2020年，平远县退役军人事务局开展政策“回头看”和政策历史欠账归“零”专项行动，全面落实提高优抚对象抚恤补助标准政策，做到政策定补资金及时精准发放，全年社会化发放资金1178万元。严格落实安置政策，优化安置流程，实行阳光安置。符合政府安排条件的退役士官和随军家属，12月底前到岗到位。全面完成部分退役士兵社保接续任务，抓好服务保障工作，健全完善退役士兵和其他优抚对象数据采集机制，并规范建立“一人一档”台账。全面按时完成“两参”人员的内部核查任务。走在全市前列。坚持正面激励服务，出台退役士兵创业就业优惠政策，编印小册子广泛宣传，组织发动退役军人参与线上线下网上招聘活动和市、县专场招聘会，并组织2020年退役士兵参加全员适应性培训，进一步拓宽退役军人就业渠道。抓实帮扶机制。重点解决退役军人和其他优抚对象医疗难、住房难、生活难的“三难”问题，发放救助资金64万元。

2020年5月29日，平远县退役军人事务局召开全县退役军人事务保障体系建设推进工作会议
（县退役军人事务局提供）

【信访维稳】 2020年，平远县退役军人事务局聚焦社会稳定，深入化解矛盾。坚持稳定总基调，建立健全信访稳定对接机制，实行部门联动，实现信息共享共治，形成强大工作合力。全力推进退役军人事务领域治理体系和治理能力现代化。坚持开门接访，用心用情用功做好退役军人工作。全年接访108批次163人次，受理来信来访14宗、依法办结14宗，及时处置隐患1宗，确保全县涉军群体大局平安稳定。

2020 年 10 月 11 日，2020 年度平远县退伍军人座谈会在县退役军人事务局召开
（县退役军人事务局提供）

公益义工工作

【概况】　2020 年，平远县公益义工协会有 250 名正式会员，在全县各乡镇有 1000 多名服务对象，出动 958 人次参加各类志愿服务，开展志愿活动 113 场，志愿服务时长为 3354.5 小时。自成立以来，义工协会开展义工活动 1000 多场次，筹集帮扶资金 600 多万元。

2020 年，平远县公益义工协会义工们以实际行动践行“为社会尽一份责任，为他人献一份爱心”的信念。9 月 29 日，义工会员丘伟峰获得“第九届梅州市‘见义勇为’道德模范提名奖”荣誉称号。11 月 12 日，在该年度“最美消防人”名单评选活动中，义工协会被评为“最美热心消防公益事业先进集体”，会长林康华被评为“最美热心消防公益事业先进个人”。12 月 5 日，在第十届广东（梅州）公益志愿文化节系列活动启动仪式上，市创文办、市文明办、团市委等部门为 2020 年梅州市学雷锋志愿服务先进典型和梅州“优秀战疫志愿服务典型”进行授牌颁奖，义工协会获评“梅州市优秀战疫志愿服务组织（团队）”称号，义工林丹平获评“2020 梅州市最美志愿者”。平远县学雷锋志愿服务先进典型表彰大会评选，义工协会获评“2020 年平远县最佳志愿组织”，理事刘梅珍获评“2020 年平远县最美志愿者”。

【贫困大学生圆梦资助行动】　2020 年，平远县公益义工协会筹集 22.6 万元助学基金，结对帮扶大学生 63 人。7 年来，义工协会共筹集 120 多万元，资助 120 名大学生圆梦大学。

2020 年 9 月 5 日，“扶志助飞”助学座谈会在县城召开
（县义工协会提供）

【农村留守儿童关爱活动】　2020 年，平远县公益义工协会在平远乡贤陈伟杰捐款 30 万元和佛山平远商会捐款 20 万元用于关爱留守儿童项目的基础上，继续做好农村留守儿童关爱保护工作，主动对外联系商会、企业和社会各界，整合社会资源，凝聚爱心力量。

【助孤助残志愿服务】　2020 年，平远县公益义工协会上门为农村孤寡老人或残障人志愿服务 30 多场次，受助对象 60 多人。

【无偿献血志愿服务】　2020 年，平远县公益义工协会广大义工会员在抗击新型冠状病毒肺炎疫情特殊时期，主动加入无偿献血行列。2 月 10 日，义工协会招募 25 名义工成功献血，献血量 6000 多毫升。全年组织 8 场无偿献血活动和义务宣传无偿献血活动，60 多名义工参加无偿献血，总献血量近 1 万毫升。此外，公益义工协会协助县红十字会、献血办，广泛动员社会人士参加无偿献血。2020 年，义工协会获县献血领导小组通报表彰，被授予“2020 年度无偿献血表扬单位”称号。

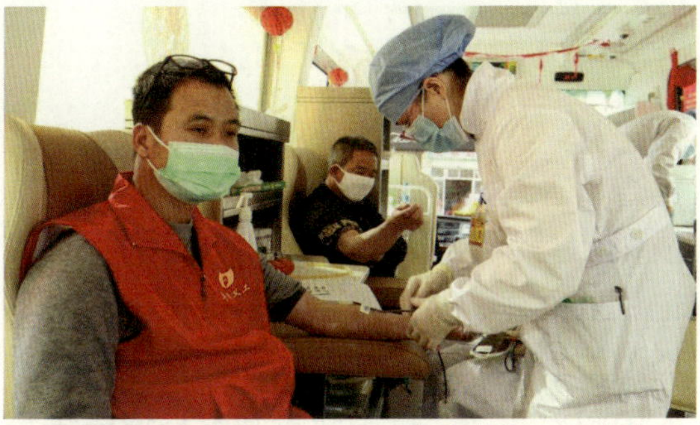

2020 年疫情期间，县义工协会参加无偿献血活动，图为会长林康华（左一）加入献血行列

【抗战老兵关爱活动】 2020 年，平远县公益义工协会为县内 5 名抗战老兵和 2 名抗战老兵遗孀送上关心和关爱，组织义工开展 20 多场慰问活动，如为百岁抗战老兵过生日、送别老兵最后一程等，还为困难老兵提供力所能及的帮助。

2020 年 7 月，义工为百岁抗战老兵姚国财庆祝生日

【大病患者筹款帮助】 平远县公益义工协会开办的“平远义工筹”是一个公益众筹平台，与国内知名公益众筹平台“轻松筹”结成战略伙伴，以众筹模式为载体，聚集社会零散资金，公开、免费帮助身患重大疾病的人群。2020 年，平远义工筹为 50 多名大病患者提供众筹认证等免费服务，并发动社会力量帮助有经济困难的患者筹款，解决他们的燃眉之急，点燃受助家庭的一份希望。

【寻亲寻失行动】 2020 年 9 月 15 日，家住大柘镇杞园村的一名患病老人在下午走失，平远县公益义工协会接到求助电话后，10 多名义工紧急参与行动，发布《寻人启事》，研判走失方向，进行人力地毯式搜寻，于次日在山林中找到老人。平远县公益义工协会创办之初就专门成立寻人、寻亲和寻失志愿服务队。7 年来，义工帮助市民找回失踪老人、小孩 97 人。

【疫情阻击参与】 2020 年疫情期间，平远县公益义工协会的义工们深入一线，协助开展疫情排查、登记工作；多方发动国内外乡贤、企业家采购紧缺医疗物资、口罩、消毒水等，价值 30 多万元；自筹 6 万元购买物资慰问县内各防控检查站的一线人员；组织 10 位理发师为环卫工和周边群众义务理发；凝聚民间力量，引导广大市民群众和志愿者投入抗击疫情的阻击战。 （林康华）

各镇概况

差干镇

【概况】　差干镇位于平远县北部，距县城 53 千米，东邻福建省武平县下坝乡，西接江西省寻乌县项山乡，南与该县仁居、上举镇接壤，北靠福建省武平县民主乡。镇政府位于该镇加丰村差干圩，总面积 93 平方千米，辖新岭、湖洋、三达、差干、文丰、加丰、湍溪 7 个村委会 42 个村民小组。2020 年年末，全镇户籍人口 2364 户 8464 人。其中，农业人口 7189 人，非农人口 1275 人。2020 年差干镇实现生产总值 1.72 亿元，工业总产值 1.33 亿元，农业总产值 0.87 亿元，旅游服务业总产值 1.32 亿元，经济指标稳步增长。

【新冠疫情防控】　2020 年，差干镇坚持人民至上、生命至上，开展精准有力的新冠肺炎疫情防控工作。疫情期间，差干镇严守进镇、进村、进户“三关”，在镇、村交通要道设卡布检，实行全方位 24 小时排查管控，排查从疫区返乡的人员，全面落实落细各项防控措施，确保辖区无疫情发生。抗击疫情取得阶段性胜利后，该镇及时总结疫情防控措施，形成“三人小组”排查体系，全镇 7 个村建立 42 个集排查、研判、实施于一体的“三人小组”，依托“三人小组”开展返乡人员的排查登记。2020 年，差干镇在梅州市抗击新冠肺炎疫情表彰中，被中共梅州市委、梅州市人民政府授予“抗击新冠肺炎疫情先进集体”荣誉称号。

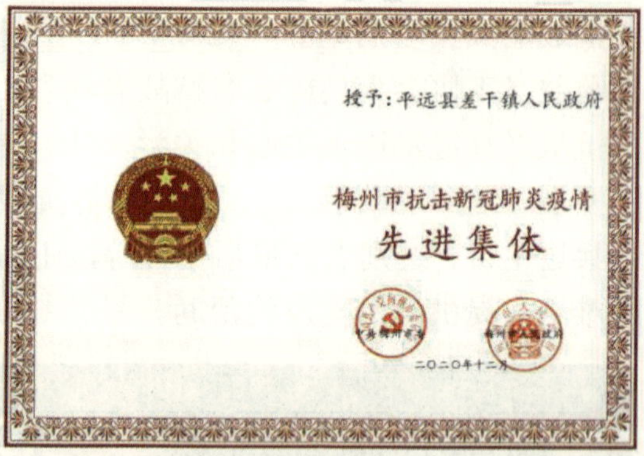

2020 年 12 月，差干镇获授“梅州市抗击新冠肺炎疫情先进集体”荣誉称号

【旅游发展】　2020 年，差干镇落实应对疫情稳定经济增长的政策措施，做好“六稳”工作，落实“六保”任务，有序推动复工复产和经济恢复。推动长布半岛休闲度假区重点项目建设，至年底，商业街 6 栋大楼主体工程建设完成，河堤建设完成 98%，水车景点完成安装，长布大桥施工建设完成 99%，桥面铺装完成，景观化打造进行中。建有蜗牛雕塑、“菜篮子”“果篮子”等特色标志的丰收广场建成开放，成为网红打卡点，吸引周边群众和游

客1万多人次。完成围里、杞溪、罗车、长布、竹坝河堤步道建设，“一河两岸”休闲漫步格局初步形成，宜居宜业宜游品质不断提升。推进古驿道保护利用工程，建设南楼至招福地古驿道连接线1.39千米，激活松溪古桥、红军路等红色资源，实现古驿道活化利用。重点支持中联石材抢抓机遇，充分利用国家在疫情后增加固定投资、扩大基础设施建设的有利时机，投入500万元进行技术改造，扩大现有产能和规模。进一步挖掘丰富的历史文化资源，走文旅融合发展之路，文丰村村史馆建成开馆。

【特色农业】 2020年，差干镇夯实农业农村发展基础，因地制宜发展特色高效农业。引导帮助农户完成塔子里脐橙产业园33.33公顷（500亩）脐橙补种。建设高标准仙草生产基地。大力支持三达村灵芝食用菌设立制种生产线。投资50万元用于三达村和湍溪村与华清园签订合同，合作共建梅片树种植基地。落实特色高效现代农业发展奖励（6项8家共64.4公顷）、耕地地力保护补贴（554.6公顷）、农业保险（317.07公顷）等惠农政策。组织农民参与柑橘黄龙病技术培训、渔业技术培训、高素质农民专技人员技能提升、土壤改良技术、秸秆还田技术等各类培训班10期，开展现场技术指导350多人次，发放技术资料2000多份，培训新型职业农民17人，培育农业科技示范户9户，累计培训农民500多人次，发布各类农科信息100多条，印发农业科技简报12期。推进农村集体产权制度改革，完成7个经济联合社、42个经济合作社的换证赋码工作。湍溪、文丰、差干、三达、湖洋5个村545公顷（8175亩）高标农田建设有序进行，项目建设完成80%。完成“房地一体”登记前期摸底和2477宗建筑权籍调查，完成比例95%。

【新农村建设】 2020年，差干镇深入推进新农村建设。开展“两线八镇”国道358沿线和圩镇外立面改造，完成沿线83户30486.196平方米客家外立面改造，圩镇善吉大道、沿河路23户特色民居飞檐改造，切实提升入镇大道和圩镇景观风貌。投入230多万元，完成加丰村洋坑至五指石电站、差干村八字岃至金湖约4千米道路建设，交通基础短板进一步补齐。

【精准扶贫】 2020年，在镇村干部、帮扶单位、社会各界和贫困户的共同努力下，差干镇63户238名贫困人口全部实现脱贫。在三达村邓能坑山地处投入43.9万元发展林下仿野生灵芝种植项目，采用“公司+农户”模式，帮扶资金及贫困户自筹资金、公司报价回购结合的方式进行合作，全年项目收益22万元。落实贫困户医疗救助17人2.64万元，基本医疗报销17人14.61万元。落实购买养老保险政策贫困户238人，政策落实率100%。给予28名贫困户子女教育生活补助。开展劳动力技能培训1场，包括集中培训及送教上门培训，参与培训贫困户人数105人。

【社会事业发展】 2020年，差干镇统筹推进社会事业发展。按照省特级文化站建设标准，完成镇文化站改造并成功申报省特级文化站。参加文明评选活动，2020年获评“平远县文明家庭”1户、平远县“五星道德模范”1名。投入60多万完成差干学校体育场改建工程。新建5人制足球场和标准化篮球场，完成差干幼儿园 5 人制足球场建设，体育运动设施更加健全。推进原“计划生育服务站”改建为“居家养老服务中心”工程，建成后将提供“一站式”养老服务。社会保障逐年提高，养老保险参保 3720 人，农村医疗保险参保 6489 人，参保率 99.6%；低保、五保和医疗救助政策全面落实动态管理，全镇低保户 105 户 225 人，特困供养（五保）人员 17 人，全年发放低保、五保金额 84 万元，受理医疗救助 67 人，发放救助金额 18.6 万元。走访慰问退役军人 12 人次，现役军人家属 17 户，因病困难退役军人 2 人次，发放慰问物资油米 30 份、慰问金 4100 元。扎实做好 2020 年省级以上生态公益林效益补偿资金发放工作，对 2019 年的生态效益补偿资金发放明细表进行逐一核对，查漏补缺，纠错和更改 17 户，涉及面积 28.95 公顷（434.2 亩）。

【平安建设】 2020 年，差干镇持续推进“平安之乡”建设。按照“中心+网格化+信息化”和村民理事会“一带一法四参与”治理模式，上传网格事件 134 件，办结 134 件，办结率 100%。村民理事会参与化解各类矛盾纠纷 10 余起，接待群众来访 130 多人次，受理信访矛盾纠纷 27 宗，化解 25 宗，调处率 92.5%。生产、交通、食品等安全工作深入推进，全年开展各类安全检查 32 次，发现并整改安全隐患 5 处，开展交通安全整治，查处各类交通违法 30 余起。

【生态环境】 2020 年，差干镇紧盯生态环境保护。配备保洁人员 15 名，镇村配备垃圾运输车辆 8 辆，设立垃圾收集点 112 个，全面实现“户投放、村收集、镇转运、县处理”的垃圾转运模式。污水处理建设有序推进，加丰村、三达村、湍溪村、差干村 4 座污水处理设施建成并投入使用，投入 130 多万元完成文丰村、湖洋村 2 座污水处理设施主体工程建设。推进“厕所革命”，实施户厕改造工程，无害化卫生户厕普及率 100%，全镇建成公厕 19 个。严格执行砍伐制度，全年许可采伐林木蓄积 126 立方米，林木出材材积 50 立方米，查处各类林业行政违法案件 7 起。开展差干河水环境整治工程，至年底投入 200 万元。

【基层党建】 2020 年，差干镇全面贯彻新时代党的建设总要求。坚持把政治建设摆在首位，召开党建工作会议 23 次，研究议题 12 个，其中全面从严治党议题 7 个。严格执行党内政治生活制度，各党（总）支部均召开组织生活会 2 次以上、谈心谈话 70 余人次，上专题党课 13 次。用党的创新理论武装头脑，组织开展《中华人民共和国民法典》、《习近平谈治国理政》第三卷，中共十九届五中全会精神，习近平总书记出席深圳经济特区建立 40 周年庆祝大会，视察广东重要讲话、重要指示精神等内容的宣讲会，召开培训宣讲会 12 次，培训 856 人次。不断筑牢党员干部思想基础、提升政治理论素养，组织班子成员专题学习 15 次、专题研讨 3 次，党委中心组理论学习 18 次。压实管党治党责任，全面落实 2020 年党风廉政建设任务，安排部署工作，细化分解工作责任，与各村党支部签订党风廉政建设目标责任书。提升队伍建设水平，设立 10 个党政机构、5 个统一指挥协调平台和 5 个事业单位，调整后镇行政编制数 32 名，行政执法专项编制数8名，事业编制数35名。顺利完成更新挂牌工作，均配备相应办公场所，明确各办公室工作职责，全面确保改革工作按时到位，完善基层治理体系，推进治理体系和治理能力现代化。圆满完成村“两委”班子换届，选出新一届村“两委”班子39人，其中支委25名，村委36名，女干部11名，“两委”交叉率92.3%，全面实现女干部指标和村党组织书记、主任、集体经济组织负责人“三个一肩挑”。

（差干镇党政办）

仁居镇

【概况】 仁居镇位于平远县西北部，东邻差干镇、上举镇，西接八尺镇，南连东石镇、河头镇，北毗江西省吉潭镇项山乡，距平远县城36千米。仁居镇界域面积191平方千米，辖1个社区居委会、15个村民委员会、192个村民小组。2020年年末，仁居镇户籍人口7204户23374人。其中，农业人口17512人，非农业人口5862人。2020年，全镇实现生产总值3.66亿元，农业总产值2.48亿元，工业总产值2.53亿元。

【疫情防控】 2020年，面对突发的新冠肺炎疫情，仁居镇全力做好防控工作，成立由镇党委书记为组长、镇长为常务副组长的新冠疫情防控工作指挥部。以各村网格员、村民理事会成员和卫生院工作人员为基础，成立1个三人领导小组和77个三人排查小组，设置22个劝导站。建立重点人员排查台账和重点地区返乡人员一人一档制度，严格落实“四个一”管理，印发《仁居镇关于重点群体网格化排查管控工作的通知》。对镇主要餐饮、庵庙、景点、公共服务场所等重点场所严格按照上级防控要求进行管控。对本地举行的各项活动，严格审批，取消非必要的一切活动，确保防控措施全部落实到位。对排查出的返乡人员全部落实居家隔离和体温监测措施，辖区内疫情零发生。

【机构改革】 根据《关于深化乡镇街道体制改革完善基层治理体系的意见》及相关文件要求，仁居镇结合自身实际，制定《仁居镇“三定”方案》并报编办审批，编办下发《中共平远县仁居镇委员会、平远县仁居镇人民政府职能配置、内设机构和人员编制规定》，内设办公室于9月底全部完成挂牌，内设机构人员根据原来职能部门的归属划分到相应的办公室，五大委员会工作平台建设完成，人员配备全部到位。自然资源所、市场监督管理所实行属地管理，与综合行政执法办公室整合设置，在编人员全部下沉到镇。

【特色农业】 2020年，仁居镇围绕实施乡村振兴战略，以提升粮食产能、高效实现农民增收为目标，大力推进高标准农田建设，扶持特色农作物，补贴连片新种植（改种植）脱毒苗脐橙及基地建设123.8公顷（1857亩），茶叶基地4.67公顷（70亩）。种植烤烟370.53公顷（5558亩），收购产量77.8万千克，实现收购总产值2163.2万元。重点扶持农业经营主体发展规模化，突出联农带农，以龙头企业为引领，探索建立“龙头企业+基地（合作社）+农户”产业化经营模式。平远县社南种养专业合作社投资90.2万元实施建设社南村（贫困村）“一村一品、一镇一业”水稻特色产业建设项目，采用“合作社+基地+农户”经营模式，通过新建水稻种植示范基地、建设机耕道路、举办技术培训班、与种植户签订产销合同等措施，带动全村水稻产业发展、增加农民经济收入。仁居六吉村（脐橙）入选首批省级“一村一品、一镇一业”专业村。

【重点项目建设】　2020年仁居镇实施重点项目3个。一抹禾香酒业项目（市重点项目）总投资6.5亿元，2020年完成投资14503万元。园区1—6栋厂房装修完毕，正在完善产业园配套供水、排水、产业路等基础设施建设。平远县威华茶博园项目（第一期：吉美园田园综合体建设），总投资23500万元，2020年投入3000万元，园区产业道路完成路面硬化，完成3.4千米国道358线至吉美园基地公路建设。南龙基农旅生态园项目，总投资1亿元，2020年完成投资1500万元，完成园区道路路基、桥梁、河堤和基本绿化建设。

【乡村振兴】　2020年，仁居镇做好全市乡村振兴工作现场会筹备工作，通过美化、绿化、亮化等方式按时保质提升人居环境，成功承办现场会，为全市乡村振兴提供仁居样本。完成“四好农村路”建设17.06千米，社南至茶子窝、丁杉至角里、社南坪湖道路扩宽，黄畲河堤路、黄畲至官塘坑等一条条通组村道变为村民的“幸福小康路”。全域推进农村人居环境整治，实施国道358沿线乡村风貌提升工程，持续推进“三清三拆三整治”，完成房屋外立面改造33.6万平方米。扎实开展“五美”建设，打造精美“四小园”（小草园、小果园、小花园、小公园）15处。继续以红四军三进平远为主题，倾力打造红色体验线路，仁居村入选第二批省文化和旅游特色村。推进“厕所革命”，新建农村公厕7个，新增无害化卫生户厕364个。全面落实“河长制”，加强巡查力度，严禁非法捕鱼，严打盗采河砂，严查非法排污口，严控垃圾落河。全面整治乱占耕地建房行为，制止2处，整改违法图斑15个，恢复耕地1.05万平方米。

【精准扶贫】　2020年，仁居镇围绕脱贫攻坚目标任务，坚决打赢脱贫攻坚战，通过落实教育帮扶、就业帮扶、医疗保障帮扶等帮扶措施，全镇193户474名贫困户如期实现脱贫，3个省定贫困村脱贫出列。使用第四批“631”资金5.28万元增加不稳定户的收入，确保上半年脱贫不稳定户（14户44人）和下半年脱贫不稳定户（3户12人）稳定脱贫，无劳动能力贫困户政策兜底全覆盖。完成仁居镇飞龙村光伏扶贫电站县市级验收工作，通过申请国家补贴，将光伏扶贫电站确权为村集体资产。南沙区帮扶单位投资20万元建设飞龙脐橙产业园，购买800棵脐橙树15年的使用权，前两年收益归贫困户所有，两年后归集体收入。3个贫困村合计投入资金100多万元用于发展梅片树产业，增加贫困户收入和贫困村集体经济收入。

【社会事业】　2020年，仁居镇各项社会事业有序发展。卫健工作卓有成效，人口出生率、人口自然增长率、政策生育率、出生人口性别比均实现县下达的控制指标。以活动中心、专栏、标语、座谈等方式，加强优生优育宣传，免费为育龄妇女开展生殖健康检查，及时为产后术后妇女提供随访服务，全年出生人口217人。社会救助管理进一步加强。无劳动能力贫困户93户148人，其中纳入低保的65户118人，纳入五保户27户29人（其中事实无人抚养2人），一般贫困户1户1人（事实无人抚养），投入10万元完成镇社会福利院设施设备购置，福利院消防设施完成升级改造。文物保护工作进一步增强。仁居镇现有各级文物保护单位18处。其中，省级9处，市级3处，县级6处。镇文化站申报省特级文化站通过省检查组检查验收，定级为特级文化站。提升文化基础设施建设，建成标准11人制足球场1个。以镇综合文化站、新时代文明实践所为阵地，组织中小学生开展一系列以认识历史、了解家乡，学习红色革命精神等为主题的实践活动。

【平安建设】 2020年，仁居镇全力做好综治信访维稳等各项工作。大力推进“平安之乡”实践创新项目建设，在井下村官屋小组建设法制公园，大力宣传宪法、民法典、禁毒等各类法律知识，建立综治网格化管理应用平台，用信息化手段支撑综治网格化管理。加强专项整治行动。成立校园周边环境专项整治行动小组，对1所中学、2所小学、6所幼儿园安全隐患进行清查，摸排出相关安全隐患8宗，整治8宗。以“全民禁毒宣传月”为契机，组织禁毒宣传24场次，发放宣传单册3万余份。成立仁居镇扫黑除恶专项行动领导小组，推进扫黑除恶专项斗争工作向纵深发展，2020年上级交办线索2宗，全部排查完结，实现“六清”目标。加强矛盾纠纷排查调处，全年全镇受理矛盾纠纷60宗。其中，群众来访40宗，上级交办20宗。调解成功60宗，调解成功率100%。

【生态环境】 2020年，仁居镇切实加强生态环境保护，严格落实24小时值班和领导带班制度，落实卫星热点核查零报告制度。加强护林员队伍和森林消防队伍建设，在高火险时段加大护林员网格化巡山护林密度，配备充足的扑火装备，完善森林火灾应急处置预案和方案。抚育五福、仁居、飞龙、上远、社南碳汇林333.33公顷（5000多亩）；畲溪村上龙塘和邹坊村补植套种先种后补工程133.33公顷（2000多亩）阔叶混交林；全年生态公益林信息发放修正分户61户，面积1133.33公顷（17000亩）；松材线虫病防治上，全年各村砍松树2000多棵，并对病树采取消毒、放药等措施。

【基层党建】 2020年，仁居镇坚持把政治建设放在首位，以坚定的政治站位纵深推进全面从严治党，推动基层党建全面进步、全面过硬。贯彻执行《关于新形势下党内政治生活的若干准则》，严格落实“三会一课”、民主生活会、组织生活会、主题党日等制度，严肃党内政治生活。加强党章党规学习，巩固深化“不忘初心、牢记使命”主题教育成果，严格执行“第一议题”制度，把《习近平谈治国理政》第一卷、第二卷、第三卷，习近平总书记出席深圳经济特区建立40周年庆祝大会和视察广东重要讲话重要指示精神，中共十九届五中全会精神等作为党委会议、班子会议、专题培训班的第一议题进行传达学习，引领党员干部增强“四个意识”、坚定“四个自信”、做到“两个维护”。严格落实意识形态工作责任制，牢牢掌握意识形态工作领导权，加强新时代文明实践所（站）建设，大力弘扬社会主义核心价值观。打好基层党建三年行动计划收官之战，持续巩固畲溪村软弱涣散村党组织整顿成果，成功实现“摘帽”；加强党的阵地建设，投入10多万元实施镇级党校、五福村党群服务中心升级改造，仁居村被评为“梅州市党员教育基地”，镇级党校被列为首批市级镇街党校示范点；扎实推进“头雁”工程和“育苗”工程，调整6名村（社区）党组织书记，选聘9名村级后备干部，高质量完成村（社区）“两委”换届，100%实现“三个一肩挑”，5名村级后备干部当选为新一届村“两委”干部，村干部年龄层次、学历结构、妇女干部比例进一步优化；严把党员发展关，新发展党员9名，培养发展对象9名；落实党内关怀，走访慰问党员240人次，发放慰问金和党员互助金8万余元，12名困难党员列入县级困难党员定额帮扶计划。完成10个内设机构、5个委员会和6个下属事业单位的挂牌和人员安排，推进自然资源所、市场监管所2个派驻机构的属地管理，为整合部门职能、理顺基层治理体系打下坚实基础。开展基层正风反腐三年行动，严肃监督执纪问责，全年排查处置线索10条，立案6宗6人，查处违法违纪6人。从严抓好交叉审计反馈问题整改，建章立制巩固整改成果，营造风清气正的政治生态。　（仁居镇党政办）

八尺镇

【概况】　八尺镇地处平远县西北部，距平远县城24千米，东邻仁居镇、河头镇，南连中行镇，西北分别与江西省寻乌县留车镇、南桥镇接壤，国道206线、358线和济广高速公路贯穿其间，是广东省北大门之一。界域面积108平方千米，辖1个居委会、11个村委会、5个居民小组、118个村民小组。2020年年末，八尺镇户籍人口4570户14769人。其中，农业人口11620人，非农人口3149人。全年实现生产总值2.99亿元，比增2.4%；农业总产值2.02亿元，比增1.8%；工业总产值1.49亿元，比增7.6%。2020年，八尺镇团结带领广大党员干部群众，统筹推进疫情防控和经济社会发展，对标“五个振兴”的要求，全力实施乡村振兴战略，打造“醉美酒乡·幸福八尺”。

【新冠疫情防控】　2020年，新冠肺炎疫情发生后，八尺镇全镇总动员、全民大行动，构筑起联防联控、群防群治的严密防线。全体镇村干部及133名志愿者投身疫情防控第一线；社会各界踊跃捐款捐物，收到乡贤、爱心企业捐款、捐物50多万元。全面协助农户、企业、学校开展疫情防控复工、复产、复学工作。2020年12月，八尺镇人民政府被市委、市政府评为“梅州市抗击新冠肺炎疫情先进集体”。

【基础设施建设】　2020年，八尺镇全力配合做好国道358线八尺段建设工作，并于年底实现通车。配合做好瑞梅铁路建设前期摸底和土地巡查管控工作。推进“四好农村公路”建设，全年实施农村道路硬底化工程15千米，新建、修复桥梁3座、道路损坏点7处；完成国道206线至角坑村梅州岃约8千米沥青路面铺设；完成黄沙村黄二、楼前村稔田移民房修缮及机耕路硬底化工程。推进村村通自来水工程、全域自然村集中供水工程，不断提升镇村生产生活供水服务能力，全年新铺设自来水管12657米，新建自来水净化设施2座，同时在各村设立20块“八尺镇农村饮水安全工程公示牌”，明确相关责任主体、主要职责、管护责任人，提升供水质量。投入200多万元，新建八尺镇中心小学标准运动场、排下村五人制足球场，进一步改善公共体育设施条件。投入30多万元，按照省级二级文化站的标准重新打造八尺镇文体活动中心，提升镇级综合文化站功能设施。投入1341.69万元，完成角坑、凤头、笙竹、排下、楼前、八尺村的高标准基本农田建设项目，修建三面光圳道长30.51千米、田间道路3.19千米。投入70多万元对肥田、黄沙、八尺等村的陂头、水圳、机耕路等农业基础设施进行维修加固。

【社会民生】 2020年，八尺镇以完善贫困户基本生产、生活条件，发展优势产业、带动贫困户稳定增收为抓手，全面推进各项扶贫工作。开展当前一轮扶贫工作以来，全镇筹集扶贫资金822.27万元，统筹实施入股县工业园、酒业公司等资产收益项目，建成光伏扶贫电站2个。全面落实“三保障”政策，教育、医疗、住房保障率100%。至6月，全镇100户316名贫困人口全部实现脱贫。排下村和黄沙村2个贫困村人均收入、贫困发生率、集体收入、人居环境和公共服务等各项指标均达到标准，实现脱贫退出。发挥八尺镇志愿者服务队的作用，多次开展规范食品安全、街道管理、公共场所卫生保洁等多种形式的爱国卫生运动，以看得见的行动，建设清洁宜居八尺。加强健康教育和健康促进，落实“全国亿万农民健康促进行动”，学校健康教育开课率100%，实现村卫生站公建民营全覆盖，全面铺开家庭医生签约服务，基层医疗服务能力和妇幼计生服务能力大幅提高，成功创建“广东省卫生镇”。做好社会救助工作，落实特困人员供养政策，对农村低保和城镇居民低保实行动态管理。实施敬老院升级改造项目，完成院内广场和消防设施的升级，建设笙竹村、角坑村、黄沙村居家养老服务站。关爱留守儿童和残疾人群体，建设社区康园。继续推进残疾人居家无障碍改造，营造敬老爱老、扶弱的良好氛围。做好人力资源和社会保障工作。推进实施“粤菜师傅”“广东技工”“南粤家政”三项工程。城乡社保医保征缴工作扎实推进。做好退役军人服务工作。创建星级服务站，落实好优抚政策。文化体育教育事业稳步发展，通过提升综合文化站功能设施，开展各项文体活动，不断丰富群众的文化生活。全年送戏下乡活动120场次，全民健身日篮球比赛4场，志愿者服务4次，迎中秋、庆国庆等文艺演出3场。全镇11个行政村建成基层综合文化服务中心，免费对公众开放。全镇11处文物、2项“非遗”传承项目得到有效保护。完成全国第七次人口普查。教育事业均衡发展，尊师重教氛围浓厚，八尺镇中心小学被评为县教学质量优胜单位；镇教育发展协会发放14.6万元奖学奖教金，2名县优秀教师、30名镇优秀教师、84名优秀学子获表彰奖励。

【人居环境整治】 2020年，八尺镇大

力实施乡村振兴战略，推进国道206线和358线沿线人居环境整治和农房风貌提升，全力建设生态宜居美丽乡村。通过贴息贷款和乡贤定向捐款等方式，鼓励发动沿线群众开展农房外立面改造。全年全镇实施客家特色外立面改造398户，累计完成改造1209户，实现“灰瓦白墙”统一着装。投入1800多万元，实施樟田、八尺、肥田、楼前、黄沙、排下村人居环境整治提升工程。投入300多万元，实施圩镇周边人居环境整治，完成农贸市场改建。投入70多万元，实施仁八路口至国道206线省门处路灯亮化项目，改善行车环境。扎实推进厕所革命，全镇无害化卫生厕所普及率99.7%。拆旧复垦项目竣工12.67公顷（190多亩）。完成生活垃圾“一镇一站”和“一村一点”建设，生活垃圾有效处理率和村庄保洁覆盖率100%。

【生态环境建设】 2020年，八尺镇坚持绿色发展思路，践行“绿水青山就是金山银山”的发展理念，将生态文明建设摆在突出位置。切实加强水源水质保护工作，实施东江水系水环境综合整治项目，建设排下生态河堤和污水处理设施。完成黄田水库饮用水质保护工程前期相关工作，全镇10座污水处理设施投入使用，生活垃圾有效处理率和村庄保洁覆盖率达标。立足八尺镇水源保护地实际，全面摸查全镇61家酒企，升级污水处理等配套设施，推行酒糟压榨、酒糟制作饲料和酒糟无害化环保处理等新模式。明确划分禁养、限养、适养区，开展农业面源污染防治，发展生态农业，有效减少化肥、农药的使用。加强畜禽养殖污染整治，大力推广微生物发酵床技术和发酵池处理粪便方法，有效降低畜禽养殖业对生态环境的破坏。加大对露天焚烧秸秆等行为的整治，保护大气环境。推进“林长制”工作，加强林业资源的培育管护，防治松材线虫疫情。加强林业管护队伍建设，提高护林员待遇，组建20人专业扑火队和26人护林队伍，落实网格化巡查责任，切实做好森林防灭火工作，全年未发生森林火灾。

【特色产业】 2020年，八尺镇统筹推进疫情防控和经济社会发展，始终将产业发展作为推动乡村振兴的有力引擎，立足八尺镇良好的农业、酒业和红色文化基础，推动农酒旅产业有机融合，不断做强做大食材产业和酒产业。不误农时，做好春耕备耕等工作。全镇烟叶种植面积约200公顷（3000亩），成为全县第二大烟区镇。省级现代脐橙产业园项目稳步推进，全镇脐橙种植面积190.2公顷（2853亩），其中2020年新增13.33公顷（200亩）。新增早稻种植面积25.6公顷（384亩），全年早稻种植面积126.67公顷（1900多亩），制种66.67公顷（1000亩）。在巩固烤烟、制种、脐橙、甜玉米等传统产业的基础上，顺应市场需求，新发展辣椒种植26.67公顷（400多亩）、无花果3.33公顷（50亩）、桑葚10公顷（150多亩）。石峰村杂交水稻和八尺村龟鳖养殖2个项目成功申报“一村一品”。大力推动壮大石金钱龟、白玉蜗牛、铁皮石斛等特色种养项目，壮大高端食材产业，继续提升八尺高端食材镇名气。依托省酒业专业镇的优势，巩固八尺客家娘酒和以“禾米酒”为代表的米香白酒品牌。加强酒业行业管理，规范酒业产业发展，发挥好龙头酒企的示范带动作用，推动客家娘酒和禾米酒的良性发展。

【旅游开发】 2020年，八尺镇按照县创建“全域旅游示范区”的部署，综合运用南粤古驿道活化利用成果，将红色旅游和乡村旅游相融合，努力探索具有八尺特色的旅游发展之路。依托梅州岃、马栏铺红军宣讲旧址等红色资源，推动梅州岃红色旅游风景区创建国家AAA级旅游景区，新建大客丰旅游驿站，完善旅游厕所、沿路标识、停车场导览图等基础设施，提升古驿道旅游环境。对红色景点进行“微提升”，实施修复、保护磨石寨遗址、角坑标语墙、“八尺事件”遗址工作，打造八尺老圩红色文化主题街。11月，角坑村被授予“2016—2020年南粤古驿道定向大赛最佳推广站点”荣誉称号。充分挖掘八尺人文历史，实施排下村东江源主题广场建设、肥田村耕读文化走廊及凤头村进士第等一系列文化节点打造，提升八尺文化内涵，促进特色文化旅游发展。

【平安建设】 2020年，八尺镇围绕“平安八尺”建设，充分发挥村民理事会作用，借鉴并发扬“枫桥经验”，进一步整合延伸“中心4+”工作体系和“一带一法四参与”工作模式，打造乡村共建共治共享的社会治理格局。“平安乡村”视频监控平台交付使用，全镇12个村（社区）安装高清摄像头，覆盖各主要路口和重点公共场所。加大矛盾纠纷摸排、调处力度，排查调解矛盾纠纷30件，成功调处27件，调处成功率90%。安全生产工作稳步推进，全年发出安全生产检查记录通知书58份，食品安全现场检查记录38份，排查并整改安全隐患26处。建立基层应急管理“四个一”工作体系，应急处置能力稳步提升。

【古驿道活化利用】 2020年，八尺镇围绕省委、省政府关于做好南粤古驿道活化利用工作的部署，结合乡村振兴的大好机遇，实施古驿道活化利用项目，挖掘古驿道沿线的红色资源，推动古驿道沿线村庄新农村建设，并融入红色党建、体育赛事和全域旅游等元素，展现乡村新气象，切实助力乡村振兴事业。完成“平远川风坳—八尺梅州岃—盐铺潭段”古驿道线路沿线及周边八尺老圩的老邮局、马栏铺红军宣讲旧址、红军墙、八十八磴、梅州岃驿亭、云风亭6处古遗存的修复项目。深入挖掘古驿道沿线的红色资源，丰富古驿道内涵，做好沿线雪风庵红色交通站、金溪交通站旧址等红色遗址修复保护，在角坑村委会、梅州岃驿站等重要节点设立红色展厅，并与广州美术学院共建古驿道写生基地。在古驿道沿线的角坑村高规格打造党建示范阵地，建立集公共服务平台、办公场所、活动场所、服务群众场所于一体的党群服务中心，设立角坑村红色驿站、红色教育小课室、毛泽东《寻乌调查》主题广场、党员现代阅览室。高标准打造镇党校的角坑分教点，为开展主题党课创造良好教学条件。不断完善基础设施建设，实施村道扩宽、绿化提升和会车点、停车场、公共厕所等建设，完善民宿、农家乐等餐饮配套设施，打造田寮下“五美庭院”、“千年桂花王”、“田园栈道”“二十四节气广场”等多个节点，进一步展现乡村新气象，为发展乡村旅游创造良好条件。

【基层党建】 2020年，八尺镇党委围绕新时代党的建设总要求，坚持党建引领，常抓不怠，党的建设得到持续加强，基层党组织的组织力、战斗力和凝聚力得到全面提升。严格执行省委坚决落实“两个维护”十项制度机制，坚持“第一议题”制度，全年召开镇党委会议36次，其中第一议题93个。抓好基层党组织“三会一课”制度，推动“两学一做”常态化制度化，用活镇党校和“学习强国”等学习培训平台，不断加强党章党规党纪教育。持续巩固“不忘初心、牢记使命”成果，把《习近平谈治国理政》第三卷、习近平总书记出席深圳经济特区建立40周年庆祝大会和视察广东重要讲话重要指示精神、中共十九届五中全会精神等纳入党委中心组理论学习和党员干部学习安排。全年召开党委中心组理论学习会12次，在镇党校举办集中培训8期，参训人数900多人次，引领党员干部增强“四个意识”、坚定“四个自信”、做到“两个维护”。严格落实意识形态工作责任制，召开意识形态工作联席会议4次，定期研办意识形态工作，切实做好网络舆情应对工作。运营好八尺融媒号，弘扬“三好一正”（讲述梅州好故事、传播梅州好声音、树立梅州好形象、传递梅州正能量）主旋律，讲好八尺红色故事。全面推进党的基层组织建设三年行动计划，实施“头雁”“育苗”工程，调整4名村支部书记，选聘5名村级后备干部。全面完成村（社区）“两委”换届选举工作，村党支部书记、村委主任、村集体经济组织负责人“三个一肩挑”率100%。完成整顿软弱涣散党组织（笙竹村）。把党建元素、苏区精神充分融入乡村振兴工作中，在国道206线和358线沿线打造多个党建文化节点，持续巩固角坑村红色党建示范阵地建设，打造黄沙、排下、肥田等示范点。扎实推进乡镇机构改革，推动基层站所工作机构实体化运作。推动全面从严治党纵深推进，加强党风廉政建设和反腐败斗争，稳步推动基层正风反腐三年行动，通过纪律教育学习月活动，开展违纪违法案件警示教育。落实抓早抓小谈

2020年6月12日，梅州市委常委、组织部部长罗盛芬（前排右一）带队先后到八尺镇角坑村、梅州屴等地察看红色文化党建阵地示范点建设、党建促乡村振兴、非公有制企业党建工作等情况

2020年4月23日，广东省市场监督管理局调研组到八尺镇调研乡村振兴、产业扶贫工作

话制度，全年开展谈话提醒52人次，运用“四种形态”处置党员3人次。做好梅州市县级交叉巡察组反馈问题的整改工作，对照四个方面20个问题，逐一整改落实，建立长效机制。完善党委议事制度，集中整治心得体会、调研报告网络抄袭等形式主义问题，规范发展党员、干部考察任用、事业人员管理、出入境管理等工作。加强资金和工程监督管理，收回违规发放的津补贴，规范工程实施管理。（八尺镇党政办）

河头镇

【概况】 河头镇位于平远县中部，东邻东石镇，西接八尺镇、中行镇，北靠仁居镇，南连大柘镇，济广高速连接线直达圩镇，是县城饮用水水源地，界域面积82.42平方千米，辖9个村民委员会、81个村民小组。2020年年末，全镇户籍人口2985户10711人。其中，农业人口9305人，非农人口1406人。全年实现生产总值2.00亿元，比增1.5%；农业总产值1.18亿元，比增1.7%；工业总产值0.5亿元，比增7.6%。

【疫情防控】 2020年，河头镇面对突如其来的新冠肺炎疫情，按要求第一时间启动突发公共卫生事件一级响应，迅速成立镇级新型冠状病毒感染肺炎疫情防控工作领导小组，召开7场专题部署疫情防控工作会议，建立健全“四个一”应急处置机制。全力扎牢“外防输入、内防反弹”防线，对镇、村交通要道实行全方位24小时排查管控，在全镇干群联防联控下，未出现一例感染者，有力保障人民生命安全。

【产业发展】 2020年，河头镇依托自然资源禀赋和原有产业优势，采取“合作社+基地+农户”模式，大力发展“山上种植山苍子和油茶、林下种植生态石斛和灵芝、山腰种植三华李、山下发展制种和蔬菜”的立体产业。在成功申报樟坑村“一村一品”三华李项目的基础上，加大资金投入，完善基地基础设施建设，设立蛀果虫监测点，及时指导农户砍除病树，保障该镇农业生产安全。发展种植三华李533.33公顷（8000多亩），年均产值高达6000万元。6月，联合广东广播电视台珠江频道和广东一人一亩田网络科技有限公司举办樟坑村三华李直播，现场带货1.5万多千克，助力河头三华李远销全国各地。争取无污染企业雅玛西电子入驻河头，厂房占地面积600平方米，可提供200个就业岗位。践行“绿水青山就是金山银山”的发展理念，全力推动基础设施景观化工程建设，推进一河两岸景观节点提升、进镇大道提档升级和珠坑村古驿道活化利用等建设，支持永健庄园、陶园四合院等民宿建设，探索农旅融合发展新业态。

【新农村建设】 2020年，河头镇进一步明确“生态胜地、水源重镇”的功能定位，按照乡村振兴“二十字”方针总要求，以“1+3+6”为发展思路（即扮靓圩镇+三村各美+六村联动），全面补齐基础设施短板，加快推进产业发展和人居环境整治提升工作，实现镇村面貌“大变化”“大提升”。

基础设施日益完善。聚焦群众最急最

忧最盼的紧迫问题，争取资金，投入208万元，完成樟坑村丙子畲到东石镇观音宫3.9千米道路硬底化工程；投入220万元，完成田心村柏树塘至向阳村潭背沿河路硬底化工程，并在万角里架一座集休闲观光实用为一体的钢结构桥，工程完工后不仅缩短柏树塘至潭背的距离，还美化绿化亮化一河两岸，方便群众生产生活；投入170万元，重新选定樟坑村嶂下枫树坑作为圩镇自来水补充水源地，6月完成工程建设，解决圩镇自来水水量水质不稳定的历史问题；在投入400多万元，完成1个镇级污水处理厂、6处村级污水处理设施及管网建设的基础上，当年度投入50万元完善圩镇污水处理管网，项目即将完工；投入100多万元，有序推进“6·8”强降雨期间损毁的道路、桥梁、水圳和双溪电站圳道等基础设施修复工程；投入244万元，兴建河清村枫树坝大桥及连接线工程，至年底完成立项并开工建设；完成象牙村村址扩建工程，有力补齐农村基础设施和公共服务短板。

人居环境显著改善。以实施乡村振兴战略为总抓手，按照县委、县政府“两线八镇”农房管控和乡村风貌提升工作部署，深入推进“1+3+6”发展思路，抓好珠坑、河头、田心、向阳外立面改造工作，实现乡村风貌大提升。向上级争取800万元，推进圩镇“微改造”，加大圩镇雨污分流、路面提升、立面改造、三线整治、环境提升等，争创“五好”示范街道。2020年完成拆旧复垦地块5.87公顷（88亩）。在河长制、林长制的基础上，创新建立“路长制”“园长制”等制度，成立“四长办”，每周至少集中开展1次环境卫生整治工作，累计开展50多场。引导和鼓励各村把闲置地整理利用起来打造农村“四小园”，让小菜园、小果园、小花园、小公园成为装点农村的星星点点，既消除卫生死角，又美化环境、保护生态、留住乡愁。推进农村“厕所革命”，完成对“火柴盒”民房外立面改造218户。2020年河头镇成功创建广东省文明镇。

【精准扶贫】　2020年，河头镇省定贫困村向阳村在帮扶单位的支持下，统筹整合利用各类涉农资金，在原来入股50万元到南沙平远工业园增强村集体经济的基础上，投入136万元建成光伏发电和芭乐种植基地，投入50万元入股华清园公司共建梅片树种植基地，激活村集体“造血”功能，村集体年收入从2016年的2000多元提升至20多万元。探索“土地入股分红+基地务工增收”帮扶新机制，集约流转土地2公顷（30亩）种植芭乐、蔬菜和制种，鼓励群众种植三华李、油茶、石斛、灵芝等林下经济作物，辐射带动29户贫困户增收致富。全面开展“广东技工”“客家菜师傅”“南粤家政”三大工程，采取以工代训、脱产短训等办法，培养一批基建工程、特色建筑、传统民居等专业技术人才，联结带动贫困户6户10多人增收。该镇建档立卡贫困户78户232人，脱贫率100%、退出率100%。有劳动能力贫困户人均可支配收入从2016年的5604元提升至2020年的2.4万元，远高于考核标准8951元。

【社会事业】　2020年，河头镇完成奖教奖学协会创建工作，认捐150多万元，为河头师生发放奖金4.91万元。创新推广综治信访维稳“三线工作法”，进一步完善“中心+网格化+信息化”工作机制，全镇受理各类矛盾纠纷及上级交办信访案件24宗，办结及答复24宗，办结率100%；全镇扫黑除恶专项斗争提交上级乱象线索3宗，处理完成3宗。镇、村两级调解委员会受理矛盾纠纷案件11宗，成功调处11宗，成功率100%。对各单位、各场所进行安全检查123次，发现安全隐患14处并一一整改，全年无重大事故、无严重伤亡事件。投入近10万元，推进镇综合文化站二级站建设，年底接受省级验收。9个村的农家书屋实现规范化管理，实现村村有休闲娱乐广场。广泛开展群众喜闻乐见的文化活动，全年放映电影108场次，丰富干部群众业余文化生活。

【基层党建】 2020年，河头镇落实县委各项决策部署，履行抓基层党建工作主体责任，推动河头镇基层党建工作水平全面提升，为推动疫情防控和经济社会发展提供坚强组织保障。

注重提升自身建设。以强化党员干部培训为核心，借助镇党校、远程教育平台、学习强国等载体，对党员教育全覆盖，全年举办培训班8个班次，培训党员干部450人次，其中村党员干部220人次，使广大党员干部树牢“四个意识”、坚定“四个自信”，坚决做到“两个维护”。以强化正向激励为关键，2020年春节前夕开展河头镇“十大优秀党员”等网络投票评选活动，吸引1.5万名群众参与投票，提升典型示范的带动力。以加强组织阵地建设为保障，以镇大会堂为阵地基础进行改造升级，投入近8万元，对室内外环境进行翻新，配备投影仪、手提电脑等办公设备，增加宣传栏、入党誓词等，进一步提升完善党校基础设施。

注重加强组织建设。以加强基层组织建设为抓手，全面落实基层组织建设三年行动计划，进一步规范党的组织生活制度，抓实村党支部增选支委工作，抓好软弱涣散基层党组织整顿工作。实施“头雁”工程，开展村党支部书记专项培训3次，组织外出考察新农村建设和参观红色教育基地4次。扎实推进村“两委”换届工作，调整、新进支部书记7人，新进支委、村委委员10人，100%完成“三个一肩挑”任务。双溪村软弱涣散党组织胜利“摘帽”，打造2个党建示范点，改造提升2个村党群服务中心。不断优化党员队伍结构，吸收预备党员和按期办理预备党员转正各8名，有效提升党员中高层次人才的比例。坚持正确选人用人导向，提拔重用干部12人，晋升正股级干部5人，激励党员干部担当作为。

注重加强党风廉政建设。以抓实党风廉政教育为关键，开展纪律教育月活动，丰富充实廉政教育内容，巩固法纪规章防线；配合巡察、审计工作，全力做好整改落实后半篇文章。以开展抓早抓小为依托，大力开展基层正风反腐三年行动，全年开展纪律督查13次，组织开展谈话提醒43人次，立案1宗。以加强干部作风建设为抓手，创新建立红黑榜制度，调动广大干部职工的工作积极性、主动性。

（河头镇党政办）

中行镇

【概况】 中行镇位于平远县西部，距

县城 14 千米，国道 206 线贯穿其间。东邻河头镇，西接江西省寻乌县丹溪乡，北靠八尺镇，南连大柘镇，界域面积 74 平方千米，辖良畲、仲石、儒地、中行、官坑、快湖 6 个村民委员会，51 个村民小组。2020 年年末，全镇户籍人口 2738 户 8881 人。2020 年，全镇实现生产总值 1.72 亿元，比增 2.5%；工业生产总值 1.19 亿元，比增 7.6%；农业生产总值 9669 万元，比增 1.7%。

【特色农业】　2020 年，中行镇立足本地实际发展特色农业，力求实现资源优势向经济优势的转变，依托各村地形地貌和土壤气候等条件，打造“一村一品”。鼓励和引导群众种植优质稻、脐橙、油茶、南药、灵芝等传统优势产业，推广葛根、岗梅、倒吊王等特色种养，农业产业规模不断扩大，全年种植黑稻 133.33 公顷（2000 亩），引进一批优质高产品种，新增种植灵芝 0.67 公顷（10 多亩）、油茶 3.33 公顷（50 亩）、脐橙 80 公顷（1200 多亩）。推进特色旅游、特色农业的发展，支持大河背景区丰富内涵，坚持休闲、观光、旅游综合一体化发展。

【基础设施建设】　2020 年，中行镇加快推进水、路等宜居工程基础设施配套建设，改善交通条件，实施官坑村（石燕、下官坑）、良畲村下街等村道硬底化工程，提高群众出行安全性和舒适性。加快推进中行、仲石、儒地高标准示范农田项目，完成水渠 1.56 千米，坡头 15 座，硬底化 3 米宽机耕路 2.3 千米，加强均衡其他村农田水利设施建设，实施快湖村珠宝塘水毁建设工程、官坑村、中行村水毁项目，修筑灌溉渠道，维修加固陂头、铺筑机耕路面。全面推进“河长、湖长制”，以中行河治理为重点，对中心坝和河堤两岸进行绿化美化亮化提升，营造生态河道景观。完成 6 个行政村村村通自来水工程及圩镇自来水整改建设项目工程点的建设任务，对省定贫困村快湖村网管布管进行完善，并加强圩镇自来水日常管理维护。加快推进农网改造，全面发动中行村村民签订《用户承诺书》，全力协助南方电网进场施工。推进文体康园托老中心建设项目、中小学运动场建设、环境卫生综合整治。

【乡村振兴】　2020 年，中行镇加快改善人居环境，践行“绿水青山就是金山银山理念”，落实县委、县政府“两线八镇”农房管控和乡村风貌提升工作部署。创建“美丽庭院”18 户，以“小家”变美带动村庄“大家”变美，全面完成拆旧复绿的验收整改工作，追缴款进度 100%，推动生态宜居美丽乡村建设。全力加快国道 206 线沿线良畲村、快湖村和古驿道沿线官坑村、中行村、仲石村人居环境整治，通过深入推进“三清三拆三整治”、客家民居特色外立面改造和景观节点打造，助力打造出省通道最美示范带，2020 年全镇完成外立面改造户 346 户。完成中行村味真草庐环境优化提升、黄坑桥头人居环境提升、合华村民文化活动中心 3 个人居环境示范村项目，良畲上街、下街、快湖务子地、一河两岸等人居环境整治项目有序推进。开展乡村环境综合整治，清理镇域范围各沿线建筑垃圾 45 次，抓好农村生活垃圾治理，加快推进农村“厕所革命”，解决农村环境“脏、乱、差”问题。

【民生事业】　2020 年，中行镇坚持稳中求进的工作总基调，推动各项民生事业发展。开展“百日攻坚”和挂牌督战行动，抓实产业、就业、教育、医疗、住房安全等扶贫举措。中行镇贫困户69户177人全部实现脱贫退出，脱贫退出率100%，省定贫困村快湖村顺利实现脱贫出列。坚决压实脱贫攻坚主体责任，做好系统数据录入，围绕贫困户脱贫“八有”指标补短板和查缺漏，全面排查整改脱贫攻坚工作中存在的问题，不断巩固脱贫成果。举办就业创业政策宣传活动，推动劳动力技能晋升培训工作，加大力度落实好重点群体就业扶持和社保补贴政策；进一步推进城乡居民社会养老保险工作，加强低保、五保人员的排查，密切关注低保、五保人员的身体状况，全力做好五保供养；加强困难家庭群众的临时救助和医疗救助工作，救助家庭7户，发放救助金1.4万元；全面落实老龄工作，为全镇80周岁以上老人发放每人每年360元的高龄津补贴。扎实推进农村集体经济组织登记赋码工作，深化农村集体产权制度改革。

【平安建设】 2020年，中行镇进一步做好扫黑除恶专项斗争宣传，抓好综治信访和安全生产工作。充分利用微信公众号、微博进行扫黑除恶、防邪反邪宣传。坚持治安严打方针，开展重锤打击“黄赌毒”“两抢一盗”等违法犯罪行为专项整治行动，加大对各类场所的执法力度。全年扫黑除恶氛围良好，自办查处、办结案件19宗；通过排查发现违法线索1宗，办结1宗。深入校园、社区、企业矿区等场所开展禁毒宣传活动14次，发放宣传资料2760份。

全年受理并成功按时办结上级交办信访案件和矛盾纠纷41宗。在全国两会、新冠肺炎疫情防控等重要时间节点，中行镇坚持“掌握及时、化解及时、源头治理”的工作宗旨，全面开展信访隐患排查整治工作，做到及时发现、快速处理、有效稳控重点人员。结合实际，在镇人民政府三楼设立心理咨询室，配备工作人员，星期一至星期五轮流值班。村居视联网设备在镇信访维稳中心联勤指挥室及6个行政村村委会安装调试完善，投入正常使用。

切实做好应急管理工作，落实网格化责任，强化食品药品安全监管，保持各领域安全生产形势稳定。在工作开展过程中，进一步加大日常巡查及机动巡查监管力度，坚决取缔违法私宰点，严厉打击私屠滥宰和无检验检疫肉品的非法交易行为。2020年安全生产检查100次，查出各类隐患30处，隐患整改率96.7%。在6月8日抗洪抢险中，中行镇反应迅速、救援及时，未出现人员伤亡事件。建立并完善治安联防队，实行“定区、定人、定责”防控。深入推进“平安之乡”建设，加快村民理事会“一带一法四参与”建设工作，按要求打造完成星级村民理事会7个，成功排查化解纠纷28宗。推进实施“雪亮工程”，加密扩网布局城乡视频监控系统，在圩镇、各村及主要交通干线路口安装使用治安摄像头。

【党建工作】 2020年，中行镇不断强化党建引领和基层组织建设。坚持把党组织建在乡村振兴的前沿阵地，全面实施加强基层党组织建设三年行动方案，实施班子和党员带头联系服务群众、带头支持美丽乡村建设、带头创业致富的“三带”工程，强化基层党组织核心作用。巩固“不忘初心、牢记使命”主题教育成果，深入开展“两学一做”、《习近平谈治国理政》第三卷宣讲活动，推动习近平总书记“三农”工作重要论述、“两山”理念飞入寻常百姓家，发挥家训家风、村规民约、社会主义核心价值观的教化作用，汇聚党员干部、人民群众参与乡村振兴的强大力量。全面落实基层党风廉政建设责任制，严格执行中央八项规定及其实施细则精神，坚决反对形式主义、官僚主义，认真查摆和整改“四风”等方面存在的突出问题，营造风清气正的基层政治环境。执行“三会一课”制度，推动“两学一做”学习教育常态化制度化。组织镇、村干部参加财务管理、农村基层治理等方面的专题学习。把贯彻“三重一大”制度作为加强党风廉政建设责任制和反腐倡廉建设的重点内容，做到常抓不懈、务求实效。切实加强镇村“三资”平台和惠民信息平台建设，依法依规和完善资产资金资源的运作。稳步推进“两委”换届，高度重视村“两委”班子及其成员民主评议工作，完成村民委员会换届审计，完善村级各项规章制度，明确村“两委”干部工作职责，加强风险隐患排查和整治，统筹推进村党组织书记和村委会主任“一肩挑”，稳妥有序完成村“两委”换届。　（甘　锐）

上举镇

【概况】　上举镇地处闽粤交界处，位于平远县东北部，东临泗水镇，南接东石镇，西与差干镇、仁居镇相连，北与差干镇、福建省武平县下坝乡交界，距离县城33千米，是广东省森林小镇，界域面积98.6平方千米，耕地面积461.48公顷（6922.2亩），山林面积8748.25公顷（13万亩），下辖6个村民委员会、53个村民小组。2020年年末，全镇户籍人口2028户7481人。其中，农业人口6067人，非农业人口1414人。2020年，该镇实现生产总值1.91亿元，比增1.6%；农业总产值1.02亿元，比增1.7%；工业总产值0.68亿元，比增7.6%。

【疫情防控】　2020年，上举镇坚持把人民群众生命安全和身体健康放在第一位，坚持联防联控、群防群治，抓紧抓实抓细各项防疫工作，举全镇之力打好疫情防控阻击战。通过精心安排部署、强化防疫宣传、抓好人员排查、加强卡口值守、筹备防疫物资、实施公众聚集活动管制、落实卫生安全管控等系列举措，确保疫情防控工作有力、有序、有效，未发生一起感染新冠肺炎的事件。疫情防控取得阶段性胜利，防疫成果不断巩固，疫情防控工作进入常态化。

【农业产业】　2020年，上举镇依托自身良好的生态和自然资源禀赋，借力县委、县政府“一镇一业、一村一品”发展东风，以脐橙、梅菜、烟叶、油茶、优质稻、仙人草等为主导，采取标准化种植、引进乡贤企业家成立公司带动和电商平台联结的方式，大力发展富民兴村产业。脐橙、烟叶、优质稻、仙人草、灵芝种植均超过66.67公顷（1000亩），梅菜种植超过33.33公顷（500亩），文裕梅菜、八社灵芝成功申报“一村一品”项目。结合人居环境整治带来的人气，巩固提升上举相思谷景区作为平远龙头景区之一的地位，不断开拓乡村旅游新业态，持续带动农家乐、特色民宿健康发展，促进农产品销售、拓宽农民增收途径。

【基础设施】 2020年，上举镇围绕“改善民生、增进福祉”的工作目标，推进各项利民便民工程建设。全力推进镇村两级污水处理设施建设工程，建成镇级1套、八社村2套、畲脑村1套污水处理设施建设工程。完成5.55千米村道硬底化工程。其中，县道037线至上举村师堂0.3千米，八社村竹坪至大地窝2千米，文裕村长教至大坪2.5千米，符坑村下屋0.3千米，龙文村赤大0.45千米。配合县交通局实施省道239线湍溪至畲脑路段改造工程，完成畲脑店前至八社苏坑路面沥青摊铺作业。建成八社村、符坑村、文裕村高标准农田建设，加强文化场所配套设施建设，完成镇文化站二级改造提升。

【脱贫攻坚】 2020年，上举镇全力决战决胜脱贫攻坚。通过一系列精准扶贫措施，如对上半年“未脱贫户”和“已脱贫不稳定户”实施动态监测管理等，进行针对性帮扶。保证贫困户全部缴纳城乡居民医疗保险；落实教育补助32人；统缴社会养老保险151人；落实最低生活保障兜底62户；完成危房改造贫困户30户。采取“公司+合作社+基地+贫困户”模式，带动65户222人有劳动力贫困户长期实现特色产业脱贫。采取就业技能培训措施，推动实现就业76人，就业率79.2%。全镇104户288人全部退出贫困行列，退出率100%。

【人居环境】 2020年，上举镇围绕打造全省村居风貌管控示范镇的目标任务，持续推进客家特色民居外立面改造，示范引领建成一批独具特色的客家民居集群。全镇拆除危旧房屋等9.4万平方米，完成客家特色民居外立面改造1500多户。农村无害化户厕普及率99%以上。全镇6个行政村全部建成干净整洁村，其中八社村、上举村、畲脑村达到美丽宜居村标准，结合美丽庭院和农村“四小园”等小生态板块创建，集中资源、集中力量在畲脑村山瓦打造具有文化底蕴和适合休闲娱乐、农耕生活的美丽乡村示范片，并以点带面打造上举村石角美丽庭院示范片、八社村赤城人居环境整治示范点。2020年，上举镇顺利举办全市农村工作暨实施乡村振兴战略和决战决胜脱贫攻坚现场推进会。

【民生事业】 2020年，上举镇坚持就业优先，加强高校毕业生、农民工、退役军人等群体就业服务，不断扩大就业创业新渠道。实施全民参保计划，落实养老保险、医疗保险、失业和工伤保险制度，健全社会救助、社会福利和优抚安置等制度，做好农村留守儿童、妇女和老年人的关爱服务，提高城乡低保、特困人员供养、医疗救助标准和精神病患者管控等工作，确保动态管理下应保尽保。举办肖义松奖教奖学金捐赠仪式，为基层教师、贫困学生、优秀学生送温暖献爱心，助力改善农村义务教育办学条件。完成第七次全国人口普查工作。

【平安建设】 2020年，上举镇以扫黑除恶专项斗争为主线，以推进完善综治工作基础为载体，以化解社会矛盾和建设平安上举为抓手，全力做好各项维稳安保工作，有力维护社会和谐稳定。结合“群众安全感、政法队伍建设满意度和公安工作满意度”及扫黑除恶“一感二度三率”测评调查工作，持续宣传禁毒、扫黑除恶专项斗争工作、“一带一法四参与”社会治理模式。结合“枫桥式公安派出所”创建工作，用活用好“学理叔调解中心”，落实“中心+网格化+信息化”职责，深入推动“中心4+”村民议事活动，建立镇村信访矛盾处理机制，畲脑村、上举村、文裕村、八社村建立“程旼工作室”，全年排查调解矛盾纠纷31宗，有效促进全镇社会治安和谐稳定、人民安居乐业。

（上举镇党政办）

2020年3月11日，市政协主席陈建青（右二）、县委书记宋才华（右一）到上举村、畲脑村、八社村调研脱贫攻坚、乡村振兴等工作

泗水镇

【概况】　泗水镇位于平远县东北部山区，东邻蕉岭县，西接上举镇，南连东石镇，北毗福建省武平县。总面积133.8平方千米，辖8个村民委员会140个村民小组，山林面积1.15万公顷，是平远县的重要林区。2020年年末，户籍人口3191户10695人。其中，农业人口8460人，非农业人口2235人。2020年，该镇实现生产总值2.18亿元，比上年增长2.2%；实现农业总产值1.33亿元，增长1.7%；工业总产值1.13亿元，增长7.6%；完成镇级一般预算收入1182.59万元。

【疫情防控】　2020年，自新冠肺炎疫情发生以来，泗水镇全面动员镇村干部进村入户宣传，按照网格化管控要求落实村居封闭式管理、检查登记、人员摸排、居家隔离和清洁消杀等联防联控措施，指导群众佩戴口罩出行，确保零疫情输入。全镇设立检查站7个，抽调257人3800余人次参与到疫情防控各项工作中，先后组织志愿者活动108次；发动乡贤捐资18.7万元，捐物一批；劝阻农村聚集活动62次。疫情防控取得阶段性成效后，有序推动各项目复工复产。

【重点项目建设】 2020年，泗水镇梅畲田园综合体产业集聚能力持续加强。完成特色民居外立面改造验收129户，村庄基础设施建设和传统村落风貌管控。完成梅岭古驿道、上下村广场及村级污水处理设施建设并投入使用。项目集聚能力持续加强，建成文春庐民宿、半山原味民宿，与县文联联合成立梅畲七大文艺采风创作基地，成功申报创建"广东省中小学生研学实践教育基地和嘉应大学学生培训基地；梅畲红色、爱国、孝字三大文化资源得到深入挖掘和完善，成立梅州市红色文化研究会平远县办事处。梅岭公路完成全线3.6千米路面贯通，完成高边坡整治和梅岭大桥设计方案调整。2020年，梅畲村获评文化和旅游部"全国乡村旅游重点村"称号，圆满完成第三届中国农民丰收节梅州平远分会场活动的举办工作。2020年，泗水风电项目全面完成升压站和境内5台风机的安装调试，顺利实现投产运营。

【圩镇扩容提质】 2020年，泗水镇圩镇街道微改造以点带面持续推进，完成伯公坳观景平台改造和进镇大道立体宣传牌建设，建成500米沿河路"五好"示范街道，完成圩镇文化长廊、泗水市场外立面改造，完成沿河栏杆改造和街道标识标牌更新。打通福利院至圩镇市场断头路，与污水处理厂、中苧庵连线成片打造沿河步道，绿海华府小区完成封顶开盘、标准化足球场建设基本完工，地质灾害隐患点整治稳步推进，圩镇宜居水平得到进一步提升。

【新农村建设】 2020年，泗水镇重点抓好泗水、梅畲、文贵、金田4个村农村人居环境整治的连线成片推进，完成民居外立面改造271户，全镇所有村庄达到干净整洁村标准，文贵村、梅畲村达到美丽宜居村标准，大畲、大新黄竹塘建成绿美古树森林公园节点。

【惠农政策落实】 2020年，泗水镇农村集体经济组织清产核资换证赋码工作全面铺开，"房地一体"确权登记、拆旧复垦和农业面源污染控制政策综合推进，带动农村集体资产有效整合，进一步激发农村农业发展活力。

【特色农业】 2020年，泗水镇"一村一品"梅畲特色大米项目顺利实施，完成农产品加工场建设和机械设备安装，文贵、成文的蜂蜜和大新金柑申请报批入库。各村引进灵芝、脐橙、辣椒、烟叶等进行规模化种植，发展特色种植业。

【精准扶贫】 2020年，泗水镇脱贫攻坚冲刺全面完成任务，全镇51户103名建档立卡贫困人口和省定贫困村全部如期退出贫困行列，完成入股曲峰电站，与广东华清园联合共建6.67公顷（100亩）梅片树种植基地签约，带动贫困户稳定增收，发展壮大村集体经济。

【社会事业】 2020年，泗水镇高质量完成第七次全国人口普查任务。做好"三项工程"和八大职业技能提升行动落实，做好欠薪预防处置和矛盾化解工作，保障劳动者合法权益，完成城乡居民医疗保险和养老保险的扩面征缴任务，低保、特困、孤儿、残疾人等群体的兜底保障标准持续提高。推动自然村集中供水攻坚工程，新增完成3个自然村集中供水工程点，惠及460人。完成县图书馆泗水分馆建设并向公众开放，做好镇文化站定级评估，完成大新黄竹塘红色革命遗址修缮工程，镇村公共文化设施短板持续补齐。顺利完成“广东省卫生镇”创建，健全公共卫生应急管理体系，医疗卫生短板得到持续补齐。全面加强学校思政课建设，支持泗水学校改善教育教学环境，完成学校食堂、宿舍楼、留守儿童之家的改造提升。镇村退役军人服务机构全覆盖设置，镇服务站成功创建4星级站点。全年完成办理人大建议案2件，政协提案11件，切实推动泗水圩镇至泗水福利院断头路打通等一批群众期望的民生问题解决。全面推进乡镇行政机制体制改革，完成9个党政机构和纪检监督办公室的设置、5个统一指挥协调的工作平台挂牌和人员配置，做好人员的转隶工作，完成机构挂牌和人员转岗。

【基层党建】　2020年，泗水镇强化党建主业意识，严格落实主体责任。制定《一月一研判制度》研究布置党建重大事项和重要活动，全年召开党委会议23次，完善党建工作责任制和联系点制度，与各支部签订党建和党风廉政建设责任书，严格落实支部书记述职述廉、“三会一课”纪实制度。完成村级换届工作，选任4个新支部书记，培养3名育苗工程人员，村“两委”、村监委和村级经济组织换届选举“三个一肩挑”比例100%，“两委”交叉率100%，是全县唯一一个村级换届选举一次成功的乡镇，新老村级班子实现平稳过渡。扎实开展党委理论中心组学习，全年完成专题学习18个。深入开展“两学一做”学习教育，全年完成专题学习教育24个。开展意识形态教育，全面落实意识形态工作责任制，把意识形态工作纳入领导班子成员责任制、民主生活会和述职报告的重要内容。2020年，党员全部完成党建云注册工作，严格发展党员9名，按期收取党费53896元。对行政、事业人员进行轮训和绩效评估考核，落实党组织“头雁”工程和南粤党员先锋工程。持续做好党建阵地的建设，启动梅畲村党群服务中心项目建设，对文贵村党群服务中心重新修缮和提升。镇级党校，成文、文贵、金田村党校完成改造提质。全年开展以入党积极分子、村干部、全体党员为主要对象的培训班6期。持续严格党组织管理。选派党建指导员和第一书记到村开展精准扶贫，实现软弱涣散党组织大新村支部“三个一肩挑”改造，完善党建阵地建设和党务财务管理，培养村干部后备队伍。坚持党风廉政建设，提升执纪监督成效，开展全面从严治党警示教育，全年纪检部门立案3宗，处理3人。　（泗水镇党政办）

东石镇

【概况】　东石镇位于平远县中部，东邻蕉岭县，西接河头镇，南与大柘镇、热柘镇接壤，北靠仁居、上举、泗水镇。全镇界域面积163.1平方千米，耕地面积1253公顷（1.88万亩），森林覆盖率72%。辖17个村民委员会、223个村民小组和1个社区居委会，其中灵水、白岭、太阳村是革命老区。2020年年末，全镇总户数

10209户，总人口34440人。其中，农业人口25415人，非农人口9025人。2020年，东石镇本地生产总值6.75亿元，比增2.9%；农业总产值3.43亿元，比增1.8%；工业总产值5.55亿元，比增7.6%。

【疫情防控】 2020年，东石镇深入细致做好疫情防控工作。全面贯彻落实党中央和省、市、县关于疫情防控的部署要求，党员干部以坚定的政治觉悟和牢固的宗旨意识，尽锐出动、履职尽责、下沉基层、冲在一线、持续奋战。收到党员自愿捐款12.8万元，其中村级党支部收到党员捐款2.8万元，用于疫情防控工作。全镇1200多名党员干部以实际行动践行初心使命，经受住新冠肺炎疫情的考验。

【特色农业】 2020年，东石镇推动富民农业长足发展。围绕打造“特产小镇”目标，重点支持金宝树、鸿基生态园、梅州彧园山仁等农业企业，在规模发展、质量管控、品牌创建上下功夫，大力发展“四金”中的“三金”（金豆子、金叶子、金柚子）即东石花生、锅叾茶、金柚等优势特色农业产业，有效带动富民兴村。锅叾茶“水仙绿茶”品牌是省级名牌产品。东石花生获批首批广东省级“一村一品、一镇一业”主导产业，入选全国名优特新农产品名录。积极推进“东石花生”地理标志申报工作。2020年，东石花生全年种植面积600公顷（9000多亩），年产2250吨，总产值6750万元；优质牧草年产量1万吨，产值400万元；锅叾茶产量3.5万千克，产值1400万元；金柚产量87.5万千克，产值700万元。

【工业】 2020年，东石镇大力推动工业发展。围绕擦亮省级汽车部件铸造专业镇牌子，大力做好暖企服务，提升工业集中区创新活力，推动金科新业机械制造、金裕实业、粤华矿产等传统产业转型升级，支持雅玛西电子、鹏鑫电子、越科新材料等企业发展高新产业；围绕“两电”，即支持利天新能源（中电）、粤电平远风电等企业发展光伏发电、风力发电等绿色产业，打造“清洁能源小镇”。光伏发电站项目（首期）于2017年正式运营，是广东首个利用光伏电站改善废弃矿区生态环境的工程，设计总容量为50兆瓦，占地面积109.67公顷（1645亩），年均发电量约5200万千瓦时，每年可减排二氧化碳约5.3万吨，具有明显的节能、生态和社会效益；粤电茅坪风电场项目设计总装机容量为48兆瓦（3.2兆瓦/台×15台），完成12台风机安装，升压站一次设备于11月28日并网，预计年发电量6600万千瓦时。

【矿山治理】 2020年，东石镇深入推进矿山治理。坚持依法打击私挖滥采矿产资源等不法行为，在狮子岩矿山整治以及尖山矿区西湖、东湖排洪涵洞工程建设的基础上，对耐火石3个非法开采点种植苗木、播撒种子进行复绿并持续抚育；按照省委巡视整改要求，聘请梅州市梅正矿山技术服务有限责任公司对尖山矿区规划设计为期5年（2019—2024年）综合治理方案，2019年对铁子岃13.33公顷（200亩）废弃矿山进行复绿，2020年实施打石坑河道综合治理。

【镇村建设】 2020年，东石镇全力打造毓秀新东石。围绕打造“钟灵毓秀•田园农庄”美丽乡村示范片，全域推进人居环境整治，拆除危房、露天旱厕等21650

座 26.6 万平方米，拆除禁养区内 4 家养殖场，建成 5 处污水处理设施。突出抓好农房风貌提升，全镇累计完成客家特色民居外立面改造 1348 户。不断补齐基础短板，引进专业化保洁公司，日超 13 小时的巡逻式保洁和清运，覆盖东石圩镇及两条主线 10 村 1 社区。全力抓好“厕所革命”工作，建成镇公厕 27 个，完成农村户改厕 427 户，户用无害化卫生厕所实现全面覆盖。抓好“美丽东石 · 美好家园”行动，点亮镇政府大楼、新车站大楼灯光夜景，完成汶水桥至白岭村旅游公路总长约 8 千米沿线绿化美化，打造锡水、凉庭、汶水、麻塘等村红色文化山体、花生主题公园、乡愁风雨长廊（桥）等一批具有本土特色的节点建设。完成 12 个村拆旧复垦 40 公顷（600 多亩），既帮群众创收，又解决遗留多年的地质灾害隐患，成效得到省、市、县的充分肯定。

【民生实事】　2020 年，东石镇坚持做好民生实事。决战决胜脱贫攻坚，11 月底，全镇贫困户 271 户 752 人全部实现脱贫，脱贫率 100%；退出 271 户 752 人，退出率 100%。就业创业政策全面落实，社保扩面征缴稳步推进，城乡居民医疗保险参保率 100%。全面落实安全生产“一岗双责”，重点抓好非煤矿山、道路交通、烟花爆竹、消防、建筑施工、食品药品、学校等安全生产工作，安全生产持续稳定。安全有效应对汛期“龙舟水”强降水工作，“6 · 8”水灾水毁设施有序修复，应急管理和防灾减灾救灾能力进一步提升。深刻反思、吸取“12 · 13”安全生产事故和“12 · 7”“12 · 15”民房火灾事故教训，进一步落实“一岗双责”，压实企业主体责任，全面开展安全隐患大排查大整治，开展安全大教育，开展安全生产督查，严防安全事故再发生。探索推广新时代“枫桥经验”，加快构造“共建共治共享”社会治理新格局，扫黑除恶专项斗争工作有序推进，“中心+网格+信息化”工作稳步推进，各类信访纠纷有效调解。

【廉政建设】　2020 年，东石镇全面推进党风廉政建设和反腐败工作。在镇村广泛开展扫黑除恶、基层正风反腐等专项行动，针对涉黑涉恶、扶贫领域等九大方面问题进行重点整治查处，通过横幅标语、海报折页、微信推送等形式多样的宣传方式开展基层正风反腐工作宣传。2020 年与县纪委联合举办的“举报贪腐 共创廉洁”纪检监察信访举报宣传活动，接访群众近百人，发放宣传折页 6500 多份。持续开展党员干部违纪违法、涉黑涉恶线索的摸排查，不断强化案件查处力度。全年摸排查出问题线索 11 条，全部问题线索均启动初步核实程序。全年立案 5 宗，党内警告处分 1 人，党内严重警告处分 2 人，开除党籍 2 人（待县纪委批复后发文）。深入开展扶贫领域“回头看”活动，组织工作组对全镇 271 户精准贫困户进行入户核查。督促民政部门对群众反映较强烈的低保问题进行清理核查，完成东石镇 600 多户低保、特困人员的入户核查工作。加强对村级财务的日常监督检查，对大屋、黄地、社区等村的账务进行监督检查，发现问题共三大类 6 个方面。将纪律和规矩挺在前面，常态化开展抓早抓小谈话提醒工作，全年开展“抓早抓小”谈话提醒 20 人次，其中咬耳扯袖 12 人次、红脸出汗 8 人次。将落实习近平总书记关于坚决制止餐饮浪费行为、疫情常态化防控中的形式主义、官僚主义问题纳入日常监督内容；结合村级换届选举离任审计，要求持续抓好收送红包礼金、赌博和名贵特产等问题的专项治理工作。完善村务公开制度，建立起镇级“不能腐”的管理机制。

【基层党建】 2020年，东石镇全面深入推进从严治党。深入推进《东石镇加强党的基层组织建设三年行动计划实施方案（2018—2020年）》的落实，加强基层党组织建设，充分发挥战斗堡垒作用。讲政治讲学习，全面提升党员干部政治素质。2020年度，东石镇党委组织党委中心组理论学习23场，通过党政班子成员上专题课的形式学习习近平新时代中国特色社会主义思想、习近平总书记系列重要讲话精神和中共十九届四中、五中全会精神，不断深化对习近平新时代中国特色社会主义思想和中共十九大精神的理解把握、贯彻落实，2020年度党政班子成员作专题课100%，“大学习”收到明显成效，党员干部的政治忠诚和政治认同得到强化。坚持把政治建设摆在首要位置，坚决落实好巡视巡察整改工作。持续深入开展“不忘初心、牢记使命”主题教育，团结激励党员干部。要求党员干部把政治站位摆进去、把党员身份摆进去、把职责使命摆进去、把家风家教摆进去、把缺点不足摆进去。锻炼培育党员干部，建设担当作为梯队。教育引导镇村党员干部自觉把苏区振兴发展当作施展智慧才华、实现人生抱负的大舞台，认真落实省委、市委和县委的工作要求，努力在生态文明、乡村振兴、脱贫攻坚、文明创建、社会治理、基层党建等方面担当作为，创造经得起实践、人民、历史检验的实绩。把年轻干部放到合适的岗位上历练，让镇村党员干部尤其是年轻的公务员、事业编人员尽快成长起来。2020年度，全镇培育预备党员12人、预备党员转正18人，有力充实高质量党员队伍；提拔重用股级干部6人；选拔培育村级后备干部7名。加强党建引领，有效推进镇村发展。贯彻加强党的基层组织建设三年行动计划，抓好“书记抓，抓书记”工作，严格执行“三会一课”、组织生活会、民主评议党员等制度，集中整治白岭村软弱涣散党组织。坚定不移地抓党建促发展，不折不扣地把“以党建引领发展、把党建融入发展、用党建推动发展、靠发展检验党建”落实到乡村振兴各项工作。 （东石镇党政办）

大柘镇

【概况】 平远县大柘镇，由原超竹镇、大柘镇、坝头镇三镇合一，是平远县城关镇。辖区面积154.51平方千米，下辖25个村、3个社区、266个村（居）民小组，户籍人口约8.58万人，常住人口约10万人。2020年，该镇一般公共预算收入1457.4万元，比增6.8%；地区生产总值13.3亿元，比增2.3%；工业总产值9.46亿元，比增7.6%；农业总产值4.46亿元，比增1.8%。

【疫情防控】 2020年，大柘镇牢固树立“党组织必须凝聚最强力量，党员干部必须冲锋在前”的使命担当，扎实做好新冠肺炎疫情防控工作。有效处置全县唯一一例输入型确诊病例，实现“社区无扩散、农村无传播”的疫情防控目标。在疫情防控初期，以“地毯式摸排”为基础，以村（居）防控网格化管理为强化手段，出动党员干部4万多人次参与战“疫”，排查全覆盖，宣传无死角。认真排查隔离疫区返乡人员、外地返乡人员，认真做好大数据反馈核实和摸排确认工作，对重点人员落实好“四个一律”健康管理，疫情防控常态化工作落实到点到位。2020年，大柘镇有效的疫情防控工作，得到群众的一致认可，大柘镇党委被梅州市委授予梅州市先进基层党组织、梅州市抗击新冠肺炎疫情先进集体称号。

【重点项目建设】 2020年，大柘镇抓好多个重点项目建设。按照县委、县政府“一城一区一带”战略部署，保障县扩容提质的用地需求，全面完成国道206线绕城段改建工程征地拆迁工作，有效保障全线施工秩序；大力推进省道225线石正至大柘段改造、城南小学建设征拆工作；按照县级部署依法依规推进南台森林康养旅游度假区、奥园广场段“微改造”、工业园区建设等项目征地拆迁工作，并保障项目有序建设；依期完成台湾农民创业园示范基地公路和晨光乳业园区共19.67公顷（295亩）用地征收工作；妥善处理南区市场改造项目回迁户安置等征拆遗留问题，有效保障奥园广场、碧桂园二期等重点项目顺利建设，全力服务好“精致小城”建设；牢牢抓住“十四五”规划、粤港澳大湾区建设、革命老区振兴发展等战略机遇，有效对接城北片区及火车站片区规划设计；推动17宗总投资14.8亿元的基础设施建设和重大民生项目纳入县“十四五”规划项目库，为该镇实现“十四五”经济社会高质量发展提供项目支撑。同时，探索和推动城中村（岭背）消防安全示范工程建设，扎实推动黄沙村乡村旅游整体运营各项基础工作。

【乡村振兴】 2020年，大柘镇按照“产业兴旺、生态宜居、乡风文明、治理有效、生活富裕”的总要求，把产业发展作为根本，编制出台《平远县大柘镇农业发展规划（2020—2025年）》，着力发展特色农业，重点扶持梅州可其山、长粮农业、达诚农业等农业企业发展；持续推进“一村一品、一镇一业”产业发展，黄沙蔬菜和坝头、东片大蒜两个“一村一品”项目顺利实施，程北村获评广东省“一村一品、一镇一业”专业村。持续巩固脐橙、南药、优质稻等特色产业发展，脐橙种植规模达146.67公顷（2200亩）；黄沙、西河等8个村与华清园公司合作共建梅片树种植基地，进一步夯实村集体经济收入基础。深入开展“美丽梅州•美好家园”行动、“两线八镇”人居环境整治工程，充分利用“三清三拆三整治”后的空闲土地进行“四小园”改造。推进凤池村镇级人居环境示范村建设，完成杞园村岭背人居环境整治提升工程。严格落实土地动态巡查制度，严厉打击乱占耕地建房，制止违法建筑37宗，拆除违章建筑5处。完成客家特色民居外立面改造289户，进一步提升乡村风貌，助力打造平远特色的美丽乡村带；持续推进“厕所革命”，新建公厕9座，完成农村户用厕所无害化卫生改造46户，全面完成农村公厕建设任务。通过持续深入做实做细人居环境整治工作，25个行政村全面建成干净整洁村，15个行政村建成美丽宜居村，3个省定贫困村建成新农村示范村。

【三大攻坚战】 2020年，大柘镇牢固树立底线意识，“三大攻坚战”扎实有效。有效防范化解重大风险。不断完善“四个一”应急响应机制，更好发挥制度威力应对风险挑战冲击；围绕国家安全发展示范城市创建工作，严格落实安全生产责任制，开展好消防示范街创建工作，实施好烟花爆竹、非煤矿山、建筑施工、交通道路、“三小”场所、出租屋和电动自行车消防安全专项治理；认真总结“6·8”洪灾救灾经验，投入33.61万元开展西河上河背至丰光村鸭麻桥段河道清淤清障工程；严厉打击电信诈骗、非法集资等行为；抓好“三防”、森林防火、反邪禁毒等工作，全年重大森林火灾、重大事故零发生。坚决打好脱贫攻坚战。聚焦“两不愁，三保障”，扶志与扶智相结合，组织28家社会责任感强、发展效益优的企业与全镇25个村结成帮扶，开展好“百企帮百村”行动；扎实开展脱贫攻坚“百日攻坚战”，15户挂牌督战户全部“摘牌”，全镇251户666人建档立卡贫困户全部实现稳定脱贫，3个省定贫困村全部退出贫困村行列。扎实推进污染防治。践行“绿水青山就是金山银山”理念，加快农村污水处理设施建设，完成8个行政村污水处理设施站点选址勘察和用地征收工作。严格落实林长制、河长制，整治农业面源污染，加强城乡污水治理，集中开展河流水面漂浮物清理专项治理行动，完成西河至丰光段河道清淤清障工程，做好污染防治。

【民生实事】 2020年，大柘镇保持为民服务解难题的初心不变，办好民生实事。全面完成城乡居民养老保险参保缴费任务。在低保、五保核查时清退低保户37户111人；新吸收困难家庭尤其是受疫情影响的低保20户52人，真正做到应保尽保，该退则退。全面落实残疾人“两项补贴”政策，享受护理补贴1220人，享受生活津贴465人；医疗救助123人；临时救助63人。发放各类补助金435.1万元。持续开展创业就业工作，大力实施“粤菜师傅”“广东技工”“南粤家政”三项工程，切实保障就业创业，实现农村转移就业劳动力5434人，完成新增就业人员登记303人。建成超竹村、岭下村文化广场和水电山庄体育公园，持续补齐公共服务短板；发动民间力量，修建升级文昌阁、奎文阁、凌云塔。“四好农村路”建设任务全面完成，西河村河堤路、凤池村君子坳村道等9条农村公路共8千米的改造升级依期竣工。退役军人服务保障体系不断完善，退役军人服务保障水平有效提升；完成年度征兵任务。完成第七次人口普查登记工作。大力开展精神文明建设，扎实推进城北社区生活垃圾分类试点工作，为平远县成功创建“国家卫生县城”，提名创建“全国县级文明城市”扛起主战场应有的责任。

【平安创建】 2020年，大柘镇以创建“平安大柘”“法治政府”为目标，全面推进综治信访维稳和平安创建等各项工作。大力推进社会治理现代化、“平安之乡”实践创新项目建设，加快推进“雪亮工程”，全面推广“中心4+”“一带一法四参与”工作模式。落实领导包案制，全年受理信访案件132宗，办结率100%。加强对刑满释放人员、重点闲散青少年、社矫、社戒社康服毒人员、严重精神障碍患者等特殊人群摸底和管控。深入开展扫黑除恶治乱专项斗争，加强正面宣传和舆论引导工作，重点开展治乱工作，维持良好的社会秩序。深入开展“平安平远”创建，大柘派出所接处警 3254 条，受理行政案件 354 宗，全年调解民间纠纷 591 起，确保辖区社会环境持续稳定，提高群众的安全感。2020 年，大柘镇党委被梅州市委评为安保维稳工作先进集体；大柘派出所被平远县公安局评为基层所队执法质量优秀单位，刑侦中队获得集体嘉奖。

【基层党建】　2020 年，大柘镇强化党建引领，坚持镇党委领导，完成第八届村民委员会、第七届居民委员会换届选举工作，各村（社区）一次选举成功率 96.43%。全镇选举产生村（社区）“两委”干部 160 名，村（居）务监督委员会成员 94 名，村集体经济联社理事会和监事会成员 259 名，村（居）民代表 969 名，村（居）民小组长 266 名。村党组织书记“三个一肩挑”率 100%，社区党委书记“一肩挑”率 100%，村（社区）“两委”干部交叉率 97.2%；稳步推进第二届农村集体经济组织换届工作。开展“七五”普法，把《中华人民共和国民法典》学习贯穿普法宣传教育全过程。对接好乡镇职权下放体制改革。自觉接受人大代表和群众的监督，坚持以人民为中心的发展思想，办理好县镇人大代表相关意见建议 18 件、县政协委员提案 18 件，配合推进县 2020 年“十件民生实事”项目建设。严格落实中央八项规定精神，持续深入纠正“四风”。制定《大柘镇镇村工程建设项目管理办法》，规范镇村工程管理；“三公”经费实现逐年下降。全面抓好县级交叉巡察反馈意见的整改落实工作。　（大柘镇党政办）

石正镇

【概况】　石正镇位于平远县南部，距县城 12 千米，地处粤赣两省四县交界，与梅县区梅西镇、兴宁市黄槐镇、江西省寻乌县丹溪乡接壤，济广高速公路、梅平高速公路、省道 225 线横贯其中。界域面积 98 平方千米，辖 17 个村委会和 1 个居委会，173 个村民小组，总人口 33660 人。其中，农业人口 20373 人，非农业人口 13287 人。2020 年，该镇实现生产总值 6.31 亿元，工业总产值 2.31 亿元，农业总产值 2.36 亿元，完成固定资产投资 2.9 亿元。2020 年石正镇被列入全国农业产业强镇建设名单。

【疫情防控】　2020 年年初，面对新冠肺炎疫情，石正镇上下紧密团结，众志成城，干群一心，共渡难关。有千余人次参与疫情防控工作，在镇域内设置 60 余个卡点，500 余名共产党员春节仍坚守在工作岗位，共同筑起疫情防控的健康防线，有效实现“零输入、零扩散、零感染”的防控目标。实施疫情常态化防控工作以来，坚持“外防输入、内防反弹”原则，不断完善疫情防控体制机制，统筹推进疫情防控和经济社会发展，全力稳住经济基本盘，实现生产生活秩序全面正常化。

【重点项目建设】　2020 年，石正镇全力推进南台森林康养旅游度假区项目建设，完成景区第一期征地 37.33 公顷（560 亩）任务，建成 4.5 千米游步道、停车场、乐湖寺游客服务中心、玻璃栈道等配套设施，致力打造成广东省森林旅游的标杆。利用景区的带动效应，主动打造石正旅游圈，实现线路相连、景区互补、客源共享、互利双赢。先后打造中东粉黛乱子草摄影基地、马山排里文化活动中心、安南国防教育基地等新式景观节点。支持华清园公司协同科研院校开展产学研，打造企业科研平台，组建科研人员队伍，建立种质资源库，优选种源和品系，提高种植、加工技术，为镇域经济提供新的增长点。同时，牢固树立“服务企业就是服务发展”的意识，着力优化营商环境，不断完善服务机制，拓展服务内容，坚持主动解难题、重拳治环境，努力为企业发展营造良好环境，推动企业进一步提升工业产值和效益。至年底，华清园省级财政资金投入1692.6万元，省级财政资金使用进度94.03%。着力助推特色农业稳步发展。主抓本地特色茶叶、梅片树、南药产业建设，推动土地集约化规模化经营，致力打造广东著名的特色农产品优势区。通过“示范基地+电商平台+家庭农场”“龙头企业+合作社+基地+农户”等经营方式，推动大宗农副产品精深加工和上线流通，有效提升农副产品附加值，实现企业与农户持续稳定增收。

【基础设施建设】 2020年，石正镇统筹各类资金，完善农田水利、交通公路等基础设施。投资1830万元，组织实施石正镇上丰村饮水工程、石正镇安仁村河陂头饮水工程和村级污水处理设施建设，为群众日常生活生产作业提供坚实保障。投入926.5万元推进“四好农村路”工作，完成南台山森林公园园区道路修路工程、园山湖产业园至华清园梅片产业园连接线、安南村黄竹良水库防洪路等多条村道，为农村现代化提供有力支撑。

【美丽乡村建设】 2020年，石正镇美丽乡村建设成效明显。建设完成马山村新店子和立子坪文体中心、安南村茶文化广场等项目，有力推进省级新农村五村连片示范建设。全面推进新一轮绿满梅州大行动，大力实施圩镇2666.67公顷（4万亩）森林围城工程绿化美化，创建梅州生态文明示范区。落实河长制，持续实施“一河一策”治理措施，开展河库“清四乱”及水域岸线综合整治。配合卫片图斑执法，狠抓客家民居外立面改造工作和农房管控工作，完成客家民居外立面改造393户，处理未批先占、先建案件18宗，及时制止毁坏土地行为20宗，农村风貌不断提升。

【生态环境建设】 2020年，石正镇高标准、高质量完成县林业重点工程项目碳汇林造林、南台山国家森林公园和石正公园造林抚育任务428.53公顷（6428亩），种植荷树、枫树、油桐等10多种乡土树种。深入开展《广东省森林防火条例》和《梅州市森林火源管理条例》的宣传贯彻落实，严格执行限额采伐，全年协调处理山林纠纷5宗，面积2.4公顷（36亩）。全力抓好中央环保督查反馈涉及该镇问题的整改落实，扎实开展林地资源保护、水土流失治理等重点工作，环境质量不断改善。

【扶贫工作】 2020年，石正镇围绕“两不愁、三保障”目标，不断提高扶贫的针对性与实效性，推动精准扶贫、精准脱贫。因地制宜，制定区域产业帮扶规划，安南、坪湖村以“合作社+基地+农户”的形式继续发展甘薯产业帮扶。因户施策，针对全镇113户具备劳动能力的贫困家庭，联合镇人社部门进村开设就业培训宣讲会，分类指导，扶贫到户。分类扶持，落实“医行教”政策，解决建档立卡贫困户因大病、意外风险、子女教育风险等致贫、返贫问题。完成全镇贫困人口190户556人脱贫任务，脱贫率100%，退出率100%。顺利完成2020年度相对贫困人口减贫目标任务。

【信访维稳工作】　2020年，石正镇构建以综治信访维稳中心为枢纽、以网格为基本单元、以综治维稳力量为主导、以信息化为支撑的“中心+网格化+信息化”社会治理工作新体系，扎实做好全民禁毒工程，全面完成综治中心升级改造，稳步推进综治信访源头性基础性工作。综治维稳中心全年联合县级挂钩单位、村级开展各种类型的宣传活动16场次，发放宣传资料6000多份，发放宣传品（纸巾、扇子、环保袋等）1万多份。处理上级交办及群众来访案件73宗，其中上级交办50宗、群众来访23宗，排查信访隐患案件32宗，有力解决群众矛盾，避免群众内部矛盾深化。

【安全生产工作】　2020年，石正镇全面落实安全生产“一岗双责”责任制，深入开展隐患排查治理工作。利用现有的镇级三防办公室，整合完善多个信息系统，独立建立应急管理指挥平台。镇政府与辖区各村（居）委、企事业单位签订安全生产责任书38份，消防安全责任书26份。坚持每季度召开一次防范重特大安全事故工作会议，集中组织力量检查交通道路、企业安全、校园安全、消防安全、食品安全等。特别加强对危化品和重大易燃易爆企业检查，将辖区内的潭头石场、银坑尾石场、先锋砖厂、中石化加油站等列为重点检查企业，每月不定时开展检查工作。全年开展执法出动820人次，检查企业（场所）143家，查处隐患问题51项，完成整改51项，整改率100%。

【基层党建】　2020年，石正镇统筹推进常态化疫情防控和经济社会发展，持续深化扩展党的基层组织建设三年行动计划实施方案落实，推动党的建设取得新成效，为全镇经济社会发展稳定提供坚强有力的保障。严格执行组织生活会、民主评议党员、谈心谈话、党员领导干部民主生活会、支部主题党日等制度，教育引导全镇党组织和广大党员干部全面落实新形势下党内政治生活若干准则，提高政治觉悟，坚守政治忠诚，严肃政治生活，严明政治纪律。强化组织功能，提升工作实质。着力查找和解决全面从严治党方面存在的问题，着力排查和整改村级班子党建业务水平不够的问题，全面加强全镇党组织建设，推动支部组织力提升。开展党员与贫困户结对帮扶活动，发挥华清园、园山湖、源丰茶叶等本地企业的致富带头人作用，引导本地企业与贫困户结成“利益共同体”。抓好队伍建设，激发党员活力。严把党员发展入口关，提高党员发展标准，规范党员发展程序，提升党员发展质量。全年发展党员14名（其中女党员7人），平均年龄36.89岁，35周岁以下5名，大专及以上学历6名，逐步改善农村党员年龄结构偏大、学历偏低的问题。全面实现村（社区）党组织书记“三个一肩挑”。实施“育苗”工程。在原有村级后备干部的基础上，公开选聘后备干部10

名，其中大专以上学历9人，占90%；35周岁以下9人，占90%，解决部分村后备干部后继乏人的问题。

长田镇

【概况】 长田镇是平远县南大门，东、西、南与梅县的石扇、梅西及大坪镇接壤，北与县内热柘镇、大柘镇相连。国道206线、梅平高速贯通南北，交通便利，距梅州城区32千米，距平远县城14千米。全镇界域面积69平方千米，辖7个村委会。2020年年末，全镇户籍人口2958户9519人。其中，农业人口6450人，非农业人口3069人。2020年，全镇实现生产总值1.71亿元，比增3.2%；工业总产值1.59亿元，比增7.6%；农业总产值1.07亿元，比增1.8%；全社会固定资产投资0.45亿元，与上年基本持平。镇域经济社会发展取得新成果和新进展。

【疫情防控】 2020年疫情期间，长田镇全镇干部群众齐心协力，互相配合，措施得当，防控有力。全面落实“外防输入、内防反弹”的疫情防控常态化策略，突出抓好重点环节、重点场所、重点人群疫情防控。严格落实企业、村“三个一”健康监测措施，全镇未出现一例新冠肺炎确诊病例或疑似病例。结合“六稳”“六保”推动企业复工复产，抓实防疫复产安商暖企工作，宣传复工复产专项政策文件。全镇规模以上企业整体复工率100%，平均产能恢复90%以上。

【基础设施】 2020年，长田镇投资640多万元完成自来水村村通、长田水库应急供水等工程，有效解决6500多名村民供用水问题；实施中小河流域治理工程，清淤疏浚16.1千米，新建护堤11.27千米；全面落实“河长制”“湖长制”，新建1套镇级污水处理设备，铺设2.1千米（主管网1.2千米）污水管网，整治疏浚河道沟塘480多处，年均开展巡河525次，全面清理水面漂浮物、淤泥障碍物等，有效净化河道和水体，镇域生态环境和水体环境不断提升。落实14.15千米镇域乡村道路硬底化、5.5千米公路安全生命防护、800米生态路网和8.19千米“四好农村路”建设任务，推进台创园产业道路规划建设和圩镇道路升级改造，镇域路网不断完善。新建及改造线路51.2千米，完成兴长甲线、乙线负荷业扩配套工程和罗坑公变台区工程，谋划建设110千伏长田输变电工程，镇区供电状况不断改善。持续推进国道沿线店铺、民居外立面升级改造；实施美化绿化工程，进一步提升火石寨森林公园生态保护、旅游观光、休闲健身、科普教育等功能；圩镇农贸市场升级改建后投入正常使用，实施雨污分流，市场管理更为规范，圩镇市容市貌得到提升。

【乡村振兴】 2020年，长田镇全面加大人居环境整治提升力度。深入贯彻中共十九届五中全会精神和“绿水青山就是金山银山”发展理念，将人居环境整治工作作为最大的民生工程。全镇全域推进“三拆除”工作，当年度拆除危旧房约9.3万平方米，460多户村民对房屋进行外立面客家元素改造。配合县委农办对原965户的“三拆除”、403户的房屋客家外立面改造和95户农村改厕进行验收，年底协助县农办完成66户“两线八镇”外立面验收工作。加大农业面源污染治理等各类污染防控力度，提升农村人居环境，展示长田一步一景、“处处溢美”的新农村建设成果。

【经济发展】　2020年，长田镇坚持农旅融合发展思路，推进农旅产业经济向纵深发展。深入践行绿色发展理念，围绕“一村一品、一镇一业”，培育发展新型农业经营主体，依托曼佗山庄、和信达生态农牧、威大地南药葛根、晨光乳业奶源基地、鸿福农业综合开发基地等公司产业、产品品牌，大力发展现代农旅产业，继续深入推进“公司+基地+农户”“合作社+农户”“产业+就业”等发展模式，重点打造好“六基地示范工程”，示范带动农业产业不断发展。其中，曼佗山庄、和信达农牧、威大地等企业依托产业发展，带动周边400多户农户年均增收6000元以上，切实提高农民收入，形成龙头引领、多元发展、全域覆盖的农旅发展新格局。官仁村获评以油茶为主导产业的全国“一村一品”示范村、广东省“一村一品、一镇一业”专业村，“一村一品”产业布局得到不断完善。推动市重点项目平远县晨光乳业基地建设，打造绿色、生态、环保的现代化规模牧场，促进就业带动农民致富。推动农产品精深加工发展进程，增强镇域特色农产品核心竞争能力。引导支持新大地、和信达等企业进一步延长产业链条，增加农产品附加值。新大地、和信达、威大地、客家情酒业等企业先后通过开发茶油、洗发水、沐浴露、化妆品、葛根冲剂和葛根酒等产品，使农产品加工转化率和产品附加值得到有效提升，解决农产品生鲜难卖问题，增加农民收入。

【社会治理】　2020年，长田镇全力推进新时代文明实践站（所）建设，有序推进道德讲堂、文化祠堂建设，扎实开展全国县级文明城市创建宣传和“五星文明户”等推荐评选，丰富开展文明健康的节庆、民俗文化体育活动，镇村精神文明建设进程不断推进和深化。探索推广新时代“枫桥经验”，加快构造社会治理新格局，全年全镇村民理事会参与各类议事、调解、建设、治理活动120多件。稳步推进“中心+网格+信息化”工作，划分网格21个、选配网格员46名开展日常巡查和网格上传处置事件。全年上传网格事件529宗，办结529宗，办结率100%。强化基层反邪教力量，持续深入开展维护政治安全“八个专项行动”，联动开展扫黑除恶专项斗争、矛盾纠纷专项治理，全年收集线索2条，上级交办1条，群众举报1条，经镇扫黑除恶领导小组研判2条，确保社会大局和谐稳定。健全完善应急管理和救援体系，实现应急管理“四个一”建设，提高防灾减灾救灾能力；突出抓好道路交通、企业、森林防火、食品药品、校园、建筑行业等安全生产工作，坚决遏制各类事故发生，保障人民生命财产安全。

【社会保障】　2020年，长田镇加大社保扩面征缴、城乡居民养老保险和合作医疗相关政策宣传力度，群众知晓率、参保率稳步提高。创新开展劳动保障服务，通过镇村公共服务平台发布招聘岗位信息和积极开展就业招聘会相结合的模式，提供就业岗位600多个，有效促进就业创业。做好低保动态管理和社会救助等工作，健全落实五保供养各项规章制度，全力落实特殊人群基础民生保障，确保各项惠民政策落实到位。坚持立德树人，从学校党建、教师管理、教育教学管理等方面科学营造规范化、优质化的育人环境。扎实推进扶贫各项工作，不断巩固提升脱贫攻坚成效。至年底，全镇全部贫困户均落实“八有”，达到退出标准，贫困户退出率100%，通过产业扶贫、就业扶贫政策，教育、最低生活保障兜底、医疗救助、危房改造等政策落实，稳步提升经济收入。

【基层党建】 2020年，长田镇为夯实基层党建基础，深化党的全面建设，主要从三个方面做好党建工作。巩固“不忘初心、牢记使命”主题教育学习成果。坚持把习近平新时代中国特色社会主义思想、《习近平谈治国理政》第三卷、习近平总书记系列重要讲话精神以及省、市、县重大决策部署作为重点学习内容，对在“不忘初心、牢记使命”主题教育中检视出的问题进行长期坚持整改，不断加强党员干部的政治理论水平。优化学习方式，提升学习内化效果。除了坚持“三会一课”制度，组织集中学习以外，还要求党员利用“学习强国”等线上培训开展常态化理论学习，通过培训、自学等形式对全体党员干部进行理论辅导、政策解读、形势分析，进一步统一思想、形成共识、振奋精神、凝聚力量。以“从严治党”为出发点，抓好基层党建基础工作。坚持标准，严格程序，按照发展党员工作程序严把入口关，做好确定入党积极分子、预备党员发展对象、接收预备党员、预备党员转正等环节的把关审核，转正预备党员5名，吸收预备党员9名，储备确定入

2020年4月2日，县委书记宋才华（左二）到长田调研重点项目推进情况 （李娜平 摄）

党积极分子 18 名，特别是农村党员发展工作充分结合村级后备干部的培养，为村级换届选优配强干部打下良好基础。不断提升基层党建水平，做好党组织和党员信息库的维护以及广东党建云平台推广使用，全镇党务工作者、党员客户端激活使用率均为 100%。落实党员档案和资料的规范和整理，同时运用现代信息技术做好党务系统党员信息的录入更新工作。以严明纪律为落脚点，做好党风廉政建设。严明政治纪律和政治规矩，坚决纠正上有政策、下有对策，有令不行、有禁不止行为；深化整治形式主义、官僚主义，严肃查处空泛表态、应景造势、只喊口号等问题；深入贯彻落实上级相关规定制度，推动各基层党组织全面落实管党治党主体责任，切实担负起履行政治生态建设的重要责任。督促各基层党组织、党员干部认真落实监督责任，主动、严肃、具体履行日常监督职责，从苗头性、倾向性的问题抓起，有效运用“四种形态”，把第一种形态、第二种形态用到位。全年组织谈话对象 40 人次，提醒内容 200 余次，接到信访举报、问题线索 3 宗，了结 2 宗，转党纪立案 1 宗，结案 1 宗。

（长田镇党政办）

热柘镇

【概况】　热柘镇位于平远县境东南部，东与蕉岭县新铺镇、梅县区石扇镇接壤，西与大柘镇为邻，南连长田镇，北接东石镇，距县城 13.9 千米，界域面积 108 平方千米，辖 8 个村民委员会、74 个村民小组。耕地面积 0.11 万公顷，粮食播种面积 0.07 万公顷，粮食产量 0.39 万吨。林地面积 0.88 万公顷，森林覆盖率 81.4%，活立木蓄积量 23.43 万立方米。2020 年年末全镇户籍人口 13112 万人，其中，农业人口 9743 人，非农业人口 3369 人。2020 年，热柘镇实现生产总值 1.78 亿元，比增 1.6%；农业总产值 1.13 亿元，比增 1.8%；工业总产值 0.47 亿元，比增 7.6%。

【疫情防控】　2020 年，热柘镇坚持“人民至上、健康至上”的原则，坚持“外防输入、内防反弹”的原则，切实落实“四个一”工作措施（发放一封健康告知书，开展一次健康问询，查验一次健康码，开展一次核酸检测），抓好疫情防控各项工作。利用大数据抓好疫情防控工作。全年 34 条疫情大数据反馈到镇后，均落实“四个一”健康管理措施，所有疫情中高风险地区返乡人员进行核酸检测均为阴性。开展爱国卫生运动，组织专业人士对辖区公共场所进行病媒防治消杀、环境消毒 20 多次。做好应急物资筹备工作，筹备口罩 1 万只、消毒酒精 100 瓶、消毒液 20 桶。宣传发动镇、村干部和教职员工参与接种新冠肺炎疫苗，完成接种 43 人。严格落实防疫工作。成立 1 个镇级三人工作小组和 10 个村级三人工作小组，做好购买感冒、发热药品人员跟踪和信息反馈。综治网格员、村民理事会成员开展宣传 3200 多次，发放宣传资料 1.9 万份，开展巡查排查 936 场次，劝导群众不聚会、不参加民俗活动 608 场次，宣传对象达 1900 多人次，涉疫情重点管控对象 24 人。

【农业】　2020 年，热柘镇因地制宜，发展特色、高效农业。培育和壮大本土农业企业。采取“支部+公司+农户”的发展模式，利用“一村一品”100万元省财政专项资金进一步扩大黄地八星茶厂房面积，完善厂内硬件设施，壮大村集体经济发展。借助网红带货直播、抖音小视频等渠道促进八星茶、八星咸菜、砂糖吉等更多农产品销售，打造八星品牌文化，推动农业供给侧改革，促进土地流转，盘活更多土地资源。做好农作物病虫害预防和测报工作，通过对8个行政村进行的田间实地调查，未发现水稻“稻水象甲”检疫性害虫；选取3个自然村作为玉米“草地贪夜蛾”防治试点村，未发现有玉米“草地贪夜蛾”。抓好新型职业农民素质培训。鼓励农民参加高素质农民和新型职业农民培训班，组织14名种植大户到外地学习理论知识，到实践现场学习种植技术。鼓励农民参加平远县丰收节举行的“十佳新型职业农民”竞选活动，其中上山村蓝学标获得第三名。

【新农村建设】 2020年，热柘镇多措并举，持续优化人居环境，大力推进幸福热柘新农村建设。选取部分人口密集区域试点推行垃圾分类制度。持续推动客家民居实施外立面改造工作，全年全镇完成外立面改造422户。基本完成柚树河圩镇段一河两岸景观统一规划打造，完成柚树河两岸美化亮化绿化工程、柚树码头栈道改造提升二期工程、下畲角圩镇体育公园建设工程和下畲角休闲步道建设工程，彻底结束圩镇周边无体育休闲场所的历史。因地制宜推进“四小园”（小菜园、小果园、小花园、小公园）建设。在升平村和小柘村示范创建小菜园75个，创建“美丽庭院”14家，着力推进小节点打造，完成3个村小组小广场建设、8个村美丽村口建设及省道225沿线木检站、半岃、下畲角小节点打造工程。道路基础设施不断改善，全年实施村道硬底化工程6千米、扩宽村道5千米、维修村道2千米。省道239线升平村坪上至下畲角、225线下畲角至龙湖坪沿线13千米安装太阳能路灯。

【惠农政策落实】 2020年，热柘镇全力落实惠农政策。耕地地力补贴（粮补）继续按土地确权面积631.83公顷（9477.44亩），每亩81.7元发放，补贴金额总计77.43万元。生态林补偿款按生态林面积3427.9公顷（51418.5亩）发放，总计140多万元。及时采集补充、更正农户信息，确保补偿资金按时、足额、准确发放到户。

【精准扶贫】 2020年，热柘镇紧盯“两不愁、三保障”的目标（即不愁吃、不愁穿，义务教育、基本医疗、住房安全有保障），推进脱贫攻坚各项工作。制定“一把手”遍访贫困户制度。镇党政主要领导、各村党支部书记全年完成全镇75户贫困户遍访任务，及时解决贫困户迫切需要解决的问题，调研并制定科学脱贫方案，减贫成效明显。至年底，热柘镇8个行政村建档立卡贫困户75户114人，符合脱贫条件贫困户75户114人，贫困户脱贫率100%，贫困人口脱贫率100%。

【社会事业发展】 2020年，热柘镇全力推动各项社会事业发展。做好低保户动态管理工作。全年入户核查495次，及时取消低保户31户，新纳入11户。做好五保户结对帮扶和保障工作。2020年全镇五保户91人，其中散养五保户82人，集中供养的9人。对分散五保户，实行挂片村干部结对帮扶制度，每户每月至少2次走访；对集中供养五保户，改善老敬老院的居住条件，加快新敬老院使用筹备工作进度。关心儿童健康成长。落实孤儿救助政策，全镇1名孤儿得到稳定而有效的救助；为11名儿童申请享受事实无人抚养孤儿待遇；联合镇关工委、学校为留守儿童送出寒暑假服务。完成全镇378名残疾人的信息更新，镇级康园中心工作日免费正常开放。

【平安建设】　2020年，热柘镇继续推进平安建设工作。全年全镇张贴扫黑除恶宣传标语、通告1600多张，悬挂横幅60多条，宣传板块15块，发放扫黑除恶专项斗争宣传资料4000多份。全年未摸排出新的乱象线索。稳步推进“中心+网格化+信息化”工作。全年上传网格事件908宗，比上年增加200多宗，办结率100%，通过县级审核达到奖励标准的人数为259人，奖励金额2.59万元，网格员用户活跃度平均90%以上，上传服务记录92条。深化矛盾纠纷排查调处工作。2020年全镇信访案件52宗，其中上级交办15宗（办结14宗），群众来访20宗（办结17宗）、“12345”政府热线17宗（办结16宗）。无集体越级进京进省到市非正常上访，无“重点”管理村。

【生态环境建设】　2020年，热柘镇着力抓好生态环境建设。森林资源规范有序，完成马山寨森林公园建设。深入开展“四旁”绿化工作，五年来共抚育种植20多万株树木，其中2020年抚育种植4万多株树木。严格执行林地定额管理制，根据《广东省占用征收林地定额管理办法》，落实林地定额总量控制和林地用途管制制度，严把使用林地项目审核审批关，防止出现未批先占、少批多占、不批也占和破坏森林资源等问题。坚决制止毁林开垦和乱占林地行为，最大限度地减少林地流失。全年下发责令停止通知书10份。配合县公安局森林分局查处毁林开垦和乱占林地行为5宗。

【古驿道活化利用】　2020年，热柘镇继续开展韩坑岽古驿道本体保护和基础配套设施维护工作，修复古驿道总长约4千米。组织全镇机关职工、部分党员群众到韩坑岽开展主题教育活动、红色宣讲活动、党日活动等，活化利用红色资源，继承红色基因，弘扬红军精神。

【林业】　2020年，热柘镇加大森林工作宣传力度，通过宣传单、“天翼大喇叭”“流动大喇叭”等宣传方式，提高全镇人民森林防灭火意识。发放森林防火禁火令3600多份；发放新《中华人民共和国森林法》宣传海报44份，发放新《中华人民共和国森林法》宣传手册28份，发放森林防火宣传手册270份，发放森林防火安全教育宣传手册270份。强化森林防灭火队伍建设，组建由23名村级护林员、镇级半专业森林扑火队员组成的8个森林防灭火常规巡查队，并在森林防火高风险期间安排全体镇村干部加强野外火源巡查。由镇政府拨款6536元为28名村级护林员和15名镇级半专业森林扑火队员购买意外人身伤害团体保险。举办森林防灭火培训和防灭火安全知识培训2场，提升队伍专业能力。做好植树造林和村庄绿化，组织专业施工人员在热柘村粘田岗、半岃村小组等一带地塅完成村庄绿化工程1.33公顷（20多亩），确保种植一片、成活一片。配合县林业局组织专业施工人员在热柘村双坝、牛古坪、梅子坝一带山林进行补植套种和火烧迹地更新造林20公顷（300多亩）。落实先造后补政策。配合县林业局组织专业施工人员在热柘村牛古坪、双坝、升平陂上、陂下、寨坪、热水村谢屋、店岗等一带山林进行森林抚育266.67公顷（4000多亩）。宣传发动全镇广大农户，在公路两旁、房前屋后进行“四旁”植树，种植香樟、桂花、罗汉松、茶花、果树、油茶等1.4万多株，提升镇、村绿化水平，优化生态环境。

【基层党建】 2020年，热柘镇高质量推进基层党建工作。锻造思想过硬的党员干部队伍，每日通过大喇叭固定时段播放一小时学习音频，重点学习习近平新时代中国特色社会主义思想、习近平总书记系列重要讲话精神。坚持领导干部带头讲学，开设镇党校培训班11期，培训全镇党员900余人次。规范党组织建设。各支部按照三年行动计划及相关制度，严格落实发展党员、党费收缴、党务公开、党组织关系转移、党务公开等各项工作。制定热柘村软弱涣散党组织整顿方案，充分利用县委选派第一书记力量，通过每月定期研判和决策落实、调整村党支部书记和村委主任，解决党支部书记能力弱、村党组织班子凝聚力不强等难点问题，提升村党支部班子队伍综合素质和能力。严格把关发展党员的程序，对党员档案和资料进行全面的规范和整理；严格落实组织生活制度。举办高质量主题党日活动和党课；全力准备村级换届前期工作，8个行政村均完成“三个一肩挑”任务（即指村党组织书记、村委会主任、村级集体经济组织负责人）。抓好意识形态工作，强化组织建设，落实主体责任。制定镇党委贯彻落实意识形态工作责任制实施方案。与11个支部书记分别签订意识形态工作责任书，与全镇100多名镇、村干部签订个人落实意识形态工作责任承诺书，把意识形态工作纳入党建工作责任制，纳入领导干部目标管理的重要内容。抓好舆论引导，凝聚思想共识。通过“天翼大喇叭”、横幅，LED显示屏等媒介持续加大正面宣传力度，由过去“不愿说、不会说、说不好”向“主动说、高调做”转变，多渠道、全方位进行宣传。严纪律强作风。全面履行党风廉政建设党委主体责任和纪委监督责任，做好抓早抓小谈话提醒工作。全年开展谈话提醒16次，谈话对象41人次，使“咬耳扯袖”“红脸出汗”成为新常态。落实线索排查。结合镇、村级巡察，整理党员违纪线索3条，其中1条线索已转立案，镇纪委全年受理立案1件1人。

（热柘镇党政办）

名　录

2020年平远县领导班子成员名录

中共平远县委

书　记：宋才华
副书记：杨　栋（任至11月）
　　　　周小勇（11月起任）
　　　　曾小喜（任至8月）
　　　　王　锋（8月起任）
常　委：宋才华
　　　　杨　栋（任至11月）
　　　　周小勇（11月起任）
　　　　曾小喜（任至8月）
　　　　王　锋（8月起任）
　　　　姚永波
　　　　肖桂华（女）
　　　　陈琼宏
　　　　徐万宝
　　　　林忠云
　　　　蔡晓红（女）
　　　　裴中秋
　　　　余毅宗（11月起任）
　　　　刘海鹏（任至2月，挂职）
　　　　王俊辉（2月起任，挂职）

平远县人大常委会

主　任：凌志达
常务副主任：赖家琳
副主任：马文生
　　　　朱天英（任至5月）
　　　　廖文香
　　　　李远林（6月起任）
　　　　陈永和
　　　　赖光亮（6月起任）

平远县人民政府

县　长：杨　栋（任至11月）
代县长：周小勇（11月起任）
常务副县长：陈琼宏
副县长：王俊辉（2月起任）
　　　　陈远航（任至5月）
　　　　张善波
　　　　刘兰娇（女）
　　　　韩　旭
　　　　李万年

政协平远县委员会

主　席：凌声宏
党组副书记：林忠云（县委常委、统战部部长，4月起兼任）

常务副主席：刘志刚
副主席：姚小玲(女)
　　韩垂辉
　　涂其标（任至5月）
　　罗益新
　　卢　斌（兼）
　　刘　胜（6月起任）
秘书长：林敦清

中共平远县纪律检查委员会

书　记：徐万宝
副书记：梁裕彝　冯　浪
常　委：韩德志　张学远　邱　岳
　　谢秋华（女）

平远县监察委员会

主　任：徐万宝
副主任：梁裕彝　冯　浪
委　员：张学远　谢秋华（女）　肖兴安
　　谢增峰

2020年平远县主要机构负责人名录

中共平远县委办公室

主　任：陈琼宏（任至12月）
　　余毅宗（12月起任）
常委副主任：林招军
副主任：饶良栋
　　姚志彝
　　朱双玲（女）
　　王伟胜
　　丘俊龙（挂职）

中共平远县纪律检查委员会办公室

主　任：姚万鹏

中共平远县委组织部

部　长：蔡晓红（女）
常务副部长：姚爱军
副部长：张　燕（女）
　　刘岸青
　　林德志
　　李琼珍（女）

中共平远县委老干部局

局　长：李琼珍（女，任至4月）
　　姚爱军（4月起任）

平远县公务员局

局　长：林德志　（5月起任）

平远县关心下一代工作委员会

主　任：黄振兴（任至4月）
　　凌小宏（4 月起任）
常务副主任：张昌英（任至4 月）
　　吴秉浪（4 月起任）

中共平远县委宣传部

部　长：肖桂华（女）
常务副部长：陈超光
副部长：谢　旭（女）　杨　柳

中共平远县委统一战线工作部

部　长：林忠云
常务副部长：陈平南

副部长：凌坤珍（兼任平远县工商联党组书记）
凌育苑（兼任平远县台港澳事务局局长，平远县侨务局局长）
吴晓希（兼任平远县民族宗教事务局局长）

中共平远县委机构编制委员会办公室

主　任：刘岸青
副主任：韩德云　陈国栋　谢鉴芬

平远县精神文明建设委员会办公室

主　任：杨　柳
副主任：郭玉峰

中共平远县委党校

校　长：蔡晓红（女）
常务副校长：张文浩
副校长：李忠明　吴稀诺

平远开放大学

校　长：张文浩
副校长：李忠明　吴稀诺

平远县直属机关工作委员会

书　记：王斌豪
副书记：张丽丽（女）　张　友

中共平远县党群系统委员会

书　记：陈琼宏（任至12月）
副书记、纪委书记：（无）

中共平远县宣教卫系统委员会

书　记：肖桂华（女）
副书记、纪委书记：林清贤

中共平远县政法系统委员会

书　记：姚永波
副书记、纪委书记：马　洪

中共平远县政府系统委员会

书　记：王志平
副书记、纪委书记：陈旋光

中共平远县农口系统委员会

书　记：黄新生
副书记：王小智（任至9月）

中共平远县经贸系统委员会

书　记：吴远平
专职副书记：钟玉惠（女）

中共平远县非公有制经济组织和社会组织工作委员会

书　记：张　燕（女）

中共平远县非公有制经济组织系统委员会

党委书记：凌坤珍
专职副书记、纪委书记：谢建生

中共平远县社会组织系统委员会

书　记：刘立新
专职副书记、纪委书记：张永平

平远县人大常委会机关各室（委）

办公室

主　任：林志坚
副主任：黄建明　陈云飞

选举联络任免工作委员会

主　任：张彩云（女）
副主任：张振鑫

监察和司法工作委员会

主　任：李　杏（女）
副主任：韩桂琼（女，5 月起任）

财政经济工作委员会

主　任：卓　巩
副主任：丘菊兰（女）

农村农业工作委员会

主　任：汤小英（女，任至 7 月）
　　　　谢志平（9 月起任）
副主任：刘玉远

科教文卫华侨宗教工作委员会

主　任：刘宗礼
副主任：张俊妮（女）

城乡建设环境资源保护工作委员会

主　任：曾　平
副主任：涂兰青（女）

社会建设工作委员会

主　任：林志红
副主任：吴均祥

平远县人民政府办公室

主　任：王志平
副主任：马志军　钟国平　余　军
　　　　肖　鸣（挂职副主任）

平远县信访局负责人名录

局　长：马志军
信访接待中心主任：杨　华（5 月起任）

平远县政务服务数据管理局

局　长：赖国华
副局长：王梅芳（女，任至 12 月）
　　　　李晓文

平远县应急管理局

局　长：谢石海
副局长：吴英辉
　　　　姚康平
　　　　凌宏文（任至 11 月）

平远县机关事务中心

主　任：李　洪
副主任：黎仁宗（5 月起任）
　　　　林　莹（女，8 月起任）

平远县政协机关各室（委）

办公室

主　任：林敦清
副主任：刘秀玲（女）　刘柏鹏

提案委员会

主　任：肖红阳
专职副主任：黎文友

文史学习和教科文卫体委员会

主　任：吴秉浪
专职副主任：官碧红（女）

社会法制委员会

主　任：肖维江
专职副主任：鲁燕玲（女）

经济和人口资源环境委员会

主　任：黄文通
专职副主任：韩辉平

民族宗教和台港澳侨外事委员会

主　任：林永升（任至4月）
　　　　冯　添（4月起任）
专职副主任：冯　添（任至4月）
　　　　　　赖婉红（女，4月起任）

农业和农村委员会

主　任：韩小荣
专职副主任：陈倩兰（女）

平远县总工会

主　席：马文生
常务副主席：沈登桂
副主 席：张伟英（女）　王元增

共青团平远县委员会

书　记：卢雄昌
副书记：蓝国健（任至4月）　凌航宇

平远县公益义工协会

党支部书记：赖国华
会　长：林康华

平远县妇女联合会

主　席：林菊莲（女）
副主席：姚映兰（女）　余春莲（女）

平远县科学技术协会

主　席：（空缺）
副主席：谢燕霞（女）

平远县归国华侨联合会

书记、主席：张惠兰（女，任至4月）
书　记：吴荣浩（4月起任）
主　席：姚婷丹（女，4月起任）
副主席：林桂凤（女）
　　　　谢　刚

平远县工商业联合会

主　席：凌 健
常务副主席：凌坤珍
副主席：肖兰淼　林钢平

平远县文学艺术界联合会

主　席：李　梅
副主席：谢广传　陈运广（5月起任）
秘书长：陈耀宗（6月起任）

平远县残疾人联合会

党组书记：韩园德（任至8月）
　　　　　李琼珍（女，9月起任）
理事长：姚日升
副理事长：马百元
　　　　　丘秋荣（女，任至9月）

平远县红十字会

常务副会长：林　强

中共平远县委政法委员会

书　记：姚永波
第一副书记：张善波
常务副书记：徐国平
副书记：刘梅峰（任至7月）
　　　　谢烈原　谢烈辉
委　员：姚永波　张　善　刘鹏飞
　　　　周铁军（任至11月）

陈映蕾（女，11 月起任）
徐国平　刘梅峰（任至 7 月）
谢烈原　谢烈辉　谢婷章
马　洪
专职委员：陈胜斌　王志锋　朱其悦
黄淼华　林　敏　谢沐军

平远县公安局

局长、党委书记：张善波
政委、党委副书记：林达宏
党委副书记：林俊杰
副局长：谢杰俊　谢县奎　陈亚平
姚建军

平远县人民检察院

检察长：周铁军（任至 11 月）
副检察长、代理检察长：
陈映蕾（女，11 月起任）
副检察长：郭频辉　黄　珍
纪检组组长：吴特康
政治部主任：申利英（女）

平远县人民法院

院　长：刘鹏飞
副院长：谢　强　曾梅麟　林玖昀

平远县司法局

局　长：谢婷章
副局长：刘广海　林敦伟
谢　彤（任至 12 月）　余均权
曾伟红（女）　杨亮书　涂　欢

平远县农业农村局

局　长：黄新生
副局长：张教东（兼扶贫开发局局长，任至 9 月）　杨劲松
曾　戈（10 月起兼任扶贫开发局局长）
韩垂文　张文萍（女）　黎常青

平远县林业局

局　长：林志鹏
副局长：丘宝平　韩垂尚　陈健平

广东平远龙文—黄田省级自然保护区管理处

主　任：林志鹏

广东南台山森林公园管理处

主　任：杨志良

平远县水务局

局　长：黎志勇
副局长：林福平　凌　平　刘文钫

平远县省属水库移民管理办公室

主　任：林伟峰

平远县气象局

局　长：钟美英（女）
副局长：肖达承（任至 3 月）
李元辉（5 月起任）

平远县科工商务局

局　长：吴远平
副局长：张益均（任至 5 月）
凌旺珍　张天华（任至 8 月）
吴小兵（任至 8 月）
吴易平　李利明　张远新
沈意中　韩　立

平远县招商和企业服务中心

主　任：张益均（5 月起任）
副主任：韩梅招　姚秋文

广州南沙（平远）产业转移工业园管理委员会

主　任：凌来泉
副主任：钟旭东　刘伟东
　　　　刘　拔（8 月起任）

平远供电局

党委书记、副总经理：庄苑忠
总经理、党委副书记、工会主席：
　　　　冯新龙（5 月起任）
党委纪律检查委员、副总经理：岑泽才
党委委员、副总经理：王海亮
党委委员、副总经理：李焕标

中国邮政集团公司广东省平远县分公司

副总经理：周国辉（主持全面工作）
　　　　　温永梅（女）

中国电信股份有限公司平远分公司

总经理：卓　广
副总经理：范华荣（任至 6 月）
　　　　　黄建华（6 月起任）
　　　　　张　兵（任至 12 月）
　　　　　蓝威昌（12 月起任）

中国移动通信集团广东有限公司平远分公司

总经理：王志祥
副总经理：宋文欢
项目经理：温汉龙（6 月起任）

中国联合网络通信有限公司平远县分公司

总经理：张　霞（女）

平远县交通运输局

局　长：刘淼祥
副局长：陈雪梅（女）　韩明松　罗　斌

平远县地方公路管理站

站　长：姚力强

平远县交通运输局综合行政执法局

局　长：姚淼平

平远县公路事务中心

主　任：林　欣
副主任：杨　亮　林永友
　　　　卓新花（女）　王足华

平远汽车运输有限公司

总经理、执行董事：钟荣浩
工会主席：姚远平
副总经理：林敦永　黄　雄

平远县供销合作社联合社

主　任：谢志平（任至 8 月）
副主任：卓衍龙（9—12 月负责全面工作）
　　　　李　明
　　　　刘菊珍（女，任至 11 月）

平远县烟草专卖局（分公司）

局长、经理：姚玉平
副经理：余永安
　　　　谢宝红（任至 5 月）

潘　钢（5月起任）
副局长：卓流平（任至11月）

中石化平远石油公司

党支部书记、经理：林　峰

平远县财政局

局　长：刘　胜
副局长：赖钦宏　余永灵
谢　锐　郭大忠
王碧芳（女）
总会计师：谢文毅

国家税务总局平远县税务局

局　长：肖伟年
副局长：刘　传　韩世机　韩远贵
张仕平　张建河（任至6月）
总经济师：谢石松（任至6月）
纪检组组长：陈启东

中国人民银行平远县支行

行　长：李伟东
副行长：林　军　范穗平

中国工商银行股份有限公司平远支行

行　长：钟闻海
行长助理：徐腾斌

中国建设银行股份有限公司平远支行

行　长：罗斌斌（5月起任）
贾春雷（任至5月）
副行长：刘奎贤

中国农业银行股份有限公司平远支行

党委书记、行长：廖宇彬
党委副书记、纪委书记：苏志光（7月起任）
纪委书记：李小华（任至4月）
副行长：陈茂东（7月起任）
杨伟安（任至7月）　叶宇科

中国邮政储蓄银行平远县支行

行　长：林海松
副行长：邓　燕（女）

平远农村商业银行

党委书记：黄克胜
董事长：黄克胜（2月起任）
党委副书记：郭晓丁
行　长：郭晓丁（8月起任）
纪委书记：罗载新
监事长：罗载新
党委委员、副行长：黎本君

中国银行股份有限公司梅州平远支行

行　长：陈广森（任至11月）
刘井源（11月起任）
副行长：陈　泉（5月起任）
李玉钦（任至5月）

中国人民财产保险股份公司平远支公司

副经理：张伟中（主持工作）
经理助理：谢权生（10月起任）

中国人寿保险股份有限公司平远县支公司

负责人：陈柏方
经理协理：刘基鸿　钟志雄

平远县住房和城乡建设局

局　长：林金辉
副局长：杨子勋　林南京　黎崇发

平远县城市管理和综合执法局

局　长：林岳胜
副局长：谢辉斌　张小明

梅州市生态环境局平远分局

局　长：姚春尹
副局长：姚建国　林宜金　陈广林

平远县市场监督管理局

局　长：王云飞
副局长：杜永灵　颜群标　谢永兴
李伟胜　杨建华　姚碧健

平远县发展和改革局

局　长：姚　涌（任至 8 月）
张教东（9 月起任）
副局长：肖明曦（兼平远县粮食和物资储备局局长）
严伟荣　韩垂访
林映明（任至 7 月）

平远县审计局

局　长：林 波
副局长：曾祥源　温海强　韩启城
总审计师：李百良

平远县统计局

局　长：姚清源
副局长：陈运桢　张兆河
姚婷丹（女，任至 5 月）
刘俊滔（8 月起任）

平远县人力资源和社会保障局

局　长：黄庆明
副局长：陈以明　何远航　杨志强

平远县社会保险基金管理局

局　长：黎　耘

平远县人才就业服务中心

主　任：陈宗敏

平远县民政局

局　长：刘立新
副局长：陈耀东　林依坚
姚卫华（女，5 月起任）
林钢平（任至 5 月）

平远县自然资源局

局　长：张锡洪
副局长：杜　斌　陈　宏　刘振忠

平远县土地储备中心

主　任：杨群辉

平远县土地房屋征收安置中心

主　任：姚东升

平远县卫生健康局

局　长：凌征新
副局长：姚志勇　谢传生（任至 10 月）
谢增扬
姚玉红（女）　陈任先

平远县卫生系统副科单位

平远县人民医院

院　长：张学良

平远县中医医院

院　长：张　龙

平远县妇幼保健计划生育服务中心

主　任：林　通

平远县卫生监督所

所　长：黄剑军

平远县疾病预防控制中心

主　任：陈汉奕

平远县医疗保障局

局　长：韩世敬
副局长：刘冬芳（女）　沈福坚

平远县退役军人事务局

局　长：吴文胜
副局长：李剑文
　　　　曾繁寿（5月起任）
　　　　陈奕东（任至5月）

平远县教育局

局　长：肖洪海
副局长：林苑婷（女）　潘昌洪　吴文汉
　　　　凌征善

平远县教师发展中心

主　任：余　平
副主任：黄志东　陈宏智
　　　　韩良逵（5月起任）

平远县教育系统副科以上学校

平远中学

校　长：刘　洪
副校长：张　友　朱文安
　　　　刘映红（女）　谢传海

梅青中学

校　长：杨　平
副校长：姚　伟　王汝辉　刘禄清

实验中学

校　长：曾令平
副校长：凌育浩　林淦东　沈春梅（女）

平远县县职业技术学校

校　长：吴佑政

田家炳中学

校　长：李育青

城南中学

校　长：凌育双

石正中学

校　长：张彩洪

铁民中学

校　长：凌宏文

平远县社会科学界联合会

主　席：黄小芬（女）
兼职副主席：陈倩兰（女）　刘淼平

中共平远县委党史研究室

主　任：杨旭辉
副主任：朱文清　王建华（女，4月起任）

平远县人民政府地方志办公室

主　任：凌育彬
副主任：林绪远　叶俊新

平远县档案馆

馆　长：陈东英
副馆长：徐百渊

平远县文化广电旅游体育局

局　长：李　胜
副局长：吴　跃（任至10月）
　　　　徐东虹（女）
　　　　丘慧娟（女）　张任锋
　　　　陈斌扬

广东省平远县五指石省级风景名胜区管理处

主　任：刘剑辉
副主任：谢梅青

平远县融媒体中心（广播电视台）

主　任：刘冬梅（女）
副主任：陈伟文　姚文凯（5月起任）
　　　　陈　丽（女，5月起任）

差干镇

党委书记：颜德华
党委副书记：姚志坚　王永光
　　　　　　杨　毅（任至4月）
　　　　　　谢伟杰（4月起任）
党委委员：颜德华　姚志坚　王永光
　　　　　杨　毅（任至4月）
　　　　　谢伟杰（4月起任）
　　　　　杨志强　赖　炜
　　　　　谢旷为　凌　浩（4月起任）
人大主席：陈国忠
人大副主席：曾令权
镇　长：姚志坚
副镇长：杨志强　张伟添
　　　　谢　静（女，6月起任）

仁居镇

党委书记：姚文顺
党委副书记：李超贤　陈俊平
　　　　　　曾繁寿（任至4月）
　　　　　　卓文峰（4月起任）
党委委员：姚文顺　李超贤　陈俊平
　　　　　曾繁寿（任至4月）
　　　　　林晓玉（女）　卓文峰
　　　　　陈志雄　黄立鑫
　　　　　朱依依（女）
　　　　　李志玮（4月起任）
　　　　　姚岸良（4月起任）
人大主席：冯概福
人大副主席：黄金运
镇　长：李超贤
副镇长：林晓玉（女）　潘伟华
　　　　王锦洲

八尺镇

党委书记：王平梅（女）
党委副书记：何志宏　钟佛招（女）
　　　　　　张尧辉
党委委员：王平梅（女）　何志宏
　　　　　钟佛招（女）　张尧辉
　　　　　吴钦福（任至5月）
　　　　　余　赞　张文让　肖　三
　　　　　陈　毅
人大主席：沈燎原
人大副主席：韩芳丁

镇　长：何志宏（6月起任）
副镇长：吴钦福（任至5月）
　　　　朱炯辉　林东亮

河头镇

党委书记：李文锋
党委副书记：王云峰　刘国贤　陈　祺
党委委员：李文锋　王云峰　刘国贤
　　　　　陈　祺
　　　　　林　晓（女，任至5月）
　　　　　李冬利（女）　凌远强
　　　　　张全华（任至9月）
　　　　　韩　琴（女）
人大主席：杨健书
人大副主席：陈洪华
镇　长：王云峰
副镇长：李冬利（女）　罗　曦
　　　　肖　鸣（任至4月）
　　　　李　萌（5月起任）

中行镇

党委书记：韩洵轩
党委副书记：杨炳伟
　　　　　　陈运广（任至5月）
　　　　　　蓝国健（5月起任）
　　　　　　谢　翔
党委委员：韩洵轩　杨炳伟
　　　　　陈运广（任至5月）
　　　　　蓝国健（5月起任）
　　　　　谢　翔　张　森（8月起任）
　　　　　饶宏恩　李国礼　王仲基
　　　　　张国权
人大主席：杨　志
人大副主席：张添珍
镇　长：杨炳伟
副镇长：饶宏恩　刘益斌
　　　　陈慧平（女，7月起任）

上举镇

党委书记：谢沐雄
副书记：钟伟锋　邝文兵　郭意杰
党委委员：吴益华　吴中杰　张　桂
　　　　　韩芳明　赖海彬
人大主席：何东生（7月起任）
人大副主席：廖晓阳
镇　长：钟伟锋
副镇长：吴益华　谢长亮
　　　　曹锋玫（女，任至4月）
　　　　潘玉婷（女，5月起任）

泗水镇

党委书记：蔡　平
副书记：姚国强（4月起任）
　　　　陈连祺　王传麟
党委委员：蔡　平　陈连祺
　　　　　王传麟　张展奎
　　　　　涂鹏峰　李惠霞（女）
　　　　　陈文胜　韩荣辉
人大主席：洪淦桂
人大副主席：余国运（任至12月）
镇　长：姚国强（6月起任）
副镇长：李惠霞（女）
　　　　林　珊（女，任至4月）
　　　　凌　峰

东石镇

党委书记：何维耀
党委副书记：赖家洪　曹巨锋　王运奇
党委委员：何维耀　赖家洪　曹巨锋
　　　　　王运奇　古兰标

刘维蓉（女）　陈华南
曾　杰　肖子龙（4 月起任）
潘昌炎（任至 9 月）
人大主席：陈瑞金（7 月起任）
人大副主席：刘宗泉
镇　长：赖家洪
副镇长：古兰标　谢　婷（女）
赖婉红（女，任至 4 月）
刘梓杰（7 月起任）

大柘镇

党委书记：赖光亮
党委副书记：李菲丹
姚国强（任至 4 月）
吴钦福（4 月起任）
丘晓钦（4 月起任）
党委委员：赖光亮　李菲丹
姚国强（任至 4 月）
吴钦福（4 月起任）
丘晓钦（4 月起任）
王波旋　王淦宏（任至 7 月）
凌征贤　王兴健　钟　友
张智华　卓标廉（任至 7 月）
郑　跃　余文扬（4 月起任）
人大主席：肖爱兰（女）
人大副主席：姚浩明（任至 7 月）
镇　长：李菲丹
副镇长：王波旋　姚亮平
杨玉平（女）
曹锋玫（女，7 月起任）

石正镇

党委书记：姚　蓝（任至 10 月）
副书记：吴雨华　谢展开　温宇峰
党委委员：姚　蓝（任至 10 月）
吴雨华　谢展开
温宇峰　凌征聪
吴永伟　曾　鹏
刘汉章　吴安妮（女）
谢志敏
人大主席：王兴连
人大副主席：凌云辉
镇　长：吴雨华（6 月起任）
副镇长：凌征聪　林伟才
陈　林（6 月起任）

长田镇

党委书记：王　敏
党委副书记：李新兰（女）　钟浩平
张　天
党委委员：王　敏　李新兰（女）
钟浩平　张　天　林祯龙
陈雄英　林　峰　陈伟雄
王传文
人大主席：谢冠生
人大 副主席：王子发
镇　长：李新兰（女，7 月起任）
副镇长：陈雄英　颜奇真　李志伟

热柘镇

党委书记：陈瑞平（任至 12 月）
党委副书记：郭　亿　凌礼宏　姚广海
党委委员：张永光　张国栋
曹维颂　林　琳（女）
吴顺平
人大主席：黎崇赞
人大副主席：陈均定
镇　长：郭　亿
副镇长：张永光
陈碧英（女，任至 4 月）
黄冠杰

光荣榜

先进集体　先进个人名录

平远县荣获 2020 年度副厅级及以上单位表彰的先进集体一览表

表 14

单位名称	授称时间	授予单位	荣誉称号
河头镇	2020 年 2 月	广东省爱国卫生运动委员会	广东省卫生镇
长田镇	2020 年 2 月	广东省爱国卫生运动委员会	广东省卫生镇
河头镇	2020 年 2 月	广东省爱国卫生运动委员会	广东省卫生镇
差干镇	2020 年 2 月	广东省爱国卫生运动委员会	广东省卫生镇
上举镇	2020 年 2 月	广东省爱国卫生运动委员会	广东省卫生镇
平远县殡仪馆	2020 年 3 月	广东省民政厅	广东省二级殡仪馆

续表 14

单位名称	授称时间	授予单位	荣誉称号
广东电网有限责任公司梅州平远供电局	2020 年 4 月	广东省卫生健康委员会 广东省红十字会	2017—2018 年度全省无偿献血先进集体
广东平远农村商业银行股份有限公司	2020 年 4 月	广东省卫生健康委员会 广东省红十字会	2017—2018 年度全省无偿献血先进集体
平远县人民医院	2020 年 4 月	广东省卫生健康委员会 广东省红十字会	2017—2018 年度全省无偿献血先进集体
平远县人民检察院青少年法治教育实践基地（平远中学）	2020 年 4 月	广东省教育厅 广东省司法厅 广东省普法办公室	第二批全省“青少年法治教育实践基地”
平远县托老中心	2020 年 5 月	广东省民政厅	四星级养老机构
平远县人民检察院未成年人检察工作办公室	2020 年 5 月	广东省妇女联合会	“巾帼文明岗”
平远县城市管理和综合执法局	2020 年 7 月	中共梅州市委 梅州市人民政府	2019 年梅州市创建全国文明城市工作先进单位
平远县委政法委员会	2020 年 7 月	中共梅州市委 梅州市人民政府	2019 年梅州市创建全国文明城市平安建设工作先进单位
平远县公安局	2020 年 7 月	中共梅州市委 梅州市人民政府	2019 年度梅州市安保维稳工作先进集体

续表 14

单位名称	授称时间	授予单位	荣誉称号
长田镇官仁村（油茶）	2020 年 8 月	广东省农业农村厅	首批省级“一村一品、一镇一业”专业村
仁居镇六吉村（脐橙）	2020 年 8 月	广东省农业农村厅	首批省级“一村一品、一镇一业”专业村
大柘镇程北村（蔬菜）	2020 年 8 月	广东省农业农村厅	首批省级“一村一品、一镇一业”专业村
东石镇茅坪村（花生）	2020 年 8 月	广东省农业农村厅	首批省级“一村一品、一镇一业”专业村
东石镇太阳村（锅舀茶）	2020 年 8 月	广东省农业农村厅	首批省级“一村一品、一镇一业”专业村
石正镇安南村（茶叶）	2020 年 8 月	广东省农业农村厅	首批省级“一村一品、一镇一业”专业村
河头镇樟坑村（三华李）	2020 年 8 月	广东省农业农村厅	首批省级“一村一品、一镇一业”专业村
泗水镇梅畲村（水稻）	2020 年 8 月	广东省农业农村厅	首批省级“一村一品、一镇一业”专业村
中行镇快湖村（水稻）	2020 年 8 月	广东省农业农村厅	首批省级“一村一品、一镇一业”专业村
上举镇文裕村（梅菜）	2020 年 8 月	广东省农业农村厅	首批省级“一村一品、一镇一业”专业村
热柘镇下黄地村（茶叶）	2020 年 8 月	广东省农业农村厅	首批省级“一村一品、一镇一业”专业村

续表 14

单位名称	授称时间	授予单位	荣誉称号
泗水镇梅畲村	2020 年 8 月	文化和旅游部 国家发展改革委	全国乡村旅游重点村
平远县	2020 年 9 月	全国爱国卫生运动委员会	2017—2019 周期国家卫生乡镇（县城）
平远县	2020 年 10 月	广东省文化和旅游厅	广东省全域旅游示范区
平远县人民政府地方志办公室	2020 年 10 月	广东省人民政府地方志办公室	《平远年鉴（2019）》在全省 2019 卷优秀年鉴质量评比中荣获二等奖
八尺镇角坑村	2020 年 11 月	广东省体育局 广东省自然资源厅 广东省文化和旅游厅	2016—2020 年南粤古驿道定向大赛最佳推广站点
长田镇官仁村（油茶）	2020 年 11 月	农业农村部	第十批全国“一村一品”示范村镇
差干镇人民政府	2020 年 12 月	中共梅州市委 梅州市人民政府	梅州市抗击新冠肺炎疫情先进集体
平远县看守所	2020 年 12 月	中共梅州市委 梅州市人民政府	梅州市抗击新冠肺炎疫情先进集体
平远县交通运输局综合行政执法局	2020 年 12 月	中共梅州市委 梅州市人民政府	梅州市抗击新冠肺炎疫情先进集体
平远县人民医院	2020 年 12 月	中共梅州市委 梅州市人民政府	梅州市抗击新冠肺炎疫情先进集体
平远县中医医院	2020 年 12 月	中共梅州市委 梅州市人民政府	梅州市抗击新冠肺炎疫情先进集体

续表 14

单位名称	授称时间	授予单位	荣誉称号
八尺镇人民政府	2020 年 12 月	中共梅州市委 梅州市人民政府	梅州市抗击新冠肺炎疫情先进集体
大柘镇党委	2020 年 12 月	中共梅州市委 梅州市人民政府	梅州市抗击新冠肺炎疫情先进集体
平远县司法局	2020 年 12 月	中华全国人民调解员协会	组织宣传人民调解工作先进集体
梅青中学	2020 年 12 月	国管局 国家发展改革委 财政部	2019—2020 年节约型公共机构示范单位
平远县委宣传部	2020 年 12 月	中共广东省委 广东省人民政府	第六届广东省文明单位
平远县公安局看守拘留所党支部	2020 年 12 月	中共梅州市委	梅州市先进基层党组织
平远县人民医院党委	2020 年 12 月	中共梅州市委	梅州市先进基层党组织
大柘镇党委	2020 年 12 月	中共梅州市委	梅州市先进基层党组织
平远县人民医院	2020 年 12 月	广东省总工会	2015—2019 年工会女职工工作先进单位
平远县市场监督管理局	2020 年 12 月	广东省药品监督管理局	《药安全 粤健康》荣获 2020 广东省药品安全公益短视频大赛“最高网络人气奖”

续表 14

单位名称	授称时间	授予单位	荣誉称号
平远县市场监督管理局	2020 年 12 月	广东省药品监督管理局	《药安全　粤健康》荣获 2020 广东省药品安全公益短视频大赛二等奖
广东电网有限责任公司梅州平远供电局	2020 年 12 月	中共梅州市委 梅州市人民政府	2020 年梅州市先进集体
广东宇时代电子有限公司	2020 年 12 月	中共梅州市委 梅州市人民政府	2020 年梅州市先进集体
国家税务总局平远县税务局	2020 年 12 月	中共广东省委 广东省人民政府	广东省文明单位
河头镇	2020 年 12 月	中共广东省委 广东省人民政府	2018—2020 年度广东省文明村镇
河头镇向阳村	2020 年 12 月	中共广东省委全面依法治省委员会办公室、中共广东省委农村工作办公室、广东省司法厅、广东省民政厅	2020 年广东省民主法治示范村
大柘镇黄沙村	2020 年 12 月	中共广东省委全面依法治省委员会办公室、中共广东省委农村工作办公室、广东省司法厅、广东省民政厅	2020 年广东省民主法治示范村
河头镇退役军人服务站	2020 年 12 月	广东省退役军人事务厅	广东省四星级示范退役军人服务站

续表 14

单位名称	授称时间	授予单位	荣誉称号
平远县退役军人服务中心	2020 年 12 月	广东省退役军人事务厅	广东省五星级示范退役军人服务中心
石正镇退役军人服务站	2020 年 12 月	广东省退役军人事务厅	广东省五星级示范退役军人服务站
大柘镇退役军人服务站	2020 年 12 月	广东省退役军人事务厅	广东省四星级示范退役军人服务站
东石镇退役军人服务站	2020 年 12 月	广东省退役军人事务厅	广东省四星级示范退役军人服务站
八尺镇退役军人服务站	2020 年 12 月	广东省退役军人事务厅	广东省四星级示范退役军人服务站
泗水镇退役军人服务站	2020 年 12 月	广东省退役军人事务厅	广东省四星级示范退役军人服务站
长田镇退役军人服务站	2020 年 12 月	广东省退役军人事务厅	广东省四星级示范退役军人服务站
差干镇退役军人服务站	2020 年 12 月	广东省退役军人事务厅	广东省三星级示范退役军人服务站
中行镇退役军人服务站	2020 年 12 月	广东省退役军人事务厅	广东省三星级示范退役军人服务站
上举镇退役军人服务站	2020 年 12 月	广东省退役军人事务厅	广东省三星级示范退役军人服务站
热柘镇退役军人服务站	2020 年 12 月	广东省退役军人事务厅	广东省三星级示范退役军人服务站

续表 14

单位名称	授称时间	授予单位	荣誉称号
仁居镇退役军人服务站	2020 年 12 月	广东省退役军人事务厅	广东省三星级示范退役军人服务站
八尺镇	2021 年 1 月	广东省爱国卫生运动委员会	广东省卫生镇
泗水镇	2021 年 1 月	广东省爱国卫生运动委员会	广东省卫生镇
平远县教育局	2021 年 1 月	梅州市精神文明建设委员会	2019—2020 年度梅州市文明单位
平远县公安局	2021 年 1 月	梅州市精神文明建设委员会	2019—2020 年度梅州市文明单位
平远县文化广电旅游体育局	2021 年 1 月	梅州市精神文明建设委员会	2019—2020 年度梅州市文明单位
平远县市场监督管理局	2021 年 1 月	梅州市精神文明建设委员会	2019—2020 年度梅州市文明单位
广东电网有限责任公司梅州平远供电局	2021 年 1 月	梅州市精神文明建设委员会	2019—2020 年度梅州市文明单位
平远县纪律检查委员会	2021 年 1 月	梅州市精神文明建设委员会	2019—2020 年度梅州市文明单位
平远县委组织部	2021 年 1 月	梅州市精神文明建设委员会	2019—2020 年度梅州市文明单位

续表 14

单位名称	授称时间	授予单位	荣誉称号
平远县委统战部	2021 年 1 月	梅州市精神文明建设委员会	2019—2020 年度梅州市文明单位
平远县人力资源和社会保障局	2021 年 1 月	梅州市精神文明建设委员会	2019—2020 年度梅州市文明单位
东石镇茅坪村	2021 年 1 月	梅州市精神文明建设委员会	2019—2020 年度梅州市文明村镇
东石镇双石村	2021 年 1 月	梅州市精神文明建设委员会	2019—2020 年度梅州市文明村镇
石正镇西湖村	2021 年 1 月	梅州市精神文明建设委员会	2019—2020 年度梅州市文明村镇
大柘镇黄沙村	2021 年 1 月	梅州市精神文明建设委员会	2019—2020 年度梅州市文明村镇
大柘镇超南村	2021 年 1 月	梅州市精神文明建设委员会	2019—2020 年度梅州市文明村镇
仁居镇木溪村	2021 年 1 月	梅州市精神文明建设委员会	2019—2020 年度梅州市文明村镇
平远县科学技术协会	2021 年 1 月	广东省科学技术协会	平远县“全国科普日”文明实践志愿服务活动被评为“2020 年广东省全国科普日优秀活动”

续表 14

单位名称	授称时间	授予单位	荣誉称号
平远县气象局	2021 年 1 月	广东省气象局	2020 年度重大气象服务先进集体
平远县特殊教育学校刘芬创新工作室	2021 年 2 月	广东省妇女联合会	2020 年度广东省“巾帼文明岗”
中共梅州市委政法委员会驻排下村工作队	2021 年 4 月	广东省乡村振兴局	2019—2020 年全省脱贫攻坚突出贡献集体
梅州市工信局驻黄沙村工作队	2021 年 4 月	广东省乡村振兴局	2019—2020 年全省脱贫攻坚突出贡献集体

平远县荣获 2020 年度副厅级及以上单位表彰的先进个人一览表

表 15

姓　名	授称时间	授予单位	荣誉称号
王瑞荣	2019 年 3 月	龙岩市人民政府 《中国摄影报》社	作品《通天瀑》在首届“红古田”龙岩风情全国摄影大展中被评为“入展作品”
张学理	2019 年 12 月	广东省公安厅	个人二等功
杜远文	2020 年 1 月	中共广东省委组织部 中共广东省委老干部局	广东省离退休干部先进个人

续表 15

姓　名	授称时间	授予单位	荣誉称号
林　敏	2020 年 2 月	广东省司法厅	个人二等功
王　燕	2020 年 2 月	广东省公安厅国保局	2019 年度全省公安国保情报能手
丘玉华、陈　俊、刘　芬、张　晓、李小辉、刘金凤	2020 年 2 月	广东省教育研究院	优秀个别化教育研究案例二等奖
陈彩云	2020 年 3 月	中国电信股份有限公司广东分公司	2019 年度校园市场经营中小幼营销先进个人
黄钧盛	2020 年 4 月	广东电网有限责任公司	广东电网公司 2019 年度市场营销工作先进个人
邹志强	2020 年 5 月	生态环境部	蓝天保卫战表现突出人员
陈　欢	2020 年 5 月	共青团广东省委员会	2019—2020 年度“广东省优秀共青团干部”
钟国平	2020 年 7 月	中共梅州市委 梅州市人民政府	2019 年梅州市创建全国文明城市工作先进个人
郭玉峰	2020 年 7 月	中共梅州市委 梅州市人民政府	2019 年梅州市创建全国文明城市工作先进个人
林达宏	2020 年 7 月	中共梅州市委 梅州市人民政府	2019 年度梅州市安保维稳工作先进个人

续表 15

姓　名	授称时间	授予单位	荣誉称号
肖创泰	2020 年 7 月	中共梅州市委 梅州市人民政府	2019 年度梅州市安保维稳工作先进个人
姚利梅	2020 年 7 月	广东省文化和旅游厅	小品《唱首歌有多难》参加 2019 年度广东省群众文艺作品评选获得戏剧类三等奖
卓萍华	2020 年 7 月	中国电信股份有限公司广东分公司、中国电信集团工会广东省委员会	2019 年度服务管控创新标兵
韩欣华	2020 年 7 月	中国电信股份有限公司广东分公司、中国电信集团工会广东省委员会	2019 年度网络运营创新标兵
曾繁寿	2020 年 7 月	中共梅州市委 梅州市人民政府	2019 年度梅州市安保维稳工作先进个人
邓小芳	2020 年 7 月	中共梅州市委 梅州市人民政府	2019 年度梅州市安保维稳工作先进个人
李菲丹	2020 年 7 月	中共梅州市委 梅州市人民政府	2019 年梅州市创建全国文明城市工作先进个人
姚建军	2020 年 7 月	中共梅州市委 梅州市人民政府	2019 年梅州市创建全国文明城市平安建设工作先进个人

续表 15

姓　名	授称时间	授予单位	荣誉称号
凌伟君	2020 年 7 月	中共梅州市委 梅州市人民政府	2019 年梅州市创建全国文明城市平安建设工作先进个人
潘佛扬	2020 年 10 月	中共广东省委、广东省人民政府、广东省军区	广东省“爱国拥军模范”
凌宏斌	2020 年 10 月	中共广东省委 广东省人民政府	广东省抗击新冠肺炎疫情先进个人
杜　勇（家庭）	2020 年 10 月	中共广东省委宣传部、广东省精神文明建设委员会办公室、广东省妇女联合会	2020 年广东百户“最美家庭”
黎本可	2020 年 11 月	中国社区卫生协会	城乡社区卫生工作者
叶俊新	2020 年 11 月	广东省人民政府地方志办公室	2020 年全省地方志理论研讨优秀论文二等奖
卓柳慧	2020 年 11 月	广东省人力资源和社会保障厅、广东省法学会	广东省 2014—2020 年度全省法学会系统先进个人
凌来泉	2020 年 12 月	中共梅州市委 梅州市人民政府	梅州市抗击新冠肺炎疫情先进个人
姚志彛	2020 年 12 月	中共梅州市委 梅州市人民政府	梅州市抗击新冠肺炎疫情先进个人
王振胜	2020 年 12 月	中共梅州市委 梅州市人民政府	梅州市抗击新冠肺炎疫情先进个人
谢永兴	2020 年 12 月	中共梅州市委 梅州市人民政府	梅州市抗击新冠肺炎疫情先进个人

续表 15

姓　名	授称时间	授予单位	荣誉称号
丘利华	2020 年 12 月	中共梅州市委 梅州市人民政府	梅州市抗击新冠肺炎疫情先进个人
姚玉红（女）	2020 年 12 月	中共梅州市委 梅州市人民政府	梅州市抗击新冠肺炎疫情先进个人
黄剑军	2020 年 12 月	中共梅州市委 梅州市人民政府	梅州市抗击新冠肺炎疫情先进个人
陈德平	2020 年 12 月	中共梅州市委 梅州市人民政府	梅州市抗击新冠肺炎疫情先进个人
陈金星	2020 年 12 月	中共梅州市委 梅州市人民政府	梅州市抗击新冠肺炎疫情先进个人
吴先良	2020 年 12 月	中共梅州市委 梅州市人民政府	梅州市抗击新冠肺炎疫情先进个人
吴玉粦	2020 年 12 月	中共梅州市委 梅州市人民政府	梅州市抗击新冠肺炎疫情先进个人
林　艳（女）	2020 年 12 月	中共梅州市委 梅州市人民政府	梅州市抗击新冠肺炎疫情先进个人
张　龙	2020 年 12 月	中共梅州市委 梅州市人民政府	梅州市抗击新冠肺炎疫情先进个人
朱　毅	2020 年 12 月	中共梅州市委 梅州市人民政府	梅州市抗击新冠肺炎疫情先进个人

续表 15

姓　名	授称时间	授予单位	荣誉称号
钟兰珍(女)	2020 年 12 月	中共梅州市委 梅州市人民政府	梅州市抗击新冠肺炎疫情先进个人
郭婷婷(女)	2020 年 12 月	中共梅州市委 梅州市人民政府	梅州市抗击新冠肺炎疫情先进个人
肖　榆(女)	2020 年 12 月	中共梅州市委 梅州市人民政府	梅州市抗击新冠肺炎疫情先进个人
肖　鸣	2020 年 12 月	中共梅州市委 梅州市人民政府	梅州市抗击新冠肺炎疫情先进个人
肖　鸣	2020 年 12 月	中共梅州市委	梅州市优秀共产党员
张　龙	2020 年 12 月	中共梅州市委	梅州市优秀共产党员
吴玉粦	2020 年 12 月	中共梅州市委	梅州市优秀共产党员
肖　榆(女)	2020 年 12 月	中共梅州市委	梅州市优秀共产党员
凌凤清	2020 年 12 月	中共广东省委 广东省人民政府	广东省劳动模范

续表 15

姓　　名	授称时间	授予单位	荣誉称号
饶良宏	2020 年 12 月	中共梅州市委 梅州市人民政府	梅州市劳动模范
张子书	2020 年 12 月	中共梅州市委 梅州市人民政府	梅州市劳动模范
吴志勇	2020 年 12 月	中共梅州市委 梅州市人民政府	梅州市劳动模范
贾万均	2020 年 12 月	中共梅州市委 梅州市人民政府	梅州市劳动模范
张学理	2020 年 12 月	中共梅州市委 梅州市人民政府	2020 年梅州市先进工作者
谢志开	2020 年 12 月	广东省公安厅	个人二等功
邹志强	2020 年 12 月	广东省生态环境厅	2020 年国家强化监督帮扶行动表现突出人员
邹志强	2020 年 12 月	广东省生态环境厅	全省生态环境保护执法工作表现突出个人
张立锋	2020 年 12 月	中国电信股份有限公司 广东分公司	2019 年度先进绩效个人
李永福	2020 年 12 月	中国电信股份有限公司 广东分公司	2019 年度先进绩效个人

续表 15

姓　名	授称时间	授予单位	荣誉称号
王源伟	2020 年 12 月	农业农村部畜牧兽医局	畜牧业统计监测工作表扬个人
熊　忠	2021 年 1 月	梅州市精神文明建设委员会	梅州市精神文明建设先进工作者
韩一舟	2021 年 1 月	梅州市精神文明建设委员会	梅州市精神文明建设先进工作者
刘文龙	2021 年 1 月	梅州市精神文明建设委员会	梅州市精神文明建设先进工作者
黎静兰	2021 年 1 月	梅州市精神文明建设委员会	梅州市精神文明建设先进工作者
裴中秋	2021 年 1 月	广东省人民政府征兵办公室、广东省教育厅	2020 年度征兵工作先进个人
孙高辉	2021 年 1 月	广东省高级人民法院广东省人力资源和社会保障厅	全省法院先进个人
廖佐标	2021 年 1 月	中国移动通信集团广东有限公司、中国移动通信集团工会广东省委员会	2020 年度中国移动广东公司先进工作者
余　剑	2021 年 1 月	中国移动通信集团广东有限公司、中国移动通信集团工会广东省委员会	2020 年度中国移动广东公司先进工作者

续表 15

姓　名	授称时间	授予单位	荣誉称号
李国栋	2021 年 1 月	中国移动通信集团广东有限公司、中国移动通信集团工会广东省委员会	2020 年度中国移动广东公司先进工作者
何　山	2021 年 1 月	中国移动通信集团广东有限公司、中国移动通信集团工会广东省委员会	2020 年度中国移动广东公司先进工作者
赖兰香	2021 年 1 月	中国移动通信集团广东有限公司、中国移动通信集团工会广东省委员会	2020 年度中国移动广东公司先进工作者
张碧兰	2021 年 1 月	中国移动通信集团广东有限公司、中国移动通信集团工会广东省委员会	2020 年度中国移动广东公司先进工作者
石时金	2021 年 1 月	中国移动通信集团广东公司	2020 年全省流程优化重构优秀个人
赖声键	2021 年 1 月	梅州军分区	新闻舆论工作先进个人
陈彩云	2021 年 2 月	中国电信股份有限公司广东分公司	2020 年度校园市场经营中小幼营销先进个人
洪瑞梅	2021 年 2 月	广东省女摄影家协会	作品《守护平安》《疫情下的集市》《义工服务》《最美逆行者》入选“我在非常时期”疫情主题摄影展

续表 15

姓　名	授称时间	授予单位	荣誉称号
黄碧玉	2021 年 3 月	广东省妇女联合会	广东省三八红旗手
曾　戈	2021 年 6 月	中共广东省委 广东省人民政府	广东省脱贫攻坚先进个人
王正义	2021 年 6 月	中共广东省委 广东省人民政府	广东省脱贫攻坚先进个人
吴均祥	2021 年 4 月	广东省扶贫开发领导小组	2019—2020 年全省脱贫攻坚突出贡献个人
凌苑妮（女）	2021 年 4 月	广东省扶贫开发领导小组	2019—2020 年全省脱贫攻坚突出贡献个人
林志强	2021 年 4 月	广东省扶贫开发领导小组	2019—2020 年全省脱贫攻坚突出贡献个人
王友兴	2021 年 4 月	广东省扶贫开发领导小组	2019—2020 年全省脱贫攻坚突出贡献个人
陈建中	2021 年 4 月	广东省扶贫开发领导小组	2019—2020 年全省脱贫攻坚突出贡献个人
黎军发	2021 年 4 月	广东省扶贫开发领导小组	2019—2020 年全省脱贫攻坚突出贡献个人
张　彬	2021 年 4 月	广东省扶贫开发领导小组	2019—2020 年全省脱贫攻坚突出贡献个人

续表 15

姓　名	授称时间	授予单位	荣誉称号
刘晓翔	2021 年 4 月	广东省扶贫开发领导小组	2019—2020 年全省脱贫攻坚突出贡献个人
肖永棠	2021 年 4 月	广东省扶贫开发领导小组	2019—2020 年全省脱贫攻坚突出贡献个人
谢文明	2021 年 4 月	广东省扶贫开发领导小组	2019—2020 年全省脱贫攻坚突出贡献个人
冯小忠	2021 年 4 月	广东省扶贫开发领导小组	2019—2020 年全省脱贫攻坚突出贡献个人
凌志涛	2021 年 4 月	广东省扶贫开发领导小组	2019—2020 年全省脱贫攻坚突出贡献个人
李万年	2021 年 4 月	广东省扶贫开发领导小组	2019—2020 年全省脱贫攻坚突出贡献个人
凌平征	2021 年 4 月	广东省扶贫开发领导小组	2019—2020 年全省脱贫攻坚突出贡献个人
曹锋玫（女）	2021 年 4 月	广东省扶贫开发领导小组	2019—2020 年全省脱贫攻坚突出贡献个人
黄　超	2021 年 4 月	广东省扶贫开发领导小组	2019—2020 年全省脱贫攻坚突出贡献个人
林　颖（女）	2021 年 4 月	广东省扶贫开发领导小组	2019—2020 年全省脱贫攻坚突出贡献个人

续表 15

姓　名	授称时间	授予单位	荣誉称号
杨京梅（女）	2021 年 4 月	广东省扶贫开发领导小组	2019—2020 年全省脱贫攻坚突出贡献个人
杨　拉（女）	2021 年 4 月	广东省扶贫开发领导小组	2019—2020 年全省脱贫攻坚突出贡献个人
吴特康	2021 年 4 月	广东省扶贫开发领导小组	2019—2020 年全省脱贫攻坚突出贡献个人
林文森	2021 年 4 月	广东省扶贫开发领导小组	2019—2020 年全省脱贫攻坚突出贡献个人
钟国栋	2021 年 4 月	广东省扶贫开发领导小组	2019—2020 年全省脱贫攻坚突出贡献个人

表彰通报

平远县人民政府
关于 2016—2019 年平远县自然村落历史人文普查工作先进集体和先进个人的通报

（2020 年 5 月 9 日　平府发〔2020〕3 号）

各镇人民政府，县府直属和省、市属驻平各单位：

根据《广东省人民政府地方志办公室关于印发〈广东省自然村落历史人文普查工作方案〉的通知》（粤志办发〔2015〕20 号）要求，2016 年 5 月至 2019 年 12 月，我县开展了自然村落历史人文普查工作，涌现了一批先进集体和先进个人。

为树立典型，弘扬先进，进一步激发全县人民了解乡情、建设家乡的热情，群策群力为平远方志事业做出更大贡献，县人民政府决定授予石正镇等3个单位“2016—2019年平远县自然村落历史人文普查工作先进集体”称号，授予谢桃崧等30名同志“2016—2019年平远县自然村落历史人文普查工作先进个人”称号。

希望受表彰的先进集体和个人戒骄戒躁，再接再厉，为开创我县方志工作新局面，加快推进“精致小城·大美平远”建设而努力奋斗。

附件: 2016—2019年平远县自然村落历史人文普查工作先进集体和先进个人名单

2016—2019年平远县自然村落历史人文普查工作先进集体和先进个人名单

一、先进集体（3个）

石正镇　泗水镇　大柘镇

二、先进个人（30名）

谢桃崧（县第二小学）
姚良明（县普查办）
林　东（东石中心小学）
赖荣强（县水务局）
林绪远（县方志办）
陈云轩（原冬青实验学校，已退休）
丘天昌（原长田镇人民政府，已退休）
曹玉豪（热柘镇人民政府）
谢铭起（原差干镇人民政府，已退休）
姚利梅（原八尺镇人民政府，现县文化广电旅游体育局）
廖佐淳（原铁民中学，已退休）
吴静兰（河头镇人民政府）
王淦宏（大柘镇人民政府）
吴奕珊（原县方志办，现梅州市方志办）
刘莹子（县方志办）
谢远崧（原石正镇人民政府，现县退役军人事务局）
颜奇真（长田镇人民政府）
曾日红（中行镇人民政府）
张文让（八尺镇人民政府）
徐　欢（仁居镇人民政府）
冯锡煌（原仁居镇人民政府，已退休）
杨晓玲（上举镇人民政府）

张文广（东石镇人民政府）
黄均祥（原东石镇人民政府，已退休）
刘国贤（河头镇人民政府）
陈可颂（原泗水镇人民政府，现石正镇人民政府）
丘春燕（大柘镇人民政府）
刘福良（原县国土资源局，已退休）
赖荣烽（县普查办）
刘　岳（县普查办）

平远县人民政府
关于2019—2020学年度优秀教师、优秀教育工作者
及尊师重教先进单位的通报

（2020年9月4日　平府发〔2020〕9号）

各镇人民政府，县府直属和省、市属驻平各单位：

2019—2020学年度，全县广大教师和教育工作者深入学习贯彻落实党的十九大精神和习近平总书记视察广东重要讲话精神，以党的新时期教育方针为指引，全面落实立德树人根本任务，认真实施教育均衡发展和教育质量提升，大力推进教育工程项目建设，持续深化教育领域综合改革，各级、各类学校协调发展、特色发展，素质教育成果显著，教育教学质量大幅提升。

为表彰先进，树立典范，弘扬尊师重教的良好风尚，营造全社会尊重知识、尊重人才的良好氛围，增强我县广大教师和教育工作者的光荣感、使命感和责任感，进一步开创我县教育事业发展新局面，在第36个教师节来临之际，县人民政府决定对饶思娥等106位优秀教师、优秀教育工作者及县人力资源社会保障局等3个尊师重教先进单位予以通报。

希望各先进单位和个人珍惜荣誉，继续发扬实干取胜，敢于担当、敢争一流的精神，不忘初心、牢记使命，为推动我县教育事业优质均衡发展，创建优山美水生态之星“精致小城·大美平远”作出新的更大的贡献。

附件：1.2019—2020学年度优秀教师、优秀教育工作者
　　　2.2019—2020学年度尊师重教先进单位

附件 1

2019—2020 学年度优秀教师、优秀教育工作者

平远中学：饶思娥、张志远、陈清泉、谢政元、曾雪春、林丽红、凌其光、张捷梅、余苑珍、凌　青、姚剑波

实验中学：林华靖、谢永兴、邝梅凤、余　燕、涂运泉

梅青中学：林婷珍、谢佰扬、赵万龙、陈洪盛、何英明

县职校（教师进修学校）：姚清华

田家炳中学：马仕英、叶　琼、许莲燕、林厚升、谢志刚、余勇辉

城南中学：姚淼祥、谢红玉、林杨军、林珊华、谢炜彬、姚志全

石正中学：王万仁、王云林、何翠玉

热柘华侨学校：刘冬龙、丘丽欢、陈文露

铁民中学：黄苑萍、李绿海、吴雨座

泗水学校：龙志康、林　冰

差干学校：谢志强、谢文可

仁居中学：赖运红、姚莉芬

八尺中学：李敏华

河头中学：温文光、周伟燕

中行中学：张新兰

坝头学校：曹舜尧、林梅桂、姚　静

长田学校：黄玖庆、吴文通

冬青实验学校：刘胜军、杜素平、凌玉华

县第一小学：陈晓云、张文珊、姚志兰、陈　莉、林丽娟

县第二小学：张璇玉、肖运招、林珍梅、杨俊辉

县第三小学：谢英红、赖兰香、刘玉芬

实验小学：邱利娟、卢　平、周汉辉、陈满华、谢志春

石正中心小学：王健梅、凌育健

大柘中心小学：杨春燕、陈俊桦

东石中心小学：曾清桂、谢秋平、姚文芳、廖　欢

茅坪中心小学：林　倜

特殊教育学校：林志杰

仁居中心小学：曾祥淼、谢振军

黄畲中心小学：赖继铭

八尺中心小学：冯小毅

河头中心小学：刘云凤、吴小健

中行中心小学：肖菊玲、张军荣
上举中心小学：吴婷婷
县幼儿园：何苑华、杨君连
实验幼儿园：姚雪平、林　慧
县第二幼儿园：黄春霞
县教师发展中心：卓　益
县教育局：潘运红、凌东秀、廖志鹏

附件2

2019—2020学年度尊师重教先进单位

县人力资源和社会保障局
东石镇人民政府
上举镇人民政府

政协平远县委员会
关于表彰2020年度优秀政协委员、先进“委员工作室”、优秀提案及承办提案先进单位的决定

（2020年12月28日 平协发〔2020〕8号）

政协第十届平远县委员会第五次会议以来，全体政协委员紧紧围绕县委、县政府中心工作和人民群众关注的社会热点难点问题，积极参与搞一次调查、献一个良策、写一份提案、反映一件社情民意、办一件实事（或引进一个项目）的“五个一”活动，特别是在防控新冠肺炎疫情工作中，积极响应党委政府号召，踊跃捐款捐物，得到群众广泛赞誉，展现了政协委员坚持履职为民、全力服务发展、乐于回报社会的风采，以优异的履职成绩，树立了新时代政协委员的良好形象。县政协委员工作室坚持自我管理、自我服务、自我教育、自我监督，认真组织开展政治学习、调研视察、专题协商、扶贫济困、联情联谊等活动，在委员履行职责、提升队伍能力建设等方面进行了有效的探索尝试，为助推我县政协事业创新发展作出了积极贡献。提案承办单位对委员提案高度重视，破难攻坚，采取有效措施，积极抓好提案的办理落实，收到了明显实效。

为激励先进、推广典型，根据县政协“关于在县政协委员中开展“五个一”活动的通知”和《政协平远县委员会关于评选表彰优秀提案、承办提案先进单位的暂行办

法》的规定，经县政协主席会议审议决定，对马胜能等39位优秀政协委员，县政协提案委员会委员工作室等3个先进“委员工作室”，《关于尽快解决工业园区内部分企业不动产权登记办理难问题的建议》等9件优秀提案，平远县城市管理和综合执法局等5个承办提案先进单位予以表彰，以资鼓励。

希望受表彰的优秀政协委员和先进单位珍惜荣誉、戒骄戒躁、再接再厉，各政协委员工作室、承办提案单位和全体委员，要以先进为榜样，坚持以习近平新时代中国特色社会主义思想为指导，全面贯彻落实习近平总书记关于促进区域协调发展、加快构建以国内大循环为主体、国内国际双循环相互促进的新发展格局的重要论述和对广东重要讲话、重要指示批示精神，总结我县生态发展区建设情况，坚持生态优先、绿色发展，统筹推进疫情防控和经济社会发展，扎实做好“六稳”工作，全面落实“六保”任务，深入推进“一城一区一带”建设，努力开创“精致小城·大美平远”新局面，奋力为争当生态发展区高质量发展示范县作出新的更大贡献！

附件：2020优秀政协委员、先进“委员工作室”、优秀提案及承办提案先进单位名单

附件：

2020年度优秀政协委员、先进“委员工作室”优秀提案及承办提案先进单位名单

一、优秀政协委员（共39人）

马胜能　华伟生　刘永东　刘忠平　刘贵贤　李军帆　李远平　杨柳芬　余苑隆
陈平南　陈伟杰　陈利红　陈碧兰　张学良　林向东　林康华　卓　勋　姚天保
姚日升　姚伟文　姚志平　姚志粦　姚金祥　姚宝华　姚思尼　姚映仿　郭频辉
凌来泉　凌宏斌　凌秀华　黄　平　黄仕坤　黄军兴　黄伟康　曹　斌　韩浩文
释弘化　谢传生　谢烈辉

二、先进“委员工作室”（共3个）

1.县政协提案委员会委员工作室

2.县政协农业和农村委员会委员工作室

3.县政协文史学习和教科文卫体委员会委员工作室

三、优秀提案（9件）

1.《关于尽快解决工业园区内部分企业不动产权登记办理难问题的建议》（提案者：经济委县内工商组）

2.《紧紧抓住“十四五”规划编制机遇，全力谋划平远未来五年发展的重点项目》（提案人：丘明）

3.《关于尽快规划建设国道206线绕城段与县城市政道路连接线的建议》（提案人：邱召云）

4.《关于整治县城交通乱象，保障市民出行安全的建议》（提案人：姚婷丹）

5.《关于建立新冠病毒核酸检测实验室，提高疫情防控能力的建议》（提案人：马胜能）

6.《关于积极稳步推进我县农村生活污水治理试点示范工作，确保取得实实在在治理成效的建议》（提案人：王元增）

7.《关于加强县城街道路灯设置和管理的建议》（提案人：张力中）

8.《关于把处在城区人口密集区的3个加油站搬迁到国道206线绕城段的建议》（提案人：王科君）

9.《推动政务信息互联互通、共建共享，提升我县网上政务服务水平》（提案人：刘琳）

四、承办提案先进单位（6个）

1.平远县城市管理和综合执法局

2.平远县卫生健康局

3.平远县文化广电旅游体育局

4.平远县住房和城乡建设局

5.平远县财政局

6.八尺镇人民政府

附　录

文献选录

感恩奋进　砥砺前行
奋力书写平远“绿水青山就是金山银山”的新时代答卷

——在县委十三届十二次全会第一次全体会议上的报告

（2021 年 1 月 25 日）

中共平远县委书记　宋才华

一、2020 年主要工作

2020 年，面对突如其来的新冠肺炎疫情和经济下行压力，我们坚持以习近平新时代中国特色社会主义思想为指导，坚决贯彻落实习近平总书记重要讲话、重要指示批示精神和党中央、省委、市委决策部署，团结带领全县各级党组织和广大党员干部群众，统筹常态化疫情防控和经济社会发展，扎实做好“六稳”工作，全面落实“六保”任务，推动全县经济社会保持平稳健康发展。

（一）全面从严治党纵深推进。按照地方党委工作条例规定，县委常委会《2020 年政治要件贯彻落实情况报告》《2020 年抓党建工作情况报告》已印发，请大家认真审议。一年来，我们认真落实新时代党的建设总要求和党的组织路线，党的领导和党的建设全面加强。严格执行省委坚决落实“两个维护”十项制度机制，加强党章党规党纪教育，坚决全面彻底肃清李嘉、万庆良恶劣影响，坚决做到“三个决不允许”。巩固深化“不忘初心、牢记使命”主题教育成果，把《习近平谈治国理政》第三卷、习近平总书记出席深圳经济特区建立 40 周年庆祝大会和视察广东重要讲话重要指示精神、党的十九届五中全会精神等纳入“大学习、深调研、真落实”工作安排，一体学习领会，整体贯彻落实，县领导牵头开展 16 个重大课题调研，召开 2 次县委全会、39 次县委常委会会议（其中第一议题 144 个）、22 次县委理论学习中心组学习会，举办 23 期学习培训班、“六进”宣讲活动150多场次，引领党员干部增强“四个意识”、坚定“四个自信”、做到“两个维护”。严格落实意识形态工作责任制，推动媒体融合发展，奏响“三好一正”主旋律。完成党的基层组织建设三年行动计划，抓实“头雁”“育苗”工程，调整66名村党组织书记，选聘123名村级后备干部，村级换届稳妥有序推进。加强基层组织达标创优，13个软弱涣散村党组织全部“摘帽”，打造了31个党建示范点，改造提升11个村党群服务中心。扎实开展“双报到”活动，提升基层治理水平。强化党内关怀，帮扶困难党员1100多人，140名特困党员每人每月发放200元补助。坚持正确选人用人导向，提拔重用干部37人。出台公务员绩效考核实施办法，晋升县管科级干部职级245人次，激励党员干部担当作为。完成基层正风反腐三年行动，运用监督执纪“四种形态”处置252人次，立案104宗104人（科级干部24宗24人），党纪政务处分89人。深化政治巡察，对14个单位党组织和47个村级党组织进行巡察，常规巡察和村级巡察覆盖率分别达92%和100%。狠抓虚假工程套取财政资金、复绿费使用不规范等问题专项整治，建章立制巩固整改成果。

（二）新冠疫情防控有力有效。新冠肺炎疫情发生以来，我们坚决落实习近平总书记重要讲话和重要指示批示精神，按照省、市的工作部署要求，把打赢疫情防控阻击战作为重大政治任务，因时因势调整工作着力点和应对措施，全县总动员、全民大行动，构筑起联防联控、群防群治的严密防线，全县除确诊1例湖北输入性病例并治愈出院外，自2020年1月31日后无新增确诊病例。在这场抗击疫情大战中，涌现了县人民医院党委、大柘镇党委、县公安局看守拘留所党支部等先进基层党组织和张龙等4名优秀共产党员，八尺镇、交通运输局综合行政执法局等7个先进集体和凌宏斌等20名省市先进个人；李军帆、刘忠平、陈伟杰、王辉平、钟霖昌先生和广东省平远商会、闻泰科技、远岭投资实业、华剑建设、冠粤路桥等踊跃捐款捐物，充分彰显了先锋模范作用，凝聚了抗疫磅礴力量。

（三）县域经济发展逆势上扬。我们按照“大战全胜、大考高分”的要求，千方百计克服疫情影响，稳妥有序复工复产，县域经济逐季回暖、全面复苏。全年实现地区生产总值77.88亿元，比增1.9%，增幅排名全市第四；规上工业增加值10.98亿元，比增2.5%，增幅排名全市第五；固定资产投资37.9亿元，比增7.9%，增幅排名全市第二；工业投资9.19亿元，比增32.1%，增幅排名全市第二；房地产开发投资10.57亿元，比增41.7%，增幅排名全市第一。主要经济指标实现逆势上扬，归结于我们坚持企业第一，深入开展“暖企”行动，全面落实惠企政策，帮助企业融资、授信6.02亿元，落实财政扶持资金约6000万元，减税降费约1.2亿元，帮助企业渡过难关、做大做强；归结于我们坚持项目为王，加大有效投资，争取债券资金5.2亿元、抗疫特别国债资金1.29亿元，56个重点项目完成投资37.5亿元，其中32个省市重点项目投资完成率位居全市第三；归结于我们坚持产业兴县，引进金雁磁电、建艺筑工等18个项目，投产瑞冠新材料二期、茅坪风电等6个项目，推进东台生态园、富远稀土产能置换等15个项目，新增规上企业 5 家、专精特新企业 3 家，园区标准厂房、创业创新孵化基地商业体建成使用，成功创建省级高新区，成为梅州首个获省级认证的县级工业园区。

（四）县城提质扩容开创新局。我们坚持“扩县城、改老城、建新城”思路，大力推动新型城镇化，“精致小城”建设迈出坚实步伐。近年来，随着平兴高速、梅平高速建成通车，G206 线绕城段 8 月底前建成，S225 线县城至石正段改建工程动工，瑞梅铁路、平武高速线路走向基本敲定，县城提质扩容架构基本形成、打开新局面。坚持规划引领，编制完成国土空间规划（2020—2035 年）初步方案、城北片区及火车站片区城市设计。大力补齐基础设施和公共服务短板，引进粤海水务建设城乡供水工程，平远大道、羊子甸街道、城西片区 6 个老旧小区等得到改造提升，县中医医院、城南幼儿园、残疾人康复中心、城北市场等建成使用，奥园广场、城南小学、县人民医院综合大楼、县妇计中心、特殊教育学校二期等项目加快建设，碧桂园、平城花园、优山美地等宜居生活圈不断完善。深化文明创建、“两美”行动，市容市貌持续改善，成功创建国家卫生县城，被推荐为全国县级文明城市提名城市。实施圩镇改造提升工程，仁居、河头、差干等圩镇面貌焕然一新，河头镇获评广东省文明村镇。

（五）乡村振兴发展出新出彩。我们坚持强规划、优环境、兴产业、重治理，乡村振兴实现“三年取得重大进展”，省乡村振兴实绩考核获评“优秀”等次。累计投入 4.14 亿元，全域推进农村人居环境整治，完成外立面改造 14094 户，打造了排下村、仁居村、畲脑村等示范村，承办全市乡村振兴现场会，农房风貌提升、梅畲“六变”改革等经验做法被省市推广，畲脑村获评全省十大“农房风貌提升名村”。目前，100%的行政村建成干净整洁村，60%以上的行政村建成美丽宜居村，20 个省定贫困村打造成为新农村示范村，竣工验收 1713 亩拆旧复垦项目，200 人以上的自然村完成村道路面硬化，户厕无害化改造 5.5 万户，30 座镇村污水处理设施投入运营，生活垃圾有效处理率和村庄保洁覆盖率达 100%。深入实施“万企帮万村”，高标准建设脐橙、南药省级现代农业产业园，新增 2 个专业镇、11 个专业村、8 个“一村一品”，平远脐橙获评国家名优特新产品，石正镇列入农业农村部、财政部农业产业强镇建设名单，官仁村获评全国“一村一品”示范村，东石花生、石正云雾茶等 19 个农产品列入“粤字号”农业品牌目录。2020 年，全县农村常住居民可支配收入达 18542 元，比增 3.1%，超过全国平均水平。加快建设一抹禾香、长布半岛、梅畲田园综合体等项目，成功举办农民丰收节、脐橙文化旅游节，促进全域旅游大发展。平远获评广东省全域旅游示范区，入选 2020 年度十大“广东摄影目的地”，仁居村获评广东省文化和旅游特色村，梅畲村入选全国乡村旅游重点村。坚持党建引领，建好用好清华大学乡村振兴平远远程教学站，广泛开展新时代文明实践活动，健全完善乡村治理体系，制订村规民约，传承家训家风，同向发力推动乡村振兴。

（六）综合改革试点取得突破。我们坚持把改革作为激发动力的关键一招，扎实推进 10 个方面 69 项重点改革任务。大力宣传经济特区建立 40 周年系列庆祝活动，激发了全县上下改革再出发的精气神。率先实行林长制改革，为全省深入推进生态文明建设提供借鉴。深化乡村振兴综合改革，探索建立促进村级集体经济发展长效机制，推动37个村与企业合作共建梅片树种植基地，全面消除“空壳村”，带动年收入5万元以下的薄弱村上台阶。深化“放管服”改革、“数字政府”建设，优化商事登记、工程建设项目审批等，园区部分企业不动产登记证办理难问题逐步解决，营商环境持续提升。有效推进乡镇和事业单位体制改革、国家紧密型县域医共体建设，发展活力进一步释放。同时，持续扩大对外开放，扎实开展侨情普查工作，成立全市首家跨境电商服务中心，融入“双区”“双城”建设，促进经贸文化交流合作。

（七）民生社会建设成效明显。我们坚持量力而行、尽力而为，投入民生资金26.5亿元，民生福祉持续增进。完成年度十件民生实事。开展“百日攻坚”和挂牌督战行动，抓实产业、就业、消费扶贫，1484户3969名贫困人口和20个省定贫困村如期脱贫。加大基础设施建设，G206线绕城段完成路面主体工程，G358线差干圩镇至八尺五指石高速出口段实现通行，完成G206线径门口至长田段、S239线坝头至长田段、S239线湍溪至畲脑段、S334线仁居至大畲坳段路面改造工程和“四好农村路”攻坚任务，积极推进S225线县城至石正段、S332线十二排至河陂水段改造工程、梅岭公路，以及县城供水扩容提质、大柘河县城段“万里碧道”、国防教育训练基地、“101”工程等。大力实施“粤菜师傅”“广东技工”“南粤家政”三项工程，城镇登记失业率2.39%。社会救助、优抚安置、残疾人补贴等政策有效落实，县镇村退役军人服务机构实现全覆盖。成立县发展教育基金并筹集资金1.2亿多元，中考、高考再创佳绩。全面完成镇村卫生院（站）标准化建设，完善疫情防控工作体系，健康平远基础更加扎实。仁居红四军纪念馆改陈布展和新时代红色文化讲习所启动建设，县革命烈士陵园、图书馆、文化馆完成提质改造，新增12个足球场，文体设施不断完善。完成第七次人口普查。污染防治攻坚战成效明显，主要河段交接断面水质考核达标，空气质量综合指数稳居全市第一，生态考核排名全市第一、全省第四。扫黑除恶专项斗争纵深推进，十大重点行业专项整治成果突出。市域社会治理现代化试点工作稳步实施，“一带一法四参与”“中心4+”社会治理模式荣膺市“平安之乡”实践创新制度集成型项目。法治建设务实有效，入围广东省法治政府建设示范区（综合候选地区）。强化政府债务性管理，重大风险可防可控，防灾减灾扎实有效，基层应急管理“四个一”建设全面完成，社会大局保持稳定。

这一年，我们全面加强党的领导，全力支持人大、政府、政协和监委、法院、检察院履职尽责，持续巩固壮大爱国统一战线，扎实做好民族宗教工作，工会、共青团、妇联、工商联等作用进一步发挥，党管武装、国防教育等发展取得新成效，团结奋进的大好局面进一步巩固。

这一年，我们一起奋斗、一起见证、一起回望，遇到的困难比预想多，取得的成果比预期好。最令人铭记的，是我们面对严峻的疫情防控形势，坚持人民至上、生命至上，有章有法、有为有效，筑牢疫情防控的铜墙铁壁，推动“双统筹”取得重大成果；最令人振奋的，是我们打出一系列精准有效的“组合拳”，稳住了经济社会发展基本盘，拿到了省级高新区、省级全域旅游示范区、国家卫生县城、全国县级文明城市提名城市等一块块金字招牌，乡村振兴、生态环境等考核名列全省前茅，实现大战全胜、大考高分；最令人鼓舞的，是我们增强了人民群众获得感，各项社会事业协调发展，脱贫攻坚圆满收官，年度民生实事基本完成，群众安全感保持全省前列，群众期盼的县中医医院、县发展教育基金、G358线改建工程等投入使用；最令人欣慰的，是广大基层党组织和党员干部与党同心、与国同行，行有所进，进有所成，切实做到了思想政治受洗礼、干事创业敢担当。此时此刻，回想走过的历程倍感不易，回顾取得的成绩倍感振奋，能取得这样的成绩，靠的是习近平总书记的掌舵领航、科学指引；靠的是省委、市委的坚强领导、关心支持；靠的是全县人民的勠力同心、艰苦奋斗；靠的是社会各界的鼎力支持、守望相助，这是我们开局“十四五”、奋进新征程的信心所在、底气所在、根本所在。在此，我代表县委常委会向大家表示衷心的感谢和崇高的敬意！

二、“十三五”回顾和“十四五”时期面临的形势任务

“十三五”时期，我们坚持以习近平新时代中国特色社会主义思想统领一切工作，认真落实省委“1+1+9”工作部署和市委“六争六补”工作总抓手、“123456”思路举措，主攻“一城一区一带”，建设“精致小城·大美平远”，较好地完成了经济社会发展目标，为“十四五”发展奠定了坚实基础。

一是发展质量越来越高。立足生态发展区定位，坚持生态优先、绿色发展，大力发展绿色工业、生态农业、生态旅游，经济发展质量稳步提升。“十三五”时期，全县地区生产总值从68.6亿元增加到77.88亿元，年均增长3.6%；人均生产总值从29367元增加到33103元，年均增长3.4%；预计城乡居民人均可支配收入从15603元增加到22134元，年均增长7.2%。五年来，园区坚持基础先行、产业集群、项目支撑、配套跟进，累计投入10.4亿元，平整土地1600多亩，储备土地1100亩，引进亿元以上项目37个，新增高新技术企业9家、省级科技型中小企业18家、设立研发机构的规上企业21家，推动特色产业集聚发展，成功创建省级高新区。坚持规模化、品牌化发展，建成21个连片种植500亩以上产业基地，建成2个省级现代农业产业园、5个省级农业标准化示范区，新增16个“三品一标”认证产品，获评广东省特色农产品优势区。坚持点线面构建全域旅游发展格局，举办4届北京国际山地徒步大会、2届南粤古驿道定向大赛、5届脐橙文化旅游节，建成全域旅游服务中心，现有1个国家AAAA级景区、4个国家AAA级景区、4个省级以上旅游特色村、1条省级乡村旅游精品线路，旅游直接从业人员约1.1万人，带动就业约5万人，获评全国休闲农业和乡村旅游示范县、广东省县（市）域旅游创新发展“十强”县。

二是城乡面貌越来越美。坚持以城带乡、城乡互动，打造优山美水生态之星“精致小城·大美平远”。县城建成区面积扩容至14.36平方公里，城镇化率提高到50.64%。启动规划建设城北和火车站片区，新城开发未来可期。平城花园、优山美地、碧桂园、翠拥华庭、鸿禧中心等宜居生活圈日益成型，学校医院、道路管沟、公园场馆、商场市场等跟进配套，市容市貌持续改善，县城形象添彩增靓，成功创建全国百佳深呼吸小城、广东省卫生县城、广东省县级文明城市和国家卫生县城，被推荐为全国县级文明城市提名城市。全域推进农村人居环境整治，逐年连线连片打造石正省级新农村连片示范工程、“20+10”示范村、39个“四沿”村和“两线八镇”，打造了一批各美其美、美美与共的美丽乡村，央视、广东卫视来平摄制“我的美丽乡村”节目，被评为中国最美县域。

*三是民生保障越来越好。*集中八成财力用在民生，每年办好十件民生实事，基本公共服务均等化水平不断提高。脱贫攻坚任务全面完成。梅平高速建成通车，G206、G358改线工程加快建设，总长约128公里的4条县道及10多条乡道升级为省道，新改建道路104公里、新农村公路硬化345.47公里。完成中小河流治理13宗186公里，除险加固3宗水库，村村通自来水工程覆盖97%以上行政村。4G覆盖率100%，光纤接入用户数逐步提升，5G基站建设步伐加快。打好污染防治攻坚战，主要河段交接断面水质考核达标，空气质量综合指数稳居全市第一，生态考核排名全市第一、全省第四。全面完成节能“双控”目标任务，2019年度节能考核全市排名第二。森林覆盖率达77.24%，被评为首批国家森林康养基地。教育文化、医疗卫生、社会保障、社会治理水平不断提升，被评为广东省推进教育现代化先进县、全国基层中医药工作先进单位、全国计划生育优质服务先进单位、全国社会治理创新典范县，2018年以来连续三年评为全国信访工作“三无”县。

*四是改革开放越来越深。*完成县党政机构改革，推动群团、乡镇和事业单位体制改革。深化“放管服”改革，财税体制、商事登记、工程建设项目审批、不动产登记等改革务实有效。教师“县管校聘”全面推开，林长制改革试点有序开展，为全省铺开提供样板经验。持续深化综合医改，国家紧密型县域医共体试点县建设稳步推进。农村土地承包经营权确权登记颁证工作全面完成，积极探索农村土地经营权规范流转，农村综合改革试点工作不断深化。加强与客属社团、商会的沟通对接，主动融入“双区”“双城”建设，南沙·平远国际经贸合作中心常态化运营。密切与粤闽赣边苏区县交通互联互通、旅游互惠共赢、边界护林联防等，推动区域协同发展。

*五是党的建设越来越强。*牢牢扛起管党治党的政治责任，新时代党的建设总要求和党的组织路线有效落实，党的政治优势、组织优势转化为推动发展的强大动力。扎实开展“两学一做”学习教育、“不忘初心、牢记使命”主题教育，坚决全面彻底肃清李嘉、万庆良恶劣影响，全县党员干部的“四个意识”明显增强、“四个自信”更加坚定、“两个维护”更加自觉。严格落实意识形态工作责任制，加强各类宣传舆论阵地建设，奏响了“三好一正”主旋律。完成党的基层组织建设三年行动计划，推动基层党组织全面进步、全面过硬。完成基层正风反腐三年行动，党风廉政建设和反腐败斗争向纵深推进，巡视巡察、督察督导、审计监督反馈问题有效整改，风清气正的干事创业氛围日益浓厚。

同志们，“十三五”已圆满收官，“十四五”就要开局起步。我们要巩固和发展业已形成的良好工作局面，保持发展定力，抢抓发展机遇，坚持观大势、谋全局、干实事。

党的十九届五中全会擘画了未来五年以及十五年的发展新蓝图。近期，相继召开省委全会和市委全会，对贯彻工作进行了研究部署，明确了具体工作抓手。我们要以高度的思想自觉、政治自觉和行动自觉，深入学习领会习近平总书记重要讲话和重要指示批示、党的十九届五中全会精神，观察分析形势问题从政治上把握，谋划推动经济工作落实政治要求，处理解决经济问题防范政治风险，沿着总书记指引的方向谋划和推动改革发展各项工作。

提请这次全会审议的“十四五”规划《建议》，总结了“十三五”期间形成的工作基础、优势短板、困难挑战，分析了新发展阶段面临的新机遇新挑战，明确了实现“十四五”规划的指导思想、基本思路、目标任务和重大举措。稍后，我将对《建议》起草情况作说明。这里，我重点强调四个方面。

（一）准确领会把握发展目标。我们要深入领会采取以定性表述为主、蕴含定量方式的意图，进一步深化对“十四五”发展主题的认识和把握，围绕“七个新”发展目标，即经济高质量发展迈上新台阶、改革开放迈出新步伐、县城品质取得新提升、民生福祉达到新水平、社会文明程度得到新提高、生态文明建设实现新进步、社会治理效能得到新提升，坚决把工作重点放在提高发展质量和效益上，打造生态经济发展新标杆，建设生态发展区高质量发展示范县，努力实现发展质量越来越好，人均主要经济指标接近或超过全国平均水平。

（二）准确领会把握重要原则。党的十九届五中全会提出，“十四五”时期我们的经济社会发展必须遵循五条原则，即坚持党的全面领导、坚持以人民为中心、坚持新发展理念、坚持深化改革开放、坚持系统观念。在此基础上，我们还提出要坚持发展第一要务，这是因为发展不充分不平衡仍然是平远当前最大的短板，无论是实现更加充分更加平衡的发展，还是建设现代化经济体系，都必须牢牢扭住经济建设这个中心，推动平远加快发展、高质量发展。“六个坚持”重要原则深刻阐明了“十四五”时期我县经济社会发展的方向性、原则性问题，蕴含着鲜明发展指向，必须贯彻到“十四五”发展各领域全过程，推动各项工作相互配合、相互促进，努力实现更高质量、更有效率、更加公平、更可持续、更为安全的发展。

（三）准确领会把握主要任务。县委提出的“十四五”规划《建议》，明确了12个方面重点任务，包括坚持创新驱动，培育发展新动能；聚力实体经济，加快构建绿色产业体系；优化发展现代服务业，推动产业结构升级；推进新型城镇化建设，打造宜居宜业宜游美丽平远；深入实施乡村振兴战略，推动农业农村优先发展；融入强大国内国际市场，加快形成全面开放新格局；牢牢把握生态发展区定位，坚持走绿色发展之路；完善基础设施网络，筑牢发展硬支撑；实施文体惠民工程，加快发展文体事业和文体产业；增进民生福祉，营造共建共治共享社会治理新格局；坚持深化改革，增强发展动力；统筹发展和安全，建设更高水平的平安平远。接下来在编制县“十四五”规划纲要及相关专项规划时，要深化调查研究，主动沟通衔接，把握政策取向，争取更多政策和资源支持，争取更多大项目、好项目纳入省市规划“笼子”，编制出反映时代特征、符合平远实际、顺应人民期盼的“十四五”规划，一件一件抓落实，一年接着一年干，奋力谱写平远现代化建设新篇章。

（四）准确领会把握基本要求。决胜全面建成小康社会取得决定性成就，脱贫攻坚成果举世瞩目，新冠肺炎疫情防控取得重大战略成果，我们更加深切体会到，以习近平同志为核心的党中央坚强领导是根本保证，习近平新时代中国特色社会主义思想是力量源泉。我们要进一步增强“四个意识”、坚定“四个自信”、做到“两个维护”，不断提高政治判断力、政治领悟力、政治执行力，切实提升谋大局、抓落实、促发展的能力水平，不折不扣推动中央和省委、市委决策部署落地见效。

一要立足新发展阶段。习近平总书记提出，全面建成小康社会、实现第一个百年奋斗目标之后，我们要乘势而上开启全面建设社会主义现代化国家新征程、向第二个百年奋斗目标进军，这标志着我国进入了一个新发展阶段。我们要认真领悟习近平总书记关于新发展阶段的重要论断，立足新发展阶段全面辩证把握县情，坚持用发展的眼光认清优势和短板，把加快平远改革发展的目标任务，与国家“第二个百年”奋斗目标，与广东在全面建设社会主义现代化国家新征程中走在全国前列、创造新的辉煌，与梅州奋力打造“绿水青山就是金山银山”广东样本的目标有机结合起来，与时俱进优化完善工作思路、工作方法、工作举措，形成具体的行动方案和施工图，确保在全面建设社会主义现代化新征程中开好局、起好步。

二要坚持新发展理念。习近平总书记强调，发展理念是否对头，从根本上决定着发展成效乃至成败。新发展理念阐明了我们党关于发展的政治立场、价值导向、发展模式、发展道路等重大政治问题，明确了我国现代化建设的指导原则。我们要紧扣“十四五”时期高质量发展主题，把新发展理念贯彻到发展各领域全过程，坚持绿水青山就是金山银山理念，坚持创新驱动发展，坚持把发展经济着力点放在实体经济上，坚持把提高发展平衡性和协调性摆在重要位置，坚持生态优先、绿色发展，推动城乡融合一体化、主导产业集群化、现代农业规模化、全域旅游品质化、民生服务精准化等方面多点发力、竞相出彩，切实解决好发展不充分不平衡的问题，让人民群众的获得感成色更足、幸福感更可持续、安全感更有保障。

三要融入新发展格局。习近平总书记强调，加快构建以国内大循环为主体、国内国际双循环相互促进的新发展格局，是“十四五”规划《建议》提出的一项关系我国发展全局的重大战略任务，需要从全局高度准确把握和积极推进。我们要深入学习领会总书记的战略构想，主动融入“双循环”新发展格局，融入“双区”“双城”全省战略大局，融入全市“五星争辉”区域发展格局，按照省委、市委赋予的发展定位和目标任务，立足自身基础条件，发挥资源禀赋优势，把主要精力和资源放在发挥区域功能和发展绿色产业上，既在乡村振兴、全域旅游、文明创建、生态保护、社会治理、基层党建等方面放大优势拉长板、走在前列，为一域争光、全局添彩；又在提质扩容、交通建设、实体经济、创新驱动、平台建设、民生改善等方面精准发力补短板、迎头赶上，奋力推动苏区振兴发展步步高。

三、2021年工作安排

今年是“十四五”发展的开局之年，是实现第二个百年奋斗目标的起步之年，也是中国共产党建党100周年，做好今年的各项工作意义重大。今年工作的总体要求是，以习近平新时代中国特色社会主义思想为指导，全面贯彻党的十九大和十九届二中、三中、四中、五中全会以及中央经济工作会议精神，深入贯彻习近平总书记对广东系列重要讲话和重要指示批示精神，围绕总书记赋予广东在全面建设社会主义现代化国家新征程中走在全国前列、创造新的辉煌的使命任务，按照省委十二届十一次、十二次、十三次全会和市委七届十次全会的要求，抓住“双区”建设重大机遇，认真落实省委“1+1+9”工作部署和市委“六争六补”工作总抓手、“123456”思路举措，以及打造“绿水青山就是金山银山”广东样本的要求，坚持稳中求进工作总基调，立足新发展阶段，贯彻新发展理念，参与打造新发展格局战略支点，以推动高质量发展为主题，以深化供给侧结构性改革为主线，以改革创新为根本动力，以满足人民日益增长的美好生活需要为根本目的，坚持系统观念，巩固拓展疫情防控和经济社会发展成果，更好统筹发展和安全，扎实做好“六稳”工作，全面落实“六保”任务，深化“一城一区一带”建设，奋力书写平远“绿水青山就是金山银山”的新时代答卷，推动平远加快高质量发展步伐，打造优山美水生态之星“精致小城·大美平远”，确保“十四五”开好局、起好步，以优异成绩庆祝建党100周年。

经县委常委会研究，今年经济社会发展的主要预期目标是：地区生产总值增长5%以上，规模以上工业增加值增长7%，固定资产投资增长5%，居民人均可支配收入增速高于经济增速。制定这些目标，既为了引导和稳定预期，又坚持稳中求进总基调、推动高质量发展要求，实际执行时努力争取更好结果。稍后，小勇同志将作经济工作部署，请大家抓好贯彻落实。这里，我重点强调几方面工作。

（一）聚力疫情防控，保障人民生命安全。当前全球疫情形势十分严峻，国内本土疫情零星散发与局部聚集交织叠加，又逢春节将至，境外、市外来（返）平人员明显增多，外防输入、内防反弹的压力持续存在。一要压实“四方责任”。坚决防止出现麻痹思想、侥幸心理、松劲心态，严格落实属地、部门、单位、个人责任，扎实做好外防输入、内防反弹工作，巩固来之不易的防控成果。二要突出“人”“物”同防。加强基层社区和广大农村的疫情防控工作，发挥网格化+大数据作用，对境外和国内中高风险地区来（返）平人员，严格落实隔离医学观察、“四个一”健康管理，确保重点人群“应隔尽隔，应检尽检”。加大对进口冷链食品的检验检疫力度，开展主动性预防性核酸检测和消毒工作。有序开展新冠疫苗接种工作，优先为重点人群接种。三要严防聚集性疫情。按照行业防控指引，加强重点场所、重点行业管理，落实落细“测温、扫码、戴口罩、少流动、少聚集、1米线”等措施，严防聚集性疫情发生。严管人员外出离梅，严格审批监管文艺演出、体育比赛等活动，严控节日祈福、庙会灯会等群众性活动，倡导减少聚集、聚会。四要抓好监测预警。加强县级医院预检分诊，充分发挥诊所、药店等哨点监测作用，确保预防在先、发现在早、处置要快。建立核酸检测、流调溯源专班，健全完善公共卫生应急管理体系，加强应急物资储备和培训演练，增强应急处置能力。五要加强宣传引导。宣传部、融媒体中心等要加大宣传引导力度，引导公众做好卫生清洁、通风消毒、佩戴口罩、勤洗手等个人防护措施，减少不必要的聚集性活动，降低感染风险。深入开展新时代爱国卫生运动，倡导文明健康生活方式，增强群众自我保护和管理意识。六要强化督促检查。疫情防控指挥部办公室、县“两办”要强化对疫情防控工作的督查，重点检查“四方责任”、防控措施等落实情况，防止出现宽、松、软问题，切实筑牢防疫的铜墙铁壁。

（二）聚力实体经济，构建绿色产业体系。坚持“产业兴县、项目为王、企业第一”理念，认真落实市委市政府构建“5311”绿色产业体系要求，积极争取南沙区对口帮扶，大力发展绿色工业、生态农业、生态旅游等，致力打造生态经济发展新标杆。一要狠抓创新驱动。以省级高新区为平台，完善创新创业孵化服务体系，实施高新技术企业树标提质行动，孵化一批科技型企业，引导洪裕汽配、雅玛西科技、恒盛宇、金科新业等重新认定高新技术企业，培育宇时代等成为高新技术企业。支持富远稀土、华清园等骨干企业，建设国家级稀土新材料研发中心、省级科技孵化器、南药制剂研发中心、南药植物提取中心、智能制造研究院等。加大创新激励力度，吸引创新创业人才，开展产学研攻关，推动企业向“专精特新”发展。力争到2025年，全县高新技术企业达到规上企业数量的23%以上，科技型中小企业达25家以上，规上工业企业设立研发机构比例达到40%以上。二要狠抓平台建设。实施“个十百千万”工程，修编工业园区控制性规划，编制高新区产业发展规划，稳步推进园区扩容，力争到2025年园区建成区面积超过万亩。加大土地收储，完善园区“七通一平”标准化建设，加快实施二期标准厂房、乌石头地块园区路网、污水管网、污水处理厂改造升级、S225线县城至石正段改建工程等项目，推动园区工业互联网的普及应用以及循环化、绿色化改造，促进园区与城镇的交通衔接、功能契合、空间融合，不断增强园区的承载力和竞争力。三要狠抓招商引资。围绕主导产业，用好商会、乡贤等资源，发挥驻外招商专业队作用，强化产业链招商，确保年度引进计划投资额亿元以上合同项目10个以上，完成新签合同项目计划投资额60亿元以上，实际投入资金20亿元以上。跟踪服务好项目，争取广东能源光伏复合、正大康地、建艺地球仓等项目尽快签约落户，加快推进广焊科技、欧富来新材料、仁居野湖光伏等项目。四要狠抓暖企行动。围绕“个转企、小升规、规改股、股上市”工作主线，全面落实减税降费、产业扶持、金融支持等政策，推动富远稀土、获赛尔、玖诚科技等实施智能升级改造，扶持越科新材料、飞龙果业等6家企业上规，力促获赛尔、华清园、雅玛西、宇时代、达士通、南台酒业等企业上市，培育一批5亿元以上、10

亿元以上的龙头企业、骨干企业，形成小企业铺天盖地、大企业顶天立地的格局。要落实“资金、要素跟着项目走”的机制，用好国家专项债等政策，进一步激发全社会投资活力，有效保障重点项目建设。五要狠抓产业集群。完善园区产业发展布局，优化传统存量，集聚高端增量，加快构建“532”绿色产业体系，即大力发展稀土新材料、中医药、装备制造、特色农业、文化旅游五大主导产业，提档升级家居建材、电子信息、酒水饮品三大优势产业，培育发展新能源、非金属新材料两大新兴产业，力争到2025年，园区工业产值超过100亿元，园区规上工业增加值占全县规上工业增加值的70%以上，成为县域经济发展主引擎。重点是以广晟集团为龙头，加大“整合、提升、规范”力度，力促华企稀土矿山扩大产能，加快推进富远稀土产能置换、金雁磁电项目，扶持广晟智威技改升级，积极引进稀土加工应用企业，打造稀土新材料特色产业园；依托华清园、保灵药业、南领药业等，大力推进村企合作共建梅片树产业基地，建设广东药庄、长岃药业饮片等项目，做大做强中医药产业；发展壮大荻赛尔、洪裕汽配等，加快推进广焊科技、灿阳设备等项目，大力引进广柴、广汽电气等企业，做大装备制造产业；以飞龙、园山湖、新大地等企业为重点，壮大脐橙、油茶、茶叶、柚子等产业集群，延伸发展灵芝、铁皮石斛等林下经济产业，建设天柘冷链物流仓储项目，推动“菜篮子、米袋子、果盘子、茶罐子、水缸子”走进湾区大市场；以创建国家全域旅游示范区为目标，推进长布半岛休闲度假区、红四军纪念园改造提升等文旅项目，打造泗水镇梅畲村、仁居镇仁居村、八尺镇角坑村、大柘镇黄沙村等一批文化旅游特色村落，开发红色文化、南粤古驿道、美丽乡村、名人故居等全域旅游精品线路，发展壮大文旅产业集群；以友邦木业、宏泰家居、建艺筑工等为龙头，建设家具出口基地，发展绿色装配式建筑产业，推动平远家具转型升级；做大做强雅玛西、达士通、宇时代等企业，打造全省重要的高端电子信息材料及器件生产基地；加快一抹禾香项目建设，推动南台酒厂、老八尺酒厂、绿叶水等扩产升级，打造高端白酒酿造基地，助推打响“寿乡水”品牌；对接广东能源、天下环能集团等，建设泗水风电场、“农光互补”“渔光互补”等项目，打造广东绿色能源示范县；支持正远、汇亿基等企业发展壮大，建设非金属新材料产业基地。

（三）聚力提质扩容，打造“三宜三园”城市。坚持改造老城与建设新区结合起来，拉开城市框架与完善城市功能结合起来，政府引导与市场化运作结合起来，大力实施县城品质提升工程，建设宜居宜业宜游的花园城市、公园城市、田园城市。一要规建管并重建新城。“十四五”时期，县城提质扩容的主攻方向是河岭嶂至黄沙片区，建设北部新城。科学编制北部新城控制性详细规划，为县城高标准提质扩容绘就“蓝图”。按照“拉骨架”的思路，8月底G206线绕城段建成通车，谋划建设包括对接G206线绕城段的市政骨干道路和管沟，改造提升环北路，合理规划火车站及火车站站前广场，基本形成北部新城主体框架。加快河岭嶂森林公园建设，启动梅青中学改造提升一期、教师发展中心、引水入城项目，科学布局宜居社区、医院学校、文体场所、商贸物流等，增强北部新城人口吸引力和产业承载力。严厉打击违法用地违法建设行为，推动汇胜木业、富远稀土、平兴高速县城出口迁移，以及对黄沙、平城花园变电站架空线进行电缆落地改造，抓好汇胜木业至车上大桥段用地控制，分步推进梅东、黄沙片区连片征地储备，盘活国有土地，腾出发展空间。二要大力推进县城更新改造。以碧桂园、优山美地宜居社区为核心，引导城南燃料、中石油加油站和梅青路加油站搬迁到G206线绕城段，分批盘活开发周边的梅盛水泥厂、健华汽修厂、恒明汽车底盘厂等土地，加快推进城南小学、县人民医院综合大楼等项目，完善路网、管沟、市场等市政功能配套，不断提升南部新城宜居度。加快建设奥园广场及周边环境提升改造，推动实施县城“微改造”工程，稳妥推进老汽车站至大柘老粮所一带的老城改造，打造成为示范街区。以宜居社区带动各片区建设，推进平城花园、翠拥华庭、鸿禧中心等商住项目，实施县城河堤梅东段环境提升工程，分类提标改造老旧小区，配套建设口袋公园、停车场所、地下管沟、农贸市场、绿化亮化等设施，逐步打通“断头路”，畅通“微循环”，让市民生活更方便更舒心。深化“两美”行动，系统治理城区“六乱”，不断提升精细化服务管理水平。三要积极创建全国县级文明城市。坚持志在必得的决心、创建团队的专心、久久为功的恒心、创建过程的开心，紧盯测评体系标准，把工作干在平时、抓在日常，从环境卫生整治、基础设施完善、群众素质提升、机关作风转变等方面下功夫、抓成效，让群众看到创建过程带来的变化、让群众享受创建过程带来的成果，激发全民共创的热情，确保三年创建、年年高分。同时，加快圩镇分类提升改造，建设美丽城镇，提升综合承载能力及镇域治理水平，形成县域统筹、县镇村功能衔接互补的建管格局。

（四）聚力走在前列，全面推进乡村振兴。把乡村振兴作为“三农”工作的重心，抓住关键环节，瞄准短板弱项，久久为功、集中攻坚，持续走在全省前列。一要发展高质高效农业。把大力发展特色种植业作为增加农民收入、巩固脱贫成果、推进乡村振兴的重要举措，落实农村土地二轮承包后再延长30年政策，抓好水田垦造和高标准农田建设，做大两系稻杂优制种基地，积极盘活农村土地资源，培育壮大新型农业经营主体，大力发展连片种植500亩以上产业基地，力争到2025年，脐橙、茶叶、南药种植面积分别达10万亩、4万亩、10万亩。做大做强省级现代产业园，推进晨光乳业、天源达养殖基地等项目，推动农业产业向规模化、集约化、特色化发展，农业基地向观光休闲基地转化。实施品种改良、品质提升、品牌打造“三品”工程，完善农产品深加工、电子商务、冷链物流等配套，推动一、二、三产业融合发展。二要建设宜居宜业农村。以创建省级农房管控和乡村风貌提升示范县为目标，大力实施乡村建设行动，加强农村建房全程监管，坚决整治农村乱占耕地建房行为，全域推进农房风貌提升，不断提升乡村精美风貌、文明风尚、客家风韵。启动实施农村人居环境整治提升五年行动，统筹推进“四好农村路”、“五美行动”、“厕所革命”、垃圾处理、污水治理、集中供水、“五网整合”等，促进公共服务一体化。以G358线建成通车为契机，紧扣打造最美旅游公路、省际廊道美丽乡村示范带，围绕吃住行游购娱六要素，加快建设沿线的威华茶心谷、一抹禾香、鸿泰农庄、红军纪念园、仁居古镇、吉美园、长布半岛、五指石等项目，串联长田曼佗、石正南台、中行金穗、中行大河背、八尺角坑、上举相思谷、梅畲田园综合体等，配套完善星级民宿、农家乐、游客服务中心、旅游公厕等，把龙头景区、红色教育培训基地、南粤古驿道、旅游特色村、农旅综合体等串点成线、连线成面，打造“处处是风景、路路是景道、村村是景观”的精品旅游线路，让红色故事讲起来、红色基因传起来、赛事活动搞起来、农房风貌靓起来、乡村产业旺起来、群众生活富起来。三要培育富裕富足农民。建立帮扶新机制，加快从驻村帮扶向驻镇帮镇扶村、从帮扶脱贫向帮扶全面振兴转变。健全防止返贫动态监测和帮扶机制，对易返贫致贫人口实施常态化监测，继续精准施策，坚决守住脱贫攻坚成果。深入实施“万企帮万村”行动，总结提升村企合作共建梅片树种植基地、梅畲田园综合体“六变”改革经验，健全完善利益联结机制，推广“订单收购+保底分红”“土地流转+务工收入”等合作模式，支持鼓励农民山上种植脐橙、梅片树、油茶、茶叶、梅州柚以及发展养蜂、灵芝等林下经济，田间轮作种植烟叶、优质稻、蔬菜，让农民更好参与传统农业和现代农业发展、更多分享产业增值收益。全面提升农民工素质，深入实施“粤菜师傅”“广东技工”“南粤家政”三项工程，以技能提升促进稳定就业、带动收入增长。四要共建善治善管乡村。把乡村振兴作为培养锻炼干部的广阔舞台，大力实施“头雁工程”“育苗工程”，选优配强村“两委”班子特别是村党组织书记，吸引各类人才在乡村振兴中建功立业。坚持既“富口袋”又“富脑袋”，统筹推进农村综合性文体场所建设，常态化开展新时代文明实践活动，深化文明创建“三级联动”，大力弘扬社会主义核心价值观，培育文明乡风、良好家风、淳朴民风。深入推进平安乡村建设，健全“五治”相结合的乡村治理体系，推动社会治理和服务重心向基层下移，构建民事民办、村务村管的善治格局。

（五）聚力激发活力，持续深化改革开放。坚持以改革增活力、以开放促发展，从“两个大局”出发，注重“两个循环”，深度推动对接融合、开放合作和改革攻坚，多措并举拓展发展空间，激发县域发展活力。一要深化改革创新。深化“放管服”改革，健全完善重点项目联审联批联动机制，提高工程建设项目、不动产登记等审批效率，营造良好的营商环境。深化行政体制、财税体制、投融资体制、集体产权制度等重点领域改革，增强经济社会发展活力。加大国资国企改革力度，优化国有资产布局，推动国企整合、提质增效。推进“数字政府”改革，统筹各单位智慧政务建设，全面推广应用“粤省事”“粤商通”“粤政易”，提高政务服务效率。二要主动融入“双区”。发挥南沙·平远国际经贸合作中心的作用，打造对接“双区”“双城”的枢纽型综合服务平台、创新型产业项目域外孵化基地。抢抓梅州创建全国跨境电商综合试验区机遇，开辟跨境电商新路径，鼓励家具企业等“走出去、引进来”，建设平远家具国家、省级外贸转型升级基地。深化农业供给侧结构性改革，打通市场对接渠道，精准对接大湾区市场需求，推动“三进一出”。做好新时代“侨”的文章，吸引爱国侨胞、外出乡贤回乡投资兴业，在实现自身发展的同时造福桑梓。三要推动区域合作。树立联动粤闽赣边苏区县的思维，加强交通互联互通，抓紧“两高一铁”项目前期工作，力争瑞梅铁路年内开工，平武高速、平蕉大高速尽快立项建设，加快推进G206线、S225线、S334线等“两国道四省道”改造升级，以及梅岭旅游公路、东石至泗水普滩等350公里县道改造工程，创建省级“四好农村路”示范县，打造成为粤闽赣边的重要交通节点。联合开展边界护林防火、整治跨界河流污染、打击稀土非法开采、社会治安联防联控等，联动红色资源开发以及旅游业、稀土产业合作，维护绿水青山，促进共赢发展。

（六）聚力民生改善，建设平安幸福平远。推动经济发展与改善民生良性循环，不断满足人民群众日益增长的美好生活需要，着力形成共建共治共享社会治理格局。一要保障基本民生。实行政府民生实事项目人大代表票决制，抓实办好各项民生实事。稳步推进实施职业技能提升行动，多渠道扩充就业容量，城镇登记失业率控制在3.5%以内。健全多层次社会保障体系，落实好社会救助、拥军优属等政策，做好特殊群体关爱服务，新建平远县社会福利中心。用好县发展教育基金，实施强师兴教工程，启动石正实验幼儿园建设，推动教育事业均衡优质发展。全面推进紧密型县域医共体建设，北部新城谋划建设一间三级综合性医院，健全公共卫生服务及应急体系，大力发展中医药事业和产业，持续提升医疗卫生服务能力。稳步推进国防教育训练基地、“101”工程等项目。二要繁荣文化事业。深化精神文明创建九大行动，加快形成适应新时代要求的文明风尚、行为规范。加强红色交通线、古驿道、革命遗址、名人故居、古民居、古道古树等文化资源保护修复及活化利用，传承发扬非物质文化遗产和传统艺术。加强基层公共文化服务阵地建设，推动县体育场升级改造，广泛开展全民健身活动，打造“一县一品”特色品牌，助力梅州创建足球特区，促进文化体育事业均衡发展。三要强化生态建设。以县级国土空间总体规划为引领，加快构建 “三线一单”生态环境分区管控体系，形成点上高效开发、面上共抓保护的发展格局。全面推行“林长制”，加强森林防灭火，推进林分改造，整合优化自然保护地，争取平远五指石片区纳入广东南岭国家公园规划范围，创建五指石国家级地质公园和国家森林城市。推动污染防治攻坚战向深度延伸、向广度拓展，严格落实“河长制”，整治农业面源污染，加强城乡污水治理，确保空气质量综合指数、水质达标率等名列前茅。扎实推进矿山生态环境综合治理，加快建设城乡供水提质、县城供水扩容提质、“万里碧道”等项目，积极争取大坑头水库立项建设，不断提升水利防灾减灾能力和供水安全保障水平。四要加强社会治理。树立全周期管理意识，扎实推进市域社会治理现代化，加强和改进城乡社区社会治理和服务体系，让微治理释放出大能量。坚持以大概率思维应对小概率事件，把打好建党100周年安保维稳主动仗作为全年防风险工作的主线，持续深入开展维护国家政治安全专项行动，常态化开展扫黑除恶专项斗争，严厉打击各类违法犯罪行为，排查化解企业债务违约、非法集资、工资拖欠、房地产等经济运行突出风险，维护国家安全、社会安定、人民安宁。加大全民普法力度，深化司法体制综合配套改革，深入开展法治建设创建活动，确保成功创建广东省法治政府建设示范区。加强市场监管，保障食品、药品及医疗器械安全。深入开展安全生产隐患排查整治，坚决防范和遏制安全事故发生。

四、加强党的全面领导和党的建设

做好“十四五”和今年工作，关键在党、关键在人。要深入贯彻新时代党的建设总要求和新时代党的组织路线，扎实推进全面从严治党，把全县各级党组织锻造得更加坚强有力，为奋进新征程提供坚强政治保证和组织保证。

一要旗帜鲜明讲政治。始终以党的政治建设为统揽，不断提高政治判断力、领悟力、执行力，进一步增强“四个意识”、坚定“四个自信”、做到“两个维护”。要坚持用党的创新理论“铸魂”，全面落实第一议题等学习制度，广泛开展“四史”教育，引导广大党员干部坚定理想信念，践行初心使命，巩固“不忘初心、牢记使命”主题教育成果。要严明政治纪律和政治规矩，严守“五个必须”，杜绝“七个有之”，巩固深化坚决全面彻底肃清李嘉、万庆良恶劣影响成果，坚决做到“三个决不允许”。要深化“大学习、深调研、真落实”工作，严格执行省委坚决落实“两个维护”十项制度机制，严格政治要件闭环落实机制，切实把总书记重要讲话、重要指示批示精神转化为改革发展的具体行动和扎实成效。要全面压实意识形态工作责任，加强网络信息等领域的舆论引导，深入实施“三好一正”工程，精心开展建党100周年等主题宣传活动，凝聚人心、鼓舞信心、确保安全。

二要强基固本筑堡垒。全面落实省委新一轮加强基层党组织建设三年行动计划，织牢织密上下贯通、执行有力的组织体系。要持续推动“整镇推进、整县提升”示范县镇创建，增强农村基层党组织领导力和组织力，引领乡村产业振兴和乡村建设行动。要常态化开展“双报到”活动，重点围绕解决县城人口密集、社区服务阵地狭小等突出问题，改造提升县城社区党群服务中心，提升网格化治理能力。要加大党建品牌创建力度，推动机关事业单位、国有企业、学校、“两新”组织等领域基层党组织全面进步全面过硬。要加强县镇党校建设，持续开展基层党员集中轮训活动。要深入实施党员先锋工程，提高发展党员质量，引导党员积极投身乡村振兴、基层治理等工作。要加大困难党员帮扶力度，健全基层党组织工作经费动态增长机制。

三要选贤任能强班子。坚持党管干部原则，落实新时期好干部标准，着眼事业发展和领导班子建设需要，建好建强各级领导班子和干部队伍。要严明换届纪律和组织人事纪律，稳妥有序推进县镇村换届工作，确保绘出好蓝图、选出好干部、配出好班子、树立好导向、形成好气象。要加强干部教育培养，强化思想淬炼、政治历练、实践锻炼、专业训练，不断提升党员干部“七种能力”。要加强干部队伍梯度建设，注重选准苗子、搭好台子、压实担子，让更多的优秀年轻干部在实践实干中锻炼成长。要落实好人才政策，推进重点人才工程。要健全完善绩效考核办法，发挥职务与职级并行激励作用，落实“三个区分开来”，让想干事、肯干事、干成事的干部更有奔头，充分激发党员干部干事创业的热情和劲头。

四要清正廉洁树正气。坚持严的主基调，深入推进党风廉政建设和反腐败斗争，实现正气充盈、政治清明。要坚持纠“四风”与树新风并举，持续纠治形式主义、官僚主义，大力弘扬苏区精神，加强廉洁文化和家风建设，构建亲清政商关系，推动党风政风社会风气持续好转。要压紧压实“两个责任”，紧盯“关键少数”、引领“绝大多数”，推动领导干部特别是“一把手”管好班子、带好队伍。要加强对公权力运行的监督制约，紧盯重点领域、重大工程、关键岗位，精准运用监督执纪“四种形态”，用好监督执纪“七个看”和问责“六字诀”，切实提升监督执纪实效。要保持高压态势，坚决查处违纪违法问题，强化以案促改制度化，一体推进不敢腐不能腐不想腐。要高质量推进县委巡察全覆盖，扎实做好巡察“后半篇”文章，充分发挥巡察利剑作用。要深化纪检监察体制改革，从严从实加强纪检监察队伍建设，切实提高监督执纪水平。

五要强化领导聚合力。适应新形势新任务，健全党委总揽全局、协调各方的领导制度体系，着力提高把方向、谋大局、定政策、促改革的能力和定力，把加强党的领导落到实处。要充分发挥全面深化改革委员会、实施乡村振兴战略领导小组等议事协调机构的职能作用，及时研究重大改革、重要政策等。要健全推动高质量发展的考核评价体系，发挥督查考核指挥棒作用，确保上级决策部署有效落实。要团结凝聚各方力量，大力支持人大、政府、政协和监委、法院、检察院依法依章程履行职能，进一步推进港澳台侨、非公经济、党外人士、民族宗教等工作，发展壮大爱国统一战线，重视做好群团、党校、老干部、党管武装等工作。

同志们，开局“十四五”，奋进新征程，上下同心者胜。让我们更加紧密地团结在以习近平同志为核心的党中央周围，不忘初心、牢记使命，同心同德、接续奋斗，以一往无前的奋斗姿态、风雨无阻的精神状态，推动平远全面建设社会主义现代化，为梅州奋力打造“绿水青山就是金山银山”的广东样本和广东在全面建设社会主义现代化国家新征程中走在全国前列、创造新的辉煌贡献力量，以优异成绩庆祝建党100周年！

政府工作报告

——在平远县第十五届人民代表大会第六次会议上

（2021年2月4日）

平远县代县长 周小勇

一、2020年工作回顾

2020年是极不平凡、大战大考的一年。一年来，我们坚持以习近平新时代中国特色社会主义思想为指导，认真贯彻落实省委“1+1+9”工作部署、市委“六争六补”“123456”思路举措以及县委“11356”部署安排，团结和依靠全县人民，保持战略定力，付出艰苦努力，科学统筹疫情防控和经济社会发展，扎实做好“六稳”工作，全面落实“六保”任务，努力夺取“双统筹、双胜利”，推动高质量发展取得新成效，奋力交出大战大考的合格答卷。

一年来，我们主要做了以下工作。

（一）疫情防控精准有力。新冠肺炎疫情发生后，我们坚决贯彻落实习近平总书记重要讲话和重要指示批示精神，始终把人民群众的生命安全和身体健康放在第一位，全面部署，全县动员，全民参与，迅速打响疫情防控总体战、阻击战。全县唯一一例输入性病例已于2020年2月6日治愈出院，实现无死亡病例、无医院感染、无社区传播“三无”目标。实施疫情常态化防控工作以来，我们慎终如始筑牢“外防输入、内防反弹”防线，不断完善疫情防控体制机制，落实落细各项常态化防控措施，全县疫情防控形势保持稳定。

（二）经济运行企稳向好。全力稳住经济基本盘。因时因势调整工作着力点，全力推动经济运行回归正轨、稳步复苏。全年实现地区生产总值77.88亿元，比增1.9%；固定资产投资37.90亿元，比增7.9%；规上工业增加值10.98亿元，比增2.5%；地方一般公共预算收入5.18亿元；社会消费品零售总额32.0亿元；预计城乡居民人均可支配收入22134元。固定资产投资、工业投资等主要经济指标逆势上扬、排名靠前。全力打好项目攻坚战。争取抗疫特别国债资金1.29亿元、地方政府专项债券资金4.2亿元；56个重点项目完成投资37.5亿元，其中32个省市重点项目投资完成率居全市第三；全市首个陆地风电项目茅坪风电场建成投产；G206线绕城段超额完成投资任务，G358线差干圩镇至八尺五指石高速出口段全线通车；完成G206线径门口至长田段路面改造工程；瑞冠新材料金属软磁粉生产项目三个月实现投产。全力提升产业发展效益。农业方面，坚决扛起粮食安全政治责任，完成1.3万亩高标准农田建设，全年粮食种植面积21.2万亩、粮食总产量7.96万吨；新增专业村11个、“一村一品”8个；脐橙、南药省级现代农业产业园建设扎实推进；平远脐橙入选国家名特优新农产品名录，石正镇列入全国农业产业强镇建设名单，官仁村获评全国“一村一品”示范村；全年实现农业增加值15.16亿元，比增2.9%。工业方面，累计投入2.65亿元，完成368亩土地储备，建成5栋标准厂房、创业创新孵化基地商业体并投入使用；东台生态园首期项目4栋标准厂房全部封顶；南平大道西、科创路建设加快推进；供电线路、供水排污管网等配套设施日益完善；成功创建省级高新区，成为全市首个获省级认证的县工业园区。引进金雁磁电、建艺筑工等18个项目，超额完成年度招商任务。全县实现规模以上工业总产值43.01亿元，比增4.4%。文化旅游方面，南台森林康养旅游度假区、梅畲田园综合体等项目加快推进，成功创建省级全域旅游示范区，被评为“中国候鸟旅养小城”，入选2020年度十大“广东摄影基地”，梅畲村入选全国乡村旅游重点村，仁居村获评广东省文化和旅游特色村；全县旅游接待192.82万人次，实现综合收入8.65亿元。

（三）三大攻坚成效显著。坚决打好脱贫攻坚战。开展“百日攻坚”和挂牌督战行动，抓实产业、就业、消费扶贫，1484户3969名贫困人口、20个相对贫困村全部脱贫。深入实施“万企帮万村”行动，发展壮大村级集体经济，12个“空壳村”全面消除。

坚决打好蓝天碧水净土保卫战。空气环境质量优良率100%，空气质量综合指数稳居全市第一；全面推进河长制工作，柚树河、石正河等省市考断面水质全面达标，县城饮用水源水质持续稳定，完成东石镇白岭村、河头镇向阳村等6个村黑臭水体整治；累计完成户厕无害化改造52944户、建设公厕348座，11座镇级和22座村级污水处理设施投入运营；农村面源污染防治、化肥农药减量化行动、畜禽粪便无害化处理等有序推进，土壤环境质量持续改善。国家重点生态功能区县域生态环境质量年度考核全市第一、全省第四。坚决打好防范化解重大风险攻坚战。成功防御“6·8”洪涝灾害，迅速有效开展生产救灾、卫生防疫和灾后重建；严厉打击电信诈骗、非法集资等行为，不断强化政府性债务管理，重大风险可防可控。

（四）城乡面貌持续改观。国土空间规划编制有序推进，完成城北片区及火车站片区初步规划设计，扎实推进G206线绕城段、S225线石正至大柘段改造，积极谋划平武高速径门口枢纽立交项目建设，县城架构进一步拉大。完成实验中学升级改造以及振兴街、平城北路三角地2个口袋公园建设，完成羊子甸街、平城中路远南酒店至水务局段道路提升改造，以及建设路等3个停车场和城西片区等6个老旧小区升级改造，建成启用城北市场，奥园广场进入主体建筑施工阶段，碧桂园二期、优山美地等宜居社区建设加快推进，城市更新改造步伐加快。引进粤海水务合作共建城乡供水工程，困扰多年的饮用水问题解决在望。扎实推进城区生活垃圾分类试点工作，完成城北社区25个生活垃圾示范小区建设，城区公共机构生活垃圾分类实现全覆盖；“两美”行动持续深化，成功创建国家卫生县城、全国县级文明城市提名城市；城市管理水平不断提高。扎实推进仁居、差干、河头圩镇“微改造”。完成106公里“四好农村路”建设攻坚行动。以“两线八镇”为重点，扎实推进农房管控和乡村风貌提升、农村人居环境整治，累计完成客家民居特色外立面改造14094户，100%行政村建成干净整洁村，60%以上行政村建成美丽宜居村，20个省定贫困村全部建成新农村示范村。成功举办全市乡村振兴现场会、农民丰收节和脐橙文化旅游节等活动，农房管控和乡村风貌提升、中小河流治理、梅畲“六变”改革等经验做法得到省市肯定推广，畲脑村荣获“广东农房风貌提升名村”，河头镇荣获“广东省文明村镇”。

（五）民生福祉全面增进。坚持公共财政支出向民生倾斜，投入各类民生资金26.5亿元，占一般公共预算支出的84.19%。完成年度“十件民生实事”。全面落实救助、兜底保障政策，困难群体生活得到有效保障。千方百计保就业，新增城镇就业1405人，城镇失业人员再就业1103人，城镇登记失业率2.39%。成立平远发展教育基金并筹集资金1.23亿元；挂牌成立县教师发展中心；城南幼儿园开园招生，城南小学首期、特殊教育学校二期等工程有序推进。县中医医院建成使用，完成县人民医院综合大楼主体工程建设，县妇幼保健计划生育服务中心建设加快推进；全面完成镇卫生院和村卫生站建设；建成核酸检测实验室2间、发热门诊（诊室）14间，完成疫苗冷链配送系统和预防接种单位标准化建设。国家县域医共体试点县建设扎实推进。荣获2018—2020年全国计划生育优质服务先进单位。新时代红色文化讲习所启动建设，红军纪念园扩容提质工程有序推进。完成县图书馆、县文化馆主馆提升工程。新建足球场12块。稳步推进国防教育训练基地建设。县镇村退役军人服务机构实现全覆盖。完成第七次人口普查登记工作。基层应急管理“四个一”建设全面完成。村民理事会“一带一法四参与”“中心4+”社会治理模式荣膺市“平安之乡”实践创新制度集成型项目，扫黑除恶专项斗争纵深推进，社会治安防控体系建设成效明显。安全生产形势稳定，食品药品安全保障有力，信访态势平稳可控，防灾减灾扎实有效。

（六）政府建设扎实推进。坚持向县委、县人大及其常委会报告工作，向县政协通报情况，办理县人大代表建议34件、县政协委员提案49件，答复率为100%。扎实推进法治政府建设和模范机关创建，入选全省法治政府建设示范区（综合候选地区），涌现出一批抗疫先进、劳动模范等典型。进一步推进乡镇体制改革，深化“放管服”改革，探索建立“三定一督一通报”、分级授权审批、项目审批流程优化等机制，营商环境更加优化，政府效率不断提高。严格落实中央八项规定精神，带头过“紧日子”，驰而不息纠治“四风”，持续加大审计监督和巡察整改力度。

二、“十三五”时期工作回顾

2020年各项工作任务基本完成，标志着我县“十三五”规划任务基本实现，平远站在了更高的发展起点上。回首过去五年，虽然外部不确定不稳定因素明显增多，但我们积极应对风险挑战，努力破解发展难题，推动各项工作取得明显进步，谱写出高质量发展新篇章。

五年来，我们聚焦经济发展，综合实力实现大跨越。地区生产总值从68.6亿元增加到77.88亿元，年均增长3.6%；人均生产总值从29367元增加到33103元，年均增长3.4%；预计城乡居民人均可支配收入从15603元增加到22134元，年均增长7.2%；社会消费品零售总额从22.5亿元增加到32.0亿元，年均增长7.3%；完成固定资产投资206.1亿元；地方一般公共预算收入质量不断提高。争取老区苏区振兴发展、生态发展区、对口帮扶等政策支持取得新突破，五年获得中央和省转移支付资金98亿元，政府债券资金22亿元，广州对口帮扶资金5000万元。农林牧渔业稳中提质，第一产业增加值年均增长3.1%；工业结构逐步改善，先进制造业、高新技术制造业增加值占规上工业增加值比重分别提高5.3个百分点、1.3个百分点。电子商务、文体旅游等新兴产业加快发展。

五年来，我们聚焦转型升级，产业质效有了大突破。坚持稳增长和调结构相结合，推动产业提质增效、转型升级，三次产业结构由16.7:36.0:47.3调整为19.5:27.1:53.4。坚持农业规模化、特色化、品牌化发展，建成连片种植500亩以上产业基地21个、省级农业标准示范区5个、省级现代农业产业园2个，新增专业村11个、专业镇2个、“一村一品”16个、“三品一标”认证产品16个、全国名特优新农产品名录2个。获评广东省特色农产品优势区。粮食产量、产值分别增长13.7%、21.9%，农业总产值增长20.16%。累计投入10.4亿元完善园区水电路讯气等基础设施，工业园区建设步伐加快，成功创建省级高新区。稀土新材料、装备制造、中医药、家居建材、电子信息等产业持续发展，“332”绿色工业体系初步形成。全县新增高新技术企业9家、省级科技型中小企业18家、“小升规”企业48家，实现规上工业增加值57.8亿元。积极构建全域旅游发展格局，升级打造五指石、曼佗山庄、梅畲田园综合体、八尺角坑等旅游景区景点，现有国家AAAA级景区1个、AAA级景区4个、省级以上旅游特色村4个、省级乡村旅游精品线路1条，举办4届北京国际山地徒步大会、2届南粤古驿道定向大赛、5届脐橙文化旅游节等节会活动，建成全域旅游服务中心，带动文化体育、电子商务蓬勃发展。五年来接待游客3086万人次，实现旅游综合收入150.97亿元，获评全国休闲农业和乡村旅游示范县、广东省县（市）域旅游创新发展“十强”县。

五年来，我们聚焦统筹融合，城乡面貌发生大变化。梅平高速建成通车，G206、G358改线工程稳步推进，总长约128公里的4条县道及10多条乡道升级为省道，完成新农村公路硬底化345.47公里，完成中小河流治理186公里和万里碧道建设7.4公里，实现行政村村村通自来水全覆盖，全域自然村集中供水覆盖率达97.5%，1217个20户以上自然村实现光纤网络覆盖，建成5G基站63个，城乡交通、水利、信息等基础设施日益完善。基本建成城南新区，启动规划建设城北和火车站片区，平城花园、碧桂园、优山美地等宜居生活圈日益成型，城市更新“微改造”扎实推进，主城区配套基础设施逐步完善，县城建成区面积扩大到14.36平方公里，城镇化率达到50.64%。全面实施乡村振兴战略，连线连片打造石正省级新农村连片示范工程、“20+10”示范村、39个“四沿”村和“两线八镇”，打造了一批各美其美、美美与共的美丽乡村，乡村振兴出新出彩、走在前列。

五年来，我们聚焦改革创新，发展活力得到大增强。完成县党政机构改革，统筹推进乡镇、事业单位、群团组织等体制改革。深入推进“放管服”改革，加快建设“数字政府”，全面优化营商环境，行政许可事项精简率达20%，新增市场主体8323户。率全市之先完成“县管校聘”、林长制试点改革和基层应急管理“四个一”建设。国家紧密型县域医共体试点县建设稳步推进。农村土地承包经营权确权登记颁证工作全面完成，农村综合改革试点工作不断深化。财税体制、商事登记、工程建设项目审批、不动产登记等改革务实有效。主动融入“双区”“双城”建设，建成并运营南沙·平远国际经贸合作中心。围绕交通互联互通、旅游互惠共赢、边界护林联防联治等领域，密切与粤闽赣边苏区的交流合作。

五年来，我们聚焦民生福祉，社会事业取得大进步。加大民生投入，每年办好民生实事。落实就业优先政策，新增城镇就业8864人。社会保障体系不断完善，残疾人“两项补贴”、低保、特困供养水平逐年提高，困境儿童基本生活进一步得到保障。建立健全社会福利服务体系，全县养老床位达1618张。完成“三个一”学校、城南幼儿园、特殊教育学校建设和实验中学升级改造，城南小学建设有序推进，完成乡镇学校扩建3

所、民办幼儿园改制 4 所，新增学位 8000 个。成功创建广东省推进教育现代化先进县。县中医医院、县慢病站、卫健系统继教中心、120 指挥中心完成搬迁。获评全国基层中医药工作先进单位，成功创建国家卫生县城、全国县级文明城市提名城市、广东省卫生县城、广东省县级文明城市。全面实施文化惠民工程，县图书馆新馆搬迁使用，建成 136 个行政村综合性文化服务中心。大力推进足球振兴，新建足球场 44 块，连续 5 年举办县级足球联赛。残疾人康复中心投入使用，13 个残疾人社区康园中心规范运行。完成自然村落历史人文普查工作。连续 3 年获评全国信访工作“三无”县，群众安全感、政法工作满意度、平安创建知晓率稳居全省前列。稳妥应对强台风、强降雨等自然灾害，有效防范新冠肺炎、非洲猪瘟等疫情。国防动员、民宗外侨、统计、供销、文联、史志、工会、共青团、妇女儿童、残疾人、烟草、气象等工作取得新进步。

各位代表！五年发展，成之唯艰；五年耕耘，收获满满。回首过往，我们经历了经济形势复杂而深刻的变化，经受住了前所未有的重大考验，一步一个脚印，一年一个台阶，全面建成小康社会取得历史性成就，决战脱贫攻坚取得决定性胜利，“十三五”圆满收官，“十四五”扬帆起航。这是习近平新时代中国特色社会主义思想举旗定向、领航指路的结果，是市委、市政府和县委坚强领导、正确决策的结果，是县人大、县政协有效监督、鼎力支持的结果，是全县干群、社会各界凝心聚力、团结奋斗的结果。在此，我代表平远县人民政府，向全县人民，向人大代表、政协委员、驻平部队官兵和离退休老同志，向所有关心、支持和参与平远建设发展的省市属驻平单位、港澳台同胞、海外侨胞及外出乡贤，致以崇高的敬意和衷心的感谢！

各位代表！展望未来，任重道远。站在新的历史方位审视政府工作，还存在不少困难和问题。一是发展动能仍显不足。产业规模不大，尤其疫情冲击导致产业链、供应链衔接不畅，家具行业产值连年下降；重点项目数量少、投资体量小、建设进度偏慢，重大项目储备不足，招商项目落地不够，投资增长依然乏力。二是财政收支矛盾仍较突出。减税降费等减收因素增多，财政收入不及预期，稀土、家具等重点税源行业税收收入持续下降，“六稳”“六保”压力较大，“钱少事多”矛盾突出，财政收支平衡面临较大压力。三是民生领域关键环节仍旧薄弱。全县教育教学资源总体不足，城乡教育资源分配不够均衡，县城学校学位紧缺、大班额问题仍然存在；医疗卫生专业技术人才紧缺，公共卫生服务能力有待提高，县域就诊率、住院率排名全省靠后；交通水利等基础设施建设存在不少短板，城市规划建设管理历史欠账较大。四是行政效能仍需提高。面对新时代新要求，少数干部创先争优的“精气神”不足，政务服务效能与企业和群众的期待还有差距，服务能力、责任担当、工作作风还有待进一步加强。对于这些问题，我们将采取更加有力有效的措施，认真加以解决，决不辜负全县人民的期望。

三、“十四五”时期主要目标任务

“十四五”时期，是我们乘势而上、开启全面建设社会主义现代化国家新征程、向第二个百年奋斗目标进军的第一个五年。抓好“十四五”时期各项工作，极其重要。为科学制定全县“十四五”规划，县委提出了《关于制定国民经济和社会发展第十四个五年规划和二O三五年远景目标的建议》，明确了“十四五”时期我县经济社会发展的指导思想、基本原则、目标要求和主要任务，提出了二O三五年远景目标。县政府据此编制了《平远县国民经济和社会发展第十四个五年规划和二O三五年远景目标纲要（草案）》，细化了目标要求，提请本次大会审议通过后实施。

“十四五”时期我县经济社会发展的指导思想是：坚持以习近平新时代中国特色社会主义思想为指导，全面贯彻党的十九大和十九届二中、三中、四中、五中全会精神，深入贯彻习近平总书记对广东系列重要讲话和重要指示批示精神，全面落实省委十二届十一次、十二次、十三次全会和市委七届十次全会要求，按照县委十三届十二次全会部署，坚持稳中求进工作总基调，立足新发展阶段，贯彻新发展理念，参与打造新发展格局战略支点，以推动高质量发展为主题，以深化供给侧结构性改革为主线，以改革创新为根本动力，以满足人民日益增长的美好生活需要为根本目的，坚持系统观念，更好统筹发展和安全，统筹稳增长、促改革、调结构、惠民生、防风险、保稳定各项工作，奋力书写平远“绿水青山就是金山银山”的新时代答卷，推动平远加快高质量发展步伐，打造优山美水生态之星“精致小城·大美平远”，为开启第二个百年奋斗目标开好局、起好步。

“十四五”时期全县经济社会发展主要目标是：到2025年地区生产总值达到104亿元，年均增长6.0%；人均地区生产总值达到44299元，年均增长5.8%；一般公共预算收入达到6.38亿元，年均增长5.0%；固定资产投资年均增长10.0%；社会消费品零售总额年均增长9.0%；规上工业增加值年均增长8.0%；城乡居民人均可支配收入年均增长6.5%。经济高质量发展迈上新台阶，改革开放迈出新步伐，县城品质取得新提升，生态文明建设实现新进步，民生福祉达到新水平，社会治理效能取得新进展，为2035年基本实现现代化奠定坚实基础。

围绕上述思路和目标，我们将重点做好“八项任务”：

（一）坚定不移构建绿色产业体系，开拓高质量发展新路径

实施产业兴县战略，把制造业高质量发展放到更加突出的位置，以优势产业为基础、战略性新兴产业为先导，以绿色低碳、集约高效为方向，加快构建支撑高质量发展的“532”绿色产业体系。大力发展三大主导产业，推动稀土新材料产业高端发展、装备制造产业提质发展、中医药产业集聚发展，力争到2025年，分别实现产值30亿元以上。提档升级三大传统优势产业，推动家居建材产业升级发展、电子信息产业集群发展、酒水饮品产业整合发展，力争到2025年，分别实现产值20亿元以上、20亿元以上、10亿元以上。培育发展新能源和非金属新材料两大新兴产业，到2025年，力争打造“百万千瓦新能源基地”，非金属新材料产业实现产值10亿元。壮大特色现代农业，到2025年脐橙、南药、茶叶种植面积分别达10万亩、10万亩、4万亩，农产品加工业产值与农业产值比值达2.3:1以上。高质量发展旅游产业，到2025年新增AAAA级旅游景区

1个以上、省级文化旅游特色村2个以上，成功创建国家全域旅游示范区。

（二）坚定不移加快基础设施建设，筑牢高质量发展新支撑

统筹推进交通、水利、能源、信息等各领域基础设施建设，不断补齐发展短板。加快推进综合交通网络建设。加快推进G206线和G358线改建工程，做好平蕉大高速前期工作，推进平武高速立项建设，启动并加快瑞梅铁路建设，积极谋划赣梅高铁（平远段），构建“三纵一横”高快速交通运输通道。做好通用机场建设前期工作。加快推进“两国道四省道”、县乡村道提升改造。以G206线绕城段、高速公路、瑞梅铁路等重大交通基础设施为轴，谋划建设若干条与之连接的市政道路，建成综合客运枢纽、物流园等一批客货运枢纽站场。打通梅青路、建设西路等2条以上断头路。打造1条以上“畅安舒美绿”特色美丽公路。创建省级“四好农村路”示范县。推动大坑头水库、凤池水库、大河背水库等项目建设，推进县城排水防涝、中小河流治理、病险水库除险加固等项目建设。实现天然气镇镇通。推进充电桩等新能源设施建设。实现5G基站重点区域全覆盖。推动“工业互联网”建设。

（三）坚定不移建设绿色发展平台，打造高质量发展新高地

以成功创建省级高新区为契机，坚持产业和企业入园方向，提升园区承载能力，用好用足用活省级高新区扶持政策，实施主导产业培育提升计划和产值培增计划，促进园区扩能增效，到2025年，园区规上工业增加值占全县规上工业增加值70%以上，年产值超100亿元，税收突破2亿元，力争建成区面积超过万亩、实现万人以上就业。打造高端创新创业平台载体，加快培育市场创新主体，推动科技孵化器和“智慧园区”建设，到2025年，新增省级创新平台4家、市级创新平台8家，国家高新技术企业达到18家以上，规上工业企业设立研发机构比例达到50%，科技型中小企业达到25家以上。持续发挥南沙·平远国际经贸合作中心的作用，打造对接“双区”“双城”的枢纽型综合服务平台、创新型产业项目域外孵化基地。打造“县级运营平台+区域配送中心+直供基地”放心农产品直供配送网络。

（四）坚定不移推动城乡协调发展，构建高质量发展新格局

坚持将河岭嶂至黄沙片区作为“十四五”时期县城提质扩容主攻方向，重点抓好北部新城开发建设。围绕“一廊一带四片六心”整体布局思路，坚持规建管同向发力，科学编制北部新城控制性详细规划，合理规划火车站及站前广场，优化布局宜居社区、医院学校、文体场所、商贸物流等；重点抓好环北路和梅青中学升级改造，河岭嶂森林公园和引水入城、教师发展中心等项目规划建设，以及打通梅青路、建设西路2条断头路；逐步形成“三横四纵”高效路网和有序畅通内循环网；有序抓好汇胜木业至车上大桥段用地控制，分布推进梅东、黄沙片区连片征地储备，保障用地需求和发展空间。基本形成北部新城主体框架。加快中部老城区更新步伐，启动老城核心区改造，以示范街创建为抓手，精准化改造老城、精细化管理县城。推动燃料、中石油加油站搬迁，分批盘活开发梅盛水泥厂、健华汽修厂、恒明汽车底盘厂等周边存量土地资源，进一步完善路网

与管廊市政设施以及农贸市场等公共配套设施，推动南部新城提档升级。实施乡村建设行动，推进农村人居环境整治提升五年行动，创建省际廊道美丽乡村示范带、农房管控和乡村风貌提升示范县。实施美丽城镇建设行动，按照“分类改造、梯次推进”的原则，每年实施 1 至 2 个，用五年时间完成所有圩镇“微改造”，打造上接城区、下联乡村的美丽城镇。

（五）坚定不移畅通内外循环渠道，蓄势高质量发展新动能

充分发挥投资拉动作用，加大“两新一重”建设和新业态、新模式等领域投资；抓好“十四五”期间总投资额 680.6 亿元的 200 项重大项目建设；实现固定资产投资年均增长 10%以上。顺应消费升级变化新趋势，提升汽车、家电、建材等传统消费，培育信息服务、康养等新型消费；规范发展“地摊经济”“夜间经济”“步行街经济”，打造 2 至 3 条特色商业街区；适当增加公共消费，充分释放农村消费，实现社会消费品零售总额年均增长 9.0%以上。深化农业供给侧结构性改革，打通市场对接渠道，精准对接大湾区、珠三角市场需求，推动更多优质农产品走出围龙；推动平远家具申报国家或省级外贸转型升级基地，鼓励支持企业扩大外贸出口，实现进出口总额年均增长 3.0%以上。

（六）坚定不移加快改革开放步伐，激发高质量发展新活力

加快转变政府职能，持续深化“放管服”“数字政府”、财税体制、要素市场化配置、科技金融等改革，不断优化营商环境，提升政府服务效能。实施国企改革三年行动计划，推动县属国企创新升级发展。统筹推进水务系统综合改革、供销社公共型农业社会化服务试点县改革等。主动对接“双区”“双城”，推动“三进一出”。巩固与粤闽赣边苏区交通互联互通、旅游互惠共赢、边界护林联防联治等领域的交流合作成效。主动融入汕潮揭和海西经济区等沿海地区联动发展。加强与“一带一路”沿线国家及客属地区开展多层次、多领域的经贸文化交流合作。

（七）坚定不移构建生态文明格局，厚植高质量发展新优势

严守生态保护红线，强化国土空间规划和用途管控，完善“三线一单”管控体系，严厉打击环境违法行为。加快推广绿色低碳型生活方式，建立节约集约用能、用水、用地激励和约束机制，全面推进垃圾分类和减量化、资源化，加快建设“无废城市”。统筹山水林田湖草综合治理，深入推进“河长制”“林长制”，确保生态环境质量居全省前列。发展低碳经济、林业经济、循环经济。推动绿色金融改革创新辐射带动，加强与大湾区绿色金融合作，深度参与森林碳汇交易、国家储备林、森林康养等项目建设。

（八）坚定不移改善人民生活品质，共享高质量发展新成果

坚持以人民为中心的发展思想，每年办好民生实事。优先稳就业保民生，到 2025 年，全县新增就业 1 万人以上，城镇登记失业率控制在 2.5%以内。坚持教育优先发展，实施青少年创新人才培养计划，打造富有平远特色的社会综合实践育人基地；实施强师兴教工程，加强教师队伍建设；建设城东小学、城北小学等一批现代化学校，新增学位

3250 个；高考整体水平在全市提档进位，进一步擦亮平远教育品牌。做好第三轮《平远县志》修编工作。大力发展中医药事业和产业；完成县人民医院提升综合服务能力工程建设，规划建设北部新城三级综合性医院，推进大柘、石正、热柘卫生院迁建项目；深化医药卫生体制改革，县域医共体建设取得明显成效，建成以健康为中心、防治结合的县镇村三级医疗卫生服务新体系，高质量建设健康平远。深入推进文化惠民工程，推动“文化强县”建设。深入实施“三好一正”工程，坚决守好意识形态安全阵地。确保成功创建全国县级文明城市。继续办好北京国际山地徒步大会、南粤古驿道定向大赛等品牌赛事活动；加快足球事业发展，助力梅州创建足球特区。完善社会保障体系，实施全民参保计划，加强养老服务体系建设，保障残疾人、妇女儿童合法权益。落实总体国家安全观，加强和创新社会治理，纵深推进扫黑除恶专项斗争和禁毒人民战争，实施“八五”普法，严格落实安全生产责任制，加强应急管理能力建设，保障食品药品安全，提高防灾减灾能力，切实维护社会稳定和安全。

四、2021 年工作安排

2021 年是建党 100 周年，也是“十四五”规划的开局之年。做好今年政府工作意义重大，必须迈好第一步、见到新气象。今年经济社会发展的主要预期目标是：地区生产总值增长 5%以上，固定资产投资增长 5%，规上工业增加值增长 7%，社会消费品零售总额增长 5%，外贸进出口总额增长 10%，地方一般公共预算收入实现正增长，居民人均可支配收入增速高于经济增速，城镇新增就业 1400 人以上，城镇登记失业率控制在 3.5%以内，完成市下达能耗双控指标。

重点抓好以下八方面工作：

（一）着力抓项目促投资，推动更加坚实的发展支撑

精准发力谋项目。跟进好已申报的年度投资 29.89 亿元的 38 项省市重点项目、年度投资 43.87 亿元的 65 项县重点项目；深化 16 项省市预备项目、24 项县预备项目前期工作，实现重点项目建设新突破。紧盯“两新一重”等领域，认真研究国家和省产业发展政策与资金投向，跟进好已申报的大柘镇老旧小区改造、工业园标准厂房二期建设工程等 4 项债券资金需求 3.7 亿元的地方政府专项债券项目，以及资金需求 3500 万元的中央预算内投资项目，持续加大争取力度，在中央预算内投资、地方政府专项债券项目数量、投资总量上取得新进展。

靶向施力引项目。落实并完善先进制造业招商引资和实体经济扶持奖励实施办法、项目入园评审办法等政策，提高政策吸引力。以强链补链为导向，瞄准稀土新材料、装备制造、中医药等产业，发挥驻外招商专业队作用，适时到广州、深圳等地开展专场招商推介活动，引进一批上下游配套企业。促成广东能源集团光伏复合、建艺地球仓、正大康地等项目早日签约落户。确保年度引进计划投资额亿元以上合同项目 10 个以上，完成新签合同项目计划投资额 60 亿元以上，实际投入资金 20 亿元以上。

凝心聚力建项目。坚持工作扭住项目干、资金跟着项目走、要素围着项目转，常态

化保持重点项目攻坚会战态势，健全落实县领导挂钩重点项目责任制，用心用情用力当好“店小二”，着力解决好项目用地征拆、土地报批、空间规划、环境评价等问题，确保项目有序推进。重点推动天柘冷链物流、灿阳智能电力、欧富来新材料等项目开工建设，泗水风电场、仁居野湖光伏、富远稀土产能置换、金雁磁电、S225线改建工程等项目加快推进，G206线绕城段、G358线湍溪至八尺段改建工程如期建成通车；做好S334线泗水普滩至上举营场里、X038线东石汶水至泗水普滩改建工程前期工作；力争瑞梅铁路年内开工；推动城乡供水工程建成投产。

（二）着力筑平台促升级，推动更高质量的特色产业

筑牢园区产业平台。实施“个十百千万”工程，稳步推进园区扩容，加大土地收储力度，上半年完成D地块平整附属设施收尾，推进F地块和东台生态园苦尽甘来段地块土地平整；动工建设4号地块标准厂房；加快消防用水管道和集污管道建设，年内完成污水处理厂升级改造；加快启动南平大道北与S225线连接道路，以及G、F地块“三纵三横”路网建设，进一步完善园区基础设施，提升承载能力。推动工业互联网普及应用，加快循环化、绿色化改造。用好用足用活高新区政策红利，争取更大支持力度。修编工业园区控制性规划，编制高新区产业发展规划。

推动产业集聚发展。按照市委、市政府统一部署，编制县域经济发展方案，选准支柱产业、新兴产业，突出工业制造业等实体经济，推动产业链精准招商、深度融合，做大产业集群。重点解决富远稀土入园环评问题，争取年内实现试生产；扶持广晟智威技改升级；加快金雁磁电项目建设；引进一批稀土深加工企业，进一步延伸稀土产业链条，打造稀土新材料特色产业园。加快广东药庄、长岁药业、保灵药业等项目建设，支持华清园、南领药业等龙头企业带动上下游关联企业定向集聚、协同升级，加快建设中医药产业园。支持获赛尔、洪裕汽配等企业做大做强，加快广焊科技自动化焊接设备、欧富来汽配智能化生产项目建设，力争灿阳电力实现“三当年”，积极对接震雄、广柴等企业，提升装备制造产业层次和产业竞争力，加快发展装备制造产业。推动大良家具、元宝时代项目建设，推广友邦木业、宏泰家居与广新跨境电商合作新模式，引导家具出口企业开发更多优质产品、做大家具出口量。鼓励雅玛西、宇时代、达士通等企业深化产学研合作，引导一抹禾香加快建设，鼓励绿叶、南台等企业推进矿泉饮品深度开发，推动家具制造、电子信息、酒水饮品等产业发展壮大。

培育壮大市场主体。建立健全小微企业扶持发展项目库，实施企业梯队成长工程，全面落实减税降费、产业扶持、金融支持等政策，推动企业“小升规”，重点培育中联石材、飞龙果业等6家企业上规；新增“专精特新”企业2家以上；新增高新技术企业1家以上。拓宽多元化投融资渠道，加大企业上市培育力度，加快获赛尔、雅玛西、宇时代等企业上市步伐。深入开展“暖企行动”，大力弘扬企业家精神和工匠精神，鼓励支持企业实施技改升级、增资扩产，推动市场主体高质量发展。

（三）着力促消费扩内需，推动更具活力的县域经济

提升投资拉动力。充分发挥乘数效应，加大公共卫生、基础教育、健康养老等短板领域的财政投入，适度扩大本地产品和服务的政府采购规模。鼓励民间资本参与基础型、民生型项目建设，扩大社会有效投资。鼓励加大房地产开发投资、工业投资、技改投资。结合奥园广场、瑞梅铁路等重大项目建设，促进住房消费健康发展，拉动建材、家居等消费。

提升消费支撑力。推进官田广场“诚信承诺·放心消费”示范街和放心消费承诺单位创建。落实国家和省市促消费政策措施，落实带薪休假制度，加大假日促销惠民力度，扩大假日消费。拓宽消费扶贫渠道，促进优质农产品进城；扎实开展专项行动，推动汽车等大宗消费下乡，激发农村实物消费潜力。完善县镇村三级电商物流体系，推进“新三线”模式，壮大在线消费新业态，确保全县电商营业额增长15%以上。

提升文旅吸引力。加快创建国家全域旅游示范区。加大国家森林康养基地建设，确保南台森林康养旅游度假区如期试运营，继续提升五指石、曼佗山庄、梅畲田园综合体等景区承载力和吸引力，加快推进长布半岛休闲度假区、红四军纪念馆改造提升，加强仁居红军街、角坑古驿道、石正河等“网红点”的宣传营销，吸引更多游客来平旅游、在平消费。筹办好脐橙文化旅游节、农民丰收节、北京国际山地徒步大会等，激发节会赛事消费活力。

（四）着力强产业补短板，推动更有成色的乡村振兴

促进农业高质高效。严守耕地红线，新建高标准农田1.8万亩，补充耕地整改3500亩，垦造水田500亩，继续实施拆旧复垦，确保粮食播种面积和产量稳定。推动石正镇建设全国农业产业强镇。推进脐橙、南药省级现代农业产业园提质增效，积极开展新一轮产业园申报工作。扩种脐橙1万亩、梅片5000亩、梅州柚2000亩。新增“一村一品”项目8个、专业镇1个、专业村8个。推进“三品一标”认证，加大知识产权保护力度，做优做强平远橙、梅州梅片、东石花生、平远炒绿等品牌。引进和培育龙头企业，推进农产品精深加工和规模化经营，提升农业产业链价值链和市场竞争力。支持电商直播发展，做大可其山、新大地等本土电商品牌。加快推进冷链物流网络建设，积极对接放心农产品产销省级经营平台，畅通农产品流通枢纽。

促进乡村宜居宜业。实施乡村建设行动，结合农村房屋安全隐患排查整治，深化危破泥砖房清拆。对标对表乡村振兴走在全省前列要求，全域推进农房管控和乡村风貌提升，对新建农房全面严格管控，对存量旧房实施客家特色民居风格外立面改造，建设省际廊道美丽乡村示范带，打造省级示范标杆。实施乡村景区化改造，因地制宜建设“四小园”。实施污水处理设施和配套管网建设，加强镇村污水处理厂运营管理，生活污水处理率提高至50%以上。推进全域自然村集中供水工程，确保年内实现全覆盖。加快角坑至梅州岃和八尺至排下公路改造提升，提升农村道路等级以及路网结构，争创省级“四好农村路”示范县。启动实施农村人居环境整治五年行动，持续完善长效管护机制，管

好用好整治后的农村居住环境和公共基础设施。

促进农民富裕富足。顺应“三农”工作重心历史性转移，做好巩固拓展脱贫攻坚成果同乡村振兴有效衔接。健全防止返贫动态监测和帮扶机制，重点监测收入水平变化和“两不愁三保障”巩固情况。推广“订单收购+保底分红”“土地入股分红+基地务工增收”等模式，带动农民参与传统农业和现代农业发展、分享产业增值收益，大力打造“山上发展水果、南药、林下经济，田间发展烤烟、水稻、蔬菜三季轮作、沿线发展观光旅游、农家乐、民宿农旅项目”的美丽经济带。实施乡村人才振兴行动，培养壮大“土专家”“田秀才”和致富带头人队伍。深入开展“万企帮万村”行动，推广村企合作共建梅片树种植基地模式，增加村集体经济收入。

促进乡村文明和谐。完成村级组织换届选举。统筹推进农村文体活动场所和村史馆建设，常态化开展新时代文明实践活动，深化文明创建“三级联动”，大力弘扬社会主义核心价值观和优秀乡村文化，推动形成文明乡风、良好家风、淳朴民风，让农民物质富裕、精神富足。深入推进平安乡村建设，推广村民理事会“一带一法四参与”社会治理模式，发挥村规民约引导和约束作用，提高乡村善治善管水平。

（五）着力抓提质促扩容，推动更优品质的城市发展

谋划推进北部新城建设。科学编制北部新城控制性详细规划，加快编制各项专项规划和详细设计。合理规划火车站及站前广场。加快布局大型公建、主题公园、商服项目、路网建设等。确保G206线绕城段8月底建成通车。加快环北路升级改造，基本完成机动车道、综合管沟、人行道等基础设施建设。启动梅青路提升改造，争取打通梅青东路。谋划建设2条市政主干道、2条连接G206线绕城段市政道路及综合管沟、人行道等市政基础设施。启动河岭嶂森林公园建设、梅青中学改造提升一期项目。强化科学论证，启动引水入城项目建设。积极争取上级部门支持，力争年内获批平武高速径门口枢纽立交项目。分步推进梅东黄沙片区连片土地储备。

统筹推进城镇更新改造。加快奥园广场及周边配套设施建设。动工建设盛世豪庭商业广场。启动老粮所、老车站、老中医院、老市场片区改造。完成4条以上背街小巷整治和城西片区10个老旧小区提标改造。推进城南污水管网续建工程。完成梅东至县城中部污水截污管网建设。启动平远大道高速出口至平远中学段综合管沟、辅道等市政基础设施以及关柘路人行道提升改造。建设车上、鸿禧中心侧至G206线绕城段2条连接道路。建设2个以上口袋公园，改造提升新建路、程旼公园北门节点景观，推进公园城市建设。完成差干、河头圩镇“微改造”，启动八尺、热柘等圩镇“微改造”。

全面提升城市管理水平。启动新一轮城镇环境提升行动，实施教育路、广场路等路段亮化工程，以及新岭路、环城路、平城北路等路段绿化工程；启动城北市场配套基础设施和车上大桥至梅东大排渠出口两岸景观提升工程；分类推进老旧小区物业服务全覆盖；铺开城北、城西城南社区生活垃圾分类。规范健全垃圾分类收运处置体系，提升改造垃圾中转站2个，推动山布惊垃圾填埋场渗滤液处理设施扩容升级。新建2个以上公

共停车场，维修提升 2 个以上住宅小区人防工程，确保新增 200 个以上公共停车泊位。设置和更换交通隔离护栏 9000 米，创建 3 条以上严管街。持续深化“两美”行动，坚决整治“两违”顽疾。

（六）着力促改革增动能，推动更高水平的改革开放

坚持向改革要动力。持续深化“放管服”“数字政府”、财税体制、要素市场化配置、科技金融等改革，推进“证照分离”改革全覆盖，全面推广“粤系列”政务服务应用。梳理和优化企业投资项目、工程建设项目等审批流程，提高行政审批效率。巩固深化乡镇体制改革，按照“实际需要、宜放则放”原则，继续做好职权下放工作，加强人员配备及业务指导培训，确保无缝衔接。启动实施国企改革三年行动计划，有序整合分散国有资产，盘活现有存量资产，加快运营县国资控股集团，统筹谋划推进供销社公共型农业社会化服务试点县改革、水务系统综合改革等工作，推动国有资产做优做大。

坚持向开放要潜力。充分发挥南沙·平远国际经贸合作中心作用，在农产品供给、休闲旅游等方面主动融入服务“双区”“双城”建设，积极承接产业技术转移。加强联动粤闽赣边苏区县，加快规则制度衔接、基础设施等软硬件互联互通，推动瑞梅铁路开工建设以及 G206 线、S225 线、S334 线等“两国道四省道”改造升级。联合开展边界护林防火、整治跨界河流污染、打击稀土非法开采、社会治安联防联控等，联动红色资源开发以及旅游业、稀土产业合作，共享绿水青山，共赢合作发展。利用侨乡资源，加强与“一带一路”沿线国家和地区的经贸往来合作。

坚持向创新要活力。以省级高新区为平台，深入实施高新技术企业树标提质行动，引导洪裕汽配、雅玛西科技、恒盛宇、金科新业等重新认定高新技术企业，培育宇时代等成为高新技术企业，力争全县高新技术企业达到 13 家以上，科技型中小企业达到 19 家以上，规上工业企业设立研发机构比例达到 43%以上，R&D 经费投入占 GDP 比重持续提高。大力推进省“扬帆计划”人才培育工程，落实“市人才新政 20 条”和县人才发展实施办法，培养本土科技人才，支持学校、卫生部门、科研机构、企业重点引进一批博（硕）士等急需紧缺人才。

（七）着力治环境优生态，推动更可持续的绿水青山

加深“治”的程度。持续开展工业窑炉分级管控、企业扬尘和挥发性有机物专项治理，全面整治“散乱污”企业，确保空气质量保持全市第一。严格落实“河长制”，加强城乡污水治理，强化畜禽养殖污染综合治理和农业面源污染治理，持续开展柚树河、石正河水质提升专项综合整治，确保饮用水源地水质和主要河流省控断面稳定达标。开展东石矿山、露天矿山生态修复和综合治理。全面实施“林长制”，落实森林火源管理条例，加快生物防火林带建设，严防森林火灾，持续打好松材线虫病疫情防控攻坚战。

加快“建”的速度。加快构建“三线一单”生态环境分区管控体系。推进林分改造，完成自然保护地整合优化。深化环保机构监测监察执法垂直管理制度改革。加快建设“无废城市”。推动五指石片区纳入广东南岭国家公园联动区重点打造，争取将五指石省级

地质公园升格为国家地质公园。启动大坑头水库立项建设。加快建设柚树河河头段万里碧道项目。完成城乡供水提质工程建设。推进生态清洁小流域综合治理工程和18宗病险水库除险加固工程。完善土壤信息管理平台建设。加快推进国家储备林项目建设。深化实施重点林业生态工程，建设高质量水源林1.6万亩以上。

加大"用"的力度。用好用活国家生态补偿转移支付资金，全面提高资金使用效益。建立健全回收利用体系，加强稀土尾矿资源、伴生资源的综合利用，推动废旧稀土产品再利用技术研发；健全废弃物综合利用产业链，实现各类生活和工业废弃物减量化、资源化和再利用。挖掘风能、水能、太阳能等绿色能源，推进新能源项目实施。

（八）着力惠民生增福祉，推动更加幸福的共建共享

提高民生保障水平。实行民生实事项目人大代表票决制，全力办好民生实事。推动"促进就业九条"落地落实，加强对就业困难人员援助，统筹做好高校毕业生、退役军人等重点群体就业工作。全面推进"三项工程"，深入实施八大职业技能提升行动，完成职业技能培训1300人以上。做好欠薪预防处置和矛盾化解工作，保障劳动者合法权益。扩大基本养老保险、基本医疗保险覆盖面。启动建设县社会福利中心。落实低保、特困、孤儿、残疾人等群体的兜底保障，加强流浪人员救助。加快建设镇村生态公墓或骨灰存放设施。理顺医疗保障经办机制体制，完善医疗保障体系。推进公立医疗机构药品跨区域联合集团采购改革和普通门诊"镇村一体化"建设。

办好人民满意教育。全面深化教育领域改革，落实新时代教育评价改革总体方案。坚持县级财政每年从土地出让收入中安排4%用于教育，持续发展壮大县镇级教育基金。继续消除大班额。启动县教师发展中心、石正幼儿园建设以及梅青中学升级改造等项目，加快在建工程建设进度，确保城南小学9月建成使用。全面加强学校思政课建设。启动第二轮"县管校聘"工作，进一步优化师资配置。

加快建设健康平远。压实"四方责任"，落实"四早"措施，坚持人物同防、环境同检、多病共防，强化常态化疫情防控措施落实，确保人民群众生命健康安全。加快县人民医院综合大楼、县妇幼保健计划生育服务中心等项目建设。扎实开展爱国卫生运动。加快推进县域医共体建设，县域就诊率、住院率和基层就诊率明显提高。抓好中医特色专科建设，加强中医药传承与创新型人才培养。做好县妇幼保健计划生育服务中心"二甲"评审工作。

大力发展文体事业。实施文化惠民工程。持续推进136个行政村综合性文化服务中心全覆盖全达标建设。推进文化馆图书馆总分馆制建设工作，确保图书馆评估定级达到二级以上等级。加强宝猷楼等文保资源的保护修复和活化利用。推进全国县级文明城市创建。加快推进红四军纪念馆和县体育场升级改造工程项目。筹办好县足球联赛、国际越野大赛等"一县一品"赛事，丰富群众文化体育生活。

全面加强社会治理。完善社会治安防控体系和常治长效扫黑除恶机制，加快推进"雪亮工程"等智能安防体系建设，创新食品药品安全监管体系，推进更高水平的"平安平

远”建设。巩固村民理事会“一带一法四参与”“中心 4+”等社会治理模式，新设 8 个镇级社会工作服务站，构建共建共治共享社会治理新格局。深化司法体制综合配套改革，完善公共法律服务体系，深入开展广东省法治政府建设示范区创建活动。加强基层应急管理“四个一”建设，全面提升防灾减灾救灾能力。健全退役军人服务体系建设，推动国防动员等取得新进步。持续深入开展维护国家政治安全专项行动，做好信访矛盾化解。

各位代表！打铁还需自身硬，无须扬鞭自奋蹄。我们将着力建设政治清明、执政为民的政府。坚持以习近平新时代中国特色社会主义思想为指导，严守政治纪律和政治规矩，坚决贯彻中央、省市和县委决策部署，坚决肃清李嘉、万庆良恶劣影响，不断提高政治判断力、政治领悟力、政治执行力；牢记为民服务宗旨，始终初心如磐、使命在肩，努力创造出经得起实践、人民和历史检验的新业绩。我们将着力建设依法行政、公开透明的政府。深入学习贯彻习近平法治思想，制定“八五”普法规划，推进民法典贯彻实施；坚持重大事项向县委、县人大及其常委会报告，向县政协通报，办好建议和提案；全面推进政务公开，让权力在阳光下运行。我们将着力建设担当有为、执行有力的政府。推进“三定一督一通报”、分级授权审批、项目审批流程优化等机制建设，持续提升政府治理能力和治理水平；大力倡导“马上就办、办就办好”工作作风；完善绩效考核制度，激发干事创业热情，让每个干部都争当追梦人。我们将着力建设廉洁自律、清正为民的政府。落实意识形态工作和党风廉政建设责任制，推动政府系统全面从严治党向纵深发展；严格落实中央八项规定精神，驰而不息纠治“四风”，持续加大审计监督和整改力度，营造风清气正的政治生态。

各位代表！新时代战鼓吹征，新使命责任如山。让我们更加紧密地团结在以习近平同志为核心的党中央周围，在市委市政府和县委的坚强领导下，以只争朝夕、奋发有为的奋斗姿态，以求真务实、苦干实干的实际行动，不忘初心、牢记使命，感恩奋进、砥砺前行，推动平远加快高质量发展步伐，奋力书写平远“绿水青山就是金山银山”的新时代答卷，以优异成绩庆祝中国共产党成立 100 周年！

附件 1

平远县 2021 年十件民生实事

一、促进普惠性学前教育扩学位、提质量和深入开展学校“食堂革命”。积极响应社会对普惠性学前教育学位的需求，全县新增 200 个普惠性幼儿园学位，其中公办幼儿园学位 100 个，公办幼儿园在园幼儿比例达 50%以上、公办和普惠性民办幼儿园在园幼儿比例达 80%以上。普惠性幼儿园生均经费最低标准由每生每年 400 元提高至 500 元。培育 1 项学前教育“新课程”科学保教示范项目，不断完善学前教育“新课程”资源体系，提升各类幼儿园办学内涵。从食堂条件最差的学校开始，有序推进各类学校食堂硬件设施改造提升，为师生提供良好的就餐环境。全县改造4间食堂，惠及4所学校。

二、深入实施“粤菜（客家菜）师傅”“广东技工”“南粤家政”三项工程。千方百计保居民就业，打造富有特色的“粤菜（客家菜）师傅”品牌，培训“粤菜（客家菜）师傅”60名，带动120人次以上实现就业创业。全面推行技工终身职业技能培训，完成各类职业技能提升培训600人次以上。全面深入推动“南粤家政”工程高质量发展，开展家政服务类培训280人次以上，促进560人次以上稳定和新增就业创业。

三、免费实施出生缺陷筛查。推动提高我县出生人口素质，为全县1400名孕妇免费提供地中海贫血、唐氏综合征、严重致死致残结构畸形的产前筛查。为全县1800个新生儿免费提供先天性甲状腺功能减低症、G6PD缺乏症（蚕豆病）、苯丙酮尿症、先天性肾上腺皮质增生症和新生儿听力筛查。

四、提高低保、特困人员、孤儿基本生活补贴和残疾人两项补贴保障水平。城乡低保对象最低生活保障人均补差水平，分别从每月609元、276元提高到631元、286元。特困人员基本生活标准不低于当地最低生活保障标准的1.6倍。提高孤儿、事实无人抚养儿童基本生活最低养育标准，集中供养孤儿从每人每月1820元提高到1883元，分散供养孤儿、事实无人抚养儿童从每人每月1110元提高到1227元。困难残疾人生活补贴、重度残疾人护理补贴标准，分别从每人每月175元、235元提高到181元、243元。

五、推进城镇老旧小区改造。着力改善老旧小区居住环境，提升老旧小区居民的生活品质。改造4个小区，惠及84户居民。因地制宜确定改造内容，重点改造老旧小区配套基础设施、公共服务设施、建筑公共部位等。

六、完善农村集中供水和生活污水处理设施。加快推进全域自然村集中供水，新增保障农村集中供水13413人。因地制宜推进农村生活污水处理，新增25个行政村完成农村生活污水治理工作。

七、全面推动农村公路桥梁安全改造。着力推进桥梁安全隐患整治，对全县3座公路桥梁进行改造，每年新发现四、五类公路桥梁当年处治率100%，提升农村公路桥梁安全保障水平。

八、加强食品药品安全监督检测能力建设。食品检验量达到每千人5批次（共949批次），不合格食品处置率100%。加大县内生产乳制品、婴幼儿配方食品、保健食品的抽检力度，不合格食品处置率100%。实施农贸市场食用农产品放心消费工程，在6家农贸市场开展食用农产品快检快筛，其中3家省快检市场全年完成不少于10800批次，零售市场每月完成不少于900批次；3家市快检市场全年完成不少于180批次，零售市场每月完成不少于15批次。县内生产的国家基本药物制剂品种抽检覆盖率达到100%。

九、实施公共文化惠民工程。建设3个“粤书吧”类新型阅读空间。实施1个具有客家特色的文保单位保护利用。举办2场非物质文化遗产宣传展示活动。创作更多人民群众喜闻乐见的文艺作品，举办24场惠民展演。

十、大力推动农业保险扩面、增品、提标。扩大农业保险覆盖面，推广实施森林保险、水产养殖保险，县内种植的所有水果品种100%纳入，生态公益林参保率达100%，商品林参保率达30%以上。新增开办保险品种，提高市内主要优势特色农产品保险覆盖率。提高保险保额标准，水稻由800元/亩提高至1000元/亩，能繁母猪由1000元/头提高至1500元/头，育肥猪由800元/头提高至1400元/头，森林由500元/亩提高至1200元/亩。

附件2

平远县2021年人大代表票决民生实事候选项目

一、美丽乡村建设工程。对农村现存约4000座客家民居实施客家特色民居外立面改造，建成沿G206线、G358线和S332线等多条美丽客家乡村示范带。投资额度5000万元，资金来源为中央、省、县资金。

二、平远县车上大桥至梅东大排渠出口两岸环境提升工程。对总长约2.6公里的车上大桥至梅东大排渠出口河道两岸的原有破损人行道进行修复，对沿岸两边绿化和路灯进行提升改造，增设景观雕塑、休闲文化设施等。投资额度320万元，资金来源为县级财政资金。

三、平远县体育场升级改造工程。重铺县体育场4826平方米塑胶跑道，修缮足球场及排水沟，新建围墙、运动训练场，安装照明灯及健身器材等。投资额度395.89万元，资金来源为县级财政资金。

四、平远县老城区路灯亮化工程。对环城路教育路口至平岗路段、教育路南区市场至G206线路口段、城西二三横街、平岗路飞龙电器至环北路口段、广场路县幼儿园至平城南路段、关栢路平城北路口至栢东路段等总长约4公里的6条路段，新安装138盏LED路灯。投资额度100万元，资金来源为县级财政资金。

五、县城城区范围增建临时停车位工程。在鸿禧中心市政配套路用地、老粮所后、老汽车站内以及环北路储备用地等总面积约20000平方米的闲置地，增建临时停车位（区），进一步缓解停车难问题。投资额度120万元，资金来源为县级财政资金。

六、60周岁以上老人、学生等群体乘坐镇通村客运车辆免费（优惠）补贴项目。根据《平远县特定群体乘坐公交车优惠政策实施方案》，我县60周岁以上老人、学生等群体乘坐县城至各镇公交车已实行免费（优惠）政策。拟参照该方案标准，对60周岁以上老人、学生等群体乘坐镇通村客运车辆给予免费（优惠）补贴。投资额度120万元，资金来源为县级财政资金。

七、大栢镇城中村消防设施建设项目。依托供水管网、池塘、人工水池等，在清河、杞园、墩背、梅东、岭下等5个城中村建设区域消防设施，提升城中村消防安全保障能力。投资额度500万元，资金来源为市、县财政资金。

八、泗水镇水毁河堤修复加固工程。对近年来被洪水损毁严重的泗水村上礤、大新村樟坑塘、成文村南坑等3条总长1.8公里的河堤进行整修加固，保障沿岸群众生活生产安全。投资额度300万元，资金来源为县级财政资金。

附件 3

名词解释

1.六稳：稳就业、稳金融、稳外贸、稳外资、稳投资、稳预期。

2.六保：保居民就业、保基本民生、保市场主体、保粮食能源安全、保产业链供应链稳定、保基层运转。

3.两线八镇：G206 线、G358 线沿线的长田镇、大柘镇、石正镇、中行镇、河头镇、八尺镇、仁居镇和差干镇。

4.基层应急管理“四个一”：有一个健全的应急管理组织体系、有一支应急救援队伍、有一个应急指挥平台、有一个应急救援物资仓库。

5.一带一法四参与：一带即党建带动，一法即活化利用程旼以德化人工作法，四参与即广泛发动村民自主参与议事、参与调解、参与建设、参与治理。

6.中心 4+：中心+网格化+信息化+村民议事日+干部直联日。

7.三定一督一通报：按照县政府“主要领导负总责，抓分管领导，分管领导抓”的要求，在工作部署时“定事定人定时”，量化工作任务，确定工作责任人，细化时间节点，对工作完成情况进行有效督促，并及时向各镇各单位通报，定期向县委报告，促进政府工作高效、有序推进。

8.三品一标：无公害农产品、绿色食品、有机农产品和农产品地理标志。

9.“332”绿色工业体系：大力发展三大主导产业，推动稀土新材料产业高端发展、装备制造产业提质发展、中医药产业集聚发展；提档升级三大传统优势产业，推动家居建材产业升级发展、电子信息产业集群发展、酒水饮品产业整合发展；培育发展新能源和非金属新材料两大新兴产业。

10.“532”绿色产业体系：特色农业产业、文化旅游产业以及“332”绿色工业体系。

11.“四沿”村：沿主要交通线、沿省际边界线、沿旅游景区、沿城市郊区村庄。

12.双区、双城：双区指粤港澳大湾区、深圳中国特色社会主义先行示范区；双城指广州市、深圳市。

13.一廊一带四片六心：一廊指城市人文景观廊道；一带指滨水观光带；四片指城市人文景观区、河岭嶂生态观光区、天褒楼和湿地公园片区、河岭村生态旅游区；六心指人文景观中心、亲水休闲中心、体育文化中心、瑞梅商业景观中心、生态文旅中心、山林体验核心。

14.两新一重：新型基础设施建设、新型城镇化建设，交通、水利等重大工程建设。

15.三进一出：人要进来、新产业要进来、龙头企业要进来，货要出去。

16.三线一单：生态保护红线、环境质量底线、资源利用上线和生态环境准入清单。

17.三当年：当年动工、当年投产、当年上规。

18.新三线：线上业态、线上服务、线上管理。

19.四小园：小菜园、小果园、小花园、小公园。

20.三项工程：广东技工工程、粤菜（客家菜）师傅工程、南粤家政工程。

21.四方责任：属地责任、部门责任、单位责任、个人责任。

22.四早措施：早发现、早报告、早隔离、早治疗。

中共平远县委关于印发《中共平远县委贯彻落实〈中共广东省委贯彻落实〈中共中央关于坚持和完善中国特色社会主义制度、推进国家治理体系和治理能力现代化若干重大问题的决定〉的实施意见〉的行动方案》的通知

（2020 年 3 月 3 日　平委发〔2020〕1 号）

各镇党委和人民政府，县委各部门，县直副局以上和省、市属驻平各单位：

现将《中共平远县委贯彻落实〈中共广东省委贯彻落实《中共中央关于坚持和完善中国特色社会主义制度、推进国家治理体系和治理能力现代化若干重大问题的决定》的实施意见〉的行动方案》印发给你们，请认真抓好贯彻落实。

中共平远县委贯彻落实《中共广东省委贯彻落实〈中共中央关于坚持和完善中国特色社会主义制度、推进国家治理体系和治理能力现代化若干重大问题的决定〉的实施意见》的行动方案

为深入贯彻党的十九届四中全会精神，全面落实省委十二届八次全会审议通过的《中共广东省委贯彻落实〈中共中央关于坚持和完善中国特色社会主义制度、推进国家治理体系和治理能力现代化若干重大问题的决定〉的实施意见》和市委部署要求，夯实平远治理制度基础，结合平远实际，特制定本行动方案。

一、　总体要求

以习近平新时代中国特色社会主义思想为指导，增强“四个意识”、坚定“四个自信”、做到“两个维护”，坚持党的领导、人民当家作主、依法治国有机统一，着力固根基、扬优势、补短板、强弱项，把中国特色社会主义制度优势、平远治理探索的制度成果更好转化为治理效能，推进“一城一区一带”建设，努力创建优山美水生态之星“精致小城 · 大美平远”，为梅州打造“三宜”城市范例和广东实现“四个走在全国前列”、当好“两个重要窗口”贡献平远力量。

二、 主要任务

（一）坚持和完善党的领导制度体系。贯彻落实健全“不忘初心、牢记使命”制度、维护党中央权威和集中统一领导各项制度、党的全面领导制度、为人民执政靠人民执政各项制度、提高党的执政能力和领导水平制度、全面从严治党制度的要求，完善坚决维护党中央权威，健全总揽全局、协调各方的党的领导制度体系。

1. 坚决落实“不忘初心、牢记使命”制度，全面落实学习贯彻习近平新时代中国特色社会主义思想第一议题制度，健全“大学习、深调研、真落实”常态化机制。完善落实“两个维护”各项制度，坚持把习近平总书记重要指示批示作为党内政治要件，健全贯彻党中央重大决策部署的闭环落实机制。

2. 认真贯彻党中央对重大工作的领导体制，优化党委议事协调机构，执行向上级党委请示报告制度。

3. 健全县委常委会定期听取县人大常委会党组、县政府党组、县政协党组、县法院党组、县检察院党组工作汇报制度，落实地方党委工作条例、党组工作条例和党的工作机关条例。

4. 健全普遍直接联系群众制度，完善县委常委会和县政府常务会定期研判信访突出问题、县党政领导信访包案化解、镇领导干部驻点等工作机制。

5. 完善常委会向全体会议定期报告工作并接受监督制度，完善落实中央八项规定精神、纠治“四风”长效机制。

（二）坚持和完善人民当家作主制度体系。贯彻落实健全人民代表大会制度、多党合作和政治协商制度、巩固和发展爱国统一战线、基层群众自治制度的要求，坚定不移走中国特色社会主义政治发展道路。

6. 支持人大及其常委会依法行使职权，健全人大对“一府一委两院”监督制度，健全人大代表联络机制及代表述职履职监督制度，规范代表联系站建设。

7. 统筹推进政党协商、人大协商、政府协商、政协协商、人民团体协商、基层协商及社会组织协商，完善协商于决策之前和决策实施之中的落实机制。

8. 健全统一战线领导工作机制，提高宗教工作法治化水平，完善港澳台侨和海外统战工作机制。

9. 健全基层党组织领导的基层群众自治机制，全面落实“四议两公开”制度。

（三）健全和落实中国特色社会主义法治体系。贯彻落实保障宪法全面实施、严格规范文明执法、确保司法公正高效权威、加强对法律实施监督的要求，建设法治平远。

10. 落实保障宪法法律实施机制，完善行政规范性文件合法性审核制度，实施宪法宣誓制度。

11. 全面推行行政执法公示制度、执法全过程记录制度、重大执法决定法制审核制度，健全行政执法信息公示平台和行政执法监督网络平台。

12. 推进司法体制综合配套改革，全面落实司法责任制和行政执法责任制，深化刑事诉讼制度和行政复议体制机制改革，落实防止领导干部干预司法活动、司法机关内部人员过问案件制度。

（四）构建职责明确、依法行政的政府治理体系。贯彻落实优化政府职责体系、优化政府组织结构、完善行政执行体制、优化各级政府权责关系、推进“数字政府”改革建设、深化事业单位改革的要求，加快建设服务型政府。

13. 实行政府权责清单制度，深化“放管服”改革，深化投融资体制、商事制度和审批服务便利化等改革，完善预算制度。

14. 健全机构编制动态调整和管理评估机制，以石正镇为试点，深化镇级行政管理体制改革。健全部门联动机制，推进乡镇一支队伍管执法，健全垂直管理机构和地方协作配合机制，健全运用现代技术手段进行行政管理的制度规则，科学合理划分县级与镇级财政事权和支出责任。

15. 完善事业单位现代治理机制，健全决策议事、人事薪酬、民主管理和监督机制。

（五）坚持和完善社会主义基本经济制度。贯彻落实坚持“两个毫不动摇”、深化收入分配制度改革、加快完善社会主义市场经济体制、推进要素市场制度建设、完善科技创新体制机制、完善农村基本经营制度的要求，构建高质量发展体制机制。

16. 推进国有企业改革，完善国有企业法人治理结构和市场化经营机制，健全支持中小企业发展制度，强化民营企业合法权益保护。

17. 落实工资收入支付保障制度，完善最低工资标准调整机制，健全绩效工资分配机制。

18. 改革生产许可制度，推进产品准入改革，完善企业注销制度，健全产权保护制度。

19. 完善信贷风险补偿和分担机制，健全实体经济和数字经济融合发展机制。完善科研院所科技成果转移转化服务体系，优化科研项目评审管理。

20. 推进农村承包地“三权分置”制度，实施集体经营性建设用地入市制度，完善土地征收制度，推进宅基地制度改革，深化农村集体产权制度改革，健全农村产权流转管理服务平台。

（六）完善服务融入粤港澳大湾区、服务支持深圳先行示范区、服务支持广州推动“四个出新出彩”建设机制。贯彻落实举全省之力建设粤港澳大湾区、支持深圳建设先行示范区、支持广州推动“四个出新出彩”建设的要求，推动平远苏区进一步加快振兴发展步伐。

21. 深入实施《平远县服务融入粤港澳大湾区建设的实施意见》，健全基础设施共谋共建共享、产业协同发展、民生领域合作、营商环境对标对表机制。

22. 制定实施《平远县支持深圳建设中国特色社会主义先行示范区的行动方案》，对接“深圳所需”，举全县之力服务支持深圳建设先行示范区。

23. 制定实施《平远县支持广州市推动“四个出新出彩”的若干措施》，深化广州南沙·平远对口帮扶，突出产业共建和脱贫攻坚，不断提升两地协调发展水平。

（七）健全加快苏区振兴政策转化运用机制。贯彻落实国家和省推动老区苏区振兴发展的要求，把苏区振兴政策转化为推动发展的强大动力。

24. 健全项目对接机制，按照国家《赣闽粤原中央苏区振兴发展规划》和省《进一步推动老区苏区振兴发展的意见》等，建立基础设施、基本民生、产业发展、生态环境、红色资源保护利用项目库。

25. 完善资金对接机制，争取产业类和创新类发展专项资金、老区苏区发展专项奖补资金、省级财政均衡性转移支付、生态保护补偿等支持。

26. 完善协调对接机制，通过“一事一议”方式，争取省、市支持对我县未明确享受的政策纳入国家支持赣南等原中央苏区振兴发展部际联席会议和省部门联席会议议题。

（八）建立完善生态发展区建设制度体系。贯彻落实健全最严格的生态环境保护、资源高效利用、生态保护和修复、生态环境保护责任制等制度，按照省“一核一带一区”和市打造“三宜”城市范例的部署要求，努力构建生态发展区绿色发展机制。

27. 建立国土空间开发保护和用途管控制度，构建固定污染源监管制度体系，加强跨流域污染联防联治。

28. 完善自然资源监管体制，实行资源总量管理和全面节约制度，实行垃圾分类和资源化利用。健全山水林田湖草一体化保护和修复综合治理机制，全面落实河（湖）长制和森林防火责任制，扎实推进“林长制”试点。

29. 建立生态文明建设目标评价考核制度，构建全过程生态环境监管执法制度体系，健全生态环境监测评价和预警应急制度，落实自然资源资产离任审计制度。

（九）坚持和完善繁荣发展社会主义先进文化的制度。坚持马克思主义在意识形态领域指导地位的根本制度、坚持以社会主义核心价值观引领文化建设制度、健全人民文化权益保障制度、完善坚持正确导向的舆论引导工作机制、建立健全社会效益和经济效益相统一的文化创作生产体制机制。

30. 推进新时代文明实践中心建设，完善学校思想政治工作机制，压紧压实党委（党组）意识形态工作责任制。

31. 加强客家文化、红色文化传承创新，实施公民道德建设工程，完善青少年理想信念教育齐抓共管机制。统筹公共文化服务设施建设，健全支持开展群众性文化活动机制。

32. 完善舆论监督制度，健全重大舆情和突发事件舆论引导机制，推进平远县融媒体中心建设。

33. 完善国有文化资产管理机制，创新文化生产经管机制，健全引导新型文化业态健康发展机制。

（十）完善统筹城乡的民生保障体系。贯彻落实健全有利于更充分更高质量就业的促进机制、构建服务全民终身学习的教育体系、完善覆盖全民的社会保障体系、强化提高人民健康水平的制度保障、鼓励社会力量兴办民生公益事业、建立解决相对贫困的长效机制的要求，完善基本公共服务体系。

34. 健全多渠道灵活就业机制，优化全链条创业扶持机制，完善职业技能培训制度，推进“粤菜（客家菜）师傅”“南粤家政”等工程。

35. 深入实施中小学教师“县管校聘”制度，扩大公益性普惠性学前教育资源供给，健全特殊教育、普及高中阶段教育等保障机制，深化职业教育产教融合、校企合作。

36. 加强社会保险统筹，健全重特大疾病医疗保险和救助制度，完善社保转移接续、异地就医结算制度，健全农村留守儿童、困境儿童、退役军人服务保障体系和妇女、老年人关爱体系。健全政府购买社会服务机制，培育发展各类社会组织。

37. 深化医药卫生体制改革，加快推进平远县紧密型县域医疗卫生共同体建设，推进分级诊疗制度，助力梅州创建国家中医药综合改革试验区建设。

38. 打赢脱贫攻坚战，健全兜底社会保障机制，建立解决相对贫困的长效机制。

（十一）完善现代社会治理体系。贯彻落实完善正确处理新形势下人民内部矛盾有效机制、完善社会治安防控体系、健全公共安全体制机制、构建基层社会治理新格局、加快社会信用体系建设、完善国家安全体系的要求，构建政治、法治、德治、自治、智治“五治联动”的城乡基层治理体系。

39. 完善问题联治、工作联动、平安联创的工作机制，健全城乡基层治理体系，健全扫黑除恶专项斗争长效工作机制，推进“平安平远”建设。

40. 发展新时代“枫桥经验”，完善非诉讼纠纷解决机制，推行人民调解、行政调解、司法调解联动，健全社会矛盾纠纷多元预防调处化解综合机制。健全城乡基层治理体系，推广村民理事会参与村务治理的成功经验，推进“平安之乡”实践创新项目，创新推广“一带一法四参与”“中心 4+”社会治理模式。

41. 加强社会治安防控网建设，加强网络综合治理，落实安全生产责任和管理制度，建立公共安全隐患排查预防和食品药品安全监管机制，健全应急管理体制。

42. 建设“信用平远”，建立覆盖全社会的征信系统，健全守信激励和失信惩戒机制。

43. 完善国家安全风险研判、防控协同、防范化解机制，健全重点领域国家安全工作协调机制。

（十二）坚持和完善党和国家监督体系。贯彻落实健全权力监督制度、完善权力配置和运行制约机制、构建一体推进不敢腐、不能腐、不想腐体制机制的要求，健全监督体系和权力运行机制。

44. 完善党内监督体系，建立巡视巡察上下联动监督网，一体推进纪律检查体制改革、监察体制改革和纪检监察机构改革。

45. 完善党务、政务、司法和各领域办事公开制度，完善权力运行过程的留痕、查询、追溯机制，完善发现问题、纠正偏差、精准问责有效机制。

46. 深化基层正风反腐行动，推动执法司法、工程建设、资源开发等重点领域监督机制改革和制度建设，办好党章党规党纪培训班，强化违纪违法案件警示教育，巩固和发展反腐败斗争压倒性胜利。

正高级职称（高级技师）、副高级职称（技师）、中级职称（高级工）的，在取得资格证书满一年并与企业签订两年以上劳动合同且按期缴纳社保的，服务期满后分别一次性给予1万元、0.5万元、0.3万元的奖励。对非公企业和社会组织新引进外县籍中级职称（高级工）人才，满一年劳动合同并按期缴纳社保的，一次性给予0.5万元的安家费。上述奖励条款依照《平远县人才发展实施办法（试行）》（平委发〔2019〕13号）执行。

责任单位：县科工商务局、县税务局、县人力资源社会保障局、工业园管委会

十四、用工及就读支持

1.给予创业就业等用工补贴政策支持。为减轻企业负担，增强企业活力，对符合条件的企业提供一次性创业资助、租金补贴、创业带动就业补贴、创业孵化补贴、创业担保贷款贴息等优惠政策。具体依照《关于印发〈平远县关于贯彻落实省、市进一步促进就业若干政策措施的通知〉的通知》（平人社〔2019〕13号）执行。

2.给予投资者子女就读便利。在广州南沙（平远）产业转移工业园及工业集聚区内投资的企业董事会成员、法定代表人、企业高层管理人员和具有中级以上职称人员的子女，享受本县居民同等待遇，由县教育局安排学校就读。小学、初中书杂费、高中学费按普通生收取，不收取任何名义的赞助费、借读费、择校费。

3.企业董事会成员和法定代表人、企业高层管理人员及具有中级以上职称人员的身份由县招商和企业服务中心、县教育局、工业园管委会负责核实。

责任单位：县人力资源社会保障局、县科工商务局、县招商和企业服务中心、工业园管委会、县教育局

十五、符合本办法规定的同一项目、同一事项同时符合省、市其他扶持政策规定（含上级部门要求市、县级配套或负担资金的政策规定），按照从高不重复的原则予以支持，另有规定的除外。

十六、企业需在平远县内注册、纳税，有独立法人资格、实行独立核算，且承诺10年内不迁离平远、不改变在平远纳税义务、不减少注册资本。企业在签订投资协议时，应合理合法明确项目建设年限及年保底纳税额度。若企业违反投资协议，政府有权撤销扶持措施并追回奖补资金。

十七、其他规定

1.本政策措施中“财政贡献量”是指新引进企业在我县实际缴纳的增值税和企业所得税按政策折算成县地方留存部分。

2.按照“谁审核、谁负责”的原则，省、市和县原有文件规定的奖补程序按上级和县原文件规定执行，其余由县招商和企业服务中心负责对新引进重点企业补贴、奖励资金申报材料进行初审，县政府办公室牵头组织县财政、科工商务、招商和企业服务中心、发展改革、统计、税务、工业园管委会等部门对申报材料和实地进行审核认定。

3.对2019年12月31日前引进的招商企业（项目），相关优惠措施未执行完毕的，按原有政策执行，对2020年1月1日后引进的招商企业（项目），按本办法执行。

十八、本办法自公布之日起施行，有效期五年。如国家、省、市及县相关政策调整，

按最新的政策规定执行。本县以往政策与本办法不一致的，按照本办法执行；《关于印发平远县股权投资管理操作规程（工业企业）的通知》（平工管委〔2015〕5号）同时废止。

本办法由平远县人民政府授权平远县招商和企业服务中心负责解释，实施细则由相关部门另行制定。

中共平远县委办公室 平远县人民政府办公室关于印发《平远县深化乡镇体制改革完善基层治理体系实施方案》的通知

（2020年8月10日 平委办发〔2020〕1号）

各镇党委和人民政府，县委各部门，县直和省、市属驻平各单位：

经县委、县政府同意，现将《平远县深化乡镇体制改革完善基层治理体系实施方案》印发给你们，请结合实际认真贯彻执行。

平远县深化乡镇体制改革完善基层治理体系实施方案

根据《关于深化乡镇街道体制改革完善基层治理体系的意见》有关要求，结合实际，制定平远县深化乡镇体制改革完善基层治理体系实施方案。

一、总体要求

以习近平新时代中国特色社会主义思想为指导，全面贯彻党的十九大和十九届二中、三中、四中全会精神，深入贯彻习近平总书记对广东重要讲话和重要指示批示精神，坚持党的集中统一领导，以健全党的全面领导制度为着力点，理顺权责关系，优化机构设置，健全运行机制，完善保障体系，进一步激发乡镇经济社会发展活力，夯实国家治理体系和治理能力的基础，为扎实推进优山美水生态之星“精致小城·大美平远”建设，坚决夺取全面建成小康社会伟大胜利提供体制机制保障。

二、改革任务

（一）合理下放管理职权

除专业性、技术性较强、乡镇无法承接，或工作量较小、由县级集中行使成本更低的权限外，按照实际需要、宜放则放的原则，将县级行政许可、行政处罚、行政强制、公共服务等经济社会管理权限充分下放乡镇。

充分挖掘乡镇发展潜力，有序扩大城镇建设规模，增强人口和产业集聚功能。重点下放自然资源和规划建设、农业技术推广使用、生态保护、市场监管、卫生健康、镇区和乡村治理等方面的县级经济社会管理权限。在此基础上，按照县对各乡镇经济社会发展的定位，根据省、市地方性法规授权或由县政府依法委托的方式将相关管理权限授予乡镇或委托乡镇行使。有关部门要按照规定的放权程序和要求，加强指导和培训，明确政策标准和工作流程，健全权力监督机制，确保下放乡镇的管理权限接得住、用得好。

责任单位：县政府办公室、县委编办、县司法局、县政务服务数据管理局

（二）统筹优化党政机构

1. 实行限额管理。差干镇、仁居镇、八尺镇、中行镇、河头镇、上举镇、泗水镇、东石镇、大柘镇、石正镇、长田镇、热柘镇设置9个机构。

2. 综合设置机构。乡镇一般设置党政综合办公室、人大办公室、党建工作办公室（组织人事办公室）、纪检监察办公室、公共服务办公室（党群服务中心）、综合治理办公室（应急管理办公室）等6个综合性办事机构和综合行政执法办公室（综合行政执法队）。除上述规定设置的机构外，各乡镇因地制宜设置机构为：经济发展办公室、农业农村办公室（规划建设办公室）、生态环境保护办公室。

综合行政执法办公室（综合行政执法队）定为副科级。

纪检监察办公室与县监委派出机构合署，不占限额，同时加强乡镇党委对纪检监察工作的统筹管理。

有关部门要抓紧对乡镇“三定”规定进行修改完善，并结合“三定”规定同步细化、明确各个机构的工作职责，制定各个岗位的职责说明书，推动岗位标准化建设。

人民武装部按有关规定设置，工会、共青团、妇联等群团组织按有关章程设置。按照中央和省关于事业单位改革的有关精神，结合实际，推进事业单位改革和规范设置。

责任单位：县委组织部、县委编办

（三）健全协同高效运行机制

1. 健全乡镇党委统一领导机制。坚持党的集中统一领导，乡镇党委统一领导本级政权机关、群团组织和其他各类组织，以及村（社区）党组织，统筹使用各类资源。乡镇纪委在党委和上级纪委双重领导下进行工作。

乡镇党委建立综合治理委员会、公共服务委员会、综合行政执法委员会、应急管理委员会、规划建设委员会等统一指挥协调的工作平台，委员会由相关党政机构、事业单位、社会组织及村（居）民群众代表组成，委员会主任分别由分管相关工作的党委委员担任，日常工作分别由综合治理办公室、公共服务办公室、综合行政执法办公室、应急管理办公室、规划建设办公室承担。

加大派驻机构（含事业单位）实行属地管理的力度，相关派驻机构属地管理后与乡镇本级有关机构整合设置。县以上有关部门派驻在乡镇的机构继续实行派驻体制的，要建立健全纳入乡镇统一指挥协调的工作机制，全部纳入乡镇工作平台，工作考核和负责人任免要征求所在乡镇党委意见。

2. 健全上下贯通、运行顺畅的工作机制。全面厘清县政府及职能部门与乡镇的权

责边界。制定乡镇权责清单，按规定程序进行动态调整。

县有关部门要加强对乡镇工作的培训指导和统筹协调。县级相关部门对乡镇工作的各项考核统一纳入县委县政府对乡镇的考核，县级相关部门不再对乡镇进行专项工作考核。

县委全面依法治县委员会办公室统筹县级各部门的行政执法工作，负责组织实施对乡镇综合行政执法工作的统一部署、统一培训、统一指导、统一监督等。综合行政执法专业性业务由相关部门配合。

乡镇要明确综合性办事机构与上级机构的职责对应关系，确保上下职责对应、工作运行顺畅。

3. 健全共建共治共享的社会治理机制。完善党委领导、政府负责、民主协商、社会协同、公众参与、法治保障、科技支撑的社会治理体系，建设人人有责、人人尽责、人人享有的社会治理共同体。厘清乡镇和村（居）民委员会、农村集体经济组织的权责边界。加强村（社区）党群服务中心建设，推动基本公共服务事项进驻村（社区）办理，推进村级便民服务点和网上服务站点全覆盖。加快推进城乡社会综合网格化服务管理，将上级部门在基层设置的多个网格整合为一个综合网格，依托村（社区）合理划分基本网格单元，统筹网格内党的建设、城市管理、综合治理、流动人口管理、消防、应急管理、社会保障、社会救助等工作，实现“多网合一”。

责任单位：县纪委监委、县委组织部、县委政法委、县委编办、县民政局、县司法局、县农业农村局、县政务服务数据管理局

（四）完善运行保障体系

1. 充实乡镇编制资源。统筹乡镇全部编制资源和工作力量，建立机动灵活的工作机制，根据工作实际，实行动态调配。将县级机构改革调整出来的编制下放乡镇。

2. 创新基层选人制度。改进公务员考录和事业单位人员选聘工作。针对乡镇工作实际和用人需求，科学规划各种进人方式的规模和比例。既注重从优秀高校毕业生中考选录用，也注重从本地成长的熟悉农村（社区）、了解农村（社区）、与群众有深厚感情的农村（社区）党组织书记等本地优秀人才中招聘选用，推动建立结构合理、符合实际需要、能够高效开展工作的基层干部队伍。

3. 加强财政保障。按照事权和支出责任相适应的原则，合理划分县和乡镇财政事权和支出责任，应由县承担的支出责任，不得转移给乡镇；对下放给乡镇的事权，要给予相应财力支持。对财力薄弱的乡镇，要加大一般转移支付力度，确保基本支出和履职需要。

4. 强化数字政府技术支撑。以建设广东省行政执法信息平台和行政执法监督网络平台为依托，整合乡镇各类业务系统和资源，建立一体化的综合指挥平台和党群政务服务平台，确保执法数据纵向和横向互联互通，为乡镇综合执法提供支撑。相关部门的行

政许可和执法信息以及视频监控等要接入乡镇执法平台并实现数据及时交换。乡镇要结合相关信息及时开展执法工作，并将执法信息及时反馈上级平台。

责任单位：县委组织部、县委编办、县司法局、县财政局、县人力资源和社会保障局、县政务服务数据管理局

三、组织实施

（一）加强组织领导。在省委领导、市委统筹协调下，县委要承担主要责任，具体负责推进改革工作。各级党委要充分认识深化乡镇体制改革、完善基层治理体系的重要意义，将其作为落实全面深化改革总目标的一项重要任务抓好，由主要领导负总责，建立健全工作协调机制，结合实际细化政策措施。县直有关部门要加强协调配合，按照职责分工，制定完善配套政策，推进改革任务落实。各乡镇要压实工作责任，抓好工作落实，确保高质量顺利完成各项任务。

（二）积极稳妥推进。各乡镇和县直有关部门要周密部署、精心组织，确保改革积极稳妥推进。要把握好改革发展稳定关系，确保改革期间各项工作连续稳定，防止出现空档期。深入做好思想政治工作，密切关注干部职工思想动态，稳定好干部职工队伍，做到思想不乱、工作不断、队伍不散、干劲不减。2020 年 8 月 15 日前基本完成改革。

（三）严肃工作纪律。改革期间，严格执行有关政治、组织、机构编制、干部人事、财经、资产、保密等纪律。严禁上级政府及其部门以任何理由任何形式干预乡镇机构设置和编制人员配备。加强对乡镇体制改革的督促检查和评估指导，及时研究解决改革中遇到的困难和问题，推动改革有序推进。对违反有关规定的，严肃追究有关人员责任。

新闻选载

平远铆足干劲稳步实施乡村振兴战略

大地律动是春声 乡村振兴正当时

春到平远乡村田野，一股振兴蓬勃热力正在迸发：农民春耕忙，多了增收致富的产业；村容村貌日新月异，增强了群众幸福感；干部劲头十足，争做农村发展“领头雁”……一年来，平远干部群众齐心协力、铆足干劲，稳步实施乡村振兴战略，一幅产业兴旺、生态宜居、乡风文明、治理有效、生活富裕的美丽乡村新图景正在平远大地渐次展开。

仁居镇投资 700 万元完成 1.5 千米碧道百日攻坚整治行动，净河流、建碧道、美沿线

（本版图片均由钟小丰 摄）

石正镇水打坝一角

东石镇锡水村美丽庭院一角

春耕时节，农民抢抓农时栽种新橙苗

在党员干部示范带动下，上举镇八社村人居环境和基础设施建设加快完善，成为新农村建设“排头兵”

人居环境整治有效 群众竖起大拇指

春回地暖，阳光普照，仁居镇仁居村胭脂河水面如镜。一条澄澈的碧流，从古驾虹桥下穿行，荡过碧道和河畔盛放的黄花风铃木，欢快向前。两岸，民居粉墙黛瓦，崭新而不失古色；红色大道、百姓公园等系列项目持续推进……

眼前所见，再没有村民口中过去浊流沟、泥滩涂的踪影。过去 3 个月，仁居镇投资 700 万元完成 1.5 千米碧道百日攻坚整治行动，净河流、建碧道、美沿线，令胭脂河旧貌换新颜。从广州回乡过年的村民张媚娜惊喜地感慨：“家门口变化太大了。”

胭脂河浊流变碧流的背后，是平远规划先行、合力射靶的新农村建设思路的缩影。“县里不搞撒胡椒式的全面开花，而是钱随项目投。钱在点上怎么用？平远采取‘书记带队、部门进村’的群英会模式。项目落地、实施、收尾，县委书记都会召集有关部门开现场会，集中资金、火力推动环境整治等工作。”平远县农业农村局乡村振兴股股长刘基正说。

在这个思路下，河头镇将实施中小河流治理与人居环境整治相结合，一河两岸多了湿地公园、亲水步道；石正镇探索“一水带五村”乡村振兴模式，投入1亿多元建设新农村连片示范片；南粤古驿道定向大赛、国际山地徒步大会、脐橙文化旅游节等活动，持续助力八尺、长田、大柘等镇乡村振兴……

“多谢党的好政策。我一家人住上了好房子，要是等自己赚了钱来修，不知要到何时。”先是看着家门口建起了热闹的淦上文化广场，后又见自家楼房面目一新，东石镇锡水村村民林伯竖起大拇指。目前，平远县全面完成了“三清三拆三整治”基础整治任务，已拆除危房、露天旱厕等面积175.03万平方米，完成外立面改造6578户、面积443.12万平方米，完成拆旧复垦验收土地1600多亩，群众获得土地指标交易收入达5.3亿元。全县农村生活垃圾有效收集率达100%，无害化处理率达100%；全县户用无害化卫生厕所普及率达98.9%；建成11个镇级和23个村级污水处理设施……

农业成为特色产业　村民鼓了钱袋子

春天来了，又到了脐橙新种树苗的农时。今年，仁居镇黄畲村村民杨东辉放下往年的装修行当，在山间忙活起来，准备栽种100多亩、3000多株脐橙苗。“听说产业园项目建设政策好，我也想谋一谋绿色发展的路子。”杨东辉说。

如今，依托平远脐橙和南药两个省级现代农业产业园建设，平远县积极推动特色主导产业有种植基地示范、有龙头企业带动、有精深加工延伸、有电商平台联结，持续做强脐橙、油茶、南药、茶叶、优质稻等特色优势产业。

平远县农业农村局产业园办公室主任王昌喜说：“目前，入园参与脐橙和南药产业生产经营的各级农业龙头企业、专业合作社、家庭农场有52家，联农带农1万多户，其中贫困户486户。村民通过参与产业园生产、务工等，户均增收3000多元。”

另一批产业扶贫项目也在平远落地开花。近日，仁居镇畲溪村贫困户张德苑在扶贫基地的红心芭乐园忙碌起来，锄头挥舞，干劲十足。“这两年，村里来了扶贫干部，鼓励咱家养牛，帮忙电商销售农产品，我们才脱了贫，日子好了起来。”张德苑笑着说。

步入脱贫攻坚收官之年，平远县目前实施扶贫项目60927个，共有1458户3872名贫困人口退出贫困行列，退出率达95.51%，全县20个相对贫困村实现全部退出。

蓬勃发展的还有全域旅游。八尺镇角坑村村民肖海承告诉记者，因为看好红色旅游发展，他一家人都回村里开起了农家乐、农特产店，日子越过越红火。这得益于平远县将“红色资源+绿色生态”相结合，先后打造仁居红色旅游小镇和八尺角坑村红色之旅为主题的景点节点。目前，该县拥有休闲观光农庄120多个，国家AAAA级景区1个、国家AAA级以上景区4个。

发挥资源禀赋，优化农业结构，促进三产融合，带农增收致富。2019年，平远县实现农业总产值19.5亿元，同比增长4.5%；农村居民人均可支配收入18408元，同比增长11.7%。

党建引领激活动力 农村生活有奔头

在上举镇八社村，地偏路窄曾经长期制约村庄发展。随着乡村振兴战鼓擂响，在党员干部示范带动下，当地人居环境和基础设施建设加快完善，全村旧屋、旧楼改造率达99%，从空中鸟瞰，仿佛一幅美丽的山水画，一跃成为全县新农村建设“排头兵”。

走进八社村石岭村民小组，村干部指着道路转角的一片空地说：“这原来是老党员徐德和家的一处杂房，尽管当时已经修葺一新，但听大家说阻碍了视线，他二话不说就把杂房拆了，无偿捐赠给村里建群众活动广场。”那之后，村民的积极性被调动起来，丘志先、丘利华、丘志淦等一批党员群众纷纷无偿捐赠土地并积极投工投劳参与新农村建设。

当地党员和乡贤还组建起党群理事会，通过“户长会”和“包片联户”制度，开展宣传发动工作。“新农村建设，少不了群众的支持，特别是广大乡贤。”上举镇副镇长曹锋玫说，在浓浓的乡愁感召下，广大乡贤与当地党群结成紧密的桥梁纽带，如乡贤肖义松捐资120万元兴建石角宗祠，吴远扬牵头筹资500万元建设2处综合文化活动中心……

记者了解到，平远县目前新成立1111个党群理事会，有效引导广大群众成为新农村建设的“主人公”，更多支持新农村建设的事例正在涌现。同时，该县向农村选派29名第一书记，把村党支部打造成坚强战斗堡垒。

今日平远，乡村面貌焕然一新，乡风文明日渐浓郁，农民日子更加红火，广大群众的获得感、幸福感越来越强。大地律动是春声，乡村振兴正当时。砥砺奋进中，一幅秀美活力的平远乡村新画卷愈加清晰。

《梅州日报》　2020年3月6日　第6版：平远新闻

●记者 傅思林

特约记者　朱维佳 林立康

突出党建引领推动乡村振兴各美其美、美美与共

平远县：头雁领飞美乡村 共治共享气象新

平远县以基层党组织全面过硬引领一幕幕美丽乡村图景“蓝图变现实” （钟小丰 摄）

畲脑村山瓦祖祠堂化身传播党政方针与耕读文化的综合活动中心 （钟小丰 摄）

在畲脑村山瓦小组，老祠堂修缮一新，塘前花红柳绿，环境明媚整洁。绿草毯上立着一块朱红色的牌子格外醒目，上面写的“上举镇畲脑村党员卫生监督岗：吴特吾”。

同行的村支书杨玉华介绍，这是党员主动带头，对乡村环境整治长效机制的积极探索。“乡村要长久美下去，离不开干部群众一起努力，党员更是其中的‘领头雁’。”

乡村振兴要干成，头雁效应最关键。时值梅州乡村振兴取得重大进展之年，记者走马平远，赫然发现在一个个美丽乡村“蓝图变现实、建好更管好”的背后，头雁领飞比比皆是。

党群合力“建”美丽

行走上举镇上举村石角小组，修缮一新的百年老屋瑞气华堂，黛瓦白墙的民居掩映屋后青山，房前绿水韵味十足，凉亭中有老少纳凉休闲，移步皆景。“这祠堂是乡贤募资修缮的，新村道是村民们无偿捐地建的，河边凉亭里的诗词也是群众的创作。”在副镇长曹锋玫的介绍中，记者得知，眼前的乡愁美景，不离群策群力。

2018 年，“三清三拆三整治”持续推进，60 多岁的畲脑村民吴小兰在党群理事会带动下，无偿拆除家里四间杂房捐建新村道。如今，这短短 10 多米水泥路成为村民生产生活的要道。“起初家人不同意，但我觉得老吴（党员吴特吾）说得对，方便子孙后代，值当！”

在乡村振兴中，镇、村党员干部冲锋在前做表率，带头入户做工作，带动家人、身边村民自觉配合“三清三拆三整治”，积极参与环境整治，使“吴小兰”在平远并不鲜见。

群众积极参与美丽乡村建设背后，由各村党支部的领导成立的党群理事会发挥不可或缺的作用。目前，平远县成立起 1111 个党群理事会，采取召开党员会、村民小组会、户主会等方式，向群众宣传党的路线方针政策和乡村振兴中涌现出来的好人好事。

此外，以深入实施“头雁工程”为契机，平远县建立起县镇村三级书记齐抓乡村振兴工作机制，向农村选派第一书记 29 名，打造了 54 个党建示范点。以基层党组织全面过硬引领一幕幕美丽乡村图景“蓝图变现实”。

红绿相融“活”内涵

胭脂河碧漪长流，红色广场熙攘，霓虹灯点亮百年古桥……今年初，仁居镇仁居村彻底被“红”字改变了。依托红色村党建示范项目建设，该村活化了红色文化底蕴、古城建筑瑰宝、绿色生态禀赋的“红、古、绿”三色，绘就出“红色古邑·故事小城”动人画卷。

无独有偶，在畲脑村山瓦，古老榍干石下的“客家读书人”雕像栩栩如生，崇文重教、耕读传家的彩绘跃然墙面，祖祠堂化身传播党政方针与耕读文化的综合活动中心。

依托吴三立故居等得天独厚的生态人文资源与党建阵地建设相结合，畲脑在美丽乡村建设中干出实效。

文化是乡村振兴之魂。在乡村振兴中，平远县充分发挥新时代党建引领，在推进“三清三拆三整治”和外立面改造工作中，让各地乡村红色文化、客家文化、绿色生态有机融合，因地制宜、科学谋划，绘就了河头梦里水乡、八尺红色故乡、东石钟灵毓秀等广大新农村“各美其美”的和谐画卷。

突出党建引领，下足绣花功夫，美丽乡村提高了“颜值”，丰富了“内涵”，也给老百姓带来好日子。去年底，随着乡村游、红色游成为文旅市场热点，仁居村热闹起来，前来参观美丽乡村、感受红色文化的来客络绎不绝。

共治共享“管”文明

“乡村建美了，要是乡亲们还跟以前一样不讲究卫生，会不会又回到脏乱差？”今年2月，群众在村民小组会上提出的问题，令村民理事长吴特吾皱了眉。思前想后，他向村支书杨玉华提出，由他带头示范设立“党员卫生监督岗”，劝导群众树立文明新风。

采访那天，刚接到杨玉华的电话不到5分钟，吴特吾就赶到了监督岗的牌子跟前。“我把电话留在牌子上，方便群众随时反映卫生情况，自己也常在附近巡视。如果发现有村民随意堆放垃圾、农具、杂物等行为，就及时去耐心劝导他。”他告诉记者。

杨玉华告诉记者，监督岗设立几个月下来，畲脑村民的文明意识有了显著提高，经常主动清理房前屋后垃圾杂草禽畜粪，整齐摆置生产工具日用品等。接下来，他们将继续发挥党员率先垂范作用，在镇党委政府的支持下将“党员卫生监督岗”的机制推广到全镇。

在此之前，平远还先后实行河长制、垃圾兑换超市、党员示范路等方式探索整治农村环境新模式。全县还采取“县政府购买服务、镇为管护主体、县直部门负责日常监督检查、发动群众参与”的模式，每年安排500万元用于管护整治后的农村人居环境和公共设施。村党支部还加强督查检查，对做得好的农户进行评星评级授牌激励。

“现在村庄越来越美，大家看到垃圾都会随手捡起来。还是特吾同志说得好，虽然政府帮我们把村庄建美了，维护还得靠人人参与呢。”家住梅畲石角小组的村民黄菊梅笑着说。

眼下，平远已逐渐形成全县举力、全民行动、全面推进、全新变化的乡村振兴良好氛围。

《梅州日报》　2020年5月26日　第12版：《奋进》特刊T4

●记者 傅思林
特约记者　朱双玲 朱维佳

平远县推动产业扶贫走深走实巩固脱贫成果

精准施策产业兴　脱贫花开奔康路

消费扶贫引领泗水镇文贵村蝶变　（钟小丰　摄）

7月，平远县消费扶贫农特产品展销中心成立　（傅思林　摄）

大柘镇黄沙村可其山电商蔬菜基地喜获丰收　（钟小丰 摄）

贫困户林习绪在东石镇狼尾草种植基地劳作　（钟小丰 摄）

泗水镇文贵村木耳等林下产业蓬勃发展　（钟小丰 摄）

正午，平远县大柘镇黄沙村村民姚美凤从蔬菜基地下班，回到新装修的两层小楼的家，一家人准备午饭有说有笑，眼前的一切见证了他们过上了好日子。“脱贫之后再巩固，现在生活没压力，丈夫病情也转好了，全家人均收入从3455元涨到27000元。”姚美凤话语轻快，生活有了奔头。

在平远，像姚美凤一样脱贫过上美好生活的例子不胜枚举。自脱贫攻坚工作开展以来，平远聚焦薄弱环节，做好政策落实，精准搭建产业扶贫大架构，推动产业扶贫走深走实。2020年，全县建档立卡贫困户1493户3993人实现全部脱贫，20个省定贫困村全部达到退出标准。

夯实产业基础　强化龙头带动

8月艳阳高照，一望无垠的牧草长势良好，绿意盎然。这里是平远东石镇狼尾草种植基地，通过家门口就业和土地流转分红，1300亩牧草产业带富了周边1250户村民。贫困户林习绪便是牧草基地的最勤劳身影，头顶草帽手把锄，除草、追肥，干劲十足。

令60多岁的林习绪难忘的有两件事：一是他几年前下厨时不慎燎伤一只眼睛，落下残疾，昂贵的医疗费让全家不堪重负，生活陷入困顿。二是2017年平远引进梅州彧园山仁农业科技开发有限公司建起牧草基地，他成为员工和“小股东”，摘了贫困帽。“以前我和妻子身体都不好，只能守在家里，单靠耕种家里3亩田，收益低，养家难。后来牧草基地建起来了，扶贫干部劝我把田地流转出来入股，进公司就业。现在通过在基地领工资和分红，年收入1万多元，不比外头打工差。”林习绪笑着说。

梅州彧园山仁公司致力发展现代牧草基地，实现规模化生产，供应粤闽赣地区周边养殖场。“我们的扶贫模式主要为贫困户优先提供就业岗位，以及从 2018 年起连续 3 年，分别按实际投资金额的 12%、10%和 8%设立年收益金，作为贫困户产业发展项目增收资金等。”该公司负责人曾宪梓说。

脱贫攻坚，产业优先。近年，平远县狠抓扶贫产业，扎实推进“一镇一业”“一村一品”发展，积极培育农业企业、农民合作社和家庭农场，以脐橙、油茶、南药等特色产业项目为主，建成 27 个镇村两级产业扶贫基地，探索出“龙头企业+”“合作社+”“ 电商+”等 25 个贫困户产业发展模式，联结带动有劳动能力贫困户 1362 户（次）。

同时，平远还大力发展省级现代农业产业园建设助力脱贫攻坚创新发展。2020 年，平远县实施合作共建梅片树种植基地促进村级集体经济发展试点项目，以三达村等 25 个村集体经济组织为试点，探索南药梅片产业联农发展长效机制，逐步推广覆盖至全县 136 个村。

推进消费扶贫　搭建产销平台

从县城到泗水镇文贵村，一路青山连绵，崎岖山路一弯接着一弯。文贵村是省定贫困村，因地偏人稀一直制约着该村的发展。“过去，乡亲们种过三华李、灵芝，养过蜜蜂，却终归是小打小闹。症结还是交通不发达，农产品又没有稳定的销路。”文贵村第一书记陈永忠说。

2017 年，通过广州南沙区驻平远县扶贫工作队搭建消费扶贫桥梁，当地农产品一举实现 50 万元的电商销售额。“我们协调南沙区公安分局工会签订长期采购协议，找到了稳定长期的供应市场。通过合作社搭建产销平台，一方面用扶贫资金鼓励贫困户大力发展农业养殖，另一方面帮助全村群众对农产品进行统一收购和包装设计，将产品销往广州。”陈永忠说。

消费扶贫为高质量脱贫注入强劲内生动力。过去三年，该村贫困户谢万扬将蜜蜂养殖扩大到近百箱。“我夫妇俩都因残致贫，只适合养蜂这样低劳力的活，如今蜂蜜有销路了，我们更有了信心，今年上半年，扶贫工作队就帮我在广州卖了 7000 元的蜂蜜。我家现在人均年收入能稳定在 18000 元以上，前年我还在县城买了套房。”聊起现在的好日子，谢万扬喜笑颜开。

“如今，消费扶贫已经成为平远县帮助贫困人口增收脱贫的重要途径。”县扶贫工作局局长张教东介绍说。近三年来，平远以购买贫困群众农特产品和服务为主要手段，深入推进扶贫产品进机关、进校园、进社区、进商超、进电商“五进”活动，建成了县级电商公共服务中心、物流配送中心和 90 个村级电商驿站，实现消费扶贫交易金额达 1570.3 万元。

今年 7 月，平远县成立消费扶贫农特产品展销中心，入驻 13 家农业龙头企业、55 款扶贫产品，并发展拥有 30 多家企业的电商联盟，通过消费扶贫与电商服务融合发力，将更好服务“线上+线下”新型销售模式，推动农产品深加工、仓储、物流等功能全面提升。

“目前，我们已与农业银行达成初步合作意向，在农行金融APP内上架平远扶贫产品。”消费扶贫中心负责人林豪江向记者介绍，未来该平台将继续完善产销对接、电商培训、直播经济、产品展示、创业孵化等系统化功能，帮助平远扶贫产品擦亮品牌、走出围龙。

加强对口帮扶　深化造血功能

回顾平远县脱贫攻坚工作中一张张亮眼成绩单，广州南沙区驻平远扶贫工作队在其中起到了非常重要的作用。通过对口帮扶的窗口，广州南沙、梅州平远两地合作仍在不断深化，除了政府发挥主导作用予以强力推动外，更广泛的社会力量的参与也为脱贫成果巩固发挥了重要作用。

“陈书记，我承包管理的30亩南瓜结果了，家里700斤鱼苗现在长势也不错。”8月，大柘黄沙村可其山电商蔬菜基地里稻香果熟，人气渐旺，来自广州南沙现代农业产业集团的第一书记陈志江站在田间地头，与姚美凤等乡亲们有说有笑，早被他们当作“自家人”。

这两年，陈志江为了眼前这座基地可没少操心。2018年，为帮黄沙村寻找“当家产业”，他在平远、南沙两头跑，先是引进了平远电商示范企业梅州可其山电子商务有限公司，发展蔬菜瓜果连片种植和农电商产业，后又积极引导企业主动对接粤港澳大湾区“菜篮子”工程，与广州市国营珠江华侨农工商联合公司共建果蔬直供渠道，大力发展“订单”农业。

如今，这座“电商带动、产销结合”的标准化蔬菜基地盘活耕地300多亩，带动周边119农户发展蔬果种植，利用户外直播等电商渠道和在县城开设生活电商驿站等措施广开销路，带动参与农户增收2000元，村集体经济年增收4万元，成为全村的“香饽饽”。

“火车跑得快，全靠车头带。”在全面打赢脱贫攻坚的战役中，广州选派平远县的18位第一书记各显神通，以强烈的使命担当，拓展扶贫“产业链”，取得显著成效。今年6月，该县顺利完成建档立卡贫困户100%脱贫，省定贫困村100%达到退出标准。

平远县还广泛宣传发动，凝聚社会扶贫合力构筑“大扶贫”工作格局。其中，“百企帮百村”活动动员184家企业与全县136个村进行结对帮扶，探索村企双赢发展路径，增强农村“造血”功能，实现合作项目154个，吸引企业投资5600万元，捐赠资金3500万元；扶贫济困捐款活动接受捐赠1000万元以上项目3个，认捐金额6656.72万元。

《梅州日报》　2020年8月21日　第6版：平远新闻

●记者 傅思林

特约记者　朱双玲 朱维佳

画好红色“同心圆”点亮苏区“党建红”

平远县以“四子”为抓手，不断提升基层党组织的组织力、战斗力，引领乡村振兴

修葺一新的仁居镇飞龙村党群服务中心，成为党建新阵地 （朱双玲 摄）

党员夫妻凌宏东、凌秋兰对种植的梅片树进行施肥管理 （朱双玲 摄）

分布在各村的党员阅览室，成为党员群众阅读的好去处 （朱双玲 摄）

青山如黛，碧空如洗，鲜红党旗随风飘动。

平远县大柘镇黄沙村里，前来开展红色教育、主题党日活动，重温红色历史的各级党组织络绎不绝，“红色村”品牌效应日益凸显。

依托丰富的红色文化资源，黄沙村通过建阵地、搭平台、抓改造等一系列举措，着力提升组织力，发挥好基层党组织战斗堡垒作用，为乡村振兴提供了强大的“红色引擎”，村容村貌焕然一新。

放眼平远，黄沙村的蝶变只不过是该县积极实施“基层党建三年行动计划”，内化为乡村振兴新动力的一个缩影。

优化“班子”，建强战斗堡垒；建好“房子”，规范党建阵地；激活“分子”，发挥党员先锋模范作用；探索“票子”，推动产业发展。以“四子”为抓手，平远县始终坚持红色传承打造党建高地，推动老区苏区平远的高质量发展。

“传承红色文化，盘活红色资源，建好红色阵地，凝聚红色力量，发展红色经济，我们的党建工作就是要让党员、干部担责任尽义务，让群众受益更满意。”平远县委组织部副部长张燕表示，在因地制宜的基础上，平远县还推动各级党组织有特色、有计划进行设岗定责，聚焦主责主业，真正发挥基层党组织的职能作用。

红色阵地

组建一个姓“党”的理事会

“上举镇上举村石角村民小组的村庄建设，值得点赞，更值得学习。”“同样是乡村建设，上举村是如何调动起群众参与的积极性，这当中有哪些经验？”“村民从不愿意到主动捐地建设，凝聚力从何而来？”……2020 年梅州市农村工作暨实施乡村振兴战略和决战决胜脱贫攻坚现场推进会上，考察点石角村民小组的做法与成效得到了与会人员的肯定。

一连串肯定的背后，是该村发挥党群理事会作用，积极发动乡贤支持、村民参与，全面铺开新农村建设的有效探索。

“要做好全局工作，必须有一根线把党员干部和群众连接起来，把党员聚在一起。”上举镇党委组织委员赖海彬认为，党群理事会便是连接党群最好的桥梁。

赖海彬告诉笔者，上举村石角村民小组的村庄建设过程中，党群理事会采取召开党员会、村民小组会、户主会等方式，向群众宣传党的路线方针政策和乡村振兴中涌现出来的好人好事，有效引导村民积极参与美丽乡村建设。

抓好“三清三拆三整治”，整村推进外立面改造，修缮石角萧氏宗祠，因地制宜打造美丽庭院，不断改善农村人居环境……在党群理事会的带动下，该村打造了石角美丽庭院示范片，推进石角特色民宿规划建设，努力把美丽乡村建设成效转化为乡村振兴经济效益，推动绿水青山转化为金山银山。

“现在朋友都爱来我这里串门，泡茶聊天，还有不少慕名而来的游客呢。”在此居住的村民肖兴圣笑着说，村里的改变群众是看在眼里喜在心里，现在村里要开展什么工作，大家都是十分支持的。

实施乡村振兴战略，推动乡村发展，必须扭住关键，集中攻坚突破，集小胜为大胜。这个关键点在哪里？在于党建引领，在于共建共治共享。

“党群理事会，是连接党员和群众之间的桥梁和纽带，我们组建一支姓‘党’的理事会，让党员参与进去发挥作用，形成共建共治共享的党建新模式，是平远县党建阵地的载体之一。”张燕表示，党群理事会正是充分发挥党建引领作用的有效举措。

目前，平远县共组建村（自然村）党群理事会1111个，每个村党群理事会由5—9人组成，由部分党员代表、村民代表、外出乡贤代表、部分户代表构成，具体职数根据自然村的规模大小和工作任务确定。

通过党群理事会，平远县着力引导村民有序参与村集体事务，可以做到“小事不出村、大事不出镇、矛盾不上交”，形成“群众反映问题有渠道，群众参与村务有平台，解决村务工作有效率”的民主管理模式，实现党对村级各个组织的领导。

党建阵地是有形堡垒，在推进党建工作过程中至关重要，不仅要建设好，更要接地气。

建好党建阵地，推动党建工作落地入户。平远县一手夯实党建阵地硬件基础，一手完善制度提升软件实力，营造浓厚的党建氛围，展现过硬的组织力。

“素庐此前长期被闲置，去年10月，我们着手将它打造成综合性文化中心，党员阅览室是其中内容之一，这既丰富了建筑内涵和功能，也方便了周边群众。”仁居镇党委宣传委员朱依依告诉笔者，因地制宜打造的“素庐”党员阅览室，已经成为当地党员、群众的好去处，对于提升党员战斗力起到重要作用。

在过去一年，平远县共投入1500多万元用于全县村（社区）党群服务中心建设，建成4个智能化党员阅览室，投入380万元建成12个镇党校、143个新时代文明实践站，把全县143个村（社区）的党群服务中心，打造成为党旗最红、党味最浓、设施最完备的党建阵地。近日，仁居红色革命党员教育基地获首批市级党员教育基地认定授牌，意味着平远红色党建提档升级取得明显成效，更为提升全县党员教育基地建设水平打下了坚实基础。

红色品牌

创新探索实施“育苗”工程

临近中午，石正镇马山村村民凌宏东、凌秋兰夫妇稍作休息，便打算回家准备午饭。面前这片近十亩的梅片树，是他们去年开始种下的。“预计明年就可以采收了，原本荒废的土地也能创造出价值。”凌宏东擦了擦额头的汗珠笑着说。

作为共产党员户，凌宏东、凌秋兰示范带头种起了梅片树，间接带动周边农户进行种植。“刚开始，不少群众都不敢去尝试，我作为党员，在详细了解梅片树的种植要求以及收益后，便主动带动种植。”凌宏东告诉笔者，现在村里大部分村民都种上梅片树，有效解决了村里荒地的难题，还增加了村民的收入。

村看村，户看户，村民看的是党支部、村干部、共产党员户。实现乡村振兴，基层党组织必须建强，党员队伍必须过硬。如何建设一支强有力的党员队伍，是党建工作的重点，也是难点。

“过去的基层党建工作，面临不少难题，总的来说，就是基层党员队伍年龄偏大，外出偏多，难以管理。”石正镇党委书记姚蓝说，基层党建工作的推进与落实，说到底还是取决于“基层党组织建设”这个关键因素。

“好苗子”难寻，成为各个村级班子、基层党组织的难题。立足于这种现状，平远县委组织部率全市之先，创新探索实施“育苗”工程，向社会公开选聘48名村级后备干部。

“我们既要吸纳优秀党员到基层组织来，也欢迎各行业优秀人才扎根农村。从报名的情况来看，比较热门，全县总共报名的有299人，有很多优秀的年轻的退伍军人、大学生等青年报名。接下来县委组织部将进行统一培训上岗，备案管理。”张燕表示，此次村级后备干部的公开选聘，更加注重解决村级班子后备干部问题、优化结构，储备一批优秀人才，提高村级班子引领发展、服务群众、促进和谐的能力。

作为村级后备干部之一的大学毕业生谢玲，在听到平远县向社会公开选聘村级后备干部的消息后，毅然报名参加，并通过各项考核。“乡村发展大有可为，离家又近，我相信自己的选择，接下来，也会用自己的长处，更好服务村里的工作。”

从“选、管、育、换”上下功夫，平远县着力推动基层党建工作发挥“头雁效应”，一方面培养本土人才，一方面引进人才。

立足基层发展需求，平远县在推动党建工作的同时，加强农村实用人才队伍建设，深入挖掘培养1880名乡土人才，引导57名党员人才回乡创业，为乡村振兴工作出谋出智出力，石正镇南台村村民凌海燕便是其中一个。

“大学毕业后，我就在外面企业工作，2017年开始就回家自营网店，立足石正镇本地优势，因地制宜，帮助农户网上销售农产品。”凌海燕表示，通过参加“育苗”工程后，若有机会下届换届被推选为村“两委”干部，她将充分利用自身电子商务知识、资源帮助本村村民搭上“互联网+”的发展快车，带领村民在农田里赚钱、在土地上致富。

“党员、党组织发挥‘头雁’作用，切切实实推动党建工作落地，党建工作惠及群众，这才是最好的‘红色品牌’。”张燕说，通过驻点联系群众、包片服务群众，平远县充分发挥党员充当“信息员、调解员、宣传员”的作用，引导带动群众主动支持参与乡村振兴各项事业，形成基层党建工作的“红色品牌”。

值得一提的是，该县投入1700万元高标准打造仁居镇仁居村、大柘镇黄沙村等“红色村”党建示范工程，已顺利通过省委组织部评估验收，打响了平远县“苏区平远别样红”的党建品牌。

红色力量

分类管理激发党员内生动力

“我们根据这个表，对应进行初步验收，同时收集群众的意见，进一步优化我们的工作……”一大早，平远县长田镇长田村的村委办公室便热闹起来，村支部书记黄利均安排着由村干部、党员组成的验收队伍，对乡村外立面改造进行初步验收。

一一安排好，黄利均才坐下来喝了一口茶。“过去的村务工作，基本靠几个村干部，完全不够，现在我们把村里的党员也发动起来，村里的各项事务推进都快多了。”黄利均笑着说，这些都得益于村里实行的党员分类管理。

黄利均口中的党员分类管理，具有增强农村党员教育管理工作的针对性和实效性。按年龄段分类教育管理党员，长田村将60岁以上党员划分为第一支部，主要由老党员组成，60岁以下党员为第二支部，主要由流动党员及中青年党员组成。

“过去要把村里党员号召起来开展志愿活动都难，更别说激活党员的内生动力。”黄利均说，党员分类管理，直接解决了农村党员结构复杂、群体多样，统一管理标准难以全面施行的问题，满足了乡村党员精神需求的多样化，方便了基层党支部对党员的教育管理工作，加强了党组织的凝聚作用。

一个支部就是一个堡垒，一个党员就是一面旗帜。强堡垒、筑阵地、立规范，归根到底是为了更好地联系服务群众。如何激发组织活力，让党员干部有为有位、服务大局、服务群众，这就需要搭建一个发挥党员作用的平台，让支部带着党员一起干，党员带领群众齐心干。

结合在家党员“一无职、二无岗”的现状，石正镇坪湖村探索开展农村党员设岗定责工作，结合村“两委”年度工作目标和社会管理需要，分别制定岗位职责和要求，让无职党员上岗规范化管理，建立履职台账。

“我们目前设了六个岗位组，分别是政策宣传岗、带头创业岗、治安维护岗、文明新风岗、村务监督岗、便民服务岗，每个岗位职责都是清清楚楚的，还有党员姓名联系方式，都公开。”石正镇坪湖村党支部书记凌小辉说，这样的举措让无职党员心有想处、话有说处、力有使处，充分发挥模范带头作用。

引导村党员干部当好政策明白人、致富带头人、群众贴心人、稳定责任人、办事公道人，平远县凝聚广大党员干部力量，引导党员干部带头参与乡村振兴各项事业，进一步激发了党员群众参与乡村振兴建设的热情。

作为坪湖村带头创业岗成员的陈玉明，根据村里的发展需求，组建了一支工程施工队，将村里的剩余劳动力集中起来，带动周边群众务工脱贫致富。“主要是村周边的工程，环境整治，道路维修，施工队工资实行日结，最低都能领到100元。”陈玉明说，加入到施工队的群众，在农忙时可以自由安排时间，解决了他们的后顾之忧。

内外联动，全面激活基层党员内生动力。近年来，平远县从县党政机关、企事业单位及省市驻平单位中选派 32 名驻村“第一书记”和 20 名贫困村党建指导员，实行统筹选派、统筹管理、统筹使用，确保红色村、省定贫困村、软弱涣散村党组织“第一书记”全覆盖。

同时，安排 146 名优秀年轻干部到村（居）挂职锻炼，调整 116 个一般贫困村挂钩帮扶单位和 402 名帮扶干部，全县集中力量打造一支“带不走”的工作队。

■记者观察

传承红色基因　推动绿色发展

随着平远县“红色基因”的不断激活，“红色”成为平远县发展的重要底色，与自然生态的“绿色”相辅相成。

立足新时代推进党建工作，需要树立“一盘棋”思想，围绕中心抓党建，抓好党建促发展，需要坚持推动党建优势转化为发展优势，党建资源转化为发展资源，党建成果转化为发展成果。

平远县扎实推进党建工作，就是传承“红色基因”，守好“绿水青山”的有效探索实践。

传承“红色基因”，是平远县党建工作的内在需求。从红色底蕴来看，平远县是原中央苏区县，红色文化资源丰富，挖掘宣传红色文化对继承弘扬苏区精神，充分发挥红色旅游的政治功能、教育功能、文化功能，推动平远“三好一正”工作和平远红色旅游产业的发展，将产生重要的作用。

守好绿水青山，是平远县党建工作的必然要求。从绿色底色来看，平远县坚持一产抓融合、二产抓提升、三产抓拓展，做好“红色经济”，推动农林产业向精致高效绿色惠民延伸、工业产业向中高端迈进、旅游产业向主导产业转化，实现美丽与发展共赢，创建优山美水生态之星“精致小城·大美平远”。

传承红色基因与守好绿水青山并不是选择题，应该寻找两者之间最大的公约数，在传承红色基因中守好绿水青山，在守好绿水青山中传承红色基因，切实传承红色文化，盘活红色资源，建好红色阵地，凝聚红色力量，发展红色经济，最大限度用好党建力量，促进经济社会发展。

《南方日报》　2020 年 7 月 15 日　第 MC04 版：梅州观察 · 聚焦

●记者　黄培强

通讯员　朱双玲 肖艳芳 朱维佳

主题索引

☆☆☆☆☆☆☆☆☆☆☆☆☆☆☆☆☆☆☆☆☆☆☆☆☆☆☆☆☆☆☆☆☆☆☆☆☆

说明

一、本索引采用主题分析方法，款目按汉语拼音字母（同音字按声调）顺序排列。

二、索引款目后的数字表示内容所在的页码，数字后面的拉丁字母（a、b）表示栏别（即版面的左右栏）。

三、同一主题的内容在文中多次出现的，在其款目后用不同的页码标明。

四、本索引对《年度关注》《大事记》《名录》《光荣榜》及《附录》等篇不做内容主题分析。

☆☆☆☆☆☆☆☆☆☆☆☆☆☆☆☆☆☆☆☆☆☆☆☆☆☆☆☆☆☆☆☆☆☆☆☆☆

A

B

C

D

H

J

K

L

Q

R

S

T

W

X

Y

Z